Hierarchische Verwaltung im demokratischen Staat

Genese, aktuelle Bedeutung und funktionelle Grenzen eines Bauprinzips der Exekutive

von

Horst Dreier

ARTIBUS INGENUIS J·C·B·M· 1·8·0·1

J.C.B. Mohr (Paul Siebeck) Tübingen

CIP-Titelaufnahme der Deutschen Bibliothek

Dreier, Horst:
Hierarchische Verwaltung im demokratischen Staat: Genese, aktuelle Bedeutung und funktionelle Grenzen eines Bauprinzips der Exekutive / von Horst Dreier. – Tübingen: Mohr, 1991
ISBN 3-16-145729-3

Das Buch wurde gesetzt von Computersatz Staiger in Pfäffingen aus der Bembo-Antiqua, gedruckt von Gulde-Druck in Tübingen auf Werkdruckpapier der Gebr. Buhl Papierfabriken in Ettlingen und gebunden von der Großbuchbinderei Heinr. Koch in Tübingen.

Für Martina

Vorwort

Bei der vorliegenden Arbeit handelt es sich um die gründlich überarbeitete sowie mit einem neuen Schlußkapitel versehene Fassung des ersten Teils meiner Habilitationsschrift, die der Juristischen Fakultät der Bayerischen Julius-Maximilians-Universität Würzburg im Sommersemester 1989 vorgelegen hat. Der den Besonderheiten des Kommunalrechts gewidmete zweite Teil muß einer späteren Veröffentlichung vorbehalten bleiben.

Es ist mir eine außerordentliche Freude, auch an dieser Stelle meinem verehrten akademischen Lehrer, Herrn Professor Dr. Hasso Hofmann (Würzburg), Dank sagen zu können: Dank für seine jahrelange geduldige Ausbildung und Förderung; Dank für sein wissenschaftliches Vorbild; Dank für seine Obhut, seinen vielfältigen Rat und seine Unterstützung in schwierigen Phasen; Dank nicht zuletzt für das in mich gesetzte Vertrauen und seinen Zuspruch, der den Abschluß des Manuskripts entscheidend beschleunigt hat.

Herr Professor Dr. Franz-Ludwig Knemeyer (Würzburg) war so freundlich, sich der Mühe des Zweitgutachtens zu unterziehen; dafür schulde ich ihm ebenso Dank wie Herrn Professor Dr. Eberhard Schmidt-Aßmann (Heidelberg) für wichtige Anregungen kurz vor Drucklegung des Textes.

Die verschiedenen Fassungen der Arbeit hat ebenso unermüdlich wie gelassen Frau Elvira Fogelstaller in eine computergerechte Gestalt gebracht. Ohne ihre Souveränität und Einsatzfreude hätte das Manuskript der Habilitationsschrift niemals pünktlich fertiggestellt werden können. In einer späteren Phase der Textbearbeitung habe ich kompetente Hilfe von Frau Ingrid Baumbusch erhalten, die mich bei den Fahnen- und Umbruchkorrekturen sowie bei der zeitraubenden Erstellung der Register tatkräftig und umsichtig unterstützt hat. Beiden Damen möchte ich hiermit nochmals danken.

Was schließlich die Widmung angeht, so ist ihr jedenfalls an dieser Stelle nichts hinzuzufügen.

Würzburg, im Januar 1991 H. D.

Laux, DÖV 92,460, Becker, DVBl 92,1559, Henke, NVwZ 92,1075, Gerlich, JZ 93,408

Inhalt

3. Kapitel

Verwaltung in der parlamentarischen Demokratie: Grund und Grenzen des demokratisch-hierarchischen Kontrollsystems

5. Kapitel

Zur Ausdifferenzierung der Verwaltungsorganisation: Vom hierarchischen Ministerialsystem zum Netzwerk verselbständigter Verwaltungseinheiten

Abkürzungsverzeichnis

AbfG	Gesetz über die Vermeidung und Entsorgung von Abfällen
AcP	Archiv für die civilistische Praxis
AfK	Archiv für Kommunalwissenschaften
AfP	Archiv für Presserecht
AG	Aktiengesellschaft
AK–GG	Alternativ-Kommentar zum Grundgesetz
AktG	Aktiengesetz
AöR	Archiv des öffentlichen Rechts (bis Bd. 16 [1910] Archiv für öffentliches Recht)
ARSP	Archiv für Rechts- und Sozialphilosophie
AsylVfG	Gesetz über das Asylverfahren (Asylverfahrensgesetz)
BauGB	Baugesetzbuch
BayGO	Bayerische Gemeindeordnung
BaySparkG	Bayerisches Sparkassengesetz
BayVBl.	Bayerische Verwaltungsblätter
BayVerf	Bayerische Verfassung
BayVerfGHE	Entscheidungen des Bayerischen Verfassungsgerichtshofs
BB	Betriebsberater
BBahnG	Bundesbahngesetz
BBankG	Bundesbankgesetz
BBG	Bundesbeamtengesetz
BGBl.	Bundesgesetzblatt
BGH	Bundesgerichtshof
BGHZ	Amtliche Sammlung der Entscheidungen des BGH (Zivilsachen)
BHO	Bundeshaushaltsordnung
BImSchG	Bundesimmissionsschutzgesetz
BRAO	Bundesrechtsanwaltsordnung
BVerfG	Bundesverfassungsgericht
BVerfGE	Entscheidungen des Bundesverfassungsgerichts
BVerwG	Bundesverwaltungsgericht
BVerwGE	Entscheidungen des Bundesverwaltungsgerichts

DB	Der Betrieb
DFG	Deutsche Forschungsgemeinschaft
DJT	Deutscher Juristentag
DJZ	Deutsche Juristen-Zeitung
DÖV	Die öffentliche Verwaltung
Dt. VerwGesch	Deutsche Verwaltungsgeschichte, herausgegeben von Kurt G. A. Jeserich, Hans Pohl und Georg-Christoph von Unruh, Stuttgart 1983 ff. (Bd. I: 1983; Bd. II: 1983; Bd. III: 1984; Bd. IV: 1985; Bd. V: 1987)
DVBl.	Deutsches Verwaltungsblatt
DVP	Deutsche Verwaltungspraxis
EuGRZ	Europäische Grundrechte-Zeitschrift
$EvStL^2$	Evangelisches Staatslexikon, 2. Aufl., herausgegeben von Hermann Kunst, Roman Herzog und Wilhelm Schneemelcher, Stuttgart-Berlin 1975
$EvStL^3$	Evangelisches Staatslexikon, 3. Aufl., herausgegeben von Roman Herzog, Hermann Kunst, Klaus Schlaich und Wilhelm Schneemelcher, 2 Bde., Stuttgart 1987
FS	Festschrift
GBl.	Gesetzblatt
GemO	Gemeindeordnung
GG	Grundgesetz
GjS	Gesetz über die Verbreitung jugendgefährdender Schriften
GmbH	Gesellschaft mit beschränkter Haftung
GTZ	Deutsche Gesellschaft für technische Zusammenarbeit
GWB	Gesetz gegen Wettbewerbsbeschränkungen
HdbStR	Handbuch des Staatsrechts der Bundesrepublik Deutschland, herausgegeben von Josef Isensee und Paul Kirchhof, Heidelberg 1987 ff. (Bd. I: 1987; Bd. II: 1987; Bd. III: 1988; Bd. IV: 1990; Bd. VI: 1989)
HdbVerfR	Handbuch des Verfassungsrechts, herausgegeben von Ernst Benda, Werner Maihofer und Hans-Jochen Vogel unter Mitwirkung von Konrad Hesse, Berlin-New York 1983
HKWP	Handbuch der kommunalen Wissenschaft und Praxis, 1. Aufl. herausgegeben von Hans Peters (Bd. 1: Berlin u. a. 1956; Bd. 2: Berlin u. a. 1957; Bd. 3: Berlin u. a. 1959); 2., völlig neu bearbeitete Auflage herausgegeben von Günter Püttner, Berlin u. a. 1981 ff. (Bd. 1: 1981; Bd. 2: 1982; Bd. 3: 1983; Bd. 4: 1983; Bd. 5: 1984)
HÖV	Handbuch für die öffentliche Verwaltung

HRG	Handwörterbuch zur deutschen Rechtsgeschichte, herausgegeben von Adalbert Erler und Ekkehard Kaufmann, Berlin 1971 ff. (Bd. I: 1971; Bd. II: 1978; Bd. III: 1984; Bd. IV: 1990)
HRG	Hochschulrahmengesetz
HWO	Gesetz zur Ordnung des Handwerks
HZ	Historische Zeitschrift
IHKG	Gesetz zur vorläufigen Regelung des Rechts der Industrie- und Handelskammern
JA	Juristische Arbeitsblätter
JöR	Jahrbuch für öffentliches Recht
JuS	Juristische Schulung
JZ	Juristenzeitung
KritJ	Kritische Justiz
KritV	Kritische Vierteljahresschrift für Gesetzgebung und Rechtswissenschaft
KZfSS	Kölner Zeitschrift für Soziologie und Sozialpsychologie
MBliV.	Ministerialblatt für die innere Verwaltung
NJW	Neue Juristische Wochenschrift
NPL	Neue Politische Literatur
NuR	Natur und Recht
NVwZ	Neue Zeitschrift für Verwaltungsrecht
NWVBl.	Nordrhein-Westfälische Verwaltungsblätter
ÖZV	Die österreichische Zentralverwaltung
OLG	Oberlandesgericht
OVG	Oberverwaltungsgericht
PGOs	Para-Government Organizations
PostVerwG	Postverwaltungsgesetz
PrALR	Preußisches Allgemeines Landrecht
PrGS	Preußische Gesetzsammlung
PVS	Politische Vierteljahresschrift
RWE	Rheinisch-Westfälische Elektrizitätswerke AG
SchwJZ	Schweizerische Juristen-Zeitung
SGB	Sozialgesetzbuch
ShLVwG	Schleswig-Holsteinisches Landesverwaltungsgesetz
StL^6	Staatslexikon. Recht-Wirtschaft-Gesellschaft, herausgegeben von der Görres-Gesellschaft, 6. Aufl., 8 Bde., Freiburg/Br. 1957–1963
StL^7	Staatslexikon. Recht-Wirtschaft-Gesellschaft, herausgegeben von der Görres-Gesellschaft, 7. Aufl., Freiburg-Basel-Wien, 1985 ff. (Bd. 1: 1985; Bd. 2: 1986; Bd. 3: 1987; Bd. 4: 1988; Bd. 5: 1989)

StGR	Städte- und Gemeinderat
UWG	Gesetz gegen den unlauteren Wettbewerb
VBlBW	Verwaltungsblätter Baden-Württemberg
VerwArch.	Verwaltungsarchiv
VerwR	Verwaltungsrecht
VG	Verwaltungsgericht
VGH	Verwaltungsgerichtshof
VVDStRL	Veröffentlichungen der Vereinigung der Deutschen Staatsrechtslehrer
VwVfG	Verwaltungsverfahrensgesetz
WHG	Wasserhaushaltsgesetz
WiR	Wirtschaftsrecht
WissR	Wissenschaftsrecht
WiVerw	Wirtschaft und Verwaltung
WRV	Weimarer Reichsverfassung
ZBR	Zeitschrift für Beamtenrecht
ZfB	Zeitschrift für Politik
ZHF	Zeitschrift für historische Forschung
ZHR	Zeitschrift für das gesamte Handelsrecht und Wirtschaftsrecht
ZNR	Zeitschrift für neuere Rechtsgeschichte
ZögU	Zeitschrift für öffentliche und gemeinwirtschaftliche Unternehmen
ZParl.	Zeitschrift für Parlamentsfragen
ZRG GA	Zeitschrift der Savigny-Stiftung für Rechtsgeschichte, Germanistische Abteilung
ZRP	Zeitschrift für Rechtspolitik
ZSR	Zeitschrift für schweizerisches Recht
ZStW	Zeitschrift für die gesamte Staatswissenschaft

Einleitung

1. Aus unterschiedlichen Gründen wird die Theorie vom Staat und seiner Verwaltung noch immer weitgehend von der Idee einer homogenen, hierarchisch geordneten Einheit bestimmt. Dabei kommt nicht zu unterschätzende Bedeutung dem Umstand zu, daß juristisches Denken wesensnotwendig Einheitsdenken ist. Von der Existenz einer Einheit der Rechtsordnung geht der Jurist aus[1], auf ihre Wahrung und Erhaltung wirkt er hin[2]. Auf sinnfällige Art und Weise verknüpft sich mit dem Einheitsgedanken die Vorstellung einer Über- und Unterordnung der vielfältigen Rechtsnormen: die Rechtsordnung erscheint zwingend als Normenhierarchie. Die von Adolf Merkl entwickelte und von Hans Kelsen in die Reine Rechtslehre integrierte Lehre vom Stufenbau der Rechtsordnung[3] macht diesen Zusammenhang transparent. Die Spitze der Normpyramide und damit den einheitsstiftenden Zentralpunkt der Rechtsordnung bildet danach die Grundnorm, in der alle Rechtsakte ihren Geltungsgrund finden. In dieser normativitätsspendenden Grundnorm ruht die in der täglichen Rechtsarbeit beständig zu erneuernde Identität der Rechtsordnung.

Letztlich ausschlaggebend für den mit dem Hierarchieprinzip verknüpften Einheitsgedanken sind aber nicht rechtstheoretische oder methodologische Überlegungen. Hinter der Formel von der „Einheit des Staates" verbirgt

---

[1] K. Engisch, Die Einheit der Rechtsordnung, 1935 (ND 1987); s. auch F. Weyr, Zum Problem eines einheitlichen Rechtssystems, in: AöR 23 (1908), S. 529 ff.; H. Kelsen, Reine Rechtslehre, 2. Aufl. 1960, S. 209 ff.; R. Dubischar, Einführung in die Rechtstheorie, 1983, S. 85 ff.; kritisch F. Müller, Art. Einheit der Rechtsordnung, in: Ergänzbares Lexikon des Rechts v. 7. März 1986, Nr. 2/80, S. 1, 4.

[2] Vgl. etwa das Prinzip der „Einheit der Verfassung" bei K. Hesse, Grundzüge des Verfassungsrechts der Bundesrepublik Deutschland, 16. Aufl. 1988, Rn. 20, 71; kritisch F. Müller, Juristische Methodik, 3. Aufl. 1989, S. 216 ff. – Auf die Herstellung und Sicherung der Einheit der Normenordnung sind auch die der Bewältigung von Normenkonflikten dienenden methodologischen Regeln des Normenvorranges, der Normenkollision und der Normenderogation gerichtet.

[3] Dazu R. Walter, Der Aufbau der Rechtsordnung, 2. Aufl. 1974; J. Behrend, Untersuchungen zur Stufenbaulehre Adolf Merkls und Hans Kelsens, 1977; H. Dreier, Rechtslehre, Staatssoziologie und Demokratietheorie bei Hans Kelsen, 2. Aufl. 1990, S. 129 ff.

sich mehr als das Produkt rechtsdogmatischer Tätigkeit[4], die innere Strukturierung eines letztlich beliebigen Normengefüges oder die bloße Existenz eines juristischen Zurechnungsendpunktes[5]. Das entscheidende Merkmal ist nach wohl noch überwiegender, jedenfalls traditioneller Auffassung vielmehr die innere Souveränität, die man annäherungsweise als Innehabung der höchsten, unabgeleiteten und ungeteilten Gewalt bezogen auf ein bestimmtes Territorium umschreiben kann[6]. Die Souveränität des Staates ist „die herkömmliche Formel der Einheit des Ganzen"[7]. Zugrunde liegt ihr die Idee, daß der Gesamtzusammenhang des politischen Gemeinwesens auf einem repräsentativen höchsten Willen, einem Ursprungspunkt normativitätsstiftender Herrschaft beruht, der Staat wie Gesellschaft ordnet und zusammenhält[8].

Nun kann man längst nicht mehr mit der Unbefangenheit eines preußischen Staatsrates davon ausgehen, daß der *eine* Wille, der die Tätigkeit *aller* dirigiert, der personale Wille eines autokratischen Herrschers ist[9]. Dies nicht nur wegen des Fortfalls der monarchischen Spitze. Die „integrierte Hierar-

---

[4] So aber G. Robbers, Zur Verteidigung einer Wertorientierung in der Rechtsdogmatik, in: Rechtspositivismus und Wertbezug des Rechts, hrsgg. v. R. Dreier (= ARSP-Beiheft Nr. 37), 1990, S. 162ff. (170): „Über die Wahrung der Einheit der Rechtsordnung gewährleistet Rechtsdogmatik die Einheit des Staates."

[5] Treffend zu den ausbleibenden Konsequenzen für die Verwaltungsorganisation B.-O. Bryde, Die Einheit der Verwaltung als Rechtsproblem, VVDStRL 46 (1988), S. 181ff. (189). P. Lerche, in: Maunz/Dürig, Komm. z. GG, Art. 86 (1989), Rn. 39 spricht vorsichtig von der „Einheit des Hoheitlichen".

[6] Vgl. zunächst nur H. Quaritsch, Souveränität, 1986; H. Dreier, Art. Souveränität, in: StL, 7. Aufl., Bd. 4, Sp. 1203ff.

[7] H. Willke, Entzauberung des Staates, 1983, S. 49.

[8] Zu rechtsphilosophischem Hintergrund und staatstheoretischer Problematik jüngst G. Duso, Der Begriff der Repräsentation bei Hegel und das moderne Problem der politischen Einheit, 1990 und Th. Vesting, Politische Einheitsbildung und technische Realisation, 1990.

[9] C. Th. Perthes, Der Staatsdienst in Preußen, 1838, S. 22: „Ein Wille muß daher die Thätigkeit Aller leiten. Dieser Wille kann in Preußen nur der des Königs sein, welchem allein die höchste Gewalt zusteht." Deutlich abstrakter bereits G. Frhr. v. Hertling, Recht, Staat und Gesellschaft, 1907, S. 82: „Sodann aber eignet dem modernen Staat die geschlossene Einheit der Lebensbetätigung, Einheit der Gesetzgebung und Verwaltung..." – Noch allgemeiner F. Tönnies, Gemeinschaft und Gesellschaft, 8. Aufl. 1935 (ND 1988), S. 198f.: „Aber der Staat ist zweitens die Gesellschaft selber oder die soziale Vernunft, welche mit dem Begriffe des einzelnen vernünftigen gesellschaftlichen Subjekts gegeben ist; die Gesellschaft in ihrer Einheit, nicht als besondere Person außer und neben die übrigen Personen gesetzt, sondern als die absolute Person, in bezug auf welche die übrigen Personen allein ihre Existenz haben." – Sehr viel klarer wird der durch Souveränität, Einheit und Autonomie gegenüber der Gesellschaft gekennzeichnete Staatsbegriff in der „wirklichkeitswissenschaftlichen" Staatslehre Hermann Hellers entfaltet: Staat als Einheit in der Vielheit, selbständiges und höchstes Aktzentrum, organisierte

chie des vom Mythos herrschaftlicher Omnipotenz durchwirkten souveränen Staates"[10] ist als Leitvorstellung nicht länger ohne Abstriche aufrechtzuerhalten, weil die Wahrung staatlicher Einheit in einer pluralistischen (und zudem in supranationale Zusammenhänge eingebundenen) Demokratie zum einem Problem geworden ist[11]. Und doch bleibt der überkommene Staatsbegriff in signifikanter Weise „an eine Vorstellungswelt gebunden, die die Gesellschaft von der politischen Ordnung und diese wiederum von einem einheitlichen, Befehle erteilenden Subjekt her denkt."[12] Die Sonderrolle des Staates manifestiert sich darin, daß er der Gesellschaft übergeordnet ist und ihr einen stabilen Ordnungsrahmen bietet. In der Existenz dieses souveränen Makro-Subjekts ruht die Einheit des politischen Gemeinwesens als des den Staatsapparat wie die Gesellschaftsorganisation übergreifenden Verbandes.

Unter der Herrschaft eines republikanischen Grundgesetzes ist es nun nicht mehr der fürstliche Wille, sondern die Verfassung selbst und das verfassungsgemäße demokratische Gesetz, in dem die Einheit des politischen Verbandes mehr als nur symbolisch zum Ausdruck gelangt: „Die politische und staatsrechtliche *Einheit des Staates* kommt in der Verfassung zum Ausdruck und wird durch die Verfassung normativ ausgestaltet und befestigt".[13] Während in der vergleichsweise statischen Verfassung der Staat der Bundesrepublik Deutschland seine dauerhafte Identität[14] findet (und nicht umgekehrt die als solche konstant gedachte Staatsgewalt sich lediglich ein neues Rechtsgewand anlegt), vollzieht sich vor allem im Gesetz(gebungsverfahren) die „legislative Reproduktion der Rechtseinheit der Verfassungsgemeinschaft"[15]. Da aber das Gesetz Inbegriff staatlicher Herrschaft und au-

---

Entscheidungs- und Wirkeinheit (H. Heller, Staatslehre, 6. Aufl. 1983, S. 259 ff. [1. Aufl. 1934, S. 228 ff.]).

[10] R.-R. Grauhan, Modelle politischer Verwaltungsführung, 1969, S. 29.

[11] Dazu genauer das 1. Kapitel.

[12] S. Breuer, Rationale Herrschaft. Zu einer Kategorie Max Webers, in: PVS 31 (1990), S. 4 ff. (27). Theoretisch anspruchsvolle Formulierung einer solchen Position bei M. Drath, Der Staat der Industriegesellschaft (1966), in: ders., Rechts- und Staatslehre als Sozialwissenschaft, 1977, S. 116 ff.

[13] P. Badura, Staatsphilosophie, in: Und wir haben doch eine Zukunft. Mensch und Natur an der Schwelle zum 3. Jahrtausend, hrsgg. v. F. Unger u. F. Kardinal König, 1990, S. 286 ff. (294; Hervorhebung im Original, H.D.); vgl. auch E. Vollrath, Ist das Grundgesetz für die Bundesrepublik Deutschland letztbegründbar?, in: Rechtstheorie 20 (1989), S. 39 ff. (39). Grundlegend zur politischen Einheitsbildung als Aufgabe der Verfassung Hesse, Grundzüge des Verfassungsrechts, Rn. 5 ff.

[14] Statt aller P. Kirchhof, Die Identität der Verfassung in ihren unabänderlichen Inhalten, in: HdbStR I, § 19.

[15] H. Hofmann, Legitimität und Rechtsgeltung, 1977, S. 79; vgl. auch W. Zeh, Vollzugskontrolle und Wirkungsbeobachtung als Teilfunktion der Gesetzgebung, in: Jahr-

thentischer Ausdruck des souveränen, wenngleich verfassungsrechtlich domestizierten Volkswillens ist, reproduziert sich mit ihm der Anspruch auf Gehorsam und Befolgung gegenüber den unterschiedlichen Normadressaten und damit das hierarchische Schema von herrschendem Staat und beherrschter Gesellschaft.

Kurz: Die Vorstellung vom Staat ist nach wie vor monistisch und zentralistisch. Ein politisches Gemeinwesen ohne Spitze und Zentrum erscheint unvorstellbar[16]. Hierarchie und Legalität bilden tragende Säulen auch des demokratischen Staates[17].

Staatliche Einheit läßt sich also auf verschiedene Weise denken: als rechtstheoretische Geschlossenheit der Normenordnung, als Axiom innerer Souveränität oder als verfassungsrechtliche Konstituierung des Gesamtverbandes. Ihren greifbarsten Niederschlag hat die einheitsstiftende Funktion hierarchischer Über- und Unterordnung indes im Bereich der Verwaltung gefunden. Das pyramidale System „administrativer Hierarchie"[18] beruht ja gerade auf dem Schema von Befehl und Gehorsam, Aufgabenübertragung und Kontrolle. Kein Zufall also, daß ein Versuch, Verwaltung ‚positiv' – und nicht nur als Auffanggröße für alles nichtlegislative und nichtjudizielle Staatshandeln – zu bestimmen, an das Merkmal der Weisungsgebundenheit anknüpft[19]. Verwaltung war und ist – so scheint es jedenfalls – darüber hinaus ein von einem fremden Willen gesteuerter bürokratischer Apparat. Ihr Instrumentcharakter gilt als historische Konstante, weil offenbar für ihren Funktionsmodus gleichgültig ist, ob als außerbürokratische Spitze ein Monarch oder der demokratische Souverän fungiert. So kann Hierarchie unangefochten als gleichsam zeitloses „Bauprinzip der Exekutive"[20] firmieren.

---

buch für Rechtssoziologie und Rechtstheorie, Bd. 13, 1988, S. 194ff. (209): Gesetze haben die Aufgabe, „gesellschaftliche Einheit zu stiften, indem sie eine gegenseitige Verständigung über Geltungsanspruch und Geltungshintergrund des Rechts, Rechtsbewußtsein und kulturelle Identität ermöglichen". – Auch diese Aufgabe wird durch eine zunehmende Segmentierung und Partikularisierung staatlicher Gesetzgebung mit der daraus folgenden Verselbständigung der Teilrechtsgebiete, die auch von der Rechtsdogmatik kaum mehr überbrückt werden kann, prekär. Das Rechtssystem droht sich in eine Mehrzahl kollisionsträchtiger Sondergebiete aufzuspalten.

[16] H. Krüger, Allgemeine Staatslehre, 2. Aufl. 1966, S. 171ff.; J. Isensee, Staat und Verfassung, in: HdbStR I, § 13 Rn. 46ff.

[17] Zum einheitsstiftenden Charakter des Demokratieprinzips G. Haverkate, Die Einheit der Verwaltung als Rechtsproblem, VVDStRL 46 (1988), S. 217ff. (223ff.).

[18] Vgl. H.J. Wolff/O. Bachof, Verwaltungsrecht II, 4. Aufl. 1976, § 77 I, II (S. 97ff., 101ff.).

[19] A. Merkl, Allgemeines Verwaltungsrecht, 1927, S. 42.

[20] W. Loschelder, Weisungshierarchie und persönliche Verantwortung in der Exekutive, in: HdbStR III, § 68 Rn. 3ff.

2. Es bedarf keines besonderen Scharfblicks, um die Modifikationsbedürftigkeit des in der Formel von der „Gesamthierarchie der vollziehenden Gewalt“[21] plastisch zum Ausdruck gebrachten Einheitskonzepts zu erkennen. Bereits mit der Garantie der kommunalen Selbstverwaltung und des föderalen Prinzips läßt das Grundgesetz erkennen, daß der Staat der Bundesrepublik Deutschland kein monolithischer Block ist und von daher auch nicht als homogene Staatsperson gedacht werden kann. Viele weitere Erscheinungsformen der Ausdifferenzierung und Verselbständigung von Verwaltungseinheiten prägen das bundesrepublikanische Bild einer ‚gebrochenen‘ Administration (R. Wahl). Nicht (allein) Einheit, sondern (zumindest auch) Pluralität scheint das Prinzip staatlicher Verwaltungsorganisation zu sein[22].

Von der Beobachtung, daß die Theorie des Staates und seiner Verwaltung in gewissem Kontrast zur Realität mit ihrer pluralen Vielgliedrigkeit steht, nimmt die Arbeit ihren Ausgangspunkt. Zwar sind, wie noch im einzelnen dargelegt wird, gerade in jüngerer Zeit eine Reihe wertvoller Beiträge zu diesem im weitesten Sinne dem lange vernachlässigten staatlichen Organisationsrecht zuzurechnenden Themenkreis erschienen. Doch fehlt bisher eine konzeptionelle Gesamtbetrachtung, die Stellenwert, Funktionsmodus und Organisation der Verwaltung im demokratischen Staat genauer beleuchtet. Sich des Problems in grundsätzlicher Weise (also in staatstheoretischer, historischer, verfassungsrechtlicher wie verwaltungsorganisatorischer Sicht) anzunehmen besteht im übrigen um so mehr Veranlassung, als maßgebliche systemtheoretische Konzeptionen von Staat und Gesellschaft die Grundvorstellung hierarchischer Organisation negieren, den Staat als bloßes Subsystem der Gesellschaft betrachten und an die Stelle von Hierarchie Heterarchie setzen. Nach der knappen Skizzierung dieser Ansätze (dazu a), ihrer Bedeutung für die neuere rechtssoziologische und staatswissenschaftliche Debatte (b) und deren begrenzter Wirkung für das Staats- und Verwaltungsrecht (c) kann der eigene Ansatz präziser benannt (3.) und der Gang der Untersuchung vorgezeichnet werden (4.).

a) Namentlich Niklas Luhmann und Helmut Willke haben das Ende monozentrischer Staatlichkeit und hierarchischer Gesellschaftssteuerung verkündet. Für Luhmann[23] ist der Staat nur noch ein Subsystem der Gesellschaft,

---

[21] K. Obermayer, Verwaltungsakt und innerdienstlicher Rechtsakt, 1956, S. 108.

[22] Auf die Balancierung von Einheit und Pluralisierung hat Bryde, VVDStRL 46 (1988), S. 181 ff. sein Referat gegründet; vgl. auch W. Krebs, Verwaltungsorganisation, in: HdbStR III, § 69 Rn. 11 ff. („Einheit und Pluralität der Verwaltung“).

[23] Aus der Überfülle seiner Publikationen sind für das folgende einschlägig: Politische Theorie im Wohlfahrtsstaat, 1981; Machtkreislauf und Recht in Demokratien, in: Zeitschrift für Rechtssoziologie 2 (1981), S. 158 ff.; Soziale Systeme, 1984; Ökologische Kommunikation, 1986.

die ihrerseits als Gesamtgefüge der in begrenzter Weise untereinander kommunizierenden Subsysteme (Wirtschaft, Politik, Recht, Erziehung, Wissenschaft, Religion etc.) gedeutet wird, indes nicht hierarchisch gegliedert ist und auch keiner zentralen Spitze untersteht. Luhmanns „Autopoiesis"-Konzept[24], also die Vorstellung von der eigentümlichen Selbstbezüglichkeit der sozialen Systeme, ist ja seiner eigenen Einschätzung nach die anti- oder metahierarchische Theorie schlechthin[25]. Luhmann hat indes nicht nur die Vorstellung einer hierarchischen Stufung der Gesellschaft (des politischen Gemeinwesens) im allgemeinen, sondern auch die der hoheitlichen Ausübung politischer Herrschaft im besonderen verabschiedet. Die moderne Gesellschaft ist seiner Theorie zufolge viel zu komplex, als daß sie ihre Einheit auf ein einziges Zentrum gründen könnte; sie ist ein System ohne Sprecher und ohne innere Repräsentanz[26]. So stellt sich die Ausübung von Herrschaft im politisch-administrativen System für den Systemtheoretiker nicht als hierarchisch abgestufter Prozeß, sondern als „Machtkreislauf" zwischen den drei Polen Bürger-Verwaltung-Politik dar. Eigenständigkeit und relative Autonomie herrschen somit auch in jenem Bereich, der herkömmlicherweise als Inkarnation des hierarchischen Bauprinzips gilt. Während politische und gesellschaftliche Ordnung früher durch die Einheit einer Befehlsgewalt begriffen wurde, sind, so Luhmann, die „fortgeschrittenen politischen Systeme der Gegenwart ... prinzipiell anders strukturiert"[27]. Hier pluralisieren sich nicht nur Entscheidungszentren; hier entfällt der hierarchische Gedanke selbst.

Ebenso radikal hat Helmut Willke alle hierarchischen Vorstellungen verabschiedet. Seine Grundthese ist, daß die hochgezüchtete Eigenrationalität der Teilsysteme einen gesamtgesellschaftlichen Steuerungsbedarf erzeugt, der die Kapazität des Staates überfordert[28]. Infolgedessen wird die lange Zeit unangefochtene „gesellschaftliche Führungsrolle des Staates"[29] prekär. Es sei gerade die zentrale Frage, ob der Staat die Gesellschaft (noch) zu organi-

---

[24] Zur durch diesen Begriff angeregten, sich alsbald vorwiegend um sich selber drehenden Debatte vgl. den ebenso informativen wie ironisch distanzierten Überblick von J. Nocke, Autopoiesis – Rechtssoziologie in seltsamen Schleifen, in: KritJ 19 (1986), S. 363ff.

[25] Luhmann, Soziale Systeme, S. 27 Fn. 22.

[26] Dazu B. Haller, Repräsentation, 1987, S. 72ff.

[27] Luhmann, Politische Theorie im Wohlfahrtsstaat, S. 43.

[28] H. Willke, Entzauberung des Staates, 1983, S. 9ff. (13), 105ff.; ders., Entzauberung des Staates. Grundlinien einer systemtheoretischen Argumentation, in: Jahrbuch zur Staats- und Verwaltungswissenschaft, hrsgg. v. Th. Ellwein u.a., Bd. 1, 1987, S. 285ff.; soweit nicht anders vermerkt, wird im folgenden die Buchveröffentlichung von 1983 herangezogen.

[29] Willke, Entzauberung des Staates, S. 49.

sieren vermöge[30]. Ebenso rücken die „Grenzen der einheitsstiftenden Rolle des Rechts“[31] in den Blick. Schließlich sei nicht länger sicher, ob der tradierte legal-bürokratische Verwaltungsmodus noch als systemadäquat und effizient gelten könne: „Bürokratische Rationalität verbürgt nicht, sondern konterkariert möglicherweise die politische Systemrationalität des entwikkelten westlichen Wohlfahrtsstaates.“[32] Insgesamt zeichne sich der hochkomplexe moderne demokratische Verwaltungsstaat durch den Ausbau nichthierarchischer Formen aus, weil „die Organisationsprinzipien Repräsentation und Hierarchie zu ‚einfach‘ geworden sind.“[33] Es bedürfe neuartiger Verfahren, intermediärer Instanzen und kooperativer, dezentraler Steuerungsmechanismen, um gesamtgesellschaftliche Einheit zu bewahren, ohne Zuflucht in den überholten Konzepten hierarchischer Prägung zu suchen.

Mit alledem wird nichts geringeres als eine fundamentale Veränderung dessen behauptet, „was man“ – wie Luhmann bewußt distanzierend formuliert – „früher als ‚Staat‘ begriffen und mit dem politischen System gleichgesetzt“ hatte[34]. Der angedeutete Strukturwandel gewinnt zusätzlich an Gewicht, wenn man sich klarmacht, daß Chancen und Möglichkeiten demokratischer Staatsorganisation zu einem Gutteil an die ‚alten‘ zentralhierarchischen Bauprinzipien gebunden sind.

b) Zwar sind die hier vorgestellten Ansätze weniger neu, als sie sich zu geben pflegen[35]. Auch speist sich die aktuelle Debatte weder allein aus systemtheoretischen Quellen noch dominiert allenthalben der Rigorismus Luh-

---

30 Willke, Entzauberung des Staates, S. 44.

31 Willke, Entzauberung des Staates, S. 49 ff.

32 Willke, Entzauberung des Staates, S. 11.

33 Willke, Entzauberung des Staates, S. 17; ders., in: Jahrbuch zur Staats- und Verwaltungswissenschaft, Bd. 1, S. 303: „Politische Steuerung muß sich vom Leitbild hierarchischer Interaktionsbeziehungen verabschieden“.

34 Luhmann, Politische Theorie im Wohlfahrtsstaat, S. 44; S. 48 konstatiert Luhmann selbst den tiefgreifenden Wandlungsprozeß: „Der Tiefgang dieses strukturellen Umbaus läßt sich kaum überschätzen. Er verändert die gesellschaftliche Problematik von Politik und damit den Sinn aller politischen Begriffe bis in die Grundaporien hinein.“

35 Gegen die „monistic theory of the state“ mit ihrer Vorstellung *eines* Zentrums, *einer* hierarchischen Spitze hatte schon früh der junge Harold Laski Protest erhoben und die Vielfalt anderer – ebenfalls mit Souveränitätsanspruch auftretender – Organisationen und Verbände betont: H. Laski, The Pluralist State (1919), in: ders., The Foundations of Sovereignty and other Essays, 1921, S. 232 ff. – In der Bundesrepublik Deutschland gebührt Winfried Brohm das Verdienst, in seinem Staatsrechtslehrerreferat von 1971 gegen eine monolithische Staatsvorstellung Position bezogen und auf die Pluralisierung der Verwaltung sowie die Grenzen des bürokratischen Modells, die Einheit des Staates zu gewährleisten, aufmerksam gemacht zu haben: W. Brohm, Die Dogmatik des Ver-

manns oder Willkes. Doch zweifelsohne haben die neuen Entwürfe die Rechtssoziologie und vor allem die in letzter Zeit wiederaufgenommene „staatswissenschaftliche" Diskussion[36] außerordentlich belebt. Viele Beiträge[37] aus unterschiedlichen Theorielagern und Disziplinen problematisieren die Leistungsgrenzen des Rechts im allgemeinen wie die Steuerbarkeit des Gesellschaftssystems durch regulatives, also mit Ver- und Geboten operierendes Recht im besonderen[38]. Was die heterogenen Positionen verknüpft, ist der prinzipielle Zweifel an der Tauglichkeit des Instruments „Recht" zur bewußten Lenkung und Steuerung der Gesellschaft. Während die in den 60er und 70er Jahren dominante Planungsdiskussion noch ganz an

---

waltungsrechts vor den Gegenwartsaufgaben der Verwaltung, VVDStRL 30 (1972), S. 245 ff. (262 f., 293 ff., 298, 302 f.). – Auf herkömmliche und in der neueren Diskussion zuweilen gänzlich übersehene Aspekte weist auch hin G. F. SCHUPPERT, Markt, Staat, Dritter Sektor – oder noch mehr? Sektorspezifische Steuerungsprobleme ausdifferenzierter Staatlichkeit, in: Jahrbuch zur Staats- und Verwaltungswissenschaft, hrsgg. v. Th. Ellwein u.a., Bd. 3, 1989, S. 47 ff. – SCHUPPERTS Buch über die „Erfüllung öffentlicher Aufgaben durch verselbständigte Verwaltungseinheiten" aus dem Jahre 1981 hatte Initialfunktion für die genauere Untersuchung der Pluralisierung der Verwaltung, ohne daß Ausgangsbasis hier systemtheoretische Prämissen gewesen wären.

[36] Vgl. den Tagungsbericht von A. BENZ, Staatswissenschaft oder Staatswissenschaften?, in: DÖV 1988, S. 920 ff. – Ein wichtiger Indikator für das neuerwachte Interesse ist auch das „Jahrbuch zur Staats- und Verwaltungswissenschaft" (erscheint seit 1987) sowie die neugegründete Vierteljahreszeitschrift „Staatswissenschaften und Staatspraxis" (erscheint seit 1990).

[37] Einen Einblick in die Diskussion vermitteln außer dem bereits genannten Aufsatz von Joachim Nocke: I. MAUS, Perspektiven „reflexiven Rechts" im Kontext gegenwärtiger Deregulierungstendenzen, in: KritJ 19 (1986), S. 390 ff.; R. MAYNTZ, Politische Steuerung und gesellschaftliche Steuerungsprobleme – Anmerkungen zu einem theoretischen Paradigma, in: Jahrbuch zur Staats- und Verwaltungswissenschaft, Bd. 1, 1987, S. 89 ff.; G. F. SCHUPPERT, Zur Neubelebung der Staatsdiskussion: Entzauberung des Staates oder „Bringing the State Back in?", in: Der Staat 29 (1989), S. 91 ff.

[38] Aus der Fülle der Literatur: TH. ELLWEIN, Staatliche Steuerung in der parlamentarischen Demokratie, in: DÖV 1984, S. 748 ff.; J. J. HESSE, Aufgaben einer Staatslehre heute, in: Jahrbuch zur Staats- und Verwaltungswissenschaft, hrsgg. v. Th. Ellwein u.a., Bd. 1, 1987, S. 55 ff.; C. OFFE, Die Staatstheorie auf der Suche nach ihrem Gegenstand, ebd., S. 309 ff.; Grenzen des Rechts (= Bd. 1 der Jahresschrift für Rechtspolitologie), 1987; F. W. SCHARPF, Verhandlungssysteme, Verteilungskonflikte und Pathologien der politischen Steuerung, in: Staatstätigkeit, hrsgg. v. M. G. Schmidt (= PVS-Sonderheft 19), 1988, S. 61 ff.; DERS., Politische Steuerung und politische Institutionen, in: PVS 30 (1989), S. 10 ff.; N. LUHMANN, Politische Steuerung – ein Diskussionsbeitrag, in: PVS 30 (1989), S. 4 ff.; M. MILLER, Verwaltung zwischen Programm und Kontrolle – Ziele und Restriktionen staatlicher Steuerung, in: Verwaltungsrundschau 1989, S. 232 ff.; W. BROHM, Alternative Steuerungsmöglichkeiten als „bessere" Gesetzgebung?, in: Zustand und Perspektiven der Gesetzgebung, hrsgg. v. H. Hill, 1989, S. 217 ff.; zuletzt E.-H. RITTER, Das Recht als Steuerungsmedium im kooperativen Staat, in: Staatswissenschaften und Staatspraxis 1990, S. 50 ff. m. w. N.

vergleichsweise schlichte Ursache-Wirkungs-Vorstellungen gebunden war[39], wird jetzt die gezielte Beeinflussung staatlicher wie gesellschaftlicher Verhältnisse durch das Medium Recht problematisiert, weil die steuerungstheoretische Diskussion das lineare Kausalitätsdenken hinter sich läßt und „von Planung auf Evolution“[40] umstellt. Die positiven Gegenentwürfe kreisen um Konzepte eines reflexiven, prozeduralen, medialen oder postregulatorischen Rechts[41].

c) Die bisherigen Darlegungen mögen bereits Anhaltspunkte geliefert haben, warum die um Grenzen des Rechts und Entzauberung des Staates, um Autopoiesis und Deregulierung, um Staats- und Marktversagen, um Unregierbarkeit und Dezentralisation, um Selbstorganisation und Dritten Sektor kreisende Debatte im Bereich des Staats- und Verwaltungsrechts trotz ihrer herausfordernden Thesen bislang nur geringen Widerhall gefunden hat: zu fremd die Sprache, zu abstrakt die Thesen, zu wenig greifbar ihre möglichen Konsequenzen[42].

---

39 Vgl. Nocke, in: KritJ 19 (1986), S. 376; zur Planungsdiskussion aus heutiger Sicht E.-H. Ritter, Staatliche Steuerung bei vermindertem Rationalitätsanspruch? Zur Praxis der politischen Planung in der Bundesrepublik Deutschland, in: Jahrbuch zur Staats- und Verwaltungswissenschaft, hrsgg. v. Th. Ellwein u.a., Bd. 1, 1987, S. 321 ff.

40 Luhmann, Soziale Systeme, S. 27; s. auch H. Willke, Gesellschaftssteuerung, in: M. Glagow (Hrsg.), Gesellschaftssteuerung zwischen Korporatismus und Subsidiarität, 1984, S. 29 ff. (42 ff.).

41 G. Teubner, Reflexives Recht. Entwicklungsmodelle des Rechts in vergleichender Perspektive, in: ARSP 68 (1982), S. 13 ff.; G. Teubner/H. Willke, Dezentrale Kontextsteuerung im Recht intermediärer Verbände, in: Verrechtlichung, hrsgg. v. R. Voigt, 1980, S. 46 ff.; dies., Kontext und Autonomie: Gesellschaftliche Selbststeuerung durch reflexives Recht, in: Zeitschrift für Rechtssoziologie 5 (1984), S. 4 ff.; zuletzt G. Teubner, Recht als autopoietisches System, 1989, S. 81 ff.; A. Görlitz (Hrsg.), Politische Steuerung sozialer Systeme. Mediales Recht als politisches Steuerungskonzept, 1989.

42 S. etwa K. Lüderssen, „Wär' der Gedank' nicht so verwünscht gescheit, man wär' versucht, ihn herzlich dumm zu nennen“, in: Rechtshistorisches Journal 1986, S. 343 ff.; H. Schulze-Fielitz, Theorie und Praxis parlamentarischer Gesetzgebung, 1988, S. 193 f. m.w.N.; Scharpf, in: Staatstätigkeit, S. 66 ff.; jüngst Schuppert, in: Der Staat 28 (1989), S. 100. – Eben hier setzt denn auch die Detailkritik an der Tauglichkeit des Gesamtkonzepts an: s. etwa F. Traxler/G. Vobruba, Selbststeuerung als funktionales Äquivalent zum Recht?, in: Zeitschrift für Soziologie, Jg. 16 (1987), S. 3 ff.; H. Voelzkow/J. Hilbert/R. G. Heinze, „Regierung durch Verbände“ – am Beispiel der umweltschutzbezogenen Techniksteuerung, in: PVS 28 (1987), S. 80 ff.; P. Nahamowitz, „Reflexives Recht“: Das unmögliche Ideal eines post-interventionistischen Steuerungskonzepts, in: Zeitschrift für Rechtssoziologie 6 (1985), S. 29 ff.; ders., Effektivität wirtschaftsrechtlicher Steuerung. Ein Beitrag zur Autopoiesis-Debatte, in: KritJ 4 (1987), S. 411 ff.; ders., Autopoietische Rechtstheorie: mit dem baldigen Ableben ist zu rechnen, in: Zeitschrift für Rechtssoziologie 11 (1990), S. 137 ff. – Vgl. auch E. Rehbinder, Reflexives Recht und Praxis. Der Bundesbeauftragte für Umweltschutz als Beispiel, in:

Einer unmittelbaren Integration oder Nutzbarmachung stehen zudem die unterschiedlichen Herkunftswelten, Denkpfade und Forschungsperspektiven der Disziplinen entgegen. Gleichwohl fehlt es nicht an Bemühungen, hier alte Gräben zu überwinden und Brückenschläge zu wagen – man denke nur an einschlägige Arbeiten von Gunnar Folke Schuppert oder Winfried Brohm. So hat, um nur ein Beispiel zu nennen, der letztgenannte des öfteren davon gesprochen, daß die monozentrische Staats- und Demokratiekonzeption kritisch zu überdenken und zugunsten eines Ansatzes, der den Staat als polyzentrisches System begreift, zu überwinden sei[43]. Ein typischer Satz lautet etwa: „Die heutige hochkomplexe Industriegesellschaft ist – vergleichbar dem Modell kybernetischer Regelkreise – nur in Verbindung und im Zusammenspiel mit einer Vielzahl von Entscheidungszentren zu steuern."[44] Ähnlich resümiert ein anderer Autor, daß „die öffentliche Verwaltung nicht mehr nach dem Ideal ‚legislatorischer Programmierung' von einer einheitlichen Spitze aus, sondern nur mehr als eine polyzentrische Organisation mit vielen ‚Aktivitätszentren' gesteuert werden kann."[45] Dies sind Aussagen noch recht allgemeiner Art, die indes der problemfeldspezifischen Konkretisierung und Überprüfung ebenso fähig wie bedürftig sind. Denn ohne entsprechende Detailarbeit stehen alle Analysen in der Gefahr, sich in abstrakten und kaum verifizierbaren Aussagen über *das* Recht, *die* Gesellschaft und *den* Staat schlechthin zu verlieren.

Besonders bei einigen Autoren aus den Sozial- und Politikwissenschaften drängt sich geradezu die Frage auf, ob man statt von einer ‚Entzauberung des Staates' nicht eher von einer ‚Verzauberung durch die Systemtheorie' sprechen müßte. Auf jeden Fall liegt die Kluft zwischen den Theoremen mo-

---

Gesetzgebungstheorie und Rechtspolitik (Jahrbuch für Rechtssoziologie und Rechtstheorie, Bd. 13), 1988, S. 109 ff.

[43] W. Brohm, Zum Funktionswandel der Verwaltungsgerichtsbarkeit, in: NJW 1984, S. 8 ff. (12); ders., Die staatliche Verwaltung als eigenständige Gewalt und die Grenzen der Verwaltungsgerichtsbarkeit, in: DVBl. 1986, S. 321 ff. (328 f.); ders., Verwaltung und Verwaltungsgerichtsbarkeit als Steuerungsmechanismen in einem polyzentrischen System der Rechtserzeugung, in: DÖV 1987, S. 265 ff.; ders., Polyzentrische Steuerung durch das Recht, in: Grenzen des Rechts, 1987, S. 31 ff. (37 ff.). Zur Polyzentralität auch I. Ebsen, Gesetzesgestaltung und Gesetzesanwendung im Leistungsrecht, in: DVBl. 1988, S. 883 ff. (892) m.w.N. und bereits E. Pankoke, Regionale Öffentlichkeit im Ballungsraum Ruhr. Polyzentrale Steuerung als Problem von Funktionalreform und Gebietsreform, in: Die Verwaltung 9 (1976), S. 73 ff. (73).

[44] Brohm, in: DVBl. 1986, S. 329.

[45] H. Lange, Organisationswandel der Verwaltung und Rekrutierungspolitik im öffentlichen Dienst, in: DÖV 1988, S. 323 ff. (326); ähnlich D. Fürst, Die Neubelebung der Staatsdiskussion: Veränderte Anforderungen an Regierung und Verwaltung in westlichen Industriegesellschaften, in: Jahrbuch zur Staats- und Verwaltungswissenschaft, hrsgg. v. Th. Ellwein u.a., Bd. 1, 1987, S. 261 ff. (262, 269 ff.).

derner Sozialtheorie und dem auch begrifflich exakter eingegrenzten Fragehorizont des Staats- und Verwaltungsrechts im unterschiedlichen Abstraktionsniveau begründet. Selbst mit der ziemlich hochaggregierten Verfassungsrechtsdogmatik lassen sich viele Ansätze kaum konfrontieren und wechselseitig überprüfen[46].

3. Konventionelle Staatslehre und moderne Sozialtheorie stehen so allem Anschein nach weiterhin ziemlich unverbunden nebeneinander. Ein intensiver Theorieaustausch findet nicht statt. Auf der einen Seite begreift man den Staat als Spitze der Gesellschaft, als ihren Einheitsgaranten und Repräsentanten, von dessen souveränem Willen der maschinenförmig operierende Verwaltungsapparat sicher gelenkt wird; auf der anderen Seite erscheint er als politisch-administratives Subsystem, das seinerseits in eine Vielzahl von Entscheidungsträgern zerfällt und nur höchst begrenzte Steuerungskraft gegenüber der Gesellschaft entfaltet.

Will man sich in dieser Situation nicht der Chance begeben, die anregenden Thesen moderner Sozialtheorie wie die fruchtbaren Diskussionen im Rahmen der revitalisierten Staatswissenschaften für das Staats- und Verwaltungsrecht fruchtbar zu machen, ohne in blinde Abhängigkeit von den dort entwickelten Zauberformeln zu geraten; will man sich schließlich weder auf einige kosmetische Veränderungen der eigenen Disziplin beschränken noch ungeprüften Theorieimport betreiben, so kann das Ziel nur lauten, sich der Herausforderung der neuen theoretischen Ansätze zu stellen, ohne den konkreten Frage- und Bezugshorizont der eigenen Disziplin vorschnell zu verlassen[47]. Das erfordert zweierlei. Zum einen ist die Fragestellung zu präzisieren. Die Rede vom Ende *des* Staates als eines hierarchischen Komplexes ist angesichts seiner Vielgliedrigkeit in dieser Allgemeinheit notwendig falsch. Man muß daher den systemtheoretischen Ansatz für eine rechtswissenschaftliche Analyse erst einmal operabel machen und den Blick auf die konkreten Rechtserscheinungen lenken. Es geht nicht um eine voluntative Neubestimmung des Staatsbegriffes, die pauschale Negation staatlicher Einheit oder gar um eine Verabschiedung der Idee organisierter staatlicher Herrschaft überhaupt, sondern um die bereichsspezifische Untersuchung derjenigen Veränderungen, die Staat und Verwaltung seit ihrer Genese im abso-

---

[46] E. Denninger, Verfassung und Gesetz, in: KritV 1986, S. 291 ff. (314), insbesondere mit Blick auf Arbeiten von Gunther Teubner und Helmut Willke. – Siehe jetzt aber G. Teubner, Unternehmenskorporatismus. New Industrial Policy und das Wesen der juristischen Person, in: KritV 1987, S. 61 ff.; ders., Recht als autopoietisches System, S. 149 ff.

[47] Ähnlich E. Schmidt-Assmann, Das allgemeine Verwaltungsrecht als Ordnungsidee und System, 1982, S. 13.

lutistischen Fürstenstaat erfahren haben – und um die Folgen dieser Veränderungen für eine adäquate staatsrechtliche Begriffs- und Theoriebildung.

Die vorliegende Arbeit zielt daher genauer auf die Anatomie des modernen Verwaltungsstaates und versucht diesen unter einem bestimmten Blickwinkel zu analysieren. Gefragt wird, ob die absolutistisch geprägte Gesetzgeberperspektive mit ihrem Glauben an die Prämissen legal-bürokratischer Herrschaft und ihrer axiomatischen Einheitsvorstellung die staats- und verwaltungsrechtliche Realität der Bundesrepublik Deutschland hinlänglich zu erfassen erlaubt oder das pyramidale Staatsmodell mit seinem Systemschema von programmierender Legislative und programmierter Exekutive zu verabschieden ist. Eine bedeutende Rolle spielt bei allen Erörterungen die Frage, ob und inwieweit partielle Durchbrechungen des bürokratisch-hierarchischen Staatsgefüges ein Verlust an demokratischer Staatlichkeit infolge des Abbaus demokratischer Autorisation, Legitimation und Kontrolle korrespondiert: sei es infolge einer gewissen „Eigenständigkeit" der (staatsunmittelbaren) Verwaltung gegenüber dem Gesetz(geber), sei es infolge zunehmender Verselbständigung von Verwaltungseinheiten. Eine demokratische Verwaltungsordnung ruht, wie noch im einzelnen zu zeigen ist, auf den Säulen von Hierarchie und Legalität. Daß diese Säulen brüchig werden, kann nicht ohne Folgen bleiben. In welchem Ausmaß, so die Leitfrage, zieht der Hierarchieschwund demokratische Steuerungsverluste nach sich? Und welche Kompensationen sind für diesen Verlust in Sicht? Bei der Beantwortung dieser Fragen kann und darf man nicht darauf verzichten – das ist der zweite Punkt –, neben der selbstverständlichen Einbeziehung von Verfassungs- und Verwaltungsgeschichte auch die Erkenntnisse von Nachbardisziplinen wie der Rechts- und Organisationssoziologie, der Politikwissenschaft, der Bürokratietheorie und der Verwaltungslehre dort zu berücksichtigen, wo sie für die jeweilige Fragestellung von Bedeutung sind[48]: bei den Vorstellungsgehalten der Einheit des Staates, der Annahme des Instrumentcharakters der Verwaltung, der hierarchischen Grundstruktur der Exekutive, der Dominanz des Gesetzgebers und der Pluralisierung der Verwaltung.

4. Daß zentrale Begriffe des heutigen Staats- und Verwaltungsrechts der Epoche des dualistischen Konstitutionalismus entstammen und sich aufgrund dieser historischen Prägung Probleme bei ihrer Übertragung auf die Wirklichkeit des demokratisch legitimierten, rechtsstaatlich limitierten und sozial verpflichteten Verfassungsstaates der Bundesrepublik Deutschland ergeben, ist oft bemerkt und zum Gegenstand bedeutender Arbeiten ge-

---

[48] Vgl. zum Wirklichkeitsbezug der Verfassungstheorie M. MORLOK, Was heißt und zu welchem Ende studiert man Verfassungstheorie?, 1988, S. 60ff.

macht worden[49]. Nicht immer hat man mit der gleichen Eindringlichkeit deutlich werden lassen, daß entscheidende Prinzipien für die Ausgestaltung einer dem Demokratieprinzip entsprechenden Verwaltungsorganisation in der Ideenwelt des fürstlichen Absolutismus wurzeln. Die vorliegende Studie stellt die Frage, ob ein dem absolutistischen Maschinenmodell verhaftetes Bild der Exekutive dem modernen Verwaltungsstaat noch adäquat ist und inwieweit ihm mittlerweile andere, insbesondere nichthierarchische Merkmale entscheidendes Profil verleihen. Dazu schlägt sie einen Bogen von der Idealvorstellung bürokratischer Administration nach Art mechanischer Impulse bis hin zur Selbständigkeit und Pluralisierung der Exekutive im modernen Verwaltungsstaat.

Am Anfang (1. Kapitel) steht die grundsätzliche Frage, ob die Vorstellung einer Einheit des Staates an die zentralistisch-autokratischen Bedingungen ihrer Genese gebunden ist und die Verwaltung vom Wandel der Staatsformen unberührt bleibt. Dieses Problem bildet den Ausgangspunkt für die folgenden historischen, staats- und verfassungsrechtlichen sowie verwaltungsorganisatorischen Erörterungen.

Im 2. Kapitel wird unter Berücksichtigung der Entwicklung des Beamtenrechts gezeigt, daß die Vorstellung vom Instrumentcharakter der Verwaltung sich im Grunde bis zum heutigen Tag konstant gehalten hat.

Das 3. Kapitel demonstriert, daß eine hierarchisch organisierte, gesetzesgebundene und durch Weisungen der parlamentarisch verantwortlichen ministeriellen Spitze gesteuerte Verwaltung als Komplementärerscheinung demokratischer Staatlichkeit zu begreifen ist. Eine genauere Betrachtung macht jedoch rasch die Grenzen einer lückenlosen Gesamthierarchie der Exekutive sichtbar. Im Anschluß an eine systematische Auffächerung verschiedener, das Hierarchieprinzip destabilisierender Aspekte werden sodann die nichthierarchischen, auf Kooperation beruhenden Elemente im Verhältnis Verwaltung-Gesetzgeber sowie die zur Verselbständigung gegenüber dem jeweiligen demokratischen Zentrum des Muttergemeinwesens führenden Entwicklungsprozesse näher untersucht.

Kapitel 4 verdeutlicht, daß im modernen Vorsorge-, Fürsorge-, Verteilungs- und Leistungsstaat die Herrschaft der Gesetze bis zu einem gewissen Grad zwangsläufig zur Mitherrschaft der Verwaltung führt. Insoweit findet die häufig mißverständlich gebrauchte Formel von der Selbständigkeit der Verwaltung ihre Rechtfertigung. Das an die Verwaltung adressierte Gesetz

---

[49] Genannt seien nur: D. JESCH, Gesetz und Verwaltung, 1961; H. H. RUPP, Grundfragen der heutigen Verwaltungsrechtslehre, 1965; W. MÖSSLE, Regierungsfunktionen des Parlaments, 1986. Aus den zahlreichen Veröffentlichungen ULRICH SCHEUNERS etwa: Der Bereich der Regierung (1952), in: ders., Staatstheorie und Staatsrecht, 1978, S. 455 ff.; Gesetzgebung und Politik (1974), ebd., S. 529 ff.

ist in wachsendem Maße kein der mechanischen Umsetzung fähiges Kommando, sondern ein Konkretisierungsauftrag; Legislative und Exekutive wirken im Prozeß der Rechtsverwirklichung arbeitsteilig zusammen.

Das letzte Kapitel widmet sich sodann der hochgradig pluralisierten Verwaltungsorganisation in der Bundesrepublik Deutschland und untersucht wiederum mit Blick auf die demokratische Anbindung der Exekutive, wieweit die Verselbständigung von Verwaltungseinheiten das gängige Bild der Verwaltung als eines einheitlichen, in sich strikt hierarchisch organisierten und von der politischen Spitze punktgenau dirigierten Apparates korrigiert. Besonderes Augenmerk wird dabei auf die differenziert zu betrachtenden und am Demokratieprinzip zu messenden Legitimationen für die Verselbständigungsakte gelegt.

5. In Betracht gekommen wäre, den Kapiteln 4 und 5 als weiteres Untersuchungsfeld die Analyse der bundesstaatlichen Verhältnisse folgen zu lassen; dies hätte um so näher gelegen, als sich nicht zufällig für den aktuellen Zustand der Bundesstaatlichkeit der Terminus „kooperativer Föderalismus" eingebürgert hat[50]. Damit wäre ungeachtet der funktionalen Parallele des föderalen Systems zur Verselbständigung der Verwaltungseinheiten im allgemeinen (Erhöhung der Leistungs-, Lern- und Problemlösungsfähigkeit des Gesamtsystems; Innovations-, Korrektiv- und Konkurrenzfunktion der Bundesländer)[51] eine weitere Problemdimension erschlossen worden: die Analyse derjenigen Veränderungen, denen das bundesstaatliche System durch den Strukturwandel staatlicher Aufgaben und die Egalisierung landsmannschaftlicher wie regionaler Besonderheiten unterworfen ist. Der gegenüber dem ursprünglichen Konzept eines „separativen" oder „dualistischen" Föderalismus mit strikter Kompetenztrennung und klarer Sonderung der Verwaltungsräume (Verbot der Mischverwaltung) im Laufe der Zeit eingetretene Wandel hin zur engeren Verflechtung von Bund und Län-

---

[50] Zum Begriff: G. Konow, Kooperativer Föderalismus und Gemeinschaftsaufgaben, in: DÖV 1966, S. 368ff.; H. Liebrecht, Der kooperative Föderalismus, in: DVBl. 1967, S. 72ff.; R. Kunze, Kooperativer Föderalismus in der Bundesrepublik, 1968; W. A. Kewenig, Kooperativer Föderalismus und bundesstaatliche Ordnung, in: AöR 93 (1968), S. 433ff.

[51] Vgl. nur G. Kisker, Ideologische und theoretische Grundlagen der bundesstaatlichen Ordnung in der Bundesrepublik Deutschland – Zur Rechtfertigung des Föderalismus, in: Probleme des Föderalismus, 1985, S. 23ff. (27ff.); M. Frenkel, Föderalismus und Bundesstaat, Bd. I: Föderalismus, 1984, S. 140ff.; ferner H.-P. Schneider, Kooperation, Konkurrenz oder Konfrontation? Entwicklungstendenzen des Föderalismus in der Bundesrepublik, in: Lebendige Verfassung – das Grundgesetz in Perspektive, 1981, S. 91ff.; zuletzt F. Ossenbühl, Landesbericht Bundesrepublik Deutschland, in: ders. (Hrsg.), Föderalismus und Regionalismus in Europa, 1990, S. 117ff. (159ff.).

dern, zur Zusammenarbeit und gemeinsamen Aufgabenerledigung[52], dessen Bedeutung für den Entwicklungsprozeß des Grundgesetzes hervorgehoben zu werden verdient[53], ist an einer ganzen Reihe von Phänomenen ablesbar: besonders deutlich an den in der Verfassung verankerten Umstrukturierungen der Finanzverfassung (Art. 104 a ff. GG)[54] und den neuartigen Gemeinschaftsaufgaben (Art. 91 a, 91 b GG)[55], aber auch an einer Vielzahl von Gliedstaatenverträgen und Verwaltungsabkommen[56], der Existenz von Gemeinschaftseinrichtungen der Länder[57] und institutionalisierten Kontaktauf-

---

[52] Diese erstreckt sich nicht nur auf das Verhältnis von Bund und Ländern, sondern umfaßt auch die Kooperation der Länder untereinander; vgl. dazu die umfassende Bestandsaufnahme von M. BOTHE, Zusammenarbeit der Gliedstaaten im Bundesstaat. Rechtsvergleichender Generalbericht, in: Zusammenarbeit der Gliedstaaten im Bundesstaat, hrsgg. v. Chr. Starck, 1988, S. 175 ff.; ebd. der Landesbericht für die Bundesrepublik Deutschland von J. PIETZCKER, S. 17 ff. Aus der schier uferlosen Literatur ist noch besonders hervorzuheben R. LOESER, Die bundesstaatliche Verwaltungsorganisation in der Bundesrepublik Deutschland, 1981 und jetzt die gute Gesamtübersicht von TH. F. W. SCHODDER, Föderative Gewaltenteilung in der Bundesrepublik Deutschland, 1989.

[53] H. HOFMANN, Die Entwicklung des Grundgesetzes nach 1949, in: HdbStR I, § 7 Rn. 62 ff.; D. GRIMM, Das Grundgesetz nach vierzig Jahren, in: NJW 1989, S. 1305 ff. (1307); R. HERZOG, Das Grundgesetz an der Schwelle der neunziger Jahre, in: DÖV 1989, S. 465 ff. (465); G. ROBBERS, Die Änderungen des Grundgesetzes, in: NJW 1989, S. 1325 ff. (1329 ff.).

[54] Zum Dauerthema Finanzverfassung etwa F. KLEIN, Von der föderativen zur stärker unitarischen Gestaltung des Finanzwesens in der Bundesrepublik Deutschland, in: FS Giese, 1953, S. 61 ff.; W. PATZIG, Von der Franckensteinschen Klausel zum Großen Steuerverbund, in: DVBl. 1971, S. 16 ff.; O. BARBARINO, Kritische Gedanken zur Finanzverfassung, in: FS Hanauer, 1978, S. 160 ff.; F. KLEIN, Bund und Länder nach der Finanzverfassung des Grundgesetzes, in: HdbVerfR, S. 863 ff.; H. DONNER, Aktuelle Probleme des Finanzausgleichs im sozialen Bundesstaat, in: ZRP 1985, S. 327 ff.; K. VOGEL, Das ungeschriebene Finanzrecht des Grundgesetzes, in: Gedächtnisschrift für Wolfgang Martens, 1987, S. 265 ff. – Zur Verteilung des Finanzaufkommens im Bundesstaat jetzt BVerfGE 72, 330.

[55] Zur kontroversen Diskussion aus der Fülle der Stellungnahmen G. KISKER, Kooperation im Bundesstaat, 1971, S. 282 ff.; H. SOELL, Sind die Gemeinschaftsaufgaben nach Art. 91 a ein geeignetes Instrument zur Weiterentwicklung des föderativen Systems?, in: FS Forsthoff, 1972, S. 397 ff.; S. MARNITZ, Die Gemeinschaftsaufgaben des Art. 91 a GG als Versuch einer verfassungsrechtlichen Institutionalisierung der bundesstaatlichen Kooperation, 1974; U. KARPEN, Hochschulplanung und Grundgesetz, 1987, S. 730 ff.

[56] R. GRAWERT, Verwaltungsabkommen zwischen Bund und Ländern in der Bundesrepublik Deutschland, 1967; G. HEIDEN, Öffentlichrechtliche Verträge zwischen Bund und Ländern in der Bundesrepublik Deutschland, 1969; F. KNÖPFLE, Verwaltungsabkommen zwischen Bund und Ländern, in: Der Staat 8 (1969), S. 79 ff.; P. G. SCHNEIDER, Beteiligung der Landesparlamente beim Zustandekommen von Staatsverträgen und Verwaltungsabkommen der Bundesländer, 1978.

[57] Zu den damit verbundenen Problemen einer „Dritten Ebene" namentlich G. KIS-

nahmen zwischen Bund und Ländern sowie der Selbstkoordination der Länder untereinander (Ministerpräsidenten- und Ressortministerkonferenzen, Gemeinsame Ausschüsse)[58] wie dem Zwang zu gemeinsamer Aufgabenerfüllung kraft technischer Entwicklung[59]. Zu den Phänomenen des Wandels zählt schließlich auch der weitgehende Verzicht auf die im Grundgesetz durchaus vorgesehenen bundesaufsichtlichen Mittel zugunsten einvernehmlicher Aushandlungsprozesse[60]: War für Triepel die Aufsicht noch „der große Regulator in der Arbeitsmaschine des zusammengesetzten Staatswesens"[61], nimmt die Konfliktbewältigung im heutigen Bundesstaat Züge „binnenföderaler Diplomatie"[62] an.

Angesichts des Umstandes, daß Kooperation im Bundesstaat in erster Linie eine Kooperation der Exekutiven ist und daher zur oft beklagten Entmachtung der Landtage[63] führt, hätte auch die Analyse des kooperativen Föderalismus die Gefährdung demokratisch-parlamentarischer Herrschaft ins Zentrum stellen müssen.

Indes: Alle genannten Aspekte und Problemdimensionen sind längst gut erforscht[64]. Nicht nur die staats- und verfassungsrechtliche Seite war und ist Gegenstand breiter und intensiver Untersuchungen; auch hat sich eine an-

---

KER, Zwischenländer-Gemeinschaftseinrichtungen – Verfassungsmäßigkeit der Anstalt „Zweites Deutsches Fernsehen" und ihrer Finanzierung – BVerwGE 22, 299, in: JuS 1969, S. 466 ff.; DERS., Kooperation im Bundesstaat, S. 236 ff.; DERS., Grundrechtsschutz gegen bundesstaatliche Vielfalt?, in: FS Bachof, 1984, S. 47 ff.; ferner GRAWERT, Verwaltungsabkommen, S. 225 ff., 239 ff.; H. F. ZACHER, Grundlagen und Grenzen interföderativer Kooperation, in: BayVBl. 1971, S. 321 ff., 375 ff.; OSSENBÜHL, Landesbericht, S. 140 ff.

[58] PIETZCKER, Zusammenarbeit der Gliedstaaten im Bundstaat, S. 20 ff.; W. GRAF VITZTHUM, Die Bedeutung des gliedstaatlichen Verfassungsrechts in der Gegenwart, VVDStRL 46 (1988), S. 7 ff. (37 ff.); SCHODDER, Föderative Gewaltenteilung, S. 189 ff.

[59] M. BULLINGER, Rundfunkordnung im Bundesstaat und in der Europäischen Gemeinschaft, in: AfP 1985, S. 257 ff.

[60] Vgl. nur J. A. FROWEIN, Art. Bundesaufsicht und Bundeszwang, in: StL, 7. Aufl., Bd. 1, Sp. 901 ff. und P. LERCHE, in: Maunz/Dürig, Komm. z. GG, Art. 85 (1987) Rn. 89.

[61] H. TRIEPEL, Die Reichsaufsicht, 1917, S. 3.

[62] D. FÜRST U. A., Stadt und Staat, 1984, S. 42. Zu vergleichbaren Trends bei der Kommunalaufsicht H. FABER, Die Macht der Gemeinden, 1982, S. 38 ff. und allgemein CHR. MAYR, Aufsichtsverhältnisse als Verwaltungsrechtsverhältnisse, 1984.

[63] W. LEISNER, Schwächung der Landesparlamente durch grundgesetzlichen Föderalismus, in: DÖV 1968, S. 369 ff.; H. C. F. LIESEGANG/R. PLÖGER, Schwächung der Parlamente durch den kooperativen Föderalismus?, in: DÖV 1971, S. 228 ff.; zusammenfassend OSSENBÜHL, Landesbericht, S. 154 ff.

[64] Einen ungefähren Eindruck von der Fülle der Veröffentlichungen vermittelt die Auswahlbibliographie von D. DÖRNER/R. HUTH, Das föderative System der Bundesrepublik Deutschland, 1985.

spruchsvolle verwaltungswissenschaftliche Analyse dem Phänomen unter dem Topos der „Politikverflechtung“ gewidmet[65] und mit der These, daß angesichts übergreifender Sachprobleme der durch die fragmentierte Verwaltungsorganisation der Bundesrepublik hervorgerufene Verflechtungsdruck Verbundsysteme mit einem hohen Konsensbedarf entstehen läßt, was zu Abstimmungszwängen führt und die Handlungsspielräume der Beteiligten empfindlich einschränkt oder gar die Selbstblockierung des Gesamtsystems nach sich zieht, eine überaus fruchtbare wissenschaftliche Diskussion ausgelöst[66]. Des weiteren liegen politökonomische und wirtschaftswissenschaftliche Arbeiten vor[67]. In mehreren Studien ist man schließlich dem Prozeß der Ablösung hierarchischer bundesstaatlicher Regelungsinstrumente durch kooperative Formen nachgegangen[68]. Darüber hinaus behält man auch die Folgeprobleme der europäischen Integration für die bundesstaatliche Ordnung fest im Blick[69].

In Anbetracht dieser insgesamt hervorragenden Literatur- und Forschungslage hätte eine gesonderte Untersuchung des kooperativen Föderalismus keine neuen Erkenntnisse vermitteln, sondern nur die bekannten Ergebnisse reproduzieren können[70].

---

[65] F. W. Scharpf/B. Reissert/F. Schnabel, Politikverflechtung: Theorie und Empirie des kooperativen Föderalismus in der Bundesrepublik, 1976. Bereits 1975 erschien der Sammelband: Politikverflechtung zwischen Bund, Ländern und Gemeinden (= Schriftenreihe der Hochschule Speyer, Bd. 55).

[66] F. W. Scharpf/B. Reissert/F. Schnabel (Hrsg.), Politikverflechtung II. Kritik und Berichte aus der Praxis, 1977; J. J. Hesse (Hrsg.), Politikverflechtung im föderativen Staat, 1978; W. Seibel, Regierbarkeit und Verwaltungswissenschaft, 1983, S. 248 ff.; A. Benz, Föderalismus als dynamisches System, 1985, S. 30 ff.; M. Miller, Politikverflechtung als Organisationsprinzip, in: DÖV 1986, S. 140 ff.

[67] A. Kraus, Zentrale und dezentrale Tendenzen im Föderalismus, 1985; E. Thöni, Politökonomische Theorie des Föderalismus, 1986.

[68] Hier ist vor allem hervorzuheben die frühe Abhandlung von W. Blümel, Bundesstaatliche Aspekte der Verwaltungsvorschriften. Zur verfassungswidrigen Praxis im Bereich der Bundesauftragsverwaltung, in: AöR 93 (1968), S. 200 ff., der am Beispiel der Bundesfernstraßenverwaltung die kooperative Verwaltungspraxis exemplarisch untersucht hat; zum gleichen Verwaltungsbereich D. Garlichs, Grenzen staatlicher Infrastrukturpolitik, 1980, und W. Reh, Politikverflechtung im Fernstraßenbau der Bundesrepublik Deutschland und im Nationalstraßenbau der Schweiz, 1988; zu einem anderen Gebiet A. U. Posse, Föderative Politikverflechtung in der Umweltpolitik, 1986.

[69] M. Schröder, Bundesstaatliche Erosionen im Prozeß der Europäischen Integration, in: JöR 35 (1986), S. 83 ff.; Vitzthum, VVDStRL 46 (1988), S. 47 ff.; Ossenbühl, Landesbericht, S. 146 ff.

[70] Wie zur Bestätigung des Gesagten erscheint soeben Bd. IV des von Josef Isensee und Paul Kirchhof hrsgg. Handbuchs des Staatsrechts über „Finanzverfassung-Bundesstaatliche Ordnung“ mit einer Reihe ebenso umfänglicher wie einschlägiger Beiträge (s. insb. die Artikel von K. Vogel, P. Kirchhof, J. Isensee, H. H. v. Arnim und W.

6. Die Studie nimmt demnach nicht die besonderen Aspekte vertikaler Dezentralisation mit den soeben angesprochenen Erfordernissen reintegrierender Koordination sowie den darin beschlossenen Gefährdungselementen der Politikverflechtung in den Blick, sondern konzentriert sich auf die Analyse der Schwierigkeiten demokratischer und zugleich problemadäquater Verwaltung (sorganisation) auf den Ebenen von Bund, Ländern und – soweit die Parallelen mit den staatlichen Gebietskörperschaften reichen – Gemeinden. Die sich hier aufwerfenden Probleme sind bei weitem nicht nur „technischen" Charakters, sondern haben tiefere staatstheoretische Implikationen. So muß etwa die bei den verselbständigten Verwaltungseinheiten zutage tretende institutionelle Durchdringung von Staat und Gesellschaft ein Denken zum Widerspruch reizen, das sich an der Vorstellungswelt und den begrifflichen Fixierungen des 19. Jahrhunderts orientiert. Doch damit berühren wir bereits die Fragestellung des 1. Kapitels.

RUDOLF). – Zu verfassungshistorischen, verwaltungswissenschaftlichen, staats- wie europarechtlichen Fragen des (bundesdeutschen) Föderalismus vgl. ferner die Beiträge von HANS MAIER, R. MAYNTZ, J. ISENSEE und W. GRAF VITZTHUM in: AöR 115 (1990), S. 213 ff., 232 ff., 248 ff., 281 ff.

1. Kapitel:

Einheit des Staates

I. Absolutistische Genese

Noch immer betrachtet und analysiert die Wissenschaft des öffentlichen Rechts den Staat überwiegend als in sich ruhende, institutionalisierte Hoheitlichkeit[1]. Staat – das ist in der überkommenen und theoretisch in nicht geringem Maße durch den staatsrechtlichen Positivismus einerseits, Carl Schmitt andererseits geprägten Weise die einheitsstiftende Zentralgewalt, der rechtskonstruktiv als juristische Person erfaßte, gegenüber der Außenwelt impermeabel gedachte[2] Gesamtzusammenhang der verfaßten Ämterordnung[3], die nicht weiter abgeleitete Willensmacht und das „Zentrum"[4] des politisch-gesellschaftlichen Gemeinwesens[5]. Staat figuriert in verfas-

---

[1] Dazu kritisch U. SCHEUNER, Politische Koordination in der Demokratie (1966), in: ders., Staatstheorie und Staatsrecht, 1978, S. 271 ff. (271): „Es ist notwendig, in einer sehr viel realistischeren Weise die im Verfassungsrecht sich vollziehenden Rechtsakte als Ergebnisse eines Prozesses der Auseinandersetzung und der Gewinnung von Zielsetzungen und Entscheidungen zu begreifen, als die Einheit des ‚Staatswillens' vorauszusetzen. Der moderne demokratische Staat ist viel weniger ruhende Hoheit ... als vielmehr ein höchst ausgedehnter und komplizierter Prozeß"; ähnlich K. HESSE, Die verfassungsrechtliche Stellung der politischen Parteien im modernen Staat, VVDStRL 17 (1959), S. 11 ff. (19): „Aber der Staat kann heute auch nicht mehr allein als in sich ruhende institutionalisierte Herrschaftsgewalt verstanden werden."

[2] Zur Bedeutung dieser Impermeabilitätslehre für den staatsrechtlichen Positivismus F. SCHNAPP, Amtsrecht und Beamtenrecht, 1977, S. 66 ff; H. H. RUPP, Grundfragen der neueren Verwaltungsrechtslehre, 1965, S. 19 ff., 39 ff.; E.-W. BÖCKENFÖRDE, Gesetz und gesetzgebende Gewalt, 2. Aufl. 1981, S. 234 ff., 246 ff.

[3] Auf diese Amtsidee stellt besonders ab J. ISENSEE, Staat und Verfassung, in: HdbStR I, § 13 Rn. 107, 127; DERS., Gemeinwohl und Staatsaufgaben im Verfassungsstaat, ebd., Bd. III, § 57 Rn. 10 f., 60 ff., 64 ff., 100 ff.

[4] G. JELLINEK, Allgemeine Staatslehre, 3. Aufl. 1914, S. 521.

[5] Knapper Abriß: H. DREIER, Der Ort der Souveränität, in: ders./J. Hofmann (Hrsg.), Parlamentarische Souveränität und technische Entwicklung, 1986, S. 11 ff. (16 ff., 26 ff. m.w.N.); s. auch D. GRIMM, Recht und Staat der bürgerlichen Gesellschaft, 1987, S. 53 ff.

sungsgeschichtlich-staatstheoretischer Perspektive vor allem als souveräne Instanz, als Spitze des politischen Organisationszusammenhanges, als Befehlszentrum und Kommandostelle, als höchste, nicht derogierbare Letztentscheidungsgewalt[6]. Der Staat ist der Wille der Willen, die „Sonne der Souveränität" (Michel Foucault).

Zweifelsohne stellt die absolutistische Idee absorptiver monarchischer Herrschaftsrepräsentation[7] ebenso wie die im 19. Jahrhundert sich durchsetzende rechtstheoretische Erfassung des Staates als juristische Person[8] in Kombination mit der Willensmetapher und der damit bildhaft suggerierten Vorstellung von Spitze, Zentrum und Allgewalt[9] angesichts der Vielgliedrigkeit des modernen, institutionellen Flächenstaates sowohl eine gewaltige Vereinfachung als auch eine große Abstraktionsleistung dar. Die vielen staatlichen Untergliederungen, Einrichtungen, Organe, Behörden etc. erscheinen in diesem Modell ganz folgerichtig als mechanisch operierende Glieder eines – natürlich vom Kopf gesteuerten – Körpers, als Ausführungsinstanzen und Transmissionsriemen eines zentralen Willens.

Der Staat als ein Wille, nach dem sich alles, der selbst sich nach nichts richtet, als Inbegriff der Hoheitlichkeit und Inhaber des Monopols legitimer Gewaltsamkeit: das ist erkennbar das Staatsmodell des Absolutismus. Und in der Tat ist ja in Kontinentaleuropa der moderne Staat Produkt des Absolutismus, genauer: des absoluten, dynastischen Fürstenstaates[10]. Speziell im

---

[6] Vgl. H. Quaritsch, Staat und Souveränität, 1970; ders., Souveränität, 1986; H. Dreier, Art. Souveränität, in: StL, 7. Aufl., Bd. 4, Sp. 1203 ff.

[7] Zum Begriff der absorptiven Repräsentation etwa Jellinek, Allgemeine Staatslehre, S. 569 oder O. v. Gierke, Johannes Althusius und die Entwicklung der naturrechtlichen Staatstheorien, 7. Ausg. 1981, S. 194, 214, 216; zur Sache selbst H. Hofmann, Repräsentation, 2. Aufl. 1990, S. 374 ff.

[8] Diese Erfindung deutscher Professoren (vgl. Otto Mayer, Die juristische Person und ihre Verwertbarkeit im öffentlichen Recht, in: Festgabe für Paul Laband, Bd. 1, 1908, S. 1 ff. [59]) hat sich bis heute weitgehend unwidersprochen gehalten. Zur Kritik: E.-W. Böckenförde, Organ, Organisation, Juristische Person, in: FS H. J. Wolff, 1973, S. 269 ff. (insb. 289 ff.).

[9] M. Drath, Art. Staat, in: EvStL, 2. Aufl. 1975, Sp. 2432 ff. (2463) betont, daß schon unsere Sprache den Staat „wie ein denkendes, wollendes und tätiges Subjekt behandelt". Hinzu tritt das unsere Denkvorstellungen vom Staat wie von sonstigen Körperschaften auf eine untergründige Weise nach wie vor prägende „Corpus-Caput-Schema" (vgl. H. Hofmann, Repräsentation, S. 286). Zur entsprechenden, ekklesiologisch vermittelten politischen Metaphorik illustrativ D. Peil, Untersuchungen zur Staats- und Herrschaftsmetaphorik in literarischen Zeugnissen von der Antike bis zur Gegenwart, 1983, S. 307 ff., 489 ff.; s. ferner T. Struve, Die Entwicklung der organologischen Staatsauffassung im Mittelalter, 1978, S. 21 ff.; G. Dohrn-van Rossum, Organ, Organismus, Organisation, politischer Körper (I-VI), in: Geschichtliche Grundbegriffe, Bd. 4, 1978, S. 533 ff. (538 ff.).

[10] Ausführlich zu diesem Typus: Der dynastische Fürstenstaat, (in Zusammenarbeit

Gebiet des Heiligen Römischen Reiches Deutscher Nation waren es die Fürsten der Territorialstaaten, die sich in einem langwierigen „Enteignungsprozeß"[11] gegenüber den intermediären Gewalten souverän setzten, d. h.: unter sukzessiver Verdrängung des Vereinbarungscharakters der Gesetze durch den einseitigen Befehl des Regenten die vordem vielfach gestaffelten Obrigkeiten beseitigten, die Gesellschaft zu einem einheitlichen Untertanenverband formten und einen mächtigen „Militär-, Wirtschafts- und Verwaltungsstaat"[12] errichteten. Als dessen Insignien kristallisierten sich sukzessive heraus: Konzentration, Monopolisierung und Zentralisierung der vordem auf viele Träger verstreuten Hoheitsrechte und deren überhöhende Bündelung zur Souveränität; Schaffung eines symmetrisch geformten, einheitlichen Untertanenverbandes und dessen umfassende Sozialdisziplinierung; zudem die Aufstellung eines stehenden Heeres, die Durchsetzung des Steuermonopols und die Heranbildung einer loyalen Beamtenschaft zur Erfüllung der wachsenden Verwaltungsaufgaben. Diese Attribute souveräner Staatlichkeit sind es, die nach wie vor den modernen Anstaltsstaat charakterisieren.

Nun meinte die Herrschaft des als Inkarnation und Verkörperung der Einheit des Staatsverbandes zu begreifenden absoluten Fürsten niemals despotische Willkür. Höchster Zweck des Staates, dem sich auch der *princeps legibus solutus* verpflichtet fühlte[13], war das Gemeinwohl: *bonum commune suprema lex*. Dieses konnte indes vom Fürsten authentisch interpretiert werden, so daß die Ausdehnung der Staatsgewalt insofern beliebig variierbar war[14], als

---

mit H. Neuhaus) hrsgg. v. J. Kunisch, 1982 (darin vor allem die Beiträge von H. Mohnhaupt, J. Weitzel u. J. Kunisch). Überblick zur Gesamtentwicklung: P. Anderson, Die Entstehung des absolutistischen Staates, 1979; S. E. Finer, State- and Nation-Building in Europe: The Role of the Military, in: Ch. Tilly (ed.), The Formation of National Western States in Europe, Princeton-New Jersey 1975, S. 84 ff.; J. Kunisch, Absolutismus, 1986, S. 9 ff., 20 ff. u. passim. Ferner H. Boldt, Deutsche Verfassungsgeschichte, Bd. 1, 1984, S. 82 ff.; R. van Dülmen, Entstehung des frühneuzeitlichen Europa 1550–1648, 1982, S. 10 ff., 321 ff. und D. Willowett, Deutsche Verfassungsgeschichte, 1990, S. 148 ff.

[11] Jellinek, Allgemeine Staatslehre, S. 464.

[12] G. Oestreich, Ständetum und Staatsbildung in Deutschland (1967), in: ders., Geist und Gestalt des frühmodernen Staates, 1969, S. 277 ff. (279).

[13] Vgl. insb. dazu und zur Bindungskraft der zeitgenössischen Staatslehren und Rechtsphilosophien Chr. Link, Herrschaftsordnung und bürgerliche Freiheit, 1979, S. 99 ff. u. ö.; ders., Anfänge des Rechtsstaatsdenkens in der deutschen Staatsrechtslehre des 16. bis 18. Jahrhunderts, in: Die Rolle des Juristen bei der Entstehung des modernen Staates, hrsgg. v. R. Schnur, 1986, S. 775 ff. (784 ff.); s. auch D. Wyduckel, Princeps legibus solutus, 1979, S. 155 ff.

[14] In diesem Zusammenhang hat D. Klippel, Politische Freiheit und Freiheitsrechte im deutschen Naturrecht des 18. Jahrhunderts, 1976, S. 43 ff., 72 ff. u.ö. belegt, daß

sie keinen externen Kontrollen unterlag. Das ursprünglich nur ein (Not-) Recht unter vielen darstellende, dann im Verein mit dem *ius politiae* und dem *ius reformandi politicum* als Gegentitel zu den wohlerworbenen Rechten (*iura quaesita*) und zum Inbegriff der Territorialgewalt avancierende[15] *ius eminens* des Landesfürsten[16] steigert sich im Zuge der Konsolidierung der Souveränität und der Durchsetzung der Idee der Staatsräson zu einem allgemeinen Policeyrecht[17], in dem die umfassende Kompetenz beschlossen ist, das Wohl des Landes und seiner Untertanen absolutistisch-obrigkeitlich nach besten Kräften und vernünftiger Erkenntnis zu fördern. Aus der Summe verstreuter punktueller Einzelberechtigungen erwächst in einem gewaltigen Prozeß der Depossedierung lokaler, ständischer und städtischer Machtträger die souveräne Staatsgewalt, in der sich die Einheit des politischen Verbandes verkörpert.

II. Veränderungen im Bereich der Staatswillensbildung

1. Fürstenwille und Volkswille

Daß der moderne Staat in Kontinentaleuropa seine entscheidende Prägung und Formung im und durch den absolutistischen Fürstenstaat erfahren hat[18], zeitigt Folgen auch und gerade für Staatstheorie und Verfassungslehre. Die Geburt des Staates aus dem Geist des Absolutismus erwies sich als

---

insb. die ältere Naturrechtslehre trotz ihres ‚volkssouveränen' Ausgangspunktes (Lehre vom Gesellschaftsvertrag) im wesentlichen zur rationalen Legitimation absolutistischer Herrschaftsformen diente; ebenso E. Hellmuth, Naturrechtsphilosophie und bürokratischer Werthorizont, 1985, S. 106f., 122ff., 200ff. – Zu den Lehren über Souveränität und Staatsräson s. jetzt die klare Darstellung bei M. Stolleis, Geschichte des öffentlichen Rechts in Deutschland, Bd. 1: Reichspublizistik und Policeywissenschaft 1600–1800, 1988, insb. S. 154ff., 197ff.

[15] Vgl. D. Pirson, Art. Jura quaesita, in: HRG II, 1978, Sp. 429ff.

[16] Dazu R. Stödter, Öffentlich-rechtliche Entschädigung, 1933, S. 52ff., 57ff.; H.-U. Erichsen, Verfassungs- und verwaltungsgeschichtliche Grundlagen der Lehre vom fehlerhaften belastenden Verwaltungsakt und seiner Aufhebung im Prozeß, 1971, S. 44ff., 75ff.; D. Willoweit, Rechtsgrundlagen der Territorialgewalt, 1975, S. 122ff., 173ff.; P. Preu, Polizeibegriff und Staatszwecklehre, 1983, S. 39ff., 47ff., – Wie lange das Problem der *iura quaesita* noch virulent war, zeigt G. Lübbe-Wolff, Das wohlerworbene Recht als Grenze der Gesetzgebung im neunzehnten Jahrhundert, in: ZRG GA 103 (1986), S. 104ff.

[17] Stolleis, Geschichte des öffentlichen Rechts, Bd. 1, S. 334ff., 366ff.; s. ferner H. Maier, Die ältere deutsche Staats- und Verwaltungslehre, 2. Aufl. 1980, S. 92ff.; Preu, Polizeibegriff und Staatszwecklehre, S. 37ff., 91ff. – Zum ganzen auch R. Schulze, Policey und Gesetzgebungslehre im 18. Jahrhundert, 1982.

[18] Besonders prägnant E. Kehr, Zur Genesis der preußischen Bürokratie und des

Belastung, weil die staatstheoretischen Erklärungsmodelle der modernen Volkssouveränität sich im Grunde mit einer Auswechslung des Trägers bei unveränderter Struktur begnügten: aus der Fürstensouveränität wurde die Allgewalt (*pouvoir constituant*) des Volkes, an die Stelle einer Person trat nun ein Kollektiv[19]. Verkannt blieb dabei, daß schon allein wegen der Formierungs- und Vermittlungsbedürftigkeit des Volkswillens demokratische Souveränität nicht einfach Fürstensouveränität mit anderem Vorzeichen sein kann[20], sondern eine organische, politikfähige Einheit im Grunde vorausgesetzt. Der Wille einer Gesamtkörperschaft muß in einem bestimmten Verfahren organisiert und ausgebildet werden[21].

2. *Staatliche Souveränität als gesellschaftstranszendente Größe?*

Gerade von der Notwendigkeit eines über der Gesellschaft stehenden, autarken Gestaltungswillens, der die intermediären Kräfte dominiert, nicht seinerseits von ihnen dirigiert wird, hat denn auch die folgenreiche Kritik am Verlust souveräner Staatlichkeit in der Demokratie ihren Ausgang ge-

Rechtsstaats, in: ders., Der Primat der Innenpolitik (1932), 2. Aufl. 1970, S. 31 ff. (31): „Der moderne Staat ist mit Beginn des Absolutismus entstanden". – Natürlich ist das nur eine sehr grobe und pauschale Einordnung. Zur Leistungsfähigkeit des Begriffes „moderner Staat" ST. SKALWEIT, Der Beginn der Neuzeit, 1982, S. 123 ff.

[19] Aus der Fülle von Beispielen für diese – gern auf den Abbé Sieyes zurückgeführte – verbreitete Auffassung: M. KRIELE, Einführung in die Staatslehre, 1975, S. 226 f.; U. K. PREUSS, Politische Verantwortung und Bürgerloyalität, 1984, S. 253; P. GRAF KIELMANSEGG, Menschenrechte und Volkssouveränität, in: Menschenrechte und Demokratie, hrsgg. v. I. Schwartländer, 1981, S. 99 ff. (104); J. CHR. PAPALEKAS, Art. Herrschaft (I), in: Historisches Wörterbuch der Philosophie, Bd. 3, 1974, Sp. 1084 ff. (1084); H. ARENDT, Über die Revolution, Neuausgabe 1974, S. 202 f., 210; F. WIEACKER, Industriegesellschaft und Privatrechtsordnung, 1974, S. 13; A. PODLECH, Repräsentation, in: Geschichtliche Grundbegriffe, Bd. 5, 1984, S. 509 ff. (S. 526); E. ZWEIG, Die Lehre vom Pouvoir Constituant, 1909, S. 135. – Diese zweifelhafte Parallele drängt sich nicht zuletzt deshalb auf, weil das Prinzip der Volkssouveränität als „polemische Antwort auf die Fürstensouveränität" (P. HÄBERLE, Zur gegenwärtigen Diskussion um das Problem der Souveränität, in: AöR 92 [1967], S. 421 ff. [427 f.]) interpretiert (und dadurch verengt) wird.

[20] Y. ONISHI, Über Volkssouveränität, in: Epirrhosis. Festgabe für Carl Schmitt, 1. Teilbd., 1968, S. 301 ff. (302); E. TOSCH, Die Bindung des verfassungsändernden Gesetzgebers an den Willen des historischen Gesetzgebers, 1979, S. 99; G. MALUSCHKE, Philosophische Grundlagen des demokratischen Verfassungsstaates, 1982, S. 285.

[21] Vgl. H. HELLER, Staatslehre, 6. Aufl. 1983, S. 274 ff. (279), 1. Aufl. 1934, S. 242 ff. (247); K. HESSE, VVDStRL 17 (1959), S. 19; P. HÄBERLE, Die Verfassung des Pluralismus, 1980, S. 139; E.-W. BÖCKENFÖRDE, Demokratie und Repräsentation, 1983, S. 9; H. HOFMANN/H. DREIER, Repräsentation, Mehrheitsprinzip und Minderheitenschutz, in: Parlamentsrecht und Parlamentspraxis in der Bundesrepublik Deutschland, hrsgg. v. H.-P. Schneider u. W. Zeh, 1989, S. 165 ff. (171 ff., 175 ff.).

nommen. Es war in Sonderheit Carl Schmitt, der unter Hinweis auf Polykratie, Parteienstaatlichkeit und Verbändeherrschaft und in gewisser Parallele zur These des jungen Harold Laski von der „Pluralität der Souveränitäten und Loyalitäten“[22] den Verlust binnenstaatlicher Souveränität konstatierte. Den modernen demokratischen (Parteien-)Staat der Weimarer Jahre sah er als eine abhängige Variable der diffusen und disparaten gesellschaftlichen Kräfte[23]. Der Staat sei von den sozialen Machtkomplexen okkupiert und instrumentalisiert, zum Beuteobjekt der Verbände, Parteien und sonstigen Interessengruppen verkommen. Zentrale Ordnungsleistungen erbringe er nicht länger als eine über den unterschiedlichen Gruppen stehende neutrale Größe, sondern als Exekutivorgan wechselnder gesellschaftlicher Kräfte. Fixiert auf einen historisch vergleichsweise schmalen Zeitraum und unter weitgehender Vernachlässigung der auch im Modellfall des absolutistischen Fürstenstaates vorhandenen Gegenkräfte und Konsenszwänge[24] wird hier der Untergang des als Maßstab betrachteten souveränen Staates der Phase des *Ius Publicum Europaeum* proklamiert.

---

[22] H. Laski, A Grammar of Politics, 4th edition, London 1938 (S. x ff. Selbstkritik an seinen früheren Auffassungen); ders., The Foundation of Sovereignty and other Essays, New Haven 1921, insb. S. 232 ff; nicht unähnlich H. Preuss, Gemeinde, Staat, Reich als Gebietskörperschaften, 1889 (ND 1964).

[23] Besonders deutlich: C. Schmitt, Der Hüter der Verfassung, 1931 (3., unveränd. Aufl. 1985), S. 71 ff.; ders., Der bürgerliche Rechtsstaat, in: Abendland. Deutsche Monatshefte für europäische Kultur, Politik und Wirtschaft, 3. Jg. (1928), S. 201 ff.; ders., Staatsethik und pluralistischer Staat, in: Kant-Studien 35 (1930), S. 28 ff.; ders., Der Begriff des Politischen (1932), 1963, S. 37 ff. (zu den verschiedenen Varianten dieses Textes und den signifikanten Veränderungen kriminalistisch genau Heinrich Meier, Carl Schmitt, Leo Strauss und der „Begriff des Politischen“, 1988, S. 11 ff.).

[24] Schlagwortartig: die Elemente des „Nichtabsolutistischen im Absolutismus“ (G. Oestreich, Geist und Gestalt des frühmodernen Staates, 1969, S. 183 [s. auch S. 184, 191 u.ö.]), also die durch die fortbestehenden intermediären Kräfte (Landadel) bewirkten Brechungen des absolutistischen Formierungs-, Disziplinierungs- und Gestaltungswillens. Dazu vorzüglich R. Vierhaus, Art. Absolutismus, in: Sowjetsystem und demokratische Gesellschaft, Bd. I, 1966, Sp. 17 ff. (26 ff.), jetzt auch in: R. Vierhaus, Deutschland im 18. Jahrhundert, 1987, S. 63 ff. (76 ff.); vgl. ebd., S. 33 ff. (Ständewesen und Staatsverwaltung in Deutschland im späteren 18. Jahrhundert); ferner ders., Staaten und Stände 1648–1763, 1984, S. 26 ff., 105 ff. („Fürstlicher ‚Absolutismus‘ und landständischer Widerstand“); St. Skalweit, Das Zeitalter des Absolutismus als Forschungsproblem, in: Deutsche Vierteljahresschrift für Literatur und Geistesgeschichte 35 (1961), S. 298 ff. (306 ff.); D. Willoweit, Struktur und Funktion intermediärer Gewalten im Ancien Régime, in: Gesellschaftliche Strukturen als Verfassungsproblem (=Der Staat, Beiheft 2), 1978, S. 9 ff. (12 ff., 17 ff.); G. Oestreich, Policey und Prudentia civilis in der barocken Gesellschaft von Stadt und Staat (1976), in: ders., Strukturprobleme der frühen Neuzeit, 1980, S. 367 ff. (372 ff.). Vgl. auch: Ständetum und Staatsbildung in Brandenburg-Preußen, hrsgg. v. P. Baumgart, 1983 (darin die gleichnamige Einleitung des Herausgebers [S. 3 ff.] sowie G. Birtsch, Der preußische Hochabsolutismus und die Stände, S. 389 ff.).

Auf dem Hintergrund dieser – teils im verfallsgeschichtlichen, teils im therapeutischen Ton vorgetragenen – generellen Verneinung der Möglichkeit staatlicher Souveränität unter den Bedingungen eines demokratischen gesellschaftlichen Pluralismus hat Ernst Forsthoff dann mit Blick auf die völkerrechtlich ohnehin nur eingeschränkt souveräne Bundesrepublik Deutschland an den Staat nur noch ‚erinnert'[25].

Dies zeigt, wie mächtig die absolutistische Idee von der Souveränität des Staates nachwirkt. Man kann sie sich im Grunde nur als eine von der Gesellschaft abgehobene Größe vorstellen. Carl Schmitt und seinen Gefolgsleuten geht es von daher stets um die Rettung, Bewahrung oder Wiedergewinnung souveräner, in gewisser Weise zwangsläufig gesellschaftstranszendenter Herrschaftsgewalt. Die Beeinflussung und Mitgestaltung des Staates durch die pluralen sozialen Kräfte erscheint auf dieser Grundlage als Krisensymptom, als Verfalls- und Auflösungserscheinung der im Absolutismus geschaffenen Einheit. Wo der Staat zur Agentur der Gesellschaft wird, zu einer Art von Clearing-Stelle für Partikularinteressen und Machtpositionen, stellt sich dies als Refeudalisierungsprozeß dar. Die Osmose von Staat und Gesellschaft endet im „totalen Staat aus Schwäche"[26]. Die Einheit und Einheitlichkeit des Staates, seine klare Durchformung und Ausrichtung durch eine starke Herrschaftsgewalt ist und bleibt so das höchste Ziel – nicht zuletzt deshalb, weil man jede Art von Staatsrecht und Staatslehre an diese Form gebunden glaubt.

All dies führt schließlich dazu, daß Einflußnahmen ‚der' Gesellschaft auf ‚den' Staat, die Bildung sozial und politisch mächtiger Gruppen und Verbände ebenso wie die Aufgliederung der Staatsgewalt durch Föderalisierung oder sonstige Formen der stets mit einem gewissen Maß an Autonomie verbundenen Dezentralisierung als einheitsgefährdend und im Grunde pathologisch betrachtet werden. Carl Schmitt selbst hat im oben erwähnten „Hüter

---

[25] E. Forsthoff, Der Staat der Industriegesellschaft, 1971, S. 11: „Erinnerung an den Staat", ferner insb. S. 21 ff., 119 ff. Drastischer C. Schmitt, Der Begriff des Politischen, Ausgabe 1963, S. 10 (Vorwort von 1963): „Die Epoche der Staatlichkeit geht zu Ende. Darüber ist kein Wort mehr zu verlieren." – In manchem ähnlich W. Weber, Spannungen und Kräfte im westdeutschen Verfassungssystem, 3. Aufl. 1970 (z. B. S. 36 ff. [39, 40, 43, 44 ff., 54, 55 f.], S. 121 ff. [124 ff., 131 ff., 136 ff.]); s. auch R. Altmann, Späte Nachricht vom Staat, 1967.

[26] C. Schmitt, Weiterentwicklung des totalen Staates in Deutschland (1933), in: ders., Verfassungsrechtliche Aufsätze, 2. Aufl. 1973, S. 359 ff.; vgl. etwa H.-J. Papier, Parlamentarische Demokratie und die innere Souveränität des Staates, in: Das parlamentarische Regierungssystem der Bundesrepublik auf dem Prüfstand, 1984, S. 33 ff.; differenzierend H. Krüger, Rechtsetzung und technische Entwicklung, in: NJW 1966, S. 617 ff. (622).

der Verfassung" die Anti-Bilder seiner Staatskonzeption prägnant bezeichnet: Pluralismus[27], Polykratie und Föderalismus[28].

3. Interessenpluralismus in der repräsentativen Demokratie

Gegen eine solcherart zentralistisch verkürzte, historisch verengte und theoretisch überspitzte Konzeption monolithischer staatlicher Souveränität ist unter den Prämissen der Strukturmerkmale ‚westlicher Demokratien'[29] und den korrespondierenden verfassungsrechtlichen Vorgaben des Grundgesetzes darauf zu insistieren, daß es im demokratischen Verfassungsstaat eine der Gesellschaft entrückte Staatsgewalt nicht geben kann. Der entscheidende Umbruch, der sich hier gegenüber der Staatskonstruktion des Absolutismus vollzieht, liegt im Bereich der Staatswillensbildung. Insoweit ist die parlamentarisch-repräsentative Demokratie[30] kategorial anders ausgestaltet. An die Stelle des einen höchsten unhinterfragbaren autokratischen Willens tritt das inhomogene Volk, aus dessen unterschiedlichen Interessen und Anschauungen die staatliche Einheit in einem vielschichtigen und komplexen Prozeß der Vermittlungen erst geformt werden muß. Wenn der moderne Staat eine „organisierte Handlungs- und Wirkungseinheit" (Hermann Heller) darstellt, so bedeutet das in der Demokratie, daß diese Einheit aus dem Wollen und Wirken der Staatsbürger zu gewinnen ist[31]. Als ein Stück

---

[27] Zu Schmitts Pluralismuskritik neuestens H. Erdmann, Neopluralismus und institutionelle Gewaltenteilung, 1988, S. 23 ff., 54 ff.; allgemein zu seinem Anti-Liberalismus zuletzt Matthias Kaufmann, Recht ohne Regel?, 1988, S. 55 ff.

[28] Und es ist natürlich kein Zufall, daß Ernst Forsthoff die kommunale Selbstverwaltung nicht als grundrechtsähnliches, autonomiegewährendes und staatsabschirmendes Freiheitsinstitut, sondern dezidiert als Form mittelbarer Staatsverwaltung begreift (E. Forsthoff, Lehrbuch des Verwaltungsrechts, Bd. 1, 10. Aufl. 1973, S. 471 ff., 524); in die gleiche Richtung H. H. Klein, Demokratie und Selbstverwaltung, in: FS Forsthoff, 1972, S. 165 ff. (174 ff.); s. auch die deutlichen Worte zur Staatsaufsicht über andere Selbstverwaltungskörperschaften bei W. Weber, Spannungen und Kräfte, S. 138.

[29] Dazu E. Fraenkel, Deutschland und die westlichen Demokratien, 7. Aufl. 1979, insb. S. 13 ff., 32 ff., 113 ff., 197 ff.; vgl. auch BVerfGE 5, 85/135, 197 ff.; K. Stern, Grundideen europäisch-amerikanischer Verfassungsstaatlichkeit, 1984.

[30] Zu ihren Strukturmerkmalen H. Hofmann, Verfassungsrechtliche Sicherungen der parlamentarischen Demokratie, in: Konsens und Konflikt, hrsgg. v. A. Randelzhofer u. W. Süß, 1986, S. 266 ff.; P. Badura, Die parlamentarische Demokratie, in: HdbStR I, § 23 Rn. 27 ff.

[31] Badura, Die parlamentarische Demokratie, Rn. 29: „Die konkreten Meinungen und Interessen der einzelnen sind Faktoren des politischen Prozesses, durch den in den verfassungsmäßigen Institutionen und Verfahren der ‚Wille des Volkes' als Staatsgewalt ‚in Wahlen und Abstimmungen und durch besondere Organe der Gesetzgebung, der vollziehenden Gewalt und der Rechtsprechung ausgeübt' wird (Art. 20 Abs. 2 S. 2 GG).

„Selbstorganisation der modernen Industriegesellschaft"[32] stellt sich der demokratische Staat stets als Widerspiegelung und Produkt der Gesellschaft mit ihren weit über das Wahlrecht hinausreichenden, grundrechtlich abgestützten Beeinflussungsmöglichkeiten dar. Staatliche Herrschaft in der Demokratie kann legitimerweise ihren Ausgang nur von den unterschiedlichen Interessen, Zwecksetzungen und Zielvorstellungen der Individuen nehmen und muß diese als ihren beständigen Bezugspunkt behalten[33]. Anders als im (aufgeklärten) Absolutismus des 18. Jahrhunderts oder – wenngleich nicht mehr unangefochten – im Konstitutionalismus des 19. Jahrhunderts kann der Staat in der Demokratie nicht von einer gesellschaftsunabhängigen und insofern über das Volk erhabenen Instanz verkörpert werden, der gegenüber die Volksvertretung lediglich die Funktion der ‚Präsentation' der verschiedenen, stets nur partikularen Interessen und Standpunkte der Individuen und Verbände oder die ‚negative' Aufgabe der Rationalisierung staatlicher Gewalt wahrzunehmen hat[34].

Sobald und insofern an die Stelle des konstitutionellen Dualismus[35] mit seiner geteilten Souveränität[36] der demokratische Monismus tritt, findet die von Gerber und Laband inaugurierte und noch bis hin zum frühen Kelsen ausstrahlende seltsame Plazierung des Parlaments außerhalb der in Heer und Exekutive verkörperten monarchischen Staatsanstalt ihr Ende. Notwendi-

---

Ein einheitlicher, präexistenter Volkswille, den die staatlichen Organe nur identitär zu registrieren hätten, ist im Prinzip der Volkssouveränität nicht zum Subjekt der Staatsgewalt gemacht." Dazu und zum folgenden wichtig R. A. Rhinow, Grundprobleme der schweizerischen Demokratie, in: ZSR N. F. 103 II (1984), S. 111 ff. (172 ff.); H. Hofmann, Parlamentarische Repräsentation und parteienstaatliche Demokratie, in: ders., Recht – Politik – Verfassung, 1986, S. 249 ff. (259 f.).

[32] K. Hesse, Grundzüge des Verfassungsrechts der Bundesrepublik Deutschland, 16. Aufl. 1988, Rn. 9.

[33] E.-W. Böckenförde, Demokratie als Verfassungsprinzip, in: HdbStR I, § 22 Rn. 10 ff.; H. Dreier, Demokratische Repräsentation und vernünftiger Allgemeinwille, in: AöR 113 (1988), S. 450 ff. (456 ff., 464 ff.); H. Hofmann/H. Dreier, Repräsentation, Mehrheitsprinzip und Minderheitenschutz, S. 175 ff.; D. Birk, Gleichheit im Parlament, in: NJW 1988, S. 2521 ff.

[34] Vgl. H. Hofmann, Repräsentation, S. 416 ff. – Den fundamentalen Funktions- und Bedeutungswandel des Parlaments in der Demokratie rückt W. Mössle, Regierungsfunktionen des Parlaments, 1986, in den Mittelpunkt seiner Analyse. Siehe auch K.-U. Meyn, Kontrolle als Verfassungsprinzip, 1982, S. 94 ff., 234 ff. u.ö.; nach wie vor wichtig M. Drath, Die Entwicklung der Volksrepräsentation, 1954, passim.

[35] Dazu jetzt statt aller D. Grimm, Deutsche Verfassungsgeschichte 1776–1866, 1988, S. 110 ff., 138 ff.

[36] Vgl. H. Quaritsch, Staat und Souveränität, 1970, S. 487 ff.; H. Boldt, Deutsche Staatslehre im Vormärz, 1975, S. 17 ff., 25 ff.; K.-J. Bieback, Die öffentliche Körperschaft, 1976, S. 79 ff., 144 f.; E.-W. Böckenförde, Geschichtliche Entwicklung und Bedeutungswandel der Verfassung, in: FS Gmür, 1983, S. 7 ff. (10 ff.).

gerweise müssen dann aber auch, wie Konrad Hesse prägnant formuliert hat, „alle an die ältere Staatslehre anknüpfenden Vorstellungen vom Staat als einer vorfindlichen, über und außerhalb der Gesellschaft stehenden substanzhaften Einheit die Wirklichkeit des modernen Staates verfehlen“[37].

Die ganze Tragweite des Vorganges hat Richard Thoma in bewegenden Worten geschildert[38]. Die Idee der Volkssouveränität läßt keinen Raum mehr für ein Gegenüber der parlamentarischen Repräsentation; es gibt keine aus eigenem und höherem Recht legitimierte Instanz mehr, der die diffusen Interessen und vielfältigen Anliegen der Gesellschaft vorgestellt, also ‚präsentiert‘ werden. So kann der Staat nichts anderes sein als der durch viele Faktoren bewirkte und in vielen Vermittlungsschritten gestaltete, aber in feste Form gebrachte und auf verfassungsmäßigem Wege zur Verbindlichkeit gelangte (Mehrheits-)Wille des Volkes. Ganz ungeachtet aller verfassungsrechtlichen Einbindungen kann der im Gesetz Gestalt gewordene Wille des demokratischen Souveräns also schon deshalb nicht mit dem natürlichen Willen eines souveränen Fürsten auf eine Stufe gestellt werden, weil der staatliche Wille im repräsentativ-parlamentarischen System kein singulärer, sondern stets Produkt eines komplexen, pluralen Systems von Vermittlungen ist. Als Wille der Majorität steht er zudem stets unter dem Vorbehalt späterer Änderung oder Aufhebung durch eine neue Mehrheit.

Im Gegensatz zu den etatistischen Konzepten beinhalten pluralistische Staatstheorien[39] letzten Endes stets das Anerkenntnis, daß der Staat ungeachtet seiner in der Gesamtverantwortung wurzelnden und zudem auf dem Gewaltmonopol beruhenden Sonderrolle „keine selbständige und in einem objektiven Staatsbild verkörperte Existenzweise“ hat und nicht „jenseits

---

[37] K. Hesse, Bemerkungen zur heutigen Problematik und Tragweite der Unterscheidung von Staat und Gesellschaft (1975), in: Staat und Gesellschaft, hrsgg. v. E.-W. Böckenförde, 1976, S. 484 ff. (489). Nur wenn man diesen älteren Vorstellungen verhaftet bleibt, muß „der Pluralismus der sozialen und wirtschaftlichen Gruppen notgedrungen als ein Attentat auf die Souveränität des Staates, als Auflösungs-Symptom erscheinen“ (H. Ehmke, ‚Staat‘ und ‚Gesellschaft‘ als verfassungstheoretisches Problem [1962], ebd. S. 241 ff. [265 f.]).

[38] Vgl. R. Thoma, Das Reich als Demokratie, in: Handbuch des Deutschen Staatsrechts, hrsgg. v. G. Anschütz u. R. Thoma, Bd. 1, 1930, S. 186 ff. (189 f.).

[39] Zu den verschiedenen Theorievarianten vgl. P. Dunleavy/B. O'Leary, Theories of the State, Houndmills 1987, S. 13 ff., 271 ff.; ferner R. A. Dahl, Dilemmas of Pluralist Democracy, New Haven-London 1982, S. 31 ff. – Aus der deutschsprachigen Literatur: H. Kremendahl, Pluralismustheorie in Deutschland, 1977, insb. S. 105 ff., 243 ff.; P. Häberle, Verfassung als öffentlicher Prozeß, 1978, S. 142 ff.; zur Kritik etwa H. H. v. Arnim, Gemeinwohl und Gruppeninteressen, 1978, S. 148 ff. Knappe theoriegeschichtliche Darstellung: R. Eisfeld, Pluralismus, in: Pipers Handbuch der politischen Ideen, hrsgg. v. J. Fetscher u. H. Münkler, Bd. 5, 1987, S. 421 ff. – Ausführlich jetzt Erdmann, Neopluralismus, insb. S. 65 ff., 190 ff.

oder oberhalb des Interessenantagonismus begründet und legitimiert" werden kann[40]. Hingewiesen wird insoweit auf die produktiven Seiten des gesellschaftlichen Pluralismus, auf den stabilisierenden und legitimierenden Effekt der Grundrechtsausübung, insbesondere der politischen Mitwirkungs- und Kommunikationsrechte[41]. Schließlich kommt der Vorformung des politischen Willens und den Filtereffekten von gesellschaftlichen Institutionen wie politischen Parteien, Verbänden und anderen Gruppierungen neben den staatsentlastenden Effekten Bedeutung für den weit über die Institution des Parlaments hinausgreifenden, gestuften Prozeß der Repräsentation in der Demokratie zu[42].

In dieser Perspektive erscheint der Staat am Ende weniger als Bezwinger der gesellschaftlichen Kräfte denn als ihr Produkt, nicht als neutrale Instanz über den Gruppen, sondern als ihr Forum, nicht als Hüter eines abstrakten – von wem zu definierenden? – Gemeinwohls, sondern als Informationsverarbeitungs-, Gewichtungs- und Letztentscheidungsinstanz für die in der Gesellschaft wurzelnden Anschauungen, Zwecksetzungen und Interessen. Kurz: Der gesellschaftliche Pluralismus figuriert nicht als Gefährdung des demokratischen Staates, sondern als dessen Voraussetzung und Strukturelement[43].

---

[40] P. Badura, Staatsrecht, 1986, D 9 (S. 175). – Von daher dürfte es nur schwer angehen, Carl Schmitt liberal zu rezipieren und ihn dabei nicht zu verfehlen (s. aber H. Lübbe, in: Complexio Oppositorum. Über Carl Schmitt, hrsgg. von H. Quaritsch, 1988, S. 427 ff.; so weit ist selbst E.-W. Böckenförde nicht gegangen [ebd., S. 283 ff.]). Dezidierte Gegenposition: J. Habermas, Eine Art Schadensabwicklung, 1987, S. 103 ff.

[41] Zuletzt etwa O. Höffe, Den Staat braucht selbst ein Volk von Teufeln, 1988, S. 105 ff.

[42] Zu alledem ausführlicher H. Hofmann/H. Dreier, Repräsentation, Mehrheitsprinzip und Minderheitenschutz, S. 171 ff.; s. ferner auf hohem Abstraktionsniveau H. Willke, Entzauberung des Staates, 1983, S. 43 ff., 139 ff.; konkreter zur Integration gesellschaftlicher Interessen in die Staatsorganisation durch bestimmte Formen körperschaftlicher Selbstverwaltung G. F. Schuppert, Selbstverwaltung als Beteiligung Privater an der Staatsverwaltung?, in: FS v. Unruh, 1983, S. 183 ff. (192 ff.).

[43] Es waren die amerikanischen Federalists, die das erste tragende Konzept repräsentativ-demokratischer Herrschaft auf der Grundlage eines akzeptierten Interessenpluralismus entworfen haben. Vgl. dazu B. Haller, Repräsentation, 1987, S. 96 ff.; ders., in: Meinungsfreiheit – Grundgedanken und Geschichte in Europa und USA, hrsgg. von J. Schwartländer u. D. Willoweit, 1986, S. 85 ff. (91 ff.); M. White, Philosophy, The Federalist, and the Constitution, New York-Oxford 1987, S. 138 ff., 145 ff.; H. Vorländer, Forum Americanum, in: JöR N.F. Bd. 36 (1987), S. 451 ff. (468 ff., 473 ff.); H. Dreier, Demokratische Repräsentation und vernünftiger Allgemeinwille, in: AöR 113 (1988), S. 450 ff. (458 ff.).

III. Pluralität der Staatswillensbildung – Einheit der Verwaltung?

Hält man es auf diese Weise für möglich, auf dem Hintergrund der konkreten verfassungsrechtlichen Situation und bei Berücksichtigung des Wandels bestimmter staatsrechtlicher Institutionen ein Konzept demokratischer Repräsentation und Souveränität zu entwerfen, das den Schluß von der Demokratisierung und Pluralisierung des Staates auf ein Ende der Staatlichkeit überhaupt vermeidet, so ist damit weder die fortbestehende Differenz zwischen Staat und Gesellschaft negiert (weil die verfaßte Ämterordnung des Staates anderen Systemimperativen gehorcht als die Sphäre individueller und kollektiver Freiheit)[44] noch werden die gravierenden Probleme geleugnet, die sich an den Tatbestand der „Abschaffung aller stabil-unabsetzbaren Obrigkeit" und den „mit der demokratischen Staatsordnung unternommenen Versuch knüpfen, die ordnende Herrschaftsgewalt aus einem Herrn und Bändiger über einer interessengespaltenen Gesellschaft zum Geschöpf und Diener einer irgendwie im Grunde doch als interessensolidarisch begriffenen Nation zu machen"[45]. Geht man also davon aus, daß die Folgen des gesellschaftlichen Pluralismus und der Errichtung einer egalitären Staatsbürgergesellschaft nicht dementiert, die privaten und demokratiekomplementären Grundfreiheiten auf verfassungsstaatlicher Grundlage nicht revoziert werden müssen, um die Transformation des absolutistischen Fürstenstaates zur konstitutionellen Monarchie bis hin zur parlamentarischen Demokratie auszubalancieren[46], so bedeutet das ohne Zweifel eingetretene Ende monolithischer staatlicher Souveränität nicht das Ende von Staat und Staatlichkeit überhaupt. Fest steht jedenfalls, daß das Gesetz als höchster Ausdruck staatlicher Gewalt nicht die freie Setzung eines punktuellen Willens (und auch nicht ein Akt spontaner demokratischer Akklamation[47]), sondern in aller

---

[44] Klar und deutlich hierzu D. GRIMM, Die politischen Parteien, in: HdbVerfR, 1983, S. 317ff. (327ff.); vgl. auch H. H. RUPP, Die Unterscheidung von Staat und Gesellschaft, in: HdbStR I, § 28 Rn. 17ff., 29ff. („Doppelrolle des Individuums", Staat und Gesellschaft als „Inbegriff unterschiedlicher Funktions- und Ordnungsstrukturen"). Gegenüber der konstitutionellen Dichotomie des 19. Jahrhunderts bleibt aber als Differenz festzuhalten, daß es sich im demokratischen Staat nicht um eine ‚Trennung' von Staat und Gesellschaft, sondern im Grunde um zwei unterschiedliche Aggregatzustände des gleichen personellen Substrats, d.i.: der egalitären Staatsbürgergesellschaft handelt (vgl. O. v. NELL-BREUNING, Gerechtigkeit und Freiheit, 2. Aufl. 1985, S. 86ff.).

[45] THOMA, Das Reich als Demokratie, S. 189f.

[46] Vgl. gegen das Verfallstheorem auch W. MÖSSLE, Regierungsfunktionen des Parlaments, 1986, S. 5ff., 32ff.

[47] Als höchste Form der Demokratie gelten CARL SCHMITT „echte Volksversammlungen und Akklamationen" (Verfassungslehre, S. 244); vgl. DERS., Volksentscheid und Volksbegehren, 1927, S. 34.

Regel das Ergebnis eines mehrfach gestuften und vermittelten Meinungs- und Interessenkampfes vieler Akteure ist[48]. Das Gesetz bildet das Ergebnis komplexer Vorgänge und pluralistischer Interessenvermittlung, ist nicht singuläre Dezision[49]. Die Prozeßhaftigkeit und Dynamik des modernen Staates schlägt sich auch auf der Ebene der von der Gesellschaft eben nicht gleichsam hermetisch abgeriegelten politischen Willensbildung nieder.

Nicht in der in dieser Allgemeinheit im Grunde gar nicht beantwortbaren Frage nach ‚Staat oder Nichtstaat' liegen die wirklichen Herausforderungen des Staats- und Verfassungsrechts heute beschlossen, sondern in sehr viel konkreteren, aber nicht weniger gravierenden Problembereichen: dem möglichen Versagen der für die Vorformung und verbindliche Umsetzung der politischen Willensbildung wichtigen Verbände und politischen Parteien; dem unkontrollierten Wuchern parakonstitutioneller Gewalten; dem Nachlassen der Legitimationskraft von Verfassung und Gesetz sowie der Herauslösung wichtiger Entscheidungen aus dem demokratischen Willensbildungs-, Autorisations- und Kontrollzusammenhang. Stichwortartig mögen als Problemschwerpunkte, bei deren Bewältigung ohne Zweifel den politischen Parteien eine Schlüsselrolle zufällt, genannt werden: a) der unterschiedliche Grad an Organisierbarkeit und Durchsetzungsfähigkeit gesellschaftlicher Interessen; b) die Berücksichtigung der Belange künftiger Generationen; c) die angesichts neokorporatistischer Politikvermachtung dringliche Notwendigkeit einer Distanznahme des Parlaments zu den einzelnen Interessengruppen und aufgrund dessen eine unvoreingenommene Gemeinwohlfindung auf der Grundlage des gesellschaftlichen Pluralismus; d) die mit der Formel von der „technischen Realisation" (E. Forsthoff) umrissene Frage nach politischer Gestaltbarkeit und rechtlicher Steuerung des wissenschaftsgestützten technischen Fortschritts. Die damit angedeuteten Gefahrensymptome einer Entwicklung, in der sich die Bildung des für alle verbindlichen staatlichen Gesetzes in der Ratifikation des Willens der mächtig-

---

48 Dazu jetzt materialreich H. Schulze-Fielitz, Theorie und Praxis parlamentarischer Gesetzgebung, 1988, insb. S. 213 ff., 255 ff., 375 ff.; s. schon ders., Das Parlament als Organ der Kontrolle im Gesetzgebungsprozeß, in: H. Dreier/J. Hofmann (Hrsg.), Parlamentarische Souveränität und technische Entwicklung, 1986, S. 71 ff. (77 ff.).

49 Schulze-Fielitz, Theorie und Praxis parlamentarischer Gesetzgebung, S. 255: „Unter den Bedingungen einer Verfassung des Pluralismus wirkt anstelle ‚des' Gesetz-Gebers eine unübersehbare Vielfalt von ‚extrakonstitutionellen' tatsächlichen Wirkkräften und Entscheidungs(bei)trägern in einem abgestuften, sich wechselseitig beeinflussenden, dauerhaften und durch die Verkündung eines Gesetzes nicht einmal beendeten Kommunikations- und Entscheidungsprozeß." – So auch K. Eichenberger, Von der Rechtssetzungsfunktion im heutigen Staat (1974), in: ders., Das Staat der Gegenwart, Basel-Frankfurt/M. 1980, S. 332 ff. (344): „Rechtssetzung wird zu einem pluralen Schöpfungsakt."

sten sozialen Gruppen erschöpfte, dürften kaum zu überschätzen sein. Ob ihnen mit den Mitteln eines gesellschaftlichen Interessenpluralismus und den auf ein Maximum an individueller Freiheit ausgerichteten Institutionen und Instrumentarien des parlamentarisch-demokratischen Verfassungsstaates hinlänglich begegnet werden kann, scheint keineswegs ausgemacht – und läßt sich an dieser Stelle auch nicht hinlänglich erörtern[50].

Hier reicht zunächst der Befund aus, daß im Gegensatz zu den verfallsgeschichtlich getönten Thesen eines bürgerlichen Etatismus und trotz der gravierenden Strukturveränderungen im Bereich der Staatswillensbildung von einem prinzipiellen Ende der Staatlichkeit nur bei Fixierung auf das Idealbild monolithischer Souveränität des absoluten Fürstenstaates die Rede sein kann. Der Gedanke der Einheit des Staates aber wird nicht dadurch obsolet, daß diese Einheit nicht mehr in einem höheren Prinzip, dynastischer Legitimität oder charismatischer Aura vorgegeben und präexistent ist, sondern erst hergestellt werden muß.

Die uns interessierende Frage nimmt ihren Ausgangspunkt von der Beobachtung, daß von den gewaltigen Umbrüchen und Strukturveränderungen auf der Ebene der Staatswillensbildung – die ja Carl Schmitt u.a. mit ihrer Kritik ebenfalls bestätigen – die Vorstellungen über Funktionsweise und Struktur der Verwaltungsorganisation in bemerkenswerter Weise unberührt geblieben sind. Hier herrscht offenbar eine ziemlich bruchlose Kontinuität. Denn trotz aller, zum Teil auch nur modischer Diskussionen um eine Demokratisierung der Verwaltung, um Partizipation an Verwaltungsentscheidungen oder ‚Teams' in der Bürokratie, um PPBS-Programme und ‚management by objectives' u.a.m.[51] gilt ja nicht nur das unzählige Male

---

[50] Zu Ansätzen siehe: U. Beck, Risikogesellschaft, 1986, S. 300 ff.; N. Luhmann, Ökologische Kommunikation, 1986 (und dazu wiederum S. Breuer, Ist Umweltzerstörung überhaupt vermeidbar?, in: Merkur, Jg. 40 [1986], S. 681 ff.); H. Dreier, Ort der Souveränität, S. 39 ff.; D. Grimm, Recht und Staat der bürgerlichen Gesellschaft, 1987, S. 74 ff.; E. Denninger, Der Präventions-Staat, in: KritJ 21 (1988), S. 1 ff. (3 ff., 11 ff.); ders., Wissenschaftlich-technischer Sachverstand und staatliche Technologisierung durch Recht, in: Zwischenbetrachtungen. Im Prozeß der Aufklärung, hrsgg. v. A. Honneth u.a., 1989, S. 627 ff.; H. Hofmann, Die Aufgaben des modernen Staates und der Umweltschutz, in: Umweltstaat, hrsgg. v. M. Kloepfer, 1989, S. 1 ff.; zum Problem auch F. Lehner, Pluralistische Interessenvermittlung und staatliche Handlungsfähigkeit: Eine ordnungspolitische Analyse, in: U. v. Alemann/E. Forndran (Hrsg.), Interessenvermittlung und Politik, 1983, S. 102 ff. – Zu Stärken und Schwächen des Pluralismuskonzepts nach wie vor wichtig F. Scharpf, Demokratietheorie zwischen Utopie und Anpassung, 1970, insb. S. 29 ff., 66 ff.

[51] Vgl. J. Wild/P. Schmid, Management-Systeme für die öffentliche Verwaltung: PPBS und MbO, in: Die Verwaltung 6 (1973), S. 145 ff.; J. Wild, MbO als Führungsmodell für die öffentliche Verwaltung, ebd., S. 283 ff.; s. auch E. Pankoke/H. No-

herangezogene Zitat Otto Mayers[52] als im Grunde recht treffende Beschreibung der Verhältnisse[53] – vor allem die hierarchisch-zentralistische innere Organisation der Verwaltung und ihr Charakter als zweckdienliches Instrument staatlicher Herrschaft firmieren als relativ konstante Größen, die in den ebenfalls nur allzu häufig zitierten Formeln Max Webers über die Bürokratie als rationalste Herrschaftsform geradezu zeitlose Gültigkeit bekommen haben. Doch zeitigt der Wandel von der Autokratie zur Demokratie, der auf staatsrechtlicher Ebene zu fundamentalen Strukturveränderungen, ja zu einem Systemwechsel geführt hat, tatsächlich keine Folgen für Stellenwert, Organisation und Struktur der Verwaltung? Diese Frage stellen heißt im Grunde bereits anerkennen, daß die Staatsform überhaupt von Relevanz für die Verwaltungsorganisation ist[54]. In der Tat können bei theoretisch-systematisierender Betrachtung demokratische und autokratische Gesetzeserzeugung mit demokratischem und autokratischem Gesetzesvollzug beliebig kombiniert werden[55]. Derartige Kreuztabellierungen sagen indes nichts über die wirklich fundamentale Frage aus, ob der Demokratisierung der Staatswillensbildung zwangsläufig die Demokratisierung der Administration nachfolgt[56] und wie der Begriff einer derartigen „Demokratisierung"

KIELSKI, Verwaltungssoziologie, 1977, S. 93 ff.; C. BÖHRET, Politik und Verwaltung, 1983, S. 58 ff.

52 Die Herkunft des bekannten Ausspruches (OTTO MAYER setzt im Vorwort zur 3. Aufl. seines Verwaltungsrechts von 1924 die Worte „Verfassungsrecht vergeht, Verwaltungsrecht besteht" ja seinerseits in Anführungsstriche) ist nach wie vor nicht ganz klar: vgl. H. FABER, Verwaltungsrecht, 1987, S. 83 m.w.N. (siehe aber O. BACHOF, in: Die Verwaltung 18 [1985], S. 117).

53 Einem Ritual gleich wird der Sentenz Mayers der zum geflügelten Wort avancierte Titel eines Zeitschriftenaufsatzes des damaligen Bundesverwaltungsgerichtspräsidenten FRITZ WERNER entgegengesetzt: Verwaltungsrecht als konkretisiertes Verfassungsrecht (DVBl. 1959, S. 527 ff.). Weniger häufig berücksichtigt man FRITZ FLEINER, Institutionen des deutschen Verwaltungsrechts, 8. Aufl. 1928, S. V: „Die Neugestaltung des Verfassungsrechtes hat in Deutschland einen starken Einfluß auf das Verwaltungsrecht ausgeübt. Alte Rechtsinstitute haben einen veränderten Sinn bekommen, und neue Probleme sind aufgetaucht, die eine selbständige wissenschaftliche Behandlung erfordern."

54 A. MERKL, Allgemeines Verwaltungsrecht, 1927, S. 334 ff. hat auf diesen Punkt ausdrücklich hingewiesen.

55 Vgl. H. KELSEN, Allgemeine Staatslehre, 1925, S. 180 ff., 366 ff.; H. REHM, Allgemeine Staatslehre, 1899, S. 180 ff.

56 Als These etwa G. SCHMID/H. TREIBER, Bürokratie und Politik, 1975, S. 15, daß „der Expansion und inhaltlichen Veränderung der Staatsfunktionen auch eine Veränderung der exekutiven Handlungsfunktionen folgen muß." S. auch TH. ELLWEIN, Formierte Verwaltung – Autoritäre Herrschaft in einer parlamentarischen Demokratie, in: Parlamentarismus ohne Transparenz, hrsgg. v. W. Steffani, 1971, S. 48 ff. (52 ff.); für weitere Ansätze in der Verwaltungswissenschaft vgl. W. SEIBEL, Regierbarkeit und Verwaltungswissenschaft, 1983, S. 211 ff., 258 ff.

präzise zu bestimmen wäre[57]. Oder ist die Vollzugsebene gewissermaßen immun und invariant gegenüber den historisch wechselnden Formen der Bildung des von der beamteten Exekutive zu vollziehenden Willens?[58] Anders gesagt: muß nicht jede Demokratisierung, Eigenständigkeit und Pluralisierung der Exekutive gerade angesichts einer demokratischen Legislative als des nunmehr entscheidenden programmierenden Willens kategorisch ausgeschlossen werden, weil der Monismus der Verwaltung das Komplementärstück zur Pluralität des demokratisierten Staatswesens bildet?

All diese Fragen sind nur scheinbar einfach[59]. Sie berühren das schwierige und tiefgreifende, zuletzt von Ernst Forsthoff in eindeutiger Weise angefaßte Problem, worin inmitten einer flexiblen, sich beständig wandelnden freiheitlich-pluralistischen Gesellschaft der harte, Einheitlichkeit und Identität wahrende Kern staatlicher Ordnung zu suchen ist. Mit seiner – schon für

---

[57] Dazu genauer im 3. Kapitel.

[58] J. Isensee, Art. Beamte, in: StL, 7. Aufl., Bd. 1, Sp. 588 (unter der Überschrift „Unpolitisches Funktionsgesetz der Verwaltung"): „Die geschichtliche Kontinuität des Beamtentums hebt sich ab von der Unstetigkeit der Staatsformen. Das Beamtentum gehört zu den Elementen des modernen Staates, die sich weitgehend dem Wechsel und Wandel des politischen Systems entziehen." ders., Verwaltung zwischen Sachgesetzlichkeit und Parteipolitik, in: Personen und Institutionen in der Entwicklung der Bundesrepublik Deutschland, hrsgg. v. R. Hrbek, 1985, S. 67ff. (70): „Diskontinuität des politischen Systems – Kontinuität der Verwaltung". Und Karl Marx hatte in einem seiner Briefe an Kugelmann mit Blick auf die Pariser Kommune von 1871 und mit Gespür für die Eigenmacht bürokratischer Apparate davon gesprochen, daß nicht wie bisher „die bürokratisch-militärische Maschinerie aus einer Hand in die andere zu übertragen, sondern sie zu zerbrechen" sei (MEW 33, S. 205).

[59] In welche Fallstricke selbst ein so stringenter und systematischer Denker wie Hans Kelsen geraten kann, zeigt der Umstand, daß dieser in der 1. Aufl. seiner Schrift „Vom Wesen und Wert der Demokratie" (1920) noch ziemlich ungebrochen einer Demokratisierung der Verwaltung das Wort redete (vgl. S. 21, 23), während er schon in seiner „Allgemeinen Staatslehre" von 1925 (S. 361ff.) und dann in der 2. Aufl. der Demokratieschrift eine differenzierte, im Kern entgegengesetzte Position vertrat, die den Gedanken der Notwendigkeit neutraler Umsetzung des demokratisch gebildeten Volkswillens durch die Exekutive betonte (vgl. dazu H. Dreier, Rechtslehre, Staatssoziologie und Demokratietheorie bei Hans Kelsen, 2. Aufl. 1990, S. 281 N. 137 m.w.N.). – Aus der Verfassungsgeschichte läßt sich vielleicht auf die zunächst sehr weitgehende Einräumung von Selbstverwaltungs- und Vollzugsrechten der Kommunen durch die französische Revolutionsverfassung von 1791 (vgl. Titre II, Art. 8 u. 9) hinweisen. Dies erfolgte – gegen den Willen des Abbé Sieyes – in der Annahme eines alle Stufen des Staatsaufbaues prägenden Gedankens der Volkssouveränität. Schon bald aber wurde man gewahr, daß dadurch der in Paris residierende allgemeine Wille auf große Durchsetzungsschwierigkeiten stieß. So kehrte man umgehend zum alten zentralistischen System zurück (zu den Einzelheiten ausführlich H. Hintze, Staatseinheit und Föderalismus im alten Frankreich und in der Revolution, 1928, S. 221ff., 231ff., 470ff.).

sich genommen bemerkenswerten – Hinwendung zum Verwaltungsrecht[60] und seiner These von der in der Exekutive (und nur in ihr) lokalisierten Einheit und Eigenständigkeit staatlicher Gesamtintegration, der synthetisierenden Kraft der Verwaltung und den von ihr zu realisierenden materialen Rechtsgrundsätzen und allgemeinen Gerechtigkeitsprinzipien[61] hat Forsthoff deutlich gemacht, daß für ihn der Garant stabiler Staatlichkeit und rechtsstaatlicher Ordnung nicht mehr auf den Höhen exponierter Staatsorgane zu suchen, sondern im tagtäglichen, ubiquitären, omnipräsenten Handeln einer staatstreuen, wertorientierten und homogenen Verwaltung zu verorten ist[62].

Den Grundlagen der darin keimenden Vorstellung, die plurale Demokratie mit den Mitteln einer monistischen Exekutive stabilisieren zu können, soll an dieser Stelle nicht im Wege einer abstrakten Theorieanalyse nachgegangen werden[63]. Vielmehr seien zunächst die historischen Bedingungen der Vorstellung von Verwaltung als Instrument fremden Willens, wie sie im absolutistischen Fürstenstaat Gestalt annimmt, analysiert. Unser Augenmerk soll im Fortgang der Untersuchung der Frage gelten, ob man an der Vorstellung von Verwaltung als einem hierarchisch organisierten, aufsichtlich kontrollierten und durch generelle wie individuelle Weisungen dirigierten Apparat, als der sie seit dem Absolutismus gesehen wird, weiterhin ungebrochen festhalten kann.

---

[60] Vgl. U. Storost, Die Verwaltungsrechtslehre Ernst Forsthoffs als Ausdruck eines politischen Verfassungsmodells, in: Wissenschaft und Recht der Verwaltung seit dem Ancien Régime, hrsgg. v. E. V. Heyen, 1984, S. 163 ff. (169 ff., 179 ff.); zu Forsthoff auch W. Meyer-Hesemann, Methodenwandel in der Verwaltungsrechtswissenschaft, 1981, S. 82 ff., 135 ff.; I. Maus, Entstehung und Funktionswandel der Theorie des bürgerlichen Rechtsstaats, in: Der bürgerliche Rechtsstaat, hrsgg. v. M. Tohidipur, Bd. 1, 1978, S. 13 ff. (51 ff.).

[61] Vgl. nur E. Forsthoff, Lehrbuch des Verwaltungsrechts, Bd. 1, 10. Aufl. 1973, S. 15 f., 37, 54 ff., 60; resignativ aber ebd., S. 80, 81; ders., Der Staat der Industriegesellschaft, 1971, S. 105 ff.

[62] Eine hieran kritisch anzuschließende Frage wäre, inwieweit sich dann die Verwaltung zur Erfüllung ihrer so bestimmten Funktionen gerade als eigenständige, gesetzlich nicht determinierte Größe zu etablieren und sich der Instrumentalisierung durch einen demokratisch motorisierten Gesetzgeber bewußt zu entziehen hätte. So beurteilt Franz Mayer, Neuzeitliche Entwicklung der öffentlichen Verwaltung, in: Verwaltung, hrsgg. v. F. Morstein Marx, 1965, S. 2 ff. (16) die Verwaltung nicht nur als „Band, das den Staat zusammenhält", sondern auch und zugleich als ein „Regulativ des Politischen"; s. dagegen R. Wahl, Zur Lage der Verwaltung Ende des 20. Jahrhunderts, in: Dt. VerwGesch V, S. 1197 ff. (1199): politische Integration lasse sich durch administrative Integration nicht ersetzen.

[63] Dazu Seibel, Regierbarkeit und Verwaltungswissenschaft, S. 189 ff.

2. Kapitel:

Instrumentaler Charakter und hierarchisches Prinzip als konstitutive Faktoren und historische Konstanten der Verwaltungsorganisation – ein Rückblick

I. Der Staat als Maschine: Das Ideal des absolutistischen Fürstenstaates

1. Anspruch und Grenzen des fürstlichen Absolutismus

Der moderne Staat mit seinem tendenziell zentralistischen Verwaltungssystem ist – jedenfalls auf dem Kontinent – Produkt des fürstlichen Absolutismus, die dortige Entstehung bürokratischer Verwaltung bildete „die Keimzelle des modernen okzidentalen Staates."[1] Durch Ausschaltung der politischen Macht der Stände, Zentralisierung der politischen Gewalt, Monopolisierung der sächlichen und personellen Herrschaftsmittel, Egalisierung der Untertanen zu einem einheitlich durchgeformten und sozial disziplinierten Verband, Konzentration der Rechtsprechungsgewalt und nicht zuletzt durch Errichtung einer effektiven Verwaltung gelang es ihm in einem langwierigen Prozeß, an die Stelle mittelalterlicher Polyarchien und des frühneuzeitlichen Ständestaates einen von seinem Willen gelenkten und dirigierten Staatsverband zu setzen und so die „Verselbständigung des Staates als militärische, wirtschaftliche und politische Wirkungseinheit"[2] zu betreiben.

Daß der absolute Fürstenstaat sich gerade als Verwaltungsstaat etablierte, resultiert aus dem großen Depossedierungsprozeß der intermediären Ge-

---

[1] M. Weber, Wirtschaft und Gesellschaft, 5. Aufl. 1976, S. 128; vgl. H. Krüger, Allgemeine Staatslehre, 2. Aufl. 1966, S. 82: in der Verwaltung erschafft der moderne Staat sich selbst.

[2] H. Heller, Staatslehre, 6. Aufl. 1983, S. 151 (1. Aufl. S. 133). – Locus classicus zur Zentralisation der Verwaltung unter dem Ancien Régime: Alexis de Tocqueville, Der alte Staat und die Revolution (1856), 1978, insb. Zweites Buch (die Frz. Revolution habe die Zentralisierung des Staates nicht geschaffen, sondern nur vollendet).

walten, denen eine Reihe von bislang ihnen obliegenden Aufgaben entzogen und in zentrale Regie überführt wurden. Der Aufbau eines stehenden Heeres und die Durchsetzung des staatlichen Steuermonopols[3] machten eine umfangreiche Militär- und (zunächst eng darauf bezogene) Finanzverwaltung notwendig. Die Beherrschung des sich hieraus entwickelnden und proportional zum erweiterten Aufgabenkreis wachsenden Verwaltungsapparates zeichnet den souveränen Territorialherrn aus, der ein „persönliches Regiment"[4] führte. Im Begriff der landesherrlichen Regierung war sowohl Gesetzgebung als auch Vollziehung, sowohl Steuererhebung als auch höchste Gerichtsbarkeit, sowohl auswärtige als auch militärische Gewalt enthalten[5] – wie überhaupt der absolutistische Fürstenstaat nach innen nur Verwaltung („Policey") und lediglich im Verhältnis zu anderen souveränen Staaten „Politik" betrieb, wobei „Policey" der umfassende „absolutistische Ausdruck für ‚Wohlfahrtspflege' als Staatszweck und als Staatstätigkeit"[6] war.

Daneben ist der rein instrumentale Charakter der Administration das Wesensmerkmal für den absoluten Fürstenstaat schlechthin – gilt die durch Gottesgnadentum und Erbdynastie legitimierte Person des Monarchen doch geradezu als Inbegriff der gesamten, ungeteilten staatlichen Gewalt und im Grunde als Inkarnation des gesamten Staatskörpers. Der sich selbst an das Gemeinwohl, die Idee der Staatsräson und gewisse unverrückbare Prinzipien des Naturrechts bindende, aber insofern nicht extern kontrollierbare, vielmehr nur seinem Gewissen unterworfene Souverän regiert den Behör-

---

[3] Vgl. N. Elias, Über den Prozeß der Zivilisation, 7. Aufl. 1980, Bd. 2, S. 123 ff., 279 ff.; O. Hintze, Staatsverfassung und Heeresverfassung (1906), in: ders., Staat und Verfassung, 3. Aufl. 1970, S. 52 ff.; ders., Geist und Epochen der preußischen Geschichte (1903), in: ders., Regierung und Verwaltung, 2. Aufl. 1967, S. 1 ff. (5 ff.); ders., Der preußische Militär- und Beamtenstaat im 18. Jahrhundert (1908), ebd., S. 415 ff.; S. E. Finer, State- and Nation-Building in Europe: The Role of the Military, in: Charles Tilly (ed.), The Formation of Western National States in Europe, Princeton-New Jersey, 1975, S. 84 ff.; P. Anderson, Die Entstehung des absolutistischen Staates, 1979, S. 292 ff. (zu den beiden letztgenannten Arbeiten auch die – überkritische – Rezensionsabhandlung von A. Lüdtke, Genesis und Durchsetzung des ‚modernen' Staates, in: Archiv für Sozialgeschichte XX [1980], S. 470 ff. [474 ff.]); s. ferner R. Braun, Steuern und Staatsfinanzierung als Modernisierungsfaktoren, in: Studien zum Beginn der modernen Welt, hrsgg. v. R. Koselleck, 1977, S. 241 ff.

[4] Zur Vorgeschichte G. Oestreich, Das persönliche Regiment der deutschen Fürsten am Beginn der Neuzeit (1935), in: ders., Geist und Gestalt des frühmodernen Staates, 1969, S. 201 ff.

[5] Vgl. W. Frotscher, Regierung als Rechtsbegriff, 1975, S. 87 ff., 91 ff.

[6] P. Badura, Das Verwaltungsrecht des liberalen Rechtsstaates, 1967, S. 31. Zur Entwicklung des Polizeibegriffs vgl. nochmals H. Maier, Die ältere deutsche Staats- und Verwaltungslehre, 2. Aufl. 1980, S. 92 ff.; M. Stolleis, Geschichte des öffentlichen Rechts in Deutschland, Bd. 1, 1988, S. 332 ff., 366 ff.

denapparat und sein „hierarchisch aufgebautes, die Anordnungen und Absichten des Monarchen gehorsam und zügig ausführendes Beamtenkorps"[7] nach Belieben. Verwaltung und – in gewissen Grenzen – auch Justiz sollen, so will es die zeitgenössische Theorie, „in ständiger strengster Abhängigkeit vom Fürsten stehen"[8]. Dabei muß man sich indes der Tatsache bewußt sein, daß allein schon die unausweichliche Schaffung organisatorischer Einheiten und Subeinheiten, dazu die Schwerfälligkeit der Kommunikation, die Renitenz und Latitüde untergeordneter, nicht selten vom Adel beherrschter Stellen so manchen Freiraum eröffnete und wohl auch Gegenkräften Raum gab. Überhaupt blieb dem Fürsten häufig keine andere Wahl als die Erteilung höchst generalklauselartiger Weisungen: Ulrich Scheuner berichtet davon, daß der ebenso reform- wie reglementierfreudige Joseph II. dem in das neuerworbene galizische Gebiet entsandten Gouverneur nichts weiter mitgab als die Instruktion: ‚Fac'[9]. Gewisse soziale (altständische Gesellschaft), machtpolitische (Integration des Adels und dessen Umformung zur Kriegerkaste) und in den technischen Beschränkungen des vormodernen Verwaltungsstaates (mangelnder Informationsfluß, relativ geringe Effektivität, schlechte Kommunikation u. Koordination) wurzelnde Brechungen des souveränen Willens kennzeichnen die inneren Grenzen des Absolutismus, die im einzelnen auszuloten Aufgabe der historischen Forschung ist.[10]

---

[7] W. Bleek, Von der Kameralausbildung zum Juristenprivileg, 1972, S. 62.

[8] H. Peters, Zentralisation und Dezentralisation, 1927, S. 34. Pointiert auch J. Isensee, Art. Beamte, in: StL, 7. Aufl., Bd. 1, Sp. 586: „Die absolute Monarchie ... schuf das Beamtentum als Werkzeug des Souveräns zur zentralistischen, rationalen Verwaltung seines Territoriums."

[9] U. Scheuner, Das Gesetz als Auftrag der Verwaltung (1969), in: ders., Staatstheorie und Staatsrecht, 1978, S. 545ff. (554). In welchem Maße der (absolute) Fürst teils in der Natur der Dinge, teils in der Struktur seiner Herrschaftsform liegende Einschränkungen der Unmittelbarkeit und jederzeitigen prompten Umsetzbarkeit seines Willens hinzunehmen hatte, demonstriert z. T. auch die Literatur über das Entstehen des modernen Beamtentums: vgl. M. Stolleis, Grundzüge der Beamtenethik (1550–1650), in: Die Verwaltung 13 (1980), S. 447ff. (453f.) mit Belegen für die – häufig nur bedauernd zugestandene – Einsicht in die Notwendigkeit, daß der Fürst zur Erfüllung seiner umfangreichen Aufgaben überhaupt Hilfskräfte brauche, weil er eben nicht alles allein erledigen könne (z. B. C. Th. Perthes, Der Staatsdienst in Preußen, 1838, S. 22ff., 32ff.; F. Schmitthenner, Grundlinien des allgemeinen oder idealen Staatsrechtes, 1845, S. 498).

[10] Aus der neueren Forschung, die sich z. T. vehement gegen die borussische Historiographie (Schmoller, Hintze, Hartung) absetzt und sehr skeptisch gegenüber den Selbsttitulierungen einer funktionierenden Staatsmaschine etc. ist: G. Neidhart, Aufgeklärter Absolutismus oder Rationalisierung der Herrschaft, in: ZHF 6 (1979), S. 199ff.; W. Neugebauer, Zur neueren Deutung der preußischen Verwaltung im 17. und 18. Jahrhundert in vergleichender Sicht, in: O. Büsch/W. Neugebauer (Hrsg.), Moderne preußische Geschichte 1648–1947, Bd. 2, 1981, S. 541ff. – Einen Überblick über

Darf mithin das Ausmaß und die Intensität der tatsächlichen Bindung des exekutiven ‚Arms' des Monarchen wegen der Inkongruenz von politischem Programm und gesellschaftlicher Realität nicht überschätzt werden[11], so standen ihm doch stets sehr detaillierte und vor allem durch keine Rechtsformen, Verfahrensregeln oder gar Mitregierungsansprüche geschmälerte Instruktions- und Verfügungsrechte zu Gebote[12], konnte er jede Sache an sich ziehen, kontrollieren und selbst entscheiden, den Ablauf der Geschäfte durch individuelle und generelle Weisungen sowie Kabinettsordres dirigieren und sich dabei seines Beamtenapparates und auch der mit besonderen Vollmachten ausgestatteten ‚Kommissare'[13] im Grunde nach Belieben und

---

die jüngeren Forschungsarbeiten gibt E. Hinrichs, Zum Stand und zu den Aufgaben gegenwärtiger Absolutismusforschung, in: ders. (Hrsg.), Absolutismus, 1986, S. 7 ff.

[11] Von größerer Bedeutung als punktuelle Durchbrechungen des fürstlichen Willens und andere Akte der Renitenz (vgl. M. Weber, Wirtschaft und Gesellschaft, 5. Aufl. 1976, S. 573) ist aber die strukturelle Erhaltung der Grundherrlichkeit und der damit stabilisierten Machtposition des Landadels: vgl. grundlegend K. v. Raumer, Absoluter Staat, korporative Libertät, persönliche Freiheit (1958), in: Die Entstehung des modernen souveränen Staates, hrsgg. von H. H. Hofmann, 1967, S. 173 ff. Die der bürokratischen Herrschaft durch die Existenz der *Bauern*gesellschaft Preußen gesetzten Grenzen beleuchtet G. Spittler, Abstraktes Wissen als Herrschaftsbasis, in: KZfSS 36 (1980), S. 574 ff. – Zum Problem aus jüngerer Zeit die Beiträge in: Peter Baumgart (Hrsg.), Ständetum und Staatsbildung in Brandenburg-Preußen, 1983, und J. Kunisch, ZHF 14 (1987), S. 407 ff. (414 ff.).

[12] Forsthoff, Verwaltungsrecht, S. 24 spricht von der „volle(n) Verfügung über die soziale Güterordnung und den persönlichen Freiheitsstatus, die dem Landesherrn zu Gebote steht. Der Funktionsrahmen, in dem sich die Verwaltung bewegt, ist, wenn man von den verbliebenen ständischen Privilegien absieht, ein unbeschränkter geworden."

[13] Vgl. zu ihnen C. Schmitt, Die Diktatur, 4. Aufl. 1978, S. 68 ff., 75 ff. Der Kommissar ist zunächst außerordentlicher Beamter, wird dann aber zunehmend in die allgemeine Organisation eingebaut. Zur Bedeutung J. Kunisch, Absolutismus, 1986, S. 82: „Das ausführende Organ dieser neuformierten, an Effektivität und Zuverlässigkeit gemessenen Verwaltung waren überall in Europa ‚Kommissare', die – aus den Musterherren der Söldnerheere hervorgegangen – sich im Verlaufe zunehmender Verstaatlichung zu einer festen Korporation zusammenschlossen. Sie erwiesen sich als das wirkungsvollste Instrument des zu unumschränkter Herrschaft strebenden Fürstenstaates in seinem Kampf gegen Adel und Stände und ein mit diesen versipptes Beamtentum feudaler Prägung, um schließlich während des 18. Jahrhunderts – vor allem in Preußen – den Kern des Verwaltungspersonals auf lokaler, provinzialer und zentraler Ebene zu stellen. Durch sie setzte sich der rationalistische Anstaltsstaat mit seiner Versachlichung der Herrschaft gegen die lehnsrechtliche Verdinglichung des älteren Feudalsystems durch." – Vgl. auch die große Darstellung von O. Hintze, Der Commissarius und seine Bedeutung in der allgemeinen Verwaltungsgeschichte (1910), in: ders., Staat und Verfassung, 3. Aufl. 1970, S. 242 ff., und den knappen Abriß bei M. Fuchs, „Beauftragte" in der öffentlichen Verwaltung, 1985, S. 25 ff.

ohne Bindung an bestimmte Rechtsformen[14] bedienen. Das Gefüge der Verwaltungsorganisation mit seiner gegliederten Struktur und dem Personal eines gehorsamen und treuen Beamtentums erscheint als ein großer mechanischer Apparat, durch den der Regent von einem „Centralpunkte aus durch Anordnung vieler und verschiedener genau in einandergreifender Räder den Staat in allen Theilen und nach allen Branchen regieren kann"[15].

Der allgemeinen Vorstellung und dem Prinzip zufolge funktionierte der absolutistische Fürstenstaat mithin nach dem ‚Maschinenmodell'[16], war die

---

[14] FORSTHOFF, Verwaltungsrecht, S. 26: Die Verwaltung war „das Instrument des landesherrlichen Willens, der sich in seinen Äußerungen an keine spezifische Form gebunden wußte. Seine Anweisungen an die Behörden ergingen unter den verschiedenartigsten Bezeichnungen: Verordnung, Mandat, Dekret, Patent, Ordre, Statut, Publikandum, Reglement usw., ohne daß bei ihrer Wahl ein erkennbares Prinzip obgewaltet hätte."; ebenso FRANZ MAYER, Neuzeitliche Entwicklung der öffentlichen Verwaltung, in: Verwaltung, hrsgg. v. F. Morstein Marx, 1965, S. 2 ff. (5). Vgl. auch E. KAUFMANN, Art. Verwaltung, Verwaltungsrecht, in: v. Stengel/Fleischmann, Wörterbuch des Deutschen Staats- und Verwaltungsrechts, Bd. 3, 1914, S. 688 ff. (692).

[15] So N. TH. GÖNNER, Der Staatsdienst aus dem Gesichtspunkt des Rechts und der Nationalökonomie betrachtet, 1808, S. 31. Die besagte Stelle verdient etwas ausführlicher zitiert zu werden. Gönner schreibt (S. 30 f.): „Zu dem Begriffe eines Staatsamtes gelangt man wohl nicht sicherer, als wenn man vom Regenten im Staate ausgehet. Dieser bildet den Mittelpunkt, die Seele des ganzen Staates, in welchem sich, gleich dem Kreislaufe des Blutes im menschlichen Körper, alle Kräfte concentriren, und von welchem aus sie wieder auf alle Punkte des Staates nach dem jedesmaligen Bedürfnisse zurückströmen. Der ganze Organismus würde zerstöhrt, wenn sich der Regent aus dem Mittelpunkte der ganzen Staatsverwaltung entfernen, und sich in das Detail der Staatsgeschäfte verliehren, hier etwa den Landrichter, dort den Rentbeamten machen wollte. Hierdurch wird die Nothwendigkeit gesetzt, dem ganzen Staate nach allen Zweigen der Staatsverwaltung einen Mechanismus zu geben, wodurch er vom Centralpunkte aus durch Anordnung vieler und verschiedener genau in einander greifender Räder den Staat in allen Theilen und nach allen Branchen regieren kann." – Noch für den Preußenkönig Friedrich Wilhelm III. war es, wie H. HATTENHAUER, Geschichte des Beamtentums, 1980, S. 194 berichtet, ein (Verwaltungs-)Ideal, ‚dass alles, vom Oberen bis zum Unteren, wie eine Kette aneinander hänge und ineinander greife'.

[16] Ausdruck bei N. LUHMANN, Zweckbegriff und Systemrationalität, 2. Aufl. 1977, S. 60, 77; W. BROHM, Die Dogmatik des Verwaltungsrechts vor den Gegenwartsaufgaben der Verwaltung, VVDStRL 30 (1972), S. 245 ff. (302); K.-H. LADEUR, Vom Gesetzesvollzug zur strategischen Rechtsfortbildung, in: Leviathan 7 (1979), S. 339 ff. (347). – F. NASCHOLD, Systemsteuerung, 2. Aufl. 1971, S. 14 spricht vom „Maschinenmodell der Verhaltenssteuerung". Auch hier hat begrifflich wieder Max Weber Pate gestanden. Justiz und Verwaltung, so heißt es in „Parlament und Regierung im neugeordneten Deutschland" (in: ders., Gesammelte politische Schriften, 4. Aufl. 1980, S. 306 ff.), müssen im modernen kapitalistischen Staat genauso rational kalkulierbar sein „wie die voraussichtliche Leistung einer Maschine" (S. 322); S. 323 folgt dann das bekannte Bild vom Richter als „Paragraphenautomat", S. 332 die Kennzeichnung der bürokratischen Organisation als ‚lebender Maschine'; in der „Rechtssoziologie" schließlich heißt es, der

Verwaltung alleiniges „Vollzugsinstrument des landesherrlichen Willens“[17]. Und für die Umsetzung dieses Willens wie die Struktur der Gesamtgesellschaft war das „Prinzip hierarchischer Abstufung“[18] kennzeichnend.

Diesem Maschinenmodell zufolge wird das Räderwerk des von Beamten besetzten Verwaltungsapparates vom höchsten Willen des Souveräns in Gang gesetzt und gesteuert[19], die von der allgemeinen Gesetzgebungsgewalt noch nicht deutlich geschiedenen Dienstbefehle können demgemäß adäquat nur „als eine Art mechanischer Impulse gedeutet werden“[20] – eine Vorstellung, die im übrigen noch heute der Dogmatik des Beamtenrechts zur Abgrenzung der Sphären rein instrumentaler Amtswalterfunktionalität und

---

Rechtsformalismus lasse den Rechtsapparat „wie eine technisch rationale Maschine“ funktionieren (Wirtschaft und Gesellschaft, S. 469). – Zur Sache A. Meyer, Mechanische und organische Metaphorik politischer Philosophie, in: Archiv für Begriffsgeschichte, Bd. XIII (1969), S. 228 ff., und jetzt grundlegend B. Stollberg-Rilinger, Der Staat als Maschine, 1986 (S. 62 ff. zum Modellcharakter der preußischen Staatsmaschine unter Friedrich d. Großen); s. auch die knappen Bemerkungen bei K.-G. Faber, Zum Verhältnis von Absolutismus und Wissenschaft, 1983, S. 9, sowie die zahlreichen Beispiele für die Verwendung des Terminus „Staatsmaschine“ bei D. Peil, Untersuchungen zur Staats- und Herrschaftsmetaphorik in literarischen Zeugnissen von der Antike bis zur Gegenwart, 1983, S. 489 ff.

17 O. Bachof, Art. Verwaltung, in: EvStL, 2. Aufl. 1975, Sp. 2772 ff. (2774); ebenso W. Bleek, Von der Kameralausbildung zum Juristenprivileg, 1972, S. 25: Beamte als „Instrument seines (sc. des Monarchen) Herrschaftswillens“. – Gleichwohl wäre es unvollkommen und mißverständlich, dieses Element des monarchischen Willens als sprunghafte Willkür, Beliebigkeit oder Despotismus zu deuten. Dafür war die gesamte Epoche des Absolutismus zu sehr von den Geboten der Vernunft und den Idealen der Regelhaftigkeit, der Geometrie und der Rationalität geprägt (vgl. Kunisch, Absolutismus, S. 9 ff. u. passim). Das im weiteren gebrauchte Sprachbild vom Maschinenmodell ist von daher als geordnete und ordnende Schematisierung, als regel- und prinzipiengeleitete Organisation, nicht als Konglomerat spontaner Willkürakte zu deuten.

18 Kunisch, Absolutismus, S. 14. Nach Maier, Staats- und Verwaltungslehre, ist kennzeichnend für die ältere Staatsidee des polizeistaatlichen Absolutismus „die Gliederung des Rechts der Verwaltung nach der Hierarchie der wohlfahrtspolizeilichen Zwecke“ (S. 246).

19 Zahlreiche, insb. gegen den preußischen Staat gerichtete Notizen bei A. W. Rehberg, Ueber die Staatsverwaltung deutscher Länder und die Dienerschaft des Regenten, 1807, S. 9 (preußischer Staat als Maschine), S. 13 (Staat als Werkzeug), S. 22 (Staatsmaschine), S. 27 (Mechanismus, Kunstwerk), S. 30 (Räderwerk der Staatsmaschine), S. 32 (Spiel eines künstlichen Uhrwerkes), S. 39 f. (mechanische Bewegung der Maschine), S. 49 (Staatsverwaltung als Maschine), S. 67 (Regent als Vormund aller Untertanen), S. 72 (Administration als Kunstwerk), S. 201 (Staatsmaschine) u. öfter; einige kritische Notizen zum Preußen des 18. Jahrhunderts auch bei Perthes, Staatsdienst in Preußen, S. 19.

20 Faber, Verwaltungsrecht, S. 29; F. E. Schnapp, Amtsrecht und Beamtenrecht, 1977, S. 154: „Weisungsimpuls“.

solchen Angelegenheiten, die den Beamten in seiner Eigenschaft als Individuum mit personaler Würde betreffen, dient[21].

2. Systemrationalität des Maschinenmodells

Festzuhalten bleibt indes, daß auf dem Hintergrund eines neuen Wissenschaftsverständnisses mit rationaler Weltinterpretation die strukturierende Ordnung des Staates in Analogie zu einer Maschine[22] alle Attribute der Sicherheit, Systematik, Vernunft und Rationalität in sich vereinigte: „Gerade der Staat schien der Ort zu sein, wo das mechanische Modell der geometrischen Rationalität in die Wirklichkeit umgesetzt werden konnte."[23] Insbesondere durch seine internen Gesetzmäßigkeiten gehorchende Konstruktion zeichnete sich der Maschinenstaat aus – der Fürst aber war gleichsam der erste Werkmeister, die Triebfeder und die ‚Seele' der gesamten Apparatur[24].

---

[21] Zu Problemen der genauen Abgrenzung der Sphären rein instrumentaler Funktionalität und der Betroffenheit als mit Menschenwürde ausgestatteter Persönlichkeit aus dogmatischer Sicht H.-U. ERICHSEN, Feststellungsklage und Innenrecht, Grundrechte und Amtswaltung, in: VerwArch. 71 (1980), S. 429 ff; DERS., Die Umsetzung von Beamten, in: DVBl. 1982, S. 95 ff.; F. ROTTMANN, Grundrechte und Rechtsschutz im Beamtenverhältnis, in: ZBR 1983, S. 77 ff. (87 ff.). – Zum (mit Kürzeln wie Grundverhältnis, Betriebsverhältnis, dienstlich-persönlichen und amtlich-fachlichen Weisungen nur unzulänglich erfaßbaren) Problem auch SCHNAPP, Amtsrecht und Beamtenrecht, S. 145 ff; W. LOSCHELDER, Vom besonderen Gewaltverhältnis zur öffentlich-rechtlichen Sonderbindung, 1982, S. 449 ff., 459 ff.; systemtheoretisch H. WILLKE, Entzauberung des Staates, 1983, S. 39 f.

[22] Nach den interessanten, wenn auch staatsphilosophisch stellenweise anfechtbaren Untersuchungen von OTTO MAYR (Uhrwerk und Waage. Autorität, Freiheit und technische Systeme in der frühen Neuzeit, 1987) dominiert im „liberalen" England das Bild der Waage, auf dem absolutistisch regierten Kontinent dagegen die Metapher der Uhr als dem geistig und konstruktiv anspruchsvollsten maschinenhaften Mechanismus; sie ist zugleich „das reinste Symbol der Autorität" (S. 14); zum „Staat als Uhrwerk" die (heterogenen, aber illustrativen) Belege S. 127 ff.

[23] KUNISCH, Absolutismus, S. 18. Vgl. auch M. STOLLEIS, Geschichte des öffentlichen Rechts in Deutschland, Bd. 1, 1988, S. 359: Es „sollte das ‚Beamtenheer' als gut geschulter, gehorsamer Mechanismus jeden Befehl von oben aufnehmen und im entferntesten Winkel des Territoriums in die Wirklichkeit umsetzen. (...) Wachsende Arbeitsteilung und Ausdifferenzierung der Funktionen waren mit ‚persönlichem Regiment' auf Dauer schwer zu vereinbaren." Von der Staatsräson als „Widerpart fürstlicher Willkür" spricht H. MÜNKLER, Im Namen des Staates, 1987, S. 244.

[24] Der Kameralist J. H. G. JUSTI schrieb: „Ein wohleingerichteter Staat muß vollkommen einer Maschine ähnlich sein, wo alle Räder und Triebwerke auf das genaueste ineinanderpassen, und der Regent muß der Werkmeister, die erste Triebfeder oder die Seele sein, wenn man so sagen kann, die alles in Bewegung setzet." (Gesammelte politische und Finanzschriften, Bd. III, Kopenhagen-Leipzig 1764 [ND Aachen 1970], S. 87); zu Justi näher STOLLBERG-RILINGER, 1980, S. 105 ff. – Siehe auch R. VIERHAUS, Art. Abso-

In den Blick rückt damit ein gewisses Maß an Systemrationalität: die Existenz einer regelhaften, kunstvollen mechanischen Apparatur, die von einem höchsten Gestaltungswillen geordnet, inspiriert und dirigiert wird. Es kam von daher nicht unerwartet, daß in der Endphase des mittlerweile ‚aufgeklärten' Absolutismus die Herrscher darangingen, „mit einer geradezu revolutionären Radikalität den Staat und seine Institutionen nach einem rationalen Plan von Grund auf umzuformen"[25]. Verfassungsgeschichtlich bleibt insofern für die weitere Entwicklung bedeutsam, daß in Deutschland kein gewaltsamer revolutionärer Umbruch wie in Frankreich stattfand, die Modernisierung des Staates vielmehr ‚von oben' betrieben wurde[26] und sich der Staat in seiner Eigenschaft als (modernisierter) Verwaltungsstaat[27] ein im Grunde ungebrochenes Prestige erhalten und bewahren konnte[28]. Der Übergang vom Policey- und Wohlfahrtsstaat (von dem gesagt wird, er habe im Grunde keine Verfassung, sondern nur eine Verwaltung gehabt[29]) zum bürgerlichen Rechtsstaat und selbst noch zur parlamentarischen Demokratie vollzog sich auf evolutionärem Wege – bei weitgehender Erhaltung, z. T. sogar noch erheblicher Steigerung des Sozialprestiges der den Staat im eigentlichen Sinne vorstellenden, monarchisch geprägten Exekutive.

---

lutismus, Sp. 33: der Monarch als „Ebenbild Gottes, als Zentralperson, Inhaber aller Gewalt und Antrieb der komplizierten Maschine ‚Staat'". Noch im Artikel über „Souveränität" im Staatslexikon der Görres-Gesellschaft, 3./4. Aufl. (Bd. IV, 1911) v. E. Baumgartner heißt es über die Souveränität in konstitutionellen Monarchien: „Wenn wir den Monarchen als Organ des Staats bezeichnet haben, insofern auch er dem Staat dient und für ihn handelt, so wollen wir damit sagen, daß er zwar im Staat, aber an erster, höchster Stelle steht, daß er eben das Haupt des Staats ist; er ist es, der den Staat in Bewegung setzt und in Bewegung erhält. Alle staatlichen Funktionen haben ihren Ausgangs- und ihren Einigungspunkt im Monarchen." (Sp. 1213/1214). Und ausgerechnet im Anti(!)-Hobbes schreibt P. J. A. Feuerbach (Anti-Hobbes oder über die Grenzen der höchsten Gewalt und das Zwangsrecht der Bürger gegen den Oberherrn, 1797 [ND 1967], S. 63): „Denn was ist der Oberherr anders, als die höchste Gewalt im Staate, der Wille, dem alles untergeordnet ist – die erste bewegende Feder in der Maschine des Staats?"

[25] E. Weis, Reich und Territorien in der letzten Jahrzehnten des 18. Jahrhunderts, in: Deutschland zwischen Revolution und Restauration, hrsgg. v. H. Berding u. H.-P. Ullmann, 1981, S. 43 ff. (46).

[26] Zum auf diesem evolutionär-reformerischen Grundgedanken aufbauenden Staatsentwicklungsmodell Kants vgl. umfassend C. Langer, Reform nach Prinzipien. Untersuchungen zur politischen Theorie Immanuel Kants, 1986, insb. S. 55 ff., 95 ff.

[27] Dazu fürs erste M. Botzenhart, Reform, Restauration, Krise. Deutschland 1789–1847, 1985, S. 45 ff.

[28] Vgl. jüngst R. Wahl, Die Entwicklung des deutschen Verfassungsstaates bis 1866, in: HdbStR I, § 1 Rn. 4 ff.

[29] Vgl. Maier, Staats- und Verwaltungslehre, S. 149, 291.

3. Die Staatsmaschine als bürokratischer Apparat

Schon im Sprachbild der Maschine als Mechanismus, der den ihm einmal eingestifteten Gesetz- und Regelmäßigkeiten gemäß läuft und arbeitet, offenbart sich ein Element der Rationalisierung und Beschränkung staatlicher Herrschaft[30]: „Das Bild der Staatsmaschine liefert Argumente sowohl zur fürstlichen Herrschaftssteigerung gegenüber ständischem Herkommen als auch zur Herrschaftsbeschränkung gegenüber fürstlicher Willkür."[31] Das Maschinenmodell negiert in jedem Fall einen gewissermaßen arbiträren Despotismus und sperrt sich gegen persönliche Willkürakte. Solcherart subjektiver Absolutismus hätte nicht nur die Einbindung des absolutistischen Fürsten in eine vergleichsweise stabile Gesamtordnung gelockert, seine Bindung an natürliches wie göttliches Recht negiert sowie der Gemeinwohlverpflichtung Hohn gesprochen – er hätte auch niemals zu der erreichten Effizienzsteigerung des bürokratischen und militärischen Apparats[32] geführt, und der „disziplinierende Zugriff des absolutistischen Obrigkeitsstaates"[33] wäre auf Dauer ohne Wirkung geblieben. Der Herrscher darf kein machtbesessener Autokrat sein, sondern soll geradezu als „Agent der gesellschaftlichen Vernunft"[34] fungieren. Im Aufbau einer straff organisierten, streng disziplinierten, regelhaft arbeitenden und hierarchisch gegliederten Administration, die ein bis dahin unbekanntes Maß an Stetigkeit, Zuverlässigkeit und Effizienz aufwies, schlug sich dieses rationale Element augenfällig nieder.[35]

---

[30] Zu dieser Ambivalenz von Herrschaftssteigerung und Herrschaftsbeschränkung ausführlich STOLLBERG-RILINGER, Staat als Maschine, S. 101 ff. (insb. 124 ff.), 136 ff.

[31] STOLLBERG-RILINGER, Staat als Maschine, S. 247; zum Rationalisierungseffekt auch STOLLEIS, Geschichte des öffentlichen Rechts, S. 403 f.

[32] Zu letzterem die klassische Studie von O. BÜSCH, Militärsystem und Sozialleben im alten Preußen 1713–1807, 1962 (Neuaufl. 1981).

[33] KUNISCH, Absolutismus, S. 41.

[34] W. SCHNEIDERS, Die Philosophie des Aufgeklärten Absolutismus, in: Der Staat 24 (1985), S. 383 ff. (384); s. auch F. JONAS, Sozialphilosophie der industriellen Arbeitswelt, 2. Aufl. 1974, S. 89: „Die Vernunft drückt die Autonomie dieser Welt aus, in ihrem Namen ist souveräne Herrschaft legitim."

[35] Prägnant HELLER, Staatslehre, S. 148 (1. Aufl. S. 131): „Der Hauptmangel der feudalen ‚Dilettantenverwaltung' im Nebenamt war ihre technische Unzulänglichkeit: die Schwäche ihrer Exekutive, die Lässigkeit der Kontrolle, das Fehlen oder die Mangelhaftigkeit der Buchführung. (...) Das weitaus wichtigste Mittel für die Verselbständigung der staatlichen Machteinheit wurde die planmäßig in festen Kompetenzen geordnete Behördenhierarchie, in welche fachlich vorgebildete, von oben ernannte und wirtschaftlich abhängige Beamte im Hauptberuf kontinuierlich tätig sind für die bewußte Einheitsbildung der staatlichen Macht. (...) Die bürokratischen Versteifungen geben dem modernen Staatsbau seine scharfen Konturen und bedingen die relative Statik seiner Struktur." – Eher kursorischer Überblick unter anspruchsvoller Überschrift („Der Absolutismus

Das auf dem Hintergrund der Aneignung der sächlichen und personellen Herrschaftsmittel durch den ‚Verwaltungsherrn'[36] (und damit der Beseitigung eines jeden Eigenrechtes am Amt) zu sehende Rationalisierungspotential eines hierarchisch zentralisierten Behördenapparates, das sich in seiner absolutistischen Genese keineswegs erschöpft, erscheint so ungeheuer, daß Max Weber die universelle Bürokratisierung der Welt als ihren wirkungsmächtigsten Entwicklungszug und den Gang in ihr „stählernes Gehäuse der Hörigkeit" als nahezu unausweichlich bezeichnen konnte[37]. Neben dieser eher spekulativen Seite kennzeichnet es den in seine Herrschaftssoziologie eingebetteten wirklichkeitswissenschaftlich-komparativ-kontrastierenden Bürokratiebegriff Webers, daß bürokratisches Verwaltungshandeln die strukturelle Chance bietet, das Handeln des Verwaltungsstabes verbindlich und verläßlich festlegen und so die Rationalität politischer Herrschaft steigern zu können[38]. Mit eben dieser Umschreibung ist der sich im fürstlichen Absolutismus entfaltende bürokratische Amtsbetrieb im Kern erfaßt.

4. Der Beamtenstab

Natürlich konnte eine dem Idealtyp einer effektiven bürokratischen Organisation auch nur annähernd ähnelnde staatliche Verwaltung nicht auf einen Schlag geschaffen werden. Aber das Fundament für die auch heute noch existente und grundlegende Form staatlicher Verwaltung ist doch ohne Zweifel im fürstlichen Absolutismus gelegt worden. Rationalisierung der Verwaltung heißt in jener Epoche Ausbildung bestimmter Elemente, die weit über ihren oft zufälligen und singulären Ursprungszusammenhang hinausweisen. Es handelt sich dabei neben hier nicht im einzelnen darzustellenden Maßnahmen der Konzentration von Verwaltungseinheiten[39] (z. B. die

---

als autoritär-antipolykratisches Herrschaftssystem") bei J. B. MÜLLER, Herrschaftsintensität und politische Ordnung, 1986, S. 9ff.

[36] Vgl. M. WEBER, Wirtschaft und Gesellschaft, 5. Aufl. 1976, S. 552, 566ff., 823f., 825f.

[37] WEBER, Wirtschaft und Gesellschaft, S. 122ff., 551ff., 825ff.; zu Webers Bürokratietheorie fürs erste W. SCHLUCHTER, Aspekte bürokratischer Herrschaft, 1972, S. 68ff., 138ff. u.ö.; DERS., Rationalismus der Weltbeherrschung, 1980, S. 75ff.; G. SCHMID/ H. TREIBER, Bürokratie und Politik, 1975, S. 21ff.; H. TYRELL, Ist der Webersche Bürokratietypus ein objektiver Richtigkeitstypus?, in: Zeitschrift für Soziologie 10 (1981), S. 38ff.; H.-U. DERLIEN, Die selektive Interpretation der Weberschen Bürokratietheorie in der Organisations- und Verwaltungslehre, in: VerwArch. 80 (1989), S. 319ff.; S. BREUER, Rationale Herrschaft. Zu einer Kategorie Max Webers, in: PVS 31 (1990), S. 4ff. – Ein solides werkgeschichtliches Fundament legt A. ZINGERLE, Max Webers historische Soziologie, 1981, S. 112ff.

[38] Vgl. WEBER, Wirtschaft und Gesellschaft, S. 565.

[39] Informativer Überblick bei F. HARTUNG, Deutsche Verfassungsgeschichte vom

Einrichtung des preußischen Generaldirektoriums) vor allem um die Heranziehung eines funktionstüchtigen, im Preußen des 18. Jhs. vorzugsweise aus dem Heer rekrutierten Beamtentums[40]. Hatte es – wie selbstverständlich eine hierarchische Stufung abspiegelnde – Amts- und Verwaltungsordnungen auch schon im späten Mittelalter gegeben[41], ist in der Folgezeit eine „Wende zur Normativität"[42] zu beobachten, die ihr Zentrum im erstarkenden politischen Lenkungs- und Gestaltungswillen des fürstlichen Landesherrn hat, der die Administration in feste und vor allem gleichförmige Bahnen lenken will. Intendiert ist dabei nicht eine früh-rechtsstaatliche Normsicherheit der Allgemeinheit, sondern in erster Linie die strikte Bindung der Beamten als der primären Normadressaten[43]. Im 18. Jahrhundert dominie-

---

15. Jahrhundert bis zur Gegenwart, 2. Aufl. 1928, S. 66 ff.; W. Hubatsch, in: Dt. VerwGesch I, S. 892 ff. Zusammenfassung des Gesamtvorganges bei Th. Ellwein, Geschichte der Verwaltung, in: König/von Oertzen/Wagener (Hrsg.), Öffentliche Verwaltung in der Bundesrepublik Deutschland, 1981, S. 37 ff. (40 f.): „Die entscheidende Wende bringt die absolute Monarchie, indem sie Hof- und Landesverwaltung voneinander trennt, die Staatseinnahmen stärker auf das Steuerwesen als auf den Grundbesitz stützt, dazu eine eigene Finanzverwaltung aufbaut, die Lösung der Justiz von der Verwaltung vorbereitet, immer größere Teile des Verwaltungspersonals professionalisiert ... und insgesamt das Staatsgebiet mit einer geschlossenen und relativ ... dichten Verwaltung überzieht."

[40] Ohne daß an dieser Stelle im einzelnen abzuhandeln wäre, ob der Ursprung des modernen (Berufs-)Beamtentums im 14./15. Jahrhundert (so H. W. Scheerbarth/H. Höffken, Beamtenrecht, 5. Aufl. 1985, § 1 II), im Zuge der Ausbildung souveräner Territorialstaaten im 17. Jahrhundert liegt (so die überwiegende Auffassung) oder überhaupt erst eine Schöpfung der konstitutionellen Monarchien ist (so B. Wunder, Geschichte der Bürokratie in Deutschland, 1986, S. 20) ist. So gut wie alle diese Punkte erscheinen gebündelt als „Wurzeln" des Berufsbeamtentums bei J. Isensee, Art. Beamte, in: StL, 7. Aufl., Bd. 1, Sp. 586. – Zutreffend dürfte sein, daß sich gewisse tragende Elemente eines Amtsethos bereits relativ früh ausbildeten (vgl. M. Stolleis, Grundzüge der Beamtenethik (1550–1650), in: Die Verwaltung 13 [1980], S. 447 ff. [455 ff.]), die Beamtenschaft aber erst im Kontext der Befestigung fürstlicher Souveränität zur tragenden Institution wurde. Zum Problem auch O. Kimminich, Die Bedeutung des Beamtentums für die Herausbildung des modernen Staates, in: Das Berufsbeamtentum im demokratischen Staat, hrsgg. v. W. Leisner, 1975, S. 47 ff.; J. Hofmann, Zur Geschichte des Beamtenrechts in neueren Darstellungen, in: ZNR 7 (1985), S. 208 ff.

[41] D. Willoweit, Die Entwicklung und Verwaltung der spätmittelalterlichen Landesherrschaft, in: Dt. VerwGesch I, S. 66 ff. (132 ff.).

[42] D. Willoweit, Allgemeine Merkmale der Verwaltungsorganisation in den Territorien, in: Dt. VerwGesch I, S. 289 ff. (289); s. auch Stolleis, Geschichte des öffentlichen Rechts I, S. 357 ff.

[43] Willoweit, Dt. VerwGesch I, S. 290 f.: „Das Ergebnis ist der zum Gehorsam verpflichtete, aber an Regeln gebundene Beamte ... Die Einordnung der Amtsträger in das obrigkeitliche System von Befehl und Gehorsam vollzieht sich im allgemeinen ohne Schwierigkeiten, weil dieser Vorgang nur als eine Komponente des auch sonst zu beobachtenden Stil- und Funktionswandels der alten Landesherrschaft erscheint."

ren dann gegenüber den älteren Verwaltungsordnungen die ‚Instruktionen', die die Dominanz des fürstlichen Umgestaltungswillens schon terminologisch indizieren: „Darin spiegelt sich ein gewisser Funktionswandel der Verwaltungsnormen wider. Es geht jetzt weniger um die Sicherung eines guten Regiments, als um die gewisse und unmittelbare Bindung des Beamten an den politischen Willen des Fürsten."[44] Neben der Karriere der Instruktionen ist typisch für die systematische Durchgestaltung der Verwaltung und ihres Personals die – offenbar aus höfischen Tischordnungen entsprungene – hierarchische Rangordnung der Beamten[45]. Von Bedeutung waren des weiteren Formalisierung und Vereinheitlichung der Ausbildungsanforderungen bei der Rekrutierung der Beamtenschaft[46] und – ebenfalls in der Spätphase des Absolutismus – eine gewisse Verschiebung in der Rechtsstellung der Beamten, die vom persönlichen Diener des Monarchen zu Staatsbediensteten avancierten. Die Ersetzung des persönlich-patrimonialen Herr-Diener-Verhältnisses durch eine gewissermaßen institutionelle Beziehung zum Staatsverband bringt das Preußische Allgemeine Landrecht von 1794 in der Überschrift „Von den Rechten und Pflichten der Diener des Staates" (Titel 10, Teil II, §§ 2 ff., 85) zum Ausdruck[47].

Dem entsprach dann auch über kurz oder lang[48] die Überwindung des rein zivilrechtlich konstruierten Rechtsverhältnisses aufgrund der von Nikolaus Thaddäus Gönner Anfang des 19. Jahrhunderts ausgebildeten Theo-

---

44 Willoweit, Dt. VerwGesch I, S. 299.

45 Vgl. Willoweit, Dt. VerwGesch I, S. 299, 302 ff.

46 Diese wurde greifbar gegen Ende des 18. Jahrhunderts: vgl. Bleek, Von der Kameralausbildung zum Juristenprivileg, S. 73 ff.; B. Wunder, Privilegierung und Disziplinierung, 1978, S. 97 ff.

47 Wobei in diesem Punkte gegen eine verbreitete Tendenz in der Lehrbuch-Literatur, die gern die identische Sache vermutet, nur weil das Wort gleich ist, zu sagen wäre, daß ‚Staat' hier noch nicht eine vom Monarchen getrennt zu denkende juristische Person meint. Wichtig ist allein, daß der Monarch im Unterschied zu patrimonialen Verhältnissen sich selbst und seine Aufgabe als ‚Beruf' ansieht und die Leistungen der Staatsdiener nicht zu seinem persönlichen Belieben als Privatperson, sondern für den von ihm geführten Verband als politischem Gemeinwesen erbracht werden. Alle Rechte und Pflichten der Beamten bleiben aber deswegen doch geknüpft an den Regenten. Exakt Isensee, Art. Beamte, in: StL, 7. Aufl., Bd. 1, Sp. 586: der Beamte war dem „Monarchen als Staatsorgan, nicht aber als Person (wie der private Hofbedienstete) zur Treue verpflichtet." Siehe auch L. Wenninger, Geschichte der Lehre vom besonderen Gewaltverhältnis, 1982, S. 35.

48 Klarer patrimonialstaatlicher Rückfall insofern das Hannoversche Verfassungsgesetz von 1840, das im siebten „Capitel" wieder von der „Königlichen Dienerschaft", nicht aber von Staatsbeamten oder Staatsdienern sprach (vgl. den Text bei E. R. Huber, Dokumente zur deutschen Verfassungsgeschichte, Bd. 1, 3. Aufl. 1978, S. 305 ff. [320 f.]). Zur allgemeinen Rückständigkeit Hannovers auf dem Gebiet des Beamtenrechts A. Lotz, Geschichte des Deutschen Beamtentums, 2. Aufl. 1914, S. 264 ff.

rie eines besonderen öffentlich-rechtlichen Dienst- und Treueverhältnisses[49].

5. *Zusammenfassung*

Obwohl der Absolutismus also keineswegs eine allgegenwärtige, omnipotente Verwaltung hervorzubringen vermochte und auch hier die Kluft zwischen dem Anspruch umfassender Kontrolle aller gesellschaftlichen Vorgänge und der Realität groß war[50], legte er doch die entscheidenden und noch heute tragenden Fundamente für die staatliche Verwaltung[51]. Es bedurfte in der Zukunft der weiteren Rationalisierung und Effektivierung dieser Organisation, nicht ihres vollständigen Um- oder Neubaus. Damit, daß z. B. Max Weber die Bürokratie mit beständig variierten technisch-instrumentellen Ausdrücken wie ‚Apparat', ‚Präzisionsinstrument', ‚Mechanismus' und eben auch: ‚Maschine' belegt[52], ist – um auf den Ausgangspunkt

---

[49] Vgl. dazu H. ZWIRNER, Politische Treupflicht des Beamten, 1987, S. 101; WENNINGER, Lehre vom Besonderen Gewaltverhältnis, S. 38ff.; H. HATTENHAUER, Geschichte des Beamtentums, 1980, S. 182ff.; WUNDER, Privilegierung und Disziplinierung, S. 130ff.; BLEEK, Von der Kameralausbildung zum Juristenprivileg, S. 34ff.; am ausführlichsten wohl nach wie vor H. REHM, Die rechtliche Natur des Staatsdienstes nach deutschem Staatsrecht historisch-dogmatisch dargestellt, 1885, S. 68ff., 77ff.

[50] Auch die folgende Kennzeichnung der Staatsaufsicht dürfte eher das Ziel, weniger die Wirklichkeit beschreiben. Bei H. G. SCHEIDEMANTEL, Das Staatsrecht nach der Vernunft und den Sitten der vornehmsten Völker betrachtet, I. Theil, 1770, S. 152 heißt es: „Sie (scil. die Oberaufsicht des Staates) dringt so gar bis in die verborgensten Winkel, damit ihr nichts unbekannt bleibe, welches der Absicht des Staates vorteilhaft oder schädlich ist."

[51] Vgl. R. MAYNTZ, Soziologie der öffentlichen Verwaltung, 3. Aufl. 1985, S. 18; s. auch BLEEK, Von der Kameralausbildung zum Juristenprivileg, S. 61: „Umfassende staatliche Verwaltungsorganisation ist ein Produkt des sich mit dem Monopol politischer Entscheidung und Regulierung versehenen modernen Staates, wie er sich in der absoluten Monarchie des 17. und 18. Jahrhunderts ausbildete"; ähnlich W. BROHM, Zur Einführung: Strukturprobleme der planenden Verwaltung, in: JuS 1977, S. 500ff. (500). – In der gleichen apodiktischen Kürze wird die Entstehung des Beamtentums im Absolutismus verkündet: vgl. Nachweise bei J. RÜCKERT, Zur Entstehung des modernen Berufsbeamtentums, in: Quaderni Fiorentini 10 (1981), S. 383ff. (385 N. 9); J. HOFMANN, in: ZNR 7 (1985), S. 209; O. KIMMINICH, Deutsche Verfassungsgeschichte, 2. Aufl. 1987, S. 88.

[52] Und dies durchaus nicht affirmativ, wie oft geglaubt wird; man nehme nur seine Debattenreden auf der Tagung des Vereins für Socialpolitik im Jahre 1909 (in: MAX WEBER, Gesammelte Aufsätze zur Soziologie und Sozialpolitik, 1924 [ND 1988], S. 412ff.). Zu Webers Befürchtung einer Erstarrung des gesamten politischen wie gesellschaftlichen Lebens aufgrund der Übermacht einer verselbständigten Bürokratie und dem damit verbundenen Sieg eines Lebensgefühls, das seine höchste Erfüllung darin sieht, als funktionierendes Rad im Getriebe zu fungieren: M. SIGNORE, Bürokratische Herrschaft

unserer Überlegungen zurückzukommen – angedeutet, daß wir es beim Maschinenmodell um ein vorwärtsgerichtetes, über seine absolutistische Genese hinausweisendes Sprachbild zu tun haben, das eine gewisse Konstanz in der Sache selbst indiziert: Erhalten blieb als dominante Grundstruktur das auf hierarchischer Grundlage ausgebildete Schema von Befehl und Gehorsam als zentraler Funktionsmodus staatlicher Bürokratie.

II. Veränderungen in der Reformzeit

Die Französische Revolution erschütterte das absolutistische Staatensystem Europas und diskreditierte mit ihren exzessiven Konsequenzen auch die Plausibilität der Maschinenmetapher[53]. In der romantisch geprägten politischen Metaphorik trat nun die Organismusvorstellung in den Vordergrund[54], die indes wegen ihrer allzeit bemerkenswerten Flexibilität auch Bedeutungsgehalte aufnehmen konnte, die vordem im Maschinenbild aufgehoben waren. Doch gerade zu Beginn der Renaissance der Organismus-Metapher, also etwa bei Kant, zeigte sich, daß die nun anbrechende Epoche stärker und anders als alle wohlfahrtsstaatlichen, absolutistisch-rationalen Konstruktionen auf die Verbesserung und Höherentwicklung der menschlichen Gattung und der Individuen setzte. Die Reformzeit empfindet und deutet den Staat nicht mehr in erster Linie als einen im Grunde unabhängig vom Staatsvolk in Gang zu setzenden und nur von der Werkmeisterkunst des

---

und soziale Partizipation im Denken von Max Weber, in: Die Verwaltung 22 (1989), S. 269 ff.; D. J. K. PEUKERT, Max Webers Diagnose der Moderne, 1989, S. 27 ff.; grundlegend W. HENNIS, Max Webers Fragestellung, 1987.

[53] Bezeichnend auch der Stoßseufzer Novalis': „Kein Staat ist mehr als Fabrik verwaltet worden, als Preußen, seit Friedrich Wilhelm des Ersten Tode. So nöthig vielleicht eine solche maschinistische Administration zur physischen Gesundheit, Stärkung und Gewandheit des Staates seyn mag, so geht doch der Staat, wenn er bloß auf diese Art behandelt wird, im Wesentlichen darüber zu Grunde." (NOVALIS [FRIEDRICH VON HARDENBERG], Glauben und Liebe oder der König und die Königin, in: Jahrbücher der Preußischen Monarchie, 1798, S. 269 ff. [281]); allgemeiner J. G. FICHTE in seiner 7. Rede an die Deutsche Nation (dazu und zum folgenden A. MEYER, Mechanische und organische Metaphorik politischer Philosophie, in: Archiv für Begriffsgeschichte, Bd. XIII [1969], S. 128 ff. [147 ff.]).

[54] Vgl. auch zu diesem Wandel B. STOLLBERG-RILINGER, Der Staat als Maschine, 1986, S. 188 ff., 202 ff. sowie E.-W. BÖCKENFÖRDE, Organ, Organismus, Organisation, politischer Körper (VII-IX), in: Geschichtliche Grundbegriffe, Bd. 4, 1978, S. 561 ff. (579 ff., 587 ff.); M. STOLLEIS, Verwaltungslehre und Verwaltungswissenschaft 1803–1866, in: Dt. VerwGesch II, S. 56 ff. (58 ff.); D. PEIL, Untersuchungen zur Staats- und Herrschaftsmetaphorik in literarischen Zeugnissen von der Antike bis zur Gegenwart, 1983, S. 563 ff. – Zur „Entwicklung der organologischen Staatsauffassung im Mittelalter" vgl. das gleichnamige Buch von T. STRUVE, 1978.

Monarchen sowie der Treue seiner Beamten und Soldaten abhängigen Mechanismus, sondern als ein der tätigen Anteilnahme seiner Bürger bedürftiges politisches Gemeinwesen, das gerade durch Freisetzung der Kräfte einer bürgerlichen Gesellschaft und die entsprechende Entlastung des Staates an Effizienz und Wirksamkeit gewinnen kann: „Die im Bild lebender Organismen vorgestellten Leitbilder gesellschaftlicher Organisation präsentierten zugleich den verfassungspolitischen Anspruch einer Selbstorganisation und Selbststeuerung gesellschaftlicher Verhältnisse."[55]

Wollte der spätabsolutistische Fürstenstaat nicht nach französischem Beispiel revolutionär überwunden werden, mußte er sich von innen heraus selbst reformieren[56]. Es ist hier nicht der Ort, im Detail all jene Faktoren und Phänomene (der Kreditverlust des alles reglementierenden absolutistischen Wohlfahrtsstaates; der Druck der französischen Revolution und der Siegeszug Napoleons[57]; die gegen die Glückseligkeitsphilosophie gerichtete

---

[55] E. PANKOKE, Fortschritt und Komplexität, in: Studien zum Beginn der modernen Welt, hrsgg. v. R. Koselleck, 1977, S. 352ff. (367). Und mehr noch: „Diese reflexive Struktur der Organisationsmetapher ... ließen gerade die organizistischen Metaphern zum Medium demokratischer Programmatik werden." (S. 367). Zusammenfassend: „Mit der Deutung des politischen Gemeinwesens als lebendigen ‚Organismus' wollte zugleich eine geschichtliche Bewegung programmiert werden, welche den toten Mechanismus der ‚Staatsmaschine' über die aktive Inkorporation seiner Glieder zu einem lebendigen Wirkungszusammenhang entwickeln sollte." (S. 368).

[56] Siehe nur E. WEIS, Absolute Monarchie und Reform im Deutschland des späten 18. und des frühen 19. Jahrhunderts, in: Aufklärung, Absolutismus und Bürgertum in Deutschland, hrsgg. v. F. Kopitzsch, 1976, S. 192ff.; DERS., Gesellschaftsstrukturen und Gesellschaftsentwicklung in der frühen Neuzeit, in: K. Bosl/E. Weis, Die Gesellschaft in Deutschland, Bd. 1, 1976, S. 131ff. (237ff.); H. BERDING/H.-P. ULLMANN, Veränderungen in Deutschland an der Wende vom 18. zum 19. Jahrhundert, in: dies. (Hrsg.), Deutschland zwischen Reform und Revolution, 1981, S. 11ff.; R. VIERHAUS, Aufklärung und Reformzeit, in: Reformen im rheinbündischen Deutschland, hrsgg. v. E. Weis, 1984, S. 287ff.; vgl. auch TH. NIPPERDEY, Deutsche Geschichte 1800–1866. Bürgerwelt und starker Staat, 4. Aufl. 1987, S. 31 ff, insb. 35ff., 70ff. – Speziell zu Preußen H.-G. SCHOEPS, Preußen, Geschichte eines Staates, 8. Aufl. 1968, S. 115ff.; K. v. RAUMER, Deutschland um 1800. Krise und Neugestaltung 1789–1815, in: Handbuch der Deutschen Geschichte, Bd. 3/I, 1. Teil, 1980, S. 351ff.; R. KOSELLECK, Preußen zwischen Reform und Revolution, 3. Aufl. 1981, S. 153ff. und D. GRIMM, Deutsche Verfassungsgeschichte 1776–1866, 1988, S. 76ff. In jüngster Zeit wird in gesamthistorischer Perspektive die gern gepflegte strikte Dichotomie von der *Revolution* in Frankreich und der *Reform* in Deutschland relativiert (vgl. den von H. Berding, E. Francois u. H.-P. Ullmann hrsgg. Band: Deutschland und Frankreich im Zeitalter der Französischen Revolution, 1989, insb. die programmatische Einleitung S. 8ff.)

[57] Dazu einige Beiträge in: Geschichte und Gesellschaft, 6. Jg. (1980), Heft 4: Napoleonische Herrschaft und Modernisierung (R. DUFRAISSE, Das napoleonische Deutschland, S. 466ff.; H. BERDING, Die Reform des Zollwesens in Deutschland unter dem Einfluß der napoleonischen Herrschaft, S. 523ff.).

Pflichtenethik und der Utilitarismus[58]; der Wirtschaftsliberalismus, insbesondere in seiner Formulierung durch Adam Smith[59] u.a.m.) zu untersuchen, die die Staaten des Ancien Régime unter Modernisierungszwang[60] und Reformdruck[61] setzten[62]. Hier nur soviel: Gleich, ob es sich um Montgelas, Stein, Hardenberg[63] oder – bereits im letzten Drittel des 18. Jahrhunderts – um den aufgeklärten österreichischen Monarchen Joseph II. han-

---

[58] D. SCHWAB, Die „Selbstverwaltungsidee" des Freiherrn vom Stein und ihre geistigen Grundlagen, 1971, S. 28 ff.; D. KLIPPEL, Politische Freiheit und Freiheitsrechte im deutschen Naturrecht des 18. Jahrhunderts, 1976, S. 135 ff.; P. PREU, Polizeibegriff und Staatszwecklehre, 1983, S. 224 ff.; C. LANGER, Reform nach Prinzipien, 1986, S. 104 ff., 124 ff.

[59] Allg. L. GALL, Liberalismus und „bürgerliche Gesellschaft", in: Liberalismus, hrsgg. v. dems., 2. Aufl. 1980, S. 162 ff. – Speziell zu Smith D. SCHWAB, Die „Selbstverwaltungsidee" des Freiherrn vom Stein, S. 57 ff.; H. NEUENDORFF, Der Begriff des Interesses. Eine Studie zu den Gesellschaftstheorien von Hobbes, Smith und Marx, 1973, S. 73 ff.; H. MEDICK, Naturzustand und Naturgeschichte der bürgerlichen Gesellschaft. Die Ursprünge der bürgerlichen Sozialtheorie als Geschichtsphilosophie und Sozialwissenschaft bei Samuel Pufendorf, John Locke und Adam Smith, 1973, S. 171 ff.; A. O. HIRSCHMAN, Leidenschaften und Interessen, 2. Aufl. 1984, S. 109 ff.; zu den philosophischen Grundlagen jüngst D. BRÜHLMEIER, Die Rechts- und Staatslehre von Adam Smith und die Interessentheorie der Verfassung, 1988, S. 31 ff. und, gegen die liberale Standardinterpretation gerichtet, M. TRAPP, Adam Smith – politische Philosophie und politische Ökonomie, 1987 sowie G. STREIMINGER, Der natürliche Gang der Dinge. Zur Sozialphilosophie Adam Smiths, in: ARSP 75 (1989), S. 196 ff.

[60] Zu diesem schillernden Begriff M. R. LEPSIUS, Soziologische Theoreme über die Sozialstruktur der „Moderne" und die „Modernisierung", in: Studien zum Beginn der modernen Welt, hrsgg. v. R. Koselleck, 1977, S. 10 ff.; H.-U. WEHLER, Modernisierungstheorie und Geschichte, 1975; zu Faktoren sozialen Wandel die Beiträge in: J. Berger (Hrsg.), Die Moderne – Kontinuitäten und Zäsuren (= Soziale Welt, Sonderband 4), 1986; als historische Einzelstudie E. FEHRENBACH, Traditionale Gesellschaft und revolutionäres Recht. Die Einführung des Code Napoleon in den Rheinbundstaaten, 2. Aufl. 1978.

[61] Für diese letztlich von der Französischen Revolution angestoßenen Reformen von oben bietet sich der Begriff der ‚defensiven Modernisierung' an (WEHLER, Modernisierungstheorie, S. 68 Fn. 11; jetzt ausf. DERS., Deutsche Gesellschaftsgeschichte, Bd. 1, 2. Aufl. 1989, S. 343 ff.).

[62] Einen guten Überblick über die Reformen verschaffen einige Beiträge in Bd. II der „Deutschen Verwaltungsgeschichte": zu Preußen G.-CHR. V. UNRUH (S. 399 ff.), zu Bayern W. VOLKERT (S. 503 ff.), zu Württemberg B. MANN U. G. F. NÜSKE (S. 551 ff.). Literaturüberblick bei W. HUBATSCH, Die Stein-Hardenbergschen Reformen, 1977, S. 38 ff. und der von B. Vogel hrsgg. Band: Preußische Reformen 1807–1820, 1980. Zum ganzen knapp VIERHAUS, Aufklärung und Reformzeit, S. 293 ff. sowie GRIMM, Verfassungsgeschichte, S. 82 ff. und ausführlicher nach wie vor F.-L. KNEMEYER, Regierungs- und Verwaltungsreformen in Deutschland zu Beginn den 19. Jahrhunderts, 1970.

[63] Zum Vergleich dieser drei Reformer und der Ähnlichkeit ihrer Programme B. BECKER, BayVBl. 1986, S. 705 ff., 745 ff. – Allgemein zur Vereinheitlichung der Verwaltung im 19. Jahrhundert TH. ELLWEIN, Entwicklungstendenzen der deutschen Ver-

delte[64]; gleich auch, ob die Reformen wie in Preußen erst unter dem Schock der Niederlage vom 14. Oktober 1806 an Schubkraft und Durchsetzungsvermögen gewannen, dem Zwang zur Verschmelzung einzelner disparater und z. T. neu hinzugewonnener Landesteile zu einem Gesamtstaat nach dem Ende des Alten Reiches und der napoleonischen Neuordnung entsprangen oder wie in Bayern schon im letzten Jahrzehnt des 18. Jahrhunderts konzeptualisiert wurden[65] oder gar wie in Österreich selbst das Werk eines allzu schnell über die gewachsenen Lebensverhältnisse und das Herkommen hinwegschreitenden, zentralabsolutistisch denkenden Monarchen waren: stets meinte Reform in dieser Zeit – bei allen sonstigen Gegensätzen zwischen den führenden Köpfen im Detail wie im grundsätzlichen, gerade auch zwischen Stein und Hardenberg – den Versuch einer Neustrukturierung von Staat und Gesellschaft.

Im administrativen Bereich bedeutete dies ein doppeltes: die Reorganisation[66] der Verwaltung (dazu 1.) und den Entwurf eines neuen Beamtentypus (2.).

---

waltung im 19. Jahrhundert, in: ders. u.a. (Hrsg.), Jahrbuch zur Staats- und Verwaltungswissenschaft, Bd. 1, 1987, S. 13 ff. (27 ff.).

[64] Zu den josephinischen Reformen vgl. die Darstellung von Chr. Link, Die Habsburgischen Erblande, die böhmischen Länder und Salzburg, in: Dt. VerwGesch I, S. 468 ff. (532 ff.); guter Überblick bei W. M. Plöchl, Art. Josephinismus, in: HRG II, 1978, Sp. 429 ff. Zur Person des Monarchen F. Fejtö, Joseph II. Porträt eines aufgeklärten Despoten, 1987.

[65] Zu Reformplänen vor dem großen Umbruch s. außer den genannten Arbeiten von Eberhard Weis F.-L. Knemeyer, Regierungs- und Verwaltungsreformen in Deutschland zu Beginn des 19. Jahrhunderts, 1970, S. 177 ff.; ders., Beginn der Reorganisation der Verwaltung in Deutschland, in: Dt. VerwGesch II, S. 120 ff. (122 ff.); zu ähnlichen Tendenzen eines noch vorrevolutionären europäischen Reformabsolutismus in Preußen O. Hintze, Preußische Reformbestrebungen vor 1806 (1896), in: ders., Regierung und Verwaltung, 2. Aufl. 1967, S. 504 ff.; E. R. Huber, Deutsche Verfassungsgeschichte seit 1789, Bd. I, 2. Aufl. 1967, S. 99 ff., 102 ff.

[66] Vgl. G. Schmoller, Preußische Verfassungs-, Verwaltungs- und Finanzgeschichte, 1921, S. 173 ff. – So auch der Titel der Dokumentensammlung, die Georg Winter 1931 herausgegeben hat: Die Reorganisation des Preussischen Staates unter Stein und Hardenberg, Erster Teil: Allgemeine Verwaltungs- und Behördenreform, Bd. 1: Vom Beginn des Kampfes gegen die Kabinettsregierung bis zum Wiedereintritt des Ministers vom Stein. – Grundlegend nach wie vor Ernst v. Meier, Die Reform der Verwaltungsorganisation unter Stein und Hardenberg, 2. Aufl., hrsgg. v. F. Thimme, 1912, insb. S. 113 ff., 155 ff. – Koselleck, Preußen zwischen Reform und Revolution, S. 163 ff. hat insofern von einem „Vorrang der Verwaltungsreform" gesprochen; s. auch Grimm, Verfassungsgeschichte, S. 79 ff.: „Vorrang der Verwaltung".

1. *Reorganisation der Verwaltung*

Reorganisation der Verwaltung hieß vor allem Straffung und Erhöhung ihrer Effektivität[67]. Beides sollte im wesentlichen durch strikte Hierarchisierung und Zentralisierung erreicht werden. Bei den entscheidenden, von Land zu Land natürlich differierenden und weder überall noch auf einen Schlag realisierten Umgestaltungen, wie sie sich in den Reformprogrammen spiegelten[68], handelte es sich im wesentlichen um die folgenden. Vorrangig war die Ersetzung des Provinzialsystems durch das Realsystem[69], wobei sich die Bedeutung des Realprinzips nicht in der binnenadministrativen, speziell innerministeriellen Spezialisierung erschöpft, sondern auch eine Intensivierung der Herrschaft ermöglicht[70]. Freiherr vom Stein hatte in seiner Nassauer Denkschrift von 1807 programmatisch formuliert: „Je größer der Staat, umso nötiger ist es, solche Einrichtungen zu treffen, wodurch Einheit in seiner Bewegung erhalten und die zerstückelten Geschäftszweige endlich an einem Punkt zu einem Ganzen verbunden werden."[71] Hinzu tre-

---

[67] Vgl. KNEMEYER, Regierungs- und Verwaltungsreformen, insb. S. 290 ff., 327 f.; H.-J. SELLING, Aufbau der preußischen Verwaltung in der Zeit von 1808 bis 1848, Diss. jur. Mainz 1976, S. 19 ff.; H. REINKE, Bürokratie im politischen System Deutschlands, Diss. phil. Köln 1979/81, S. 75 ff.; P. SCHÄFER, Zentralisation und Dezentralisation, 1982, S. 79 ff.; knapper Überblick bei B. WUNDER, Rolle und Struktur staatlicher Bürokratie in Frankreich und Deutschland, in: Deutschland und Frankreich im Zeitalter der Französischen Revolution, hrsgg. v. H. Berding u.a., 1989, S. 139 ff. (144 ff.) und D. WILLOWEIT, Deutsche Verfassungsgeschichte, 1990, S. 198 ff.

[68] Vgl. nochmals B. BECKER, BayVBl. 1986, S. 705 ff., 745 ff.

[69] Sehr plastisch eine Verordnung über die bayerische Ministerialorganisation v. 26. Mai 1801, wonach die „oberste Staatsverwaltung nach allen ihren Zweigen Unserer sämmtlichen Erbländer, ohne Unterschied der Provinzen dergestalt vertheilet (ist), daß keine Provinz unter einem Ministerio allein, sondern unter allen, nach den einem jeden zugetheilten Gegenständen, stehen solle." (in: Chur-pfalz-baierisches Regierungs- und Intelligenzblatt, 6. Jg., 1801, Sp. 353 ff. [359/360]).

[70] „Vielmehr wird durch die Abschaffung des Territorialprinzips zugleich die fürstliche Teilung der Staatsaufmerksamkeit auf provinzielle Teilgebiete beseitigt und das gesamte Staatsgebiet auf oberster Ebene territorial ungeteilt Gegenstand der Politikformulierungsprozesse." (B. BECKER, BayVBl. 1986, S. 710). – Dieser Gesichtspunkt wird z. B. deutlich im Preußischen Organisationsedikt v. 16. 12. 1808 (PrGS 1808, S. 361 ff. [362]): „Die neue Verfassung bezweckt, der Geschäftsverwaltung die größtmöglichste Einheit, Kraft und Regsamkeit zu geben, sie in einen obersten Punkt zusammenzufassen, und die Geisteskräfte der Nation und des Einzelnen auf die zweckmäßigste und einfachste Art für solche in Anspruch zu nehmen. Die Regierungsverwaltung geht zu dem Ende künftig von einem, dem Oberhaupt des Staates unmittelbar untergeordneten obersten Standpunkt aus. Es wird von demselben nicht allein das Ganze übersehen, sondern auch zugleich unmittelbar auf die Administration gewirkt."

[71] Zitiert nach: Reorganisation des Preussischen Staates, hrsgg. v. G. Winter, 1931, S. 193.

ten die Auflösung des Kabinettssystems (der Kabinettsregierung)[72], striktes Ressortprinzip, Kompetenztrennung, klare Geschäftsverteilung, streng hierarchische Stufung der Behörden mit Fachministern an der Spitze[73], Beseitigung des unsystematischen Nebeneinanders von Provinzial- und Realministerien, Vereinigung der Ressortminister in einem verantwortlichen Kollegium; schließlich der sukzessive Abbau des Kollegialsystems[74] zugunsten des monokratischen Bürosystems[75]. Wenn in Preußen das Kollegialprinzip noch geraume Zeit beibehalten und auch vom Freiherrn vom Stein befürwortet wurde, so nicht nur wegen der langen Tradition dieses Institutes, sondern vor allem als Gegengewicht zum Ressortpartikularismus: „Das Kollegialprinzip erschien als Mittel gegen bürokratische wie gegen absolutistische Willkür."[76] Es diente der wechselseitigen Kontrolle wie der Einheit der Gesamtadministration und fungierte, wie vor allem Koselleck betont hat[77], gleichsam als inneradministratives Substitut der fehlenden gesamt-

---

[72] Vgl. die Dokumente bei Winter (Hrsg.), Die Reorganisation des Preussischen Staates, Nr. 5 ff. (S. 4 ff.); s. ferner H. Hüffer, Die Kabinetsregierung in Preußen und Johann Wilhelm Lombard. Ein Beitrag zur Geschichte des preußischen Staates vornehmlich in den Jahren 1797 bis 1810, 1891, S. 44 ff.

[73] Dazu nach wie vor H. Hausherr, Verwaltungseinheit und Ressorttrennung vom Ende des 17. bis zum Beginn des 19. Jahrhunderts, 1953, insb. S. 189 ff. (S. 195: „Das wichtigste Mittel der Vereinheitlichung und Verselbständigung des Staates war die neue Ministerialorganisation; sie allein war imstande, einer Souveränität zu dienen, die nur noch eine einheitliche Masse von Untertanen ohne ständische Privilegien anerkennen wollte.") Vgl. insb. das Preußische Organisationsedikt v. 24.11.1808 (eine niemals publizierte Verordnung; das Publikandum v. 16. 12. 1808 stellt eine abgekürzte Bearbeitung dieses Textes dar), das von Huber, Deutsche Verfassungsgeschichte I, S. 150 charakterisiert wird als „epochaler Verfassungsakt"; dazu v. Raumer, Deutschland um 1800, S. 411 ff. und G.-Chr. v. Unruh, Preußen. Die Veränderungen der Preußischen Staatsverfassung durch Sozial- und Verwaltungsreformen, in: Dt. VerwGesch II, S. 399 ff. (452 ff.); vgl. auch R. Loeser, Das Bundes-Organisationsgesetz, 1988, S. 71 ff.

[74] Vgl. P. Dagtoglou, Kollegialorgane und Kollegialakte der Verwaltung, 1960, S. 16 f.

[75] Im einzelnen W. Volkert, in: Dt. VerwGesch II, S. 525 f.; v. Unruh, ebd., S. 440; Mann/Nüske, ebd., S. 558. Zur Kritik an der Beseitigung des Kollegialprinzips vgl. Bleek, Von der Kameralausbildung zum Juristenprivileg, S. 30.

[76] O. Hintze, Das preußische Staatsministerium im 19. Jahrhundert (1908), in: ders., Regierung und Verwaltung, 2. Aufl. 1967, S. 530 ff. (547). Vgl. A. W. Rehberg, Ueber die Staatsverwaltung deutscher Länder und die Dienerschaft des Regenten, 1807, S. 137: die Leidenschaften der Mitglieder des Kollegiums entkräften sich gegenseitig; in der Beratung mehrerer behält die Vernunft die Oberhand; durch gemeinschaftliche Arbeit erhofft man sich „mehr Weisheit in der Überlegung, Bedachtsamkeit in der Entscheidung, Beharrlichkeit in der Anwendung der Grundsätze." S. ferner Knemeyer, Regierungs- und Verwaltungsreformen, S. 309 ff.

[77] Koselleck, Preußen, S. 242 ff., 248, 258, 261 f., 280 u.ö.

staatlichen Repräsentativverfassung[78], wie überhaupt der innerbürokratischen Diskussion besonders im Zusammenhang mit der Erarbeitung von Reformgesetzen quasi-parlamentarische Funktion zukam und die Beratungsprozesse so dem Ab- und Ausgleich der unterschiedlichen gesellschaftlichen Interessen galten.[79]

Die Einheit der Staatsverwaltung war das große Ziel der Reformzeit. Insgesamt läßt sich diese Epoche dahingehend zusammenfassen, daß „das aus dem Absolutismus überkommene bürokratische Behördengefüge der Staatsorganisation in seiner Technizität und Rationalität weiter ausgeprägt“[80] und die retardierenden, ineffektiven Elemente des absolutistischen Gewaltengefüges zugunsten höherer Leistungsfähigkeit der Apparate beseitigt wurden[81]. Mit den erwähnten Elementen strikt gestufter Verwaltungs-

---

[78] Vgl. F. Hartung, Staatsbildende Kräfte der Neuzeit, 1961, S. 238 (zu Streckfuß). – Es ist interessant, daß im Rotteck-Welckerschen Staatslexikon eine bestimmte Korrelation zwischen kollegialem Verwaltungssystem und repräsentativem Staat sowie zwischen einem bürokratischen Verwaltungssystem und einem autokratischen Staatswesen hergestellt wird: „Hiernach schon ist es wohl klar, daß im Allgemeinen das repräsentativ-collegialische System dem Rechtsstaate, das autokratische und bureaukratische System dagegen der Despotie entspricht.“ (C. Th. Welcker, Art. Collegium, Collegial- und bureaukratisches System der Verwaltung, in: Carl v. Rotteck/Carl Welcker, Staatslexikon, 1. Aufl., Bd. 3, Altona 1836, S. 516ff. [519]). Die collegialische Organisation erscheint aber nicht nur als Pendant, sondern zugleich auch als Substitut der repräsentativen Verfassung des Gesamtstaates: je stärker Repräsentation, Kontrolle und Verantwortlichkeit der Regierung gesichert ist, um so eher kann collegialische Organisation „nachgelassen“ werden (S. 519). Der Verfasser insistiert aber darauf, daß das kollegiale System die Regel bleiben müsse und das bürokratische System im Grunde nur geeignet für das Kriegsheer und die Polizeigeschäfte sei (S. 521).

[79] So im Anschluß an Koselleck B. Vogel, Beamtenkonservatismus, in: Deutscher Konservatismus im 19. und 20. Jahrhundert. Festschrift für Fritz Fischer zum 75. Geburtstag, hrsgg. v. D. Stegmann u.a., 1983, S. 1ff. (8ff.); den 1817 geschaffenen Staatsrat tituliert sie als „Beamtenparlament“ (S. 11, 23) und spricht von der konservativen Wende als einem „innerbürokratischen Regierungswandel“ (S. 27); s. auch E. Fehrenbach, Vom Ancien Régime zum Wiener Kongreß, 2. Aufl. 1986, S. 111: „Die Repräsentantenversammlung wurde durch eine Art Beamtenparlament ersetzt.“

[80] Loeser, Bundes-Organisationsgesetz, S. 71; s. auch W. Conze, Das Spannungsfeld von Staat und Gesellschaft im Vormärz, in: Staat und Gesellschaft im deutschen Vormärz 1815–1848, hrsgg. v. W. Conze, 3. Aufl. 1978, S. 207ff. (217ff.); Schoeps, Preußen, S. 118 („stärkere Zentralisierung der Staatsgewalt“), 121 („Versachlichung des Staatsaufbaus“); so auch Th. Ellwein, Geschichte der öffentlichen Verwaltung, in: König/v. Oertzen/Wagener (Hrsg.), Die öffentliche Verwaltung in der Bundesrepublik Deutschland, 1981, S. 37ff. (42f., 45ff.) und Grimm, Verfassungsgeschichte, S. 83.

[81] Vgl. Knemeyer, in: Dt. VerwGesch II, S. 136ff.; der ständestaatlich orientierte August Wilhelm Rehberg (zu seiner Person und seiner Position m.w.N. jüngst Stollberg-Rilinger, Staat als Maschine, S. 230ff.) charakterisierte die aus seiner Sicht zu kritisierenden Reformabsichten wie folgt: „Die zweyte Eigenthümlichkeit der nach den herrschenden Begriffen ausgebildeten Staatsverwaltung ist, die möglichste Vereinfachung,

ebenen, dem Übergang vom Territorial- zum Realsystem und der Einrichtung verantwortlicher Ressortministerien an der Spitze der Verwaltung steht das im Grunde noch heute gültige Grundgerüst des Verwaltungsstaates mit seinen typischen Elementen bürokratischer Rationalität fest.

2. *Neuorientierung der Beamtenschaft*

Der Gedanke einer effektiveren Erledigung der Staatsaufgaben beherrschte auch das neue Beamtenbild[82]. Von selbst verstand sich, daß das Prinzip der Käuflichkeit der Ämter gebrochen wurde und die Rekrutierung der Beamten nach festen Regeln erfolgte. Doch hatte es mit einer derartigen, gleichsam formalen Rationalisierung noch nicht sein Bewenden. Vielmehr ist Ton und Geist, der die Reformpläne, Denk- und Programmschriften durchzieht, ein anderer. Das neue Leitbild propagiert eine im Verhältnis zur absoluten Monarchie erheblich größere Selbständigkeit der Beamten. Hieraus formte sich ein neues, für die Reformphase charakteristisches Ethos. An die Stelle eines in dumpfer Ergebenheit bei vollkommener innerer Gleichgültigkeit mechanisch die ihm aufgetragenen Tätigkeiten verrichtenden Dieners sollte eine selbständig handelnde und eigenständig denkende Person treten, die geschäftig mitwirkte am großen Gemeinschaftswerk des Staates. Im Ergebnis hieß das: Der Beamte sollte nun ein Amt übernehmen, „dessen Wesen in der Hinordnung auf einen bestimmten Staatszweck und nicht mehr lediglich in der Übernahme eines bestimmten Aufgabenkreises besteht"[83]. Wiewohl dieser Gedanke bereits vor der Jahrhundertwende Fuß faßte und sich im PrALR von 1794 (II 10 §§ 1 ff., 68 ff.)[84] wie auch in der bayerischen Dienstpragmatik von 1805[85] spiegelte, formte sich doch erst im

---

Uebereinstimmung, und Unterordnung unter einen allgemeinen Centralpunkt; die vollkommenste Abhängigkeit von denen, welchen die höchste Leitung der StaatsAngelegenheiten anvertraut ist." (A. W. Rehberg, Ueber die Staatsverwaltung deutscher Länder und die Dienerschaft des Regenten, 1807, S. 26 f.).

[82] Von einem neuen „Beamtentyp" ist die Rede bei Knemeyer, Regierungs- und Verwaltungsreformen, S. 281 ff.; ganz ähnlich ders., in: Dt. VerwGesch II, S. 152 ff. – H. Hattenhauer, Geschichte des Beamtentums, 1980, S. 201 spricht von einem neuen „Beamtenleitbild"; skeptisch zu dieser Terminologie Vierhaus, Aufklärung und Reformzeit, S. 295 f.

[83] D. Willoweit, Die Entwicklung des öffentlichen Dienstes, in: Dt. VerwGesch I, S. 346 ff. (360) unter Bezug auf Literatur des ausgehenden 18. Jahrhunderts. – Zu den Folgen für das Beamtenverhältnis im Staat als sittlichem Organismus vgl. unter III.

[84] Dazu ausführlich H.-J. Rejewski, Die Pflicht zur politischen Treue im preußischen Beamtenrecht (1850–1918), 1972, S. 15 ff.; s. auch W. Thiele, Die Entwicklung des deutschen Berufsbeamtentums, 1981, S. 22 ff.

[85] Dazu Hattenhauer, Geschichte des Beamtentums, S. 182 ff.; B. Wunder, Privile-

Zuge der Reformbestrebungen die Beamtenschaft endgültig zu einem gesellschaftlich höher angesehenen, geschlossenen Berufsstand mit Corpsgeist und einem bestimmten Berufsethos aus[86].

Die zentrale Staatsidee, auf die hin der Beamte sein Wirken und Tun nun orientieren sollte, hatte nichts mehr mit dem Wohlfahrtskonzept des absoluten Policeystaates gemein[87]. Jetzt ging es darum, die Kräfte der bürgerlichen Gesellschaft[88] zur Entfaltung zu bringen und so unter Abbau staatlicher Reglementierungen günstige Entwicklungsbedingungen für die Eigenkräfte der Bürger zu schaffen. Das Programm dieser neuen Phase in der Entfaltung und der Ausrichtung staatlicher Aktivitäten war in §34 der „Geschäfts-Instruktion für die Regierungen in sämmtlichen Provinzen" vom 26. Dezember 1808 deutlich formuliert: „Bei allen Ansichten, Operationen und Vorschlägen", heißt es dort, „muß der Grundsatz leitend bleiben, Niemanden in dem Genuß seines Eigenthums, seiner bürgerlichen Gerechtsame und Freiheit, so lange er in den gesetzlichen Grenzen bleibt, weiter einzuschränken, als es zur Beförderung des allgemeinen Wohls nöthig ist; einem jeden inner-

---

gierung und Disziplinierung, 1978, S. 123ff. (zu den Verhältnissen in Württemberg ebd., S. 235ff.); THIELE, Entwicklung des deutschen Berufsbeamtentums, S. 26ff.

86 Dessen Kern hatte in aller Deutlichkeit bereits Joseph II. in seinem sog. „Hirtenbrief" von 1783 formuliert (Abdruck des Textes bei ÖZV II. Abteilung, 4. Bd. Wien 1950, S. 123ff. [ÖZV = Die österreichische Zentralverwaltung. Veröffentlichungen der Kommission für neuere Geschichte Österreichs, Wien]: „Grundsätze ... für jeden diener des staats"); zugleich läßt sich der Text aber auch als Dokument der Schwierigkeiten lesen, ein funktionstüchtiges und effektives Beamtentum zu schaffen. – Im übrigen lassen sich gewisse Entwicklungszüge hin zu einer selbstbewußten, homogenen, einer bestimmten Wertewelt verpflichteten (Spitzen-)Bürokratie in Preußen bereits vor der Reformzeit identifizieren. In seinem umfänglichen und detailgenauen „Versuch, ein Stück der spezifischen Morphologie des Denkstils der preußischen Bürokratie des ancien régime zu bestimmen und einen wesentlichen Teil seiner geistigen Wurzeln zu rekonstruieren", zeigt E. HELLMUTH, Naturrechtsphilosophie und bürokratischer Werthorizont, 1985 (das vorangegangene Zitat S. 12), daß schon im Preußen des (späten) 18. Jahrhunderts eine insbesondere den Naturrechtslehren von Christian Wolff, Daniel Nettelbladt und Joachim Georg Darjes verpflichtete Verwaltungselite mit ausgeprägtem „Administrationswillen" (ebd., S. 191) bestand. Diese „bürokratischen Virtuosen" (G. SCHMOLLER) waren dem spätabsolutistischen System aus offensichtlichen Gründen besonders eng verbunden: denn diese Staatsform „mit der ihr eigenen Konzentration der politischen Macht in einem Entscheidungszentrum schien jene prompte, planvolle und sachkundige staatlich-obrigkeitliche Tätigkeit zu verbürgen, die naturgemäß eine entscheidende beamtenschaftliche Wertkategorie darstellte" (HELLMUTH, S. 280f.).

87 Vgl. nur BLEEK, Von der Kameralausbildung zum Juristenprivileg, S. 83ff.

88 Zur Genese und Bedeutung des komplexen Begriffs vgl. M. RIEDEL, Gesellschaft, bürgerliche, in: Geschichtliche Grundbegriffe, Bd. 2, 1975, S. 719ff.; präzisierend für das 19. Jahrhundert L. GALL, Liberalismus und ‚bürgerliche Gesellschaft', in: Liberalismus, hrsgg. v. dems., 1980, S. 162ff. (164ff.); s. auch CONZE, Staat und Gesellschaft, S. 212ff., 218ff.

halb der gesetzlichen Schranken, die möglichst freie Entwickelung und Anwendung seiner Anlagen, Fähigkeiten und Kräfte, in moralischer sowohl als physischer Hinsicht zu gestatten, und alle dagegen noch obwaltende Hindernisse baldmöglichst auf eine legale Weise hinweg zu räumen."[89]

Es versteht sich von selbst, daß eine „Verwaltung mit so umfassendem und anspruchsvollem politischen und gesellschaftlichen Programm ... sich noch nicht auf die formale, d. h. rechtstechnisch korrekte Ausführung von Gesetzen beschränken (konnte)"[90]. Verwaltung in jener Zeit erschöpfte sich nicht im Vollzug vorgegebener Gesetzesnormen, sondern sollte in umfassender Weise Grundlagen und Rahmenbedingungen für eine liberale Wirtschaftsgesellschaft schaffen und sichern. Die Verwaltung schuf sich ihr Normenprogramm gleichsam selbst – durchaus in der Absicht zukünftiger Bindung und Beschränkung, aber in der eindeutigen Intention der Freisetzung einer bürgerlichen Gesellschaft. Pointiert läßt sich die staatliche Bürokratie insofern als „Auslöser und Motor eines fundamentalen ökonomischen und sozialen Modernisierungsprozesses"[91] titulieren.

‚Freiheit durch Verwaltung'[92] lautete die Devise. Insbesondere von Preußen hat man gesagt, daß die Beamten „zu Garanten und Vollstreckern des neuen Staatsideals"[93] wurden[94]. Die bürgerliche Gesellschaft galt auf diese Weise lange Zeit als geradezu natürliches Objekt einer edukatorischen Ver-

---

[89] PrGS 1806–1810, S. 481 ff. (490).

[90] Bleek, Von der Kameralausbildung zum Juristenprivileg, S. 294. – Den 1808 eingerichteten Regierungen wurde eine Verfassung gegeben, „nach welcher sie die verschiedenen Zweige der innern Administration mit voller Theilnahme umfassen, (...), möglichst frei und selbständig unter eigener Verantwortlichkeit in ihrem Wirkungskreise fortschreiten, nicht durch den todten Buchstaben des formalen Geschäftsganges allein, sondern auch durch Männer, welche sie aus dem praktischen Leben und der Nation selbst in ihrer Mitte haben, lebendiger auf und für dieselbe wirken können ... zur Beförderung der allgemeinen Wohlfahrt des Staats ..." (Verordnung wegen verbesserter Einrichtung der Provinzial-, Polizei- und Finanz-Behörden v. 26. Dezember 1808, in: PrGS 1806–1810, S. 464 ff. [465]).

[91] J. Kocka, Preußischer Staat und Modernisierung im Vormärz (1974), in: Preußische Reformen 1807–1820, hrsgg. v. B. Vogel 1980, S. 49 ff. (49).

[92] Hattenhauer, Geschichte des Beamtentums, S. 201; s. auch K. G. A. Jeserich, Die Entwicklung des öffentlichen Dienstes 1800–1871, in: Dt. VerwGesch II, S. 301 ff. (310).

[93] Jeserich, Dt. VerwGesch II, S. 307.

[94] Diesen Gedanken hat mit großer Intensität Koselleck entfaltet (Preußen zwischen Reform und Revolution, S. 153 ff. [153: die Reformbeamten planten, „eine freie Gesellschaft nach ihrem Entwurf zu schaffen"; 158: Ziel war ein Gesetzesstaat, „dessen aktives Zentrum die Verwaltungsbehörden darstellten"]; S. 163 ff. [Vorrang der Verwaltungsreform]; S. 181: Regierungen als „Motor sozialer und wirtschaftlicher Emanzipation der zu bildenden Staatsbürgerschaft"; S. 218: Funktion der Reformverwaltung, „Statthalter zu sein für eine zu schaffende Freiheit").

waltung[95], und der Beamte war nach Stand, Ansehen und Selbstverständnis (nur eben nicht nach Beruf) Inbegriff des wahren Bürgers und legitimer Repräsentant der bürgerlichen Gesellschaft[96]. Das durchaus gehobene Selbstbewußtsein der Beamten, die sich als Elite von Bildung und Intelligenz fühlten, stützte sich nicht zuletzt auf ihre enorme Verantwortung und ihren ungeheuren Aufgabenkreis: bestand doch die gesamte preußische Verwaltung in der ersten Hälfte des 19. Jahrhunderts aus nicht mehr als ca. 500 bis 600 Regierungsbeamten[97]. Die sich aufgrund eines ‚geistigen Census'[98] rekrutierende Beamtenschaft, die Gustav Schmoller als „ecclesia militans, als eine Fortschrittspartei im Staate" glorifizierte[99], und ihre daraus resultierende Status- und Rangerhöhung waren Anlaß für die berühmten Formeln Hegels[100] und Gneists[101] sowie vergleichbare Wendungen[102]. Endgültig de-

---

[95] Hattenhauer, Geschichte des Beamtentums, S. 196f., 208ff. – Kein Zufall, daß Beamte in Preußen „die eifrigsten Verkünder" der Gewerbefreiheit (Hattenhauer, S. 203) waren; vgl. auch die Notiz Kosellecks, daß die Gewerbefreiheit dem Land geradezu aufgezwungen werden mußte (Preußen zwischen Reform und Revolution, S. 586ff.); Bleek, Kameralausbildung, S. 290 spricht von der Beamtenschaft als der „Avantgarde der bürgerlichen Bewegung".

[96] Die weiterhin kollegial organisierten preußischen Regierungen fungierten gewissermaßen als Verfassungssubstitut (Koselleck, Preußen, S. 242ff., 259 [Verwaltungsorganisation als Ersatzverfassung], 260, 263 [Hardenbergs Verwaltungsaufbau als „inneradministrative Verfassungsstiftung"]; s. ferner S. 280, 282, 396, 399). Weitere Nachweise für die These, daß die Verwaltung die Verfassung ersetzte: Bleek, Kameralausbildung, S. 27 Fn. 7.

[97] Koselleck, Preußen, S. 245; zum hohen sozialen Ansehen der akademisch gebildeten Beamten auch H. Henning, Die deutsche Beamtenschaft im 19. Jahrhundert, 1984, S. 105 und Vogel, Beamtenkonservatismus, S. 20.

[98] Vgl. Bleek, Kameralausbildung, S. 38ff., 40; U. K. Preuss, Bildung und Bürokratie, in: Der Staat 14 (1975), S. 371ff. (376ff.).

[99] G. v. Schmoller, Umrisse und Untersuchungen zur Verfassungs-, Verwaltungs- und Wirtschaftsgeschichte, besonders des Preußischen Staates im 17. und 18. Jahrhundert, 1898 (ND 1974), S. 184 (mit Bezug auf das 18. Jh.).

[100] G. W. F. Hegel, Grundlinien der Philosophie des Rechts (1821), § 297: „Die Mitglieder der Regierung und die Staatsbeamten machen den Hauptteil des Mittelstandes aus, in welchen die gebildete Intelligenz und das rechtliche Bewußtsein der Masse des Volkes fällt."

[101] Bildungsvoraussetzungen der Beamtenschaft als ‚geistiger Census': R. v. Gneist, Verwaltung, Justiz, Rechtsweg. Staatsverwaltung und Selbstverwaltung nach englischen und deutschen Verhältnissen, 1869, S. 87; zu den Beamten als Bildungsstand bereits Wehnert, Über den Geist der Preußischen Staatsorganisation und Staatsdienerschaft, 1833, S. 91ff.

[102] Etwa den Stolz Hippels darauf, „jedes ausgezeichnete Talent in die Verwaltung und alles Gute der Zeit in sich aufgenommen zu haben" (zit. n. Koselleck, Preußen, S. 258) oder die Definition des württembergischen Staatsrechtlers und späteren Kultusministers Sarwey, Staatsdienst sei „personificierte Intelligenz" (Der Staatsdienst und

mentiert, ja aufgrund des „innerbürokratischen Emanzipationsprozesses“[103] geradezu ins Gegenteil verkehrt war damit der lange Zeit „unbezweifelte Satz, daß zwischen der Arbeit von fürstlichen Ministern und Stallknechten im Grunde kein Unterschied besteht.“[104]

Für einen bestimmten historischen Abschnitt gewinnt so die von Eckart Kehr hartnäckig gestellte Frage nach der Eigenmacht der Bürokratie[105] konkrete Gestalt: es ist die Bürokratie selbst, genauer: eine hochprofessionelle bürokratische Elite, die in frappantem Gegensatz zur Vorstellung eines automatenhaft funktionierenden Umsetzungsinstrumentes für bindend vorgegebene Willensentschlüsse aus eigener Programmatik heraus Staat und Gesellschaft umzuformen sucht.

Bis in die Zeit des Vormärz hinein hält dieses aus der Not der Krise geborene Selbstverständnis und hohe Sozialprestige der ‚akademischen‘, mit einem geschichtlichen Erziehungsauftrag versehenen Beamtenschaft[106] an, das in Schmollers Wort von der „Bureaukratie als Form der Staatsverfassung“[107] seinen beredten Ausdruck findet. Doch schon im Zuge der nach dem Wiener Kongreß einsetzenden Restaurationsphase wurde deutlich, daß entgegen einer besonders im Frühliberalismus verbreiteten Annahme „wirtschaftliche und gesellschaftliche Reformen und die politische und soziale Emanzipation der Gesamtgesellschaft durchaus nicht in einer gleichsam automatischen Wechselbeziehung zueinander stehen.“[108] In den 20er und 30er Jahren verschärfte sich dann zunehmend die Kritik an der Beamtenschaft, an der Hemmung der Geschäfte durch die Gängelung der Behörden[109]. Es war der inzwischen fern vom politischen Tagesgeschäft lebende Freiherr v. Stein, der in einem Brief aus dem Jahre 1821 die gängigen Topoi und Motive der Kritik bündelte, wenn er feststellte, „daß wir fernerhin von besoldeten,

---

der Stand der Staatsdiener in Kleinstaaten, in: ZStW 7 (1850), S. 605 ff. [613]). – Sozialgeschichtlich H. H. Gerth, Bürgerliche Intelligenz um 1800, 1976, S. 72 ff.

[103] Preuss, in: Der Staat 14 (1975), S. 378.

[104] Hattenhauer, Geschichte des Beamtentums, S. 175.

[105] E. Kehr, Zur Genesis der preußischen Bürokratie und des Rechtsstaats (1932), in: ders., Der Primat der Innenpolitik, 2. Aufl. 1980, S. 31 ff. (35 ff.); ders., Die Diktatur der Bürokratie, ebd., S. 245 ff. (247 ff.).

[106] Koselleck, Preußen, S. 258 ff.

[107] G. Schmoller, Preußische Verfassungs-, Verwaltungs- und Finanzgeschichte, Berlin 1921, S. 203; vgl. auch Schoeps, Preußen, S. 175.

[108] Gall, Liberalismus und ‚bürgerliche Gesellschaft‘, S. 168.

[109] Das Aufkommen einer neuen Bürokratiekritik datiert Jeserich, Dt. VerwGesch II, S. 311 auf das Ende der zwanziger Jahre; vgl. auch Bleek, Kameralausbildung, S. 30 ff. – W. Thieme, Das heutige deutsche Beamtentum unter dem Einfluß Preußens, in: Deutsche Verwaltungspraxis, 32. Jg. (1981), S. 226 ff. (228) meint, in den „stillen Jahrzehnten der preußischen Geschichte von 1820 bis 1840 ... fand ... die Konzentration der Entscheidungsmacht bei den Beamten und beim Offizierskorps statt“.

buchgelehrten, interesselosen, ohne Eigentum seienden Buralisten regiert werden... Diese vier Worte enthalten den Geist unserer und ähnlicher geistlosen Rechenmaschinen – besoldet, also Streben nach Erhaltung und Vermehrung der Besoldeten; buchgelehrt, also lebend in der Buchstabenwelt und nicht in der wirklichen; interesselos, denn sie stehen mit keiner der den Staat ausmachenden Bürgerklassen in Verbindung, sie sind eine Kaste für sich, die Schreiberkaste; eigentumslos, also alle Bewegungen des Eigentums treffen sie nicht (...). Eine Maschinerie, die militärische, sah ich fallen, 1806 den 14. Oktober; vielleicht wird auch die Schreibmaschinerie ihren 14. Oktober haben."[110]

Indes hing das Ende der Beamtenschaft als erstem bürgerlichen Stand mit tiefergreifenden gesellschaftlichen Prozessen und Umstrukturierungen zusammen, die von der gängigen Bürokratiekritik wohl kaum hinreichend erfaßt wurden. Die maßgeblichen Faktoren seien hier nur stichwortartig angedeutet[111]: Entfremdung zwischen den liberal gesonnenen Beamten und den konservativ-restaurativen Ministerien sowie allgemein ein Wiedererstarken obrigkeitstaatlicher Gehalte und Vorstellungen; Zurückdrängung der gebildeten Stände, Gesinnungskontrolle und Verschiebung der sozialen Gewichte zwischen wiederaufstrebendem Adel, Beamtentum und aufsteigendem Wirtschaftsbürgertum; Einengung der Verwaltung, Verlust an eigenständiger Regelungsmacht und Degradierung zur weisungsgebundenen Exekutive[112]; Inadäquanz der überkommenen Verwaltungsstruktur, insbesondere eine ungenügende Problemrezeption gegenüber den neuen Phänomenen der Industrialisierung, Pauperisierung und Proletarisierung.

Alles in allem bedeutete dies das definitive Ende des monopolartigen Anspruchs der Beamtenschaft, legitimer Repräsentant und Platzhalter der bürgerlichen Gesellschaft zu sein. Die soziale Frage war mit obrigkeitsstaatlichen Mitteln nicht zu lösen; den Folgeproblemen einer entfesselten liberalen Wirtschafts- und Verkehrsgesellschaft zeigte sich eine – bei aller Modernität vorindustriellen Traditionen verhaftete – gebildete bürokratische Elite nicht mehr gewachsen. Auf diese paradoxe Wechselwirkung zwischen bürokratischer Hilfestellung und Initialzündung auf der einen, der Eigendynamik des von der Verwaltung angestoßenen wirtschaftlichen Emanzipationsprozes-

---

110 Freiherr v. Stein, Briefe und amtliche Schriften, hrsgg. v. W. Hubatsch, 10 Bde., 1967–1974, Bd. VI, 1965, Nr. 368 (S. 380/381).

111 Vgl. Koselleck, Preußen, S. 398 ff.; Bleek, Kameralausbildung, S. 27 ff., 30 ff.

112 Insb. zur politischen Instrumentalisierung: C. Welcker, Art. Staatsdienst, Staatsdiener, Staatsdienerpragmatik, in: Staatslexikon, hrsgg. v. C. v. Rotteck/C. Welcker, 1. Aufl., Bd. 14, Altona 1843, S. 727 ff. (738, 748 ff.). – Henning, Beamtenschaft im 19. Jh., S. 101, 104 betont insoweit die „quasi-parlamentarische" Oppositionsrolle der preußischen Beamtenschaft.

ses andererseits bezieht sich Kosellecks einprägsame Formel: „Der Verwaltungsstaat erlag gleichsam seiner eigenen Schöpfung."[113] Das Ende der Verwaltung bedeutete dies aber keineswegs.

III. Disziplinierung oder Selbständigkeit: Verinnerlichung des Beamtenverhältnisses im Staat als sittlichem Organismus – eine gegenläufige Entwicklung?

1. Konstanz der Entwicklung

Betrachtet man den bislang skizzierten historischen Ablauf, so scheint eine gewisse innere Konsequenz und Folgerichtigkeit zu obwalten. Das mit dem absolutistischen Staatsprojekt einmal etablierte Grundprinzip, wonach der Beamte als Teilglied eines größeren, hierarchisch geordneten Arbeits- und Funktionszusammenhanges dient, bleibt der Struktur nach erhalten. Es „entsteht das Bild eines zunehmend unpolitischen, d. h. inhaltlich unkritischen, perfekt leistungsfähigen, reinen Verwaltungsinstruments als der Typ des deutschen Berufsbeamten, der aus der Auseinandersetzung von Aufklärung, Revolution und Absolutismus geboren wurde"[114]. Gegenüber der absolutistischen Grundkonstellation und der bürokratischen Mediatisierung der Fürstenherrschaft durch Abschaffung des Kabinettssystems[115] ergibt sich lediglich insofern eine Veränderung, als die Entscheidungsprämissen der Verwaltung in der konstitutionellen Phase, die in Preußen zudem erst mit dem Jahre 1848 beginnt, nicht mehr ausschließlich dem fürstlichen Willen, sondern auch dem – vom Monarchen zwar sanktionierten, aber eben auch auf dem Beschluß der Volksvertretung beruhenden – Gesetz zu entnehmen sind: „Die Verwaltung entnimmt nunmehr die Maximen ihres

---

[113] KOSELLECK, Preußen, S. 587; s. auch M. STÜRMER, Gesellschaftskrise und Bürokratie in Preußen-Deutschland, in: Bürokratie. Motor oder Bremse der Entwicklung?, hrsgg. v. Th. Leuenberger u. K.-H. Ruffmann, Bern u.a. 1977, S. 9ff. (14f.). – Demgegenüber wendet B. VOGEL, Beamtenkonservatismus, S. 19ff., ein, daß diese Erklärung die konservative Wende innerhalb der Bürokratie unberücksichtigt lasse: „Es waren weder dieselben Personen noch dieselbe politische Fraktion, die den Anstoß zur Liberalisierung gaben und Dämme gegen die Ansprüche der sich emanzipierenden Gesellschaft zu bauen versuchten. Beide Richtungen standen in der Bürokratie von Anfang an nebeneinander, und nur für eine kurze Weile bestimmte die liberale Fraktion den Regierungskurs." (S. 27).

[114] So die treffende Charakterisierung der Monographie von Bernd Wunder aus dem Jahre 1978 durch J. RÜCKERT, Zur Entstehung des modernen Berufsbeamtentums, in: Quaderni Fiorentini 10 (1981), S. 383ff. (391).

[115] TH. NIPPERDEY, Deutsche Geschichte 1800–1866, 4. Aufl. 1987, S. 37: „aus dem autokratischen wurde der bürokratische Obrigkeitsstaat."

Handelns weithin, aber nicht ausschließlich dem Gesetz, nicht mehr dem landesherrlichen Willen."[116] An der hierarchischen Struktur der Organisation, ihrem automatenhaft anmutenden Charakter und ihrer Fungibilität ändert sich im Grunde nichts. Präzision, Schnelligkeit, Verläßlichkeit, Gehorsam, Disponibilität für die Zwecksetzungen der jeweiligen „Herren" der Bürokratie – das scheinen die ehernen Attribute des Beamtenstandes und damit zugleich die Pfeiler einer effektiven Verwaltungsorganisation zu sein.

2. *Staatslehre und Beamtenbild*

Klärungsbedürftig bleibt indes, ob sich das Verständnis der Rolle des Beamten ganz unbeeinflußt von der herrschenden Staatslehre seiner Epoche erweist. Diese Frage stellt sich besonders für jene etwa zwei Generationen umfassende Zeitspanne der ‚vorpositivistischen' Staatslehre, die man auf die Zeit von 1806 (Ende des Heiligen Römischen Reiches Deutscher Nation) bis 1866 (Norddeutscher Bund)[117] datieren und in positiver Formulierung – nicht ohne Vergröberung – unter dem Topos einer Lehre vom „Staat als Organismus" zusammenfügen kann[118]. Denn charakteristisch für dieses Staatsdenken ist ja gerade, daß es sich so schroff gegen die absolutistische Vergangenheit absetzte, für die aufklärerisch-rationalistische Staatsvorstellung mit ihrer individualistisch-egoistischen Vertragskonstruktion und ihren Metaphern von ‚Räderwerk', ‚Mechanismus' und ‚Maschine' nur noch

---

[116] E. FORSTHOFF, Lehrbuch des Verwaltungsrechts, Bd. 1, 10. Aufl. 1973, S. 32. – Vgl. genauer das 4. Kapitel.

[117] Zur Bedeutung des Jahres 1866 für Staatsrechtslehre und Verwaltungswissenschaft insbesondere M. STOLLEIS, Verwaltungsrechtswissenschaft und Verwaltungslehre 1866–1914, in: Die Verwaltung 15 (1982), S. 45 ff.; K. KRÖGER, Einführung in die jüngere deutsche Verfassungsgeschichte (1806–1973), 1988, S. 99; zur Kennzeichnung der Epoche wiederum M. STOLLEIS, Verwaltungslehre und Verwaltungswissenschaft 1803–1866, in: Dt. VerwGesch II, S. 56 ff. (57): „Staatsdenken zwischen Reichspublizistik und Positivismus".

[118] Vgl. etwa P. v. OERTZEN, Die soziale Funktion des staatsrechtlichen Positivismus, 1974, S. 114 ff.; zu den organischen Staatslehren auch U. HÄFELIN, Die Rechtspersönlichkeit des Staates, 1959, S. 105 ff.; E.-W. BÖCKENFÖRDE, Die deutsche verfassungsgeschichtliche Forschung im 19. Jahrhundert, 1961, S. 93 ff.; DERS., Organ, Organismus, Organisation, politischer Körper (VII-IX), in: Geschichtliche Grundbegriffe, Bd. 4, 1978, S. 561 ff. (589) ff. (ebd. S. 596: „Der Konstitutionalismus insgesamt, als Prinzip der verfassungsrechtlich geordneten und beschränkten, Freiheit und Mitwirkungsrechte der Bürger in sich aufnehmenden Ausübung der Staatsgewalt, erscheint als Ausfluß der ‚organischen Staatsidee' und erhält durch sie seine Legitimation."); gute Gesamtschau bei STOLLEIS, in: Dt. VerwGesch II, S. 60, 72 ff. – Siehe auch KRÖGER, Verfassungsgeschichte, S. 45 ff.

Kritik und Verachtung übrig hatte[119] und den Staat gerade nicht als Produkt eines souveränen – und insofern kontingenten – Willens, sondern (bei aller Verschiedenheit der Begriffe) als einen historisch gewachsenen und individuell-einzigartigen Gesamtorganismus, als sittlich-geistige und in der Vergangenheit wurzelnde Existenzform, als transpersonale Gesamtheit faßte[120]: als eine Einheit, an der der einzelne Staatsbürger in gewisser Weise ebenso partizipierte wie der als symbolisch-repräsentative Figur wirkende, in einen historischen Gesamtzusammenhang eingebettete Monarch[121].

3. Selbständigkeit des Beamten

Es geht hier nicht so sehr um die politischen Implikationen jener überwiegend konservativen Staatslehren und Rechtsphilosophien, deren harte Kritik

---

[119] J. Held, Art. Organisation (Politische Eintheilung des Staats), in: Rotteck/Welkker, Staatslexikon, 3. Aufl., Bd. 11, 1864, S. 40ff. (41) bestimmt als zentralen Gegensatz zum Organismus den Mechanismus und definiert ihn wie folgt: „Mechanismus, d. h. ein für sich allein toter, ganz und gar nur von außen bewegter, der Erhaltung, Ausbildung und Fortpflanzung durch sich selbst absolut unfähiger, künstlich zusammengesetzter Körper, der nur einem fremden Dasein dient, von welchem er die Gesetze seines eigenen Daseins empfängt." Zahlreiche weitere Beispiele für die Abwertung insbesondere der Maschinenmetapher bei B. Stollberg-Rilinger, Der Staat als Maschine, 1986, S. 202ff.; A. Meyer, Mechanische und organische Metaphorik politischer Philosophie, in: Archiv für Begriffsgeschichte, Bd. XIII (1969), S. 128ff. (154ff.).

[120] Vgl. R. Brinkmann (Hrsg.), Romantik in Deutschland (= Sonderband der „Deutschen Vierteljahresschrift für Literaturwissenschaft und Zeitgeschichte"), 1978, und darin die Beiträge von U. Scheuner, Staatsbild und politische Form in der romantischen Anschauung in Deutschland, S. 70ff. (74ff., 77f.) sowie V. Stanlowski, Bürgerliche Gesellschaft als Organismus. Zum Verhältnis von Staats- und Naturwissenschaften in der „Politischen Romantik", ebd., S. 90ff.; ferner E.-W. Böckenförde, Gesetz und gesetzgebende Gewalt, 2. Aufl. 1981, S. 126ff.; Erich Kaufmann, Über den Begriff des Organismus in der Staatslehre des 19. Jahrhunderts (1908), in: ders., Gesammelte Schriften III, 1960, S. 46ff. – Instruktiv auch die „Einleitung" von K. Peter in dem von ihm hrsgg. Band: Die politische Romantik in Deutschland, 1985, S. 9ff.

[121] Schon rückblickend auf eine frühere Stufe auch seiner eigenen Entwicklung beschreibt C. F. v. Gerber, Grundzüge des Deutschen Staatsrechts, 3. Aufl. 1880, S. 219f. den Sinn des Organismusbegriffs noch einmal sehr genau: „Man will damit aussprechen, daß der Staat eine Gemeinschaft von selbständiger innerer Entwickelungskraft, daß er als Ganzes in eigenen ursprünglichen Gedanken gegründet ist und sich, in steter Fortbildung begriffen, seiner Bestimmung gemäß in sich und seinen Theilen vollendet; daß die einzelnen Theile die in wechselweiser Lebenswirkung arbeitenden Glieder sind, die freilich nicht, wie im Naturorganismus, selbstlos, sondern selbstbewußt und im eigenen Mittelpunkte begründet erscheinen...; daß die Bewegung des Staats ... auf der eigenen und der zusammenwirkenden Lebenskraft dieser Teile beruht und nicht, wie der Lauf eines mechanischen Räderwerks, auf einem Anstoße von außen. – Alle diese Vorstellungen sind wohl geeignet, wichtige Seiten des Staatslebens hervorzuheben."

an der voluntaristisch-individualistischen Vertragslehre des rationalistischen Naturrechts (die den Staat ja auf den Status einer auf reinen Nützlichkeitserwägungen beruhenden Einrichtung reduzierte, als Produkt rationaler Egoisten ansah[122]) kräftig mithalf, „Oppositionsbegriffe gegen die Ordnungsideen der Französischen Revolution"[123] zu schmieden, sich aber mit der schroffen Wendung gegen das mechanistische Maschinenbild eines künstlichen Körpers ‚Staat' zugleich von absolutistischen Vorstellungen herkömmlichen Zuschnitts distanzierte[124]. Vielmehr stellt sich die Frage, ob diese Grundgedanken und Basisannahmen über allgemeine Reflexionen hinausgehen, auch auf die konkrete Ausgestaltung des Staatsapparates ausstrahlen und vor allem Folgen für die Erfassung des Beamtenverhältnisses zeitigen.

Das ist mit großer Vehemenz von Henning Zwirner bejaht worden. Ihm zufolge schlägt sich hier in einem sehr speziellen Bereich die allgemeine Kritik am mechanistischen Geist der vorangegangenen Epoche, am Rationalismus der Aufklärung, an der Reduktion des Staates auf ein Willenskonstrukt nieder. Schaudernd wendet man sich ab vom Bild des Verwaltungsbeamten als eines passiven Gliedes im Räderwerk der Staatsmaschine, als marionettenhaften Handlangers eines fremden Willens und mißt im direkten Gegensatz zu den überkommenen Vorstellungen gerade der *Selbständigkeit* des Beamten hohen Stellenwert bei[125]. Zwirners Erklärung: Das Verständnis des

---

122 Neben den bekannten, aber überwiegend abgelehnten Deduktionen des Thomas Hobbes hat vor allem Schlözers Brandcassen-Analogie Berühmtheit erlangt: A. L. Schlözer, Allgemeines StatsRecht und StatsVerfassungsLere, 1793, S. 3 (dazu A. Berney, August Ludwig von Schlözers Staatsauffassung, in: HZ 132 [1925], S. 43 ff.).

123 Böckenförde, Organ, Organismus, Organisation, politischer Körper, S. 602 (der dies allerdings auf die romantischen Organismusvorstellungen beschränkt); s. auch Stolleis, in: Dt. VerwGesch II, S. 73: „Opposition gegen die Aufklärung und ihre tatsächlichen bzw. nur zugeschriebenen politischen Folgen, die gegen Napoleon aufsteigende nationale Gefühlswelle, die literarische Abwendung vom geordneten Klassizismus zu Phantasie und Irrationalität, zum ‚Fragment' als Kunstform (F. Schlegel), die Zuwendung zu einem kontemplativ verklärenden Geschichtsbild – diese auf verschiedenen Ebenen wirkenden Faktoren führten in der Staatslehre zu bestimmten, relativ einheitlichen Ergebnissen: Der Staat war hier überindividuelles historisch gewachsenes Wesen, keine zweckrationale Schöpfung. Er war nicht über den Sozialkontrakt oder die Volkssouveränität legitimationsbedürftig, sondern lebendiger Organismus, in den sich Herrscher und Beherrschte eingliedern sollten".

124 Insbesondere zu dieser doppelten Distanznahme Böckenförde, Art. Organ, Organismus, Organisation, politischer Körper, S. 587, 592 f., 595 („Frontstellung gegen Absolutismus und Volkssouveränität"), 597; differenzierend zum Konservatismus der Romantik auch Scheuner, Staatsbild und politische Form, S. 73 f., 75, 81 ff. und Peter, Einleitung, S. 47 ff., 59 ff.

125 H. Zwirner, Politische Treupflicht des Beamten, 1987, S. 70 f., 101 ff., 106 ff.

Staates als ‚geistig-sittlicher Existenz', ‚sittlichem Organismus'[126] bleibt nicht auf der Ebene von unverbindlichen Grundsatzreflexionen stehen, sondern erfaßt neben der Stellung des einzelnen Bürgers im Staat auch das Beamtenverhältnis[127]. Weil der Staat für die Vertreter der vorpositivistischen Staatsrechtslehre eben kein Abstraktum ist, sondern „ein sittlicher Organismus, der die Herrschenden wie die Gehorchenden in sich schließt"[128], wird er als „Werkzeug Gottes" zur „einer organischen Anstalt", „die über den Menschen ist"[129]. Der Staat wird betrachtet als ein „objektives ethisches Institut"[130], ein „ethischer Organismus"[131], in dem der Monarch „nicht als ein Herrscher über dem Staate..., sondern als ein Herrscher im Staate"[132] erscheint – eben deshalb stellt sich das Verhältnis zwischen Monarch und Untertan nicht als eine persönliche Willensbeziehung dar, sondern als ein „geistig-sittlich vermitteltes Verhältnis, das die Person als geistig-sittliche Existenz erfaßt"[133]. Für das Beamtenverhältnis folgt daraus zwingend und unmittelbar ein spezifisch öffentlich-rechtlicher Charakter, demzufolge die Beamten dem Fürsten dienen „als organische Glieder des Gemeinwesens, dessen Gedanke ein Höheres ist auch über dem Fürsten"[134]. Das bedeutet: „das Verhältnis ist nicht ein nacktes zweiseitiges Willens- und Subjektionsverhältnis, sondern ein durch die geistig-sittliche Ordnung des Ganzen vermitteltes Verhältnis. Sein Grund und Ziel ist der ‚höhere Gedanke', das Ge-

---

[126] Diese beiden Termini stehen stellvertretend für eine ganze Serie weiterer ähnlicher Ausdrücke, die in der Sache nichts anderes besagen.

[127] So dezidiert Zwirner, Treupflicht, S. 92; vgl. auch Th. Wilhelm, Die Idee des Berufsbeamtentums, 1933, S. 28f.: „‚Organ' ist der Beamte in dem doppelten Sinn, daß er nicht mechanisches Werkzeug eines technischen Staatsapparates, sondern lebendiger Teilhaber der Substanz des Staates ist, und daß er in dieser seiner Eigenschaft im organischen Gefüge des Staats die Funktion eines Gliedes hat."

[128] F. J. Stahl, Rezension von Romeo Maurenbrecher, Die deutschen regierenden Fürsten und die Souveränität (1839), in: Kritische Jahrbücher für deutsche Rechtswissenschaft, hrsgg. v. A. L. Richter, 5. Jg. (1841), S. 97ff. (109). – Hier und im folgenden wird im wesentlichen auf die von Zwirner herangezogenen Zitate (zumeist von Stahl und Schmitthenner) Bezug genommen.

[129] F. J. Stahl, Die Philosophie des Rechts nach geschichtlicher Ansicht, Bd. 2: Christliche Rechts- und Staatslehre, 2. Abt., Heidelberg 1837, S. 19.

[130] F. Schmitthenner, Grundlinien des allgemeinen oder idealen Staatsrechtes, Gießen 1845, S. 267.

[131] F. Schmitthenner, Grundlinien der Geschichte der Staatswissenschaften, der Ethnologie, des Naturrechtes und der Nationalökonomie, Gießen 1839, S. 4.

[132] F. J. Stahl, Die Philosophie des Rechts, 2. Aufl., Bd. 2: Rechts- und Staatslehre auf der Grundlage christlicher Weltanschauung, 2. Abt., Heidelberg 1846, S. 225.

[133] Zwirner, Treupflicht, S. 92; vgl auch S. 107.

[134] Stahl, Philosophie des Rechts, 2. Aufl., Bd. 2, 2. Abt., 1839, S. 250. – Zur Freiheit und Selbständigkeit der Beamten gemäß der Lehre des vormärzlichen Liberalismus auch Wilhelm, Idee des Berufsbeamtentums, S. 30ff.

meinwesen, ihm dienen die Beamten als Diener des Fürsten."[135] Kurz: Die Stellung der Beamten wird vornehmlich in einer geistig-sittlichen Weise definiert. Sein Berufsstand gewinnt ein eigenes Ethos, entfaltet eine sittliche, dem Gesamtorganismus des Staates zugewandte und ihm dienende Berufsauffassung, betrachtet seine pflichtgemäße Amtsführung von daher als ethische Aufgabe und ,Beruf' im höheren Sinne. Die Beamten sollen demgemäß „nicht nur gehorsam sein, sondern den Gehorsam gegen den Monarchen als ein Stück sittlichen Berufs in patriotischer Gesinnung, Hingabe und Vaterlandsliebe betätigen."[136]

Aus alledem ist zu ersehen: Der Gedanke einer mechanisch-apparathaften Steuerung des Beamten durch den souveränen Willen eines absoluten Herrschers hatte allen Kredit, hatte alle Legitimität und Überzeugungskraft verloren. Jetzt dominierte der positive, für sich wertvolle Gedanke einer eigenständigen Teilhabe an der geistig-sittlichen Gesamteinheit des Staatsorganismus kraft Erhebung des Beamtendienstes zu einer sittlichen Berufspflicht[137].

4. *Zur Erklärung: Besonderheiten der Reformphase und Variabilität des Organismus-Begriffs*

So überzeugend dies alles im grundsätzlichen klingt: Man wird nicht folgern dürfen, daß diese der Staatsphilosophie und der Staatsrechtslehre entlehnbaren Maximen und Grundsätze die Wirklichkeit des im 19. Jahrhundert Gestalt annehmenden Verwaltungsstaates mitsamt seiner absolutistischen Herkunft auf Dauer und in nennenswertem Umfang umgeformt hat – trotz der (für sich genommen ohnehin wenig aussagekräftigen, aber) in der Literatur häufig verwendeten Begriffe wie ,Behördenorganismus', ,Organismus der Verwaltung' etc.[138] Klar ist zunächst, daß nichts von der geforderten Selbständigkeit sich auf das Heer der Subalternbeamten und Scribenten bezog[139], sondern allein gemünzt war auf eine kleine Gruppe von Spitzenbeamten, die in die Reihe der berühmten Staatsreformer der Jahrhundert-

---

135 Zwirner, Treupflicht, S. 92; s. auch S. 95, 99.

136 Zwirner, Treupflicht, S. 107.

137 Demgemäß besteht die Ehre des Beamten (im Unterschied zum mechanischen Militärverband) darin, „daß er mit Träger der sittlichen Gesinnung und der Intelligenz ist, die den Staat ordnet und lenkt" (Stahl, Philosophie des Rechts, 1. Aufl., Bd. 2, 2. Abth., S. 318).

138 Böckenförde, Organ, Organismus, Organisation, politischer Körper, S. 609, 611 nennt Beispiele.

139 Zur Grenzziehung Wilhelm, Idee des Berufsbeamtentums, S. 35 ff.; zu Lage, Herkunft und Bedeutung der nicht-akademisch gebildeten Beamten vgl. H. Henning, Die deutsche Beamtenschaft im 19. Jahrhundert, 1984, S. 113 ff.

wende einzureihen wären[140]. Treibende Kraft einer Reform von innen konnte nur eine gebildete, aktive, sich selbst als Teil der Nation begreifende höhere Beamtenschaft sein, die ohne detaillierte Anleitung durch eine monarchische Spitze frei und selbstverantwortlich, aber stets am (unzweideutig erkennbaren) Wohl des Staates orientiert zu handeln in der Lage war. Von diesem Orientierungspunkt her bekommt die Betonung der geistig-sittlichen Einheit des Staates, die Ausschmückung der Organismusmetapher, die Abwehr all dessen, was nach Räderwerk und Automatismus klingt, einen angebbaren Sinn. Aber diese Phase, in der eine Elite von Reformbürokraten gleichsam an der Spitze des Fortschritts marschierte und als Motor der bürgerlichen Entwicklung fungierte, war bald (wohl nach dem ersten Drittel des 19. Jahrhunderts) vorbei[141]. Hinzu tritt, daß ‚Selbständigkeit' des Beamten nicht eine Blankofreiheit, sondern selbstverantwortliche Entscheidungsmacht im Rahmen der Kompetenzen meinte[142]. Und wenn man schließlich das „bürokratische Kettensystem" (W. v. Humboldt) als eine typisch französische Einrichtung ansah, das man in Preußen nicht kannte, so im wesentlichen unter Berufung auf das Kollegialsystem[143].

Entscheidend ist also: Die Koinzidenz von Reformbeamtentum, Reformgeist und bürgerlicher Fortschrittlichkeit in einer unbürgerlichen Gesellschaft war nicht von Dauer. Auch der von nationaler Begeisterung erfüllte Albert Lotz, der am Vorabend des Ersten Weltkrieges das deutsche Berufsbeamtentum zum Träger des gesamtgesellschaftlichen Fortschritts der vergangenen Jahrhunderte stilisierte[144], mußte den Höhepunkt dieser Entwicklung im ersten Drittel des 19. Jahrhunderts ansetzen.

So wird man mit guten Gründen annehmen können, daß das von Teilen der Staatsrechtslehre entworfene und in der Nachzeichnung vielleicht überspitzte Bild des selbständigen Beamten kaum mehr als eine theoretisch konsequente, aber für die Realität der Staatsorganisation weitgehend unerhebliche Vorstellung gewesen ist. Wie wenig sich im Grunde geändert hat, zu welch vielfältigen, dabei sinnvariablen Andeutungen und Ausmünzungen der Organismus-Begriff selbst sich fähig erwies, wie konstant und geradli-

---

140 In der ersten Hälfte des 19. Jahrhunderts war „Selbständigkeit" geradezu Definitivkriterium des höheren Beamten gegenüber den „Subalternen": vgl. B. Wunder, Die Stellung der Subalternen und Unterbeamten in Baden während des 19. Jahrhunderts, in: Jahrbuch für europäische Verwaltungsgeschichte, hrsgg. v. E. V. Heyen, Bd. 1, 1989, S. 187 ff.

141 Zwirner, Treupflicht, S. 84 ff. gesteht dies selbst zu.

142 Vgl. Wilhelm, Idee des Berufsbeamtentums, S. 30 f. – mit dem Kriterium der Selbständigkeit suchte man sich insbesondere gegen das ‚Satrapentum' der französischen Beamtenschaft abzusetzen (oder gegen das, was man dafür hielt).

143 Vgl. E. Fehrenbach, Vom Ancien Régime zum Wiener Kongreß, 1981, S. 107.

144 A. Lotz, Geschichte des deutschen Beamtentums, 2. Aufl. 1914, S. 1 ff.

nig sich die tatsächlichen organisatorischen Verhältnisse entwickelten: dies alles zeigt die Arbeit des Regierungsdirektors Wehnert aus Potsdam vom Jahre 1833[145]. Gleich zu Beginn dieser Abhandlung wird die Verwaltung als arbeitsteilig-hierarchisches System charakterisiert: „Die Verwaltungszweige bedürfen", so heißt es, „wenn ihre Lebensthätigkeit den ganzen Staat harmonisch erfüllen soll, einer wohlberechneten Gliederung nach Gebiets- und Geschäftsabtheilungen, und einer klugen Unterordnung der getheilten Organe unter den überwiegenden Willen des Centralpuncts."[146]

Da ist er also wieder: der zentrale Punkt, das Zentrum, von dem alles ausgeht und alles gelenkt wird[147] – und dessen Betonung doch ganz ungezwungen mit der Grundmaxime von der „Behandlung des Staates als eines lebendsvollen Organismus"[148] harmoniert[149]. Stärker als im absolutisti-

---

[145] WEHNERT, Über den Geist der Preußischen Staatsorganisation und Staatsdienerschaft, 1833.

[146] WEHNERT, S. 1 f. – Und ganz ähnlich C. A. FREIHERR V. MALCHUS, Politik der inneren Staatsverwaltung oder Darstellung des Organismus der Behörden für dieselbe, mit Andeutungen von Formen für die Behandlung und für die Einkleidung der Geschäfte, vorzüglich jener in dem Gebiete der inneren Staatsverwaltung, Erster bis Dritter Teil, 1823, S. 4 (des Ersten Teils), der als ein Postulat der Verwaltungsorganisation nennt: „Richtige Ordnung und Unterordnung der Behörden überhaupt, und jener für jeden Verwaltungszweig insbesondere, damit dieselben durch alle Stufen in dem Organismus, einfach aber treffend in einander greifen und auf eine einfache Art in dem obersten Zentralpunkte zusammenlaufen, weil nur hierdurch die Wirksamkeit der Aktion der Regierung gesichert seyn kann." S. ferner F. SCHMITTHENNER, Grundlinien des allgemeinen oder idealen Staatsrechtes, 1845, S. 501: Ministerien „als die höchsten Centralpunkte der gesammten Verwaltung."

[147] Vgl. nochmals das Preußische Organisationsedikt v. 16.12.1808 (PrGS S. 361 [362]): „Die neue Verfassung bezweckt, der Geschäftsverwaltung die größtmöglichste Einheit, Kraft und Regsamkeit zu geben, sie in einem obersten Punkt zusammen zu fassen, und die Geisteskräfte der Nation und des Einzelnen auf die zweckmäßigste und einfachste Art für solche in Anspruch zu nehmen. Die Regierungsverwaltung geht zu dem Ende künftig von einem, dem Oberhaupt des Staates unmittelbar untergeordneten obersten Standpunkt aus."

[148] WEHNERT, Über den Geist der Preußischen Staatsorganisation, S. 6. Noch deutlicher ebd., S. 32, wo es heißt: „man machte daher im Jahre 1808 den Anfang, die Grundsätze und Erfahrungen eines zeitgemäßen, streng geordneten und zu einem zusammenhängenden Ganzen verbundenen Verwaltungs-Organismus dem neuen Staatsgebäude anzupassen, dem Mechanismus der Staatsmaschine und der Verwaltungs-Hierarchie nach Entfernung des unvollkommenen Räderwerks eine feste Richtung zu geben, und durch ein System der Vereinfachung, Übereinstimmung und harmonischen Unterordnung den Succeß der Staatsverwaltung und das Fortschreiten der Regierungskunst zu erleichtern."; s. ebd. auch S. 86 ff.

[149] R. v. MOHL, Politische Aphorismen, in: ders., Staatsrecht, Völkerrecht und Politik, Bd. 2, Tübingen 1862, S. 44: „Es kann keinem Zweifel unterliegen, daß die Regierungen durch die nach französischem Beispiele auch in Deutschland überall durchge-

schen Getriebe dominiert jetzt zwar die Idee der kunstvollen und sachgerechten Verbindung und Verflechtung der Organe[150]; doch die hierarchisch-pyramidale Grundfigur bleibt gänzlich unangetastet. Wehnert selbst drückt es unmißverständlich aus: „Die natürlichste Verwaltungsform scheint eine Pyramide zu seyn; (...) unmittelbar und frei muß der Blick vom Haupt zur Grundfeste reichen... Grundregel einer wohlüberdachten planmäßigen Organisation der Staatsverwaltung ist Erhaltung der Einheit bei unvermeidlicher Trennung; die Aufgabe ist, formelle Einfachheit mit innerer Lebendigkeit und organischem Zusammenhang zu verbinden; das System besteht in durchgreifender Theilung nach Realbeziehungen, Centralisirung der Hauptmassen in den Händen Einzelner, und in hierarchischer Ordnung der Mittel- und Unterbehörden nach geographisch gebildeten Verwaltungsbezirken und in Wechselwirkung gesetzten Attributionen."[151]

Tatsächlich dürfte insbesondere in der Restaurationsphase eher eine Ten-

---

führte Ausbildung des Verwaltungs-Organismus ein großes Mittel der Macht und des Gehorsams gewonnen haben. (...) Durch den allgemein durchgeführten und namentlich auch in den constitutionellen Staaten auf das schärfste ausgeprägten Grundsatz der ausschließenden Verantwortlichkeit des Befehlenden und der unbedingten Gehorsamspflicht des Untergeordneten werden zahlreiche und um die Folgen unbekümmerte Werkzeuge für den von Oben ausgehenden Willen geschaffen. (...) Mit Einem Worte, das zahlreiche, wohlgegliederte und gut in Zucht gehaltene stehende Heer von Beamten ist ein Machtelement geworden, welches früheren Regenten abging und manchen Ausfall in andern Arten von Kräften ersetzen kann." – Auch bei F. ANCILLON, Über den Geist der Staatsverfassungen und dessen Einfluß auf die Gesetzgebung, 1825, S. 66 stehen ‚Mechanismus' und ‚Organismus' einträchtig nebeneinander.

[150] WEHNERT, Staatsorganisation, S. 58ff. – Bei R. MOHL (Über Bureaukratie, in: ZStW 3 [1846], S. 330ff.) ist ganz folgerichtig ‚Bürokratie' als Gegenstand scharfer, von den verschiedensten Gruppen, Ständen und Institutionen vorgetragener zeitgenössischer Kritik „nichts anderes als die Übertreibung der Staatsidee, vollzogen durch einen zahlreichen und zum Theile aus sehr mittelmäßigen Gliedern bestehenden Organismus von gewerbsmäßigen Beamten" (S. 340f.).

[151] WEHNERT, Staatsorganisation, S. 2. Siehe ferner W. BUTTE, Über das organisirende Prinzip im Staate, und den Standpunkt der Kunst des Organisirens in dem heutigen Europa, Berlin 1822 (eine ziemlich dünnblütige Privatphilosophie, die sich in oberflächliche Parallelisierungen zwischen Natur- und Staatsorganismus verrennt; vgl. S. X ff., 193ff.). A. KURZ, Versuch einer Entwicklung der Grundsätze, nach welchen die Zweckmäßigkeit des Staats-Organismus in konstitutionellen Monarchien zu beurteilen ist, nebst einem Grundrisse zu einem Verwaltungs-Gesetzbuche, München 1821, S. 172 bindet ‚Organismus' und ‚Maschine' zwanglos zusammen: „Wenn der ganze Organismus des Staates nach richtigen Grundsätzen geordnet ist, so wird es auf die Belebung desselben immer noch sehr wesentlich ankommen, ob die große Maschine des Staates zur Erreichung des vorgesteckten Zieles ihren ungehinderten Gang gehen wird". – Weitere Hinweise bei BÖCKENFÖRDE, Art. Organ, Organismus, Organisation, politischer Körper, S. 611; zur Variabilität des Organismusbegriffs auch L. WENNINGER, Geschichte der Lehre vom besonderen Gewaltverhältnis, 1982, S. 68ff.

denz zur Uniformierung des Beamtenstandes, zu seiner synchronen Ausrichtung, zur Schaffung gleicher Mentalität und zur Ausbildung eines (individueller Selbständigkeit stets zuwiderlaufenden) Korpsgeistes vorgeherrscht haben[152]. Selbständigkeit der Beamten, wissenschaftliche Schulung, Erziehung zur eigenen Problemdurchdringung und -lösung: all dies änderte an der pyramidalen Grundstruktur der Verwaltungsorganisation nichts, durchkreuzte nicht die Hierarchiestränge und Weisungsketten, sondern sollte im Sinne eines den geistigen Lebenselementen der Epoche aufgeschlossenen ‚bürgerlichen' Beamtentums die von jedem Amtswalter wahrzunehmende Aufgabenerfüllung optimieren[153]. Der Selbständigkeitsgedanke entzog den Beamten nicht der Gesamtordnung, sondern gliederte ihn unter Betonung seiner eigenständigen Verantwortung nur um so fester in diese ein. Der Organismusgedanke wirkte, wenn überhaupt, auf die innere Einstellung der Beamten, ohne spürbar auf die Verwaltungsorganisation durchzuschlagen.[154]

---

[152] Zur Gesamtentwicklung HATTENHAUER, Geschichte des Beamtentums, S. 205 ff.; JESERICH, Dt. VerwGesch II, S. 301 ff. – Wissenschaftlichkeit der Ausbildung und der Praxis schloß das nicht prinzipiell aus: vgl. R. SMEND, Der Einfluß der deutschen Staats- und Verwaltungsrechtslehre des 19. Jahrhunderts auf das Leben in Verfassung und Verwaltung, in: ders., Staatsrechtliche Abhandlungen, 2. Aufl. 1968, S. 326 ff. (331 ff.).

[153] Vgl. C. TH. PERTHES, Der Staatsdienst in Preußen, 1838, S. 30 f.: „So lange die Staaten als künstliche Werke betrachtet wurden, welche die Landesherrn zu regeln und im Gange zu halten hatten, in welchen sie allein die belebende Kraft besaßen, konnten dem Principe nach die Staatsdiener nur todte Werkzeuge in der Hand des Fürsten sein, welche ohne eigne Einsicht, ohne eignen Willen den Befehl desselben ausführten. Unmittelbar nach dem Feldzuge von 1806 wurde in Preußen dieses Princip verlassen und nach den Verordnungen von 1808 sollen die Staatsdiener ‚selbständig und selbstthötig mit voller Verantwortlichkeit' die Geschäfte besorgen. Keineswegs lag hierin die Absicht, die Unterordnung unter den König zu lösen, wohl aber das Anekenntniß, daß keine menschliche Kraft hinreiche aus eigner Anschauung sich Einsicht in alle öffentliche Verhältnisse zu verschaffen"; demgemäß handelt der Staatsdiener zwar „selbständig, aber er handelt nicht nach seiner individuellen Ansicht, sondern im Sinne des Souveräns wie er diesen aus den allgemeinen Anordnungen erkannt hat. Er soll nicht handeln, wie er handeln würde wenn er Souverän wäre, sondern wie der Souverän handeln würde, wenn derselbe sich an des Staatsdieners Stelle befände" (S. 33).

[154] Vgl. nochmals WEHNERT, Staatsorganisation, S. 64 f.: „Das selbstständige Verhältnis hebt übrigens die Unterordnung nicht auf, welche die Theorie der monarchischen Staatsverwaltung verlangt, giebt ihnen kein Prüfungsrecht über die Recht- und Zweckmäßigkeit höherer Befehle, denen sie nach etwaigen Gegenvorstellungen *cum gloria obsequii* zu folgen haben, sondern gewährt ihnen nur eine freie ungehinderte Bewegung in der ihnen zugewiesenen Geschäftsbahn. Mit dieser Stellung kann sehr gut die nothwendige Einheit in den Staatszwecken bestehen, welche keineswegs eine durchgängige Gleichförmigkeit in den Mitteln fordert. Es ist eine verkehrte Ansicht, das System der Staatseinheit in der unbedingten Unterwerfung der Handelns- und Denkfreiheit auf den verschiedenen Staatsdienststufen zu suchen; dann wird statt Mitwirkung nur Ge-

Zwei Phänomene zeigen, daß der in sich klar geordnete Beamtenapparat weitgehend unverändert bestehen blieb. Einmal ist nur so zu erklären, daß ein wirkungsvolles Mittel gegen Willkürakte der Behörden und damit ein für die Bürger freiheitssichernder Effekt gerade in einer straffen Hierarchie und klaren Amtsverantwortlichkeiten gesehen wird[155]. Zum anderen wächst gegen Ende der 30er Jahre die insbesondere von den Liberalen erhobene Kritik an der dem Leben des Volkes entfremdeten Beamtenkaste und ihrer übermächtigen, erstickenden Macht, die – anders als der „Schlendrian" des 17. Jahrhunderts – mit ihrer Vielregiererei die Bewegungsfreiheit und Entfaltungsmöglichkeiten des Bürgers einschränke[156]. Hier deuten sich gewisse Verkrustungserscheinungen der Bürokratie an; zugleich mag sich die aus einem wachsenden bürgerlichen Selbstbewußtsein gespeiste Kritik auch an der als Selbstherrlichkeit empfundenen freien Stellung der (Spitzen-) Bürokratie entzünden: denn diese hatte sich ja aus der Gängelung des Absolutismus befreit, ohne schon effektiver Kontrolle durch eine Volksvertretung zu unterliegen[157]. Ganz abgesehen von solchen Mutmaßungen über bestimmte Ursache-Wirkungszusammenhänge zeigt sich, daß sich bei einer auf die Verwaltungsorganisation bezogenen Konkretisierung der Organismus-Metapher unweigerlich „Anklänge an einen Mechanismus"[158] einstellen, weil eben anders ein Organismus als „Paradigma für den Zusammen-

---

horsam gefunden; dann ist die ganze Kunst bloß das Befohlene auszurichten; dann sind die Beamten nicht sowohl Diener des Königs und des Staats, als nur Werkzeug in den Händen der Oberen. So ist die französische Präfectur-Einrichtung beschaffen, die jede Gewalt in den Abstufungen der Behörden bei Einzelnen concentrirt, aber keinen Verein freier Thätigkeit mit treuer Gesetzmäßigkeit gestattet, und eine offenkundige Demoralisation des Beamtenstandes erzeugt hat. Die Kraft der monarchischen Regierung beruht nicht darauf, Servilismus zu erhalten und zu befestigen, sondern auf der Harmonie zwischen Gewalt und gesetzmäßiger Freiheit." S. ferner ebd., S. 86 ff., 95 ff. – Für die Lokkerung einer allzu strikten Subordination plädiert auch KURZ, Versuch einer Entwicklung der Grundsätze, S. 154 ff.

[155] Vgl. HEGEL, Rechtsphilosophie, § 295; s. auch WEHNERT, Staatsorganisation, S. 91.

[156] Vgl. eine Reihe einschlägiger Zitate bei H. RAUSCH, Art. Hierarchie, in: Geschichtliche Grundbegriffe, Bd. 3, 1982, S. 103 ff. (125 f.); weitere Beispiele für die überaus gängige Bürokratiekritik der ersten Hälfte des 19. Jahrhunderts bei B. WUNDER, Geschichte der Bürokratie, 1986, S. 7 f., 68 f.; DERS., Bürokratie: Die Geschichte eines politischen Schlagwortes, in: Verwaltung und ihre Umwelt. Festschrift für Thomas Ellwein, hrsgg. v. A. Windhoff-Héritier, 1987, S. 277 ff. (281 ff.); insb. zur sich verstärkenden Tendenz ab 1840 H. HATTENHAUER, Geschichte des Beamtentums, S. 210 ff., 217 ff.; s. auch v. UNRUH, in: Dt. VerwGesch II, S. 312 ff.; HENNING, Beamtenschaft im 19. Jahrhundert, S. 102 f., 107 f. – Weitere Beispiele bei WILHELM, Idee des Berufsbeamtentums, S. 7 ff. (F. List, F. Murhard).

[157] WUNDER, Bürokratie: Die Geschichte eines politischen Schlagwortes, S. 287 ff.

[158] BÖCKENFÖRDE, Art. Organ, S. 609; so auch HELD, Art. Organisation, S. 41.

hang von Vielgliedrigkeit, Wechselwirkung der Teile und Herstellung bzw. Bestand der Einheit"[159] nicht vorzustellen ist.

Dies wird an einem von Böckenförde angeführten Zitat Romeo Maurenbrechers deutlich. Maurenbrecher erläutert, daß durch die von den Zentralbehörden ausgehenden Befehle der gesamte Behördenapparat „in Thätigkeit und Bewegung" gehalten werde, um dann fortzufahren: „Die Vergleichung des Staats mit einer Maschine und die wirklich ernstlich gemeinten Lehren von der ‚Staatsmaschine' verdanken diesem neuern Organismus ihre Entstehung."[160] Ebensowenig ist es für Schmitthenner ein Problem, das Verhältnis des Beamten zur Staatsgewalt als ein „organisches Subjektionsverhältnis"[161] zu deuten.

5. Resümee

Die organische Staatslehre, die die ersten beiden Drittel des 19. Jahrhunderts beherrschte, vermochte in der staatsrechtlich-rechtsphilosophischen Qualifizierung des Beamten sehr wohl mehr zu sehen als einen weisungsgebundenen Befehlsempfänger, mehr als ein automatenhaft funktionierendes Werkzeug eines ihm fremden, vorgegebenen Willens. Sie begriff ihn als einen durchaus selbständigen Teil des Gesamtorganismus Staat, die Beamtenschaft insgesamt geradezu als einen auf das staatliche Gemeinwohl hin arbeitenden weltlichen Orden. Mit dieser Charakterisierung traf sie ein Stück weit die tatsächliche Bedeutung, ganz sicher aber das Selbstbild der dem preußischen Reformertum entstammenden und sich dem dort gepflegten Ideengut verpflichtet fühlenden Beamtenschicht, die aufgrund umfassender akademischer Bildung, liberaler Reformgesinnung und zentraler Bedeutung

---

159 BÖCKENFÖRDE, Art. Organ, S. 609.

160 R. MAURENBRECHER, Grundsätze des heutigen deutschen Staatsrechts, 1837, S. 326. – Andere Autoren deuten den Staat als Räderwerk in den Händen des Monarchen; vgl. PERTHES, Staatsdienst in Preußen, S. 21; so auch WEHNERT, Staatsorganisation, S. 2f.: „Das monarchische Prinzip in seiner edleren Bedeutung fordert Streben nach möglichster Übereinstimmung, um das Ineinandergreifen aller Räder der Staatsmaschine zu sichern; im Mittelpunkt vereinigen sich die Leitung und der Überblick, und durch die Zwischenräder werden die verschiedenen Stufen in einer dem Ganzen anpassenden Bewegung gehalten." (s. auch S. 52).

161 F. SCHMITTHENNER, Grundlinien des allgemeinen oder idealen Staatsrechtes, 1845, 278; zum organischen Charakter des Beamtenverhältnisses S. 504 ff. (507: „der Staatsbeamte muß ganz dem Staate angehören, dessen Interessen als die seinigen anerkennen, in die Geheimnisse derselben eingeweiht sein und in dem Verhältnis besonderer Treue zu dem Fürsten stehen"); an anderer Stelle dann freilich fast schon eine Vorwegnahme der den staatsrechtlichen Positivismus kennzeichnenden Willensmetaphorik: „Die Staatsdiener sind ihrem Begriffe nach Diener des Fürsten, als des Inhabers der Regierungsgewalt, die Regierungsbeamten sogar die Organe seines Willens" (S. 515).

für Ansehen und Entwicklung des preußischen „Beamten- und Verwaltungsstaates" diesen für mehrere Jahrzehnte entscheidend prägte. Allein: Zentralisation der Verwaltung, Straffung der Behörden, Effektivierung der Verwaltungstätigkeit bildeten den Ausgangspunkt jener Entwicklung, nicht ihre Negation. Wahrung der Beamtendisziplin, Weisungsgebundenheit und hierarchische Staffelung standen der so oft zitierten Selbständigkeit des Beamten nicht prinzipiell entgegen. Dieser Terminus sollte lediglich indizieren, daß die Reformbürokratie bei dem großen Projekt der von oben gesteuerten Entfaltung einer bürgerlichen Gesellschaft im Verhältnis zur absolutistischen Vergangenheit ein Stück freier gestellt sein mußte, um zum Wohle des als Gesamtorganismus (und nicht als Maschine) verstandenen Staates wirken zu können. Die Selbständigkeit entband ihn indes nicht vom Staat, sondern fügte ihn stärker in diesen ein. So zeigt sich, daß die Idee einer sittlich fundierten Selbständigkeit des Beamten dessen geistige wie gefühlsmäßige Hinordnung auf feststehende, vorgegebene Ziele des Staatsganzen bezeichnete. Weder sein Funktionsbereich noch sein Status wurde damit erfaßt. Selbständigkeit war eine Kategorie der inneren, geistigen Haltung, nicht der Verwaltungsorganisation – wenngleich sie für die praktische Staatstätigkeit keineswegs folgenlos blieb.

Dies erwies sich, als die realen Entwicklungen der Zeit zum Umbruch führten: Aus dem aufgeklärt-liberalen Reformbeamtentum wurde sukzessive eine befehlsabhängige, in Preußen auch politisch zunehmend in Gegensatz zu den Ministerien tretende[162], auf passiven Gehorsam trainierte Exekutive[163]. Bis in die 30er oder 40er Jahre hinein hatte die Reformbeamtenschaft[164] gleichwohl eine Sonderposition inne und blieb deutlich gegenüber Vergangenheit wie Zukunft gleichermaßen abgesetzt: gegenüber der Vergangenheit, weil sie nicht als lediglich ausführendes Werkzeug eines Souveräns, sondern in Realisierung eines umfassenden Umgestaltungsauftrages und als Teil des Gesamtorganismus ‚Staat' tätig wurde – und gegenüber der Zukunft, weil ihre Reduktion auf den Status von Willensobjekten noch nicht realisiert war.

---

[162] Henning, Die deutsche Beamtenschaft im 19. Jahrhundert, S. 101, 104.

[163] Vgl. A. Lotz, Geschichte des Deutschen Beamtentums, 2. Aufl. 1914, S. 435 ff.; Bleek, Kameralausbildung, S. 30: „Die Beamtenschaft wurde immer mehr als hierarchische Exekutive organisiert, die Kollegialität als Verwaltungsprinzip wurde oligarchisiert und als binnendemokratisches Strukturprinzip durch das monokratische Befehl-Gehorsam-Schema gefährdet. (...) Die liberalen Publicisten sahen darin die Einführung des militärischen Geistes der Unterwerfung und des blinden Gehorsams in die Verwaltung..."; vgl. auch F. Rottmann, Der Beamte als Staatsbürger, 1981, S. 78 f.; E. Pankoke/H. Nokielski, Verwaltungssoziologie, 1977, S. 24 ff.

[164] H.-U. Wehler, Das Deutsche Kaiserreich 1871–1914, 4. Aufl. 1980, S. 73 spricht in Anlehnung an Formulierungen von Hans Rosenberg vom „bürokratischen Absolutismus".

IV. Monarch und Gesetz als Bezugspunkte der Exekutive im Konstitutionalismus

Obwohl der Umbau des Staatssystems vom (aufgeklärten) Absolutismus hin zur konstitutionellen Monarchie in Deutschland nicht revolutionär, sondern evolutionär erfolgt[165], die königliche Gewalt der bekannten Formulierung Richard Thomas zufolge „nur beschränkt, nicht konstituiert" wird[166], erfahren Staat, Verwaltung und Gesellschaft doch eine tiefgreifende Umwälzung, die hier nur in schmalen Ausschnitten und stark vergröbernd behandelt werden kann. Beleuchtet wird zunächst kurz die eigentümliche Struktur des konstitutionellen Verfassungsstaates (1.), bevor wir uns dem Gesetzesbegriff (2.) und seiner Bedeutung für die Verwaltung (3.) widmen. Ein Blick auf die Entwicklung des Beamtenrechts und der Verwaltungsorganisation (4.) schließt die Skizze ab.

1. Zur Struktur des konstitutionellen Verfassungsstaates

Während im dynastischen Fürstenstaat in der Person des Landesherrn höchster Staatswille und volle Administrativgewalt zusammenfallen, kommt es in der Epoche der konstitutionellen Monarchien[167] – die in

[165] Vgl. R. Wahl, Die Entwicklung des deutschen Verfassungsstaates bis 1866, in: HdbStR I, § 1 Rn. 4ff.; zur Gesamtbewegung F. Schnabel, Deutsche Geschichte im neunzehnten Jahrhundert, Bd. 1: Monarchie und Volkssouveränität, 1933 (ND 1987), S. 90ff., 123ff.; K. Kröger, Einführung in die jüngere deutsche Verfassungsgeschichte (1806–1933), 1988, S. 23ff. – Auch die Staatsrechtswissenschaft vermeidet krasse Sprünge: vgl. R. Smend, Der Einfluß der deutschen Staats- und Verwaltungsrechtslehre des 19. Jahrhunderts auf das Leben in Verfassung und Verwaltung (1939), in: ders., Staatsrechtliche Abhandlungen, 2. Aufl. 1968, S. 326ff. (327ff.). – Die bekannte Wendung, daß es sich beim monarchischen System deutscher Prägung um „eine Art von hinkendem Konstitutionalismus" handele, findet sich bei O. Hintze, Das monarchische System und die konstitutionelle Verfassung (1911), in: ders., Staat und Verfassung, 3. Aufl. 1970, S. 359ff. (360), der diese Auffassung als die des Auslands vorstellt.

[166] R. Thoma, Der Vorbehalt des Gesetzes im preußischen Verfassungsrecht, in: Festgabe für Otto Mayer, 1916, S. 165ff. (208). Ausgesprochen prägnant D. Grimm, Art. Öffentliches Recht, in: StL, 7. Aufl., Bd. 4, 1988, Sp. 119ff. (121): „Die bürgerliche Revolution brach zwar mit dem fürstlichen Absolutismus, nicht aber mit dem souveränen Staat."

[167] Zu deren Kompromißstruktur E.-W. Böckenförde, Der Verfassungstyp der deutschen konstitutionellen Monarchie im 19. Jahrhundert, in: ders. (Hrsg.), Moderne deutsche Verfassungsgeschichte (1815–1914), 2. Aufl. 1981, S. 146ff. (148ff.). Allgemein zur Lage nach 1815 U. Scheuner, Volkssouveränität und Theorie der parlamentarischen Vertretung, in: Der moderne Parlamentarismus und seine Grundlagen in der ständischen Repräsentation, hrsgg. v. K. Bosl, 1977, S. 297ff. (316ff., 326ff., 332ff.);

Deutschland die besondere Gestalt des bürgerlichen Rechtsstaates annimmt – zur für die Zeit typischen ‚dualistischen' Aufspaltung der Staatsgewalt[168]. Es war dies ein Grundphänomen des Konstitutionalismus, das so viele Fragen offen ließ und alle Probleme verdoppelte[169]: parlamentarisches vs. monarchisches Prinzip, Volkssouveränität vs. Fürstensouveränität, Legitimität qua Volksrepräsentation vs. Legitimität qua dynastischem Erbanspruch[170]. Dieser Dualismus zwischen zwei potentiellen Trägern der höchsten Staatsgewalt erinnert eher an die Epoche des Ständestaates oder die eigentümliche Struktur des Heiligen Römischen Reiches Deutscher Nation als an die Phase absolutistischer Souveränität des Landesherrn. Denn das auf dynastische Erblegitimität und die Idee eines revitalisierten Gottesgnadentums[171] gestützte monarchische Prinzip[172], wie es die Restauration in Art. 57 der Wiener Schlußakte v. 1820[173] verankert hatte, war ja trotz Kompetenzvermutung zugunsten des Monarchen[174] und einer Reihe bedeutender Eigenrechte, trotz bloß limitativ-beratender Funktion der Volksvertretun-

---

K.-G. Faber, Deutsche Geschichte im 19. Jahrhundert. Restauration und Revolution, 1979, S. 24 ff., 54 ff., 82 ff.; Th. Nipperdey, Deutsche Geschichte 1800–1866, 4. Aufl. 1987, S. 272 ff. – Souveräne Gesamtbetrachtung zur Struktur der konstitutionellen Verfassungen jetzt bei D. Grimm, Deutsche Verfassungsgeschichte 1776–1866, 1988, S. 110 ff.

168 Zum Dualismus der konstitutionellen Monarchie etwa D. Jesch, Gesetz und Verwaltung, 2. Aufl. 1968, S. 92; H. Dreier, Der Ort der Souveränität, in: ders./J. Hofmann (Hrsg.), Parlamentarische Souveränität und technische Entwicklung, 1986, S. 11 ff. (30 ff.) m. w. N.; Grimm, Verfassungsgeschichte, S. 138 ff.

169 So R. Wahl, Der Vorrang der Verfassung, in: Der Staat 20 (1981), S. 485 ff. (494); vgl. auch E.-W. Böckenförde, Geschichtliche Entwicklung und Bedeutungswandel der Verfassung, in: Festschrift für Rudolf Gmür, 1983, S. 7 ff. (10 ff.).

170 Zu dieser Doppelpoligkeit mit ihren sich wechselseitig ausschließenden Souveränitäts- und Legitimitätssträngen vgl. K.-J. Bieback, Die öffentliche Körperschaft, 1976, S. 79 ff., 144 f.; H. Boldt, Deutsche Staatslehre im Vormärz, 1975, S. 17 ff., 25 ff.; H. Quaritsch, Staat und Souveränität, 1970, S. 487 ff.

171 Vgl. allgemein J. Hashagen, Staat und Kirche vor der Reformation, 1931, S. 483 ff.; K. Eckermann, Studien zur Geschichte des monarchischen Gedankens im 15. Jahrhundert, 1933, S. 104 ff., 107 f.; O. Brunner, Vom Gottesgnadentum zum monarchischen Prinzip, in: ders., Neue Wege der Verfassungs- und Sozialgeschichte, 2. Aufl. 1968, S. 160 ff. – Instruktiv D. Willoweit, Fürstenamt und Verfassungsordnung, in: V. Press/ D. Willoweit (Hrsg.), Liechtenstein – Fürstliches Haus und staatliche Ordnung, 1987, S. 489 ff. (492 ff.).

172 Dazu mit zahlreichen Nachweisen H. Hofmann, Repräsentation, 2. Aufl. 1990, S. 416 ff.; s. ferner H. Boldt, Art. Monarchie (V.), in: Geschichtliche Grundbegriffe, Bd. 4, 1978, S. 189 ff. (200 ff.); K. O. Frhr. v. Aretin, Art. Monarchie, in: HRG, Bd. III, 1984, Sp. 625 ff.

173 Text bei E. R. Huber, Dokumente zur deutschen Verfassungsgeschichte, Bd. 1, 3. Aufl. 1978, S. 91 ff.

174 G. Jellinek, Allgemeine Staatslehre, 3. Aufl. 1914, S. 705.

gen[175] und trotz des reklamierten Monopols auf die Gesamtrepräsentation keineswegs wörtlich, nämlich im Sinne absolutistischer Vollgewalt des Fürsten zu nehmen.

Zwar stellte sich das monarchische Prinzip unzweifelhaft als „Gegenspiel der Volkssouveränitätslehre und der Gewaltenteilung"[176] dar. Doch ließen schon die Verfassungen der Zeit (und zwar sowohl die vor 1820 als auch die danach in Kraft getretenen) deutlich erkennen, daß nun – nach der Französischen Revolution und nach den Befreiungskriegen – an eine absolute Konzentration der gesamten staatlichen Macht in der Hand des Monarchen im Grunde nicht mehr zu denken war. Obwohl sich die meisten Verfassungen[177] in den Präambeln als gewährt (‚oktroyiert') titulierten und der Monarch das Volk oder die Stände scheinbar nur aus fürstlicher Huld und Gnade an der Ausübung der staatlichen Gewalt partizipieren ließ[178], belehren die Dokumente selbst eines besseren, indem sie festlegten, daß Änderungen der Verfassung nur unter Beistimmung der Volksvertretungen möglich waren. Insofern war der vorgeblich freie, der Verfassung enthobene Monarch ihr dann doch unterworfen[179]. Daß das monarchische Prinzip mit seinem terminologischen Absolutheitsanspruch nicht wortwörtlich zu nehmen war, zeigte sich neben der Beteiligung der Kammern an Verfassungsänderungen vor allem auch an der – relativen – Unabhängigkeit der Gerichte sowie der Pflicht, bei einmal unter Beteiligung der Kammern zustande gekommenen Gesetzen im Falle jeder weiteren Änderung wiederum die Vertretungskör-

---

[175] Hofmann, Repräsentation, S. 424ff.; R. Mussgnug, Die rechtlichen und pragmatischen Beziehungen zwischen Regierung, Parlament und Verwaltung, in: Dt. VerwGesch II, S. 95ff.; R. Grawert, Gesetzgebung im Wirkungszusammenhang konstitutioneller Regierung, in: Gesetzgebung als Faktor der Staatsentwicklung (=Der Staat, Beiheft 7), 1984, S. 113ff. (117ff.).

[176] Erich Kaufmann, Studien zur Staatslehre des monarchischen Prinzips, 1906, S. 8; s. auch E. R. Huber, Deutsche Verfassungsgeschichte seit 1789, Bd. I, 2. Aufl. 1967, S. 651ff.

[177] Ausnahme: Verfassung Württembergs v. 25.9.1819, die auf einer Vereinbarung mit den Ständen beruhte.

[178] Diese Denkfigur bedient sich der alten scholastischen Differenzierung zwischen Substanz und Ausübung der Staatsgewalt. Die Substanz liegt demnach beim Monarchen, während er sich die Ausübung mit dem Volk teilt (s. dazu Böckenförde, Verfassungstyp der deutschen konstitutionellen Monarchie, S. 148; D. Jesch, Gesetz und Verwaltung, 1961, S. 83; Grimm, Verfassungsgeschichte, S. 113ff.). – Doch welch grandiose Umkehrung gegenüber der traditionellen Verwendung des Gedankens, wonach die Gewalt *quoad substantiam* beim (ständisch gegliederten, statisch gedachten, korporativ repräsentierten) Volk, *quoad exercitium* beim König lag (dazu J. Sauter, Die Entwicklung der abendländischen Staatsidee, in: ARSP 27 [1933/34], S. 72ff., 189ff., 319ff. [73ff.])!

[179] Vgl. nur Bieback, Die öffentliche Körperschaft, S. 77f., 80.

perschaft partizipieren zu lassen: ein Automatismus, der zur Folge hatte, daß sich der Bereich der unter Parlamentsbeteiligung entstandenen und irreversibel der alleinigen Regelungsmacht des Monarchen entzogenen Rechtsmaterien beständig ausweitete[180].

So diente das monarchische Prinzip eher als ein allgemeinpolitisches Postulat, mit dem in Abwehr der Volkssouveränitätsdoktrin die zentrale staatsrechtliche Spitzenposition des Fürsten untermauert werden konnte. Der *princeps* sollte als der wahre Repräsentant der Nation erscheinen[181], das Volk andererseits ganz im Sinne eines Signats König Ludwigs I. von Bayern aus dem Jahre 1838 in erster Linie als Untertanen-, weniger als Bürgerverband begriffen werden[182]. Indem Art. 57 der Betonung und Hervorhebung der „Präponderanz des Monarchen"[183] diente, während die Idee der Volkssouveränität nicht bloßes politisches Postulat geblieben, sondern zu einem Stück Verfassungsrealität geworden war, stellte sich die gesamte Staats- und Verfassungslage im Grunde als doppelpolig dar.

Die entscheidende Frage nach *dem* Souverän konnte so nicht eindeutig beantwortet werden. Weil der Konstitutionalismus heterogene staatliche Formprinzipien in sich zu bergen und miteinander zu vereinbaren suchte, hat man ihn nicht zu Unrecht als stets in der „Schwebelage"[184] befindlich gesehen und als bloße Übergangsform eingestuft[185]. Denn obwohl sich in praktisch-politischen Fragen die Kompromißstruktur der konstitutionellen Monarchie durchaus als förderlich erweisen konnte, schlugen die zugrunde-

---

[180] Vgl. BÖCKENFÖRDE, Verfassungstyp der deutschen konstitutionellen Monarchie, S. 151.

[181] SCHEUNER, Volkssouveränität und Theorie der parlamentarischen Vertretung, S. 326: „Die Gesamtrepräsentation des Staates durch den Monarchen bleibt erhalten." Vgl. auch H. KURIKI, Die Funktion des Volksgedankens in der Geschichte der deutschen Staatsrechtswissenschaft, in: FS Scupin, 1983, S. 233 ff. (244 f.).

[182] „Das Wort Staatsbürger macht leicht den Untertanen vergessen." (zit. n. H. MITTEIS/H. LIEBERICH, Deutsche Rechtsgeschichte, 17. Aufl. 1985, S. 398); zum bewußten Gebrauch des Untertanenbegriffes in den Verfassungstexten des 19. Jahrhunderts vgl. R. WAHL, Rechtliche Wirkungen und Funktionen der Grundrechte im deutschen Konstitutionalismus des 19. Jahrhunderts, in: Moderne deutsche Verfassungsgeschichte, hrsgg. v. E.-W. Böckenförde, 2. Aufl. 1981, S. 346 ff. (347 m. Fn. 11 S. 361); in diesem Zusammenhang ferner M. STOLLEIS, Untertan – Bürger – Staatsbürger, in: Bürger und Bürgerlichkeit im Zeitalter der Aufklärung, hrsgg. v. R. Vierhaus, 1981, S. 65 ff.

[183] H. KURIKI, Die Rolle des Allgemeinen Staatsrechts in Deutschland von der Mitte des 18. bis zur Mitte des 19. Jahrhunderts, in: AöR 99 (1974), S. 556 ff. (584).

[184] BÖCKENFÖRDE, Verfassungstyp der deutschen konstitutionellen Monarchie, S. 155; F. E. SCHNAPP, Amtsrecht und Beamtenrecht, 1977, S. 43; D. WYDUCKEL, Ius Publicum, 1984, S. 227.

[185] So BÖCKENFÖRDE, Verfassungstyp der deutschen konstitutionellen Monarchie, passim, gegen E. R. HUBER (vgl. dessen Replik im gleichen Band S. 171 ff.).

liegenden Spannungen und Unvereinbarkeiten in Grundsatzfragen um so heftiger durch: Der berühmte preußische Budgetkonflikt[186] bildet dafür das herausragende Beispiel.

2. Reichweite des Gesetzes

Dieser Budgetkonflikt ist zugleich zentraler Beleg dafür, daß der die Zeit prägende Kampf zwischen Monarch und Bürgertum um den Anteil an der Staatsgewalt „in erster Linie um den Besitz bzw. die Beteiligung an der Gesetzgebung sowie die Begrenzung und Kontrolle der monarchisch-bürokratischen Verwaltung durch eben diese Gesetzgebung geführt wurde. Inhalt und Umfang des Gesetzesbegriffes bezeichneten daher das Maß, in dem die Gesellschaft sich den Staat erobert hatte und ihn dirigieren konnte, während das Verhältnis von Gesetz und Verordnung entscheidend wurde für die Gestaltungs- und Bewegungsfreiheit des monarchisch-anstaltlichen Obrigkeitsstaates."[187] Bei aller politischen Beweglichkeit im Kampf um die gegenständliche Reichweite gesetzlicher Mitsprache und ungeachtet der verschiedenen Fassungen und Formulierungen des Gesetzesvorbehalts in den einzelnen Verfassungsurkunden[188] einschließlich der daraus resultierenden divergenten Interpretationsmöglichkeiten[189] fallen Funktion und Herrschaftszone des Gesetzes unter tatkräftiger Mithilfe der Staatsrechtslehre sozusagen ‚gemeindeutsch' vergleichsweise einheitlich aus[190]. Das gilt zu-

---

[186] Zu ihm minutiös E. R. HUBER, Deutsche Verfassungsgeschichte seit 1789, Bd. 3, 3. Aufl. 1988, S. 269 ff.; kritisch zur Gesamtbewertung Hubers H. BOLDT, Verfassungskonflikt und Verfassungshistorie, in: Probleme des Konstitutionalismus im 19. Jahrhundert, hrsgg. v. E.-W. Böckenförde (= Der Staat, Beiheft 1), 1975, S. 75 ff.; s. auch R. WAHL, Der preußische Verfassungskonflikt und das konstitutionelle System des Kaiserreichs, in: Moderne deutsche Verfassungsgeschichte (1815–1914), hrsgg. v. E.-W. Böckenförde, 2. Aufl. 1981, S. 208 ff.; vgl. jetzt auch K. KRÖGER, Verfassungsgeschichte, S. 42 ff.; TH. NIPPERDEY, Deutsche Geschichte 1800 – 1866, S. 749 ff.; GRIMM, Verfassungsgeschichte, S. 231 ff., 234 ff. sowie WILLOWEIT, Verfassungsgeschichte, S. 239 ff.

[187] E.-W. BÖCKENFÖRDE, Gesetz und gesetzgebende Gewalt, 2. Aufl. 1981, S. 130 f.; s. auch R. GRAWERT, Gesetz und Gesetzgebung im modernen Staat, in: Jura 1982, S. 247 ff. (252 ff.) und H. HOFMANN, Das Postulat der Allgemeinheit des Gesetzes, in: Die Allgemeinheit des Gesetzes, hrsgg. v. Chr. Starck (Abhandlungen der Akademie der Wissenschaften in Göttingen, Phil.-Hist. Klasse, Nr. 168), 1987, S. 9 ff. (30).

[188] Vgl. JESCH, Gesetz und Verwaltung, S. 123 ff.

[189] BÖCKENFÖRDE, Gesetz und gesetzgebende Gewalt, S. 76; W. MÖSSLE, Regierungsfunktionen des Parlaments, 1986, S. 44.

[190] Als unter die „Freiheit und Eigentum"-Formel (dazu JESCH, Gesetz und Verwaltung, S. 117 ff.; P. HÄBERLE, Die Wesensgehaltsgarantie des Art. 19 Abs. 2 des Grundgesetzes, 3. Aufl. 1983, S. 134 ff.; R. GRAWERT, Art. Gesetz, in: Geschichtliche Grundbe-

nächst in negativer Hinsicht, also für die Abkehr von der Programmatik des absolutistischen Wohlfahrtsstaates. Durch den Rechtsstaatsgedanken und sein Ideal der „Gewißheit der gesetzmäßigen Freiheit“[191] findet die für die frühere Zeit so bezeichnende Orientierung an Zwecken, die zur Anwendung entsprechender Mittel legitimieren, und damit insbesondere der nun als typische „Folgerungsweise des Polizeistaates“[192] charakterisierte und damit diskreditierte Schluß von der Aufgabe auf die Befugnis sein Ende[193].

Dann aber gilt es vor allem auch im positiven Sinn. In dem durch die „Freiheit und Eigentum“-Formel und ihre Surrogate bezeichneten Bereich bedarf es nun für staatliche Eingriffe des (allgemeinen) Gesetzes, an dessen Bildung die „Gesellschaft“ in Gestalt gewählter Repräsentativorgane beteiligt ist. Dem liegt unabweislich die Idee demokratischer Selbstbestimmung zugrunde: Die Bürger sollen nur den Belastungen und Einschränkungen unterworfen werden, denen sie durch ihre Repräsentanten ihre Zustimmung erteilt haben[194]. Freiheitsschutz wird durch Partizipation an der Freiheitsein-

griffe, Bd. 2, 1975, S. 863 ff. [904 ff.]; dort auch eine differenzierte Darstellung der staatswissenschaftlichen Begriffsbildung [909 ff.]) fallend faßte man z. B. weitgehend übereinstimmend das Zivil-, Straf- und Prozeßrecht, dann alle Finanz- und am Schluß auch die Polizeigesetze (H. Hofmann, Allgemeinheit des Gesetzes, S. 31 m.w.N.) auf. Zu verfassungsrechtlichen Spezialvorbehalten s. F. Rottmann, Der Vorbehalt des Gesetzes und die grundrechtlichen Gesetzesvorbehalte, in: EuGRZ 1985, S. 277 ff. (282 f.)

191 E. Forsthoff, Lehrbuch des Verwaltungsrechts, Bd. I, 10. Aufl. 1973, S. 33.

192 Otto Mayer, Deutsches Verwaltungsrecht, Bd. 1, Leipzig 1895, S. 284 Fn. 20.

193 Ebenso wie jede materiale Staatszwecklehre. Zu ihrem Untergang im 19. Jahrhundert K. Hespe, Zur Entwicklung der Staatszwecklehre in der deutschen Staatsrechtswissenschaft des 19. Jahrhunderts, 1964. – Erst in jüngster Zeit beginnt sich die Diskussion um Staatszwecke (wobei der Begriff häufig sinngleich mit Staatszielen, zuweilen auch mit Staatsaufgaben gebraucht wird) wieder etwas zu beleben: vgl. K. Stern, Staatsidee und Staatsaufgaben in verfassungsrechtlicher Sicht, in: Bitburger Gespräche, Jahrbuch 1984, S. 5 ff.; H. Hofmann, Die Aufgaben des modernen Staates und der Umweltschutz, in: M. Kloepfer (Hrsg.), Umweltstaat, 1989, S. 1 ff.; H.-Chr. Link/G. Ress, Staatszwecke im Verfassungsstaat – nach 40 Jahren Grundgesetz, VVDStRL 48 (1990), S. 7 ff., 56 ff.

194 Und hier gilt dann die Rechtsregel: *volenti non fit iniuria* (Dig. 47, 10, 1 § 5). Vgl. Immanuel Kant, Die Metaphysik der Sitten, Erster Theil. Metaphysische Anfangsgründe der Rechtslehre, 2. Aufl., Königsberg 1798, § 46 (in: Immanuel Kant, Werke in zehn Bänden, hrsgg. v. Wilhelm Weischedel, Bd. 7, 5. Nachdruck der Ausgabe Darmstadt 1968, S. 432); zur Rolle dieses Gedankens bei Locke vgl. Jesch, Gesetz und Verwaltung, S. 117 ff. – Zur Bedeutung der Einwilligungsidee ferner G. Roellecke, Der Begriff des positiven Gesetzes und das Grundgesetz, 1969, S. 223 ff. und H.-U. Erichsen, Verfassungs- und verwaltungsgeschichtliche Grundlagen der Lehre vom fehlerhaften belastenden Verwaltungsakt und seiner Aufhebung im Prozeß, 1971, S. 141 f. – Siehe ferner G. Robbers, Der Grundrechtsverzicht. Zum Grundsatz ‚volenti non fit iniuria‘ im Verfassungsrecht, in: JuS 1985, S. 925 ff.; M. Sachs, „Volenti non fit iniuria“. Zur Bedeutung des Willens des Betroffenen im Verwaltungsrecht, in: VerwArch. 76 (1985), S. 398 ff.

schränkung (der Meinung der Zeit zufolge hinreichend) gewährleistet: auf diese Weise hatte die bürgerliche Gesellschaft die „Entscheidung über Güterordnung und Freiheitsstatus"[195] selbst in der Hand. Der entscheidende Umbruch gegenüber der in sich geschlossenen, Verwaltungsprogrammierung wie -ausführung umfassenden Herrschaftsorganisation des Absolutismus besteht in der Ausdifferenzierung des Gesetzes als einer präsumtiv rationalitätsverbürgenden Größe, durch die die Ausübung staatlicher Herrschaft vermittelt über die Repräsentativkörperschaften an den Willen der Beherrschten rückgebunden wird. Von daher ist auch die von Ulrich Scheuner verwendete, aber auf sehr alte Funktionen staatlicher Gesetzgebung verweisende[196] Formel von der ‚doppelten Funktion' des Gesetzes[197] zu erklären. Wenn, wie Scheuner sagt, die Sicherung der „Mitwirkung der Gesellschaft bei obersten Entscheidungen ... zugleich, im Vorbehalt gewisser Maßregeln für den Gesetzgeber, dem Schutz des Individuums (dient)"[198] – so ist diese zweite Funktion, der Schutz des Individuums, doch nicht zwingend etwas von der demokratischen Beteiligung Getrenntes, ihr Hinzuzufügendes, sondern deren immanente Ziel- und Zweckbestimmung. Allerdings ist gerade auf dem Hintergrund der deutschen Entwicklung zu berücksichtigen, daß die Formel von der doppelten Gesetzesfunktion sich auch beziehen kann auf die Spaltung der Funktion gesellschaftsabhängiger Gesetzgebung in eine eher staatszugewandte, an der aktiven Beteiligung *am* Staat interessierte Seite und eine passive, rechtsstaatlich-liberale Seite, die allein an der negativen Ausgrenzung und von daher nur am Schutz *vor* dem Staat interessiert ist, nicht an der offensiv-schöpferischen Mitgestaltung und Politikformulierung[199]. Es handelt sich, kurz gesagt, um die Annahme, „man könne die

---

[195] Forsthoff, Verwaltungsrecht, S. 34.

[196] Zu den zwei Seiten staatlicher Gesetzgebung und ihrer Bedeutung Hofmann, Allgemeinheit des Gesetzes, S. 15 ff.

[197] U. Scheuner, Das Gesetz als Auftrag der Verwaltung (1969), in: ders., Staatstheorie und Staatsrecht, 1978, S. 545 ff. (555).

[198] Ibid. – Zur Verquickung rechtsstaatlicher und demokratischer Elemente im Gesetz(esvorbehalt) Jesch, Gesetz und Verwaltung, S. 24 ff.; K.-U. Meyn, Kontrolle als Verfassungsprinzip, 1982, S. 332 ff.; J. Staupe, Parlamentsvorbehalt und Delegationsbefugnis, 1986, S. 162 ff. m.w.N.

[199] Eine historische Episode mag verdeutlichen, worum es geht. Die württembergischen Stände wehrten sich im Laufe der Beratungen über einen königlichen Verfassungsentwurf aus dem Jahre 1817 gegen die übliche „Freiheit und Eigentum"-Klausel als Abgrenzungskriterium für den partizipatorischen Gesetzgebungsbereich und erstreckten das Zustimmungsrecht der Stände auf das gesamte Feld der Gesetzgebung. Der Grund lag in einer politischen Zielsetzung, „die über die rechtsstaatlich-liberale Intention hinausreichte. Die Verfassungskommission kritisierte, mit der Eigentums- und Freiheitsklausel seien ‚bloß Rechte der einzelnen ausgehoben und das gemeine Wesen, was gerade Verwaltungsnormen nötig mache, ausgeschlossen'. (...) Neben die Mitbe-

eine, nämlich die Freiheit vom Staat besitzen, ohne die andere, nämlich den freien Staat, zu haben oder auch nur zu wollen"[200].

Gerade wegen des überwiegend individualistisch-liberal motivierten Selbstschutzes qua Gesetzgebungspartizipation[201] bedurfte es eines – im Absolutismus fehlenden – scharfen, exakten Gesetzesbegriffes, wie ihn Carl Schmitt in allerdings abstrakt-generalisierender Weise formuliert und als zeitlos gültigen Maßstab ausgegeben hat[202]. Dieser Gesetzesbegriff zeichnet sich vor allem durch Allgemeinheit[203] und streng „konditionale Programmierung"[204], also eine strikte ‚wenn-dann'-Verknüpfung aus, die der Intention nach staatliches Handeln in Form von belastenden Eingriffen in Freiheit und Eigentum der Bürger politisch neutralisieren sowie berechenbar, d.h. für eine bürgerliche Warenverkehrsgesellschaft: kalkulierbar machen sollte[205]. Für die Verwaltung bedeutet eine derartige Konditionalprogram-

---

stimmung der individuellen Freiheits- und Eigentumssphäre trat damit ein verfassungsrechtlich garantierter Einfluß auf die gesellschaftspolitische Gestaltung des Gemeinwesens sowie auf den monarchisch-exekutiven Staat, der das Verhältnis von Staat und Gesellschaft verändern und die Organisationsgewalt der Krone empfindlich beschneiden konnte" (Mössle, Regierungsfunktionen des Parlaments, S. 45; s. auch ebd., S. 87 ff.). – Als zeitgeschichtliche Notiz ebenfalls erhellend A. W. Rehberg, Ueber die Staatsverwaltung deutscher Länder und die Dienerschaft des Regenten, 1807, S. 103 f.: „Es liegt schon im Wesen der monarchischen Verfassung und dem Geiste ihrer Verwaltung etwas, das verleitet, die Angelegenheiten des gemeinen Wesens nur als Sache der Regierung anzusehen: dahingegen die republikanischen Formen und der republikanische Geist sie zur öffentlichen Sache machen."

200 H. Maier, Die ältere deutsche Staats- und Verwaltungslehre, 2. Aufl. 1980, S. 287. – Indes wurde der wechselseitig stabilisierende Zusammenhang zwischen politischen und privaten Freiheitsrechten (dazu H. Dreier, Staatliche Legitimität, Grundgesetz und neue soziale Bewegungen, in: Demokratie und Wirtschaft, hrsgg. v. J. Marko/ A. Stolz, 1987, S. 139 ff. [161 ff.] m. w. N.) in der Paulskirchenverfassung deutlich gesehen, wie J.-D. Kühne, Die Reichsverfassung der Paulskirche, 1985, S. 162 ff., 177 ff., 537 ff. dargelegt hat. – Überhaupt läßt sich zeigen, daß der Frühkonstitutionalismus sich des ‚politischen', gesamtgesellschaftlichen Gehalts von Recht, Gesetz und auch Grundrechten noch sehr viel deutlicher bewußt war als der Spätkonstitutionalismus, der Gesetzesvorbehalte und Grundrechtsgarantien auf das Fernhalten der Staatsgewalt und die Sicherung einer autonomen Privatsphäre verkürzte (vgl. Rottmann, EuGRZ 1985, 283 ff., und vor allem D. Grimm, Recht und Staat der bürgerlichen Gesellschaft, 1987, S. 308 ff.).

201 Jesch, Gesetz und Verwaltung, S. 108: „Freiheit vom Staat durch Teilhabe am Staat".

202 C. Schmitt, Verfassungslehre, 5. Aufl. 1970, S. 138 ff.

203 Schmitt, Verfassungslehre, S. 151 ff. – Zu den Grenzen einer solchen Gesetzesallgemeinheit vgl. jetzt Hofmann, Das Postulat der Allgemeinheit des Gesetzes, S. 28 ff., 33 ff.

204 N. Luhmann, Zweckbegriff und Systemrationalität, 2. Aufl. 1977, S. 99 ff.

205 Grawert, Art. Gesetz, S. 913: die „Allgemeinheit des liberalen Gesetzes soll die Gleichheit vor dem Gesetz, vor allem den Schutz des Eigentums vor willkürlichen Ein-

mierung in jedem Fall eine Entlastung; da der Konflikt im generellen Gesetz bereits vorentschieden ist und nun lediglich die Umsetzung des gesetzgeberischen Willens erfolgt, ist die Exekutive für die Folgen ihres Tuns nicht verantwortlich: „es genügt, daß normgemäß entschieden worden ist."[206]

In der Praxis des Konstitutionalismus dehnte sich der vom halbparlamentarischen Gesetz erfaßte und damit unumkehrbar seinem Vorbehalt unterliegende Bereich ungeachtet des mit der ‚Freiheit und Eigentum'-Formel bezeichneten, theoretisch engeren Modells beständig aus und erfaßte sukzessive weitere Gebiete staatlicher Funktionen, die ursprünglich geradezu als Hausgut der Exekutive gelten konnten[207].

3. Verwaltung zwischen Gesetz und Monarch

Wenn der Gesetzesvorbehalt demnach die „realpolitische Rivalität zwischen Landesherrn und bürgerlichen Repräsentationsorganen"[208] zum Ausdruck bringt, so dient das Gesetz als „Chiffre für die Grenzziehung zweier Machtsphären", indem es die Gegenstände parlamentarischer Mitbestimmung benennt, „die der vormaligen Allkompetenz des Landesherrn entrissen worden waren."[209] Als dominanter Grundzug der Epoche des Konstitutionalismus kann gelten, daß der Einfluß- und Mitbestimmungsbereich der parlamentarischen Vertretungskörperschaften sich sukzessiv ausdehnte, gesetzesdurchbrechende Einzelfallentscheidungen des Monarchen ausgeschlossen wurden und die Verwaltung in weiten Bereichen auf den gehorsamen Vollzug der unter Mitwirkung der Parlamente entstandenen, vom Monarchen sanktionierten Gesetze programmiert war. Bindung möglichst vieler Staatsfunktionen an das Gesetz, Einschränkung und Domestizierung der Verwaltung zugunsten rechtsstaatlich gewährleisteter Freiheitsräume – das war die Signatur der Zeit. Im bürgerlichen Rechtsstaat der konstitutionellen Monarchie entnimmt die Verwaltung die „Maximen ihres Handelns weithin, aber nicht ausschließlich dem Gesetz, nicht mehr dem landes-

---

griffen und die Freiheit, insbesondere der wirtschaftlichen Entwicklung, verbürgen"; s. auch E.-W. Böckenförde, Entstehung und Wandel des Rechtsstaatsbegriffs, in: Festschrift für Adolf Arndt, 1969, S. 53ff. (58f.).

206 Luhmann, Zweckbegriff, S. 102.

207 Mössle, Regierungsfunktionen des Parlaments, hat diesen Prozeß detailliert beschrieben: S. 48ff. (Gerichtsverfassung, Polizeistrafrecht), S. 60ff. (Budgetrecht), S. 74ff. (auswärtige Gewalt).

208 F. Ossenbühl, Vorrang und Vorbehalt des Gesetzes, in: HdbStR III, § 62 Rn. 13.

209 Ibid. – Grawert, Art. Gesetz, S. 906 betont, daß die „Freiheit und Eigentum"-Formel erst allmählich dazu tendierte, „aus einer gegenständlichen Mitwirkungsbegrenzung zum Synonym für den Gesetzesbereich zu werden, den in den Ländern mit unbeschränkten Mitwirkungsrechten der Gesetzesbegriff abdeckt"; s. auch ebd., S. 910.

herrlichen Willen"[210]. Insoweit dadurch an die Stelle der Idee bloßer Befehlsübermittlung die im Kern kreative Auslegungsarbeit an den sprachlich vermittelten Sinnvorgaben normativer Texte tritt, ist bereits das Fundament für den schöpferischen Entscheidungsanteil der Exekutive bei der Realisierung der Gesetze gelegt. Zur vollen Entfaltung gelangt dieser Umstand zwar erst im modernen Sozialstaat. Doch bereits durch die präsumtive Allgemeinheit des Gesetzes und ihrer daraus resultierenden Vollzugsbedürftigkeit wurde und wird eine Distanz zum Bürger hergestellt[211], deren Überbrückung sich als originäre Aufgabe der Verwaltung erweist.

In den anderen, nicht dem Gesetzesvorbehalt unterfallenden Bereichen (besondere Gewaltverhältnisse[212], Organisationsrecht)[213], die dem Selbstverständnis der konstitutionellen Monarchie zufolge ohnehin die eigentliche Staatsanstalt ausmachten, weil die Krone gewissermaßen zentrale Bereiche und Kompetenzen aus dem Absolutismus herübergerettet hatte[214], dominierte weiterhin die allein vom Fürsten gesteuerte, ihm verpflichtete und auf ihn eingeschworene Exekutive[215], d. h. also: das stehende Heer der Soldaten und das sitzende der Beamten[216]. Insofern bildete die Verwaltung eben keine gesetzes- oder volksabhängige, sondern eine eigene, aus monarchischem

---

[210] FORSTHOFF, Verwaltungsrecht, S. 32. „In ihm (scil. dem Gesetz) begegnet die Verwaltung der im Parlament vertretenen bürgerlichen Gesellschaft." (ebd.)

[211] Zur Distanz als einem essentiellen rechtsstaatlichen Erfordernis M. KLOEPFER, Gesetzgebung im Rechtsstaat, VVDStRL 40 (1982), S. 63ff. (65ff.).

[212] Vgl. H.-U. ERICHSEN, Besonderes Gewaltverhältnis und Sonderverordnung. Rückschau und Ausblick, in: Fortschritte des Verwaltungsrechts. Festschrift für H.J. Wolff, 1973, S. 219ff.; L. WENNINGER, Geschichte der Lehre vom besonderen Gewaltverhältnis, 1982, S. 105ff., 172ff.

[213] Zum (selbständigen) Verordnungsrecht vgl. JESCH, Gesetz und Verwaltung, S. 147ff.; GRAWERT, Art. Gesetz, S. 906ff.; MÖSSLE, Regierungsfunktionen des Parlaments, S. 46ff.; auch in den Bereich der Verwaltungsorganisation drang das Gesetz vor: vgl. W. FROTSCHER, in: Dt. VerwGesch. III, S. 409f. m.w.N.

[214] Zu dieser Vorstellung E. R. HUBER, Deutsche Verfassungsgeschichte, Bd. 3, 3. Aufl. 1988, S. 13ff.; s. auch E. KAUFMANN, Art. Verwaltung, Verwaltungsrecht, in: v. Stengel/ Fleischmann, Wörterbuch des Deutschen Staats- und Verwaltungsrechts, Bd. 3, 1914, S. 688ff. (698). – Schöne Formulierung bei MÖSSLE, Regierungsfunktionen des Parlaments, S. 91: „die Krone, die mit dem Beamtentum, der auswärtigen Gewalt und der Kommandogewalt das institutionelle Machtgefüge des absoluten Staates in die konstitutionelle Monarchie eingebracht hatte"; ähnlich BÖCKENFÖRDE, Verfassungstyp der deutschen konstitutionellen Monarchie, S. 153.

[215] Zur Reichweite der exekutiven Gewalt vgl. etwa LUDWIG V. RÖNNE, Das Staats-Recht der Preußischen Monarchie, Bd. 1, 3. Aufl., Leipzig 1869, § 51, 52 (= S. 216ff., 220ff.); G. JELLINEK, Gesetz und Verordnung, 1887, S. 122ff., 366ff.; E.-W. BÖCKENFÖRDE/R. GRAWERT, Sonderverordnungen zur Regelung besonderer Gewaltverhältnisse, in: AöR 95 (1970), S. 1ff. (9).

[216] Dieses Wortspiel soll von HANS ROSENBERG stammen.

Recht legitimierte und in ihm gegründete Gewalt, schöpfte die Exekutive, deren „Herr“ der Fürst blieb[217], aus eigenem, nicht aus fremden Recht und wahrte insgesamt „durch die Nichterstreckung des Gesetzesvorbehaltes auf Organisation, interne Verwaltungsvorschriften, als Anstalten qualifizierte Verwaltungsbereiche erhebliche Reservate“[218]. Zudem muß bedacht werden, daß wegen der überwiegend noch als beratend, einschränkend, modifizierend und moderierend gedachten Rolle der Volksvertretungen, die nie das „Wagestück“ (Dahlmann) sich leisten wollten, selbst die Staatsgewalt zu übernehmen und die Politik des Staates in eigener Regie zu bestimmen, ganz natürlicherweise der Fürst als „Centralpunkt von dem Alles ausgeht“[219] erscheint, als derjenige, „der den Staat in Bewegung setzt und in Bewegung erhält.“[220]

Was die Verwaltung im Konstitutionalismus von der Situation im absoluten Fürstenstaat unterscheidet, ist, daß sie sich nun nicht mehr in vollständiger Abhängigkeit vom Landesherrn, in dem sich die gesamte Staatsgewalt konzentrierte, befindet; im gesetzlich regulierten Bereich tritt jetzt der abstrakte Imperativ normativer Regelungen an die Stelle des in sich selbständig

---

217 F. Ossenbühl, Verwaltungsvorschriften und Grundgesetz, 1968, S. 48; vgl. auch F. Fleiner, Institutionen des deutschen Verwaltungsrechts, 8. Aufl. 1928, S. 97: „Durch die Ernennung von oben und die Dienstaufsicht der Vorgesetzten ... wurden die Verwaltungsbeamten in Abhängigkeit zur Regierung gestellt und bildeten so einen Pfeiler der monarchischen Gewalt.“; ebd., S. 131: „Denn gemäß den Verfassungsurkunden war die Verwaltung die eigentliche Domäne des Fürsten geblieben.“ – Prägnant u. eindeutig Art. 45 pr. Verf. 1850: „Dem Koenige allein steht die vollziehende Gewalt zu. Er ernennt und entlaeßt die Minister. Er befiehlt die Verkuendigung der Gesetze und erlaeßt die zu deren Ausfuehrung noethigen Verordnungen.“ Dazu Rönne, Staatsrecht, S. 217: „es ist ein Fundamental-Grundsatz des Staats-Rechtes der konstitutionellen Monarchie, daß die Ausübung der vollziehenden Gewalt ganz allein und ausschließlich der Krone gebührt“.

218 Scheuner, Gesetz als Auftrag, S. 555.

219 F. Ancillon, Über den Geist der Staatsverfassungen und dessen Einfluß auf die Gesetzgebung, 1825, S. 34 (zur organischen Staatsvorstellung S. 32 f.).

220 E. Baumgartner, Art. Souveränität, staatsrechtliche, in: Staatslexikon, Bd. 4, 3./4. Aufl. 1911, Sp. 1208 ff. (1214); vgl. speziell zur Verwaltung Wellstein, Art. Konstitutionalismus, in: Staatslexikon, Bd. 3, 3./4. Aufl. 1911, Sp. 428 ff. (440 f.): „Am freiesten steht nach konstitutionellen Grundsätzen der Monarch in bezug auf die sog. Exekutive, die vollziehende Gewalt. Er ist deren alleiniger Inhaber und übt sie allein aus. (...) Den umfangreichsten Teil der vollziehenden Gewalt bildet das weite Gebiet der Staatsverwaltung, zu deren Erledigung es der Mitwirkung eines in Behörden geordneten Beamtentums bedarf.“ In einem etwas schiefen Bild heißt es bei A. Lotz, Geschichte des Deutschen Beamtentums, 2. Aufl. 1914, S. 407, der König von Preußen sei auch nach 1848 „der führende Mittelpunkt des Staates“. – Insgesamt eine sehr viel stärkere Betonung der Verfassung als eigentlicher Staatsgrundlage und Quelle auch der monarchischen Gewalt bei E. Kaufmann, Art. Verwaltung, Verwaltungsrecht, S. 698 u.ö.

legitimierten monarchischen Willens, der indes im Wege der ‚Sanktion' für das Gesetz ebenfalls verantwortlich zeichnet und es dadurch im Grunde erst für die Beamtenschaft verbindlich macht. Verwaltung ist nicht länger ausschließlich Exekutivorgan obrigkeitlich verordneter Reglementierungen und Realisierungsinstrument polizeistaatlich abgeleiteter Staatszwecke, sondern wird gebunden an einen Willen, der jedenfalls partiell eben der Gesellschaft entstammt, auf die sie, die Verwaltung, einwirkt. Von einer parlamentarischen Demokratie unterscheidet sich der Konstitutionalismus dadurch, daß die Exekutive noch über einen eigenen, nicht im Volkswillen wurzelnden Legitimationsstrang verfügt. Dem parlamentarischen Zugriff sind durch selbständiges Verordnungsrecht, besondere Gewaltverhältnisse und nicht zuletzt durch das Fehlen einer vollen parlamentarischen Ministerverantwortlichkeit deutliche Grenzen gesetzt[221]. Wenn auch für unser Thema von herausragender Bedeutung ist, daß ganz ungeachtet der Machtregulierung zwischen Parlament und Krone im einzelnen die Verwaltung sich im Grunde an zwei Polen zu orientieren hatte – dem vom Monarchen zwar formell zu sanktionierenden, aber im Grunde doch auf den Willen der Volksvertretung zurückzuführenden Gesetz auf der einen, der monarchischen Herrscherperson als dem durchaus eigenberechtigten Haupt der Staatsanstalt auf der anderen Seite –, so darf darüber nicht vergessen werden, daß im Unterschied zur Reformzeit die Beamtenschaft im Konflikt zwischen restaurativem monarchischen Prinzip und fortschrittlichen liberalen Ideen kraft ihrer Funktion und unbeschadet gewisser oppositioneller Strömungen sich auf der Seite der Gegner einer sich emanzipierenden bürgerlichen Gesellschaft wiederfand[222].

[221] Zu ihr etwa JESCH, Gesetz und Verwaltung, S. 91 f.; FRIEDRICH GREVE, Die Ministerverantwortlichkeit im konstitutionellen Staat, 1977, insb. S. 37 ff., 42 ff. – Trotz der sukzessiven Ausdehnung der dem Gesetzesvorbehalt unterliegenden Sphären blieb – das ist eben die andere Seite des evolutionären Weges zum Verfassungsstaat – die Volksvertretung im Grunde ein Akzidens, das dem bereits existenten, absolutistischen Staat hinzugefügt wurde (zur Plazierung der Volkskammer außerhalb des eigentlichen Staates und der nachhaltigen Verbreitung dieser Vorstellung HOFMANN, Repräsentation, S. 21, 421 f. m.w.N.), während als eigentlicher Ort, Hort und als wahre Quelle aller Staatsgewalt sowie als Inkarnation der Staatsanstalt selbst die vor- und extrakonstitutionelle Monarchie mit ihrem Beamtenapparat und ihrem sonstigen miteingeführten „Gut des Absolutismus" (E. KAUFMANN, Art. Verwaltung, Verwaltungsrecht, S. 698) erscheint.

[222] Zu Veränderungen im konstitutionellen Staat TH. WILHELM, Die Idee des Berufsbeamtentums, 1933, S. 44 ff.

4. Verwaltungsorganisation und Beamtenschaft

Zum Kernbereich der autonomen, gesetzesunabhängigen Regierungsgewalt gehörte überall die Verwaltungsorganisation – selbst in Württemberg[223]. Wenn es gleichwohl immer wieder Vorstöße in Bereiche gab, die der Theorie zufolge nicht der Mitbestimmung des Parlaments unterlagen, so hatte dies in aller Regel politische Gründe[224]. Von welch prinzipieller Tragweite Interventionen des Parlaments in den staatlichen Innenbereich waren und einen im Grunde noch heute nicht abgeschlossenen Prozeß der gesetzesparlamentarischen Durchdringung der Exekutive charakterisieren, verdeutlicht die Bemerkung Arnold Köttgens, daß der organisatorische Gesetzesvorbehalt den „Vormarsch des Bürgertums in das Innere des monarchischen Beamtenstaates" signalisierte[225].

Indes erwies sich dieser Innenbereich im konstitutionellen System als resistent gegenüber parlamentarisch-demokratischer Inbesitznahme oder Durchformung. Das lag nicht zuletzt an der Rekrutierung und Sozialisation des Verwaltungspersonals – also der Beamtenschaft. Kein Verwaltungsorganisationsgesetz vermochte etwas am „Fortbestehen der primär auf den Monarchen bezogenen, in ihrem Kern obrigkeitlich und anstaltlich geprägten Beamtenverwaltung"[226] zu ändern. Für die mentale Bindung an die Krone war vor allem der Treueid von Bedeutung[227]. Auch ansonsten blieb die Beamtenschaft parlamentarischer Einwirkung weitestgehend entzogen. Stellenbesetzung, Ausbildungs- und Förderungsrichtlinien und alle weiteren für die beamtete Existenz bedeutenden Entscheidungen blieben fest in der Hand des Monarchen: „der einzelne Beamte bewegte sich damit in einem Raum, der aufs stärkste durch die Emanationen der landesherrlichen Intention bestimmt war."[228] Entscheidende Einwirkung auf die Verwaltung

---

[223] Vgl. MÖSSLE, Regierungsfunktionen des Parlaments, S. 48.

[224] MÖSSLE, Regierungsfunktionen des Parlaments, S. 90.

[225] A. KÖTTGEN, Die Organisationsgewalt, VVDStRL 16 (1958), S. 154 ff. (162); zum organisatorischen Gesetzesvorbehalt auch E.-W. BÖCKENFÖRDE, Die Organisationsgewalt im Bereich der Regierung, 1964, S. 89 ff., 103 ff., 286 ff.; M. OLDIGES, Die Bundesregierung als Kollegium, 1983, S. 236 ff.; TH. PUHL, Die Minderheitsregierung nach dem Grundgesetz, 1986, S. 153 ff., 157 ff.; FABER, Verwaltungsrecht, S. 50 ff.; P.-M. HUBER, Grundrechtsschutz durch Organisation und Verfahren als Kompetenzproblem in der Gewaltenteilung und im Bundesstaat, 1988, S. 203 ff.

[226] BÖCKENFÖRDE, Verfassungstyp der deutschen konstitutionellen Monarchie, S. 152.

[227] Vgl. H.-W. LAUBINGER, Die Treuepflicht der Beamten im Wandel der Zeiten, in: Öffentlicher Dienst. Festschrift für C. H. Ule, 1977, S. 89 ff. (92 ff.); JESERICH, in: Dt. VerwGesch. III, S. 649.

[228] FORSTHOFF, Verwaltungsrecht, S. 34. Und er fährt fort: „Diese Atmosphäre wirkte stärker als der abstrakte Text parlamentarisch verabschiedeter Gesetze." F. ROTT-

vermochten die parlamentarischen Vertretungskörperschaften im Konstitutionalismus so nicht zu erlangen.[229]

Am organisatorischen Aufbau und der inneren Struktur der Verwaltung änderte sich im Konstitutionalismus nichts Wesentliches. Die strikte Ausformung des Hierarchieprinzips wurde durch den fortschreitenden Abbau kollegialer Entscheidungsgremien und die Orientierung am Modell monokratischer Führung eher noch verstärkt[230]. Insgesamt wuchs der bürokratische Staatsapparat weiter an[231]. Die Rekrutierung und Ausbildung des Personals wurden versachlicht (vor allem durch Beseitigung des Adelsprivilegs) und vereinheitlicht[232], das Beamtenverhältnis selbst sukzessive verrechtlicht und kodifiziert[233], das ursprünglich als zweiseitiges zivilrechtliches Vertragsverhältnis konstruierte Dienerverhältnis in ein öffentlich-rechtliches Dienstverhältnis besonderer Art umgewandelt[234], Schutzvorkehrungen ge-

---

MANN, Der Beamte als Staatsbürger, 1981, S. 76: „Die Exekutive als Reservat der absoluten Macht der Krone bildete das Einfallstor für vorkonstitutionelle Rechtstraditionen in das System der konstitutionellen Monarchie."

229 Für den Wandel zum demokratischen Verfassungsstaat, wie er sich in Deutschland nach dem verlorenen Ersten Weltkrieg vollzieht, ist deshalb nichts signifikanter als der Umstand, daß kurz vor dem Umsturz noch eine Parlamentarisierung des Regierungssystems versucht wurde (vgl. E. R. HUBER, Deutsche Verfassungsgeschichte seit 1789, Bd. V, 1978, S. 584 ff.).

230 Vgl. B. WUNDER, Geschichte der Bürokratie in Deutschland, 1986, S. 25.

231 Scheinbar paradoxerweise war dies gerade das Ergebnis der Staatsreformen, die auf Abbau der altständischen Zeiten entstammenden behördlichen Gängelung der Wirtschaft, auf Niederreißung der Zunftschranken, auf Freisetzung des Gewerbefleißes der Bürger wie der Eigenkräfte der Gesellschaft überhaupt gerichtet waren. Der Grund: durch die Säkularisation der Kirchengüter und die beginnende egalitäre Umformung der Wirtschaftsgesellschaft mit gleichem Recht für alle Staatsbürger entfielen die intermediären Kräfte (Kirche, Städte, Lokalgewalten) als selbständige Träger administrativer und gerichtlicher Funktionen: jene Aufgaben mußte nun der Staat übernehmen (vgl. TH. ELLWEIN, Entwicklungstendenzen der deutschen Verwaltung im 19. Jahrhundert, in: ders. u.a. [Hrsg.], Jahrbuch zur Staats- und Verwaltungswissenschaft, Bd. 1, 1987, S. 13 ff. [15, 29]).

232 Vgl. WUNDER, Privilegierung und Disziplinierung, 1978, S. 202 ff., 281 ff.; DERS., Geschichte der Bürokratie, S. 27 ff.; BLEEK, Kameralausbildung, S. 108 ff.

233 Zur staatsrechtlichen Entwicklung H. REHM, Die rechtliche Natur des Staatsdienstes nach deutschem Staatsrecht historisch-dogmatisch dargestellt, 1885, insb. S. 96 ff., 113 ff. – Zum folgenden auch H. ZWIRNER, Politische Treupflicht des Beamten, 1987, S. 72 ff.; H. HATTENHAUER, Geschichte des Beamtentums, 1980, S. 236 ff.; Auflistung der einschlägigen Gesetze bei BLEEK, Kameralausbildung, S. 38 Anm. 37. Von besonderer Bedeutung war die Sicherung einer lebenslänglichen Anstellung deswegen, weil die Entlassung nur im Wege eines förmlichen Disziplinarverfahrens erfolgen konnte (vgl. H. J. WOLFF/O. BACHOF/R. STOBER, Verwaltungsrecht II, 5. Aufl. 1987, § 106 Rn. 3).

234 Eine Vorreiterfunktion hat hier die von N. T. Gönner entworfene und später von ihm auch kommentierte Bay. Dienstpragmatik von 1805 übernommen: zu ihr vgl. HAT-

gen landesherrliche Willkürakte getroffen[235], eine feste Besoldung eingeführt, allgemeine Richtlinien für das Prüfungswesen erlassen[236] wie überhaupt zahlreiche Merkmale des Berufsbeamtentums ausgeformt, die diese Institution auch heute noch entscheidend prägen: u.a. Anstellung auf Lebenszeit, Unkündbarkeit, Alimentationsprinzip, Pensionsberechtigung, Hinterbliebenenversorgung[237]. In der Zusammenschau bildet sich aus alledem ein Ensemble von Maßnahmen, die man rückblickend mit dem Titel der Studie Wunders als Akte der „Privilegierung und Disziplinierung" umschreiben kann[238]. Kurz: Auch am Beamtenrecht läßt sich ein Stück weit ablesen, daß die Entwicklung der Bürokratie zu einem rechtsstaatlich domestizierten Verwaltungsapparat voranschritt.

Vergleicht man das sich darbietende Bild mit dem absolutistischen Maschinenmodell, so sind die Differenzen für die Binnenstruktur der Verwaltung offenbar gering[239]. Die hierarchisch gegliederte Verwaltung, deren Personal bei verstärkter rechtlicher Absicherung und verbesserter sozialer Ausstattung weiterhin mental wie organisatorisch ganz der Krone zugehört und insbesondere durch den Treueid auf den König verpflichtet ist, funktioniert nach wie vor als Apparat, der zur Umsetzung der von ‚außen' bzw. ‚oben' gesetzten Zwecke dient und so seinen „Mittelcharakter"[240] behält – wobei sich im Grunde nur insoweit etwas geändert hat, als nun zwei Orientierungspunkte bestehen: Monarch *und* Gesetz. Von einer „Verschlingung der Exekutive durch die Gesetzgebung"[241] kann, wie Erich Kaufmann

---

TENHAUER, Geschichte des Beamtentums, S. 182 ff.; WUNDER, Privilegierung und Disziplinierung, S. 127 ff., 130 ff.

235 Das betraf insbes. die Frage der Inamovibilität, d. h. die jederzeitige Entlaßbarkeit des Beamten: dazu WILHELM, Idee des Berufsbeamtentums, S. 46 ff.

236 WUNDER, Geschichte der Bürokratie, S. 36 ff.; BLEEK, Kameralausbildung, S. 41 ff., 56 ff., 165 ff.

237 WUNDER, Privilegierung und Disziplinierung, S. 179 ff., 297 ff.; DERS., Geschichte der Bürokratie, S. 27 ff., 30 ff., 33 ff.

238 Grundsätzliche Zustimmung auch in der ausführlichen Besprechung der Schrift durch J. RÜCKERT, Zur Entstehung des modernen Berufsbeamtentums, in: Quaderni Fiorentini 10 (1981), S. 383 ff.

239 Gravierend ist natürlich die Veränderung des politischen Gesamtsystems, insb. die Ausdifferenzierung einer „politischen" Gesetzgebungsinstitution: „Mit der Institutionalisierung des volksgewählten, in Fraktionen geteilten, nach dem Prinzip von Beratung und Beschluß verfahrenden und die Verwaltung durch seine Beschlüsse bindenden Parlaments wird in das bis dahin nach innen geschlossene administrative System eine politische Institution eingeführt, die auf die Auseinandersetzung der in ihr zum Ausdruck kommenden inneren Gegensätze hin ausgelegt ist" (R.-R. GRAUHAN, Politische Verwaltung, 1970, S. 65).

240 J. KOCKA, Otto Hintze, Max Weber und das Problem der Bürokratie, in: HZ 233 (1981), S. 65 ff. (71).

241 E. KAUFMANN, Art. Verwaltung, Verwaltungsrecht, S. 699.

zutreffend feststellt, keine Rede sein; insoweit jene Epoche auch und zugleich das klassische Modell des Rechtsstaates ausbildet, beruhen ihre unausgesprochenen Basis-Prämissen auf der gleichsam rationalisierten, aber dem absolutistischen Modell noch zutiefst verpflichteten Idee: der Unterstellung „der Generalisierbarkeit staatlichen Willens, der Zentralisierbarkeit staatlicher Macht und der Instrumentalisierbarkeit staatlichen Handelns."[242]

V. Das Kaiserreich von 1871: Staatsrechtlicher Positivismus und besonderes Gewaltverhältnis

1. Bauform des Kaiserreiches und Organisation der Verwaltung

In den rund 50 Jahren des die politische Bauform der konstitutionellen Monarchie auf der Ebene des neugeschaffenen Bundesstaates reproduzierenden und damit zugleich variierenden[243] Zweiten Kaiserreiches sind weder im allgemeinen Organisationsrecht noch im Beamtenrecht einschneidende Veränderungen zu verzeichnen. Im Reich wie in den Ländern, bei denen das Schwergewicht der infolge von Mobilisierungsschüben, Bevölkerungswachstum, industrieller Expansion und Verstädterung vervielfältigten Funktionslast der Verwaltungstätigkeit ruht[244], bleibt es bei der engen Bindung der Beamtenschaft an Krone und Regierung, was wegen der nach wie vor fehlenden Parlamentarisierung der Regierungsgewalt und angesichts „einer in den Gewohnheiten des Absolutismus groß gewordenen Bureaukratie"[245] für die monarchische Durchformung des Verwaltungsapparates von um so größerer Bedeutung war[246]. Die Verwaltung wird erweitert, dif-

---

[242] E. Pankoke, Soziale Politik als Problem öffentlicher Verwaltung, in: Staat und Gesellschaft, hrsgg. v. R. Schnur, 1978, S. 405 ff. (410).

[243] Zur schwierigen kategorialen Erfassung des Kaiserreiches (konstitutionelle Monarchie, Cäsarismus, Semi-Absolutismus, Semi-Parlamentarismus o.ä.) vgl. statt aller H. Hofmann, Das Problem der cäsaristischen Legitimität im Bismarckreich, in: ders., Recht-Politik-Verfassung, 1986, S. 181 ff. (das Reich als nationales Kaisertum). Insbesondere zur Frage der Eigenständigkeit des Zweiten Kaiserreiches und mit Nachweisen zu seiner diesbezüglichen Kontroverse mit Ernst-Wolfgang Böckenförde zuletzt E. R. Huber, Das Kaiserreich als Epoche verfassungsstaatlicher Entwicklung, in: HdbStR I, § 2 Rn. 52 ff.

[244] Im einzelnen W. Frotscher, Überblick über die Verwaltungsorganisation in den Bundesstaaten, in: Dt. VerwGesch III, S. 407 ff.; vgl. auch. R. Morsey, Bismarck und die Reichsverwaltung, in: DVBl. 1965, S. 257 ff.

[245] R. Thoma, Rechtsstaatsidee und Verwaltungsrechtswissenschaft, in: JöR Bd. 4 (1910), S. 196 ff. (205).

[246] Auf die Besonderheiten der durch die föderale Struktur des Kaiserreiches beding-

ferenziert, perfektioniert und auch durch gezielte, parteipolitisch keineswegs neutrale Selektion bei der Auswahl der Beamten[247] und Verschärfung der politischen Disziplinierung[248] im Sinne der monarchischen Spitze stabilisiert.

Das bürokratische Organisationsmodell setzte sich nun überall durch: „Geregelter Instanzenzug, klare Kompetenzengliederung, Institutionalisierung aller vertikalen Verbindungen und feste Hierarchien von Funktionären entsprachen dieser Tendenz zu schematisch geregelten Organisationsabläufen."[249] Wo sich noch Reste des Kollegialprinzips erhalten hatten, wurden diese nun konsequent durch das monokratische Organisationsmodell ersetzt; prominentestes und wichtigstes Beispiel für diesen „Durchbruch des hierarchischen Prinzips"[250] war die Umgestaltung der Bezirksregierungen[251]. Der mit einer Vielzahl von neuen Aufgaben konfrontierte Staat rationalisierte seinen Verwaltungsapparat und orientierte ihn sowohl im Bereich der allgemeinen Landesverwaltung als auch im Bereich der expandierenden Sonderverwaltungen (Bahn, Post) strikt an den Funktionsimperativen bürokratischer Organisation[252]. Das in der ersten Jahrhunderthälfte ausgeformte Dienstrecht der Beamten erfährt keine gravierende Umstrukturierung: auch hier stehen die Zeichen ganz auf Konsolidierung, Sicherung des Erreichten

---

ten Ausprägungen der Verwaltungsorganisation soll an dieser Stelle nicht näher eingegangen werden (vgl. etwa R. MUSSGNUG, Die Ausführung der Reichsgesetze durch die Länder und die Reichsaufsicht, in: Dt. VerwGesch III, S. 186ff.; FROTSCHER, ebd., S. 407ff.; W. RÜFNER, Die Entwicklung der Verwaltung in den Bundesstaaten (Preußen), ebd., S. 678ff.). Zum Problem des Art. 17 RV und seinem nur ‚politischen' Charakter (P. Laband) vgl. E. R. HUBER, Deutsche Verfassungsgeschichte seit 1789, Bd. 3, 3. Aufl. 1988, S. 898ff.; K.-U. MEYN, Kontrolle als Verfassungsprinzip, 1982, S. 75f.

247 Durch die Raster fielen Juden, Katholiken und Sozialdemokraten (vgl. H. FENSKE, Bürokratie in Deutschland, 1985, S. 12ff.; H.-G. MERZ, Beamtentum und Beamtenpolitik in Baden, 1985, S. 22ff.); zu Wandlungstendenzen im Verlaufe des Ersten Weltkrieges FENSKE, Bürokratie in Deutschland, S. 20ff.; ferner DERS., Die Verwaltung im Ersten Weltkrieg, in: Dt. VerwGesch III, S. 866ff. (896ff.); ähnlich MERZ, S. 77ff.

248 Zu Art und Mitteln vgl. B. WUNDER, Geschichte der Bürokratie in Deutschland, 1986, S. 87ff.; s. auch H. FENSKE, Preußische Beamtenpolitik vor 1918, in: Der Staat 12 (1973), S. 339ff.; H.-J. REJEWESKI, Die Pflicht zur politischen Treue im preußischen Beamtenrecht (1850–1918), 1972, S. 83ff., 129ff.

249 H.-U. WEHLER, Das Deutsche Kaiserreich 1871–1918, 4. Aufl. 1980, S. 75.

250 T. SÜLE, Preußische Bürokratietradition. Zur Entwicklung von Verwaltung und Beamtenschaft in Deutschland 1871–1918, 1988, S. 36 (vgl. auch S. 34, 40 u.ö.).

251 Gesetz über die Organisation der allgemeinen Landesverwaltung v. 26. Juli 1880, §23 (PrGS S. 291) und Gesetz über die allgemeine Landesverwaltung v. 30. Juli 1883, §24 (PrGS S. 195).

252 Das hat jetzt eindringlich und materialreich SÜLE, Preußische Bürokratietradition, S. 25ff., 34ff. dargelegt.

bei gleichzeitigem vorsichtigen Ausbau der erworbenen Rechte[253]. Im Zentrum der rechts- und verfassungspolitischen Diskussion stand – wie schon im Vormärz – der Problemkomplex „Beamte als Parlamentarier", also die heftig umstrittene Frage nach möglichen Bindungen derjenigen Parlamentsmitglieder, die zugleich Beamte und von daher der monarchischen Regierung zu Loyalität und Gehorsam verpflichtet waren[254]. Von der einst gerühmten Selbständigkeit ist keine Rede mehr – sie wird höchstens dann bemüht, wenn man das deutsche Beamtentum mit seiner dem Staatsganzen zugewandten Pflichtbindung positiv gegen die französischen Verhältnisse mit ihrer strikten Unterwerfung unter den Willen des jeweiligen Vorgesetzten absetzen will[255]. Es dominiert die Gehorsamspflicht, in der nun – der neuen Lehre zufolge – auch die Treupflicht aufgeht. Dieser neuen Lehre gemäß wird aus dem ‚Apparat' des Absolutismus und dem ‚Organismus' der in der ersten Jahrhunderthälfte dominierenden Auffassung nun der abstrakte ‚Willensverband'. Bei dieser neuen Lehre handelt es sich um den staatsrechtlichen Positivismus.

---

[253] Vgl. z. B. das Reichsbeamtengesetz v. 31.3.1873. Zentrale Diskussionspunkte in jenen Jahren waren Beamtenbesoldung, Hinterbliebenenversorgung sowie Art und Form von Beamtenorganisationen zur effektiven Interessenvertretung. – Zu Wandlungen der personellen Infrastruktur und zur Professionalisierung Süle, Preußische Bürokratietradition, S. 72 ff., 82 ff.

[254] Zum vormärzlichen Konstitutionalismus vgl. Th. Wilhelm, Die Idee des Berufsbeamtentums, 1933, S. 49 ff.; zur Lage im Kaiserreich K. G. Jeserich, Die Entwicklung des öffentlichen Dienstes 1871–1918, in: Dt. VerwGesch III, S. 645 ff. (646 ff., 651 ff.); exemplarisch der Fall der sog. „Kanalrebellen": vgl. E. R. Huber, Deutsche Verfassungsgeschichte seit 1789, Bd. 4, 2. Aufl. 1982, S. 1087 ff. (1098 ff.).

[255] Allerdings hat Huber, Deutsche Verfassungsgeschichte, Bd. 3, S. 967 die Reichsbürokratie unter Hinweis auf verschiedene Projekte Bismarcks und ihre Leistungen im Ersten Weltkrieg mit der Reformbürokratie der Stein-Hardenbergschen Ära verglichen. Dieser Vergleich scheint schon deshalb problematisch, weil Huber der Reichsbeamtenschaft im Kaiserreich auch die Berufung zur verfassungspolitischen Repräsentation des Reiches bescheinigt (S. 968 f.) und sie als *pouvoir neutre* anspricht (wie das unter andersartigen Bedingungen in der ersten Hälfte des 19. Jahrhunderts gang und gäbe war: Wilhelm, Idee des Berufsbeamtentums, S. 58 f. m.w.N.). Hier wird eine gewisse Grundproblematik des monumentalen Huberschen Werkes sichtbar, die bislang am klarsten wohl von Hans Boldt analysiert worden ist (H. Boldt, in: Geschichte und Gesellschaft 11 [1985], S. 252 ff.). – Von heilsamer Ernüchterung auch die Lektüre von M. Weber, Parlament und Regierung im neugeordneten Deutschland, in: ders., Gesammelte Politische Schriften, 4. Aufl. 1980, S. 306 ff. (insb. S. 339 ff., 351, 367).

2. Der staatsrechtliche Positivismus

Der im Verhältnis zur vorangegangenen staatswissenschaftlichen Epoche auf neuen methodischen Fundamenten aufbauende[256] Gerber-Labandsche Positivismus[257] dominierte das Staatsrecht des Kaiserreiches auf geradezu erdrückende Art und Weise[258]. Orientiert an der begrifflichen Schärfe und wissenschaftlichen Strenge, der kunstvollen Architektur und den scheinbar ganz in sich ruhenden Konstruktionen der zivilistischen Dogmatik[259], deren Begriffen ohnehin allgemein-kategorialer Charakter beigemessen wurde, des weiteren unter der Anforderung stehend, ein Reichsstaatsrecht zu verfassen[260], so grenzte diese ‚konstruktive' Lehre alle in der vorangegangenen Epoche unter dem Topos Staatsrecht noch mitgeführten philosophischen Elemente und sonstigen Bestandteile der alten Staatswissenschaften konsequent aus, um sich in geradezu provokanter Selbsttitulierung als ‚juristische Methode' zu etablieren[261]. Die ältere Tradition, die Staatsrecht, Philosophie,

---

256 Zur Methode siehe nach wie vor: W. Wilhelm, Zur juristischen Methodenlehre im 19. Jahrhundert, 1958, S. 129 ff.; P. v. Oertzen, Die soziale Funktion des staatsrechtlichen Positivismus, 1974, S. 214 ff., 249 ff.; ders., Die Bedeutung C. F. v. Gerbers für die deutsche Staatsrechtslehre, in: Festgabe für Rudolf Smend, 1962, S. 183 ff.; E.-W. Böckenförde, Gesetz und gesetzgebende Gewalt, 2. Aufl. 1981, S. 211 ff.; aus jüngerer Zeit K.-J. Bieback, Die öffentliche Körperschaft, 1976, S. 363 ff.; G. Haverkate, Gewißheitsverluste im juristischen Denken, 1977, S. 96 ff.; D. Grimm, Methode als Machtfaktor (1982), in: ders., Recht und Staat der bürgerlichen Gesellschaft, 1987, S. 347 ff. (365 f.).

257 Der so betitelte Aufsatz von C.-E. Bärsch, in: Staat und Recht. Die deutsche Staatslehre im 19. und 20. Jahrhundert, hrsgg. v. M. J. Sattler, 1972, S. 43 ff., bleibt inhaltlich ausgesprochen oberflächlich.

258 Dazu differenziert M. Stolleis, Verwaltungsrechtswissenschaft und Verwaltungslehre 1866–1914, in: Die Verwaltung 15 (1982), S. 45 ff. (47 ff.); ders., in: Dt. VerwGesch III, S. 88 ff.; s. auch M. Friedrich, Paul Laband und die Staatsrechtswissenschaft seiner Zeit, in: AöR 111 (1986), S. 197 ff.

259 Dies ein Grund dafür, daß man auch von der ‚zivilistischen' Methode sprach: vgl. E. Kaufmann, Art. Verwaltung, Verwaltungsrecht, in: v. Stengel/Fleischmann, Wörterbuch des Deutschen Staats- und Verwaltungsrechts, Bd. 3, Tübingen 1914, S. 688–718 (717); A. Rinken, Art. Verwaltungsrecht, in: Handlexikon zur Rechtswissenschaft, hrsgg. v. A. Görlitz, 1972, S. 516 ff. (519): „Parallelkonstruktion zum Privatrecht"); w. N. bei Stolleis, in: Die Verwaltung 15 (1982), S. 46 f.; s. auch M. Herberger, Logik und Dogmatik bei Paul Laband, in: Wissenschaft und Recht der Verwaltung seit dem Ancien regime, hrsgg. v. E. V. Heyen, 1984, S. 91 ff.

260 Dazu D. Wyduckel, Ius Publicum, 1984, S. 261 ff.; Friedrich, in: AöR 111 (1986), S. 199 ff.

261 Dazu Stolleis, in: Die Verwaltung 15 (1982), S. 49 f. – Im Vorwort zum „Archiv für öffentliches Recht", Bd. 1 (1886), heißt es auf S. VI: „Das allgemeine Interesse hat sich in Deutschland der juristischen Erfassung der staatlichen Einrichtungen mit erneuter Kraft zugewendet." – Zur juristischen Methode bei Otto Mayer vgl. P. Badura,

Politik und Historie noch vergleichsweise ungeschieden behandelt hatte, verblaßte so zur unverbindlichen Ideengeschichte. Der Staat wird nun nicht mehr als Organismus, sondern als Willensverband begriffen: Er ist höchster Wille, ‚Wille der Willen', Willenszentrum[262]. Die Willensmacht des Staates ist die Staatsgewalt[263]. Und die juristische Konstruktion des Staates, das ist der Kardinalsatz dieser neuen Lehre, „hat es, wie jede juristische Konstruktion, mit der Nachweisung und Abgränzung von Willensverhältnissen zu tun."[264] Der Staat besteht demgemäß nur aus Willensverhältnissen, in Sonderheit aus denen zwischen Herrscher und Beherrschten, also aus Herrschaftsverhältnissen, wie sie das Untertanenverhältnis kennzeichnen[265].

Während mit dem sich nun endgültig durchsetzenden Begriffskompromiß der ‚Staatssouveränität' der Frage nach dem realen Substrat der höchsten Staatsgewalt ausgewichen werden kann[266], hat die zivilistische Willens-

---

Das Verwaltungsrecht des liberalen Rechtsstaates, 1967, S. 56ff.; W. MEYER-HESEMANN, Methodenwandel der Verwaltungswissenschaft, 1981, S. 20ff.; E. V. HEYEN, Otto Mayer. Studien zu den geistigen Grundlagen seiner Verwaltungsrechtswissenschaft, 1981, S. 180ff., 188ff.; ebenfalls differenzierend A. HUEBER, Otto Mayer. Die „juristische Methode" im Verwaltungsrecht, 1982, S. 24ff., 151ff.

[262] Grundlegend: v. OERTZEN, Die soziale Funktion des staatsrechtlichen Positivismus, S. 175ff.; s. ferner E.-W. BÖCKENFÖRDE, Organ, Organismus, Organisation, politischer Körper (VII-IX), in: Geschichtliche Grundbegriffe, Bd. 4, 1978, S. 561ff. (614ff., 618f.); H. ZWIRNER, Politische Treupflicht des Beamten, 1987, S. 121ff.; U. HÄFELIN, Die Rechtspersönlichkeit des Staates, 1959, S. 133ff.; BIEBACK, Die öffentliche Körperschaft, S. 366ff.

[263] C. F. v. GERBER, Grundzüge des Deutschen Staatsrechts, 3. Aufl. 1880, S. 3f., 226; DERS., Ueber die Theilbarkeit deutscher Staatsgebiete, in: Zeitschrift für Deutsches Staatsrecht und Deutsche Verfassungsgeschichte, hrsgg. v. L. K. Aegidi, Bd. 1 (1867), S. 5ff. (9).

[264] v. GERBER, Grundzüge des deutschen Staatsrechts, 3. Aufl. 1880, S. 221. Siehe auch B. WINDSCHEID, Die Aufgaben der Rechtswissenschaft (1884), in: ders., Gesammelte Reden und Abhandlungen, Leipzig 1904, S. 100ff. (101): „Das Recht ist die Ordnung der in der Welt vorhandenen Willensmächte."

[265] Vgl. die prägnanten Sätze von G. JELLINEK, Allgemeine Staatslehre, 3. Aufl. 1914, S. 176 („Näher bestimmt besteht der Staat in Willensverhältnissen einer Mehrheit von Menschen. Menschen, die befehlen, und solche, die diesen Befehlen Gehorsam zollen, bilden das Substrat des Staates."), S. 177 („Als letzte objektive Bestandteile der Staaten ergeben sich daher Willensverhältnisse Herrschender und Beherrschter..."), S. 180 („Die zur Verbandseinheit zusammengefaßten staatlichen Willensverhältnisse sind wesentlich Herrschaftsverhältnisse.").

[266] Dazu H. DREIER, Der Ort der Souveränität, in: H. Dreier/J. Hofmann (Hrsg.), Parlamentarische Souveränität und technische Entwicklung, 1986, S. 11ff. (33) m. w. N. – Zur Charakterisierung etwa E. BAUMGARTNER, Art. Souveränität, staatsrechtliche, in: Staatslexikon der Görres-Gesellschaft, 3./4. Aufl., Bd. IV, 1911, Sp. 1208ff. (1211): „Der Körper ist der Staatskörper, mit dem der Fürst unlöslich verbunden ist. Der souveräne Fürst ist das Haupt dieses Staatskörpers. Der Staat gehört nicht dem Monarchen, sondern dieser steht im Staat, dessen Organ er ist."

konzeption eine von den zeitgenössischen Kritikern (Otto v. Gierke, Albert Hänel, Hugo Preuß) besonders angegriffene Formalisierung und Entethisierung der Staatsrechtslehre zur Folge: „die Verbannung der historischen und der teleologischen Betrachtung einer Rechtsnorm aus der Dogmatik, die Isolierung der Norm von ihrem politischen Umfeld, die Gefahr einer Verdeckung der ‚eigentlichen' Entscheidung hinter scheinlogischen Operationen und schließlich die Entlassung eines ganzen Wissenschaftszweiges aus der politischen Verantwortung."[267] Wo nur noch – für sich genommen abstrakte – Willenssphären voneinander abgegrenzt und zueinander in Bezug gesetzt werden, haben alle materialen Staatslehren mit ihrer typischen „Durchmischung mit philosophischen, politischen und historischen Raisonnements"[268] als unjuristisch und disziplinfremd zu gelten.

Die „Auflösung der objektiven sittlich-vernünftigen Ordnung des Staates"[269] war möglich, indem man den Staat als virtuell grenzenloses, allumfassendes, überempirisches Willenskonstrukt, als Willenszentrum und juristische Person[270], als organisierte Willensmacht konzipierte. Gerade wegen dieser Formalisierung und Entleerung[271] des Rechts wirkte der staatsrechtliche Positivismus zersetzend auf die überkommenen sozialen Verhältnisse und gesellschaftlichen Strukturen[272] und geriet so zum adäquaten Ausdruck einer rationalen Verkehrsgesellschaft, die sich ihrer vormodernen Elemente zu entledigen begann.

3. Formalisierung und Entethisierung des Beamtenverhältnisses

Was bedeutet nun dieser Prozeß der ‚Entleiblichung'[273] des Staates, seine über das universale Willensdogma ermöglichte Konzipierung als juristische Person für die Auffassung und Deutung des Beamtenverhältnisses?

Zunächst einmal eine Formalisierung. In dem von Willensverhältnissen beherrschten Vorstellungssystem des staatsrechtlichen Positivismus kann auch die Beziehung zwischen Beamten und Dienstherrn nicht anders als ein

---

[267] Stolleis, in: Die Verwaltung 15 (1982), S. 50.

[268] Stolleis, in: Die Verwaltung 15 (1982), S. 43.

[269] v. Oertzen, Die soziale Funktion des staatsrechtlichen Positivismus, S. 239.

[270] Insbesondere dazu P. Laband, Das Staatsrecht des Deutschen Reiches, Bd. 1, 5. Aufl. 1911, S. 55 ff.; vgl. Bieback, Die öffentliche Körperschaft, S. 362 ff.; F. Schikorski, Die Auseinandersetzung um den Körperschaftsbegriff in der Rechtslehre des 19. Jahrhunderts, 1978, S. 124 ff.

[271] K. Hesse, Grundzüge des Verfassungsrechts der Bundesrepublik Deutschland, 16. Aufl. 1988, Rn. 8.

[272] v. Oertzen, Die soziale Funktion des staatsrechtlichen Positivismus, S. 240 ff., 338; Zwirner, Politische Treupflicht, S. 128.

[273] Vgl. Ernst Zitelmann, Begriff und Wesen der sogenannten juristischen Personen, Leipzig 1873, S. 68 f.

Verhältnis der Subjektion und Subordination begriffen werden. In diesem vom Willen dominierten Rechtsverhältnis zweier ungleicher Rechtssubjekte entscheidet wie im allgemeinen Gewaltverhältnis auch „der Wille des berechtigten ... mit selbständig bindender Kraft für das andere darüber, was aus dem Pflichtverhältnis geschuldet ist; seine Anforderungen sind erzwingbare Befehle“[274]. Die in der vorpositivistischen Staatslehre so sehr betonte Selbständigkeit des Beamten, sein Mitwirken am Gesamtorganismus des Staates – dies alles reduziert sich nun auf die Subordination unter vorgebene Willensentschlüsse. Im Ergebnis bedeutete dies, „daß das Verhältnis des Beamten zum Staat sich in der Unterordnung unter die den staatlichen Willen konstituierenden und ihm diesen Willen vermittelnden ‚unmittelbaren‘ Staatsorgane erschöpfen muß.“[275] Die zeitgenössische Literatur selbst offenbart die Rückkehr zum absolutistischen Maschinenmodell, indem sie den Beamten zwar als staatliches Organ qualifiziert, diesem aber gegen den früheren Sprachgebrauch nun im ursprünglichen Wortsinn nur Werkzeugcharakter beimißt. Weil als Glied in einem staatlichen Verband zu fungieren (wieder) bedeutet, außengesteuertes Objekt eines fremden Willens, „tätiges Objekt, nicht Subjekt“[276] zu sein, so stellen sich mit einer gewissen inneren Folgerichtigkeit auch jene bekannten Bilder und Metaphern wieder ein, die den Beamten als ein ‚Rad im Getriebe‘, als bloßen Gehilfen und Stellvertreter des staatlichen Willens bezeichnen[277]. Durch den Eintritt in das von Otto Mayer theoretisch fundierte besondere Gewaltverhältnis[278] wird aus dem Privatbürger „ein arbeitendes und zu bearbeitendes Glied des staatlichen Verwaltungsapparates“[279], das – sofern es sich um Beamte handelt – im Grunde nur deshalb vonnöten ist, weil der Monarch nun einmal nicht alles allein erledigen kann und von daher auf Hilfskräfte angewiesen ist[280]. Und

---

[274] Otto Mayer, Zur Lehre vom öffentlich-rechtlichen Vertrage, in: AöR 3 (1888), S. 3ff. (52).

[275] Zwirner, Politische Treupflicht, S. 126.

[276] Zwirner, Politische Treupflicht, S. 126.

[277] Nachweise bei Zwirner, Politische Treupflicht, S. 126.

[278] Mayer hat es bekanntlich definiert als jene „verschärfte Abhängigkeit, welche zugunsten eines bestimmten Zweckes öffentlicher Verwaltung begründet wird für alle Einzelnen, die in den vorgesehenen besonderen Zusammenhang treten“ (Otto Mayer, Deutsches Verwaltungsrechts, Bd. 1, 2. Aufl. 1914, S. 104 = 3. Aufl., Bd. 1, 1924, S. 101f.). Zur ‚Vaterschaft‘ Mayers vgl. F. E. Schnapp, Amtsrecht und Beamtenrecht, 1977, S. 47ff.; Wolfgang Loschelder, Vom besonderen Gewaltverhältnis zur öffentlich-rechtlichen Sonderbindung, 1982, S. 130ff.; s. auch H.-J. Hansen, Fachliche Weisung und materielles Gesetz, 1971, S. 41ff.

[279] F. Fleiner, Institutionen des Deutschen Verwaltungsrechts, 8. Aufl. 1928, S. 166; s. auch Laband, Staatsrecht des Deutschen Reiches, Bd. 2, S. 181f. und Bd. 1, S. 365ff.

[280] Vgl. C. Th. Perthes, Der Staatsdienst in Preußen, 1838, S. 22 („Aber es übersteigt das Maaß der menschlichen Kräfte, daß ein Einzelner in den unendlich mannichfachen

im Verhältnis zum Staat hat die einzelne Behörde, wie Laband mit kühler Sachlichkeit und in bezeichnender Terminologie feststellt, „nur etwa die Bedeutung wie ein Rad oder eine Schraube an einer Maschine."[281] In einem Wort: der ‚Apparat' des Absolutismus heißt jetzt: ‚Willensverband'.

Die gegen die herrschende Meinung gerichtete kritische Bemerkung des Würzburger Universitätsprofessors Robert Piloty, den richtigen Verlauf der den Beamten in zwei (Rechts-)Persönlichkeiten (Staatsdiener und Staatsbürger) zerteilenden Grenze werde man eher finden, „wenn man auch im Staatsdiener noch ein über sich verfügendes Rechtssubjekt erblickt, als wenn man ihn nur als einen ‚gewaltunterworfenen' Willen gelten läßt"[282], bezeichnet indirekt den erreichten Grad an Subordination des Amtswalters, dessen Stellung sich im Schema von Befehl und Gehorsam erschöpfte[283]. Indem der staatsrechtliche Positivismus vermöge der Impermeabilitätslehre den Beamten ganz dem Binnengefüge des Staates zuordnet, wo er als stets fungibles Instrument zur Durchsetzung beliebiger, vom Staatswillen frei zu setzender Zwecke eingesetzt und in eine strikte Amtshierarchie eingepaßt werden kann, sind die Umrisse jenes Bildes maschinenförmiger Bürokratie bereits vorgezeichnet, das Max Weber unter Zuhilfenahme seiner bis zur Suggestivität gesteigerten Sprachkraft so einprägsam ausgemalt hat[284].

Verhältnissen, in welchen der Staat zu seinem Bestehen Arbeit bedarf, mit seiner Thätigkeit ausreichen könne. Mithin müssen auch die Kräfte Anderer für den Staat in Anspruch genommen werden") und LABAND, Staatsrecht, Bd. 1, S. 369: „Der Kaiser führt die Regierungsgeschäfte des Reiches. Daraus folgt, daß alle Inhaber von Reichsämtern Gehilfen des Kaisers sind, da sie Geschäfte besorgen, welche ideell dem Kaiser obliegen." Siehe auch H. REHM, Die rechtliche Natur des Staatsdienstes nach deutschem Staatsrecht historisch-dogmatisch dargestellt, 1885, S. 135.

281 LABAND, Staatsrecht, Bd. 1, S. 368. Die gleiche Rede vom „Werkzeug" dann auch in einer 1909 erstellten Denkschrift des Staatsministeriums (vgl. SÜLE, Preußische Bürokratietradition, S. 80 ff.). Ebenso FLEINER, Institutionen, S. 64: der eine Dienstinstruktion empfangende Beamte wie der Vorgesetzte sind bei der Aufgabenerfüllung „nicht Rechtssubjekte, sondern Räder in dem großen staatlichen Behördenapparate".

282 MAX V. SEYDEL, Bayerisches Staatsrecht, Bd. 1: Die Staatsverfassung nebst geschichtlicher Einleitung, auf der Grundlage der 2. Aufl. neu bearbeitet von R. PILOTY, Tübingen 1913, S. 673.

283 Vgl. REHM, Die rechtliche Natur des Staatsdienstes, S. 137 ff., 142 f., 151 ff., 155 ff., 209 ff.; s. auch G. MEYER, Lehrbuch des Deutschen Staatsrechtes, 6. Aufl. (bearbeitet von G. Anschütz), 1905, S. 513 ff.: „Das Wesen des Verwaltungsdienstes dagegen fordert eine Unterordnung der niederen Beamten unter die Befehle der höheren. (...) Da, wo spezielle Bestimmungen fehlen, darf weder eine unbedingte Gehorsamspflicht des Beamten, noch ein allgemeines Prüfungsrecht desselben in bezug auf alle Befehle seiner Vorgesetzten angenommen werden. (...) In allen zweifelhaften Fällen dagegen, namentlich in solchen, wo es sich um die Auslegung eines Gesetzes handelt, hat der Beamte die Verfügung der vorgesetzten Behörde für sich als maßgebend zu erachten, ohne befugt zu sein, deren materielle Richtigkeit zu prüfen."

284 Auf diese Verknüpfung weisen hin ZWIRNER, Politische Treupflicht, S. 133 ff.;

4. Fazit

Insgesamt bleibt für die Phase des liberalen Rechtsstaates in der konstitutionellen Monarchie festzuhalten, daß die „vom Polizeistaat übernommene, rationalisierte, anstaltliche Beamtenverwaltung ... öffentlich-rechtlichen Bindungen unterworfen" wurde[285], ohne in Struktur und Organisation entscheidende Umbauten zu erfahren. Und für den einzelnen Beamten kann man resümierend feststellen, daß er im Vergleich zum absolutistischen Zeitalter gegenüber Akten persönlicher Willkür rechtlich weitgehend abgesichert, jedoch dafür nur um so fester in die bürokratische Gesamtorganisa-

Meyer-Hesemann, Methodenwandel, S. 34; Wehler, Das Deutsche Kaiserreich, S. 74f. – Bei allen Vergleichen und Parallelisierungen mit Weber ist zu berücksichtigen, daß sein grundlegender Erklärungsansatz zur Aufrechterhaltung und Stabilisierung von Herrschaft in erster Linie orientiert war an „der soziologischen Struktur des Verwaltungsstabes und der Verwaltungsmittel" (M. Weber, Die drei reinen Typen der legitimen Herrschaft, in: ders., Gesammelte Aufsätze zur Wissenschaftslehre, 5. Aufl. 1982, S. 475ff. [475]; vgl. ders., Wirtschaft und Gesellschaft, 5. Aufl. 1976, S. 122ff.). Er analysiert aus der Sicht des Organisationsherrn und fragt nach der Geeignetheit des Verwaltungsapparates, die bestehende Herrschaft zu sichern (vgl. G. Schmid/H. Treiber, Bürokratie und Politik, 1975, S. 23ff.). Und deshalb ging es ihm auch nicht um die Hypostasierung der Bürokratie zur ‚besten' Herrschaftsform, sondern um die Fixierung eines bestimmten Herrschaftstypus (A. Kieser/H. Kubicek, Organisationstheorien I, 1978, S. 82ff.; H. Tyrell, Ist der Webersche Bürokratietypus ein objektiver Richtigkeitstypus?, in: Zeitschrift für Soziologie 10 [1981], S. 38ff.; zuletzt S. Breuer, Max Webers Herrschaftssoziologie, in: Zeitschrift für Soziologie 17 [1988], S. 315ff.; ders., Rationale Herrschaft. Zu einer Kategorie Max Webers, in: PVS 31 [1990], S. 4ff. [15ff.]).

[285] H. J. Wolff/O. Bachof, Verwaltungsrecht I, 9. Aufl. 1974, § 9 I b (S. 42). – Unübersehbar gewann das Gesetz an Bedeutung für die Festlegung der Handlungsvollmachten der Exekutive gegenüber dem Bürger. Stilbildend und epochemachend für die Ausformung des Verwaltungsrechts zu einem rechtsstaatlich gezähmten Eckstein der konstitutionellen Monarchie wurde das Werk Otto Mayers. Seine Konzentration auf den hoheitlichen Eingriff durch Verwaltungsakt als „Kern- und Modellstück" (Meyer-Hesemann, Methodenwandel, S. 28) des Verwaltungsrechts war dem Umstand geschuldet, daß dieser die „strenge Einseitigkeit des öffentlichen Rechts" (Mayer, Verwaltungsrecht, Bd. 1, 1895, S. VIII) am entschiedendsten zur Schau trägt. Dies verleiht dem Werk Mayers ein gerade im Gegensatz zu anderen zeitgenössischen Werken auffallendes systematisch-formales Gepräge (vgl. Labands ausführliche Rezension von Mayers „Theorien des französischen Verwaltungsrechts", in: AöR 2 [1887], S. 149ff.), läßt aber zugleich die rechtsstaatlich-eingrenzende Intention seines Verwaltungsrechts um so deutlicher hervortreten; vgl. u.a. P. Badura, Verwaltungsrecht im liberalen und sozialen Rechtsstaat, 1966, S. 10ff.; Hans Maier, Die ältere deutsche Staats- und Verwaltungslehre, 2. Aufl. 1980, S. 245ff.; H. Dreier, Merkls Verwaltungsrechtslehre und die heutige deutsche Dogmatik des Verwaltungsrechts, in: Adolf J. Merkl. Werk und Wirksamkeit, hrsgg. v. R. Walter, 1990, S. 55ff. (59ff.); informativer Überblick zu Mayers „Verwaltungsrecht" bei B. Dennewitz, Die Systeme des Verwaltungsrechts, 1948, S. 122ff.

tion eingebunden wurde. Insbesondere das „Verständnis des besonderen Gewaltverhältnisses als rechtssatzfreier und hierarchisch strukturierter Herrschaftsbereich“[286] bildete die stabile rechtliche wie politische Grundlage für die monarchische Prärogative, die sich vor allem in der Innehabung der Personal- und Organisationsgewalt äußerte.

Während die vorpositivistische Staatslehre den Beamten in seiner ganzen geistigen und sittlichen Existenz zum Glied des staatlichen Gesamtorganismus erhoben und ihn so – insbesondere über die ethisch motivierte Treuepflicht – fest an den Staat gebunden hatte, rückte der staatsrechtliche Positivismus von Vorstellungen wertgebundener innerer Treuepflicht, die nun ganz in der Gehorsamspflicht aufging[287], weitgehend ab: Das Beamtenverhältnis galt nicht mehr als „emphatisches Wertverhältnis, sondern nur noch als funktionales Willensverhältnis“[288]. Gleichwohl blieb die Beamtenschaft in ihrer großen Mehrheit der Monarchie innerlich eng verbunden und im übrigen ja trotz aller rechtspositivistischen Entleerung des Treuebegriffs über den dem Monarchen zu leistenden und im Fall des Thronwechsels zu erneuernden Diensteid auch formalrechtlich verpflichtet – ein Umstand, der sich nach dem 1. Weltkrieg nicht nur in der Notwendigkeit der Entbindung der Reichsbeamten von ihrem Eid durch den im holländischen Exil befindlichen Kaiser spiegelte, sondern auch zu einer gewichtigen Hypothek für die an Belastungen nicht arme Weimarer Republik wurde.

VI. Der Übergang zur Demokratie: Die Weimarer Republik

1. Legislatorische Inklusion der Exekutive

Mit dem Übergang von der konstitutionellen Monarchie zur parlamentarischen Demokratie[289] stellt sich das Problem der Bindung der exekutiven Gewalt, ihrer Legitimation und ihrer Verortung im Gesamtgefüge des Staates in neuer und grundsätzlicher Weise.

---

286 F. Rottmann, Der Beamte als Staatsbürger, 1981, S. 108.

287 Vgl. Zwirner, Politische Treupflicht, S. 127 ff. – Deutlich Otto Mayer, in: AöR 3 (1888), S. 55: „Juristisch ist auch die Treuepflicht des Staatsdieners ein Nebenpunkt: er schuldet in erster Linie nicht Treue, sondern Dienste bestimmter Art und für diese wird er bezahlt, nicht für seine Gesinnung.“

288 B. Schlink, Zwischen Identifikation und Distanz, in: Der Staat 15 (1976), S. 335 ff. (337); s. auch Rottmann, Der Beamte als Staatsbürger, S. 106.

289 Aus der Fülle der Literatur zwei Beiträge jüngeren Datums: E.-W. Böckenförde, Der Zusammenbruch der Monarchie und die Entstehung der Weimarer Republik, in: Die Weimarer Republik 1918–1933. Politik, Wirtschaft, Gesellschaft, hrsgg. v. K.

In seiner fundamentalen Bedeutung gar nicht zu überschätzen ist zunächst einmal der Neubau des staatlichen Autorisations- und Legitimationszusammenhanges, der „‚Systemwechsel' vom konstitutionellen Dualismus zum demokratischen Monismus"[290], wie er in seiner ganzen Trag- und Reichweite von Richard Thoma geschildert worden ist[291]. Das Reich als Demokratie, das bedeutete die Konzentration und Zentralisation aller Staatlichkeit auf das Prinzip der Volkssouveränität; ein Ende der nur ‚negativen', bloß korrigierenden und limitierenden Funktion der Volksvertretung gegenüber einem präponderanten, monarchisch geprägten Staat[292]. Das Reich als Demokratie brachte ein Ende der nur limitativen Bedeutung der Gesetze und eine Entgrenzung der Macht der – in Weimar verfassungsrechtlich nicht beschränkten – Volksvertretung, die nun „von der Peripherie in das Zentrum des Staates"[293] rückte. In der parlamentarischen Demokratie (Weimars so gut wie der der Bundesrepublik Deutschland) findet, wie Rainer Wahl knapp resümiert, das „Konkurrenzverhältnis zweier Legitimationsprinzipien"[294] keine Anhaltspunkte mehr. Denn Grundlage aller Staatsgewalt ist

---

D. Bracher u.a., 1987, S. 17ff. (auch in: Dt. VerwGesch IV, S. 1ff.); Hans Schneider, Die Reichsverfassung vom 11. August 1919, in: HdbStR I, §3 Rn. 1ff.

[290] R. Wahl, Die Entwicklung des deutschen Verfassungsstaates bis 1866, in: HdbStR I, §1 Rn. 39. Dazu ferner E. Friesenhahn, Zur Legitimation und zum Scheitern der Weimarer Staatsverfassung, in: Weimar. Selbstpreisgabe einer Demokratie, hrsgg. v. K. D. Erdmann u. H. Schulze, 1980, S. 81ff.; K. Schlaich, Die Verfassungsgerichtsbarkeit im Gefüge der Staatsfunktionen, VVDStRL 39 (1981), S. 99ff. (103); K.-U. Meyn, Kontrolle als Verfassungsprinzip, 1982, S. 94ff., 113ff.; W. Mössle, Regierungsfunktionen des Parlaments, 1986, S. 116ff.

[291] R. Thoma, Das Reich als Demokratie, in: G. Anschütz/R. Thoma (Hrsg.), Handbuch des Deutschen Staatsrechts, Bd. 1, 1930, S. 186ff.; s. ferner R. Schmidt, Volksstaat und Obrigkeitsstaat, in: Zeitschrift für Politik 15 (1926), S. 193ff.; Andeutungen auch bei G. Anschütz, Die Verfassung des Deutschen Reiches, 11. Aufl. 1929, S. 159ff.; w.N. bei H. Dreier, Der Ort der Souveränität, in: ders./J. Hofmann (Hrsg.), Parlamentarische Souveränität und technische Entwicklung, 1986, S. 11ff. (33ff.). Systematisch: P. Graf Kielmansegg, Volkssouveränität, 1977, S. 230ff. – Zur verfassungsgeschichtlichen Einordnung E. R. Huber, Deutsche Verfassungsgeschichte seit 1789, Bd. VI: Die Weimarer Reichsverfassung, 1981, S. 24ff., 39ff.; R. Mussgnug, Die rechtlichen und pragmatischen Beziehungen zwischen Parlament, Regierung und Verwaltung, in: Dt. VerwGesch IV, S. 308ff.; O. Kimminich, Deutsche Verfassungsgeschichte, 2. Aufl. 1987, S. 474ff.; K. Kröger, Einführung in die jüngere deutsche Verfassungsgeschichte (1806–1933), 1988, S. 139ff.; Willoweit, Verfassungsgeschichte, S. 279ff.

[292] Jetzt kehren sich die Verhältnisse insofern um, als der demokratisch-rechtsstaatliche Verwaltungsbegriff ein negativer genannt werden kann.

[293] So plastisch Mössle, Regierungsfunktionen des Parlaments, S. V; Mößle stellt den Gesamtvorgang des Überganges von der konstitutionellen Monarchie zum demokratischen Verfassungsstaat in den Mittelpunkt seiner Untersuchung.

[294] Wahl, in: HdbStR I, §1 Rn. 39. – Dies gilt ungeachtet der hier nicht weiter zu analysierenden starken Stellung des nicht von ungefähr als ‚Ersatzkaiser' apostrophier-

nunmehr einzig und allein der – trotz Art. 73 ff. WRV – vornehmlich repräsentativ vermittelte Wille des Volkes, dessen originäre Ausdrucksform das parlamentarisch-demokratische Gesetz bildet[295].

Die Exekutive, bislang trotz Gesetzesbindung Kern der monarchischen Staatsgewalt, rückt jedenfalls dem äußeren Anschein nach endgültig und vollständig in eine abhängige Stellung. In der Demokratie ist die „traditionelle Eigenausrichtung der Exekutive ... entfallen“[296]. Sie basiert nicht länger auf einer eigenen Legitimationsgrundlage, verfügt über „keine eigene Richtschnur“[297]. Die „rechtsgestaltende Souveränität soll sich in die Legislative zurückziehen“[298]. Mit dem Übergang zum demokratischen Monismus fällt die Exekutive als selbsttragende Staatssäule fort. Regulator der Sozialordnung und Organisator des gesamtstaatlichen Zusammenhanges ist die Verwaltung nur noch in Abhängigkeit vom Gesetz, nicht mehr neben ihm. Am Gesetz hängt nun alles, vom Gesetz leitet sich alles ab[299]. Das Gesetz ist

---

ten Reichspräsidenten (vgl. TH. ESCHENBURG, Die improvisierte Demokratie der Weimarer Republik, 1963, S. 53; F. K. FROMME, Von der Weimarer Verfassung zum Bonner Grundgesetz, 1960, S. 27; s. auch MEYN, Kontrolle als Verfassungsprinzip, S. 118: „Monarchenersatz“). Zum Hintergrund der Einfügung dieses cäsaristisch-plebiszitären Elementes in die Weimarer Verfassung und der Rolle Max Webers vgl. H. MOMMSEN, Max Weber. Gesellschaft, Politik und Geschichte, 1974, S. 44 ff.; U. WENGST, Staatsaufbau und Verwaltungsstruktur, in: Die Weimarer Republik 1918–1933, 1987, S. 63 ff.

[295] Prägnant P. BADURA, Auftrag und Grenzen der Verwaltung im sozialen Rechtsstaat, in: DÖV 1968, S. 446 ff. (446): „Die Verwaltung ist nicht mehr der Arm des durch eine transzendente Legitimität aus der bürgerlichen Gesellschaft herausgehobenen Monarchen. Sie ist, durch die Vermittlung des Parlaments, zum Instrument der egalitären Gesellschaft geworden.“

[296] U. SCHEUNER, Das Gesetz als Auftrag der Verwaltung (1969), in: ders., Staatstheorie und Staatsrecht, 1978, S. 545 ff. (555). Deswegen reproduziert OTTO MAYER, Deutsches Verwaltungsrecht, 3. Aufl., Bd. 1, 1924, S. 69 f., das Schema der konstitutionellen Monarchie, nicht der demokratischen Republik, wenn er schreibt: „Das verfassungsmäßige Gesetz ist nur für gewisse besonders wichtige Gegenstände zur notwendigen Bedingung aller Staatstätigkeit gemacht worden. Für alle übrige ist die vollziehende Gewalt an sich frei; sie wirkt aus eigener Kraft, nicht auf Grund des Gesetzes.“ – Indes gibt er damit die in Weimar herrschende Meinung wieder, die sich als sog. „klassische Vorbehaltslehre“ auch in der Bundesrepublik Deutschland etablierte (vgl. F. OSSENBÜHL, Verwaltungsvorschriften und Grundgesetz, 1968, S. 220).

[297] SCHEUNER, Gesetz als Auftrag, S. 555. – So auch konsequent H. HELLER, Das Berufsbeamtentum in der deutschen Demokratie (1930), in: ders., Gesammelte Schriften, Bd. 2, Leiden 1971, S. 379 ff. (385, 388 f.): Aufgabe der Bürokratie sei nicht politische Führung, sondern Ausführung, d. h.: neutrale, auftragsgemäße Verwaltung.

[298] R. THOMA, Die juristische Bedeutung der grundrechtlichen Sätze der deutschen Reichsverfassung im allgemeinen, in: Die Grundrechte und Grundpflichten der Reichsverfassung, hrsgg. v. H. C. Nipperdey, Bd. 1, 1929, S. 1 ff. (45).

[299] Dies alles gilt ebenso wie die Bemerkung Werner Webers, der Reichstag sei zum „Herrn auch der Exekutive“ (WERNER WEBER, Die Teilung der Gewalten als Gegen-

nicht mehr in erster Linie Grenze eines aus eigenem Recht gespeisten und legitimierten exekutiven Handlungswillens, sondern Grundlage, Direktive und Auftrag. Die Verwaltung wird so zum Vollzugsorgan des Gesetzgebers[300]. Indem der demokratische Parlamentarismus die Herrschaft des monarchischen Staatsoberhauptes über die Verwaltung bricht und sein originäres Regelungsinstrument, das – im Unterschied zum Konstitutionalismus begrifflich-operativ nicht länger auf bestimmte Materien begrenzte –

wartsproblem, in: FS Carl Schmitt, 1959, S. 253 ff. [258]) geworden, der verfassungsrechtlichen Konstruktionsidee nach, spiegelt allerdings nicht die Realität der Weimarer Republik wider: und dies, obwohl in Art. 54 WRV die Abhängigkeit der Regierungsmitglieder vom Willen des Parlaments besonders stark ausgeprägt war (auch das indes wiederum in erster Linie in destruktiver Hinsicht; hinzu kommen bei der Bildung und Ablösung der Regierung die starken Gestaltungsrechte des Reichspräsidenten, insbesondere die Kombination der Art. 25, 48 und 53; vgl. dazu H. Boldt, Der Artikel 48 der Weimarer Reichsverfassung, in: Die Weimarer Republik, hrsgg. v. M. Stürmer, 1980, S. 288 ff. [298 ff.]). Tatsächlich hat der Reichstag schon sehr früh die ihm zugedachte zentrale Rolle im Staatsaufbau und bei der Gestaltung des Staatslebens zurückgewiesen und wichtige Entscheidungskompetenzen der Exekutive, insbesondere dem Reichspräsidenten, überlassen (vgl. Wengst, Staatsaufbau und Verwaltungsstruktur, S. 71; vor allem aber Mussgnug, in: Dt. VerwGesch IV, S. 309, 315, 320, 323 ff.). Ganz der konstitutionellen Tradition und ihren Gepflogenheiten verhaftet, beschränkte sich das Parlament auf ‚negative' oder ‚passive' Politik (Tolerierungsvoten, Ermächtigungsgesetze); seine völlige Entmachtung z. Zt. der Präsidialkabinette erscheint vor diesem Hintergrund nur als letzte Konsequenz einer weit hinter das Jahr 1919 zurückreichenden Entwicklung. – Zur Dominanz von Regierung und Bürokratie auch P.-Chr. Witt, Kontinuität und Diskontinuität im politischen System der Weimarer Republik, in: G. A. Ritter (Hrsg.), Regierung, Bürokratie und Parlament in Preußen und Deutschland von 1848 bis zur Gegenwart, 1983, S. 117 ff., insb. 139 ff.

300 Wiederum liefert die Weimarer Realität das Gegenbild zur verfassungsrechtlichen Möglichkeit. Pointiert Mussgnug, in: Dt. VerwGesch IV, S. 321 („Es erwies sich also auch auf dem Felde der Gesetzgebung, daß der Reichstag die ihm zugedachte Führungsrolle nicht ausfüllen konnte. (...) Der Reichstag war nicht allzu sehr darauf bedacht, die Herrschaft über die Exekutive anzutreten."), S. 322 („Er blieb dabei stehen, Regierung und Verwaltung zu kontrollieren, anstatt sie zu dirigieren."). – All dies ist um so bemerkenswerter, als Max Weber in seiner gegen Ende des Ersten Weltkrieges verfaßten Studie über „Parlament und Regierung im neugeordneten Deutschland" (in: ders., Gesammelte Politische Schriften, 4. Aufl. 1980, S. 306 ff. [320 ff.]) gerade in der Stärkung der Rechte des Parlaments und in der dadurch vermittelten Aufwertung der Rolle der Parteien Chancen für eine ‚Führerauslese' erblickt hatte; politisch potente Persönlichkeiten sollten der erdrückenden Herrschaft der Bürokratie gegensteuern, indem sie dem Beamtenapparat Ziel und Richtung verbindlich vorgeben. Vgl. dazu näher W. Schluchter, Aspekte bürokratischer Herrschaft, 1972, S. 88 ff., 105 ff., 116 ff., 141 ff.; J. Kocka, Otto Hintze, Max Weber und das Problem der Bürokratie, in: HZ 233 (1981), S. 65 ff. (82 ff.).

Gesetz, an dessen Stelle setzt, kommt es zur (durchaus intendierten) „Mediatisierung der Verwaltung durch das Gesetz“[301].

Die von der Demokratie übernommene Grundidee der Gesetzmäßigkeit der Verwaltung führt folgerichtig zur Forderung nach ihrer effektiven Kontrolle, Einbindung und Beherrschung. Gerade in der Demokratie und gerade für die Demokratie ist eine möglichst strikt, möglichst vollständig und möglichst wirkungsvoll zu determinierende Exekutive wichtig. Hier wird die Reduktion jedweder Eigenmacht der Verwaltung zum zentralen Punkt, weil es gilt, den allein im Gesetz originär niedergelegten demokratischen Volkswillen unverfälscht in die Rechtswirklichkeit umzusetzen. Auch für das Verhältnis von steuerndem Gesetz(geber) und gelenkter Verwaltung in der Demokratie bietet, so scheint es, das Maschinenmodell das adäquate Bild.

2. *Verfassungswandel und Verwaltungskontinuität*

Die Weimarer Republik liefert indes nicht nur das Exempel dafür, daß eine parlamentarische Repräsentativkörperschaft die ihr von der Verfassung zugewiesene Rolle des zentralen staatlichen Leitungs- und Gestaltungsorgans nicht annimmt – Weimar hat ferner demonstriert, daß auch die Staats- und Verfassungslehre zu Teilen in einer gewissen „monarchistischen Befangenheit“ (Adolf Merkl) verharrte und die Umstellung insbesondere des Verwaltungsrechts auf demokratische Verhältnisse höchstens ansatzweise in Angriff genommen werden konnte; Weimar zeigt schließlich vor allem, daß der typologisch leicht konstruierbare Übergang von der Monarchie zur Demokratie und die damit einhergehende Neubesetzung der höchsten Stelle, von der die befehlsabhängige Verwaltung ihre Imperative erhält, für ihr personales Substrat nicht ohne Schwierigkeiten zu bewältigen ist.

Probleme resultierten in erster Linie aus der Orientierungslosigkeit, die sich aus dem Fortfall der kaiserlichen Spitze als dem zentralen Fixpunkt der Beamtenschaft ergab. Obwohl mit der Errichtung einer demokratischen

---

301 A. Merkl, Allgemeines Verwaltungsrecht, 1927, S. 73; vgl. H. Faber, Verwaltungsrecht, 1987, S. 81 ff. – Die historisch-politische Funktion und Intention ist scharf erkannt bei E. R. Huber, Die Einheit der Staatsgewalt, in: DJZ 1934, Sp. 950 ff. (952): „Die Gesetzmäßigkeit der Verwaltung hat im Gesetzgebungsstaat den Sinn, die Exekutivgewalt dem Willen des Parlaments zu unterwerfen. Es handelt sich nicht um einen logischen Vorrang der generellen abstrakten Norm vor dem speziellen konkreten Vollzug, sondern um den politischen Vorrang der bürgerlichen Gesellschaft vor der monarchischen Bürokratie. Die gesetzmäßige Verwaltung gibt dem Bürgertum die Gewähr, daß in Freiheit und Eigentum nicht nach dem arbiträren und diskretionären Ermessen der Exekutive, sondern nur aufgrund einer vom Parlament, d. h. dem Bürgertum selbst, erteilten Ermächtigung eingegriffen wird.“

Republik das Band zur Monarchie zerschnitten war[302] und der Beamte seinen Diensteid auf die neue Verfassung (also auf einen zudem beliebig veränderbaren Text, nicht auf eine konkrete Person) zu leisten hatte[303], blieb doch die Beamtenschaft in ihrer Mehrheit kraft Herkunft und Sozialisation der Gefühls-, Vorstellungs- und Wertewelt der konstitutionellen Monarchie mit ihren sicheren Orientierungen und klaren Bezugsautoritäten verhaftet[304] – trotz der ausdrücklich verfassungsrechtlichen Verankerung des Berufsbeamtentums und der Garantie der „wohlerworbenen Rechte" (Art. 129 Abs. 1 S. 3 WRV) der Beamten.

Das auf Interessenkompromissen der gesellschaftlichen Gruppen und ihrer parteipolitischen Vertretungen beruhende demokratisch-parlamentarische Gesetz konnte wegen des „Verlustes des monarchischen Integrationsmusters"[305] nicht im entferntesten jene innere Bindungswirkung entfalten, die die Krone ermöglicht hatte. Im Gegenteil, der für den Beamten verbindliche Wille des Gesetzes erschien als Produkt eben jener Kräfte, denen er gemäß Art. 130 Abs. 1 WRV gerade nicht dienen sollte: der politischen Parteien. Das Gemeinwohl, auf das sie der nämliche Artikel verpflichtete, schien den Beamten nicht identisch und kongruent mit den parlamentarischen Gesetzen zu sein, die auf den Absprachen und Aushandlungsergebnissen der – per se partikularistischen und von daher nicht gemeinwohlverbür-

---

302 Vgl. C. H. Ule, Beamtenrecht im Wandel deutscher Staatlichkeit, in: DVBl. 1963, S. 1ff.; H. Hattenhauer, Zum Beamtenleitbild des 20. Jahrhunderts, in: NS-Recht in historischer Perspektive, 1981, S. 109ff. (117ff.); K.-U. Meyn, Staatstheoretische und verfassungshistorische Wurzeln britischer und deutscher Beamtenleitbilder im 20. Jahrhundert, in: Die Wiederherstellung des Berufsbeamtentums nach 1945, hrsgg. v. F. G. Schwegmann, 1986, S. 80ff. (86ff.).

303 Art. 176 WRV i.V.m. der Verordnung des Reichspräsidenten v. 14.8.1919; vgl. (insb. zu den aufgrund des positivistischen Verfassungsbegriffs begrenzten rechtlichen Bindungsmöglichkeiten) Zwirner, Politische Treupflicht, S. 137ff.; F. Rottmann, Der Beamte als Staatsbürger, 1981, S. 134ff. – Zum Eid die kritischen Notizen von A. Köttgen, Das deutsche Berufsbeamtentum und die parlamentarische Demokratie, 1928, S. 118: „Ein Eid auf die Verfassung, die als solche doch immer totes Gesetz bleibt, genügt nicht (...) Ein inneres Verhältnis zu einer juristischen Norm ist schlechterdings nicht denkbar."

304 „Institutionelle Kontinuitätspfeiler wie Beamtenschaft, Verwaltung und Bürokratie waren, wenn überhaupt, nur allmählich aus ihren Verankerungen im Kaiserreich zu lösen" (R. Morsey, Beamtenschaft und Verwaltung zwischen Republik und ‚Neuem Staat', in: Weimar. Selbstpreisgabe einer Demokratie, hrsgg. v. K. D. Erdmann/H. Schulze, 1980, S. 151ff. [151]). Illustrativ dazu H. Fenske, Monarchisches Beamtentum und demokratischer Staat, in: Demokratie und Verwaltung, 1972, S. 117ff.; ders., Beamtenpolitik in der Weimarer Republik, in: VerwArch. 64 (1973), S. 115ff.; s. auch W. Runge, Politik und Beamtentum im Parteienstaat, 1965, S. 16ff.

305 Vgl. H. Reinke, Bürokratie im politischen System Deutschlands, Diss. phil. Osnabrück 1979, S. 133ff.

genden, eher extrakonstitutionellen – Parteien und ihrer Klientel beruhten. Eben dieser offene Strukturbruch machte es der Beamtenschaft leicht, ihre Legitimationsbasis nicht im pluralistischen, demokratisch-parteienstaatlichen Willen des Parlamentsgesetzes, sondern in einer höheren Staatsidee, vorzugsweise verkörpert in der Person des zweiten Reichspräsidenten, zu suchen[306].

Vor allem die verbreitete Vorstellung einer möglichen Unterscheidung zwischen dem Deutschen Reich als solchem, das den unvergänglichen Bezugspunkt der Treue und Hingabe des Beamten bildete, und seiner historisch wandelbaren staatlichen Form, die in Weimar nun einmal die demokratische Republik war[307], ermöglichte es weiten Kreisen der Beamtenschaft, einerseits als Staatsdiener getreulich die aufgegebenen Pflichten zu erfüllen, ohne andererseits eine Identifikation mit der konkret existenten neuen Staatsordnung herstellen zu müssen oder gar die Funktionsgesetze des demokratisch-parlamentarischen Pluralismus zu akzeptieren. Den eigentlichen Bezugspunkt ihrer Tätigkeit konnte die Beamtenschaft so in einem überempirischen Staatskonstrukt finden, das oberhalb der Parteien und außerhalb des demokratisch-parlamentarischen Institutionenzusammenhanges angesiedelt war.

Es war diese gerade im Verhältnis zur Phase der konstitutionellen Monarchie mit ihrem „spezifischen Absolutismus der geistigen Grundlagen"[308] spürbare Inkongruenz von verfassungsmäßiger Staatsform, sozialer Rekrutierung und politisch-mentaler Orientierung der Beamtenschaft, die Umfang und Grenzen der politischen Betätigungsfreiheit innerhalb und außerhalb des Dienstes zum zentralen Problem der Weimarer Jahre werden ließ[309].

---

[306] Dazu bereits SCHMIDT, Volksstaat und Obrigkeitsstaat, S. 194ff. und eindrucksvoll ZWIRNER, Politische Treupflicht, S. 146ff., 153ff.; s. auch ROTTMANN, Der Beamte als Staatsbürger, S. 121ff. – Diesen Ideen Carl Schmitts nicht unähnlich waren die Vorschläge von A. KÖTTGEN, Die Entwicklung des Deutschen Beamtenrechts und die Bedeutung des Beamtentums im Staat der Gegenwart, in: Handbuch des Staatsrechts, hrsgg. v. G. Anschütz/R. Thoma, Bd. 2, 1932, S. 1ff. (15ff.) zur ‚Verselbständigung' des Beamtentums und dem Schutz seiner Neutralität. – Zu den Schwierigkeiten, ein neues Beamtenleitbild zu finden, auch H. HATTENHAUER, Geschichte des Beamtentums, 1980, S. 353ff.

[307] Zu diesem Denkschema etwa MORSEY, Beamtenschaft und Verwaltung, S. 154. Auch in der Richterschaft war die Vorstellung einer Trennung zwischen eher zufälliger Staatsform und dem unvergänglichen Wesen des Staates verbreitet: F. K. KÜBLER, Der deutsche Richter und das demokratische Gesetz, in: AcP 162 (1963), S. 104ff. (115ff.).

[308] A. KÖTTGEN, Die politische Betätigung der Beamtenschaft, in: VerwArch. 37 (1932), S. 247ff. (258).

[309] Die Weimarer Republik zeichnete sich im großen und ganzen durch Liberalität aus. Auch nach dem Republikschutzgesetz (Gesetz über die Pflichten der Beamten zum Schutz der Republik v. 21.7.1922 [RGBl. I S. 590]) stand die monarchische Privatgesin-

Allgemein gesprochen: Es handelte sich um das Problem der „Diskrepanz zwischen Verfassungswandel und Verwaltungskontinuität“[310].

Besonders stark traf dieser Konflikt die Staatslehre. Infolge des Wegfalls eines im Monarchen verkörperten stabilen Ordnungspunktes bei gleichzeitiger Eröffnung bis dahin unbekannter bürgerlich-politischer Freiheitsräume auch für den Beamten in seiner Eigenschaft als Staatsbürger[311] kam es insofern zur Krise, als der Strukturkonflikt zwischen der Verpflichtung auf den demokratischen Gesetzesstaat der Weimarer Republik einerseits, der Gewährung grundlegender Freiheitsrechte andererseits nicht vollständig aufgelöst werden konnte. Letztlich unbeantwortet blieb auch die Frage, ob die Beamtenschaft selbst jenen ruhenden Pol im vom Parteienhader zerrissenen Staat bilden sollte, der ihr unerläßlich schien[312]. Die vielberufene Krise des Beamtentums war insofern auch und zugleich eine Krise der Staatsrechtslehre[313], die die beamtete Bürokratie nicht schlüssig in den neuen Ge-

---

nung der korrekten Wahrnehmung der Dienstpflichten nicht entgegen und bot von daher keinen Grund für disziplinarische Maßnahmen; gleiches galt (überwiegend) für die Mitgliedschaft in NSDAP oder KPD. Zur (schwankenden) Judikatur und der von der jeweiligen politischen Entwicklung abhängigen Staatspraxis (Dokumente bei E. Brandt [Hrsg.], Die politische Treuepflicht, 1976, S. 98 ff.) H. Schmahl, Disziplinarrecht und politische Betätigung der Beamten in der Weimarer Republik, 1977, S. 80 ff., 90 ff.; Hattenhauer, Geschichte des Beamtentums, S. 325 ff., 366 ff.; Morsey, Beamtenschaft und Verwaltung, S. 160 ff.; G. Püttner, Der öffentliche Dienst, in: Dt. VerwGesch IV, S. 525 ff. (538 f.); am umfassendsten wohl Rottmann, Der Beamte als Staatsbürger, S. 117 ff., 128 ff., 142 ff., 155 ff.

310 Morsey, Beamtenschaft und Verwaltung, S. 157. – Hugo Preuß konstatierte 1925 illusionslos: Der „Verfassungsumwälzung steht eine Verwaltungsorganisation gegenüber, die im wesentlichen unverändert aus dem alten System übernommen ist; ja, deren Kern noch ein Erbstück des landesfürstlichen Absolutismus ist.“ (H. Preuss, Deutschland und die preussische Verwaltungsreform [1925], in: ders., Staat, Recht und Freiheit, 1964, S. 129); die (historischen) Verdienste insbesondere der preußischen Bürokratie betont bei gleichzeitiger Relativierung der Differenz zwischen Beamten und Politikern Schmidt, Volksstaat und Obrigkeitsstaat, S. 208 ff.

311 Dazu ausführlich Rottmann, Der Beamte als Staatsbürger, S. 117 ff.

312 In diese Richtung Köttgen, Das deutsche Berufsbeamtentum, S. 266 f., der insofern der Bürokratie (als dem Gemeinwohl verpflichteten Gegenpol zur „Beutepolitik“ der Parteien) im Parlamentarismus ein höheres Maß an Selbständigkeit zuspricht als im Konstitutionalismus.

313 Dies wird gerade am Bemühen um angemessene, aber der konstitutionellen Monarchie verhaftete Lösungen deutlich bei A. Köttgen, Das deutsche Berufsbeamtentum, S. 105 ff., 115 ff.; ders., in: VerwArch. 37 (1932), S. 247 ff., der als neues, metaphysisches Band zwischen Beamtentum und Staat und als objektive geistige Wertungsgrundlage die nationale Staatsidee, die Nation als Wertgemeinschaft ausmacht (Das deutsche Berufsbeamtentum, S. 116; VerwArch. 37 [1932], S. 260 ff.). Zur Verwaltungsrechtswissenschaft und zur Verwaltungslehre in der Weimarer Republik M. Stolleis, Verwaltungsrechtswissenschaft und Verwaltungslehre in der Weimarer Republik, in: Dt. VerwGesch IV, S. 77 ff.

samtzusammenhang eines demokratischen Staates einzuordnen wußte und deshalb „in der distanzierten Sachlichkeit ... jenseits von Politik und insbesondere von Parteipolitik ein neues Ethos zu fundieren suchte“[314].

3. Primat der Administration

Der politischen Unruhe der Weimarer Jahre im allgemeinen wie der raschen Abfolge unterschiedlicher Koalitionsregierungen im besonderen war es u.a. zuzuschreiben, daß es zu gravierenden Veränderungen der Verwaltungsorganisation und des Dienstrechts nicht kam[315]. Der politische Dauerwechsel begünstigte die Kontinuität des Verwaltungsapparates; Reformvorhaben gelangten zumeist über schwache Ansätze nicht hinaus[316]. Die Forderung nach einem grundlegenden Strukturwandel und einer „Demokratisierung“ der Verwaltung, wie sie mit Blick auf die Möglichkeit eines Wahlbeamtentums vor allem in den Programmen der Sozialdemokratie der Vorkriegs- und Kriegsjahre enthalten war[317], reduzierte sich in der Weimarer Republik schon wegen der ganz unerläßlichen Präsenz einer sach- und fachkundigen Beamtenschaft, d.h.: dem „Primat administrativer Kontinuität“[318], auf eine Erhöhung des Anteils sozialdemokratischer Beamter, denen der Zugang im Kaiserreich systematisch versperrt worden war, im Verwaltungsapparat[319]. Nicht um eine Änderung der Organisationsstruktur (etwa in Gestalt des Einbaus von Selbstverwaltungselementen, bürgerschaftlicher Partizipation, Beamtenwahlen o.ä.) ging es, sondern um eine andere Stellenpolitik[320]. Der Versuch einer Demokratisierung der Verwaltung er-

---

314 B. Schlink, Zwischen Identifikation und Distanz, in: Der Staat 15 (1976), S. 335ff. (339); s. auch Hattenhauer, Beamtenleitbild, S. 123.

315 Vgl. R. Morsey, Zur Beamtenpolitik des Reiches von Bismarck bis Brüning, in: Demokratie und Verwaltung, 1972, S. 101ff. (113); ders., Beamtenschaft und Verwaltung, S. 157; Wengst, Staatsaufbau und Verwaltungsstruktur, S. 74; A. Dittmann, die Bundesverwaltung, 1983, S. 39f.

316 Vgl. H. Fenske, Bürokratie in Deutschland, 1985, S. 29ff.; Püttner, in: Dt. VerwGesch IV, S. 531ff.

317 Gabriele Hoffmann, Sozialdemokratie und Berufsbeamtentum, 1970, S. 10ff., 30ff.

318 Dieser Terminus bei W. Runge, Politik und Beamtentum im Parteienstaat, 1965, S. 17 (S. 35ff. zu den personalpolitischen Grundsätzen der verschiedenen Parteien); vgl. Hattenhauer, Geschichte des Beamtentums, S. 298ff., 301ff.

319 Hattenhauer, Geschichte des Beamtentums, S. 328ff., 337ff.; Püttner, in: Dt. VerwGesch IV, S. 528; Fenske, Bürokratie in Deutschland, S. 32ff.; Wunder, Geschichte der Bürokratie, S. 123.

320 Vgl. G. Hoffmann, Sozialdemokratie und Berufsbeamtentum, S. 45f., 57ff.

schöpfte sich weitgehend im Ziel der Rekrutierung republikanisch gesonnener Beamten[321].

Auf ihre Weise machte indes gerade diese – zudem nicht von überwältigendem Erfolg gekrönte – Personalpolitik deutlich, daß und in welchem Umfang es in jeder Staatsordnung, also auch in der Demokratie, darauf ankommt, ein gewisses Maß an „Übereinstimmung zwischen dem Selbstverständnis der Staatsdiener und dem der Staatsform"[322] herzustellen. Die offenkundigen Probleme bei der ‚Harmonisierung' einer vordemokratisch geprägten Beamtenschaft mit Geist und Buchstaben einer demokratischen Republik demonstrierten gleichsam *ex negativo* die aus dem Fortfall der Exekutive als selbsttragender Staatssäule resultierenden Schwierigkeiten. So illustriert die Legitimitätsproblematik des Beamtentums in der Weimarer Republik die Durchsetzungsschwäche der demokratischen Ordnung beim Fehlen derjenigen (rechtlichen wie außerrechtlichen) Faktoren, die eine verläßlich-neutrale Befolgung und Umsetzung der der Verwaltung vorgegebenen Handlungsimperative garantieren.

VII. Verwaltung in der Bundesrepublik Deutschland: Historische Konstanz, neue Fragen

1. Die Verwaltung im Grundgesetz

Das Grundgesetz für die Bundesrepublik Deutschland hat nach dem Zusammenbruch des Dritten Reiches[323] die Idee einer parlamentarisch-demokratischen Staatsordnung wieder aufgegriffen, sich dabei aber bewußt vor einer Anknüpfung an quasi-monarchische, jedenfalls extra-parlamentarische Verfassungsinstitute präsidialdemokratisch-plebiszitärer Provenienz gehütet[324]. Anders als in Weimar, wo der direkt gewählte Reichspräsident

---

[321] Weitergehend H. Preuss, Staat, Recht und Freiheit, S. 138 ff.

[322] Hattenhauer, Geschichte des Beamtentums, S. 328; zur ‚Notwendigkeit' der Ämterpatronage in Weimar auch Rottmann, Der Beamte als Staatsbürger, S. 147 ff.

[323] Die Zeit des Dritten Reiches wird bewußt ausgeklammert, weil jeder seriöse Versuch, die „nationalsozialistische Polykratie" (P. Hüttenberger, in: Geschichte und Gesellschaft 2 [1976], S. 417 ff.; die Charakterisierung als Polykratie findet sich wohl zuerst bei G. Schulz, Die Anfänge des totalitären Maßnahmenstaates, Ausgabe 1974, S. 280, 294, 380 ff.) auch nur annähernd zu erfassen, den Rahmen der vorliegenden Darstellung gesprengt hätte. Umfassend jetzt D. Rebentisch, Führerstaat und Verwaltung im Zweiten Weltkrieg, 1989, insb. S. 1 ff., 283 ff., 533 ff.; s. auch Ders., Innere Verwaltung, in: Dt. VerwGesch IV, S. 732 ff.

[324] Zum Entwicklungsprozeß des Grundgesetzes vgl. H. Hofmann, Die Entwicklung des Grundgesetzes nach 1949, in: HdbStR I, § 7; Versuch einer soziologischen Gesamteinschätzung des neuen Staates bei R. Dahrendorf, Gesellschaft und Demokratie

Dreier, DÖV 02, 537

sich als ebenfalls demokratisch unmittelbar legitimiertes Organ in einen Gegensatz zum Parlament stellen und dieses – bei ausbleibender ‚Gegenwehr' des Reichstages – um seine Führungsrolle bringen konnte, ist der Bundestag als direkt vom Volk gewählte Repräsentativkörperschaft konkurrenzlos in die Gesetzgebungspflicht genommen, indem etwa mit Art. 80 I GG und einem in manchen Punkten zum Delegationsverbot gesteigerten Gesetzesvorbehalt (Parlamentsvorbehalt) Vorkehrungen dagegen getroffen sind, daß die Herrschaft des Parlamentes durch weitgehende Ermächtigungskompetenzen ausgehöhlt und der vom Volk gewählten Repräsentativkörperschaft eine aus gleichem Recht legitimierte Institution an die Seite gestellt wird[325]. Folgerichtig ist neben dem Gesetzgebung wie Exekutive und Judikative einhegenden und überwölbenden Vorrang der Verfassung[326] die Bindung der Verwaltung an das Gesetz (Art. 20 III GG) besonders strikt und konsequent ausgeprägt[327]. Wegen des Vorranges und Vorbehaltes des Gesetzes[328] mit

---

in Deutschland, 1965; Rückschau und kritische Positionsbestimmungen bei J. Habermas (Hrsg.), Stichworte zur geistigen Situation der Zeit, 2 Bde., 1979; instruktiv zum Neuansatz des Grundgesetzes R. Wahl/F. Rottmann, Die Bedeutung der Verfassung und der Verfassungsgerichtsbarkeit in der Bundesrepublik – im Vergleich zum 19. Jahrhundert und zu Weimar, in: W. Conze/M. R. Lepsius (Hrsg.), Sozialgeschichte der Bundesrepublik Deutschland, 1983, S. 339 ff.

[325] Vgl. R. Mussgnug, Verschiebungen im Verhältnis von Parlament, Regierung und Verwaltung, in: Dt. VerwGesch V, S. 100 ff., 112 ff.; M. Drath, Die Gewaltenteilung im heutigen deutschen Staatsrecht, in: Faktoren der Machtbildung, 1952, S. 99 ff. (114 ff., 127 ff.).

[326] R. Wahl, Der Vorrang der Verfassung, in: Der Staat 20 (1981), S. 485 ff.; speziell zum Verhältnis von Gesetz und Verfassung ders., Der Vorrang der Verfassung und die Selbständigkeit des Gesetzesrechts, in: NVwZ 1984, S. 401 ff., sowie E. Denninger, Verfassung und Gesetz, in: KritV 1986, S. 291 ff. (insb. S. 298 ff., 308 ff.).

[327] Die im Vergleich zur Vorgeschichte gestiegene Bedeutung des Gesetzes und eine entsprechende Reduzierung der Freiräume der Verwaltung haben besonders deutlich herausgearbeitet D. Jesch, Gesetz und Verwaltung, 1961, und H. H. Rupp, Grundfragen der heutigen Verwaltungsrechtslehre, 1965, insb. S. 113 ff. (beide grundlegenden Ansätze wurden häufig nur unter dem verkürzten Topos vom ‚Totalvorbehalt' rezipiert und leichthändig als irreal abgewiesen). – Zum Bedeutungszuwachs des Gesetzes und des Gesetzgebers vgl. P. Badura, Parlamentarische Gesetzgebung und gesellschaftliche Autonomie, in: Das Recht in einer freiheitlichen Industriegesellschaft, 1988, S. 115 ff.; W. Mössle, Regierungsfunktionen des Parlaments, 1986, S. 86 ff., 93 ff., 193 ff., 204 ff.; R. Grawert, Gesetz und Gesetzgebung im modernen Staat, in: Jura 1982, S. 300 ff.

[328] Dazu etwa J. Pietzcker, Vorrang und Vorbehalt des Gesetzes, in: JuS 1979, S. 710 ff.; R. Herzog, in: Maunz/Dürig, Komm. z. GG, Art. 20 (1980), Abschnitt VI, Rn. 32 ff.; F. Rottmann, Der Vorbehalt des Gesetzes und die grundrechtlichen Gesetzesvorbehalte, in: EuGRZ 1985, S. 277 ff. (286 ff., 292 ff.). – Den mit den Stichworten ‚Wesentlichkeitstheorie' und ‚Parlamentsvorbehalt' verbundenen Problemkomplexen ist an dieser Stelle nicht gesondert nachzugehen: vgl. dazu G. Kisker, Neue Aspekte im Streit um den Vorbehalt des Gesetzes, in: NJW 1977, S. 1313 ff.; E.-W. Böckenförde,

den Folgen des Anwendungsgebotes und Abweichungsverbotes[329] scheint die Verwaltung in eine gänzlich abhängige Stellung gerückt und auf diese Weise die Dichotomie zwischen freier politischer Willensbildung und gebundener öffentlicher Verwaltung verfassungsstrukturell nachgezeichnet und gewährleistet. Das Gewicht dieser Entscheidung wird durch die Beibehaltung des nun ganz auf Treue und Gehorsam gegenüber dem demokratischen Verfassungsstaat verpflichteten (Art. 33 IV GG) Berufsbeamtentums[330] und damit der Sicherung personal-struktureller Voraussetzungen für eine loyale, gesetzes- und verfassungstreue Ausübung der Verwaltungsfunktionen noch verstärkt, weil sich ungeachtet der Selbständigkeit und Eigenverantwortlichkeit der Beamten in der Gehorsams- bzw. Amtswahrnehmungspflicht (§ 55 BBG) letztlich die über die Regierung und die Ressortminister vermittelte Herrschaft des Gesetzes spiegelt[331] und auch insofern der Pluralismus der politischen Willensbildung in sichtbarem Kontrast zur strikten Gesetzesbindung in der stabilen Ämterordnung der öffentlichen Verwaltung tritt, wo es um „die zuverlässige Achtung und Wahrung von Gesetz und Recht in Verwaltung und Rechtsprechung“[332] geht.

Gesetz und gesetzgebende Gewalt, 2. Aufl. 1981, S. 375 ff.; M. KLOEPFER, Der Vorbehalt des Gesetzes im Wandel, in: JZ 1984, S. 685 ff.; DERS., Wesentlichkeitstheorie als Begründung oder Grenze des Gesetzesvorbehalts?, in: Zustand und Perspektiven der Gesetzgebung, hrsgg. v. H. Hill, 1989, S. 187 ff.; C.-E. EBERLE, Gesetzesvorbehalt und Parlamentsvorbehalt, in: DÖV 1984, S. 485 ff.; K. LÖFFLER, Parlamentsvorbehalt im Kernenergierecht, 1985, S. 39 ff.; J. STAUPE, Parlamentsvorbehalt und Delegationsbefugnis, 1986; H. H. v. ARNIM, Zur „Wesentlichkeitstheorie“ des Bundesverfassungsgerichts, in: DVBl. 1987, S. 1241 ff.

[329] CHR. GUSY, Der Vorrang des Gesetzes, in: JuS 1983, S. 189 ff. (191); F. OSSENBÜHL, Vorrang und Vorbehalt des Gesetzes, in: HdbStR III, § 62 Rn. 4 ff.

[330] Aus der kaum überschaubaren Literatur aus neuerer Zeit: J. ISENSEE, Öffentlicher Dienst, in: HdbVerfR, S. 1149 ff.; H. LECHELER, Der öffentliche Dienst, in: HdbStR III, § 72; H. J. WOLFF/O. BACHOF/R. STOBER, Verwaltungsrecht II, 5. Aufl. 1987, §§ 105 ff. (S. 453 ff.). – Zur zeitgeschichtlichen Entwicklung H. HATTENHAUER, Geschichte des Beamtentums, 1980, S. 423 ff.; W. THIELE, Die Entwicklung des deutschen Beamtentums, 1981, S. 68 ff., 84 ff.; H. FENSKE, Bürokratie in Deutschland, 1985, S. 53 ff., 77 ff.; B. WUNDER, Geschichte der Bürokratie in Deutschland, 1986, S. 149 ff.; zum staatstheoretischen Wandel H. ZWIRNER, Politische Treupflicht des Beamten, 1987, S. 181 ff. – Speziell zur Entscheidungssituation nach 1945 die Beiträge in: F. G. Schwegmann (Hrsg.), Die Wiederherstellung des Berufsbeamtentums nach 1945. Geburtsfehler oder Stützpfeiler der Demokratiegründung in Westdeutschland?, 1986 (insb. H. MOMMSEN, S. 65 ff. und R. GRAWERT, S. 25 ff.).

[331] W. THIEME, Art. Beamtentum, in: EvStL, 2. Aufl. 1975, Sp. 137 ff. (139); I. v. MÜNCH, Öffentlicher Dienst, in: ders. (Hrsg.), Besonderes Verwaltungsrecht, 8. Aufl. 1988, S. 1 ff. (43 f.); P. KIRCHHOF, Mittel staatlichen Handelns, in: HdbStR III, § 59 Rn. 69, 168 f.; H. RITTSTIEG, Die Weisungsunterworfenheit des Beamten, in: ZBR 1970, S. 72 ff.

[332] ZWIRNER, Politische Treupflicht, S. 203. – Das Bundesverfassungsgericht hat die

Obwohl verfassungsinstitutionell verankert und daher in gewissem (im einzelnen noch genauer darzulegenden) Umfang mit eigener Legitimation ausgestattet, steht die Verwaltung nicht als gleichberechtigte Größe neben der Legislative. Weder darf sie mit gesetzesfremden Mitteln operieren noch originäres, nicht gesetzlich abgeleitetes administratives Eigenrecht setzen. Mit zunehmender Verrechtlichung werden ihre Handlungsmodalitäten und Aktionsräume nahezu vollständig vom Gesetz bestimmt. Die Verwaltung unter dem Grundgesetz befindet sich also in weitgehender Abhängigkeit vom flexiblen Gesetzesrecht.

2. Historische Konstanz

Der historische Rückblick ergibt ein im Grunde strukturgleiches Bild, in dem nur die Position des von der Verwaltung zu exekutierenden Herrschaftswillens eine Umbesetzung erfährt. Im Absolutismus, wo das ‚Maschinenmodell' geboren wird, fungiert die Verwaltung als verlängerter Arm des souveränen fürstlichen Willens und dient der prompten Umsetzung seiner Befehle, Reskripte und Verordnungen. Alle exekutiven Verrichtungen lassen sich insoweit tatsächlich am besten nach Art mechanischer Impulse deuten.

---

neutrale, objektive Amtsführungspflicht des Beamten zu Recht stets betont (vgl. jüngst BVerfG [2. Senat, 3. Kammer] NJW 1989, S. 93 f.: „Der Beamte hat seine Aufgaben unparteiisch und gerecht zu erfüllen, bei seiner Amtsführung auf das Wohl der Allgemeinheit Bedacht zu nehmen, jeder verfassungsmäßigen Regierung, also nicht einer bestimmten Partei oder Gruppierung loyal zur Verfügung zu stehen"). Hier wie auch an anderer Stelle (sowohl in der Rechtsprechung des BVerfG [E, 7, 155/162] als auch in der Literatur) wird indes der ganz falsche Akzent gesetzt, das Berufsbeamtentum solle nicht nur eine stabile Verwaltung sichern (das ist unbezweifelbar richtig), sondern auch „einen ausgleichenden Faktor gegenüber den das Staatsleben gestaltenden politischen Kräften bilden" (BVerfG NJW 1989, S. 93). Dies kann schon deshalb nicht zutreffen, weil das Beamtentum außer der von eben diesen Kräften geschaffenen Verfassung und den von diesen Kräften gestalteten Gesetzen keinen anderen, stabilen und festen Orientierungspunkt hat – ganz im Gegensatz zur Monarchie, die dem Beamten eine „sichere geistige Stütze in einer objektiven Wertewelt" (A. Köttgen, Die politische Betätigung der Beamtenschaft, in: VerwArch. 37 [1932], S. 247 ff. [262]) bieten konnte. Das einzig Feste für den Beamten in einer parlamentarisch-demokratischen Verfassungsordnung ist das stets fließende verfassungsgemäße Gesetzesrecht (vgl. eine ähnliche kritische Notiz von P. Badura, Auftrag und Grenzen der Verwaltung im sozialen Rechtsstaat, in: DÖV 1968, S. 446 ff. [451]). – Mit alledem sind Handlungs- und Gestaltungsspielräume der Verwaltung nicht unvereinbar. Doch durch relativ autonome Rechtssetzungs- und kreative Auslegungsakte wird die Komplexität des politisch-administrativen Systems nicht zwingend im Sinne des BVerfG-Zitats reduziert, sondern möglicherweise noch erhöht. Darin liegt das erklärungsbedürftige Problem.

In bezug auf die Eigenständigkeit des personalen Substrats der Verwaltung, seine gesamtgesellschaftliche Verantwortung und seine Ausrichtung auf neue und umfassende Staatsziele, deren Realisierung sich nicht zu Reglements und Vorschriften kleinarbeiten läßt, kommt es in der Phase der Reformzeit zu Beginn des 19. Jahrhunderts zu gravierenden Veränderungen, aber nur scheinbar zu einer wirklich gegenläufigen Entwicklung. Es ist das Beamtentum, das in gewisser Weise geradezu als Geburtshelfer der bürgerlichen Gesellschaft fungiert und sich als eigentlicher Souverän an die Spitze des Staates stellt. Insoweit scheint auch der instrumentelle Charakter des Beamtenapparates für eine bestimmte historische Phase ausgesetzt. Die zum Teil übersteigerte Selbstcharakterisierung der Beamtenschaft als eines mit hoher Selbständigkeit ausgestatteten Standes, der aktiv am Leben des nun nicht mehr rational-maschinenhaft, sondern als Organismus begriffenen Staatsganzen partizipiert, erfährt indes durch zwei Umstände eine gewisse Relativierung.

Zum einen fällt in jene Reformphase auch die Rationalisierung und Effektivierung der Verwaltungsorganisation, die Einführung des monokratischen Büroprinzips und parallel dazu der Abbau kollegialer Formen, vor allem aber auch das Ressortprinzip mit verantwortlichen Ministern, die in ihrer Gesamtheit das Kabinett bilden. In der Reformzeit steht die Bürokratie, genauer: die Elite der Bürokratie, zweifellos an der Spitze der staatlichen Entwicklung und programmiert sich gleichsam selbst, anstatt Vollzugsinstrument eines fremden, vorgegebenen Willens zu sein. Doch zugleich erstarken die Elemente bürokratischer Rationalität. Und zum anderen ist die Phase, in der sich die Beamtenschaft als originäre Repräsentanz einer im Grunde noch gar nicht voll entfalteten bürgerlichen Gesellschaft begreift, im Grunde doch Episode geblieben; schon bald setzte sich in Staatspraxis und -lehre die Auffassung durch, daß die Ausübung von Verwaltungsfunktionen adäquat mit der Vorstellung von befehlsunterworfenen Dienern zu begreifen sei, die als Objekte eines ihnen übergeordneten Willens gesteuert und dirigiert werden.

Dem allgemeinen Entwicklungsgang nach wird die staatliche Verwaltung zur bürokratischen Großorganisation par excellence ausgebaut und der Beamte ihr als Instrument des Willens des Organisationsherrn eingefügt. Ihren theoretisch stringenten Ausdruck findet diese Vorstellung in der Lehre vom besonderen Gewaltverhältnis; der Beamte figuriert nicht als freier Sachwalter des allgemeinen, gesamtstaatlichen Interesses und Partizipant am staatlichen Gesamtorganismus, sondern geht ganz in der Rolle eines vom Staatsapparat verschlungenen, weisungsgebundenen Exekutors des ihm vorgegebenen fremden Willens und eines gehorsamspflichtigen Adressaten staatlicher Befehle auf.

3. Hierarchie in der Demokratie

An der a priori keineswegs undemokratischen oder obrigkeitsstaatlichen hierarchischen Grundstruktur ändert sich im demokratischen Rechtsstaat nichts wesentliches[333]. Auch hier sind die Amtswalter strikt an vorgegebene Zwecke, Richtlinien, Handlungsmuster und möglichst konditional programmierende Normen gesetzlicher wie untergesetzlicher Art gebunden. Wenn es in einer etwas populärwissenschaftlichen Schrift heißt: „Der in die Hierarchie eingeordnete Beamte handelt nicht als Person, sondern als Teil einer Maschine"[334], so schlägt die Herkunft dieses Verwaltungsmodells aus Geist und Struktur des Absolutismus bis auf die Sprachbilder durch.

Wie jede andere bürokratische Organisation auch ist die öffentliche Verwaltung in der Demokratie auf die vom Organisationsherrn vorgegebenen Ziele verwiesen und hat grundsätzlich „ohne eigenes Zweckinteresse die ihr zugewiesenen Aufgaben" auszuführen[335]. Demgemäß hat der Verwaltungsstab grundsätzlich keine eigenen Interessen (zu haben); es ist „der Verwal-

---

333 Vgl. R. Herzog, Allgemeine Staatslehre, 1971, S. 189 ff.; zum hierarchischen Grundelement in gewisser – im einzelnen noch genauer zu diskutierender – Übersteigerung W. Loschelder, Weisungshierarchie und persönliche Verantwortung in der Exekutive, in: HdbStR III, § 68 Rn. 3: „Hierarchie ist, vor jeder positiven verfassungsrechtlichen Ausformung, ein notwendiges und zentrales Bauelement staatlicher Exekutive, organisierter Staatlichkeit überhaupt." S. auch R. Mayntz, Soziologie der öffentlichen Verwaltung, 3. Aufl. 1985, S. 64: „Die Forderung, die Verwaltung solle ein willfähriges Instrument sein, wurde nicht nur von den absoluten Fürsten erhoben, die sie schufen, sondern gilt auch in der Demokratie."

334 F. Lauxmann, Die kranke Hierarchie, 1971, S. 52. Vom ‚absolutistisch gefärbten' bzw. ‚hierarchisch-absolutistischen' Einheitsmodell der Verwaltung spricht G. Haverkate, Die Einheit der Verwaltung als Rechtsproblem, VVDStRL 46 (1988), S. 217 ff. (239, 240).

335 N. Luhmann, Zweckbegriff und Systemrationalität, 2. Aufl. 1977, S. 72 Fn. 23 (der allerdings diese Sicht der Dinge gerade überwinden will); R. Mayntz, Art. Bürokratie, in: StL, 7. Aufl., Bd. 1, Sp. 1065 ff. (1067). – Daß dem klassischen Bürokratiemodell gemäß die Verwaltung prinzipiell ohne eigene Motive handelt, betont auch C. Offe, Rationalitätskriterien und Funktionsprobleme politisch-administrativen Handelns (1974), in: Freiheitliche demokratische Grundordnung, hrsgg. v. E. Denninger, Bd. 1, 1977, S. 469 ff. (470: Bürokratische Verwaltung als diejenige „Organisationsform sozialen Handelns ..., der ihre eigenen Prämissen nicht zum Thema werden können." Intendierte Folge der legal-bürokratischen Ordnung ist ein hohes Maß an Berechenbarkeit der Verwaltung: „Ihre Outputs sind im Idealfalle ein für alle Beteiligten kalkulierbarer Reflex von Rechtsnormen, Organisationsprogrammen, kodifizierten Verfahrensregeln und Routinen." [S. 473]). S. auch W. Lipp, Bürokratische, partizipative und Kaderorganisation als Instrumente sozialer Steuerung, in: Die Verwaltung 11 (1978), S. 3 ff. (9 ff.); E. Pankoke/H. Nokielski, Verwaltungssoziologie, 1977, S. 20 ff. (21).

tung verwehrt, sich ihre Ziele aus eigenem Recht zu setzen"[336]; diese werden vielmehr von der (politischen) ‚Spitze' als verbindliche Maximen und unterschiedlich konkrete Handlungsanweisungen vorgegeben[337]. Die Verwaltung figuriert als willen- und interesseloser Apparat, der sich für im Grunde beliebige, vom Apparat selbst nicht hinterfragbare Zwecksetzungen funktionalisieren läßt, wobei der einzelne Amtswalter nicht nur den Gesetzen, sondern auch den Anordnungen und Weisungen des Dienstherrn sowie den in der exekutiven Organisations- und Geschäftsleitungsgewalt wurzelnden allgemeinen Verwaltungsvorschriften der administrativen Spitze unterworfen ist.

In einem Wort: Das sich in den verschiedenen historischen Epochen konstant haltende Charakteristikum der Verwaltung liegt in ihrer „Fremdbestimmtheit", also darin, daß „Verwaltung nicht Tätigkeit und Aufgabenerfüllung aus eigenem Recht des Verwaltenden, sondern definitionsgemäß abhängige Tätigkeit, fremdbestimmte Aufgabenwahrnehmung" ist[338]. Diese Einschätzung liegt auch der Gesamtbilanz Otto Bachofs zugrunde, der das Phänomen einer gewissen Verwaltungskontinuität bei gravierenden Wech-

---

[336] F. Morstein Marx, Bürokratisierung und Leistungsordnung, in: ders. (Hrsg.), Verwaltung, 1965, S. 69ff. (78).

[337] Vgl. Mayntz, Soziologie der öffentlichen Verwaltung, S. 44ff., 56ff., 181ff.; C. H. Böhret, Öffentliche Verwaltung in der Demokratie, in: König/v. Oertzen/Wagner (Hrsg.), Öffentliche Verwaltung in der Bundesrepublik Deutschland, 1981, S. 53ff. (55f.); W. Loschelder, in: HdbStR III, § 68 Rn. 102. Hier und im folgenden wird der vielschichtige Problemkomplex: ‚Parlament und Regierung' und die vielfachen Verschlingungen zwischen beiden Verfassungsorganen nicht thematisiert. Damit wird nicht verkannt, daß der gesamte Vorgang der Staatsleitung und -lenkung keineswegs bloßes Produkt und Derivat des sich vornehmlich in Gesetzesgestalt niederschlagenden gesamtgesellschaftlichen Willensbildungsprozesses und damit in letzter Instanz des Parlamentes ist. Die Fragen einer exakten Abgrenzung zwischen Regierungs- und Parlamentsaufgaben, etwaiger Regierungsvorbehalte, Grenzen des Zugriffsrechts des Gesetzgebers etc. sind indes einerseits von so großem Gewicht, andererseits für unsere auf Fragen der Verwaltungsorganisation zulaufenden Überlegungen kaum von ausschlaggebender Bedeutung, daß zu diesem Problemkomplex auf die einschlägige Literatur verwiesen werden darf: G. Kassimatis, Der Bereich der Regierung, 1967; S. Magiera, Regierung und Staatsleitung in der Verfassungsordnung des Grundgesetzes, 1979; Th. Puhl, Die Minderheitsregierung nach dem Grundgesetz, 1986, S. 112ff., 126ff. – Ebensowenig soll im einzelnen die Abgrenzung (und Abgrenzbarkeit) zwischen Regierung und Verwaltung zum Gegenstand der Behandlung gemacht werden, sofern nicht in einzelnen Punkten dazu Veranlassung besteht; zum Problem etwa Schröder, in: HdbStR III, § 67 Rn. 10ff., 29ff.

[338] R. Wahl, Zur Lage der Verwaltung Ende des 20. Jahrhunderts, in: Dt. VerwGesch V, S. 1197ff. (1199); s. auch R. Herzog, Verwaltung und Verwaltungsrecht in einer freiheitlichen Industriegesellschaft, in: Verhandlungen des 48. DJT, Bd. II, 1970, Teil L, S. 10; M. Schröder, Die Bereiche der Regierung und der Verwaltung, in: HdbStR III, § 67 Rn. 31.

seln der Staatsordnung wie folgt formuliert hat: „Im Absolutismus Vollzugsinstrument des landesherrlichen Willens, in der konstitutionellen Monarchie trotz weitgehender Gesetzesbindung noch wichtigste Domäne der Krone und dieser in ihrer sozialen Schichtung eng verbunden, im Weimarer Staat zwischen Tradition und neuer Staatsidee hin- und hergerissen und im Spannungsfeld feindlicher politischer Kräfte weitgehend gelähmt, vom NS-Regime zum (oft, aber nicht immer willfährigen) Apparat im Dienste der Diktatur degradiert, hat sie in der parlamentarischen Demokratie der BRD den im Gesetz zum Ausdruck gelangenden Volkswillen (Mehrheitswillen) durchzuführen und zu konkretisieren."[339] Es ist dieses hohe Maß an Fungibilität, das das ‚unpolitische' Beamtentum auszeichnet und im Kontext demokratischer Verfassungsstaaten insbesondere den reibungslosen Prozeß des Regierungswechsels ermöglichen soll[340]. Daß die mögliche Instrumentalisierung wie die Bereitschaft dazu weit über diese Grenze hinausreichen kann, hat nicht nur die Geschichte erwiesen, sondern liegt in der Struktur einer mit Lebenszeitbeamten besetzten Verwaltung selbst begründet: Max Webers berühmter Satz, „daß die bürokratische Maschinerie nach der Natur ihrer ideellen und materiellen Triebkräfte und angesichts der Natur des heutigen Wirtschaftslebens, welches durch sein Versagen ja zur Katastrophe geführt würde, gegebenenfalls bereit ist, unbesehen *jedem* zu dienen, der sich im physischen Besitz der nötigen Gewaltmittel befindet und den Beamten den Fortbesitz ihrer Ämter gewährt"[341], formuliert den Sachverhalt mit der charakteristischen erbarmungslosen Nüchternheit dieses Soziologen.

4. *Verselbständigung der Verwaltung?*

Obwohl sich also der Werkzeugcharakter der Verwaltung den bisherigen Darlegungen gemäß als konstitutiver Faktor und historische Konstante erweist, stellt sich unabweislich die Frage nach etwaigen Korrekturen an diesem vielleicht etwas *zu* eindeutigen Bild.

---

339 O. BACHOF, Art. Verwaltung, in: EvStL, 2. Aufl. 1975, Sp. 2772ff. (2774f.); vgl. auch TH. ELLWEIN, Geschichte der öffentlichen Verwaltung, in: König/v. Oertzen/Wagener (Hrsg.), Öffentliche Verwaltung in der Bundesrepublik Deutschland, 1981, S. 37ff. (44): „So gesehen stellt sich die Kontinuität der staatsgebundenen Verwaltung als Kontinuität des Verwaltungsstaates dar, dessen Verwaltung sich als fähig erwies und erweist, ihre eigenen Prinzipien mit denen des monarchischen wie des demokratischen Verfassungsstaates zu vereinbaren und zu bewahren."

340 J. ISENSEE, Art. Beamte, in: StL, 7. Aufl., Bd. 1, Sp. 589ff. (590).

341 M. WEBER, Deutschlands zukünftige Staatsform (1919), in: ders., Gesammelte Politische Schriften, 4. Aufl. 1980, S. 448ff. (451). – Ganz ähnlich übrigens R. v. MOHL, Politische Aphorismen, in: ders., Staatsrecht, Völkerrecht und Politik, 1862, S. 45.

Erste Zweifel daran, ob die Verwaltung tatsächlich bloß neutrales Mittel staatlicher Herrschaft ist, resultieren daraus, daß jede soziale Organisation stets in gewissem Umfang auch eigene Interessen verfolgt. Gerade im aufgabenintensiven Staat der modernen Industriegesellschaft kann aus dem administrativen Fachwissen wie aus der Ubiquität und Unentbehrlichkeit eines leistungsfähigen Verwaltungsapparates eine gewisse Tendenz zur Ausbildung von Eigenmacht und Verselbständigung resultieren. Derartige Phänomene sind keineswegs neu. Bereits Max Weber hat – einmal ganz abgesehen von seiner kulturpessimistischen Vision einer Lähmung und Fellachisierung des gesamtgesellschaftlichen Lebens im „stahlharten Gehäuse der Hörigkeit"[342] – die Möglichkeit, daß in Analogie zu Hegels Herr-Knecht-Dialektik der bürokratische Apparat seinen Instrumentcharakter abstreift und sich zum Entscheidungssubjekt aufschwingt, außerordentlich ernst genommen.

Zum zweiten birgt die möglicherweise nicht zu leugnende Eigenmacht der Exekutive gerade wegen ihrer verfassungsrechtlich besonders intensiv betriebenen Domestizierung ein gewichtiges Problempotential. Ist doch die strikte Subordination der Verwaltung unter den Willen des Gesetzgebers mit dem Ziel, dessen Willen möglichst unverfälscht um- und durchzusetzen, in der demokratisch-parlamentarischen Staatsordnung von zentraler Bedeutung. Gleichviel, ob man mit Rolf-Richard Grauhan vom „Modell legislatorischer Programmsteuerung" oder mit Claus Offe vom „Rationalitätstypus unverfälschter Normdurchsetzung spricht"[343]; gemeint ist, daß die Entwicklung des demokratischen Rechtsstaates die „legislative Steuerung ... zur vorherrschenden Strategie der Verwaltungsführung"[344] werden läßt. Das Gesetz dient in der sozialstaatlichen Demokratie weder nur als Abgrenzung individueller Interessensphären, als „schützende Abgrenzung koexistierender Freiheiten"[345], noch ist es allein Ausdruck kollektiver Selbstbe-

---

[342] M. Weber, Wirtschaft und Gesellschaft, 5. Aufl. 1976, S. 835. Zu den verschiedenen, häufig undifferenziert diskutierten „Bürokratisierungs"tendenzen Mayntz, Art. Bürokratie, Sp. 1065 ff.

[343] R.-R. Grauhan, Modelle politischer Verwaltungsführung, 1969, S. 9 ff.; ders., Zur Struktur der planenden Verwaltung, in: Stadtbauwelt 25/26 (1969), S. 321 ff.; C. Offe, Rationalitätskriterien und Funktionsprobleme, S. 470. S. auch E. Pankoke/H. Nokielski, Verwaltungssoziologie, 1977, S. 12 ff. („legale Ordnung und bürokratische Routine").

[344] Mayntz, Soziologie der öffentlichen Verwaltung, S. 74 (s. auch S. 183 u.ö.); Th. Ellwein/J. J. Hesse, Das Regierungssystem der Bundesrepublik Deutschland, 6. Aufl. 1987, S. 342; zur modellhaften Steuerungsfunktion des Gesetzes wie zu faktischen Problemen R. Herzog, in: Maunz/Dürig, Komm. z. GG, Art. 20 (1980), Abschnitt VI, Rn. 45 ff.; Böhret, Öffentliche Verwaltung in der Demokratie, S. 55 ff., 58 ff.

[345] P. Badura, Verwaltungsrecht im liberalen und im sozialen Rechtsstaat, 1966, S. 27; vgl. ders., Das Verwaltungsrecht des liberalen Rechtsstaates, 1967, S. 25, 52;

stimmung in Gestalt demokratischer Herrschaftsorganisation oder Bändigung einer irgendwie schon vorausgesetzten Staatsgewalt. Es stellt vielmehr auch und zugleich das vorzügliche – wenn auch nicht einzige – „Führungsmittel gegenüber der Verwaltung"[346] dar, das bei allen sich nicht selbst exekutierenden Gesetzen für die sozialgestaltende Umsetzung und Realisierung der zu rechtlichen Normen geronnenen politischen Zielsetzungen Sorge zu tragen hat. Anders als in der konstitutionellen Monarchie verfügt die Exekutive über keinen direkt vom Fürsten abgeleiteten Legitimationsstrang und demgemäß auch über kein originäres, vom Gesetz unabhängiges Wirkungs- und Tätigkeitsfeld mehr. Sie gerät in Abhängigkeit vom Gesetz, findet dementsprechend ihre maßgebliche Verankerung im demokratischen Prinzip der Volkssouveränität und kann mit gleicher Folgerichtigkeit überwiegend nur vom Gesetz (und nur in Ausnahmefällen direkt aus der Verfassung[347]) abgeleitete und am Gesetz orientierte Funktionen im Prozeß dessen ausüben, was man mit dem seinerseits schwierigen und interpretationsbedürftigen Begriff der „Gemeinwohlkonkretisierung" zu benennen pflegt[348]. Insge-

---

DERS., Auftrag und Grenzen der Verwaltung im sozialen Rechtsstaat, in: DÖV 1968, S. 446 ff. (446). Zur Gesetzgebung als dem eigentlichen Mittel der Durchsetzung politisch-gesellschaftlicher Ziele insb. der Sozialgestaltung bereits U. SCHEUNER, Der Bereich der Regierung (1952), in: ders., Staatstheorie und Staatsrecht, 1978, S. 455 ff. (474); DERS., Gesetzgebung und Politik (1974), ebd., S. 529 ff. (540 f.). – Zusammenfassend P. BADURA, Art. Recht, Theorie des Rechts, Rechtsphilosophie, in: ders. u.a. (Hrsg.), Fischer Lexikon Recht, 1987, S. 128 ff. (137 ff.: „Wohlfahrtsstaatliche Sozialgestaltung durch Recht"); dezidiert zum sozialgestaltenden Charakter der Gesetzgebung auch M. DRATH, Art. Staat, in: EvStL, 2. Aufl. 1975, Sp. 2432 ff. (2441 f., 2451, 2453 f.); M. REHBINDER, Rechtssoziologie, 1977, S. 142 ff. betont, daß die allgemeinen Funktionen des Rechts mit ‚Verhaltenssteuerung' und ‚Konfliktbereinigung' nicht hinreichend umschrieben sind, sondern zunehmend die umfassende soziale Funktion („Sozialrecht" im weiteren Sinne) in den Vordergrund tritt; ähnlich GEORG MÜLLER, Inhalt und Formen der Rechtssetzung als Problem der demokratischen Kompetenzordnung, 1979, S. 6 ff. m.w.N.; zu Problemen der Gesellschaftssteuerung durch Recht vgl. die Hinweise in der Einleitung.

346 ELLWEIN, Geschichte der öffentlichen Verwaltung, S. 49; s. auch G. F. SCHUPPERT, Die Erfüllung öffentlicher Aufgaben durch verselbständigte Verwaltungseinheiten, 1981, S. 362.

347 Zu dieser verfassungsrechtlichen Überdeterminierung der Verwaltung, die aber in der Praxis angesichts fortschreitender Vergesetzlichung keine gravierende Rolle für das Handlungsvolumen der Exekutive spielt, vgl. R. HERZOG, in: Maunz/Dürig, Komm. z. GG, Art. 20 Abschnitt II (1980), Rn. 1, 24 ff., 26: „Im übrigen steht außer Zweifel, daß die hauptsächlichen inhaltlichen Bindungen der Zweiten und Dritten Gewalt im Gesetzesstaat des GG nicht unmittelbar aus der Verfassung, sondern aus dem Gesetz und den zahllosen zu den Gesetzen ergangenen untergesetzlichen Normen resultieren."

348 Zu den Schwierigkeiten der Bestimmung und der Hervorbringung des Gemeinwohls vgl. J. ISENSEE, Gemeinwohl und Staatsaufgaben im Verfassungsstaat, in: HdbStR

samt läßt sich von der Verwaltung als einer ‚gesetzesdirigierten Gewalt‘[349] sprechen.

Indes: Irrtümlich wäre die Annahme, der Fortfall einer Eigenlegitimation der Exekutive führe zwangsläufig und automatisch zur stärkeren Anbindung an den zu vollziehenden legislativen Willen. Denn gerade die Verlagerung der entscheidenden Impulsquelle vom punktuellen, personalen fürstlichen Willen auf den parlamentarischen Gesetzgeber eröffnet unter den sozialeudämonistischen, technologischen und gesellschaftspolitischen Bedingungen einer parteienstaatlichen Massendemokratie[350] neue Freiräume und schafft ganz im Gegenteil zu landläufigen Vorstellungen einer zunehmenden administrativen „Subalternisierung“[351] Voraussetzungen für ein nicht unerhebliches Maß an neuer, im Extremfall bis zu pragmatischer Illegalität reichenden Eigenständigkeit der Verwaltung[352] – einmal ganz abgesehen von

---

III, § 57 Rn. 78 ff., 88 ff., 104 ff. – Zu den begrifflichen Vielseitigkeiten und historischen Vorbelastungen des Gemeinwohl-Topos F. v. Zezschwitz, Das Gemeinwohl als Rechtsbegriff, Diss. jur. Marburg, 1967, insb. S. 67 ff., 174 ff.; M. Stolleis, Gemeinwohlformeln im nationalsozialistischen Recht, 1974, S. 1 ff., 12 ff. u. passim; siehe – praxisbezogen – auch E. Reinhart, Über das Allgemeinwohl, in: ZBR 1980, S. 240 ff. und grundsätzlich P. Häberle, Die Gemeinwohlproblematik in rechtswissenschaftlicher Sicht, in: Rechtstheorie 14 (1983), S. 257 ff.

[349] Vgl. E. Schmidt-Assmann, Verwaltungsverantwortung und Verwaltungsgerichtsbarkeit, VVDStRL 34 (1976), S. 221 ff. (231).

[350] P. Badura, Die parteienstaatliche Demokratie und die Gesetzgebung, 1986.

[351] E. Forsthoff, Diskussionsbemerkung, VVDStRL 14 (1956), S. 188.

[352] Übereinstimmende Analyse quer durch die Fachdisziplinen und Lager: J. Isensee, Mehr Recht durch weniger Gesetze?, in: ZRP 1985, S. 139 ff. (141); W.-D. Narr, Strukturdefizite der parteienstaatlich/parlamentarischen Demokratie und mögliche Alternativen, in: Vorgänge Nr. 71, 23. Jg., Heft 5, 1984, S. 95 ff. (103); Th. Ellwein, Gesetzgebung, Regierung, Verwaltung, in: HdbVerfR, S. 1093 ff. (1131); I. Maus, Perspektiven „reflexiven Rechts“ im Kontext gegenwärtiger Deregulierungstendenzen, in: KritJ 19 (1986), S. 390 ff. (397); K.-H. Ladeur, Vom Gesetzesvollzug zur strategischen Rechtsfortbildung, in: Leviathan 7 (1979), S. 339 ff.; R. Voigt, Verrechtlichung in Staat und Gesellschaft, in: ders. (Hrsg.), Verrechtlichung, 1980, S. 15 ff. (19: „Selbststeuerung der Administration“); W. Schmitt Glaeser, Partizipation an Verwaltungsentscheidungen, VVDStRL 31 (1973), S. 179 ff. (203): Verwaltung entzieht sich der Herrschaft des Gesetzes. – Viele Faktoren hat unter dem Topos von der „Wucht des Verwaltungsstaates“ bereits 1965 zusammengefaßt K. Eichenberger, Die Problematik der parlamentarischen Kontrolle im Verwaltungsstaat, in: SchwJZ 1965, S. 269 ff. (286 ff., 288); jetzt auch in: ders., Der Staat der Gegenwart, Basel-Frankfurt/M. 1980, S. 415 ff. (422 ff.). – S. ferner P. Lerche, in: Maunz/Dürig, Komm. z. GG, Art. 83 (1983), Rn. 61; P. Badura, Staatsrecht, 1986, D 53 (S. 212); Th. Blanke, Autonomie und Demokratie, in: KritJ 19 (1986), S. 406 ff. (412 ff.); U. K. Preuss, Entwicklungstendenzen der Rechtswissenschaft, in: KritJ 21 (1988), S. 361 ff. (367, 370); B. A. Baars, Strukturmodelle für die öffentliche Verwaltung, 1973, S. 79; C. Böhret, Politik und Verwaltung, 1983, S. 132 ff.

verfassungsrechtlichen Strukturvorgaben gewaltenteilender Art und dem Umstand, daß der parlamentarische Gesetzgeber aus einer Reihe von Gründen sich oft unfähig und außerstande zu ‚eigenständigen politischen Taten unter der Verfassung'[353] zeigt, sein ihm zur Verfügung stehendes Instrumentarium zu verbindlicher konkreter, normativer Regelung nicht ausnutzt[354] und Gesetze nurmehr selten als aus legislatorischer Vollkompetenz geschöpfte „verbindliche Stiftung von Ordnungen durch kategorisch geltendes Recht"[355] erscheinen.

Auch wenn also trotz fundamentaler Veränderungen der Verfassungsstrukturen das Merkmal der Fremdbestimmung noch immer als zentrales Charakteristikum der Verwaltung gilt, so liegt doch nicht in dieser allgemeinen Bestimmung, sondern in der Eigenart jenes fremden Willens in einer parlamentarischen, gesetzesstaatlichen Demokratie und den Konsequenzen dieser Eigenart für den Verwaltungsbereich das eigentliche Problem beschlossen. Daraus ergeben sich Folgen für den weiteren Fortgang der Untersuchung. Zum einen ist zu prüfen, ob das in der beschriebenen Weise absolutistisch geprägte Modell einer befehlsabhängigen Verwaltung im Sinne einer Erstreckung der Funktionsprinzipien der demokratischen Staatsform auf

---

353 Diese Wendung bei D. Grimm, Verfassungsfunktion und Grundgesetzreform, in: AöR 97 (1972), S. 489 ff. (504).

354 Denninger, Verfassung und Gesetz, S. 306. – Noch stärker wird die Dekomposition legislatorischer Gestaltungsmacht, wenn – sei es bewußt, sei es unbewußt – an die Stelle instrumenteller Gesetzgebung lediglich eine ‚symbolische' tritt; dazu R. Hegenbarth, Symbolische und instrumentelle Funktionen moderner Gesetze, in: ZRP 1981, S. 201 ff. (mit richtigem Hinweis darauf, daß jedes Gesetz, auch das instrumentelle, eine symbolische Funktion hat, weil mit Hilfe der Gesetzgebung Massenloyalität gesichert und Systemvertrauen geschaffen wird); P. Noll, Gesetzgebungslehre, 1973, S. 158 f. – S. auch H. Kindermann, Symbolische Gesetzgebung, in: Jahrbuch für Rechtssoziologie und Rechtstheorie, Bd. 13, 1988, S. 222 ff. (er betont, daß symbolische Gesetze auf andere Weise als sog. instrumentelle Gesetze die Realität beeinflussen wollen; Kindermann konzentriert sich indes eher auf das Strafrecht, nicht auf das Verwaltungsrecht); sehr zurückhaltend in der Kritik H. Schulze-Fielitz, Theorie und Praxis parlamentarischer Gesetzgebung, 1988, S. 558 ff. Beschränkt auf Wahlkampfkommunikation die umfangreiche Schrift von U. Sarcinelli: Symbolische Politik, 1987.

355 G. Barbey, Bundesverfassungsgericht und einfaches Gesetz, 1986, S. 37. Ein gutes Beispiel für die mangelnde Entschlußkraft, die taktisch bedingte Unschlüssigkeit und den fehlenden Willen zur wirklichen Veränderung qua Rechtsetzung des (in diesem Fall: verfassungsändernden) Gesetzgebers bietet die Debatte um die Aufnahme eines Umweltschutzartikels in die Verfassung. Die kuriose Situation, daß sich der verfassungsändernde Gesetzgeber erst bei der Wissenschaft erkundigt, welchen Effekt die geplante Änderung haben würde, hat treffend O. Depenheuer, Politischer Wille und Verfassungsänderung, in: DVBl. 1987, S. 809 ff. geschildert. Dies alles beruht indes nicht nur auf Unwillen und Unfähigkeit, sondern hat zum Teil tiefliegende verfassungsrechtliche und staatstheoretische Gründe: zu ihnen unten mehr.

den Bereich der Exekutive gewisse Modifikationen erfahren kann oder ihre strikt hierarchische Ausgestaltung auch im entwickelten Parlamentarismus zwingend ist; demgemäß wird zunächst die Frage nach der Berechtigung einer Demokratisierung der Verwaltung gestellt, um anschließend zu erläutern, in welchem Maß und aufgrund welchen normativen Legitimations- und Kontrollzusammenhanges gerade das parlamentarische Regierungssystem eine hierarchisch strukturierte und präzise kontrollierbare Verwaltungsorganisation erzwingt. Ein etwas umfassenderer Versuch, die Grenzen des solcherart geforderten Hierarchieprinzips zu bestimmen, schließt das 3. Kapitel ab.

Zum zweiten muß die strukturelle Beschränkung der Direktionskraft des demokratischen Gesetzes und die dadurch eröffnete partielle Subjektstellung der Verwaltung genauer erörtert werden – auch und gerade unter Berücksichtigung der faktischen Eigenmacht staatlicher Bürokratie (4. Kapitel). Erst danach kann die Ausgestaltung der Verwaltungsorganisation und der in ihr möglicherweise wirkenden Tendenzen einer Auflösung der hierarchisch geschlossenen Einheit genauer in den Blick genommen werden (5. Kapitel).

3. Kapitel:

Verwaltung in der parlamentarischen Demokratie: Grund und Grenzen des demokratisch-hierarchischen Kontrollsystems

I. Demokratisierung der Verwaltung?

1. Demokratisierung der Verwaltung als Folge der Demokratisierung des Staates?

Wenn infolge des Überganges von der konstitutionellen Monarchie zur demokratischen Staatsform Überlegungen angestellt und Forderungen erhoben wurden, die einen entsprechenden Umbau auch für die Organisation der Verwaltung zum Gegenstand hatten[1], so geschah dies nicht in Wiederanknüpfung an jene oben näher erläuterte Vorstellungswelt des frühen 19. Jahrhunderts mit ihrer vor allem in Preußen gepflegten Stilisierung der verbeamteten Intelligenz zur ideellen Gesamtrepräsentanz einer wirtschaftlich noch gar nicht voll entfalteten bürgerlichen Gesellschaft. Nicht die selbständige, auf umfassender neuhumanistischer Bildung und einer als sittliche Aufgabe verstandenen Berufsauffassung beruhende Mitwirkung der Beamten am lebenden Staatsorganismus kann im 20. Jahrhundert Grund für eine das Maschinenmodell überwindende Organisation der Exekutive sein, sondern nur die – dem Hierarchieprinzip entgegenlaufende[2] – suggestive Aus-

[1] A. Merkl, Demokratie und Verwaltung, 1923, leitet seine Studie mit dem Satz ein: „Kaum daß vom Umsturz die jahrzehntelange Forderung nach Demokratisierung der Gesetzgebung rascher und vollkommener, als man es sich hatte erhoffen dürfen, erfüllt worden war, wurde die bisher fast unerhörte Forderung nach Demokratisierung der Verwaltung laut." (S. 5); zu den zeitgenössischen Argumenten und Positionen weiter S. 6ff., 16ff., 38ff.; s. auch H. Kelsen, Demokratisierung der Verwaltung, in: Zeitschrift für Verwaltung 1921, S. 5ff. (in Österreich ging es seinerzeit vor allem um die Frage: Ernennung oder Wahl der Bezirkshauptleute). – Zahlreiche Beispiele und Anspielungen mit gewisser zeitlicher Versetzung auf dem Hintergrund von Studentenrevolte und Demokratisierungswelle finden sich in dem 1974 von H.-J. v. Oertzen hrsgg. Band: „Demokratisierung" und Funktionsfähigkeit der Verwaltung (H. Weichmann, S. 9ff.; G. Baum, S. 18ff.; K. König, S. 195ff.).

[2] P. Pernthaler, Allgemeine Staatslehre und Verfassungslehre, 1986, S. 172f.

Dreier, DÖV 02, 537, Hanebeck, DÖV 04, 901

strahlungskraft der demokratischen Idee selbst sowie ein allgemeiner, wohl auch zuweilen diffuser demokratischer Empfindungs- und Verhaltensstil[3]. Nicht nur auf der Ebene der Rechtsetzung, auch auf dem Gebiet der Rechtsumsetzung soll Demokratie herrschen[4]. Und in der Tat: Erblickt man den Kern des Demokratiegedankens und sein zentrales Ziel im weitestgehenden Abbau aller Heteronomie und in der Herstellung möglichst umfassender Übereinstimmung zwischen eigenem und fremden Willen[5], so liegt der Schritt nahe, dieses Prinzip auf allen Stufen staatlicher Herrschaftsausübung zu realisieren – nicht nur auf der Gesetzgebungsebene. Eine Demokratisierung der Vollzugsorgane, so will es scheinen, könnte zur Vervielfältigung, Verdichtung und Erweiterung, damit zur Intensivierung der Demokratie als Staatsform führen. Es ist kein Zufall, daß sofort nach dem Zusammenbruch des deutschen wie des österreichischen Kaiserreiches über eine der Demokratisierung der Legislative nachfolgende und diese komplettierende Demokratisierung der Verwaltung debattiert wurde.

Lassen wir indes mögliche Differenzierungen und Untergliederungen der staatlichen Organisation wie Föderalismus, die kommunale Selbstverwaltung oder andere Formen demokratisch radizierter Dezentralisationsmaßnahmen einstweilen beiseite[6], offenbart sich sogleich das Problematische und im Grunde Unhaltbare einer solchen Vorstellung. Denn gerade weil in der Demokratie der Prozeß der Staatswillensbildung im Gesetz kulminiert und daneben keine aus eigener Legitimationsquelle gespeisten Entscheidungen der Exekutive möglich sein sollen, da insofern die gewählten Repräsentativkörperschaften ausschließlich zuständig sind, bedarf es – wie vor allem

---

[3] Stichwort: „Demokratie als Lebensform". Dazu ausführlicher H. Dreier, Staatliche Legitimität, Grundgesetz und neue soziale Bewegungen, in: Demokratie und Wirtschaft, hrsgg. v. J. Marko/A. Stolz, 1987, S. 139ff. (172ff.) m.w.N.; s. auch H. Kübler, Organisation und Führung in Behörden, Bd. 1, 4. Aufl. 1980, S. 28, 31.

[4] Vgl. die kurze Notiz von F. Fleiner, Institutionen des Verwaltungsrechts, 8. Aufl. 1928, S. 98, daß man nach dem Ersten Weltkrieg in der Weimarer Republik das Kollegialprinzip und das Laienelement „den volksstaatlichen Bestrebungen entsprechend" gestärkt habe.

[5] So vor allem H. Kelsen, Vom Wesen und Wert der Demokratie, 2. Aufl. 1929, S. 3ff.; dazu H. Dreier, Rechtslehre, Staatssoziologie und Demokratietheorie bei Hans Kelsen, 2. Aufl. 1990, S. 251ff., 259ff.; s. auch P. Graf Kielmansegg, Volkssouveränität, 1977, S. 206ff. – Zu den unterschiedlichen theoretischen Ansätzen vgl. F. Scharpf, Demokratietheorie zwischen Utopie und Anpassung, 1970, S. 21ff.; R. Bäumlin, Art. Demokratie, in: EvStL, 2. Aufl. 1975, Sp. 362ff.; E. Fraenkel, Deutschland und die westlichen Demokratien, 7. Aufl. 1979, S. 32ff., 113ff., 197ff.

[6] Und zwar deshalb, weil sich hier unter bestimmten Umständen tatsächlich eine Vervielfältigung und Intensivierung demokratischer Selbstherrschaft in Verbindung mit einer Reduktion der faktischen Eigenmacht bürokratischer Verwaltung einstellen kann. Dazu mehr im 5. Kapitel.

der demokratische Rechtspositivismus der Wiener Rechtstheoretischen Schule herausgearbeitet hat[7] – zur Wahrung der in der demokratischen Staatsordnung stets nur annäherungsweise erreichbaren Übereinstimmung von fremden und eigenem Willen der möglichst unverfälschten, ,reinen' Befolgung und Umsetzung der gesetzlichen Bestimmungen durch die Verwaltung.

Ganz im Gegensatz zu diesen Anforderungen ist nun aber der Einbau demokratischer Elemente[8] auf der Vollzugsebene dazu geeignet, die Demokratie auf der Gesetzgebungsebene zu konterkarieren und den dort manifestierten Volkswillen durch administrative Sonderpolitiken zu verfälschen. Ein staatlicher Teilwille würde sich auf diese Weise gegen den Gesamtwillen empören: „Der Wille des Ganzen ... droht durch den Willen des Teils paralysiert zu werden."[9] Dies gilt freilich dort nicht, wo die Verwaltung dem ausdrücklichen Willen des Gesetzgebers zufolge eigene Wertungen vorzunehmen hat: im Bereich des Ermessens (im weitesten Sinne), also überall dort, wo der Exekutive eigene Entscheidungsermächtigungen gewährt und Handlungsspielräume überlassen sind. Hier ist eine Demokratisierung durch Ausschüsse, Beiräte, Partizipation von Betroffenen etc. nicht von vornherein systemwidrig[10]. Im übrigen aber bedeutet Demokratisierung

---

[7] Vergleichbar in den Intentionen, nicht in Mitteln und Schlußfolgerungen: FRIEDRICH MÜLLER, Juristische Methodik, 3. Aufl. 1989; DERS., Rechtsstaatliche Form – Demokratische Politik, 1977.

[8] Mit MERKL, Demokratie und Verwaltung, S. 16, 29, 34 f. soll unter demokratischer Verwaltung Bestellung der Amtswalter durch Wahl und Laiensystem, unter autokratischer Verwaltung Bestellung durch obrigkeitliche Ernennung und Berufsbeamtentum verstanden werden (vgl. auch C. SCHMITT, Verfassungslehre, 1928, S. 271), nicht – wie dies oft geschieht – lediglich binnenorganisatorische Modifikationen des strikten Hierarchieprinzips. Die vieldiskutierte Mitbestimmung der Arbeitnehmer im öffentlichen Dienst ist ebenso ein Problem für sich wie die oft beklagte Parteipolitisierung der Verwaltung, deren spektakulärste Erscheinungsform die Ämterpatronage bildet. – Zum schillernden Begriff der „Demokratisierung" und seinen Bedeutungsvarianten W. HENNIS, Demokratisierung, 2. Aufl. 1972; U. v. Alemann (Hrsg.), Partizipation-Demokratisierung-Mitbestimmung, 1975; H. QUARITSCH, Demokratisierung – Möglichkeiten und Grenzen, in: Ein Cappenberger Gespräch, 1976, S. 11 ff. (13 ff., 21 ff., 31 ff.); E. DENNINGER, ebd., S. 45 ff. faßt Demokratisierung als Selbstverwaltung und kooperative Mitverwaltung auf; dazu mehr im 5. Kapitel.

[9] H. KELSEN, Allgemeine Staatslehre, 1925, S. 366; ebenso DERS., Vom Wesen und Wert der Demokratie, 2. Aufl. 1929, S. 70 ff.; MERKL, Demokratie und Verwaltung, S. 20, 72.

[10] Vgl. KELSEN, Allgemeine Staatslehre, S. 367 f.; so auch H. FABER, Verwaltungsrecht, 1987, S. 75 ff. mit prägnanter Terminologie: „Demokratisierung nachparlamentarischer Entscheidungsprozesse" und „sekundäre Demokratie". Hier liegt der durchaus berechtigte Ansatzpunkt für die vieldiskutierte „Partizipation an Verwaltungsentscheidungen" (dazu die Referate von R. WALTER/W. SCHMITT GLAESER, VVDStRL 31 [1973],

der Verwaltungsebene nicht Vervielfältigung, sondern Verfälschung der Demokratie: „Von dieser Warte aus gesehen, erscheint in der Demokratie vor allem die Verwaltungsorganisation als demokratisch, die am sichersten den Vollzug des Gesetzes als der höchsten Ausdrucksform des Volkswillens gewährleistet, und haftet einer Verwaltungsorganisation, die versucht ist, gegen den im Gesetz erscheinenden ‚allgemeinen Willen' im einzelnen Verwaltungsakt dem Willen einzelner zum Durchbruch zu verhelfen, geradezu ademokratischer Charakter an."[11]

Der demokratische Positivismus lehnt also ganz im Unterschied zum dezisionistischen Etatismus eines Carl Schmitt die Differenzierung und Pluralisierung bei der Herstellung des souveränen staatlichen Willens in Gestalt gesetzlicher Mehrheitsentscheidungen nicht ab, plädiert dann aber mit aller Konsequenz und Entschiedenheit für eine strikte Entdifferenzierung und Homogenisierung des Vollzuges. Es ist die große Rationalität und innere Stimmigkeit der klaren „Unterscheidung zwischen Politik als Willensbildung und Verwaltung als Willensausführung"[12], die ein solches Modell für die demokratische Staatsorganisation plausibel erscheinen läßt, weil die Exekutive auf die Vollziehung des gesetzesförmigen parlamentarischen Willens reduziert wird. Verwaltungsentscheidungen sind diesem Modell zufolge durch das gesetzgeberische Programm hinlänglich klar determiniert, der Vorrang der demokratischen Willensbildung durch Reduktion der

---

S. 147ff., 179ff.), die eben deswegen mit Demokratie als Form der Staatswillensbildung nicht verwechselt werden darf (zum entscheidungsvorbereitenden Charakter der Beteiligung im Verwaltungsverfahren dezidiert W. Schmidt, Einführung in die Probleme des Verwaltungsrechts, 1982, Rn. 152 [S. 101ff.]; darüber hinausreichende Formen der Beteiligung gesellschaftlicher Gruppen an staatlichen Entscheidungen behandelt E. Schreyer, Pluralistische Entscheidungsgremien im Bereich sozialer und kultureller Staatsaufgaben, 1982). Zum ganzen mit zahlreichen weiteren Nachweisen W. Schmitt Glaeser, Die Position der Bürger als Beteiligte im Entscheidungsverfahren gestaltender Verwaltung, in: P. Lerche/W. Schmitt Glaeser/E. Schmidt-Aßmann, Verfahren als staats- und verwaltungsrechtliche Kategorie, 1984, S. 35ff. (insb. S. 53ff.); E. Schmidt-Assmann, Verwaltungsverfahren, in: HdbStR III, §70 Rn. 25, 26.

[11] A. Merkl, Allgemeines Verwaltungsrecht, 1927, S. 340. – Präzise zu diesem Gedankengang K. König, Verwaltungsreform und Demokratiediskussion, in: Demokratie und Verwaltung, 1972, S. 271ff. (277); s. auch P. Oberndorfer, Verwaltung und Umwelt, in: Grundriß der Verwaltungslehre, hrsgg. v. K. Wenger u.a., Wien-Köln 1983, S. 405ff. (408); R. Steinberg, Politik und Verwaltungsorganisation, 1979, S. 22; W. Seibel, Regierbarkeit und Verwaltungswissenschaft, 1983, S. 204ff. – In Österreich ist diese Ansicht naturgemäß die herrschende: vgl. P. Oberndorfer, Die Verwaltung, in: Das österreichische Bundes-Verfassungsgesetz und seine Entwicklung, hrsgg. v. H. Schambeck, 1980, S. 425ff. (432ff.). – In Prämissen und Folgerungen entspricht die Kelsen/Merkl-Position weitgehend dem „Modell legislatorischer Programmsteuerung" im Sinne von R.-R. Grauhan, Modelle politischer Verwaltungsführung, 1969, S. 9ff.

[12] Grauhan, Modelle politischer Verwaltungsführung, S. 9.

Exekutive „zu einer mit Hilfe der Weisungshierarchie auf die rationale Ausführung beschlossener Programme hin angelegten Verwaltungsorganisation"[13] gesichert.

2. Hierarchische Verwaltung als Funktionserfordernis demokratischer Staatlichkeit

Es ergibt sich, daß nicht nur eine Affinität zwischen bürokratischem System und autokratischem Prinzip, sondern auch zwischen bürokratischem System und demokratischem Prinzip besteht; die hierarchisch-monokratische Verwaltungsorganisation erscheint der prägnanten Formulierung Eschenburgs zufolge als die „komplementäre Figur des demokratischen Willensbildungsprozesses"[14]. Der Ausschluß einer eigenständigen Willensbildung auf unterer Vollzugsebene ist „nicht etwa undemokratisch, sondern wird im Gegenteil gerade von der Demokratie gefordert. Wenn hier das Volk über sich entscheiden soll, dann ist kein Raum mehr für entsprechende Entscheidungen der Amtsträger."[15] Was fließend war und erst im Wege demokratischer Mehrheitsentscheidung in die Form des positiven Gesetzes gegossen werden mußte, ist nach diesem definitiven Abschluß des Diskurses vom Rechtsstab als unverrückbares Datum zu betrachten und getreulich zu vollziehen. Die Vielfalt des politischen Willensbildungsprozesses wird abgelöst von der monistischen Unirationalität eines im Idealfall automatenhaft-besinnungslosen Vollzuges.

Auch im demokratischen Staat behält demzufolge – nur scheinbar paradox[16] – die hierarchische Organisation der Verwaltung ihren

---

[13] Grauhan, Modelle politischer Verwaltungsführung, S. 21.

[14] Th. Eschenburg, Staat und Gesellschaft in Deutschland, 1956, S. 696; vgl. E.-W. Böckenförde, Die Organisationsgewalt im Bereich der Regierung, 1964, S. 88. Pointiert J. Isensee, Verwaltung zwischen Sachgesetzlichkeit und Parteipolitik, in: Personen und Institutionen in der Entwicklung der Bundesrepublik Deutschland, hrsgg. v. R. Hrbek (Eschenburg-Symposium), 1985, S. 67 ff. (68): „Hier werden Verfassungsstrukturen sichtbar, die dem naiven Demokratie-Ideologen paradox erscheinen müssen: daß im Bereich der Verwaltung die Demokratie der Hierarchie bedarf und daß die Verwaltung der Demokratie sich nicht demokratisieren und nicht politisieren läßt." S. auch W. Loschelder, Weisungshierarchie und persönliche Verantwortung in der Exekutive, in: HdbStR III, § 68 Rn. 21.

[15] H. Krüger, Allgemeine Staatslehre, 2. Aufl. 1966, S. 124.

[16] Vgl. Faber, Verwaltungsrecht, S. 45 f. – Am klarsten Merkl, Allgemeines Verwaltungsrecht, S. 339: „Es ist die paradoxeste Eigenschaft der demokratischen Verwaltungsorganisation, daß sie in ihren letzten Konsequenzen die Demokratie zu gefährden geneigt ist, wogegen sich ihr Widerpart, die autokratische Verwaltung, in ihren Konsequenzen geradezu als Hort der Demokratie bewähren kann." Und S. 340: „So wird paradoxerweise bei demokratischer Gesetzgebung gerade eine autokratische, d. h. von der

Böhme-Neßler, NVwZ 07, 650

Sinn[17]. Wegen des Zieles, den Willen des demokratischen Gesetzgebers möglichst unverfälscht zu realisieren, erweist sich das auf Bürosystem, striktem Weisungsrecht und Berufsbeamtentum beruhende hierarchische Modell mit seinen plausibel zu vermutenden Vorteilen größerer Sachlichkeit, höherer Unparteilichkeit und reinerer Rechtlichkeit[18] auch für die Demokratie als geeignet und adäquat. Gerade hier ist der Regelungskreis des Gesetzes nicht länger durch monarchische Eigenrechte beschränkt; gerade der demokratische Gesetzesbegriff zielt auf eine möglichst präzise Steuerung von Exekutive und Judikative[19]; gerade dem Bündnis von rechtsstaatlich-liberalem Sicherheitsdenken und demokratisch-politischem Impetus zur ak-

---

demokratischen Gesetzgebung strikt abhängige Verwaltung zu einem Werkzeug der Demokratie."; ebenso DERS., Demokratie und Verwaltung, S. 39, 72 ff., 76 ff. – Der demokratische Impetus strikter Bindung der Exekutive an den Willen der von der Volksvertretung gesetzten Rechtsnormen ist in der Staatsrechtslehre vor allem aufgegriffen worden von H. RIDDER, Die soziale Ordnung des Grundgesetzes, 1975, S. 9 ff.

[17] KELSEN, Allgemeine Staatslehre, S. 361; A. KÖTTGEN, Die Entwicklung des deutschen Beamtenrechts und die Bedeutung des Beamtentums im Staat der Gegenwart, in: G. Anschütz/R. Thoma (Hrsg.), Handbuch des Deutschen Staatsrechts, Bd. 2, 1932, S. 1 ff. (11). – Wiederum war es Merkl, der (das verbreitete Vorurteil von der Realitätsferne und Empirieschwäche der Wiener Schule widerlegend) schon sehr früh auf die vergleichbar engen Grenzen einer effektiven Kontrolle der demokratischen Anbindung der Verwaltung aufmerksam gemacht hat: „Aber die Mitherrschaft, ja selbst die Alleinherrschaft des Volkes im Bereiche der Gesetzgebung begründet noch nicht schlechthin die Volksherrschaft. Die Gesetzgebungskompetenz ist schlechterdings wertlos, wenn sie nicht ein Mittel der Mitbestimmung an der übrigen Staatstätigkeit wird. Die anderen Staatstätigkeiten können aber aus organisationstechnischen Gründen nicht gleich der Gesetzgebung dem unmittelbaren Volkswillen oder dem Willen einer Volksvertretung unterworfen werden. (...) Das Mittel der durchgängigen Volksherrschaft auf dem Gebiete der Verwaltung ist nun eben die Herrschaft des vom Volkswillen erzeugten Gesetzes in der Verwaltung. Selbst diese Gesetzesherrschaft in der Verwaltung bedeutet bereits mittelbare Demokratie zur zweiten Potenz, also eine merkliche Abschwächung des demokratischen Gedankens." (Allgemeines Verwaltungsrecht, S. 170). Diese ‚Mittelbarkeit der Demokratie' in der Vollziehung ist unvermeidlich. Ihre auf der historischen Folie der neu gegründeten Republiken klar erkannte Folge: „In der organisatorisch und funktionell viel mannigfaltigeren Vollzugssphäre bringen sich eben die sozialen Kräfte, die von der Gesetzgebung ausgeschaltet sind, letztlich doch irgendwie zur Geltung" (Allgemeines Verwaltungsrecht, S. 335).

[18] Vgl. MERKL, Demokratie und Verwaltung, S. 34 ff. (insb. 35), 61 ff.

[19] D. JESCH, Gesetz und Verwaltung, 1961, S. 26 ff. – Wo das Recht, wie im demokratischen Wohlfahrtsstaat, nicht nur der Abgrenzung quasi natürlich vorgegebener Freiheitsräume, sondern der Zuteilung von Lebenschancen, der Formung und Gestaltung komplexer sozialer Verhältnisse dient (vgl. nur W. KRAWIETZ, Das positive Recht und seine Funktion, 1969, S. 29), ist die Konnexität von ‚Recht' und ‚Politik' offensichtlich, weil das Recht Medium der Herrschaftsausübung und insofern geronnene Politik ist (vgl. D. GRIMM, Recht und Politik, in: JuS 1969, S. 501 ff.; FRIEDRICH MÜLLER, Juristische Methodik und Politisches System, 1976, S. 49 ff.).

tiven Gestaltung von Staat und Gesellschaft entspringt das Bedürfnis nach ebenso präziser wie umfassender Direktion des Verwaltungshandelns. Es liegt – um es mit Blick auf die Verfassungsordnung des Grundgesetzes zu formulieren – von daher in der Logik des demokratischen Systems, daß trotz sozialstaatlich indizierter Aufgabenvermehrung a) infolge gesteigerter Anforderungen an den Vorbehalt des parlamentarischen Gesetzes, b) aufgrund der Einsicht in das Wechselverhältnis von Eingriff und Leistung wie schließlich c) wegen des faktischen Prozesses zunehmender Vergesetzlichung der Bereich gesetzesfreier Verwaltung stetig abnimmt und es gerade angesichts der Wesentlichkeitstheorie des Bundesverfassungsgerichts kaum noch nennenswerte Aktionsräume für auf eigener Initiative beruhende und gesetzlich nicht angeleitete Aktivitäten der Verwaltung geben wird[20]. Deswegen und wegen der Vielzahl von Organisations-, Haushalts- und Verfahrensvorschriften scheint das Urteil Eberhard Schmidt-Aßmanns zutreffend, die Vorstellung von einer gesetzesfreien Verwaltung gehöre „in die verwaltungsrechtliche Märchenwelt"[21].

3. Die Unvermeidlichkeit von Freiräumen des Verwaltungshandelns

Demokratie – auf diesen knappen Nenner können wir es nun bringen – verlangt nach strikter Determination des Verwaltungshandelns[22], nach Durchsetzung des legalen Willens mit Hilfe eines loyal-gehorsamen Verwal-

---

[20] Exemplarisch und signifikant etwa das Plädoyer für eine gesetzliche Fundierung der Subventionen von H. BAUER, Der Gesetzesvorbehalt im Subventionsrecht, in: DÖV 1983, S. 53ff.; zurückhaltender K. H. FRIAUF, Ordnungsrahmen für das Recht der Subventionen, in: Verhandlungen des 55. DJT, 1985, Sitzungsberichte, M 9ff. (14ff.); vgl. jetzt umfassend G. LÜBBE-WOLFF, Die Grundrechte als Eingriffsabwehrrechte, 1988, S. 205ff. – Zur staatlichen Leistungsgewährung als Freiheitsproblem G. HAVERKATE, Rechtsfragen des Leistungsstaats, 1983, S. 5ff., 145ff.; B. SCHLINK, Freiheit durch Eingriffsabwehr – Rekonstruktion der klassischen Grundrechtsfunktion, in: EuGRZ 1984, S. 457ff. (465).

[21] E. SCHMIDT-ASSMANN, Der Rechtsstaat, in: HdbStR I, §24 Rn. 61; ähnlich G. MÜLLER, Inhalt und Formen der Rechtssetzung als Problem der demokratischen Kompetenzordnung, 1979, S. 71ff.; W. KREBS, Kontrolle in staatlichen Entscheidungsprozessen, 1984, S. 72. Durchgängige Verwendung des Terminus ‚gesetzesfreie Verwaltung' aber bei P. LERCHE, in: Maunz/Dürig, Komm. z. GG, Art. 83 (1983), Rn. 15, 18, 29 u.ö. – Schon JESCH, Gesetz und Verwaltung, S. 107 hatte die Geschichte des Gesetzesvorbehaltes als Geschichte zunehmender Einengung freier Verwaltungstätigkeit erfaßt; vgl. auch K.-U. MEYN, Kontrolle als Verfassungsprinzip, 1982, S. 327, 332, 338ff.

[22] Sehr bemerkenswert in diesem Zusammenhang der Hinweis von W. ZEIDLER, Der Standort der Verwaltung in der Auseinandersetzung um das Demokratieprinzip, in: „Demokratisierung" und Funktionsfähigkeit der Verwaltung, hrsgg. v. H.-J. v. Oertzen, 1974, S. 23ff., daß der Gesetzgeber den ihm gestellten Aufgaben ausweiche und

tungsstabes. Nur als Vollzugsautomat erweist sich die Verwaltung als demokratiedienlich: Der gehorsame und loyale Beamtenstab sichert zudem den demokratischen Machtwechsel institutionell ab[23]. Nicht trotz, sondern wegen der demokratischen Gesetzeserzeugung muß es deshalb grundsätzlich beim Ausschluß selbständiger Willensbildung auf der Ebene der Vollziehung bleiben: Pluralität, Diskurs, eigene Entscheidungsmacht sind hier fehl am Platze. Beschränkt auf die Rolle einer passiv-instrumentellen ‚vollziehenden Gewalt', stellen sich in dieser strikt gesetzesstaatlich-demokratischen Perspektive auch Handlungsfreiheiten der Verwaltung wie die Gewährung von Ermessensspielräumen als „Relikt absolutistischer Freiräume der monarchischen Exekutive" dar, was sich in der Demokratie wie ein – wenn auch letztlich unaustilgbarer – „unreiner Rest" ausnehme[24]. Die im Absolutismus geborene Idee möglichst strikter Bindung des exekutiven Apparats an den Herrscherwillen bleibt insoweit strukturell ungebrochen.

Weil man nun aber seit jeher um die Vollzugs- und Umsetzungsbedürftigkeit gesetzlicher Vorgaben weiß[25]; weil man die Unvermeidlichkeit bestimmter exekutiver Handlungsspielräume kennt; weil man die Verwaltung in einer ziemlich ungenauen und daher noch zu präzisierenden Redeweise als

---

ihm häufig die ganze Fülle seiner Entscheidungsmacht und Regelungskompetenz geradezu aufgedrängt werden müsse, weil das Parlament dazu neige, „das Gewicht seiner Rolle, wie sie sich aus der verfassungsmäßigen Festlegung auf das Repräsentativsystem ergibt, zu verleugnen" (S. 24). Auf dieser Linie die Bemerkung Ossenbühls zur Funktion des demokratischen Gesetzesvorbehaltes: er wende sich „fordernd an das Parlament, seine Gesetzgebungsaufgabe nicht zu vernachlässigen" (F. Ossenbühl, Der Vorbehalt des Gesetzes und seine Grenze, in: V. Götz/H. H. Klein/Chr. Starck [Hrsg.], Die öffentliche Verwaltung zwischen Gesetzgebung und richterlicher Kontrolle, 1985, S. 9ff. [22]; ebenso P. Badura, Die Wirtschaftstätigkeit der öffentlichen Hand und die neue Sicht des Gesetzesvorbehalts, in: Festschrift für Ernst Steindorff, 1990, S. 835ff. [844]). – Ähnlich in der auf das bürgerliche Recht bezogenen Argumentation und deutlich schon im Titel: U. Diedrichsen, Die Flucht des Gesetzgebers aus der politischen Verantwortung im Zivilrecht, 1974.

23 Isensee, Verwaltung zwischen Sachgesetzlichkeit und Parteipolitik, S. 79ff.

24 W. Schmidt, Einführung in die Probleme des Verwaltungsrechts, 1982, Rn. 83 (S. 46); Faber, Verwaltungsrecht, S. 92: Ermessen als „prekäre Enklave"; ähnlich R.-R. Grauhan, Politische Verwaltung, 1970, S. 16. Kritisch zu diesem „Ideal" möglichst weitreichender Tilgung des Verwaltungsermessens statt vieler K. A. Bettermann, Die rechtsprechende Gewalt, in: HdbStR III, § 73 Rn. 30.

25 Vgl. J. Locke, Zwei Abhandlungen über die Regierung, II. Abhandlung, 12. Kapitel, § 144: „Da aber die Gesetze, die auf einmal und in kurzer Zeit geschaffen werden, eine immerwährende und dauernde Kraft haben und beständig vollstreckt oder befolgt werden sollen, ist es notwendig, daß eine ständige Gewalt vorhanden sei, die auf die Vollziehung der erlassenen und in Kraft bleibenden Gesetze achten soll." (zitiert nach der 1977 v. W. Euchner hrsgg. Ausgabe, S. 292). Die Kontrolle der vollziehenden durch die gesetzgebende Gewalt sieht auch Montesquieu vor: Vom Geist der Gesetze, Buch XI, Kap. 6 (S. 220, 223 der von E. Forsthoff hrsgg. Ausgabe, Bd. 1, 1951).

‚eigenständige Staatsgewalt' (Hans Peters) apostrophiert; weil die Geschlossenheit des Verwaltungsapparates realiter längst aufgebrochen ist – gerade deshalb ist es mit dem Hinweis auf die gedanklich stringente Vorstellung strikter legislatorischer Verwaltungsprogrammierung durch das demokratische Gesetz nicht getan. Vielmehr stellt sich die Frage nach „Möglichkeiten und Grenzen einer Vorausdeterminierung der Verwaltungstätigkeit durch die Gesetzgebung und nach der Eigenart von Entscheidungsprozessen in der Verwaltung"[26] ebenso dringlich wie die nach Effektivität und Praktikabilität sei es vorbeugender, begleitender oder nachträglicher parlamentarischer Kontrolle[27]. Insgesamt geht es um die „Steuerungskraft des Parlaments gegenüber einem differenzierten Verwaltungssystem."[28]

II. Parlamentarische Kontrolle und Hierarchieprinzip

1. Die Umsetzungsbedürftigkeit des Rechts

Die Setzung eines allgemeinen Willens in Gesetzesgestalt bewirkt für sich genommen nichts: „Gesetzgebung bedarf, um in der Wirklichkeit staatlichen Lebens wirksam zu werden, prinzipiell der Aktualisierung der Gesetze"[29]. Mit dem Akt des Gesetzeserlasses ist der Prozeß der Staatswillensbildung zwar formell abgeschlossen, die damit intendierte – gerade unter den Funktionsbedingungen einer wohlfahrtsstaatlichen Massendemokratie über die bloße Abgrenzung natürlicher Freiheitsräume hinausgehende, ‚interventionistische' – Formung und Gestaltung der Realität aber gewissermaßen erst indiziert oder proklamiert. In der präzisen und differenzierenden Terminologie der Reinen Rechtslehre: neben der *Geltung* der Normen, also ihrem im Stufenbau der Rechtsordnung sichtbar werdenden Ableitungs-, Delegations- und Derogationszusammenhang, bedarf es ihrer *Wirksamkeit*, also ihrer Annahme, Befolgung und Durchsetzung[30]. Im Verwaltungsrecht, das überwiegend nicht nur existente Rechtsverhältnisse strukturieren, ordnen und bewahren, sondern gestaltend auf die gesellschaftliche Wirklichkeit

---

[26] SCHMIDT, Probleme des Verwaltungsrechts, Rn. 84 (S. 47).

[27] Zu diesem Phasenmodell KREBS, Kontrolle, S. 34ff., 50ff., 155ff.; s. auch H. H. KLEIN, Aufgaben des Bundestages, in: HdbStR II, § 40 Rn. 30ff.

[28] G. F. SCHUPPERT, Die Erfüllung öffentlicher Aufgaben durch verselbständigte Verwaltungseinheiten, 1981, S. 357.

[29] K. HESSE, Grundzüge des Verfassungsrechts der Bundesrepublik Deutschland, 16. Aufl. 1988, Rn. 530.

[30] H. KELSEN, Reine Rechtslehre, 2. Aufl. 1960, S. 10ff., 215ff. und dazu H. DREIER, Rechtslehre, Staatssoziologie und Demokratietheorie bei Hans Kelsen, 2. Aufl. 1990, S. 121ff.

Schliesky, DÖV 04, 809 (818 – dagegen)

einwirken will, kommt bei diesem Prozeß dem Rechtsstab besondere Bedeutung zu, der die Einhaltung der Normen zu überwachen, ihre Umsetzung zu sichern, ihre Befolgung zu kontrollieren und ihre Verletzung zu sanktionieren hat. Der Rechtsstab, die Verwaltung, hat mithin dafür Sorge zu tragen, daß aus dem Willen des Gesetzgebers die Wirksamkeit der Gesetze resultiert[31]. Begreift man angesichts der zum Teil schon kontraproduktiven Vielfalt normativer Vorgaben das Handeln der Verwaltung als Abschluß und Ergebnis von Informationsverarbeitungsprozessen[32], was sich in das beziehungsreiche Bild vom „langen Marsch der Normen durch die Institutionen" fassen läßt[33], so erhellt, daß es auf diesem Wege zu Phänomenen des Sinnverschleißes kommen kann. Die „Erhaltung des Sinngehalts der Weisung im stufenweisen Abstieg durch die Organisation"[34] ist durchaus keine Selbstverständlichkeit. Gleiches gilt für das Verhältnis von Gesetz und Verwaltung: denn hier droht die „bürokratische Verfremdung"[35]. Zählt man zu den Arten des Sinnverschleißes auch das Versickern von Gesetzesintentionen, Zielverschiebungen sowie Phänomene der Nichtanwendung von Normen (Vollzugsdefizit), ist damit das Aufgabenfeld der in jüngster Zeit so reich blühenden und im Vergleich zur vorangehenden Evalutionsforschung nicht auf einen Soll-Ist-Vergleich, sondern auf die Umsetzungsbedingungen von Normprogrammen konzentrierten Implementationsforschung bezeichnet[36].

---

[31] Vgl. zu den vielfältigen Faktoren (Art und Struktur der gesetzlichen Programme, Zielbestimmung, Umsetzungsprobleme, Adressaten etc.) mit umfangreichen Nachweisen W. Zeh, Wille und Wirkung der Gesetze, 1984, S. 18ff., 22ff., 43ff. u. passim.

[32] Diese Idee hat unter Rückgriff auf Überlegungen Niklas Luhmanns fruchtbar gemacht W. Schmidt, Einführung in die Probleme des Verwaltungsrechts, 1982, Rn. 114ff. (S. 72ff.).

[33] R. Wahl, Die bürokratischen Kosten des Rechts- und Sozialstaats, in: Die Verwaltung 13 (1980), S. 273ff. (285).

[34] F. Morstein Marx, Hierarchie und Entscheidungsweg, in: ders. (Hrsg.), Verwaltung, 1965, S. 109ff. (113).

[35] Th. Würtenberger, Bürokratie und politische Führung, in: Bürokratie. Motor oder Bremse der Entwicklung?, hrsgg. v. Th. Leuenberger u. K.-H. Ruffmann, 1977, S. 99ff. (100).

[36] R. Steinberg, Evaluation als neue Form der Kontrolle final programmierten Verwaltungshandelns, in: Der Staat 15 (1976), S. 185ff. (201ff.); E. Blankenburg, Über die Unwirksamkeit von Gesetzen, in: ARSP 63 (1977), S. 31ff.; A. Windhoff-Héritier, Politikimplementation: Ziel und Wirklichkeit politischer Entscheidungen, 1980; W. Bruder, Forschungsanalytische Defizite der Implementationsforschung, in: VerwArch. 75 (1984), S. 129ff.; H.-U. Derlien, Implementationsprobleme: Bürokratische Ineffizienz oder politische Programmfehler?, ebd., S. 256ff.; R. Mayntz, Die Implementation politischer Programme: Theoretische Überlegungen zu einem neuen Forschungsgebiet, in: Die Verwaltung 10 (1977), S. 51ff.; dies., Problemverarbeitung durch das politisch-administrative System. Zum Stand der Forschung, in: J. J. Hesse

Es liegt auf der Hand, daß das Ziel einer möglichst getreuen und unverfälschten Umsetzung des im parlamentarischen Gesetz kondensierten demokratischen Willens und die damit verknüpfte Idee intensiver Bindung der Exekutive durch das steuernde, dirigierende und limitierende Gesetz nicht ohne Rückwirkungen auf die organisatorische Struktur des administrativen Apparates selbst bleibt (ohne zu übersehen, daß das heute ganz im Vordergrund stehende Mittel der Überprüfung der Einhaltung der Gesetze durch die Exekutive die verwaltungsgerichtliche Kontrolle ist). Erzwingt nicht die demokratische Form der Staatswillensbildung neben den allgemeinen Prinzipien des Vorranges und Vorbehaltes des Gesetzes eine bestimmte Organisation der Verwaltung? Denn: Will sich der Gesetzgeber einer Kontrolle der Umsetzung seiner Willensakte nicht vollständig begeben, so bedarf es gewisser Vorkehrungen zur Überprüfung der exekutiven Praxis, gegebenenfalls ihrer Veränderung und Revision[37]. Und eben dies kann eine bestimmte Ausgestaltung des Verwaltungsapparates zur Voraussetzung haben.

2. *Parlamentarisches Regierungssystem*

Den verfassungsrechtlich vielleicht anspruchsvollsten – im Verhältnis zu allen gewaltenfusionierenden Modellen der Reduktion der Regierung auf den Status eines unmittelbar von der Repräsentativkörperschaft abhängigen Exekutivausschusses des Parlamentes[38] jedenfalls realistischen – Versuch einer derartigen institutionalisierten Kontrolle der Verwaltung durch das Parlament bei Wahrung des Eigengewichts und der Selbständigkeit der Regierung stellt das parlamentarische Regierungssystem dar[39], das von Hans Pe-

---

(Hrsg.), Politikwissenschaft und Verwaltungswissenschaft, 1982, S. 74ff.; DIES., Berücksichtigung von Implementationsproblemen bei der Gesetzesentwicklung. Zum Beitrag der Implementationsforschung zur Gesetzgebungstheorie, in: Jahrbuch für Rechtssoziologie und Rechtstheorie, Bd. 13, 1988, S. 130ff. – Vgl. auch die Beiträge in: R. Mayntz (Hrsg.), Implementation politischer Programme II, 1983, S. 245ff., 264ff.; instruktiv die Sammelrezension von J. REESE, in: Soziologische Revue 1982, S. 37ff.

[37] Der Gesetzgeber muß, wie Herzog es formuliert hat, Herr seiner eigenen Gesetze zu bleiben versuchen (R. HERZOG, Möglichkeiten und Grenzen des Demokratieprinzips in der öffentlichen Verwaltung, in: Demokratie und Verwaltung, 1972, S. 485ff. [489]). W. HEUN, Staatshaushalt und Staatsleitung, 1989, S. 115 spricht vom „hierarchischen Vorrang der gesetzgeberischen Entscheidungen gemäß Art. 20 III GG".

[38] Dazu W. MÖSSLE, Regierungsfunktionen des Parlaments, 1986, S. 98ff., 117ff.

[39] Zu diesem ‚Typus' und seiner Ausgestaltung im Grundgesetz vgl. H.-P. SCHNEIDER, Das parlamentarische System, in: HdbVerfR, S. 239ff. (240ff., 251ff.). – Aus der älteren Literatur: U. SCHEUNER, Das parlamentarische Regierungssystem in der Bundesrepublik, in: DÖV 1957, S. 633ff.; DERS., Verantwortung und Kontrolle in der demokratischen Verfassungsordnung (1970), in: ders., Staatstheorie und Staatsrecht, 1978,

ter Ipsen nicht von ungefähr pointiert als „Vehikel zur Beförderung der Volkssouveränität“[40] bezeichnet wurde. Im parlamentarischen Regierungssystem, wie es das Grundgesetz normtextlich eher rudimentär ausgestaltet hat, nimmt die Volksvertretung nicht direkt Zugriff auf die Verwaltung, sondern übt Kontrolle vermittelt über die – von ihr abhängige und über die Kanzlerwahl durch sie kreierte (vgl. Art. 63 I, 64 I, 67 I, 69 II GG) – Regierung aus[41]. Das entscheidende Vermittlungsinstitut bildet hierbei die im Kern auf einer Rechenschafts- und Einstandspflicht beruhende[42] Ministerverantwortlichkeit[43], die ihren zentralen Ort im Zitier- und Interpellations-

---

S. 293 ff.; Th. Oppermann/H. Meyer, Das parlamentarische Regierungssystem des Grundgesetzes, VVDStRL 33 (1975), S. 7 ff., 69 ff.; vergleichend M. Friedrich, Das Parlamentarische Regierungssystem in den deutschen Bundesländern, in: JöR 30 (1981), S. 197 ff.; aus jüngerer Zeit P. Badura, Die parlamentarische Demokratie, in: HdbStR I, § 23 Rn. 8, 10 ff.

[40] H. P. Ipsen, in: Verhandlungen des 40. DJT, Bd. II, 1954, C 17. – Es versteht sich, daß parlamentarische Kontrolle bei alledem stets eher punktuelle Mißbrauchskontrolle und weniger flächendeckende Dauerkontrolle ist (G. Püttner, Verwaltungslehre, 2. Aufl. 1989, S. 356; J. Oebbecke, Weisungs- und unterrichtungsfreie Räume in der Verwaltung, 1986, S. 101); das gilt prinzipiell für das deutsche wie das amerikanische System (vgl. F. Scharpf, Die politischen Kosten des Rechtsstaats, 1970, S. 61). W. Zeh, Vollzugskontrolle und Wirkungsbeobachtung als Teilfunktion der Gesetzgebung, in: Jahrbuch für Rechtssoziologie und Rechtstheorie, Bd. 13, 1988, S. 194 ff. (196 f.) berichtet indes über die beträchtliche Anzahl von Berichtsanforderungen des Parlaments an die Regierung, in denen konkret nach den Wirkungen von Gesetzen oder auch untergesetzlichen Normen gefragt wird. – Detaillierte Angaben über die Kontrolltätigkeit des Bundestages bei D. Schindler, Datenhandbuch der Geschichte des Deutschen Bundestages 1949 bis 1982, 3. Aufl. 1984, S. 749 ff.; ders., Datenhandbuch zur Geschichte des Deutschen Bundestages 1980 bis 1984, 1986, S. 706 ff.

[41] Dazu eher holzschnittartig Th. Ellwein / A. Görlitz, Parlament und Verwaltung, Bd. 1: Gesetzgebung und politische Kontrolle, 1967, S. 42 ff.; differenzierter K. Eichenberger, Die Problematik der parlamentarischen Kontrolle im Verwaltungsstaat, in: SchwJZ 1965, S. 269 ff., 285 ff. Eichenberger entwickelt sehr präzise das allgemeingültige Modell parlamentarischer Kontrolle aufgrund ‚gesetzesstaatlicher Konsequenz‘, wonach Verwaltung als letztes Glied in einem Konkretisierungsvorgang betrachtet wird und die Legislative darüber wacht, „was mit ihrem Produkt in der Hand der Exekutive geschieht“ (S. 272); zweifelsohne erschöpft sich parlamentarische Kontrolle nicht darin, steht aber hier im Vordergrund.

[42] So zu Recht K. Kröger, Die Ministerverantwortlichkeit in der Verfassungsordnung der Bundesrepublik Deutschland, 1972, S. 6. Verantworten heißt eben im Kern: Rede und Antwort stehen.

[43] Zur staatsrechtlichen Bedeutung zusammenfassend K. Stern, Das Staatsrecht der Bundesrepublik Deutschland, Bd. II, 1980, S. 313 ff. mit zahlreichen w. N.; politikwissenschaftlich P. Gerlich, Parlamentarische Kontrolle im politischen System, 1973. – Zur umstrittenen Staatspraxis in der Adenauer-Ära U. Wengst, Ministerverantwortlichkeit in der parlamentarischen Praxis der Bundesrepublik Deutschland. Eine historische Bestandsaufnahme, in: ZParl 15 (1984), S. 539 ff.; vor allem rechtsgeschichtlich

recht des Bundestages (Art. 43 I GG) hat[44], aber in engem Kontext und Funktionszusammenhang mit dem Kanzlerprinzip (Art. 65 S. 1 GG) und der Möglichkeit des konstruktiven Mißtrauensvotums (Art. 67 GG) mit Abgangspflicht der Bundesminister (Art. 69 II GG) gesehen werden muß. Flankiert durch die besonderen Vorkehrungen der Art. 44 GG (parlamentarische Untersuchungsausschüsse), Art. 45 b GG[45] (Wehrbeauftragter) und Art. 45 c GG (Petitionsausschuß), hat die Kontrolle der Regierung ferner Verstärkung erfahren durch die Möglichkeit von Organstreitverfahren (Art. 93 I Nr. 1 GG)[46]. Ergänzend vermerkt sei, daß wegen der weitreichenden Ak-

H. MONZ, Die parlamentarische Verantwortlichkeit im deutschen Staatsrecht einst und heute, 1965, S. 15 ff., 29 ff. – Nach herrschender und zutreffender Auffassung besteht eine Verantwortlichkeit des einzelnen Ministers gegenüber dem Parlament, nicht nur des Bundeskanzlers gegenüber dem Parlament und der Minister gegenüber dem Bundeskanzler (vgl. nur M. OLDIGES, Die Bundesregierung als Kollegialorgan, 1983, S. 448; M. SCHRÖDER, Bildung, Bestand und parlamentarische Verantwortung der Bundesregierung, in: HdbStR II, § 51 Rn. 52; H.-P. SCHNEIDER, in: AK-GG, 2. Aufl., Bd. 2, 1989, Art. 65 Rn. 8; schwankend, im Endergebnis aber doch für die parlamentarische Verantwortlichkeit der Minister, wenngleich auf eine „terminologische Geschmacksfrage" reduziert: R. HERZOG, in: Maunz / Dürig, Komm. z. GG, Art. 62 [1984], Rn. 96).

[44] Dazu ausführlich, wenn auch mit zum Teil abweichender Auffassung: H.-W. MEIER, Zitier- und Zutrittsrecht im parlamentarischen Regierungssystem, 1982, S. 88 ff.; s. auch J. LINCK, Zur Informationspflicht der Regierung gegenüber dem Parlament, in: DÖV 1983, S. 957 ff. (959 ff.).

[45] Hier fällt, im Grunde eher nebenbei, auch der Begriff der „Ausübung der parlamentarischen Kontrolle". Mit EICHENBERGER, in: SchwJZ 1965, S. 288 ff. bleibt festzuhalten, daß parlamentarische Kontrolle nicht selbst zur Verwaltung werden darf (und auch nicht kann), stets den Charakter des Sporadischen und Zufälligen behalten wird und ihre Hauptfunktion in der Möglichkeit des prüfenden punktuellen Zugriffs liegt.

[46] Auch damit sind die parlamentarischen Kontrollrechte noch nicht erschöpft. Zu erwähnen sind weiter (vgl. F. SCHÄFER, Der Bundestag, 4. Aufl. 1982, S. 230 ff.; SCHNEIDER, Das parlamentarische System, HdbVerfR, S. 273 ff.; H. C. H. LIESEGANG, Rn. 19 ff. zu Art. 65, in: I. v. Münch, GG-Kommentar, Bd. 2, 2. Aufl. 1983; R. HERZOG, in: Maunz / Dürig, Komm. z. Grundgesetz, Art. 65 [1984], Rn. 91 ff.; DERS., ebd., Art. 62 [1984], Rn. 85 ff.; TH. ELLWEIN / J. J. HESSE, Das Regierungssystem der Bundesrepublik Deutschland, 6. Aufl. 1987, S. 273 ff.; D. SCHINDLER, Datenhandbuch zur Geschichte des Deutschen Bundestages 1980 bis 1984, 1986, S. 706 ff.; OEBBECKE, Weisungs- und unterrichtungssfreie Räume, S. 104 ff.) große und kleine Anfragen (dazu etwa K. VOGELGESANG, Die Verpflichtung der Bundesregierung zur Antwort auf parlamentarische Anfragen, in: ZRP 1988, S. 5 ff.; H. WEIS, Parlamentarisches Fragerecht und Antwortpflicht der Regierung, in: DVBl. 1988, S. 268 ff.), parlamentarische Kontrollkommissionen nach dem G 10-Gesetz sowie das Haushaltsrecht, auf dessen Kontroll- und Steuerungsfunktion auch Mußgnug ausdrücklich hinweist (R. MUSSGNUG, Verschiebungen im Verhältnis von Parlament, Regierung und Verwaltung, in: Dt. VerwGesch V, S. 100 ff. [117 ff.]), der aber ebenso wie die Referenten zum einschlägigen Thema einer Staatsrechtslehrertagung (A. v. MUTIUS/G. F. SCHUPPERT, Die Steuerung des Verwaltungshandelns durch Haushaltsrecht und Haushaltskontrolle, VVDStRL 42 [1984],

tionseinheit zwischen Regierung und Parlamentsmehrheit alle genannten Mittel und Instrumente weitgehend zu Oppositionsrechten geworden[47] sind und parlamentarische Kontrolle heute weitgehend Kontrolle durch die Ausschüsse meint[48].

3. Ministerverantwortlichkeit und ministerialfreie Räume

Zur Rechenschaft gezogen und in die politische Verantwortung genommen[49] werden kann der Minister aber nur dann, wenn er überhaupt in der Lage ist, auf die Verwaltung – und d.h.: auf jeden einzelnen Punkt der zu seinem Geschäftsbereich gehörenden Verwaltungsagenden – dirigierend und regulierend einzuwirken[50]. Das wiederum setzt eine hierarchische Stufung des Apparates voraus, an dessen Spitze der mit Weisungsmacht oder doch zumindest Aufsichtsrechten ausgestattete Minister – dessen charakteristische Doppelstellung als Mitglied des Kollegialorgans Regierung und als Ressortchef in den Ländern stärker ausgeprägt ist als im Bund – steht[51].

S. 147ff., 216ff.) insgesamt eine eher geringe Steuerungs- und Kontrollkapazität dieses Instrumentes konstatiert. Der Fülle der Instrumente korrespondiert mithin keineswegs eine hohe Effektivität. Im Bereich der Verwaltungskontrolle scheint der Einfluß des Parlaments besonders gering zu sein (vgl. STEINBERG, in: Der Staat 15 (1976), S. 197ff.; W. KREBS, Kontrolle in staatlichen Entscheidungsprozessen, 1984, S. 120ff., 166; s. auch H.-P. SCHNEIDER, Entscheidungsdefizite der Parlamente, in: AöR 105 [1980], S. 4ff. [25, 31 u.ö.]).

[47] Grundlegend H.-P. SCHNEIDER, Die parlamentarische Opposition im Verfassungsrecht der Bundesrepublik Deutschland, 1974, S. 236ff.

[48] W. ZEH, Altersschichten in der Geschäftsordnung des Deutschen Bundestages, in: ZParl 17 (1986), S. 396ff. (410); DERS., Gliederung und Organe des Bundestages, in: HdbStR II, § 42 Rn. 41. Zur Bedeutung der Ausschüsse H. DREIER, Regelungsform und Regelungsinhalt des autonomen Parlamentsrechts, in: JZ 1990, S. 310ff. (317ff.) m. w. N.

[49] Dazu KRÖGER, Ministerverantwortlichkeit, S. 142ff.; P. BADURA, Die parlamentarische Verantwortlichkeit der Minister, in: ZParl 11 (1980), S. 573 ff; M. DAUSTER, Die Stellung des Ministers zwischen Regierungschef, Parlament und Regierung nach dem Verfassungsrecht der Länder, 1984, S. 159ff.; SCHRÖDER, in: HdbStR II, § 51 Rn. 49ff.

[50] Vgl. R. HERZOG, Art. 65 Rn. 93ff.; H. LECHELER, Verwaltungslehre, 1988, S. 150; P. LERCHE, in: Maunz/Dürig, Komm. z. GG, Art. 86 (1989), Rn. 47. – STERN, Staatsrecht II, S. 319 formuliert apodiktisch: „Wo er (scil. der Minister) zuständig ist, ist er auch verantwortlich." Und Zuständigkeit heißt im Normalfall ‚Zurechenbarkeit' (ebd.). Es ist charakteristisch, daß Stern insoweit für die gesamte Ressortzuständigkeit des Ministers im Grunde auf nichts anderes als die „grundsätzlich hierarchische Struktur des Ministerialsystems" (S. 320) verweisen kann. – Zu den Instrumenten administrativer Führung der Ressortminister zählen sowohl Einzelanweisungen als auch (was indes nicht unstreitig ist) Verwaltungsvorschriften: OLDIGES, Die Bundesregierung als Kollegium, S. 213ff.

[51] Statt aller E.-W. BÖCKENFÖRDE, Die Organisationsgewalt im Bereich der Regie-

Eben weil das parlamentarische Kontrollsystem so im Grunde die Kontrollierbarkeit und Dirigierbarkeit des Verwaltungsapparates durch die zuständigen Ressortminister erzwingt, erscheinen ‚ministerialfreie Räume' problematisch[52] und wegen ihres verfassungsrechtlichen Ausnahmecharakters[53] gegenüber dem Ministerialsystem als der Grundform der Verwaltungsorganisation in jedem Fall besonders begründungsbedürftig[54]. Denn die parla-

---

rung, 1964, S. 212; HANS MEYER, Aufgaben und Stellung des Bundesministeriums der Justiz nach dem Auftrag des Grundgesetzes, in: Vom Reichsjustizamt zum Bundesministerium der Justiz, 1977, S. 443 ff. (443 f.). – Zur (im Grunde recht müßigen) Streitfrage, ob die Leitungsbefugnis der Ressortminister in Art. 65 S. 2 GG oder dem parlamentarischen Regierungssystem als solchen zu verorten ist: OEBBECKE, Weisungs- und unterrichtungsfreie Räume in der Verwaltung, S. 25 ff.; vergleichsweise deutlich ist das Ministerialsystem in der Bayerischen Verfassung geregelt: Art. 51 I, 53 Satz 3, 55 Nr. 4 u. 5 BayVerf.

[52] Guter Ein- und Überblick bei WOLFGANG MÜLLER, Ministerialfreie Räume, in: JuS 1985, S. 497 ff.; ausführlich E. KLEIN, Die verfassungsrechtliche Problematik des ministerialfreien Raumes, 1974, S. 58 ff., 73 ff., 125 ff.; OEBBECKE, Weisungs- und unterrichtungsfreie Räume in der Verwaltung, S. 23 ff., 95 ff.; H. SODAN, Kollegiale Funktionsträger als Verfassungsproblem, 1986, S. 359 ff.; LERCHE, Art. 86 Rn. 70 ff.; aus der Rechtsprechung BVerfGE 9, 268/281 ff.; 20, 238/252; 22, 106/113. – Wichtig und richtig ist insoweit zwar der Hinweis von W. KREBS, Verwaltungsorganisation, in: HdbStR III, § 69 Rn. 82, daß ‚ministerialfreie Räume' nicht notwendig der Kontrolle des Parlaments entzogen und insoweit auch nicht zwingend parlamentsfrei sind (so auch OEBBECKE, S. 8, 102 ff.; LERCHE, Art. 86 Rn. 71 m. Fn. 172), sondern dieser in anderer Weise unterworfen sein können (z. B. durch Kontrollausschüsse oder besondere Rechenschaftspflichten). Indes wird es sich insoweit wohl stets nur um Ausnahmen handeln, und es stellt sich von neuem die Frage nach Möglichkeiten und Grenzen (direkter) parlamentarischer Kontrolle.

[53] STERN, Staatsrecht II, S. 791. – G. F. SCHUPPERT, Die Erfüllung öffentlicher Aufgaben durch verselbständigte Verwaltungseinheiten, 1981, S. 334 ff., 350 ff. sieht die Kontrollproblematik prinzipiell auf das bürokratisch-hierarchische Modell verengt und kritisiert dies mit dem – zweifelhaften – Argument, zentrales Anliegen des parlamentarischen Regierungssystems könne es „sicherlich" nicht sein, die „Hierarchie verfassungsfest zu machen" (S. 352), warnt aber andererseits zutreffend davor, die Problematik auf ein einziges Kontrollinstrument zu verengen (S. 357). – TH. PUHL, Die Minderheitsregierung nach dem Grundgesetz, 1986, S. 161 ff. thematisiert bei seiner differenzierenden Problemanalyse auch die Frage einer eventuell verfassungswidrigen Einschränkung von Rechten der Regierung durch Entzug ihrer Kontroll- und Lenkungsrechte im Wege einer gesetzlichen Schaffung ministerialfreier Räume (dazu bereits P. FÜSSLEIN, Ministerialfreie Verwaltung. Begriff, Erscheinungsformen und Vereinbarkeit mit dem Grundgesetz, Diss. jur. 1972, S. 294, 311, 314, 316 f.).

[54] Vgl. C. P. FICHTMÜLLER, Zulässigkeit ministerialfreien Raums in der Bundesverwaltung, in: AöR 91 (1966), S. 297 ff. (328 ff.). – Deshalb unterfallen sie nach h. M. dem institutionellen Gesetzesvorbehalt (s. nur OEBBECKE, Weisungs- und unterrichtungsfreie Räume, S. 23 m.w.N.), bedürfen aber wegen der Durchbrechung des parlamentarischen Kontrollsystems zusätzlich einer näheren verfassungsrechtlichen Begründung (z. B. Prüfungsfragen, Sachverständigenaufgaben etc.), weil der Gesetzgeber nicht

mentarische Kontrolle und die ihr korrespondierende Verantwortlichkeit des Ministers erstreckt sich wegen der „Kongruenz von Verantwortlichkeit und Ingerenzmöglichkeit"[55] nur auf die seiner unmittelbaren Leitungs- und Aufsichtsgewalt unterfallenden Agenden[56]. Von Dezentralisationsmaßnahmen und Selbstverwaltungseinrichtungen ist an dieser Stelle im Interesse einer präzisen Begrifflichkeit und klaren Abschichtung der verschiedenen Problemkreise noch nicht zu reden. Festzuhalten bleibt also:

1. Bei einem Ministerium ressortieren (d. h.: zu einem ministeriellen Geschäftsbereich gehören) nicht nur die der Leitungsgewalt in Form des Weisungsrechts unterfallenden Gebiete, sondern auch andere Behörden[57]. 2. Ministerialfreiheit heißt Weisungsfreiheit, nicht Ressort- oder Parlamentsfreiheit[58]. 3. Reduziert sich der Einfluß des Ressortministers auf die Wahrnehmung der Aufsichtsfunktion, so kann er nur für die Handhabung seiner aufsichtsrechtlichen Befugnisse zur Rechenschaft gezogen werden. Und schließlich 4.: Aus Gründen sachlicher Präzision sollte man den Begriff der ministerialfreien Räume für den Bereich der unmittelbaren Staatsverwaltung reservieren und nicht auch Rundfunkanstalten, die Bundesbank sowie andere selbständige juristische Personen des öffentlichen Rechts darunter fassen[59].

4. Konsequenzen für die Organisationsstruktur der Verwaltung

Prinzipiell richtig ist von daher die Aussage, daß aus dem Funktionsmodus parlamentarischer Kontrolle, insbesondere aus dem Institut der Ministerverantwortlichkeit, der Aufbau bürokratischer Leitungshierarchien gefolgert werden kann[60]. Die Kontrollfunktion des Parlaments gegenüber der

---

durch inflationäre Schaffung ministerialfreier Räume die Regierung (Ministerien) „entmachten", sich selbst zugleich seines wichtigsten Kontrollmittels berauben und das verfassungsrechtlich verankerte parlamentarische Regierungssystem tendenziell unterspülen darf (vgl. auch LERCHE, Art. 86 Rn. 70, 107). Die von KLEIN, Problematik des ministerialfreien Raumes, S. 190 ff., 215 ff. vorgetragene Verzichtstheorie ist zu Recht auf Ablehnung gestoßen, weil der Bundestag sich seiner verfassungsrechtlich vorgesehenen Kontrollpflichten nicht einfach entledigen und zugleich Teile der Verwaltung ministerieller Direktion entziehen kann.

[55] W. LÖWER, Art. Staatsorganisation, in: EvStL, 3. Aufl. 1987, Sp. 3444 ff. (3455).

[56] Deutlich BÖCKENFÖRDE, Organisationsgewalt, S. 146; MÜLLER, JuS 1985, S. 497, 498, 508; auch R. HERZOG, Art. 65 Rn. 93 ff.; W. WELZ, Ressortverantwortung im Leistungsstaat, 1988, S. 18, 112. – Weniger klar P. KIRCHHOF, Mittel staatlichen Handelns, in: HdbStR III, § 59 Rn. 101.

[57] Vgl. OEBBECKE, Weisungs- und unterrichtungsfreie Räume, S. 31 f., 42, 123.

[58] KREBS, Kontrolle, S. 146 ff.

[59] Anders jüngst wieder SODAN, Kollegiale Funktionsträger, S. 368 ff.

[60] Grundlegend: BVerfGE 9, 268/281 f. Aus der Literatur zuletzt M. HERDEGEN, Der

Regierung zieht die Unterwerfung des jeweiligen Verwaltungsbereiches unter die Weisungsgewalt des Ressortministers nach sich, dem nicht nur ein „Hineinleuchten bis in die letzten Schlupfwinkel seines Ressorts“[61], sondern im Grunde sogar ein Hineinregieren möglich sein muß. Aus der ‚hierarchischen Verklammerung‘ zwischen Regierung und Verwaltung[62] aufgrund der parlamentarischen Verantwortlichkeit der Regierung ergibt sich: „Die Verwaltungshierarchie, mit ihr die Weisungsgebundenheit und die Gehorsamspflicht der Amtswalter, sind daher Folgen und Funktionsbedingungen der parlamentarischen Demokratie.“[63] Durch das vertikal abgestufte System der Über- und Unterordnung innerhalb der arbeitsteilig organisierten Verwaltung mit Weisungsrecht der jeweils höheren Stelle und durch die parlamentarische Verantwortlichkeit der Regierung als administrativer Spitze kann zusätzlich zur personellen Legitimation der dem Prinzip der Gesetzmäßigkeit verpflichteten Amtswalter die für die demokratische Ordnung zentrale Idee aufrechterhalten und befestigt werden, daß jeder hoheitliche Akt seine letzte Verankerung wie seine Kontrolle im demokratischen Volkswillen findet[64].

Selbsteintritt von Aufsichtsbehörden im Verwaltungsrecht, in: Die Verwaltung 23 (1990), S. 183 ff. (186); H. Goerlich, Beitritt und Beamtentum, in: JZ 1990, S. 675 ff. (677).

61 So plastisch F. Frhr. Marschall v. Bieberstein, Die Verantwortlichkeit der Reichsminister, in: G. Anschütz/R. Thoma (Hrsg.), Handbuch des Deutschen Staatsrechts, Bd. 1, 1930, S. 520 ff. (526).

62 Diese Wendung bei W. Loschelder, Weisungshierarchie und persönliche Verantwortung in der Exekutive, in: HdbStR III, § 68 Rn. 23 ff., insb. 27; zur Weisung als dem Leitungsinstrument in der hierarchisch gegliederten Verwaltungsorganisation schlechthin Oebbecke, Weisungs- und unterrichtungsfreie Räume, S. 6 ff., 10 ff. Zu Besonderheiten bei der Bundesauftragsverwaltung R. Steinberg, Handlungs- und Entscheidungsspielräume des Landes bei der Bundesauftragsverwaltung unter besonderer Berücksichtigung der Ausführung des Atomgesetzes, in: AöR 110 (1985), S. 419 ff. (430 ff.); P. Lerche, Zur Angreifbarkeit von Weisungen des Bundes im Rahmen der Bundesauftragsverwaltung, in: BayVBl. 1987, S. 321 ff.; F. Ossenbühl, Weisungen des Bundes in der Bundesauftragsverwaltung, in: Der Staat 28 (1989), S. 31 ff. (36, 42 ff.). Vgl. jetzt BVerfG NVwZ 1990, 955.

63 J. Isensee, Öffentlicher Dienst, in: HdbVerfR, S. 1149 ff. (1154); ders., Art. Beamte, in: StL, 7. Aufl., Bd. 1, Sp. 584 ff. (589 f.); s. auch Th. Ellwein/J. J. Hesse, Das Regierungssystem der Bundesrepublik Deutschland, 6. Aufl. 1987, S. 378 und H. Lecheler, Der öffentliche Dienst, in: HdbStR III, § 72 Rn. 15. Ähnlich – bezogen auf die Befugnis zum Erlaß von Verwaltungsverordnungen – Oldiges, Bundesregierung als Kollegium, S. 219: „Ausdruck wie auch Voraussetzung und Basis der Verantwortlichkeit der Exekutivspitze“; ders., Einheit der Verwaltung als Rechtsproblem, in: NVwZ 1987, S. 737 ff. (739).

64 Zur Vorstellung einer ununterbrochenen Legitimationskette zwischen dem souveränen Volk und den zur Ausübung von Staatsgewalt berechtigten Organen jetzt maßgeblich E.-W. Böckenförde, Demokratie als Verfassungsprinzip, in: HdbStR I, § 22

Aus alledem ergibt sich ein wechselseitiges Bedingungsverhältnis: Weil das Parlament die Verwaltung – von Sondertatbeständen abgesehen – nur in der Weise kontrollieren kann, daß es die zuständigen Ressortminister zur Verantwortung zieht, müssen diese wiederum über effektive Leitungs-, Steuerungs- und Direktionsmöglichkeiten gegenüber dem ihnen unterstehenden Verwaltungsapparat verfügen. Der hierarchische, mittels klarer Weisungsstränge geleitete Unterbau ermöglicht – theoretisch – die Ausrichtung auf den Willen der administrativen Spitze, die insoweit dann mit Recht in ihrem Amtsbereich zur Rechenschaft gezogen werden kann. Weil die Ministerverantwortlichkeit das notwendige „Bindeglied für die Kontrolle der Exekutive durch das Parlament"[65], zentrales Scharnier zwischen der Repräsentativkörperschaft und – vermittelt über die Regierung – der Verwaltung ist, die Einstandspflichten der Ressortminister aber Weisungs- und Direktionsrechte gegenüber dem Verwaltungsapparat voraussetzen, erzwingt das demokratisch-parlamentarische System eine hierarchisch strukturierte Verwaltung, ist es die „parlamentarische Form des Regierungssystems..., die Verwaltungshierarchie zur Bedingung hat und ihrerseits prägend auf den administrativen Stufenbau zurückwirkt."[66]

5. Das demokratisch-hierarchische Kontrollsystem

Eine hierarchische Organisation des komplexen Verwaltungsapparates, d. h.: die „vertikale Staffelung der Tätigkeitsbereiche im Nachordnungsverhältnis"[67], stellt sich als nachgerade unerläßliches Funktionsprinzip der parlamentarischen Demokratie heraus: Die repräsentativ-demokratische Struktur des politischen Gesamtsystems bedingt die hierarchisch-monokratische Struktur des Subsystems Verwaltung[68]. Aus der Notwendigkeit, dem demokratischen Prinzip gemäß alle Verwaltungsmacht vom Willen des Volkes

---

Rn. 11ff.; ferner R. Herzog, in: Maunz/Dürig, Komm. z. Grundgesetz, Art. 20 Abschnitt II (1980), Rn. 46ff., 74ff.; s. auch BVerfGE 47, 253/275.

[65] H. C. F. Liesegang, Rn. 21 zu Art. 65, in: I. v. Münch, GG-Kommentar, Bd. 2, 2. Aufl. 1983.

[66] Loschelder, in: HdbStR III, § 68 Rn. 39; vgl. auch P. Kirchhof, Mittel staatlichen Handelns, ebd., § 59 Rn. 168, 169; Steinberg, AöR 110 (1985), S. 426: „Die fachliche Weisung ist das typische Steuerungsinstrument der hierarchisch organisierten Verwaltung. Sie dient der verwaltungsinternen Kontrolle und sichert die Ressortleitungskompetenz des zuständigen Ministers sowie dessen parlamentarische Verantwortlichkeit." – S. auch R. Mayntz, Soziologie der öffentlichen Verwaltung, 3. Aufl. 1985, S. 124: politische Verantwortlichkeit als stabilisierender Faktor des Hierarchieprinzips.

[67] Morstein Marx, Hierarchie und Entscheidungsweg, S. 110.

[68] Vgl. F. Morstein Marx, Interne Verwaltungskontrolle, in: ders. (Hrsg.), Verwaltung, 1965, S. 372ff. (372); B. A. Baars, Strukturmodelle für die öffentliche Verwaltung, 1973, S. 76 m.w.N. in Fn. 174, 179ff.; Loschelder, in: HdbStR III, § 68 Rn. 18ff.

resp. der Volksvertretung abzuleiten und die Ausübung der Staatsgewalt durch die ‚besonderen Organe' auch in effektiver Weise zu kontrollieren, folgt eine konsequent durchgeführte hierarchische Stufung des Verwaltungsapparates[69]. In gewisser Verallgemeinerung kann man demnach sagen, die Bindung der Verwaltung an das demokratische Gesetz bedeute „in der Folge die Bindung an alle das Gesetz konkretisierenden Staatsakte weiterer Repräsentativorgane, denen in der Hierarchie der Staatsorgane ein Platz zwischen dem Parlament und dem jeweils in Betracht gezogenen Vollzugsorgan zukommt. Das Korollar dieser Determination von oben ... ist die Verantwortlichkeit nach oben für eine dieser mehrfachen Determination konforme Amtsführung."[70]

Deutlich wird insgesamt die doppelte Fundamentierung des hierarchischen, besser: demokratisch-hierarchischen Kontrollsystems, das der Verwaltungsorganisation im parlamentarischen Regierungssystem ein spezielles Profil gibt[71]. Es wurzelt zum einen im Gedanken der Gesetzesbindung der Verwaltung und der Kontrolle der Regierung durch das Parlament: Beides untermauert die These vom instrumentellen Charakter der Exekutive und trägt in sich wechelseitig stützender und ergänzender Weise dem Erfordernis demokratischer Legitimation des gesamten staatlichen Handelns Rechnung[72]. Das bürokratisch-hierarchische Ministerialsystem dient aber nicht allein als effektive Technik zur Umsetzung des Volkswillens. Es ver-

---

[69] Zum Zusammenhang von demokratisch-parlamentarischem Prinzip und dem Erfordernis effektiver Kontrolle, Lenkung und Steuerung der Verwaltungstätigkeit auch D. EHLERS, Verwaltung in Privatrechtsform, 1984, S. 124 ff., 268 ff.

[70] A. MERKL, Allgemeines Verwaltungsrecht, 1927, S. 339 f.

[71] Zu diesem Doppelbezug ansatzweise bereits FICHTMÜLLER, in: AöR 91 (1961), S. 350 ff.; K. KÖNIG, Verwaltungsreform und Demokratiediskussion, in: Demokratie und Verwaltung, 1972, S. 271 ff. (282); H. G. DAHLGRÜN, Parlamentarische Kontrolle und autonome Verwaltungsbereiche, ebd., S. 317 ff. (317); H. FABER, Verwaltungsrecht, 1987, S. 45 f.

[72] Vgl. ELLWEIN/GÖRLITZ, Parlament und Verwaltung, S. 57 ff.; von daher ist der Gedanke erklärlich, in strikter gesetzlicher Determinierung der Verwaltung ein funktionales Äquivalent für parlamentarische Kontrolle zu sehen (vgl. FÜSSLEIN, Ministerialfreie Verwaltung, S. 314 ff.). Der Zusammenhang gilt indes auch umgekehrt: dort, wo der Bereich der Gesetzgebung geschrumpft ist, auf der Ebene der Länder also, nimmt die Kontrolle und Überwachung der Verwaltung durch die Landesparlamente breiten Raum ein: „Die parlamentarische Verantwortlichkeit der Landesminister hat sich hier stillschweigend in eine bis in die Einzelheiten der Verwaltungsführung hineinreichende parlamentarische Mitregierung verwandelt" (BADURA, in: ZParl 11 [1980], S. 579; ähnlich W. GRAF VITZTHUM, Die Bedeutung des gliedstaatlichen Verfassungsrechts in der Gegenwart, VVDStRL 46 [1988], S. 7 ff. [45]; s. auch A. JANSSEN, Über die Grenzen des legislativen Zugriffsrechts, 1990, S. 160 ff.). – Zur Teilung der parlamentarischen Kontrolle im Fall der Bundesauftragsverwaltung vgl. STEINBERG, in: AöR 110 (1985), S. 431.

dankt sich auch (und vielleicht in erster Linie[73]) dem Streben nach möglichst lückenloser und möglichst vollständiger Unterwerfung des Verwaltungsapparates unter die Regierung, das durch ministerialfreie Räume und alle anderen Formen der Verselbständigung von Verwaltungseinheiten zumindest partiell unterlaufen wird. Diese Dimension einer streng und vollkommen durchgeführten inneradministrativen Hierarchie wirft nicht nur rechtsgeschichtliche, sondern angesichts im weiteren Fortgang der Arbeit noch genauer zu untersuchender umfassender Diversifikationstendenzen im verwaltungsorganisatorischen Bereich brisante verwaltungswissenschaftliche und bürokratietheoretische Fragen auf. Zugleich ist damit der enge Zusammenhang von politischer Steuerung und bürokratischer Verwaltung angesprochen[74].

6. Zusammenfassung

Der Gesamtzusammenhang unserer Argumentation, die ihren Ausgangspunkt bei der These von der dienenden Funktion der Verwaltung in ihrem Verhältnis zum dominierenden Gesetzgeber genommen hat, läßt sich wie folgt zusammenfassen. Beides: sowohl die Bindung der Verwaltung an die Gesetze als auch die parlamentarische Verantwortlichkeit der Regierung finden ihre gemeinsame Wurzel im Erfordernis demokratischer Legitimation allen staatlichen Handelns[75]. Dabei umfaßt der gegenüber dem Parlament zu verantwortende Bereich der Exekutive nicht nur die Gesetzesausführung, doch kann (und im Zuge fortschreitender Vergesetzlichung: wird) sich die parlamentarische Kontrolle neben brisanten und politisch auffälligen Akten ‚großer' Regierungspolitik (zunehmend) auch darauf beziehen. Die Bedeutung der Ministerverantwortlichkeit und der Mechanismen parlamentarischer Kontrolle wird dabei um so höher zu veranschlagen sein, je geringer die materiellrechtliche Determinierung der Verwaltung ausfällt[76]. Aus der

---

[73] So jedenfalls bei historischer Betrachtung G. JELLINEK, Die Entwicklung des Ministeriums in der konstitutionellen Monarchie (1883), in: ders., Ausgewählte Schriften und Reden, Bd. II, 1911, S. 89ff. (104ff.): der Gedanke der parlamentarischen Verantwortlichkeit sei eher ein Rechtfertigungs-, weniger ein Entstehungsgrund des Bürosystems (S. 106).

[74] Dazu SCHUPPERT, Erfüllung öffentlicher Aufgaben, S. 359ff.

[75] G. ZIMMER, Funktion-Kompetenz-Legitimation, 1979, S. 275: „Weisungsrecht, parlamentarische Verantwortlichkeit der Weisungsbefugten und parlamentarische Kontrolle stellen einen (potentiellen) Legitimationszusammenhang zwischen Entscheidung und Repräsentation her."

[76] Deutlich GEORG MÜLLER, Inhalt und Formen der Rechtssetzung als Problem der demokratischen Kompetenzordnung, Basel-Stuttgart 1979, S. 80: „Das Minus an Bestimmtheit und Dichte der Normierung muß durch ein Plus an parlamentarischer Auf-

Perspektive der Ministerien als den Leitinstanzen der jeweiligen Verwaltungsressorts gesehen, dient das möglichst lückenlose System hierarchischer Über- und Unterordnung vor allem der Ausrichtung des Apparats am Willen der administrativen Spitze. In der beschriebenen vermittelten Weise schafft diese bürokratische Struktur indes vor allem Möglichkeiten zur Anbindung des Verwaltungshandelns an den Willen der parlamentarischen Repräsentativkörperschaft. In toto: „Zwischen demokratischer Verantwortlichkeit und Weisungsabhängigkeit auf der einen, Gesetzesbindung auf der anderen Seite besteht unter dem Gesichtspunkt der sachlich-inhaltlichen demokratischen Legitimation ein korrelativer Zusammenhang."[77] Es ist nur scheinbar paradox: Die Demokratisierung der Staatswillensbildung hat nicht zu einer Lockerung des im Grunde absolutistischen Postulates hierarchischer Verwaltungsorganisation geführt, sondern dieses aus der Logik der Volkssouveränität wie wegen der starken verwaltungsorganisatorischen Diversifikationstendenzen im Gegenteil außerordentlich intensiviert.

III. Hierarchie als Bauprinzip der Exekutive?

1. Demokratische Einheit qua Hierarchie

Die vorangegangenen, im Grunde noch sehr idealtypischen Überlegungen bieten ein vergleichsweise einfaches und in sich geschlossenes Bild: das Bild staatlicher Einheit auf der Grundlage demokratischer Herrschaftsorganisation, die auf einem hierarchisch durchgeformten, für die variablen Zwecke der politischen Spitze instrumentalisierbaren Verwaltungsapparat beruht. Es ist zuvörderst die verfassungsrechtlich fundamentierte Idee der Präponderanz des Gesetzgebers, die dem institutionellen Gesamtensemble (Volkssouveränität – demokratische Repräsentation durch parlamentarische Vertretungskörperschaft – Gesetzesbindung der Verwaltung und Ministerverantwortlichkeit – bürokratische Verwaltungsorganisation) Struktur und einheitliche Ausrichtung gibt. Im stets formungs- und organisationsbedürftigen Willen des Volkes findet alle Ausübung staatlicher Gewalt ihren ersten und letzten Bezugs- und Legitimationspunkt. Vor allem in der Gesetzesherrschaft manifestiert sich die Prävalenz des Parlaments, weil die

---

sicht ausgeglichen werden, um die Realisierung der gesetzgeberischen Zielvorstellungen durch die Verwaltung zu gewährleisten." Ähnlich bereits Eichenberger, in: SchwJZ 1965, S. 272 Fn. 5. – A. A.: Oebbecke, Weisungs- und unterrichtungsfreie Räume, S. 126f.

[77] Böckenförde, in: HdbStR I, § 22 Rn. 22; zum „Ergänzungsverhältnis" der Kontrollen auch J. Schwarze, Zum Nutzen einer Systembildung für die Kontrolle der Staatsgewalt, in: DVBl. 1974, S. 893ff. (900).

anderen staatlichen Gewalten auf das Gesetz bezogen und an seinen Willen gebunden sind, von ihm dirigiert werden: auf der Ebene der Verwaltungsorganisation führt das in der beschriebenen vermittelten Weise zum Aufbau einer „Gesamthierarchie der vollziehenden Gewalt“[78].

Mit dem demokratisch-hierarchischen Kontrollsystem und einem daraus folgenden pyramidalen Verwaltungsaufbau scheint nicht nur das *Demokratieproblem* (wie kann der Verwaltungsapparat dauerhaft in Abhängigkeit vom Willen des souveränen Volkes gebracht werden?), sondern auch das *Einheitsproblem* (worin besteht der einheitsstiftende Zusammenhang des komplexen Verwaltungsapparates, und wie wird er gewährleistet?) eine Lösung gefunden zu haben[79]. In deutlicher Abgrenzung vom pluralen, offenen System der politischen Willensbildung, die in der definitiven (Mehrheits-) Entscheidung der demokratisch legitimierten Staatsorgane ihr (stets vorläufiges) Ende findet, beruht die Verwaltung auf dem Prinzip strikter Unterworfenheit unter vorgegebene Programme. Hierarchie, Aufsicht, klare und lückenlose Weisungsstränge: das sind die Grundpfeiler eines Apparates[80], dessen Idealmodell im Grunde in einer einzigen, monokratisch organisierten Gesamtbehörde bestünde, die durch exakte gesetzliche Konditionalprogramme gesteuert wird und für welche die Regierung dem Parlament in vollem Umfang verantwortlich ist.

---

[78] K. Obermayer, Verwaltungsakt und innerdienstlicher Rechtsakt, 1956, S. 108.

[79] Von daher leuchtet es unmittelbar ein, wenn G. Haverkate, Die Einheit der Verwaltung als Rechtsproblem, VVDStRL 46 (1988), S. 217ff. im demokratischen Prinzip das einheitsstiftende Moment für Staat und Verwaltung sieht (S. 222 u.ö.). Das Problem aber liegt darin, daß das Demokratieprinzip im Hinblick auf die Einheitsfrage ambivalent ist, so der Multiplikation demokratischer Subzentren Vorschub leistet und ein neues Einheitsproblem schafft: das der (Re-)Integration der ebenfalls demokratisch organisierten Subsysteme. Dazu Näheres im 5. Kapitel.

[80] Vgl. W. Brohm, Die Dogmatik des Verwaltungsrechts vor den Gegenwartsaufgaben der Verwaltung, VVDStRL 30 (1972), S. 245ff. (293ff.); Haverkate, VVDStRL 46 (1988), S. 239f. – Besonders deutlich R. Wendt, Die Einheit der Verwaltung als Rechtsproblem, in: NWVBl 1 (1987), S. 33ff. (37): „Innerhalb der unmittelbaren Staatsverwaltung ist nach traditioneller Verwaltungsrechtslehre die Verklammerung der verschiedenen Verwaltungsstufen durch das hierarchische Prinzip und die damit gegebenen Aufsichts- und Weisungskompetenzen, die eine Steuerung der Kompetenzwahrnehmung von der Spitze der Hierarchie aus ermöglichen, das grundsätzlich unangefochtene zentrale Instrument zur Wahrung der Einheit des Staates bzw. der Verwaltung.“ Zur Klammerfunktion des hierarchischen Prinzips auch W. Löwer, Art. Staatsorganisation, in: EvStL, 3. Aufl. 1987, Sp. 3444ff. (3451).

2. *Bürokratische Organisationsstruktur*

Das Hierarchiemodell entfaltet nicht nur bei allen Vorstellungen über die Ordnung der Gesamtgesellschaft eine geradezu erdrückende Plausibilität[81] und Alternativenlosigkeit; es galt und gilt auch als zwingender Systemimperativ und funktionale Grundbedingung aller Großorganisationen. Bürokratie ist, mit Max Weber zu reden, ein universelles Phänomen: vom kapitalistischen Betrieb bis zur modernen Staatsanstalt. Das demokratisch-hierarchische Kontrollsystem erweist sich bei dieser Betrachtungsweise nur als Unterfall der Funktionsgesetzmäßigkeiten bürokratischer Arbeitsstrukturen und dementsprechender organisationssoziologischer Erklärungsmodelle[82]. In jeder bürokratischen Organisation muß sich das für sie konstitutive Schema von vorgegebenen Zwecken bzw. Zielen und zu instrumentalisierenden Mitteln reproduzieren – und dies erfolgt in Form hierarchischer Stufung[83]. Zentralisation ist eine zwingende Folgeerscheinung des Bürokrati-

---

[81] Am deutlichsten H. Willke, Entzauberung des Staates. Grundlinien einer systemtheoretischen Argumentation, in: Jahrbuch zur Staats- und Verwaltungswissenschaft, hrsgg. v. Th. Ellwein u.a., Bd. 1, 1987, S. 285 ff. (290): „unzweifelhaft schien immer gewesen zu sein, daß diese Ordnung eine hierarchische sein müsse. Ordnung ohne hierarchische Struktur schien undenkbar zu sein." Vgl. auch N. Luhmann, Politische Theorie im Wohlfahrtsstaat, 1981, S. 42 ff. („Hierarchie und Kreislauf"); etwas übertreibend im Hinblick auf die Verwaltungsorganisation G. Freddi, Administrative Rationalität und sozio-ökonomische Interventionen, in: Recht als Instrument der Politik, hrsgg. v. R. Voigt, 1986, S. 209 ff. (222). – Zur Begriffsgeschichte und auch zur oft hervorgehobenen Herkunft der hierarchisch-bürokratischen Amtsordnung aus der römisch-katholischen Kirche wie dem römischen Militärstaat H. Rausch, Art. Hierarchie, in: Geschichtliche Grundbegriffe, Bd. 3, 1982, S. 103 ff.; H. Ottmann u.a., Art. Hierarchie, in: StL, 7. Aufl., Bd. 2, Sp. 1273 ff.; s. auch E.-W. Böckenförde, Zum Verhältnis von Kirche und Moderner Welt, in: Studien zum Beginn der modernen Welt, hrsgg. v. R. Koselleck, 1977, S. 154 ff. (165 ff.).

[82] Vorzüglicher Überblick bei H. Treiber, Art. Organisation, in: Ergänzbares Lexikon des Rechts, Nr. 3/150 (v. 7.3.1986); zum Herrschaftscharakter G. Büschges, Organisation und Herrschaft, in: ders. (Hrsg.), Organisation und Herrschaft, 1976, S. 14 ff. (22 ff.); zur Universalität R. Prätorius, Soziologie der politischen Organisationen, 1984, S. 38. – Symptomatisch für dieses Verhältnis von allgemeinem Prinzip und spezieller Anwendung die Gliederungsabfolge bei W. Loschelder, Weisungshierarchie und persönliche Verantwortung in der Exekutive, in: HdbStR III, § 68 Rn. 4 ff., der „Hierarchie als Strukturelement" untersucht 1. in der Großorganisation, 2. im Staat, 3. im Verfassungsstaat und 4. im demokratischen Verfassungsstaat. – Aus der organisationssoziologischen Literatur ferner A. Kieser/H. Kubicek, Organisation, 1976, S. 74 ff.

[83] Dazu mit kritischer Wendung gegen die Basisannahmen der ‚klassischen' Organisationslehre N. Luhmann, Zweckbegriff und Systemrationalität, 2. Aufl. 1977, S. 72 ff.; ders., Art. Organisation, soziologisch, in: EvStL, 2. Aufl. 1975, Sp. 1689 ff.; zur weiteren theoriegeschichtlichen Entwicklung Prätorius, Soziologie der politischen Organisationen, S. 43 ff.; s. auch R. Mayntz, Art. Organisationssoziologie, in: Handwörter-

sierungsprozesses. Die bürokratische Arbeitsstruktur trägt, wie Morstein Marx kurz und prägnant konstatiert, „zwangsläufig hierarchische Züge“[84]. Verallgemeinert gesagt: Der Idee zentraler Steuerung großer organisatorischer Einheiten, seien es Wirtschaftsbetriebe, Heere, Versicherungsgesellschaften, Kirchen, sonstige Großbürokratien oder eben auch ganze Staaten korrespondiert wegen der „Möglichkeit präziser Arbeitsteilung, leichter Kontrollierbarkeit der Gesamtleistung und größerer Rentabilität“[85] ganz offenbar die Vorstellung einer systematisierungsbedürftigen Über- und Unterordnung der verschiedenen Teile. Eine durch Weisungsrechte sowie bestimmte Aufsichts- und Kontrollrechte abgesicherte feste Rangordnung der Stellen und Handlungseinheiten scheint, wie unübertrefflich Max Webers herrschaftssoziologische Notizen zum bürokratischen Verwaltungsapparat pointieren, optimal dafür geeignet, „daß die Befehle der Spitze mit dem mindestmöglichen Reibungsverlust vom Apparat exekutiert werden.“[86] Es ist das Verdienst Wolfgang Loschelders, diesen Gesamtzusammenhang zwischen den Basisprämissen bürokratischer Organisation, den normativen Vorgaben des demokratischen Verfassungsstaates und den Struktureigen-

---

buch der Organisation, hrsgg. v. E. Grochla, 1969, Sp. 1221 ff.; als Einzelstudie H. Hax, Die Koordination von Entscheidungen, 1965, S. 9 ff.

[84] F. Morstein Marx, Bürokratisierung und Leistungsordnung, in: ders. (Hrsg.), Verwaltung, 1965, S. 69 ff. (72). Hierarchie gilt als unentrinnbares Grundprinzip, das in besonders ausgeprägter Weise in der öffentlichen Verwaltung zum Tragen kommt: vgl. z. B. K. Kübler/H. Kübler, Moderne öffentliche Verwaltung, 1971, S. 22, 49 f., 62; H. Kübler, Organisation und Führung in Behörden, Bd. 1, 4. Aufl. 1980, S. 27 ff.; B. A. Baars, Strukturmodelle für die öffentliche Verwaltung, 1973, S. 4 ff., 9 f., 21 ff., 75 ff. (der es sich allerdings zur Aufgabe macht, die hierarchische Struktur von öffentlicher Verwaltung ihres für gewöhnlich unhinterfragt hingenommenen Charakters zu entkleiden und einer Analyse zuzuführen; vgl. ebd., S. 11); zur Verwaltungshierarchie als besonderem Anwendungsfall des Hierarchieprinzips auch P. Meyer, Die Verwaltungsorganisation, 1962, S. 153 ff.; s. ferner G. Püttner, Verwaltungslehre, 2. Aufl. 1989, S. 143 ff.; H. Lecheler, Verwaltungslehre, 1988, S. 105 ff.

[85] Morstein Marx, Kontrolle und Leistungsordnung. S. 71. Vgl. auch R. A. Dahl, Hierarchy, Democracy, and Bargaining in Politics and Economics, in: Research Frontiers in Politics and Government, Washington D. C., 1955, S. 45 ff. (60): „It is hierarchies that carry on most of the essential tasks of the modern society: from military organizations and other government bureaucracies to business corporations and trade unions.“

[86] S. Breuer, Max Webers Herrschaftssoziologie, in: Zeitschrift für Soziologie 17 (1988), S. 315 ff. (321); s. aus der uferlosen Literatur etwa noch H. Bülck, Abhängigkeit und Selbständigkeit der Verwaltung, in: F. Morstein Marx (Hrsg.), Verwaltung, 1965, S. 52 ff. (53); W. Schluchter, Aspekte bürokratischer Herrschaft, 1972, S. 120 ff., 130 ff.; A. Kieser/H. Kubicek, Organisationstheorien I, 1978, S. 78 ff.; Treiber, Art. Organisation, S. 4 ff. m.w.N.; insb. zu Webers Kritikern M. Albrow, Bürokratie, 1972, S. 62 ff.

Dreier, DÖV 02, 537

tümlichkeiten moderner Verwaltung noch einmal bündig zusammengefaßt und dadurch ins Bewußtsein gehoben zu haben: Als Strukturelement von Großorganisationen dient das Hierarchieprinzip dazu, „alle Teilaktivitäten von der zentralen Entscheidungsstelle aus möglichst präzise, reibungsfrei, schnell und effektiv zu mobilisieren und zu koordinieren. Auf diese Weise schafft es die Voraussetzung, einen einheitlichen programmierenden Willen über die verschiedenen Konkretisierungsstufen hinweg in eine Vielzahl abgestimmter Realisierungszwecke umzusetzen."[87]

3. Hierarchie als Bauprinzip der Exekutive

Im demokratischen Verfassungsstaat bedeutet dies, daß die Exekutive ihre zentralen Steuerungsimpulse vom Gesetzgeber und von der parlamentarisch verantwortlichen und vom Parlament abhängigen Regierung empfängt. Diese sind nun die „Herren" der Organisation. Wiederum sieht man, wie reibungslos sich offenbar das hierarchisch-bürokratische System in die demokratische Ordnung einfügt und so das „Idealbild strikter hierarchisch-zentraler Steuerung"[88] in Geltung bleibt, demzufolge die Bürokratie nicht Subjekt, sondern „Instrument politischer Gestaltung"[89] ist. Wegen dieses Zusammenhanges scheint es prinzipiell berechtigt, auch für den demokratischen Verfassungsstaat die Hierarchie als das maßgebliche „Bauprinzip der Exekutive"[90] zu proklamieren. Die Vorteile pyramidaler Stufung[91]: die Her-

---

87 Loschelder, in: HdbStR III, § 68 Rn. 5; zur Hierarchie als Verfassungselement ebenso knapp wie präzise schon H.-J. Hansen, Fachliche Weisung und materielles Gesetz, 1971, S. 229 ff. (231): „Es läßt sich daher zusammenfassend festhalten, daß die Hierarchie als Verwaltungsorganisation vom Rechtsstaatsprinzip gefordert wird, mit dem parlamentarischen Regierungssystem untrennbar verknüpft ist, vom Grundgesetz in den Art. 84 Abs. 2 und 85 Abs. 2 S. 1 GG vorausgesetzt und damit mittelbar institutionalisiert wurde und ein Postulat der heutigen Staats- und Verwaltungslehre darstellt." – Die bürokratische Organisation ist ein „hierarchisch gegliedertes, Über-, Neben- und Unterordnungsbeziehungen begründendes, Weisungsbefugnisse zuteilendes, Kompetenzen regelndes, abgrenzendes und abstufendes Herrschaftssystem" (Büschges, Organisation und Herrschaft, S. 22).

88 Loschelder, in: HdbStR III, § 68 Rn. 52; vgl. Th. Ellwein, Regieren und Verwalten, 1976, S. 101 ff.

89 F. Duppré, Politische Kontrolle, in: Verwaltung, hrsgg. v. F. Morstein Marx, 1965, S. 388 ff. (412); ebd. heißt es ferner: „Die Verwaltung ist kein Selbstzweck, sondern nur Mittel zur Durchsetzung des politischen Willens der Staatsleitung." Ebenso J. Isensee, Verwaltung zwischen Sachgesetzlichkeit und Parteipolitik, in: Personen und Institutionen in der Entwicklung der Bundesrepublik Deutschland, hrsgg. v. R. Hrbek, 1985, S. 67 ff. (67: „Instrument der politischen Führung").

90 Loschelder, in: HdbStR III, § 68 vor Rn. 3 und bekräftigend Rn. 71.

91 Zu den im folgenden angesprochenen Vor- und Nachteilen hierarchischer Verwaltungsstruktur vgl. H. P. Bahrdt, Die Krise der Hierarchie im Wandel der Koopera-

stellung und Aufrechterhaltung langer Handlungsketten[92] sowie die fast unbeschränkte „Reduplikationsfähigkeit der Struktur"[93], das hohe Maß an ‚Programmsicherheit', die durch Arbeitsteilung ermöglichte Leistungsfähigkeit, die Monopolisierung der Entscheidung bei der Spitze, die effektive Kontrollierbarkeit und Dirigierbarkeit des kraft klarer Rangordnung und präziser Aufgabenzuweisung in sich stabilen Apparates sowie die vergleichsweise einfache Koordination der Behörden[94] und die Regulierung von Kompetenzkonflikten durch die Entscheidung des nächsthöheren gemeinsamen Vorgesetzten[95] – all diese positiven Elemente rigider hierarchischer Organisation können und sollen auch der parlamentarischen Demokratie zugute kommen.

---

tionsformen, in: Bürokratische Organisation, hrsgg. v. R. Mayntz, 2. Aufl. 1971, S. 127 ff.; Baars, Strukturmodelle für die öffentliche Verwaltung, S. 21 ff.; F. W. Scharpf, Probleme der hierarchischen Steuerung, in: ders., Politischer Immobilismus und ökonomische Krise, 1977, S. 91 ff.; H. Bosetzky/P. Heinrich, Mensch und Organisation, 1980, S. 35 ff.; Peter Schäfer, Zentralisation und Dezentralisation, 1982, S. 127 ff.; R. Mayntz, Soziolgie der öffentlichen Verwaltung, 3. Aufl. 1985, S. 115 ff.; B. Raschauer/W. J. Kazda, Organisation der Verwaltung, in: Grundriß der Verwaltungslehre, hrsgg. v. K. Wenger u.a., 1983, S. 141 ff. (174 ff.); W. Thieme, Verwaltungslehre, 4. Aufl. 1984, Rn. 152 ff., 245, 246; Lecheler, Verwaltungslehre, S. 105 ff., 142 ff. – Eher populärwissenschaftlich, dafür aber mit konkreten Beispielen: F. Lauxmann, Die kranke Hierarchie, 1971, S. 46 ff.

[92] Vgl. Luhmann, Politische Theorie im Wohlfahrtsstaat, S. 42: „Machtketten." – Zum evolutionär-sozialgeschichtlichen Stellenwert der Möglichkeit, lange Handlungsketten aufzubauen: N. Elias, Über den Prozeß der Zivilisation, 7. Aufl., Bd. 2, 1980, S. 321 ff. (insb. zur Bedeutung des Gewaltmonopols).

[93] Morstein Marx, Bürokratisierung und Leistungsordnung, S. 72. Dazu vor allem H. Willke, Entzauberung des Staates, 1983, S. 119 ff. (119: „Hierarchische Strukturen erlauben es, nach dem Baukastenprinzip stabile Komponenten zu verknüpfen, ohne in vollem Umfang Rücksicht auf deren interne Bedingungen und Besonderheiten zu nehmen. Veränderungen, Anpassungen und Evolutionsschritte können auf jeder Ebene der hierarchischen Struktur relativ unabhängig voneinander erfolgen").

[94] Charakteristisch die Einordnung der Hierarchie in der Rubrik: „Koordination der Arbeit" bei H. Siepmann / U. Siepmann, Verwaltungsorganisation, 2. Aufl. 1984, S. 73 ff.; s. auch H. J. Wolff/O. Bachof, Verwaltungsrecht II, 4. Aufl. 1976, §77 I (S. 97 ff.); dezidiert Meyer, Verwaltungsorganisation, S. 154: Hierarchie als das „institutionalisierte Ergebnis einer besonderen Form der Koordinierung"; ebenso H. Schönfelder, Hierarchie und Verantwortung im öffentlichen Dienst, in: ZBR 1970, S. 278 ff. (279): „Der Sinn der Hierarchie ist die Koordination." Vgl. auch H. Schäffer, Koordination in der öffentlichen Verwaltung, 1971, S. 21: „subordinierende Koordination"; ferner B. Rückwardt, Koordination des Verwaltungshandelns, 1978, S. 75 ff.; Raschauer/Kazda, Organisation der Verwaltung, S. 169.

[95] Wolff/Bachof, Verwaltungsrecht II, §72 IV c 2 (S. 27); Thieme, Verwaltungslehre, Rn. 245; Lecheler, Verwaltungslehre, S. 106; H. Krüger, Allgemeine Staatslehre, 2. Aufl. 1966, S. 263.

Man darf indes bei alledem nicht übersehen, daß es sich bei der Hierarchie um ein sehr voraussetzungsvolles Prinzip handelt. Wenn die strikte Regelbindung, die arbeitsteilige Spezialisierung und die Formalisierung der Arbeitsabläufe tatsächlich nur zur Steigerung der Sachkunde und des Fachwissens, dadurch vermittelt auch zur Berechenbarkeit und Gleichförmigkeit des Gesetzesvollzuges sowie insgesamt zu einer Optimierung der Aufgabenerfüllung führen soll – und nicht zu einem gravierenden Verlust an Problemnähe, zur selektiv-ausschnitthaften Rezeption der Umwelt infolge hoher Spezialisierung und entsprechend eingeschränktem Fachhorizont[96], zur risikoscheuen Inflexibilität und bürokratischen Erstarrung, zur Segmentierung von zusammengehörigen Sachkomplexen (negative Koordination)[97] mit der Folge wachsender Problemlösungsunfähigkeit: Dann setzt dies voraus, daß vergleichsweise stabile Umweltverhältnisse herrschen und klare, also eindeutige, möglichst konditional programmierende Normen existieren. Unter solchen Rahmenbedingungen stabilisiert sich das System als ganzes, optimiert seine Arbeitsleistung, vereinfacht den Arbeitsprozeß und schafft Verhaltenssicherheit für die von den Entscheidungen Betroffenen. Für das Verhältnis Gesetzgeber – Verwaltung erfordert das klare normative Vorgaben und eine ebenso klare Trennung zwischen Politik und Bürokratie. Politiker müssen Politiker, Bürokraten müssen Bürokraten bleiben[98], die Verwaltung sich im Kern auf die formalisierte Anwendung und Umsetzung vorgegebener Normen (und damit durch den Gesetzgeber bereits vorent-

---

[96] Statt vieler G. HILLMANN, Aspekte der Bürokratiediskussion, in: VerwArch. 77 (1986), S. 1 ff. (15 ff.: „Blickverengung als Systemkrankheit"). S. bereits A. W. REHBERG, Ueber die Staatsverwaltung deutscher Länder und die Dienerschaft des Regenten, 1807, S. 124: „Je weiter man aber diese Zertheilung der Geschäfte treibt, desto merklicher werden auch ihre nachtheiligen Folgen. Jede Sache wird aus einseitigen Gesichtspunkten angesehen, und der Eifer für die Beförderung derselben nimt keine Rücksicht auf den Nachtheil, der für andre Angelegenheiten daraus entsteht."

[97] F. SCHARPF, Planung als politischer Prozeß, 1973, S. 85 ff.; G. SCHMID/H. TREIBER, Bürokratie und Politik, 1975, S. 156 ff.; P. KEVENHÖRSTER, Politik im elektronischen Zeitalter, 1984, S. 49 ff.

[98] Zur Rollenveränderung im Zuge von Verwaltungsarrangements, von informellen Vorverhandlungen und anderen Verwaltungsstrategien (dazu richtungweisend E. BOHNE, Informales Verwaltungshandeln im Gesetzesvollzug, in: Jahrbuch für Rechtssoziologie und Rechtstheorie, Bd. 7, 1980, S. 20 ff.; DERS., Der informale Rechtsstaat, 1981, insb. S. 49 ff., 127 ff., 144 ff., 199 ff.: beides zum Immissionsschutz; zu vergleichbaren Ergebnissen beim Vollzug des Arbeitssicherheitsgesetzes A. WINDHOFF-HÉRITIER, Politikimplementation, 1980, S. 189 ff.) im Schatten des kodifizierten Rechts vgl. H. TREIBER, Vollzugskosten des Rechtsstaates, in: Recht und Politik 1986, S. 20 ff. (28); DERS., Crisis in Regulatory Policy?, in: Contemporary Crises 9 (1985), S. 255 ff. (261); R. MAYNTZ, Implementation von regulativer Politik, in: dies. (Hrsg.), Implementation politischer Programme II, 1983, S. 50 ff. (68 f.).

schiedene Konflikte) reduzieren. Und für das Verhältnis der Verwaltung zu ihrer Umwelt folgt daraus, daß die zu erfüllenden Verwaltungsaufgaben und die zu erbringenden Verwaltungsleistungen sich dem bürokratisch-hierarchischen Zugriff fügen müssen: sie müssen entsprechend standardisierbar, steuerbar und handhabbar sein. Idealfall ist und bleibt insofern die Routineaufgabe der Vollzugsverwaltung, wie sie im Abgaben- oder Gefahrenabwehrrecht begegnet.

In dem Maße, in dem nun diese Voraussetzungen nicht mehr erfüllt sind und die erforderliche und implizit vorausgesetzte „Kongruenz von Aufgabenstruktur und Organisationsstruktur"[99] entfällt, wird das Hierarchieprinzip destabilisiert. Es gehört zu den zentralen Aufgaben nicht nur der Verwaltungswissenschaft und der Verwaltungslehre, sondern des gesamten Staats- und Verwaltungsrechts, die solcherart aufscheinenden Grenzen der Hierarchie zu bestimmen[100]. Der Blick ist dabei weder auf organisations- und behördeninterne Umstrukturierungen zu verengen noch allein auf die gesamtgesellschaftliche Makrostruktur zu richten. Daher sind im folgenden die verschiedenen Problemebenen zu bezeichnen und im Anschluß daran die weiteren Arbeitsschritte anzugeben.

4. Destabilisierung des Hierarchieprinzips

Die Erschütterung des dem demokratischen Kontrollsystems verpflichteten Hierarchiemodells vollzieht sich auf mehreren Ebenen. Ungeachtet hochabstrakter, systemtheoretischer Konzepte, denen zufolge die Entwicklung komplexer Gesellschaften von der Hierarchie zur Heterarchie verläuft[101], lassen sich Phänomene der Destabilisierung des Hierarchieprinzips im Verhältnis von Gesetzgeber und Verwaltung (a), im Verhältnis der Verwaltung zu ihrer Umwelt (b) und in der Binnenorganisation der Verwaltung (c) identifizieren.

a) Aus einer ganzen Reihe von Gründen (Sachgesetzlichkeiten der wachsenden Staatsaufgaben, insbesondere der planenden Sozialgestaltung; Strukturen der Leistungserbringung; wohlfahrtsstaatliche Überforderung; restriktive Bedingungen parteienstaatlicher Politik; beschleunigter technologischer Wandel; Entscheidungs- und Durchsetzungsschwäche des Parla-

---

[99] H. Willke, Entzauberung des Staates, 1983, S. 121; s. auch E. Pankoke/H. Nokielski, Verwaltungssoziologie, 1977, S. 93 ff.

[100] Als Problem gesehen von P. Pernthaler, Allgemeine Staatslehre und Verfassungslehre, 1986, S. 172 ff.

[101] Zu dieser insbesondere von Niklas Luhmann und Helmut Willke formulierten Position vgl. die Hinweise in der Einleitung.

ments gegenüber mit faktischen Vetopositionen ausgestatteten mächtigen Gruppeninteressen u.a.m.) scheint der Gesetzgeber zunehmend weniger zur exakten Programmierung der Exekutive in der Lage. Parallel hierzu beginnt die Verwaltung sich sowohl auf der Ebene der Programmentwicklung (Gesetzesvorbereitung) als auch auf der Ebene der Programmimplementation (Gesetzesanwendung) ihrer passiv-dienenden Rolle zu entledigen. Folge ist die Emanzipation der Verwaltung von normativ-gesetzlichen Vorgaben, ihre wachsende Eigenständigkeit, ihre Politisierung und im Endeffekt: die Verwischung der Grenzen zwischen Bürokratie und Politik sowie die Aufwertung der (Ministerial-)Bürokratie zum „Machtfaktor"[102]. Die Verwaltung stellt sich nicht länger lediglich als Objekt der Politik dar, sondern avanciert zu ihrem Subjekt.

b) Nichthierarchische Handlungsformen im Verhältnis zwischen Verwaltung und Bürger werden dann bestimmend, wenn die normativen Vorgaben entweder ausgesprochen unscharf und wertungsoffen[103] oder zwar formal sehr präzise, aber in der Praxis kaum allein im Wege hoheitlicher Administration durchsetzbar sind, so daß sich einerseits Formen bürgerschaftlicher Partizipation an Verwaltungsentscheidungen, andererseits (häufig parallel dazu und offenbar bevorzugt in den Bereichen der besonders gut erforschten Umweltpolitik) Verwaltungsarrangements anbieten[104], die we-

[102] K. König, Koordination und Regierungspolitik, in: DVBl. 1975, S. 225ff. (229); allgemein C. Böhret, Politik und Verwaltung, 1983, S. 8, 132ff.; früher bereits R.-R. Grauhan, Politische Verwaltung, 1970, S. 28ff., 53ff. und dazu im Rahmen einer umfangreichen Rezensionsabhandlung zur verwaltungswissenschaftlichen Literatur K. Dammann, Vom „arbeitenden Staat" zur „politischen Verwaltung" (II), in: NPL 16 (1971), S. 457ff. (460ff.); weitgehend unergiebig H. F. Lorenz, Verwaltung in der Demokratie, 1972. – Zu diesem Komplex genauer das 4. Kapitel.

[103] Als ein Beispiel von vielen, das aber besonders aussagekräftig ist, kann die Formel „Stand von Wissenschaft und Technik" im Atom- und im Immissionsschutzrecht gelten; dazu mit nahezu vollständigen und allein aufgrund ihres Umfanges überwältigenden Nachweisen K. A. Schachtschneider, Der Rechtsbegriff „Stand von Wissenschaft und Technik" im Atom- und Immissionsschutzrecht, in: Umweltschutz im Recht, hrsgg. v. W. Thieme, 1988, S. 81ff.

[104] Vgl. C.-E. Eberle, Arrangements im Verwaltungsverfahren, in: Die Verwaltung 17 (1984), S. 439ff. m. zahlreichen weiteren Nachweisen; ferner R. Wolf, Der Stand der Technik, 1986, S. 205ff., 222ff., 230ff., 241ff.; H. Bauer, Informelles Verwaltungshandeln im öffentlichen Wirtschaftsrecht, in: VerwArch. 78 (1987), S. 241ff.; G. Lübbe-Wolff, Das Kooperationsprinzip im Umweltrecht – Rechtsgrundsatz oder Deckmantel des Vollzugsdefizits?, in: NuR 1989, S. 295ff.; präzise Begrifflichkeit bei M. Bulling, Kooperatives Verwaltungshandeln (Vorverhandlungen, Arrangements, Agreements und Verträge) in der Verwaltungspraxis, in: DÖV 1989, S. 277ff. (279ff.). – Indes ist es nicht nur die Normstruktur, also das gesetzliche Programm allein, die einen derartigen Wandel von der distanzierten Kontrolle zur involvierten Kooperation nach

gen ihrer „tauschförmigen" (Gerd Winter) Gestalt das gerade Gegenteil zum Modell hierarchisch-obrigkeitlicher Gesetzesanwendung bilden. An die Stelle regulativer Politik[105] (Verhaltenssteuerung mit Hilfe sanktionsbewehrter, abstrakt-genereller, konditional programmierter Rechtsvorschriften, vornehmlich in Gestalt von Ge- und Verboten, aber auch durch Erlaubnisvorbehalte und Anzeigepflichten) tritt auf diese Weise eine flexible und das Recht lediglich als ein Datum unter anderen handhabende Implementationsstrategie, die auf Dauer Bürokraten zu Politikern werden läßt: unvermeidlich entsteht der Typus des politischen Bürokraten[106], kommt es zu einer Politisierung der Verwaltung.

Strukturell vergleichbar, wenn auch auf anderer Ebene liegend und vor allem eine andere Klientel betreffend, ist die im Bereich der sozialen Dienstleistungen (Gesundheitsvorsorge, Rehabilitation, Resozialisation, Familienfürsorge, Drogenhilfe, Altenbetreuung etc.) zu konstatierende Aufgabe der „Zentrierung des Verwaltungsrechtsdenkens auf die behördliche Entscheidung"[107]. Auch im Bereich sozialhilferechtlicher Verwaltungsverfahren ist

---

sich zieht: die gesamtgesellschaftliche Relevanz bestimmter Großtechniken und die politische Erwünschtheit spielen ebenfalls eine gewichtige Rolle, die durch umfängliche direkte Beteiligung des nur notdürftig als Privatperson verkleideten Staates noch verstärkt wird; dazu jetzt H. Hofmann, Privatwirtschaft und Staatskontrolle bei der Energieversorgung durch Atomkraft, 1989, insb. S. 34 ff. („Von der Kontrolle zur Kooperation").

[105] Zum Begriff J. Hucke/E. Bohne, Bürokratische Reaktionsmuster bei regulativer Politik und ihre Folgen, in: Politik im Dickicht der Bürokratie, hrsgg. v. H. Wollmann, 1980, S. 180 ff. (182 ff.); J. Hucke, Regulative Politik. Das Beispiel Umweltschutz, in: Abschied vom Recht?, hrsgg. v. R. Voigt, 1983, S. 50 ff.; stärker juristische Aufschlüsselung staatlicher Handlungsweisen bei K. Lange, Kriterien für die Wirksamkeit von Instrumenten und Programmen des Verwaltungshandelns, in: DÖV 1981, S. 73 ff.

[106] Theoretisch beste Analyse: C. Offe, Rationalitätskriterien und Funktionsprobleme politisch-administrativen Handelns, in: Freiheitliche demokratische Grundordnung, hrsgg. v. E. Denninger, Bd. 1, 1977, S. 469 ff. (z. B. S. 478: der Verwaltung wächst die „Aufgabe eigener aktiver Interessenabstimmung und Konsensbildung" zu); verwaltungswissenschaftlich wichtig E. Blankenburg/H. Treiber, Bürokraten als Politiker. Parlamentarier als Bürokraten, in: Die Verwaltung 5 (1972), S. 273 ff.; F. Schnabel, Politik ohne Politiker, in: Politik im Dickicht der Bürokratie, hrsgg. v. H. Wollmann, 1980, S. 49 ff.; s. ferner D. Putnam, Die politischen Einstellungen der Ministerialbeamten in Westeuropa, in: PVS 17 (1976), S. 23 ff. (48 ff.); ebenfalls zu Einstellungen der Ministerialbürokraten B. Steinkemper, Klassische und politische Bürokraten in der Ministerialverwaltung der Bundesrepublik Deutschland, 1974; auf allgemeinerer Ebene wiederum R. Steinberg, Politik und Verwaltungsorganisation, 1979, S. 19, 25; Mayntz, Soziologie der öffentlichen Verwaltung, S. 202 ff.; Prätorius, Soziologie der politischen Organisationen, S. 20; K.-H. Ladeur, Sprachformation und Rechtsparadigma, in: Wissenschaft und Recht der Verwaltung seit dem Ancien Régime, hrsgg. v. E. V. Heyen, 1984, S. 189 ff. (208).

[107] W. Löwer, Rechtsverhältnisse in der Leistungsverwaltung, in: NVwZ 1986, S. 793 ff. (794); zur Problematik der rechtlichen Erfassung von Pflege- und Betreuungs-

nicht mehr der einseitige, obrigkeitliche, bindende Befehl oder die punktuelle Leistung typisch; vielmehr entstehen hier komplexe, auf weitreichenden Mitwirkungspflichten des Betroffenen beruhende Rechtsbeziehungen, die in ihrer Eigenschaft als Dauerrechtsverhältnisse die Integration der Betroffenen zur Voraussetzung haben und „loyale Kooperation"[108] wie Interaktion zum tragenden Erfüllungsmodus werden lassen.[109] Die hier auftretenden

---

verhältnissen z. B. J. Schmitz-Elsen und O. E. Krausney, Verhandlungen des 52. DJT, Bd. 2, 1978, S. N 11ff., 34ff. Es hat seinen sachlichen Grund, daß Peter Häberle sein großes Referat über das Verwaltungsrechtsverhältnis beim 1. Sozialrechtslehrertag 1979 in Kassel hielt. – Dieser Dauerkontakt zwischen Verwaltung und Verwaltungsobjekt ist im übrigen auch typisch für die (atomare) Großtechnik mit ihrem hier in den letzten Jahren und Jahrzehnten entwickelten Arsenal an gestuften Verfahren, Teilgenehmigungen, (Konzept-)Vorbescheiden u.v.a.m.: „Hier tritt an die Stelle des punktuellen Kontakts und einer statischen, ein für allemal geltenden obrigkeitlichen Entscheidung der Entwurf eines dynamischen Kooperationsprozesses." (H. Hofmann, Privatwirtschaft und Staatskontrolle, S. 40 m.w.N.); s. auch E.-H. Ritter, Umweltpolitik und Rechtsentwicklung, in: NVwZ 1987, S. 929ff. (933f.: Dauerrechtsverhältnisse; 936f.: Kooperation und Kontrolle).

[108] H. Hill, Rechtsverhältnisse in der Leistungsverwaltung, in: NJW 1986, 2602ff. (2607). Das bedeutet: es bedarf der aktiven Beteiligung des „Klienten", um Erfolg zu erzielen. Die intensive Nähe des Verwaltungspersonals zu den sozialen Personengruppen führt oft dazu, daß deren Perspektiven eingenommen werden und sich die Bindungen an die Verwaltungsspitze lösen. – Ein besonders bedeutsames Feld einer dem Anspruch nach (auch) rechtlich gesteuerten, aber doch weitgehend den Eigengesetzlichkeiten des Erziehungsprozesses gehorchenden Institution ist die Schule: G. Roellecke (Zum Verhältnis von Recht und Erziehung, in: Verantwortlichkeit und Freiheit. FS für Willi Geiger zum 80. Geburtstag, 1989, S. 342ff. [346ff.]) hat das Verhältnis von Recht und Erziehung als eines der gegenseitigen „Störung" beschrieben.

[109] E. Schmidt-Assmann, Der Umweltschutz im Spannungsfeld zwischen Staat und Selbstverwaltung, in: NVwZ 1987, S. 265ff. (269) konstatiert eine allgemeine „Tendenz zu vereinbarlichem Handeln". Dafür lassen sich zahlreiche, breit streuende und weit über die dubiosen Verwaltungsarrangements hinausführende Belege anführen: etwa H. Krüger, Von der Notwendigkeit einer freien und auf lange Sicht angelegten Zusammenarbeit zwischen Staat und Wirtschaft, 1966, S. 19ff., 23ff. (Zusammenarbeit als dritter Weg zwischen Freiheit und Lenkung); ders., Das Wirtschaftspolitische Mitwirkungsverhältnis, 1974; H. Gräf, Investitionspolitikverflechtung, in: Scharpf/Reissert/Schnabel, Politikverflechtung II, 1980, S. 143ff.; E.-H. Ritter, Der kooperative Staat. Bemerkungen zum Verhältnis von Staat und Wirtschaft, in: AöR 104 (1979), S. 389ff.; W. Henke, System und Institute des öffentlichen Rechts der Wirtschaft, in: DVBl. 1983, S. 982ff. (989): Kooperation bei der Gewerbeüberwachung; ders., Praktische Fragen des öffentlichen Vertragsrechts – Kooperationsverträge –, in: DÖV 1985, S. 41ff.; Pankoke/Nokielski, Verwaltungssoziologie, S. 74 (Mitwirkung des Klienten im Sozialrecht); allgemein zur Rückverlagerung bestimmter Probleme von Staat auf die Gesellschaft D. Fürst, Aktivitätsfolgenabschätzung – zu ihren Auswirkungen auf Planungssysteme, in: DÖV 1988, S. 49ff. – Zum Kooperationsprinzip im Umweltrecht vgl. R. Breuer, Umweltschutzrecht, in: Besonderes Verwaltungsrecht, hrsgg. v. I. v. Münch, 8. Aufl. 1988, S. 601ff. (614, 652f.) und jetzt ausführlich H.-W. Rengeling,

Probleme und Veränderungen potenzieren sich, wenn man der These folgt[110], daß gerade im Bereich der sozialen Dienste die spezifische Formtypik staatlicher Hilfeleistungen in Gestalt regulativ-abstrakten Rechts an eine Wirkungsgrenze stoße, weil die hier zu bearbeitende Realität jenseits der Kategorien von Geld, Recht und Macht liege und anderen Gesetzlichkeiten und Handlungserfordernissen gehorche als der aktenmäßig-technisch-hierarchischen Erledigung von Verwaltungsfällen[111]. Da der administrative Apparat sich auf die „Lebendigkeit des Sozialen"[112] einlassen muß, tritt die soziale Verwaltung mit einer gewissen Zwangsläufigkeit in ein Spannungsverhältnis zu den Imperativen strikt hierarchisch-bürokratischer Aufgabenerledigung. Hier werden nicht nur Grenzen der Hierarchie und der bürokratischen Form der Aufgabenerledigung, hier werden Grenzen des regulativen Rechts schlechthin sichtbar[113]. Eine praktisch greifbare Folge ist, daß der Staat sich

---

Das Kooperationsprinzip im Umweltrecht, 1988; zur ‚kooperativen' Grundrechtsverwirklichung allg. P. HÄBERLE, Die Wesensgehaltgarantie des Art. 19 Abs. 2 Grundgesetz, 3. Aufl. 1983, S. 357 ff.; völkerrechtlich ausgreifend DERS., Der kooperative Verfassungsstaat, in: ders., Verfassung als öffentlicher Prozeß, 1978, S. 407 ff. – Zur Notwendigkeit der ‚Kooperation' zwischen Polizei und Demonstranten BVerfGE 69, 315/354 ff.; dazu mit differierenden Einschätzungen J. ABR. FROWEIN, NJW 1985, S. 2376 ff.; V. GÖTZ, DVBl. 1985, S. 1347 ff; W. HOFFMANN-RIEM, Demonstrationsfreiheit durch Kooperation?, in: Festschrift für Helmut Simon, 1987, S. 379 ff.

110 Die Gefahr einer Kolonisierung der Lebenswelt durch Verrechtlichung behandelt grundlegend J. HABERMAS, Theorie des kommunikativen Handelns, Bd. 2: Zur Kritik der funktionalistischen Vernunft, 1981, S. 522 ff.

111 Zum Problem(bündel) vgl. E. PANKOKE/H. NOKIELSKI/TH. BEINE, Neue Formen gesellschaftlicher Selbststeuerung in der Bundesrepublik Deutschland, 1975, S. 11 ff., 107 ff.; R. PITSCHAS, Neubau der Sozialverwaltung. Die Verbindung des Sozialen mit der Verwaltung als Aufgabe von Rechtswissenschaft, Organisationssoziologie und Verwaltungslehre, in: Die Verwaltung 12 (1979), S. 409 ff. (424 ff.); DERS., Soziale Sicherung durch fortschreitende Verrechtlichung? Staatliche Sozialpolitik im Dilemma von aktiver Sozialgestaltung und normativer Selbstbeschränkung, in: Verrechtlichung, hrsgg. v. R. Voigt, 1980, S. 150 ff.; DERS., Kommunale Sozialpolitik, in: Sozialrechtshandbuch (SRH), hrsgg. v. B. Maydell u. F. Ruland, 1988, S. 1011 ff. (1029 ff., 1036 ff.); E. REIDEGELD, Vollzugsdefizite staatlicher Leistungen: Verrechtlichung und Bürokratisierung als Grenzen der Sozialpolitik, in: Verrechtlichung, hrsgg. v. R. Voigt, 1980, S. 275 ff.; R. VOIGT, Sozialpolitik zwischen Verrechtlichung und Verstaatlichung, in: Leviathan 7 (1979), S. 62 ff.; F. TENNSTEDT, Zur Ökonomisierung und Verrechtlichung in der Sozialpolitik, in: Staatliche Politik im Sozialsektor, hrsgg. v. A. Murswieck, 1976, S. 139 ff.; s. ferner P. KRAUSE, Rechtsprobleme einer Konkretisierung von Dienst- und Sachleistungen, in: Festschrift für Georg Wannagat, 1982, S. 239 ff. – (Sehr) allgemein zum Problem F.-X. KAUFMANN, Steuerung wohlfahrtsstaatlicher Abläufe durch Recht, in: Jahrbuch für Rechtssoziologie und Rechtstheorie, Bd. 13, 1988, S. 65 ff.

112 E. PANKOKE, Steuern und Verantworten. Zu Führungsstil und Organisationskultur sozialer Verwaltung, in: Die Verwaltung 21 (1988), S. 429 ff. (429, 434).

113 Allgemein dazu R. VOIGT, Regulatives Recht im Wohlfahrtsstaat, in: ders. (Hrsg.), Abschied vom Recht?, 1983, S. 19 ff. (33 ff.); R. MAYNTZ, Politische Steuerung

in manchen Bereichen auf die bloße Unterstützerrolle von Selbsthilfegruppen und Wohlfahrtsverbänden zurückzieht[114].

c) Schließlich bleibt von der Destabilisierung des Hierarchieprinzips auch die interne Organisation von Behörden (monokratisches Prinzip, Linienmodell) nicht unberührt[115]. Wenn die Struktur der zu erfüllenden Aufgaben weder präzise programmierbar noch ihre Ausführung der bürokratischen Erledigung zugänglich ist, scheint die Annahme plausibel, daß die Verwaltungsorganisation sich wandeln muß, um nicht betriebsblind und zur aufgabenorientierten Rezeption wie Beeinflussung der Umwelt unfähig zu werden. So geht Baars davon aus, daß bei steigender Komplexität der Verwaltungsumwelt die Organisationsstruktur weniger hierarchisch, weniger zentralistisch und stärker kooperativ sein muß[116]. Mit der Komplexität der Systemumwelt wächst der politische Grenzbereich und die Zahl der ‚Grenzstellen', die stets ein gestiegenes Maß an Autonomie signalisieren. Eine solche sich vor allem in Gestalt von Delegation, Deregulation und Dezentralisation ausformende Autonomie ist – ungeachtet aller in bürokratischen Organisationen stets sich ausbildenden informellen Strukturen – besonders ausgeprägt im planenden Bereich, bei der Infrastrukturverwaltung und auf der Ebene der Ministerialverwaltung wie bei allen offenen und noch unkonturierten

---

und gesellschaftliche Steuerungsprobleme – Anmerkungen zu einem theoretischen Paradigma, in: Jahrbuch zur Staats- und Verwaltungswissenschaft, hrsgg. v. Th. Ellwein u.a., Bd. 1, 1987, S. 89 ff. (95 ff.).

[114] Vgl. P. Gross, Der Wohlfahrtsstaat und die Bedeutung der Sozialhilfebewegung, in: Soziale Welt 1982, S. 26 ff.; B. Becher, Recht und soziale Selbststeuerung, in: Recht als Instrument der Politik, hrsgg. v. R. Voigt, 1986, S. 279 ff.; F.-X. Kaufmann (Hrsg.), Staat, intermediäre Instanzen und Selbsthilfe, 1987; jetzt umfassend M. v. Hauff, Neue Selbsthilfebewegung und staatliche Sozialpolitik, 1989. Unter Dezentralisierungsaspekten Schäfer, Zentralisation und Dezentralisation, S. 66, 131, 156 ff.

[115] Zum ‚Normalfall' des hierarchischen Verwaltungsaufbaus vgl. außer den in Fn. 84 und 91 angegebenen Arbeiten noch M. Lepper, Innerer Aufbau von Verwaltungsbehörden, in: König/v. Oertzen/Wagener (Hrsg.), Öffentliche Verwaltung in der Bundesrepublik Deutschland, 1981, S. 115 ff.; D. Freudenberg, Grundsätze und Strukturtypen der inneren Aufbauorganisation in Behörden, in: DVP 36 (1985), S. 3 ff.

[116] Baars, Strukturmodelle für die öffentliche Verwaltung, S. 85 ff., 90; s. auch Rückwardt, Koordination des Verwaltungshandelns, S. 57 ff., 129 ff.; Willke, Entzauberung des Staates, S. 33 ff. – Vgl. U. Battis, Der Einfluß sozialstaatlicher Tendenzen auf die Entscheidungsstrukturen der öffentlichen Verwaltung, in: Veränderungen der Entscheidungsstrukturen in der öffentlichen Verwaltung, hrsgg. v. W. Thieme, 1988, S. 45 ff. (48): „Speziell neue Aufgaben erfordern ... neues Personal mit anderer Ausbildung, anderem Denken, anderer Problemwahrnehmung, anderem Selbstverständnis, anderem Problemzugriff, anderem Verhalten gegenüber der Klientel und bei der Aufgabenbewältigung".

Aufgaben[117]. Hier zeigt sich ein weiterer Aspekt der Korrelation zwischen Aufgabentypus und bürokratischer Organisation, der über das altbekannte Problem der ebenfalls hierarchieunterlaufenden Herrschaft der Spezialisten[118] ein Stück weit hinausgeht. Jenseits standardisierbarer und routinisierbarer Vollzugspraktiken, also bei komplexen Vorhaben mit wenig präziser Zieldefinition und offener Problemstruktur (Betreuungs-, Planungs- und Gestaltungsaufgaben) bietet es sich an, auf die gewandelten Anforderungen mit entsprechenden binnenorganisatorischen Maßnahmen zu reagieren: vom strengen Linienmodell abzugehen, Arbeits- und Projektgruppen einzurichten, Innovationen an die Stelle von Routine, Teams und einen kooperativen Führungsstil an die Stelle hierarchischer Strukturen treten zu lassen[119].

---

117 Vgl. H.-P. Bahrdt, Die Krise der Hierarchie im Wandel der Kooperationsformen, in: Bürokratische Organisation, hrsgg. v. R. Mayntz, 2. Aufl. 1971, S. 127 ff. (132 ff.); H. Dillkofer, Geschäftsverteilung als Prozeß der Regelung von Zuständigkeiten im Bereich der Ministerialverwaltung, in: Die Verwaltung 11 (1978), S. 133 ff. (161 ff.); Baars, Strukturmodelle für die öffentliche Verwaltung, S. 29 ff., 35 ff., 69 ff.; Rückwardt, Koordination des Verwaltungshandelns, S. 136 ff.; W. Brohm, Zur Einführung: Strukturprobleme der planenden Verwaltung, in: JuS 1977, S. 500 ff. (501 ff.); F. Hufen, Gesetzesgestaltung und Gesetzesanwendung im Leistungsrecht, VVDStRL 47 (1989), S. 141 ff. (166); vor allem aber Mayntz, Soziologie der öffentlichen Verwaltung, S. 64 ff. (68, 72), 120 f., 121 ff., 194 ff., 216. – Dies gilt natürlich auch für soziale Einrichtungen: J. Siegrist, Arbeit und Interaktion im Krankenhaus, 1978, S. 71 ff.; allgemeiner zur anstaltlichen Erbringung von Realleistungen, die sich normativer Feinregulierung sperren: K. Lange, Die öffentlichrechtliche Anstalt, VVDStRL 44 (1986), S. 169 ff. (175 ff.).

118 Dazu bereits Max Weber, Wirtschaft und Gesellschaft, 5. Aufl. 1976, S. 128 f., 572 ff. – Zum strukturellen Widerspruch zwischen dem Spezialisten und dem Bürokraten vgl. K. Türk, Grundlagen einer Pathologie der Organisation, 1976, S. 118 ff.; zur Auswirkung moderner Informationstechnologien auf die hierarchische Struktur C.-E. Eberle, Entscheidungsstrukturen und technische Entwicklung, in: Veränderungen der Entscheidungsstrukturen in der öffentlichen Verwaltung, hrsgg. v. W. Thieme, 1988, S. 95 ff. (101 ff.).

119 Vgl. E. Laux, Nicht-hierarchische Organisationsformen in den Ministerien, in: Aktuelle Probleme der Ministerialorganisation, 1971, S. 317 ff.; R. Schnur, Über Team und Hierarchie, in: Demokratie und Verwaltung, 1972, S. 557 ff.; M. Lepper, Teams in der öffentlichen Verwaltung, in: Die Verwaltung 5 (1972), S. 141 ff.; Thieme, Verwaltungslehre, Rn. 243 ff., 249 f.; H. Bosetzky, Innovative Bürokratie, in: DÖV 1979, S. 194 ff. (196 f.); ders./Heinrich, Mensch und Organisation, S. 49 f.; Siepmann/Siepmann, Verwaltungsorganisation, S. 80 ff.; M. Lepper, Die Projektorganisation – Alternative oder Ergänzung?, DÖV 1984, S. 445 ff. – Zeit(geist)geschichtlich interessant scheint, daß mittlerweile wieder verstärkt Führungskonzepte diskutiert werden, die indes Modifikationen strikter Hierarchie nicht ausschließen: vgl. H. Siedentopf, Führung – zur Neuorientierung eines Begriffs, in: Jahrbuch zur Staats- und Verwaltungswissenschaft, hrsgg. v. Th. Ellwein u.a., Bd. 2, 1988, S. 149 ff. (152 ff.). – Zum organisatorischen Wandel der Bürokratie aufgrund bestimmter Dysfunktionalitäten auch R. Scholz/R. Pitschas, Informationstechnik zwischen Bürokratie und Datenschutz, in:

Die hochgradige und ständig steigende Spezialisierung, Technisierung und Komplizierung der modernen Industriegesellschaft bewirkt zudem, daß der mit einem entsprechenden Zuwachs an Aufgabenvielfalt (z. B. Planung) und Aufgabendifferenzierung (z. B. im „klassischen" Ordnungsrecht)[120] konfrontierte Verwaltungsstaat sich zur sachgemäßen Erfüllung seiner Aufgaben nicht allein mit der binnenadministrativen (also internen) Ausweitung und Verfeinerung seines Apparates begnügen kann[121], sondern sich in einer Vielzahl von Fällen des gesellschaftlichen (also externen) Sachverstandes versichern[122] und die fachliche Kompetenz, also das Wissen und die Sachkunde der gesellschaftlich relevanten (und zumeist organisierten) Teilkräfte in Ausschüssen, Beiräten und Sachverständigengremien institutionell einbinden muß[123] – denn Herrschaft, auch bürokratisch-demokratische, be-

---

AöR 110 (1985), S. 489ff. (491f., 496). – Teamarbeit, Projektarbeit etc. bedeuten im übrigen ebensowenig eine prinzipielle Aufhebung der hierarchischen Konstruktion des Gesamtapparates wie das Kollegialprinzip (vgl. nur MEYER, Verwaltungsorganisation, S. 143ff.; MAYNTZ, Soziologie der öffentlichen Verwaltung, S. 122). Nicht das Hierarchieprinzip ist das Gegenmodell zum Kollegialprinzip, sondern das monokratische Prinzip (treffend LEPPER, Innerer Aufbau, S. 121; LECHELER, Verwaltungslehre, S. 108f.).

120 Daß auch in diesem Bereich entsprechende Veränderungen vor sich gehen, wird häufig übersehen. W. MARTENS, Wandlungen im Recht der Gefahrenabwehr, in: DÖV 1982, S. 89ff. (94) betont zu Recht, daß die Anwendung des Gefahrenabwehrrechts heute „ein hohes Maß von naturwissenschaftlich-technischer Sachkunde" vorausgesetzt. Infolgedessen „fallen Sachverstand und Entscheidungszuständigkeit auseinander" (ebd.).

121 Z. B. der Einrichtung von Sonderbehörden, Fachdezernaten etc. – Nur bedingt gehören die sog. „Beauftragten" hierher, weil deren in den letzten Jahren offenbar bevorzugte Einsetzung häufig recht kurzatmige politisch-legitimatorische Gründe hat, also eher als „Feigenblatt (des) politischen Aktivismus" (K. REDEKER, NVwZ 1986, S. 630) dient. Ausführlich M. FUCHS, „Beauftragte" in der öffentlichen Verwaltung, 1985; DERS., Verwalten durch Beauftragte, in: DÖV 1986, S. 363ff. – Ein neuer rechtspolitischer Vorschlag betrifft die Einrichtung von Polizeibeauftragten: K. WAECHTER, Brauchen wir einen Polizeibeauftragten?, in: ZRP 1986, S. 293ff.

122 Vgl. H. MEINHOLD, Fachliche Ergänzungen des behördlichen Sachverstandes (insb. durch Beiräte, Fachausschüsse und Fachgutachten), in: Sachverstand und Verantwortung in der öffentlichen Verwaltung (= Schriftenreihe der Hochschule Speyer, Bd. 30), 1966, S. 122ff.; B.-O. BRYDE, Zentrale wirtschaftspolitische Beratungsgremien in der parlamentarischen Verfassungsordnung, 1972. – F. KNÖPFLE, Organisierte Einwirkungen auf die Verwaltung, in: DVBl. 1974, S. 707ff. (708, 709) betont die Inkongruenz zwischen Sachverstand und Kompetenzradius der Exekutive; s. auch P. KIRCHHOF, Verwalten durch „mittelbares" Einwirken, 1977, S. 142ff. Früher bereits nachdrücklich H. KRÜGER, Rechtsetzung und technische Entwicklung, in: NJW 1966, S. 617ff. (620ff.); skeptisch wegen des Rangverlustes hoheitlicher Verwaltung E. FORSTHOFF, Der Staat der Industriegesellschaft, 1971, S. 109ff.

123 Dazu H.-W. CANENBLEY, Die Zweckmäßigkeit der Verwendung von Ausschüssen in der Verwaltung, 1968, S. 64ff., 80ff., 85ff., 101ff.; G. F. SCHUPPERT, Die Erfüllung öffentlicher Aufgaben durch verselbständigte Verwaltungseinheiten, 1981,

ruht in erster Linie auf verfügbarem und instrumentell einsetzbarem Wissen[124]. Weil aber derartige Formen der Inkorporation fremden Wissens und Beurteilungsvermögens sich kaum auf die gleichsam neutrale Einholung von Informationen durch den im Vollbesitz der eigentlichen Entscheidung befindlichen Staat beschränken lassen, sondern ganz unvermeidlich zur Mitentscheidung tendieren[125], kann man insoweit von „Kooperationsverwaltung" sprechen[126], die sich wenn auch nicht in der außenwirksamen Einzelfallentscheidung, so doch in der Erarbeitung und Ausformulierung der relevanten Entscheidungsgrundlagen der Verwaltung äußert. Formelartig verkürzt: Die Kommandostruktur wandelt sich zur Dialogstruktur.

Die mangelnde Programmierbarkeit und Präzisierbarkeit bestimmter Aufgabenstellungen schlägt also auf die Organisation der Verwaltung durch und belegt den oft konstatierten, aber selten präzise untersuchten Zusam-

---

S. 259 ff., 282 ff. (zur Wirtschaftssteuerung); speziell zum Bundesamt für Wirtschaft W. Welz, Ressortverantwortung im Leistungsstaat, 1988, S. 174 ff.; allgemeiner W. Brohm, Sachverständige Beratung des Staates, in: HdbStR II, § 36 Rn. 1 ff., 24 ff. – Zu Österreich vgl. G. E. Kafka, Die Beiräte in der österreichischen Verwaltung, in: Gedächtnisschrift Hans Peters, 1967, S. 168 ff.; K. Korinek, Beiräte in der Verwaltung, in: Allgemeines Verwaltungsrecht. Festgabe für Walter Antoniolli, Wien 1979, S. 463 ff.

124 Dazu jetzt eindringlich R. Wolf, „Herrschaft kraft Wissen" in der Risikogesellschaft, in: Soziale Welt 1988, S. 164 ff.

125 Vgl. Brohm, Sachverständige Beratung, Rn. 26, 31 ff.; Kafka, Beiräte, S. 184: nicht Beratung *der* Behörde, sondern *mit* der Behörde; gründlich verkannt wird dies bei R. Schauer, Handlungsmaßstäbe der Verwaltung, in: Grundriß der Verwaltungslehre, hrsgg. v. K. Wenger u.a., 1983, S. 313 ff. (316 f.). – Zu den besonders wichtigen Fällen im atomrechtlichen Bereich vgl. aus der vielschichtigen Literatur O.-A. Kellermann, Struktur und Zustandekommen sicherheitsrelevanter Bestimmungen in technischen Regelwerken für kerntechnische Anlagen, in: F. Nicklisch u.a. (Hrsg.), Die Rolle des wissenschaftlich-technischen Sachverstandes bei der Genehmigung chemischer und kerntechnischer Anlagen, 1982, S. 51 ff.; M. Ronellenfitsch, Das atomrechtliche Genehmigungsverfahren, 1983, S. 182 ff.; S. de Witt, Die Genehmigung von Atomanlagen, in: A. Roßnagel (Hrsg.), Recht und Technik im Spannungsfeld der Kernenergiekontroverse, 1984, S. 138 ff. (143 ff.); Schachtschneider, „Stand von Wissenschaft und Technik", S. 117 ff., 126 ff.

126 G. F. Schuppert, Selbstverwaltung als Beteiligung Privater an der Staatsverwaltung?, in: FS v. Unruh, 1983, S. 183 ff. (200 ff., 205); im einzelnen sind die Formen und Arten vielgestaltig und reichen bis zur „Konzertierten Aktion" (sowohl im Gesundheitswesen wie nach dem Stabilitätsgesetz [speziell zu dieser gescheiterten Einrichtung H.-J. Menzel, Legitimation staatlicher Herrschaft durch Partizipation Privater?, 1980, S. 173 ff.]) und vergleichbaren Verhandlungssystemen, die sich offenkundig dem Schema staatlicher hierarchischer Steuerung durch Recht nicht mehr fügen: vgl. H. Willke, Der Staat am Verhandlungstisch. Das Beispiel der Konzertierten Aktion, in: Abschied vom Recht?, hrsgg. v. R. Voigt, 1983, S. 298 ff. (306 ff.). – Allgemein gilt: Wo der Staat sich nicht auf Normsetzung beschränken kann, sondern Überzeugungsarbeit leisten muß, fällt diese Aufgabe der Verwaltung zu.

menhang zwischen bestimmten Typen von Verwaltungsaufgaben und der Organisationsstruktur[127]. Nicht die einzige, aber eine besonders wichtige Folge besteht in der Verselbständigung und Ausgliederung derjenigen Verwaltungseinheiten aus dem hierarchischen Administrationsgefüge der unmittelbaren Staatsverwaltung, die der Bewältigung spezieller Problemlagen, der Entlastung der Ministerien und der Erfüllung nicht oder nur schwer programmierbarer Verwaltungsaufgaben dienen[128]; im weiteren Sinne gehören auch grundlegende Dezentralisationsmaßnahmen in diesen Zusammenhang.

5. *Resümee und weitere Arbeitsschritte*

Man sieht: Wiewohl die hierarchisch gestufte Organisation sowohl unausweichliches Produkt einer bürokratischen Arbeitsstruktur als auch unter Gesichtspunkten demokratischer Staatsorganisation von Verfassungs wegen indirekt gefordertes, weil Direktion und Kontrolle ermöglichendes Strukturprinzip der öffentlichen Verwaltung ist und an der prinzipiellen Eignung des Hierarchiemodells, als einheitsstiftendes Instrument auch und gerade im demokratischen Staat zu dienen, kein Zweifel besteht, muß man sich der Grenzen des Hierarchieprinzips als zentraler Bauform der Exekutive stets bewußt sein und bleiben – andernfalls läuft man Gefahr, der ‚schlechten' Realität einer sich zusehends weiter verselbständigenden, ausdifferenzierenden und pluralisierenden Verwaltung nur das abstrakte Postulat einer hierarchisch-bürokratischen Legalordnung entgegenhalten zu können, ohne für die Ursachen der Abweichungen vom vermeintlich idealen Modell Verständnis zu entwickeln.

Im weiteren Gang der Darstellung werden bestimmte Aspekte der drei oben genannten Destabilisierungsmomente des Hierarchieprinzips jeweils ausführlicher dargestellt. Ihrem Charakter einer Grundlagenproblemen der Verwaltungorganisation gewidmeten Studie gemäß konzentriert sich die

---

[127] Vgl. neben B. Becker, Aufgabentyp und Organisationsstruktur von Verwaltungsbehörden, in: Die Verwaltung 9 (1976), S. 273 ff. (285 ff., 289, 293 ff.) und Brohm, in: JuS 1977, S. 502 f. vor allem Schuppert, Erfüllung öffentlicher Aufgaben, S. 191 ff., 205 ff., 210 ff., 306 ff., 319 ff.; ferner Prätorius, Soziologie der politischen Organisationen, S. 101 ff.; Lange, VVDStRL 44 (1986), S. 175 ff. – Noch ganz in der Planungsdiskussion befangen K. König, Programmsteuerungen in komplexen politischen Systemen, in: Die Verwaltung 7 (1974), S. 137 ff. (146 ff., 150 ff.).

[128] Siehe zunächst nur B. Becker, Zentrale nichtministerielle Organisationseinheiten der unmittelbaren Bundesverwaltung, in: VerwArch. 69 (1978), S. 149 ff.; ders., Öffentliche Verwaltung, 1989, S. 289 ff.; Hucke/Bohne, Bürokratische Reaktionsmuster, S. 184 ff.; P. Schäfer, Zentralisation und Dezentralisation, S. 188 ff.; Schuppert, Erfüllung öffentlicher Aufgaben, S. 310 ff., 329. Dazu genauer das 5. Kapitel.

Arbeit zunächst auf die Frage nach der Steuerungskraft des Gesetzes gegenüber der Verwaltung und die hier teils faktisch, teils rechtlich gezogenen Grenzen (4. Kapitel). Während dort das noch unspezifizierte Verhältnis zwischen legislativem Willenszentrum und fremdbestimmter Exekutive analysiert wird, faßt das 5. Kapitel die Verselbständigungstendenzen der vollziehenden Gewalt ins Auge, die sich der organisatorischen Ausdifferenzierung von Verwaltungseinheiten und der damit verbundenen Pluralisierung der Staatsorganisation verdanken. Hier geht es dann unter den Aspekten der Legitimation und Kontrolle vornehmlich um das Verhältnis der Verwaltungstrabanten zu ihrem jeweiligen Muttergemeinwesen.

Veränderungen im Bereich der Handlungsformen der Verwaltung, wie sie sich im angesprochenen Trend zum kooperativen oder konsensualen Verwaltungshandeln ankündigen, bleiben im folgenden ebenso außer Betracht wie die inneren Veränderungen der Behördenstruktur einschließlich der Führungsproblematik. Die Berücksichtigung auch dieser Dimensionen hätte den Rahmen der Arbeit gesprengt.

4. Kapitel:

Die Steuerungskraft des Gesetzes und die Eigenständigkeit der Verwaltung: Legislative und Exekutive im Handlungsverbund

I. Problemstellung

Bereits die wenigen Andeutungen zur Erschütterung des Hierarchieprinzips haben erkennen lassen, daß die zentralistisch-monistische Vorstellung eines demokratisch-hierarchischen Kontrollsystems, das auf der automatenhaften Umsetzung eines in Gesetzesform gegossenen, inhaltlich eindeutigen souveränen Willens beruht, der komplexen Realität moderner Staaten im allgemeinen wie dem ausdifferenzierten Staats- und Verwaltungssystem der Bundesrepublik Deutschland im speziellen nicht annähernd gerecht wird. Diese gesetzesstaatlich konsequente und in der Logik souveräner demokratischer Herrschaft durch gewählte Repräsentativkörperschaften liegende Vorstellung erweist sich bei näherem Hinsehen als zu starr, zu schematisch, zu monokausal, zu undifferenziert, kurz: zu sehr dem mechanistischen Maschinenmodell des Absolutismus verhaftet[1].

Demgegenüber ist zunächst – schon vor aller organisatorischen Pluralisierung – mit Rücksicht auf die bekannte Formel von der ‚Eigenständigkeit der Verwaltung' das Verhältnis zwischen Gesetzgeber und Verwaltung im Hinblick auf die jeweiligen Entscheidungsanteile im Prozeß der konkreten Rechtsverwirklichung sowie etwaige Gewichtsverlagerungen zu präzisieren. Zentral ist die Frage, in welchem – teils verfassungsrechtlich vorgezeichneten, teils sich aus der „Wucht des Verwaltungsstaates" (Kurt Eichen-

---

[1] L. Spiegel, Die Verwaltungsrechtswissenschaft, 1909, benennt in kritischer Wendung gegen die Reduktion des Rechts auf seinen imperativen Gehalt den entscheidenden Punkt (S. 198f.): „Die Überzeugung, daß es genügt, einen Imperativ auszusprechen, um das Leben zu beherrschen, es zu ‚meistern', wie Gierke sagt, stammt aus der Denkweise des absolutistischen Staatswesens. Unsere Rechtswissenschaft ist noch ganz in dieser Denkweise befangen. Nur ist an die Stelle des absoluten Monarchen das absolute Gesetz getreten: Supremus rex legis voluntas."

Beier, DÖV 02, 537

berger) rein faktisch ergebenden – Maße die Vorstellung einer unbeschränkten Gesetzessuprematie und einer rein passiv-instrumentellen Rolle der Verwaltung der korrigierenden Einschränkung bedarf. Dazu müssen wir uns im folgenden sowohl der Dominanz und Schlüsselstellung des Gesetzes (dazu II.) wie auch der in diesem Medium selbst angelegten Grenzen (III.) versichern, um Art und Ausmaß der Rolle der Exekutive, ihre Konkretisierungsfunktion, ihre eigenständige Rechtsetzungsmacht (IV.) erschließen zu können. Weil indes die Summe der rechtlichen Verwaltungskompetenzen auch in ihrer Gesamtheit und in ihrem Wechselspiel den tatsächlichen Anteil der Exekutive an der Rechtsgestaltung und Rechtsverwirklichung nicht hinlänglich zu erfassen vermag, wird es zusätzlich notwendig, einige Faktoren bürokratischer Eigenmacht in den Blick zu nehmen (V.).

Ziel der folgenden Ausführungen kann und soll es nicht sein, das überaus komplexe und von vielerlei Kontroversen belebte Feld des Verhältnisses von Gesetzgebung und Verwaltung umfassend aufzuarbeiten. Vielmehr geht es darum, an der These vom rein instrumentellen Charakter der Verwaltung, ihrer Fremdbestimmtheit auch und gerade auf demokratischer Grundlage gewisse differenzierende Korrekturen anzubringen. Wenn insoweit das ‚Demokratieproblem' erörtert werden soll, so ist dies eine Abbreviatur für die Frage nach den systembedingten, zum Teil in der Verfassung verankerten Restriktionen des demokratischen Gesetzgebers bei der wohlfahrtsstaatlich (Fürsorge), aber auch sozialökonomisch (Wachstumsvorsorge; Verteilung des gesellschaftlichen Reichtums) und industrietechnologisch (Gefahrenvorsorge) induzierten Gestaltung der Gesellschaft durch positives, zumeist regulatives Recht. Jede Lockerung oder Preisgabe strikter Gesetzesbindung bedeutet ja ein Stück Machtverschiebung zugunsten der Exekutive. Es geht also sowohl um die Wirkkraft und den Aktionsradius der Gesetze als auch um die Grenzen des rein instrumentalen Charakters der Verwaltung.

II. Die Dominanz des Gesetzgebers

An der zentralen Rolle des Gesetzes im demokratischen Verfassungsstaat bundesrepublikanischer Prägung bestehen keine Zweifel[2]. Gleichgültig, ob man in ihm den „Zentralpunkt im Regierungssystem der Bundesrepublik"[3]

[2] S. nur K. Stern, Das Staatsrecht der Bundesrepublik Deutschland, Bd. 1, 2. Aufl. 1984, S. 825 ff.; E. Denninger, Staatsrecht 1, 1973, S. 110 ff.; K. Hesse, Grundzüge des Verfassungsrechts der Bundesrepublik Deutschland, 16. Aufl. 1988, Rn. 502 ff.; K. Eichenberger, Gesetzgebung im Rechtsstaat, VVDStRL 40 (1982), S. 7 ff. (8 ff.). – Verfassungstheoretische Grundlegung bei H. Hofmann, Legitimität und Rechtsgeltung, 1977, S. 78 ff.

[3] R. Herzog, in: Maunz/Dürig, Komm. z. GG, Art. 20 Abschnitt II (1980), Rn. 84.

sieht, es als „Gravitationszentrum des demokratischen Verfassungsstaates" bezeichnet[4], ihm eine „Schlüsselstellung"[5] oder „Spitzenstellung"[6] zuweist, in ihm den „Angelpunkt"[7] der Gewaltenteilung wie der Demokratie erblickt, es als „zentrale rechtliche Handlungsform des demokratischen Rechtsstaates"[8] tituliert oder schlicht vom „Kernstück der Rechtsordnung"[9] spricht: Stets ist gemeint, daß das mit besonderer Dignität ausgestattete, weil vom Parlament als der zentralen und durch direkte Wahlen vom Volk bestimmten Repräsentativkörperschaft[10] in einem besonderen Verfahren beschlossene Gesetz vornehmster und ranghöchster Ausdruck des Mehrheitswillens, Medium der Sozialgestaltung und Richtpunkt der gesamtstaatlichen Entwicklung ist. Verliert man gewichtige verfassungsrechtliche Einhegungen (Art. 79 III GG) und gewisse, den nationalstaatlichen Kontext transzendierende Übertragungsmöglichkeiten staatlicher Hoheitsgewalt (Art. 24 I GG) nicht aus den Augen, erscheint es durchaus zutreffend, vom Gesetz als der „verbindlichen Selbstfestlegung der souveränen Rechtsgemeinschaft"[11] zu sprechen.

Sowenig Zweifel mithin an der überragenden Rolle des parlamentarischen Gesetzes ganz ungeachtet populärer Klagen über die angeblich uner-

---

[4] H. Dreier, Der Ort der Souveränität, in: ders./J. Hofmann (Hrsg.), Parlamentarische Souveränität und technische Entwicklung, 1986, S. 11 ff. (43) m.w.N.; vgl. P. Badura, Parlamentarische Gesetzgebung und gesellschaftliche Autonomie, in: Das Recht in einer freiheitlichen Industriegesellschaft, 1988, S. 115 ff. (116).

[5] P. Badura, Gestaltungsfreiheit und Beurteilungsspielraum der Verwaltung, bestehend aufgrund und nach Maßgabe des Gesetzes, in: FS Bachof, 1984, S. 169 ff. (171); ders., Der Zustand des Rechtsstaates, in: Ein Cappenberger Gespräch, 1986, S. 13 ff. (20; s. auch S. 16).

[6] F. Ossenbühl, Vorrang und Vorbehalt des Gesetzes, in: HdbStR III, § 62 Rn. 2.

[7] E. Schmidt-Assmann, Der Rechtsstaat, in: HdbStR I, § 24 Rn. 58; ders., Verwaltungsverfahren, in: HdbStR III, § 70 Rn. 23; Eichenberger, VVDStRL 40 (1982), S. 9: „kritische(r) Angelpunkt realisierbarer Rechtsstaatlichkeit"; s. auch K.-U. Meyn, Kontrolle als Verfassungsprinzip, 1982, S. 331 ff.

[8] H. Schulze-Fielitz, Theorie und Praxis parlamentarischer Gesetzgebung, 1988, S. 156; zum hier nicht weiter zu thematisierenden Ende des dem Konstitutionalismus entstammenden „doppelten" Gesetzesbegriffes zuletzt W. Heun, Staatshaushalt und Staatsleitung, 1989, S. 151 ff.

[9] P. Badura, Die parlamentarische Volksvertretung und die Aufgabe der Gesetzgebung, in: Zeitschrift für Gesetzgebung 2 (1987), S. 300 ff (301).

[10] Zur Vorrangstellung des Parlaments vgl. H. Dreier, Regelungsform und Regelungsinhalt des autonomen Parlamentsrechts, in: JZ 1990, S. 310 ff. (310 f.) m.w.N.

[11] D. Göldner, Integration und Pluralismus im demokratischen Rechtsstaat, 1977, S. 76; ähnlich Eichenberger, VVDStRL 40 (1982), S. 12. – Zur Unersetzbarkeit des Gesetzgebungsverfahrens m.w.N. Schulze-Fielitz, Theorie und Praxis parlamentarischer Gesetzgebung, S. 206 ff.

trägliche Normenflut[12] oder den allgemeinen „Niedergang der Gesetzgebungskunst"[13] bestehen können, so unverkennbar dem Gesetzgeber mit der sozialstaatlichen wie technologischen Entfaltung des demokratisierten politischen Gemeinwesens neue Aufgabendimensionen[14] zugefallen sind, so wenig ist mit alledem doch über Realisierungsformen und Umsetzungsmodi des im Gesetz niedergelegten und insoweit authentisch interpretierten Volkswillens gesagt. Denn sieht man von den sich selbst vollziehenden Normen ab, so bedeutet die bloße Existenz gesetzlicher Vorschriften für die so-

---

[12] H.-D. WEISS, Verrechtlichung als Selbstgefährdung des Rechts, in: DÖV 1978, S. 601 ff.; H. MAASSEN, Die Freiheit des Bürgers in einer Zeit ausufernder Gesetzgebung, in: NJW 1979, S. 1473 ff.; A. HELDRICH, Normüberflutung, in: FS Zweigert, 1981, S. 811 ff.; zahlreiche weitere Nachweise bei M. DREHER, Verrechtlichung und Entrechtlichung, in: Zeitschrift für Gesetzgebung 2 (1987), S. 312 ff.; theoretisch anspruchsvolle Beiträge vereinigt der von F. Kübler hrsgg. Band: Verrechtlichung von Wirtschaft, Arbeit und sozialer Solidarität, 1984 (mit Aufsätzen von H. F. Zacher, S. Simitis, F. Kübler, K. Hopt und G. Teubner). Erfreulich unaufgeregt K. LANGE, Eindämmung der „Vorschriftenflut" im Verwaltungsrecht?, in: DVBl. 1979, S. 533 ff. – Maßvoll in der kritischen Bestandsaufnahme auch EICHENBERGER, VVDStRL 40 (1982), S. 13 ff., 19 ff; desgleichen D. SIMON, Gesetzesflut – Gesetzesperfektionismus, in: 53. DJT, Bd. II, 1980, Q 12 ff. (17) und ausführlich W. LINDER, Überrollt uns eine Gesetzesflut? Eine empirische Untersuchung über die quantitative Entwicklung des schweizerischen Rechts, in: Schweizerisches Zentralblatt für Staats- und Gemeindeverwaltung, Bd. 86, 1985, S. 417 ff.

[13] HANS SCHNEIDER, Gesetzgebung, 1982, Rn. 78 (S. 50); vgl. dagegen nüchtern W. ZEH, Vollzugskontrolle und Wirkungsbeobachtung als Teilfunktion der Gesetzgebung, in: Jahrbuch für Rechtssoziologie und Rechtstheorie, Bd. 13. 1988, S. 194 ff. (203): „Die angeblich früher verbreitete und heute vermißte ‚Kunst' der Gesetzgebung, sprachlich eindrucksvolle, fachlich präzise, gleichwohl allgemein verständliche, dazu noch kurze und in den vorhandenen Normenbestand widerspruchslos sich einfügende Gesetzestexte zu erlassen, ist nicht der Punkt, aus dem heutige Wirkungsmängel, Vollzugsdefizite und Akzepturprobleme zu kurieren sind." Aus der schnell wachsenden Literatur zur Gesetzgebungslehre W. Schreckenberger (Hrsg.), Gesetzgebungslehre, 1986 (mit umfangreicher Auswahlbibliographie S. 187 ff.); einen nützlichen Überblick über Fragen, Stand und Probleme dieser noch jungen und vielleicht in der Tat etwas „dünnblütigen" (J. JEKEWITZ, in: Der Staat 27 [1988], S. 631) Disziplin gibt U. KARPEN, Zum gegenwärtigen Stand der Gesetzgebungslehre in der Bundesrepublik Deutschland, in: Zeitschrift für Gesetzgebung 1 (1986), S. 5 ff. Literaturüberblick bei CHR. STARCK, Überlegungen zur Gesetzgebungslehre, in: Zeitschrift für Gesetzgebung 3 (1988), S. 1 ff.

[14] Vgl. K. EICHENBERGER, Der Staat der Gegenwart, 1980, S. 114 ff.; K. STERN, Staatsziele und Staatsaufgaben in verfassungsrechtlicher Sicht, in: Bitburger Gespräche, Jahrbuch 1984, S. 5 ff.; H. F. ZACHER, Das soziale Staatsziel, in: HdbStR I, § 25 Rn. 19 ff., 80 ff.; E. DENNINGER, Der Präventions-Staat, in: KritJ 21 (1988), S. 1 ff.; J. ISENSEE, Gemeinwohl und Staatsaufgaben im Verfassungsstaat, in: HdbStR III, § 57 Rn. 156 ff., 170 ff.; H. HOFMANN, Die Aufgaben des modernen Staates und der Umweltschutz, in: M. Kloepfer (Hrsg.), Der Umweltstaat, 1989, S. 1 ff.

ziale Realität noch nicht viel[15]. Regulatives, interventionistisches Recht bedarf, worauf bereits hingewiesen wurde, in aller Regel der Umsetzung, der ‚Implementation' durch den kontrollierenden und sanktionierenden Rechtsstab, für unseren Fall: durch die Verwaltung.

Weil nun vernünftigerweise gar nicht in Abrede zu stellen ist, daß sich Verwaltung „nicht im automatenhaften Gesetzesvollzug (erschöpft)"[16], Verwaltung „niemals bloße Vollziehung, maschinenmäßige Anwendung allgemeiner Regeln auf den einzelnen Fall"[17] ist und die Exekutive gar nicht vollständig zum „stumpfen Befehlsempfänger der Legislative"[18] degradiert werden kann, liegt allein im Umstand der Umsetzungs- und Vollzugsbedürftigkeit der Gesetze eine aktive „Mitgestaltung" und „ergänzende Konkretisierung"[19] der Exekutive beschlossen. Das Gesetz ist kein selbstgenügsames Endprodukt des Prozesses rechtlicher Steuerung und Lenkung des politischen Gemeinwesens, sondern eine ergänzungsbedürftige, modifizierungsfähige „Zwischenstufe"[20] im Gesamtvorgang verfassungsgebundener, sozialgestaltender Rechtsverwirklichung[21]: zwar Ende der kontroversen po-

---

15 Mit Blick auf das Zivilrecht, aber in durchaus verallgemeinerungsfähiger Weise hat J. Esser, Juristisches Argumentieren im Wandel der Rechtsfindungskonzepte unseres Jahrhunderts, 1979, S. 8 den Gesetzgeber mit einem Bühnenregisseur verglichen: „Gibt man zu, daß der Rechtsstreit ein Kampf um die bessere Rechtsmeinung ist, so öffnet sich die große Bühne der meinungsbildenden Faktoren, deren Aktivität nur teilweise der Regie des Gesetzes untersteht und schließlich diesen Regisseur angesichts des zu spielenden Stückes und der Erwartungen des Auditoriums sogar überspielt. Oft ist ja der Gesetzgeber vor jeder Aufführung schon abgetreten, ohne die Reaktionen des Publikums zu sehen."

16 O. Bachof, Art. Verwaltung, in: EvStL, 2. Aufl. 1975, Sp. 2772ff. (2775).

17 G. Jellinek, Allgemeine Staatslehre, 3. Aufl. 1914, S. 618.

18 M. Bullinger, Vertrag und Verwaltungsakt, 1962, S. 94; s. auch K. Hesse, Grundzüge des Verfassungsrechts der Bundesrepublik Deutschland, 16. Aufl. 1988, Rn. 537: „Trotz ihrer Bindung und Ausrichtung ist Verwaltung im verfassungsrechtlich vorausgesetzten Sinne mehr als abhängiger Vollzug und wertfreie Technik".

19 U. Scheuner, Das Gesetz als Auftrag der Verwaltung (1969), in: ders., Staatstheorie und Staatsrecht, 1978, S. 545ff. (561); dazu Georg Müller, Inhalt und Formen der Rechtssetzung als Problem der demokratischen Kompetenzordnung, 1979, S. 78ff.; s. auch P. Badura, Auftrag und Grenzen der Verwaltung im sozialen Rechtsstaat, in: DÖV 1968, S. 446ff. (452): „Die gestaltende Intervention des Gesetzes setzt sich in der diese konkretisierende Verwaltungstätigkeit fort."; ähnlich E. Schmidt-Assmann, in: Maunz/Dürig, Komm. z. GG, Art. 19 IV (1985), Rn. 182ff.

20 Vgl. Schulze-Fielitz, Theorie und Praxis parlamentarischer Gesetzgebung, S. 135, 140, 142, 154. Ähnlich, aber nicht auf den rechtslogischen Konstruktions-, sondern den politischen Ereigniszusammenhang gemünzt: „Gesetze als rechtsstaatliche Zwischenschritte der Verwirklichung politischer Programmatik" (Zeh, Vollzugskontrolle und Wirkungsbetrachtung, S. 200).

21 Für Generalklauseln, bei denen es sich offensichtlich um gesetzgeberische Nichtre-

litischen Willensbildung, aber zugleich Anfang der Realisierung des nun temporär verbindlich festgelegten Mehrheitswillens. Die Erkenntnis der Unmöglichkeit einer sauberen Aufteilung staatlichen Handelns in programmierende Normensetzung gesetzesförmiger Art einerseits, programmierten und determinierten Normvollzugs andererseits, wie sie sich etwa in der Rede vom „arbeitsteiligen Ergänzungsverhältnis“ zwischen Gesetzgebung und Gesetzesanwendung[22] oder der „Vorstellung einer ‚gewaltenpluralen‘ Arbeit am Gesetz“[23] spiegelt[24], läßt die Frage nach Grund und Grenzen der trotz aller Rechtsgebundenheit und Gesetzesabhängigkeit offenkundig fortbestehenden Eigenständigkeit der Verwaltung[25] und damit mittelbar auch nach der „Leistungsfähigkeit von Rechtsnormen für die Steuerung von Entscheidungsinhalten“[26] unausweichlich werden. Denn im Grunde sagen doch all jene Formeln und Metaphern nichts anderes aus, als daß der Gesetzgeber oft lediglich Entscheidungsprämissen vorgibt, die in mehr oder minder weiten Grenzen stets variable Entscheidung aber von der Verwaltung getroffen und so das Recht im konkreten Fall von ihr verbindlich festgelegt wird.

III. Grenzen des Gesetzes als Steuerungsmedium

Bereits in der Form des parlamentarischen Gesetzes selbst liegen bestimmte faktische Grenzen seiner Steuerungsfähigkeit beschlossen. In einer recht groben Unterteilung können drei Aspekte benannt werden: die Unhinter-

---

gulierungen handelte, hatte J. W. HEDEMANN, Die Flucht in die Generalklauseln, 1933, S. 58 vermerkt, hier handele es sich um „ein Stück offengelassener Gesetzgebung“.

[22] SCHULZE-FIELITZ, Theorie und Praxis parlamentarischer Gesetzgebung, S. 139ff., 143ff. (144).

[23] SCHMIDT-ASSMANN, in: HdbStR I, §24 Rn. 60; DERS., Art. 19 IV Rn. 182.

[24] Schon H. KELSEN, Allgemeine Staatslehre, 1925, S. 362 sprach von einer „organischen Verbindung“ zwischen Gesetzgebung und Vollziehung.

[25] HANS PETERS, Die Verwaltung als eigenständige Staatsgewalt , 1965, S. 5ff. (indes stellt Peters weitgehend auf die Sphäre der kommunalen Selbstverwaltung und die legitimatorische Kraft des als intakt präsentierten Berufsbeamtentums mit seiner fachlichen Kompetenz und Problemnähe ab, um eine „Minderbewertung der Verwaltung“ [S. 13] zu bekämpfen und seine These von der Gleichwertigkeit der Staatsgewalten [S. 6] zu verfechten); s. auch DERS., Verwaltung ohne gesetzliche Ermächtigung?, in: FS Hans Huber, Bern 1961, S. 206ff. – Gegenposition neben den schon mehrfach genannten Arbeiten von Dietrich Jesch und Hans Heinrich Rupp z. B. bei M. IMBODEN, Das Gesetz als Garantie rechtsstaatlicher Verwaltung, 2. Aufl., Basel-Stuttgart 1962, S. 41ff.; dezidiert zur gesetzesunabhängigen Handlungskompetenz der Verwaltung auch BULLINGER, Vertrag und Verwaltungsakt, S. 93ff. – H. LECHELER, Verwaltungslehre, 1988, S. 46ff., 49f. folgt weitgehend der Argumentation von Hans Peters.

[26] W. SCHMIDT, Einführung in die Probleme des Verwaltungsrechts, 1982, Rn. 85 (S. 47); s. auch S. 52: „Grenzen eines normativen Determinismus“.

gehbarkeit der Konkretisierung (dazu 1.) sowie die Unvermeidbarkeit offener Normen (2.) und, nur scheinbar paradox, der Steuerungsverlust durch eine hypertrophe Normenproduktion, die zu neuen Wahlfreiheiten der Exekutive führt (3.).

1. Der methodologische Grundtatbestand: Die Unhintergehbarkeit der Konkretisierung

Die nach dem Niedergang des Subsumtionsmodells[27] in dieser Allgemeinheit ohne weiteres konsensfähige Rede davon, „daß überall dort, wo ein Lebenssachverhalt und der dafür in Betracht kommende Rechtssatz noch der wechselseitigen Zubereitung bedürfen, es nicht um eine gleichsam automatisierbare Subsumtion des ‚Falls' unter die ‚Norm' geht" und insofern niemals bloß bedenkenloser Vollzug gegeben sei[28], verweist auf die Einsicht, daß die Eigenständigkeit (oder, vorsichtiger: das Eigengewicht) der Verwaltung bereits aus der Existenz und der Umsetzungsbedürftigkeit genereller Normen folgt[29].

---

[27] Besonders K. ENGISCH, Logische Studien zur Gesetzesanwendung (1943), 3. Aufl. 1963 hat dargetan, daß die Fixierung gesetzlicher Tatbestände und die Feststellung bestimmter Sachverhalte nicht strikt getrennt voneinander ablaufen, sondern vielfach miteinander verschlungen, Tat- und Rechtsfrage oft untrennbar sind (S. 22ff., 37ff., 84, 86, 93, 113), und dies in das bekannte Bild vom „Hin- und Herwandern des Blickes zwischen Obersatz und Lebenssachverhalt" (S. 15) gefaßt; vgl. auch DERS., Einführung in das juristische Denken, 8. Aufl. 1983, S. 43ff.

[28] SCHMIDT, Einführung in die Probleme des Verwaltungsrechts, Rn. 70 (S. 38). Zu den in der heutigen Methodenlehre diskutierten Modellen der Rechtsfindung vgl. den sehr informativen Überblick von R. GRÖSCHNER, Art. Rechtsfindung, in: Ergänzbares Lexikon des Rechts, Nr. 2/430 (Oktober 1988).

[29] Besonders deutlich hat dies herausgestellt E. FORSTHOFF, Lehrbuch des Verwaltungsrechts, Bd. 1, 10. Aufl. 1973, S. 59: „Es macht einen wesentlichen Unterschied aus, ob die Verwaltung auf Grund eines konkreten Befehls oder einer allgemeinen Norm handelt. Im ersten Fall ist sie wesentlich Vollzug, Exekutive, im zweiten Falle handelt sie in gewissem Grade selbständig. Denn die Umsetzung einer generellen Norm in die Ausführung durch eine Mehrzahl von Verwaltungsakten ist ein eigengearteter, eigengewichtiger Vorgang ... Dieser Vorgang ist in dem, was die Norm besagt, nicht bereits enthalten, sondern tritt zum Norminhalt als selbständiges Element hinzu. Fachwissen, Erfahrung und Tradition fallen dabei vor allem ins Gewicht." – Zum Freiraum bei der Kommunalverwaltung im nicht rechtstechnisch verengten Ermessensbereich vgl. die empirische Studie von G. HARTFIEL/L. SEDATIS/D. CLAESSENS, Beamte und Angestellte in der Verwaltungspyramide, hrsgg. v. O. Stammer, 1964, S. 88ff., 97ff., 105ff. (105: Entscheidungen als „Zuordnungsverfahren"); Angaben zur Empirie auch bei ST. FRHR. V. WELCK, Rechtstatsachenuntersuchungen zum Verwaltungsermessen, in: DÖV 1973, S. 732ff.

Bei aller Unterschiedlichkeit der Konzeptionen ‚rationaler' Rechtsfindungsmodelle herrscht in der Rechtsmethodik heute weitgehend Konsens darüber, daß kein Akt der Norminterpretation als bloß formal-technischer Subsumtionsvorgang im Sinne eines syllogistischen Schlußverfahrens hinreichend zu begründen und zu erklären ist[30]. Stets tritt eine schon wegen der Unschärfe der (Gesetzes-)Sprache unvermeidliche – wie auch immer im einzelnen zu deutende – eigene, aktive Leistung des Interpreten hinzu. Lange, bevor diese Einsicht zur herrschenden wurde, hatte die Kelsensche Reine Rechtslehre in Aufnahme der von Adolf Merkl entwickelten Stufenbaulehre Rechtsauslegung als einen fortlaufenden Konkretisierungsprozeß verstanden: bei dynamischer Betrachtung der Gesamtrechtsordnung erscheint diese als ein umfassender Erzeugungs-, Delegations- und Derogationszusammenhang, in dem die Normen der jeweils niederen Stufe Konkretisierungsakte der höherstufigen Normen darstellen. Weder erschöpft sich die Anwendung höherer Normen in einem rein logischen Denkprozeß, noch stellt sie eine von allen normativen Vorgaben entbundene, arbiträre Entscheidung dar[31]: sie ist stets „zum Teil Kognition, zum Teil Dezision"[32].

Es ist hier nicht von Belang, wem das Erstgeburtsrecht für die Idee einer unhintergehbaren, von willenhaften Elementen nicht freien[33] Auslegungsarbeit zukommt[34]. Jedenfalls stellt die Einsicht in den stets schöpferischen

---

[30] R. Alexy, Theorie der juristischen Argumentation, 1978, S. 22 ff.

[31] Vgl. aus der Fülle der Literatur H. Kelsen, Reine Rechtslehre, 2. Aufl. 1960, S. 228 ff., 346 ff. und dazu H. Dreier, Rechtslehre, Staatssoziologie und Demokratietheorie bei Hans Kelsen, 2. Aufl. 1990, S. 129 ff., 145 ff. m.w.N.; ferner Chr. Schwaighofer, Kelsen zum Problem der Rechtsauslegung, in: Untersuchungen zur Reinen Rechtslehre, hrsgg. v. St. Paulson u. R. Walter, Wien 1986, S. 232 ff.

[32] So treffend D. Grimm, Zum Verhältnis von Interpretationslehre, Verfassungsgerichtsbarkeit und Demokratieprinzip bei Kelsen, in: Ideologiekritik und Demokratietheorie bei Hans Kelsen, hrsgg. v. W. Krawietz u.a. (=Rechtstheorie, Beiheft 4), 1982, S. 149 ff. (151).

[33] Die bekannte Formel des Bundesverfassungsgerichts zur richterlichen Rechtsanwendung lautet: „Akt des bewertenden Erkennens, dem auch willenhafte Elemente nicht fehlen" (BVerfGE 34, 269/287).

[34] Das ist ohnehin kaum auszumachen: vgl. D. Simon, Historische Beiträge zur Rechtsprechungslehre, in: Rechtsprechungslehre, hrsgg. v. N. Achterberg, 1986, S. 229 ff. (233 ff.). – R. Ogorek, Richterkönig oder Subsumtionsautomat?, 1986, hat die gängige Vorstellung, das 19. Jahrhundert sei von der Idee eines strikt gesetzesgebundenen und insofern unpolitischen Richters, der den vorgegebenen Normen nichts eigenes hinzufüge, beherrscht gewesen, als Legende und jene Idee selbst als taktisches Manöver entlarvt. Sie zeigt u.a., daß schon lange vor Oskar Bülows Schrift über „Gesetz und Richteramt" aus dem Jahre 1885 die rechtsproduktive Tätigkeit des Richters eine verbreitete (aber, wie gesagt, aus bestimmten politisch-taktischen Erwägungen heraus nicht offen eingestandene) Einsicht war (vgl. S. 75 ff., 80 ff., 125 f., 168 f., 176 ff., 257 ff., 278 f., 368 ff.).

Charakter der Anwendung von Rechtsnormen heute einen Truismus dar[35]; Differenzen gibt es darüber, auf welchem Wege und in welchem Grade man diesen Prozeß rationalisieren kann[36].

Rechtsanwendung, auch und gerade durch die Verwaltung, bleibt ein Akt der Konkretisierung, der Normausfüllung und -ergänzung. Es bestärkt und bestätigt die rechtstheoretisch-methodologische Sichtweise, die in der (Umgangs-)Sprache eine „Leistungsgrenze des vom Gesetzgeber benutzten Steuerungscodes“[37] erblickt, wenn aus verwaltungswissenschaftlicher Perspektive darauf hingewiesen wird, daß die generelle Norm „den individualisierend auf den konkreten Tatbestand eingehenden Akt in keiner Weise überflüssig“ macht, weil die generelle Norm eben „fallblind“, der normgeleitete Akt hingegen „fallorientiert“ sei[38]. Ein gewisses Maß an Eigenständigkeit, ein gewisser eigener Anteil im Prozeß der Rechtsverwirklichung wächst der Exekutive mithin allein aufgrund der unhintergehbaren Konkretisierungsbedürftigkeit der gesetzlichen Normen zu. Art und Ausmaß dieses Anteils hängen ebenso von der Präzision der normativen Vorgaben wie von den tatsächlichen Verhältnissen ab und unterliegen von daher stetem Wan-

---

[35] H. Ryffel, Grundprobleme der Rechts- und Staatsphilosophie, 1969, S. 53ff.; J. Esser, Vorverständnis und Methodenwahl in der Rechtsfindung, 1972, S. 74ff., 116ff.; K. Larenz, Methodenlehre der Rechtswissenschaft, 5. Aufl. 1983, S. 150ff., 195ff., 266ff., 298ff.; R. A. Rhinow, Rechtsetzung und Methodik, 1979, S. 124ff., 232ff.; zusammenfassend Ralf Dreier, Art. Interpretation, in: StL, 7. Aufl., Bd. 3, Sp. 179ff. (182) und D. Lorenz, Art. Richterrecht, in: StL, 7. Aufl., Bd. 4, Sp. 922ff.; ein bemerkenswertes, weil den wissenschaftlichen Diskussionsstand ausführlich rezipierendes Urteil: VG Wiesbaden NJW 1988, 356.

[36] S. dazu etwa die zahlreichen Schriften von Friedrich Müller (zusammenfassend: Strukturierende Rechtslehre, 1984, S. 168ff., 230ff. u.ö.); ders., Juristische Methodik, 3. Aufl. 1989; ders., ‚Richterrecht‘. Elemente einer Verfassungstheorie IV, 1986; H.-J. Koch/H. Rüssmann, Juristische Begründungslehre, 1982, S. 31ff., 119ff.; J. Harenburg, Die Rechtsdogmatik zwischen Wissenschaft und Praxis, 1986, S. 241ff. – Die Ausführungen von F. Bydlinski, Recht, Methode und Jurisprudenz, 1988, halten sich auf einer pragmatischen Mittellinie und erheben keinen besonderen theoretischen Anspruch.

[37] So B. Schünemann, Die Gesetzesinterpretation im Schnittfeld von Sprachphilosophie, Staatsverfassung und juristischer Methodenlehre, in: FS Ulrich Klug, Bd. 1, 1983, S. 169ff. (176). Anders formuliert: Es geht nicht an, „das Befolgen von Rechtstexten als eine Art mechanistische Fernwirkung von Texten auf den Rezipienten“ zu erklären (J. Nocke, Rechtsproduktion der Juristen im Umweltrecht – eine Profession stößt an ihre Grenzen, in: B.-O. Bryde/W. Hoffmann-Riem [Hrsg.], Rechtsproduktion und Rechtsbewußtsein, 1988, S. 81ff. [99]).

[38] F. Morstein Marx, Bürokratisierung und Leistungsordnung, in: ders. (Hrsg.), Verwaltung, 1965, S. 68ff. (78). S. auch Schmidt-Assmann, Art. 19 IV, Rn. 182: das Gesetz ist kein „Speicher fertiger Antworten“, sondern bedarf der Konkretisierung.

del[39]. Vielleicht ist es eine nur gelinde Übertreibung, wenn Roman Herzog allein wegen der unumgänglichen Gesetzesauslegung Rechtsprechung und Verwaltung „faktisch zu Mitträgern der normsetzenden Gewalt“[40] aufsteigen sieht: denn jede Auslegung fügt den vorgegebenen Normtexten neue Gehalte zu und ist insofern „normativ produktiv“[41]. Eine allgemeingültige Linie anzugeben, die etwa die Anteile zwischen normativgesetzlicher Vorgabe und konkretem Verwaltungsvollzug stereotyp gewichten könnte, scheint angesichts der Fülle an Variationsmöglichkeiten, an sprachlicher und sachlicher Vielfalt unmöglich. Eine gewisse äußerste Grenze ist im Fall bewußter Reduktion scheinbar instrumentell-regulativer Gesetzgebung auf symbolische Politik und damit der „Deklassierung des Gesetzes vom Steuerungs- zum Propagandainstrument“[42] erreicht: Wo der Normgeber eigentlich gar nichts regeln will, hat der Normanwender freie Hand.

2. Der rechtstatsächliche Grundtatbestand: Die Unvermeidbarkeit offener Normen

Die Unhintergehbarkeit der Normenkonkretisierung und die damit einhergehende „Unbestimmtheitslast, welche die Anwendung und Aufbereitung jeden Rechts zu bewältigen hat“[43], beruht zum einen auf ihrer sinnvariablen und von daher auch zukunftsoffenen Gestalt, zum anderen auf der Notwendigkeit, die Kluft zwischen Norm und Sachverhalt zu überbrücken. Im Grunde nur einen speziellen Ausschnitt aus der Gesamtproblematik stellt

---

[39] Harenburg, Rechtsdogmatik, S. 121 spricht vom „Eigenmacht/ Gehorsam-Kontinuum“.

[40] R. Herzog, in: Maunz/Dürig, Komm. z. GG, Art. 20 Abschnitt VI (1980), Rn. 42. Ähnlich fällt eine fast als Resümee zu wertende Bemerkung in Rudolf Wiethölters fulminantem Literaturbericht über Rechtsfortbildung (in: KritV 1988, S. 1 ff. [24]) aus: „Sprachgebräuche wie ‚Rechtsetzung‘, ‚Rechtsanwendung‘, ‚Rechtsfortbildung‘ werden immer fragwürdiger.“

[41] Harenburg, Rechtsdogmatik, S. 118 (s. auch S. 120: Textinterpretation wird normative Produktion; 121: Normproduktion durch Normkonkretisierung; ähnlich S. 124, 126 u.ö.). – Harenburg zeigt S. 123 ff., 129 des weiteren, daß der hermeneutische Ansatz Gefahr läuft, ein durch gesellschaftlich relevante Gesetzgebung zu lösendes Problem der Sozialgestaltung durch die Annahme eines sinnverstehenden Zirkels zu einem bloßen Verständnisproblem herabzustufen, ihm dadurch die politische Spitze zu nehmen und – vielleicht ungewollt – die Vorstellung vom bloßen Gesetzesvollzug auch dort zu befestigen, wo der methodisch ausweisbare Diskurs über Grenzen, Ziele und Zwecke bestimmter Sinnimplikationen einschließlich seiner politisch-wertenden Gehalte zu beginnen hätte.

[42] G. Lübbe-Wolff, Konstitution und Konkretisierung außenwirksamer Standards durch Verwaltungsvorschriften, in: DÖV 1987, S. 896 ff. (900).

[43] M. Morlok, Was heißt und zu welchem Ende studiert man Verfassungstheorie?, 1988, S. 89.

die Unvermeidlichkeit „offener“, „unbestimmter“, d. h.: ganz offenkundig nicht nur interpretationsfähiger, sondern ergänzungs- und ausfüllungsbedürftiger Gesetze dar[44].

Der Tatbestand selbst ist offensichtlich: Er wird durch eine Fülle von Beispielen für Generalklauseln, unbestimmte Rechtsbegriffe, Ermessensvorschriften und andere Formen dessen, was man auch als ‚Zweckprogramme‘ bezeichnet, illustriert[45]. Dieser Tatbestand ist zudem in gewissem Umfang unvermeidlich. So formelhaft und stereotyp die gängigen Erklärungen (Komplexität und Wandel der gesellschaftlichen Verhältnisse, Vielfalt der Lebenssachverhalte, Einzelfallgerechtigkeit)[46] auch klingen mögen, und sosehr dadurch in manchen Fällen nur die Willensschwäche des Gesetzgebers, die Flucht in den parteipolitisch erzwungenen Formelkompromiß sowie bewußte Nichtentscheidung offenkundiger Konflikte überdeckt werden, weil ein höheres Maß an Klarheit, Bestimmtheit und Überschaubarkeit bei der Normierung durchaus realisierbar gewesen wäre[47]: Selbst der handlungsfreudigste, optimal informierte, seiner selbst gewisse Gesetzgeber kann heute auf Dauer nicht verbindliche Normen mit einem Konkretisierungsgrad und einer Detailgenauigkeit produzieren, die den Handlungsspielraum der zur Normexekution befugten Instanzen auf das sprachphilosophisch und methodologisch begründbare unvermeidliche Mindestmaß beschränken[48]. Die Vielfalt und Komplexität der gesellschaftlichen Verhältnisse, die stei-

---

[44] Zum semantischen und sozialen Hintergrund J. Cattepoel, Der unbestimmte Rechtsbegriff als Problem der Rechtssprache, in: Rechtstheorie 10 (1979), S. 231 ff. (235 ff., 240 ff.). – Ansätze zu einer Systematik und Präzisierung unbestimmter Normen (Vagheit, Porosität, Mehrdeutigkeit) bei M. Herberger/H.-J. Koch, Zur Einführung: Juristische Methodenlehre und Sprachphilosophie, in: JuS 1978, S. 810 ff. (813 ff.); H.-J. Koch/H. Rüssmann, Juristische Begründungslehre, 1982, S. 188 ff. (191 ff., 194 ff.).

[45] Keinen Gesamtüberblick, aber doch eine anschauliche Sammlung von Normen und Fallbeispielen bietet H. Maurer, Allgemeines Verwaltungsrecht, 6. Aufl. 1988, § 7 Rn. 6 ff., 17 ff., 24 ff.

[46] Vgl. H. Henkel, Einführung in die Rechtsphilosophie, 2. Aufl. 1977, S. 439; K. Stern, Das Staatsrecht der Bundesrepublik Deutschland, Bd. 1, 2. Aufl. 1984, S. 830; zur Rechtsprechung des Bundesverfassungsgerichts (s. etwa BVerfGE 4, 352/358; 21, 73/79; 51, 60/73; 56, 1/12) R. Geitmann, Bundesverfassungsgericht und „offene“ Normen, 1971, S. 92 ff.; jüngst BVerfG NJW 1989, 666/667. Seltener Fall einer Verfassungswidrigkeit wegen Unklarheit der Norm: BVerfGE 17, 306/313 ff.; s. jüngst auch BVerfG NJW 1989, 1663 (fehlende Bestimmtheit eines Straftatbestandes). – Allgemeiner Rhinow, Rechtsetzung und Methodik, S. 49 ff., 58 ff.

[47] Dazu nur Hans Schneider, Gesetzgebung, 1982, Rn. 66 ff. (S. 42 ff.) mit zahlreichen Beispielen.

[48] Konkretes Beispiel: BVerfGE 49, 168/181 zu § 2 AuslG. – Zum ganzen auch R. Herzog, in: Maunz/Dürig, Komm. z. GG, Art. 20 Abschnitt VII (1980), Rn. 57 ff. (Meßbarkeit und Verläßlichkeit staatlichen Handelns).

gende soziale Differenzierung und die entsprechende Anpassung des Rechts muß z. T. durch einen „höheren Generalisierungs- und Abstraktionsgrad der Regelungen"[49] aufgefangen werden. Und nicht allein dies: Gerade das Recht des modernen Wohlfahrtsstaates favorisiert zweckorientierte Regelungen, die mehrere Handlungsalternativen eröffnen und so den Aktionsspielraum der Verwaltung erweitern[50].

Der Tatbestand ist schließlich in begrenztem Umfang funktional. Ebenso wie gewisse noch ausführlicher zu diskutierende organisatorische Differenzierungen ist die Gewährung bestimmter Handlungsspielräume nicht nur als Entlastung zugunsten eines ansonsten überforderten Gesetzgebers, als Mittel zum Abbau von Übernormierung und zur Vermeidung dysfunktionaler Verrechtlichung zu interpretieren; sie dienen auch der notwendigen Ausdifferenzierung und damit der Stabilisierung des Gesamtsystems. Das bedeutet: Handlungsspielräume der Exekutive, die aus der Warte – zuweilen etwas antiquiert anmutender – strikt gesetzesstaatlicher Demokratie als suspekte „Weichzonen der Gesetzesbindung"[51] erscheinen, halten – formuliert man verwaltungswissenschaftlich-systemtheoretisch – das Gesamtsystem flexibel, indem sie „zwischen unirationaler Norm und multirationaler sozialer Wirklichkeit" vermitteln[52]. Eine derartige „Entdifferenzierung des zentralstaatlichen Handlungsinstrumentariums"[53] wirkt der drohenden

---

[49] MORLOK, Verfassungstheorie, S. 86. Auch darin offenbaren sich die „‚Produktionsschranken' der Gesetzgebung" (R. GRAWERT, Gesetz und Gesetzgebung im modernen Staat, in: Jura 1982, S. 247 ff., 300 ff. [307]). Grawert betont hier zu Recht, daß eine Schwäche des Parlaments auch aus seiner selbstauferlegten Überlast mit einer Fülle von Detailregelungen resultieren kann, die dem Gesetzgeber keine Leistungsressourcen für die Lösung wirklich wesentlicher und wichtiger Aufgaben lassen. Ähnliches soll wohl der Begriff der „Erschöpfungsgrenze" (G. HAVERKATE, Die Einheit der Verwaltung als Rechtsproblem, VVDStRL 46 [1988], S. 217 ff. [250 N. 109]) besagen.

[50] Dazu I. MAUS, Rechtstheorie und politische Theorie im Industriekapitalismus, 1986, S. 278, 283 ff.; auch BADURA, DÖV 1968, 453 räumt eine darin liegende „Schwäche des Parlaments gegenüber den spezialisierten Anforderungen wohlfahrtsstaatlicher Sozialgestaltung" ein.

[51] R. NOVAK, Gesetzgebung im Rechtsstaat, VVDStRL 40 (1982), S. 40 ff. (46).

[52] W. SEIBEL, Abschied vom Recht – eine Ideologie?, in: R. Voigt (Hrsg.), Abschied vom Recht?, 1983, S. 134 ff. (150). Ganz ähnlich W. BROHM, Die staatliche Verwaltung als eigenständige Gewalt und die Grenzen der Verwaltungsgerichtsbarkeit, in: DVBl. 1986, S. 321 ff. (328): „Unbestimmte Gesetzesbegriffe, selbst Formelkompromisse, erfüllen dann insofern eine Integrationswirkung, als sie die Austragung der Interessenkonflikte verschieben und im Einzelfall eine begrenzte und von Fall zu Fall u. U. abweichende Interessenbewertung erlauben." S. auch J. HUCKE/E. BOHNE, Bürokratische Reaktionsmuster bei regulativer Politik und ihre Folgen, in: Politik im Dickicht der Bürokratie, hrsgg. v. H. Wollmann, 1980, S. 180 ff. (186); H. WILLKE, Entzauberung des Staates, 1983, S. 60 spricht von „eingebauten Flexibilitäten des Rechts."

[53] W. SEIBEL, Regierbarkeit und Verwaltungswissenschaft, 1983, S. 296; (ähnlich

Überkomplexität entgegen und leistet das, was Faber plastisch als „Kompromiß zwischen Handlungsfähigkeit durch Hierarchie und Interessensensibilität durch Problemnähe"[54] bezeichnet. Konkret gesprochen: Die notgeborene Offenheit gesetzlicher Vorgaben entpuppt sich in gewisser Weise als eine Tugend. Die Möglichkeit der Ausschöpfung von Rechtsanwendungsspielräumen und anderer Konkretisierungsoptionen auch auf den unteren Ebenen des Verwaltungsapparates eröffnet die Chance, die Sachnähe der Verwaltung ‚vor Ort', ihr detailliertes Fachwissen und ihre Zusatzinformationen fruchtbar werden zu lassen. Im besten Fall kann so den Intentionen der gesetzlichen Normierung eher entsprochen werden als durch abstrakte, sachfremde Schematisierung[55]. Nur darf über solch prinzipielle (und prinzipiell richtige) Einsichten nicht vergessen werden, daß die Verwendung vergleichsweise weicher und offener Programmformen und Normelemente dort problematisch wird, wo eine eigentlich vom Gesetzgeber inhaltlich klar vorentscheidbare Regelung unterbleibt und der dafür weder gerüsteten noch dazu berufenen Verwaltung überlassen, in Wirklichkeit: auf diese überwälzt wird[56]. Denn, wie das Bundesverfassungsgericht es formuliert: „Nur das

---

S. 293 u.ö.); vgl. ferner PETER SCHÄFER, Zentralisation und Dezentralisation, 1982, S. 133 ff. („Rechtliche Systematisierung und situative Operationalisierung"), 180 (s. auch S. 119); R. MAYNTZ, Politische Steuerung und gesellschaftliche Steuerungsprobleme – Anmerkungen zu einem theoretischen Paradigma, in: Jahrbuch zur Staats- und Verwaltungswissenschaft, hrsgg. v. Th. Ellwein u.a., Bd. 1, 1987, S. 89 ff. (97 f.).

[54] H. FABER, Verwaltungsrecht, 1987, S. 46. – Kein Zufall also, wenn als probates Mittel gegen zuviel Recht ein verstärkter Rückgriff auf Generalklauseln und unbestimmte Rechtsbegriffe empfohlen wird (so etwa K. LANGE, Kriterien für die Wirksamkeit von Instrumenten auf Programme des Verwaltungshandelns, in: DÖV 1981, S. 73 ff. [79, 80, 83]). Vgl. dazu NOVAK, Gesetzgebung im Rechtsstaat, S. 53; ebenfalls skeptisch W. LEISNER, „Gesetz wird Unsinn ...", in: DVBl. 1981, S. 849 ff. (854). – Allgemein zur Sicherung von Flexibilität und Beweglichkeit durch Ermessensvorschriften und unbestimmte Rechtsbegriffe: J. WEGE, Positives Recht und sozialer Wandel im demokratischen und sozialen Rechtsstaat, 1977, S. 294 ff.

[55] Das betont W. LOSCHELDER, Weisungshierarchie und persönliche Verantwortung in der Exekutive, in: HbdStR III, § 68 Rn. 34, 93 u.ö. – In allgemeiner, vorsichtiger Wendung dieser Gedanke auch bei SCHULZE-FIELITZ, Theorie und Praxis parlamentarischer Gesetzgebung, S. 212: „Möglicherweise garantiert gerade die methodisch begrenzte Determinationskraft von Gesetzen ihre gesamtgesellschaftliche Rationalität und damit den Prozeß der Integration im Verfassungsstaat."

[56] Ähnliche Kritik bei E. DENNINGER, Verfassung und Gesetz, in: KritV 1986, S. 291 f. (299 f.); s. grundsätzlich HOFMANN, Legitimität und Rechtsgeltung, S. 80 ff. und HESSE, Grundzüge des Verfassungsrechts, Rn. 526 ff. – Besonders prekär sind hier die Fälle technischer Normierung und der Inkorporation privater Regelwerke in gesetzliche Bestimmungen (vgl. P. MARBURGER, Die Regeln der Technik im Recht, 1979, S. 170 ff., 195 ff.; K. VIEWEG, Atomrecht und technische Normung, 1982, S. 33 ff., 53 ff.; andere Akzentuierungen bei A. ROSSNAGEL, Die rechtliche Fassung technischer Risiken, in:

Parlament besitzt die demokratische Legitimation zur politischen Leitentscheidung."[57] Bedenklich etwa ist und bleibt der weitreichende Verzicht auf vollzugs- und kontrollfähige Umweltqualitätsnormen[58].

3. Selektive Gesetzmäßigkeit infolge Regelungshypertrophie

Nicht alle Stärken der Legislative sind Schwächen der Exekutive. Es können auch vermeintliche Stärken des Gesetzgebers wie besonders ausführliche und detaillierte Vorschriften im Endeffekt als neue Freiheiten der Verwaltung zu Buche schlagen. Dieses Umstandes kann man sich gleichsam als Gegenprobe zur notwendigen Offenheit gesetzlicher Normen vergewissern. Gemeint ist, daß eine sowohl rechtsstaatlich als auch demokratietheoretisch gebotene Verfeinerung und Differenzierung der Normgebung nicht etwa zwingend einen entsprechenden Zuwachs an staatlich-gesetzlicher Leitung und Lenkung des bürokratischen Apparates nach sich zieht. Im Gegenteil scheint sich eher eine Verringerung der Direktionsfähigkeit des Gesetzes einzustellen[59]. Auch ein Abbau staatlicher Bürokratie steht nicht zu erwarten[60], denn in der Regel produziert jedes Gesetz eine weitere Kaskade von

---

UPR 1986, S. 46ff. [50ff.]; R. Wolf, Der Stand der Technik, 1986, S. 142ff., 153ff.; Faber, Verwaltungsrecht, S. 336ff.; Nocke, Rechtsproduktion der Juristen, S. 90ff., 98ff., 108ff.; zu strafrechtlichen Folgeproblemen instruktiv K. Kühl, Probleme der Verwaltungsakzessorietät des Strafrechts, insbesondere im Umweltstrafrecht, in: FS Lackner, 1987, S. 815ff. [857ff.]; U. Weber, Strafrechtliche Verantwortlichkeit von Bürgermeistern und leitenden Verwaltungsbeamten im Umweltrecht, 1988), aber auch Grundsatzentscheidungen über die ‚Zulassung' bestimmter Großtechnologien, insb. im Atomrecht: der rasche technologische Wandel scheint sich rechtlicher Normierung wie staatlicher Kontrolle überhaupt zu sperren, wegen der überragenden Bedeutung bestimmter Technologien für die Gesamtgesellschaft können aber zumindest bestimmte grundlegende Leitentscheidungen nur vom Gesetzgeber getroffen werden (vgl. dazu etwa A. Rossnagel, Gesetzesvorbehalt für die Wiederaufarbeitung?, in: ders. [Hrsg.], Rechtsprobleme der Wiederaufarbeitung, 1987, S. 17ff. [34ff.]).

[57] BVerfGE 34, 52/59.

[58] Vgl. R. Wolf, Der Stand der Technik, S. 161ff., 241ff. Zum faktischen Regelungsdefizit auch W. Hoppe, Staatsaufgabe Umweltschutz, VVDStRL 38 (1980), S. 211ff. (243f.).

[59] R. Wahl, Die bürokratischen Kosten des Rechts- und Sozialstaats, in: Die Verwaltung 13 (1980), S. 273ff. (278ff.); R. A. Rhinow, Verwaltungsgerichtsbarkeit im Wandel, in: FS Eichenberger, Basel-Frankfurt/M. 1982, S. 657ff. (664f.); W. Brohm, Die staatliche Verwaltung als eigenständige Gewalt und die Grenzen der Verwaltungsgerichtsbarkeit, in: DVBl. 1986, S. 321ff. (328). Ähnlich bereits D. Göldner, Gesetzmäßigkeit und Vertragsfreiheit im Verwaltungsrecht, in: JZ 1976, S. 352ff. (353). Zum Einflußverlust des Parlaments durch die Gesetzesflut auch Chr. Starck, Übermaß an Rechtsstaat?, in: ZRP 1979, S. 209ff. (213).

[60] M. Kloepfer, Gesetzgebung im Rechtsstaat, VVDStRL 40 (1982), S. 63ff. (69 Fn.

Rechtsvorschriften. Rainer Wahl hat diese Phänomene treffend als „Pyrrhussiege der Rechtsstaatlichkeit“[61] bezeichnet.

Die Probleme potenzieren sich, wenn man bedenkt, daß das gesetzgeberische Bemühen um möglichst perfekte, möglichst strikt determinierende und möglichst detaillierte Vorschriften nicht nur leerlaufen, sondern kontraproduktive Effekte zeitigen kann: Die Überfülle von Feinstvorschriften führt u. U. zur Selbstfreistellung der Verwaltung durch selektiven Gesetzesgehorsam. Mit einer gewissen Drastik hat Frido Wagener das Bild einer Verwaltung gezeichnet, die in Reaktion auf die Überflutung mit immer mehr und immer dichter gestrickten – indes nicht immer gesetzlichen! – Normen überschüttet wird und so (sei es aus Unkenntnis, sei es aus Resignation) zum Notmittel der selektiven Normenrezeption greift[62]. Offenkundig gibt es also einen Schwellenwert, „von dem an ein weiterer quantitativer Zuwachs an Rechtsnormen der Verwaltung nicht stärkere Fesseln anlegt, sondern im Gegenteil neue Entscheidungsspielräume eröffnet“[63]. Unvermeidliche Folge einer überdetaillierten, konfusen oder sogar widersprüch-

---

16); Leisner, in: DVBl. 1981, S. 852: „Jedes Gesetz verlangt seine vorbereitende, ausführende, fortentwickelnde, ändernde Verwaltung; und das Gesetz schützt seine administrativen Geschöpfe“. Skeptisch zur Hoffnung des Bundesverfassungsgerichts, es könnte „durch konkrete gesetzliche Aussagen eine Vielzahl administrativer Bestimmungen, Detailregelungen und Einzeleingriffe obsolet werden“ (BVerfGE 58, 257/271), mit Recht E. Denninger, Auswirkungen der Verfassungsrechtsprechung auf Verwaltung und Verwaltungsverfahren, in: Der Staat 25 (1986), S. 103ff. (112).

[61] Wahl, Die bürokratischen Kosten, S. 284.

[62] F. Wagener, Der öffentliche Dienst im Staat der Gegenwart, VVDStRL 37 (1979), S. 215ff. (244ff., 253); ders., Vom Neubau zur Pflege – Wohin entwickelt sich unser Verwaltungssystem?, in: ders. (Hrsg.), Zukunftsaspekte der Verwaltung, 1980, S. 21ff. (32f.). Der Gedanke ist vielfach aufgegriffen worden: z. B. von C. Böhret, Öffentliche Verwaltung in der Demokratie, in: König/v. Oertzen/Wagener (Hrsg.), Öffentliche Verwaltung in der Bundesrepublik Deutschland, 1981, S. 53ff. (63); R. Voigt, Regulatives Recht im Wohlfahrtsstaat, in: ders. (Hrsg.), Abschied vom Recht?, 1983, S. 19ff. (35); P. Lerche, in: Maunz/Dürig, Komm. z. GG, Art. 83 (1983), Rn. 61; E. Schmidt-Assmann, Das allgemeine Verwaltungsrecht als Ordnungsidee und System, 1982, S. 16; ders., Der Rechtsstaat, in: HdbStR I, §24 Rn. 61. – S. auch J. Isensee, Mehr Recht durch weniger Gesetze?, in: ZRP 1985, S. 139ff. (141): „Normatives Übermaß führt nicht zu einem Mehr an Bindung der Verwaltung, sondern zu neuer Eigenständigkeit.“ In der Terminologie von K. Türk, Grundlagen einer Pathologie der Organisation, 1976, S. 112ff. fällt die von Wagener kritisierte Überlastung unter das pathologische Grundmuster der „Überkomplizierung“.

[63] Faber, Verwaltungsrecht, S. 72. Er hat auch das Ende derartiger Selbstentwaffnung des Gesetzgebers skizziert: „Sich selbst reproduzierende Folgeprobleme und Vollzugsdefizite führen gerade durch die Überfülle der Gesetze zur Selbstblockierung des politischen Systems, so daß der Gesetzgeber schließlich nur noch symbolische Hektik entfaltet und Kaskaden von Gesetzen produziert, von denen er selbst gar nicht mehr erwartet, daß sie irgendetwas ändern.“ (S. 73).

lichen Gesetzgebung ist, daß die Verwaltungsgerichtsbarkeit zum eigentlichen Dirigenten und Kontrolleur der Verwaltung wird[64]. Wir haben es hier also mit einem besonders krassen Fall der allgemein beobachteten Tendenz zu tun, daß der „rechtsstaatlich und demokratisch begründete Zwang zu umfassender zentraler legislativer Programmierung der Verwaltung ... das Gegenteil des eigentlich Beabsichtigten (bewirkt)“[65]: eine weitere Verselbständigung der Verwaltung.

IV. Rechtliche Aspekte der Eigenständigkeit der Verwaltung

Die Gründe, warum die Verwaltung trotz des der parlamentarischen Demokratie (insbesondere wegen des starken Gewichts parteienstaatlicher Elemente) inhärenten Trends zum gewaltenvereinigenden Monismus, trotz des Wegfalls derjenigen sozialen Voraussetzungen, die das Gewaltenteilungsmodell Montesquieus trugen, trotz der durchgehenden Bürokratisierung gesetzgebender wie verwaltender Körperschaften, trotz legislativer Kontrollrechte und weitreichender Überprüfungen durch die Judikative, kurz: trotz Erosion all jener Elemente, Institutionen und Strukturen, die einer echten Teilung der Gewalten einst Sinn verliehen und ein Fundament gegeben haben, noch immer als eine eigenständige Kraft, als selbständiger Faktor im Staatsleben angesprochen werden kann, sind vielfältig und an dieser Stelle weder vollständig zu klären noch auch nur lückenlos aufzulisten. Sie sind zum einen unter den bereits behandelten Punkten der Unhintergehbarkeit der Normenkonkretisierung und der Unvermeidbarkeit offener rechtlicher Regelungen zu suchen; zum anderen finden sie ihre Erklärung in der soziologisch-empirischen Deutung gewisser Faktoren bürokratischer Eigenmacht (dazu unter V.). An dieser Stelle sollen, was in verwaltungswissenschaftlichen Studien oft zu kurz kommt, einige rechtliche Anknüpfungspunkte für eine Eigenständigkeit der Verwaltung diskutiert und ausgelotet werden – nur auf diesem im wesentlichen verfassungsrechtlichen Hintergrund gewinnen die organisationssoziologisch und bürokratietheoretisch identifizierbaren Faktoren Profil.

---

[64] R. Mussgnug, Verschiebungen im Verhältnis von Parlament, Regierung und Verwaltung, in: Dt. VerwGesch V, S. 100ff. (116).

[65] R. Steinberg, Faktoren bürokratischer Macht, in: Die Verwaltung 11 (1978), S. 309ff. (310).

Dreier, DÖV 02, 537

1. Gewaltenteilung

„Das“ Gewaltenteilungsprinzip ist dem Grundgesetz unbekannt[66]. Aus diesem zuweilen theoretisch dogmatisierten, inhaltlich weit überspannten und ahistorisch entwurzelten, in Wirklichkeit aus konkreten geschichtlichen Lagen erwachsenen und deshalb nicht homogen ausgestalteten Grundsatz der organisatorisch und personell umzusetzenden Funktionentrennung[67] kann von daher abstrakt wenig für die Frage nach Grund und Grenzen einer Selbständigkeit der Verwaltung gewonnen werden[68]. Denn nicht allein die Unbestimmbarkeit des der jeweiligen Gewalt nach verbreiteter Auffassung zustehenden und interventionsfesten ‚Kernbereichs‘[69] noch die vielfachen ‚Durchbrechungen‘ eines strikt verstandenen Trennungsmodells[70], sondern vor allem der Umstand, daß im Unterschied zur Vorstellungswelt Montesquieus mit seinem ins Normative gewendeten Sozialmodell[71] den staatlichen

---

[66] Vgl. nur K. HESSE, Grundzüge des Verfassungsrechts der Bundesrepublik Deutschland, 16. Aufl. 1988, Rn. 476ff.; ferner H. D. JARASS, Politik und Bürokratie als Elemente der Gewaltenteilung, 1975, S. 1ff., 93ff.; G. ZIMMER, Funktion – Kompetenz – Legitimation, 1979, S. 19ff., 22ff., 196ff.; gründlich auch TH. PUHL, Die Minderheitsregierung nach dem Grundgesetz, 1986, S. 112ff.; ferner U. FASTENRATH, Gewaltenteilung – Ein Überblick, in: JuS 1986, S. 194ff.; mit Bezug auf das Haushaltsrecht W. HEUN, Staatshaushalt und Staatsleitung, 1989, S. 86ff.

[67] Zu diesem ‚Dreistufenmodell‘ (Bestimmung der Grundfunktionen, Bildung besonderer Organe, Zuweisung bestimmter Aufgabenbereiche an bestimmte Organe mit im übrigen begrenzten Inkompatibilitäten) HESSE, Grundzüge des Verfassungsrechts, Rn. 484ff.; R. HERZOG, in: Maunz/Dürig, Komm. z. GG, Art. 20 Abschnitt V (1980), Rn. 13ff., 37ff.; J. IPSEN, Staatsorganisationsrecht, 1986, S. 225ff.; E. SCHMIDT-ASSMANN, Der Rechtsstaat, in: HdbStR I, §24 Rn. 47ff., 52ff.

[68] Temperamentvoll H. H. RUPP, Grundfragen der heutigen Verwaltungsrechtslehre, 1965, S. 126.

[69] Dazu K. STERN, Das Staatsrecht der Bundesrepublik Deutschland, Bd. 1, 2. Aufl. 1984, S. 795 m.w.N.; wegen der Unbestimmbarkeit eines solchen Bereichs klingt Kritik an bei HESSE, Grundzüge des Verfassungsrechts, Rn. 478; deutlicher W. LEISNER, Die quantitative Gewaltenteilung. Für ein neues Verständnis der Trennung der Gewalten, in: DÖV 1969, S. 405ff. (407ff.); s. auch KARL MEIER, Kooperation von Legislative und Exekutive bei der Rechtssetzung im Bunde, Basel-Stuttgart 1979, S. 104ff. Systematische Kritik bei N. ACHTERBERG, Probleme der Funktionenlehre, 1970, insb. S. 191ff.

[70] Dazu etwa D. TH. TSATSOS/M. MORLOK, Parteienrecht, 1982, S. 201ff.; HERZOG, Art. 20 Abschnitt V Rn. 44ff.

[71] Zu Montesquieus Verteilung der zwei echten Staatsfunktionen (Gesetzgebung und Verwaltung) auf die drei Sozialfaktoren Volk, Adel und König vgl. M. DRATH, Die Gewaltenteilung im heutigen deutschen Staatsrecht, in: Faktoren der Machtbildung (=Schriften des Instituts für politische Wissenschaft, Bd. 2), 1952, S. 99ff.; zu seinem Gewaltenteilungsmodell ferner U. LANGE, Teilung und Trennung der Gewalten bei Montesquieu, in: Der Staat 19 (1980), S. 213ff. (221ff., 226ff.); genau differenzierend

Gewalten heute nicht mehr bestimmte Schichten als politisch-soziale Träger korrespondieren und eine Balance zwischen im Grunde eigenberechtigten Mächten von daher nicht in Betracht kommt[72], sowie schließlich die bereits 1789/91 so konzipierte eindeutige Führungsrolle des Gesetzes (und folglich der „Präponderanz des Bundestages“[73]) gegenüber Rechtsprechung und Verwaltung[74] desavouieren die Rede von der – Gleichrangigkeit insinuierenden – Teilung der Gewalten[75]. Schon eine unbefangene Lektüre des Art. 20 II 2 GG hingegen macht klar, daß im Verhältnis von Gesetzgebung, Verwaltung und Rechtsprechung nicht Gleichordnung herrscht, sondern ein Rangverhältnis besteht.

Nicht in Spaltung, Trennung und isolierender Separierung der staatlichen Organe liegt der heute aktuelle Sinn der Gewaltenteilung, sondern in der Verhinderung totaler Machtkonzentration[76] durch Zuordnung und Ausba-

---

jetzt A. Riklin, Montesquieus freiheitliches Staatsmodell. Die Identität von Machtteilung und Mischverfassung, in: PVS 30 (1989), S. 420 ff. Sehr allgemein hingegen C.-P. Clostermeyer, Zwei Gesichter der Aufklärung. Spannungslagen in Montesquieus ‚Esprit des Lois‘, 1983. – Zu Differenzen zwischen Kant und Montesquieu instruktiv C. Langer, Reform nach Prinzipien, 1986, S. 114 ff.

[72] Zur geschichtlichen Entwicklung des Gewaltenteilungsprinzips vgl. W. Kägi, Von der klassischen Dreiteilung zur umfassenden Gewaltenteilung, in: FS Hans Huber, 1961, S. 151 ff.; Werner Weber, Die Teilung der Gewalten als Gegenwartsproblem, in: FS Carl Schmitt, 1959, S. 253 ff.; Th. Tsatsos, Zur Geschichte und Kritik der Lehre von der Gewaltenteilung, 1968, insb. S. 11 ff., 32 ff., 51 ff.; J. Becker, Gewaltenteilung im Gruppenstaat, 1986, S. 23 ff.; s. auch J.-D. Kühne, Die Reichsverfassung der Paulskirche, 1985, S. 349 ff. und besonders zur Begriffsgeschichte H. Fenske, Art. Gewaltenteilung, in: Geschichtliche Grundbegriffe, Bd. 2, 1975, S. 923 ff.

[73] R. Herzog, in: Maunz/Dürig, Komm. z. GG, Art. 20 Abschnitt II (1980), Rn. 77.

[74] Aus der unmittelbaren institutionellen Legitimation von Verwaltung und Judikative läßt sich keinesfalls auf Gleichrangigkeit mit der Legislative schließen; auch reduziert sich der Vorrang des Parlaments nicht auf die unmittelbarere personelle Legitimation (so aber F. Ossenbühl, Verwaltungsvorschriften und Grundgesetz, 1968, S. 199; zur Kritik daran H. Hofmann, Legitimität und Rechtsgeltung, 1977, S. 79 Fn. 285; s. auch J. Linck, Zum Vorrang des Parlaments gegenüber den anderen Gewalten, in: DÖV 1979, S. 165 ff.). – Zu Recht weist Schmidt-Assmann, in: HdbStR I, § 24 Rn. 58 ff. gerade dem parlamentarischen Gesetz eine zentrale Rolle im Prozeß der näheren Ausgestaltung der Gewaltenteilung zu. – Klare Unterscheidung der funktionell-institutionellen und der organisatorisch-personellen Legitimation bei E.-W. Böckenförde, Demokratie als Verfassungsprinzip, in: HdbStR I, § 22 Rn. 14 ff.

[75] Zum ganzen auch K.-U. Meyn, Kontrolle als Verfassungsprinzip, 1982, S. 207 ff., 355 ff. und nochmals F. Ossenbühl, Aktuelle Probleme der Gewaltenteilung, in: DÖV 1980, S. 545 ff. (546 ff.); zur Tauglichkeit des Prinzips der funktionsgerechten Organstruktur für eine Neubegründung der Gewaltenteilungslehre vgl. Heun, Staatshaushalt und Staatsleitung, S. 95 ff.

[76] Deutlich D. Grimm, Die politischen Parteien, in: HdbVerfR, S. 317 ff. (322); s. auch Werner Weber, Teilung der Gewalten, S. 263, wonach Gewaltenteilung sicher-

lancierung bestimmter, im einzelnen festgelegter Kompetenzen. Dieser aus der Tradition übernommene Legitimations- und Begründungsstrang hat eine stets aktuelle Berechtigung, darf indes nicht den falschen Eindruck erwecken, mittels der Gewaltenteilung werde eine ursprünglich effizientere, wirkungsmächtigere Staatsorganisation gleichsam künstlich gebrochen und in ihrer Wirksamkeit abgeschwächt. Gewaltenteilung horizontaler wie vertikaler Art[77] ist vielmehr in gewissem Grad funktionale Ausdifferenzierung eines komplexen staatlichen Systems, das in undifferenzierter Machtkonzentration den Anforderungen der modernen Gesellschaft gar nicht gerecht werden könnte. Gewaltenteilung hat, positiv formuliert, einen effizienzsteigernden, staatliche Herrschaft rationalisierenden, staatliche Einheit wahrenden – nicht absichtsvoll zerstörenden – Effekt. Besonders deutlich und überzeugend ist der letzte Aspekt von Konrad Hesse herausgearbeitet worden. Das Ziel der Gewaltenteilung besteht danach nicht negativ in der nachträglichen Hemmung und Bändigung einer ursprünglich als Einheit vorgestellten Staatsgewalt, sondern bezeichnet „positiv eine Ordnung menschlichen Zusammenwirkens, die die einzelnen Gewalten konstituiert, ihre Kompetenzen bestimmt und begrenzt, ihre Zusammenarbeit regelt und auf diese Weise zur Einheit – begrenzter – staatlicher Gewalt hinführen soll. Diese Aufgabe erfordert nicht nur eine Hemmung und Balancierung der realen Machtfaktoren, sondern sie ist auch und vor allem eine Frage sachgemäßer Bestimmung und Zuordnung der staatlichen Funktionen“[78].

Daraus folgt: Konkrete Eigenständigkeit der Verwaltung als einer „Gewalt“ ergibt sich nicht aus einem allgemeinen, abstrakten Dogma, schon gar nicht aus einem dem System der Volkssouveränität vorgelagerten Theoriebaustein[79]. Rang und Sinn erhalten die verfassungsinstitutionell etablierten

---

stellen soll, daß der Staatsapparat als Summe hoheitlicher Funktionen den gesellschaftlichen Mächten „nicht als schlagkräftige Waffe, sondern nur in der komplizierten, überall auf Brechung ungehinderter Machtbetätigung bedachten Form zur Verfügung (steht), wie sie das Gewaltenteilungsprinzip mit einem beträchtlichen Arsenal juristischer Mittel kunstvoll ausgebildet hat.“

[77] Siehe etwa W.-R. Schenke, Föderalismus als Form der Gewaltenteilung, in: JuS 1989, S. 698 ff.

[78] Hesse, Grundzüge des Verfassungsrechts, Rn. 482; vgl. weiter Rn. 492 ff., 495 ff. – Ähnlich H. Maurer, Der Verwaltungsvorbehalt, VVDStRL 43 (1985), S. 135 ff. (158): „Die grundgesetzliche Gewaltenteilung zielt nicht auf gegenseitige Hemmung oder gar Blockierung, sondern auf gegenseitige Ergänzung, auf einen arbeitsteiligen Prozeß mit ineinandergreifenden Funktionen zur Erreichung bestimmter Ziele.“

[79] Böckenförde, in: HdbStR I, § 22 Rn. 87: „Das Prinzip der Gewaltengliederung tritt dem demokratischen Prinzip nicht als eigener, davon unabhängiger Legitimationsgrund für die Ausübung von Staatsgewalt gegenüber, so daß beide miteinander zu balancieren wären; es entfaltet vielmehr seine Wirkung erst innerhalb und auf dem Boden des demokratischen Prinzips.“ Siehe auch Heun, Staatshaushalt und Staatsleitung, S. 95.

Entscheidungsträger erst durch die teils in der Verfassung angeführten, teils dort vorausgesetzten, teils gesetzlich näher konkretisierten Zuweisungen bestimmter Funktionen an bestimmte Organe. Auf diesem Hintergrund und mit Blick auch auf Diskussionen aus jüngerer Zeit sollen schlaglichtartig vier Komplexe konkreteren Zuschnitts beleuchtet und daraufhin befragt werden, ob und inwieweit sie die Vorstellung einer Eigenständigkeit der Verwaltung zu tragen geeignet sind: die Rechtsverordnung als delegierte Rechtssetzungsmacht (dazu 2.); der Verwaltungsvorbehalt als Kürzel für einen Kernbereich exekutiver Eigenverantwortung (3.); die administrativen Entscheidungsspielräume (4.) und schließlich die Verwaltungsvorschriften als aus der Geschäftsleitungsgewalt abgeleitete Binnenrechtssätze zur Selbstprogrammierung der Exekutive (5.).

2. *Rechtsverordnungen als delegierte Fremdprogrammierung*

Bei den bundesverfassungsrechtlich in Art. 80 GG geregelten Rechtsverordnungen handelt es sich um die intensivste Form der Delegation von Rechtsetzungsmacht von der Legislative auf die Exekutive, weswegen sie „gemeinhin als bedeutsamste Durchbrechung des Gewaltenteilungsprinzips angesehen“[80] werden. Deshalb sind hier – zudem auf dem Hintergrund spezifisch deutscher Erfahrungen mit globalen Ermächtigungsgesetzen jeder Art[81] – mit dem Erfordernis gesetzlicher Bestimmung und Bestimmtheit von „Inhalt, Zweck und Ausmaß der erteilten Ermächtigung“ (Art. 80 I 1

---

[80] Hesse, Grundzüge des Verfassungsrechts, Rn. 525. In pointierter Fixierung der Intention des Rechtsstaates, die Verwaltung zu bändigen, formuliert W. Leisner, Rechtsstaat – ein Widerspruch in sich?, in: JZ 1977, S. 537 ff. (541): „Denn politisch gesehen ist die Verordnungsgewalt der Feind des Rechtsstaats.“

[81] Zu diesem Zusammenhang vgl. nur JöR 1 (1951), S. 588 f.; s. ferner F. Ossenbühl, Rechtsverordnung, in: HdbStR III, § 64 Rn. 13. Deutlich kommt der Kontext in frühen Urteilen des Bundesverfassungsgerichts zum Ausdruck: „In bewußter Abkehr von der Praxis der Weimarer Zeit fordert Art. 80 GG als Grundlage für Rechtsverordnungen jeder Art eine gesetzliche Ermächtigung, die nach Inhalt, Zweck und Ausmaß genau umgrenzt ist. (...) Das Parlament soll sich seiner Verantwortung als gesetzgebende Körperschaft nicht dadurch entschlagen können, daß es einen Teil der Gesetzgebungsmacht der Regierung überträgt, ohne genau die Grenzen dieser übertragenen Kompetenzen bedacht und bestimmt zu haben. Die Regierung andererseits soll nicht, gestützt auf unbestimmte Ermächtigungen zum Erlaß von Verordnungen, an die Stelle des Parlamentes treten.“ (BVerfGE 1, 14/59 f.). Ähnlich E 23, 62/73: „Art. 80 Abs. 1 Satz 2 GG dient nicht nur dem Schutz des Staatsbürgers vor unvorhergesehenen Belastungen seitens der Exekutive, sondern auch und in erster Linie der rechtsstaatlich gebotenen klaren Abgrenzung der Rechtsetzung durch Legislative und Exekutive.“ Allgemein zur Stellung der Verordnung als eines „minderen Hintersassen“ K. Eichenberger, Gesetzgebung im Rechtsstaat, VVDStRL 40 (1982), S. 7 ff. (25).

GG) vergleichsweise strenge Sicherungen gegen einen faktischen Übergang parlamentarischer Entscheidungsmacht auf die Exekutive eingebaut worden[82], die das Bundesverfassungsgericht jedoch in flexibler Weise handhabt[83]. Schon seit geraumer Zeit neigt das Gericht bei der „Vorhersehbarkeits-, Selbstentscheidungs- und Programmformel"[84] zur Großzügigkeit, indem es weniger auf die Bindung der Verwaltung als auf die Berechenbarkeit der materiellen Vorschriften seitens der Bürger abstellt und die Anforderungen an die gesetzliche Fixierung von Inhalt, Zweck und Ausmaß der Verordnungen senkt; diese Tendenz wird von einigen Autoren eher kritisch notiert, von anderen eher begrüßt[85].

Stets hat das BVerfG jedoch die Notwendigkeit der Anbindung des Verordnungsgebers an den programmierenden Willen des Gesetzgebers betont – wenn auch unter Bezugnahme auf das Rechtsstaats-, weniger das Demokratieprinzip. Einer jüngst veröffentlichten Entscheidung gemäß muß der Gesetzgeber die Grundsatzentscheidung über die Geltung einer rechtlichen Regelung selbst treffen, so daß das Gebrauchmachen von der Ermächtigung nicht erst das Gesetz als solches in Wirkung setzt, weil seine Geltung damit allein der „politischen Entscheidung des VO-Gebers" anheimgestellt wäre[86]. Das ‚Ob' der gesetzlichen Regelung darf aber nicht im Belieben des Verordnungsgebers liegen[87]; das Parlament muß „Herr der Gesetzgebung"[88] bleiben, was im übrigen auch durch ein jederzeitiges Rückholrecht

---

82 Die Art. 119 und 127 GG betreffen Ausnahmefälle: der erste hat sich faktisch, der zweite rechtlich erledigt (zum Kontext beider Bestimmungen H. Hofmann, Die Entwicklung des Grundgesetzes nach 1949, in: HdbStR I, § 7 Rn. 6 ff., 9 ff.); zu Art. 129 III GG BVerfG NJW 1988, 2290.

83 Zur Rechtsprechung vgl. D. Wilke, Bundesverfassungsgericht und Rechtsverordnungen, in: AöR 98 (1973), S. 196 ff.; H. Spanner, Grenzen des Rechts zum Erlaß von Verordnungen und Satzungen nach der Rechtsprechung des Bundesverfassungsgerichts, in: BayVBl. 1986, S. 225 ff. S. auch F.-J. Peine, Gesetz und Verordnung, in: Zeitschrift für Gesetzgebung 3 (1988), S. 121 ff.

84 Diese Terminologie bei H. Hasskarl, Die Rechtsprechung des Bundesverfassungsgerichts zu Art. 80 Abs. 1 Satz 2 GG, in: AöR 94 (1969), S. 85 ff. (87 ff.).

85 Vgl. einerseits Hesse, Grundzüge des Verfassungsrechts, Rn. 528, andererseits Ossenbühl, in: HdbStR III, § 64 Rn. 19; kritisch Th. v. Danwitz, Die Gestaltungsfreiheit des Verordnungsgebers, 1989, S. 95 ff., 101 ff. – S. auch Georg Müller, Inhalt und Formen der Rechtssetzung als Problem der demokratischen Kompetenzordnung, 1979, S. 180 ff.

86 BVerfG DVBl. 1988, 952/954.

87 Vgl. zum damit zusammenhängenden und vom Gesetzgeber unterschiedlich gehandhabten Problem der Entschließungsfreiheit des VO-Gebers Problem P. Badura, Das normative Ermessen beim Erlaß von Rechtsverordnungen und Satzungen, in: Gedächtnisschrift für Wolfgang Martens, 1987, S. 25 ff.; v. Danwitz, Gestaltungsfreiheit des Verordnungssgebers, S. 179 ff.; Peine, Gesetz und Verordnung, S. 129 ff., 136 ff.

88 H. Maurer, Allgemeines Verwaltungsrecht, 6. Aufl. 1988, § 4 Rn. 11.

der delegierten Materie gesichert ist. Gerade im Verbot der Erteilung von Blankovollmachten manifestiert sich der genuin demokratische verfassungsrechtliche Sinn des Art. 80 I GG[89]: den Gesetzgeber zu entlasten, ohne ihm seine Verantwortung als legislative Körperschaft zu rauben[90]. Die „Pflicht des Gesetzgebers zur Selbstentscheidung bzw. Programmfestlegung“[91] befördert mit einer gewissen Automatik das oben mit Blick auf grundlegende organisationssoziologische Tatbestände gezeichnete Bild eines (politisch) vorgegebenen Zweckes, der mit den Mitteln des Apparates in unpolitischer Weise realisiert wird. Wie um dies zu bestätigen, heißt es in dem in bezug genommenen jüngsten Urteil des Bundesverfassungsgerichts: „Es gehört im Geltungsbereich des Gesetzesvorbehalts zum rechtsstaatlich-demokratischen Gehalt dieser Vorschrift, daß in einer VO, die auf ihrer Grundlage ergeht und ihrem Grundgedanken entspricht, niemals *originärer* politischer Gestaltungswille der Exekutive zum Ausdruck kommen darf.“[92]

---

[89] Besonders zum Vorrang des Demokratieaspektes gegenüber dem Rechtsstaatsaspekt H.-J. Hansen, Fachliche Weisung und materielles Gesetz, 1971, S. 90ff.; Hans Schneider, Gesetzgebung, 1982, Rn. 237 (S. 137); Ossenbühl, in: HdbStR III, §64 Rn. 17.

[90] Vgl. BVerfGE 58, 257/276ff. – Eine naheliegende Handlungsoption ist in diesem Zusammenhang die Beteiligung von Gesetzgebungsorganen: vgl. K. Grupp, Zur Mitwirkung des Bundestages beim Erlaß von Rechtsverordnungen, in: DVBl. 1974, S. 177ff.; zur föderalen Komponente M. Antoni, Zustimmungsvorbehalte des Bundesrates zu Rechtsetzungsakten des Bundes, in: AöR 114 (1989), S. 220ff.

[91] B.-O. Bryde, Rn. 20 zu Art. 80, in: I. v. Münch, Grundgesetz-Kommentar, Bd. 3, 2. Aufl. 1983.

[92] BVerfG DVBl. 1988, S. 954f. (Hervorhebung im Original, H.D.) mit Bezug auf Chr. Starck, Der Gesetzesbegriff des Grundgesetzes, 1970, S. 288; vgl. demgegenüber den deutlichen Hinweis auf den Charakter einer hochschulbezogenen Kapazitätsverordnung als wertender hochschulpolitischer Entscheidung in BVerwG NVwZ 1985, 566/568f. So scheint alles von der Formulierung ‚originärer‘ Gestaltungswille abzuhängen. Wenn damit aber selbständige politische Akzentsetzungen nicht ausgeschlossen sind, verdunkelt die Formel mehr als sie erhellt. – Auch wenn man insoweit nur in engen Grenzen eine eigenverantwortliche Entscheidung des Verordnungsgebers bejaht (vgl. Th. Maunz, in: Maunz/Dürig, Komm. z. GG, Art. 80 [1978], Rn. 34), stellt sich doch vor allem im Hinblick auf die gerichtliche Kontrolldichte die Frage nach Umfang und Grenzen eines speziellen Verordnungsermessens (dazu bereits – mit restriktiver Tendenz – M. Zuleeg, Die Ermessensfreiheit des Verordnungsgebers, in: DVBl. 1970, S. 157ff. und jetzt – sehr viel großzügiger – Ossenbühl, in: HdbStR III, §64 Rn. 33ff.; ausführlich v. Danwitz, Gestaltungsfreiheit des Verordnungsgebers, S. 161ff., 198ff.) und der etwaigen Gewährung eines kontrollfreien Handlungsspielraumes. Hier helfen dann die allgemeinen Formeln in der Regel kaum noch weiter (das demonstriert u.a. P. Henseler, Die Grundrechtsbindung als Prüfstein für das Selbstverständnis der Verfassungs- und Verwaltungsgerichte, in: Zeitschrift für Gesetzgebung 1 [1986], S. 76ff.; s. auch P. Theuersbacher, Probleme der gerichtlichen Kontrolldichte im Kapazitätsrecht, in: NVwZ 1986, S. 978ff. [981ff.]; ausf. zum Kapazitätsrecht G. Haverkate,

Das bedeutet: Mit der Verordnungsgebung soll der Exekutive der verfassungsrechtlichen Grundvorstellung gemäß ein Stück Rechtsetzung in weiterdenkendem Gehorsam gegenüber dem Gesetzgeber überlassen werden, das der Feinregulierung, der detaillierenden Ausformung und sachgemäßen Konkretisierung, die sehr wohl auch volitive Elemente umschließen kann, dient. Das bewirkt in erster Linie eine Entlastung des Gesetzgebers, der den in der modernen Gesellschaft anfallenden Normenbedarf niemals allein bewältigen könnte[93]; zugleich bietet es die Möglichkeit flexibler und rascher Änderung des Normbestandes insbesondere in solchen Sachgebieten, die sich ihrerseits durch steten Wandel auszeichnen. Ihrer Bestimmung gemäß nimmt die Verordnung dem Gesetzgeber nicht ein Stück Rechtssetzungsmacht fort, sondern setzt ihn zur Regulierung der wichtigen, grundlegenden Entscheidungen frei[94]. Mit dem Bestimmtheitserfordernis hält Art. 80 I 2 GG den Gesetzgeber ja gerade dazu an, die wesentlichen Entscheidungen selbst zu treffen[95].

Grundsätzlich handelt es sich also bei der Ermächtigung der Exekutive zum Erlaß von Verordnungen entgegen dem ersten Anschein nicht um eine manifeste Überwälzung von Rechtssetzungskompetenzen auf die Verwaltung und so um das Eingeständnis ihrer steigenden Machtfülle; eher bestätigt sich hier die mit der Formel von der ‚gewaltenpluralen Arbeit am Gesetz' angedeutete kooperative Konkretisierung von Rechtssetzungsakten, bei denen die Führungsrolle des Parlaments durchaus nicht aufgegeben werden *muß*[96]. Indes liegt auf der Hand, daß es massive Demokratieprobleme geben *kann*, wenn der Gesetzgeber seiner Pflicht zur Programmfixierung nicht nachkommt und die Verordnungen infolgedessen nicht gesetzesderivativ lediglich bereits getroffene Grundentscheidungen näher ausgestalten,

---

Rechtsfragen des Leistungsstaats, 1983, S. 206 ff.), so daß es wohl auch in Zukunft dabei bleiben wird, daß die Entscheidungen des BVerfG zur Bestimmtheit der zur Rechtsverordnung ermächtigenden Gesetze kaum prognostizierbar sind (S. Magiera, Allgemeine Regelungsgewalt [„Rechtsetzung"] zwischen Parlament und Regierung, in: Der Staat 13 [1974], S. 1 ff. [18]).

93 Vgl. nur D. Grimm, Aktuelle Tendenzen in der Aufteilung gesetzgeberischer Funktionen zwischen Parlament und Regierung, in: ZParl 1 (1970), S. 448 ff. (456 ff.); Wilke, in: AöR 98 (1973), S. 212 f.; G. Müller, Inhalt und Formen der Rechtssetzung, S. 148 f. m.w.N.; K. Meier, Kooperation von Legislative und Exekutive, S. 114 ff.

94 Hesse, Grundzüge des Verfassungsrechts, Rn. 526; s. auch K. Stern, Das Staatsrecht der Bundesrepublik Deutschland, Bd. 2, 1980, S. 662.

95 Vgl. R. Geitmann, Bundesverfassungsgericht und „offene" Normen, 1971, S. 163. Die entscheidenden Probleme liegen in der exakten und systematischen Abgrenzung: hier ist es, wie Eichenberger, VVDStRL 40 (1982), S. 26 treffend notiert, mit einer bloßen „Mechanik der Delegation vom Gesetz zur Verordnung" nicht getan.

96 Zu Art. 80 I GG als Ausdruck kooperativer Rechtsetzung jetzt auch v. Danwitz, Gestaltungsfreiheit des Verordnungsgebers, S. 45 ff., 48 ff.

sondern in Wahrnehmung einer verfassungsrechtlich nicht vorgesehenen originären Rechtssetzungskompetenz realiter erst fällen. Daß sich der Gesetzgeber auf diese Weise zuweilen der politischen Verantwortung entzieht und so „die regulative Kraft des Gesetzes... auf der Strecke bleibt“[97], ist bekannt und wird durch die umfangreiche Rechtsprechung des BVerfG zu Art. 80 I 2 GG, aber auch zur (an Art. 80 I GG insoweit unglücklich vorbeilaufenden) „Wesentlichkeitstheorie“ illustriert. Manchmal ist gar zu beobachten, daß die Exekutive von Verordnungsermächtigungen keinen Gebrauch macht: sei es, weil gewisse ‚Arrangements‘ als (scheinbar?) funktionale Äquivalente fungieren[98], sei es durch bewußtes Abschieben der inhaltlichen Entscheidung an die Verwaltungsgerichtsbarkeit wie im Falle der fehlenden Rechtsverordnung zu § 43 I BImSchG[99].

3. Der Verwaltungsvorbehalt als Kernbereich exekutiver Eigenverantwortung

In unübersehbarer Parallele zum Vorbehalt des Gesetzes will der spätestens durch die Göttinger Staatsrechtslehrertagung 1984 in den Mittelpunkt

---

[97] E. DENNINGER, Verfassung und Gesetz, in: KritV 1986, S. 291 ff. (300).

[98] J. BECKER, Informelles Verwaltungshandeln zur Steuerung wirtschaftlicher Prozesse im Zeichen der Deregulierung, in: DÖV 1985, S. 1003 ff. (1005 ff.); J. OEBBECKE, Die staatliche Mitwirkung an gesetzesabwendenden Vereinbarungen, in: DVBl. 1986, S. 793 ff.; C. BAUDENBACHER, Kartellrechtliche und verfassungsrechtliche Aspekte gesetzesersetzender Vereinbarungen zwischen Staat und Wirtschaft, in: JZ 1988, S. 689 ff. – Speziell zu den sog. „Selbstbeschränkungsabkommen“ H. FRHR. v. LERSNER, Verwaltungsrechtliche Instrumente des Umweltschutzes, 1983, S. 23; J. H. KAISER, Industrielle Absprachen im öffentlichen Interesse, in: NJW 1971, S. 585 ff.; M. OLDIGES, Staatlich inspirierte Selbstbeschränkungsabkommen der Privatwirtschaft, in: Wirtschaftsrecht 2 (1973), S. 1 ff., 22 ff.; M. KLOEPFER, Umweltschutz als Kartellprivileg?, in: JZ 1980, S. 781 ff. (783 f.); G. HARTKOPF/E. BOHNE, Umweltpolitik, Bd. 1, 1983, S. 220 ff.; E. BOHNE, Informales Verwaltungs- und Regierungshandeln als Instrument des Umweltschutzes, in: VerwArch. 75 (1984), S. 343 ff. (345, 361 ff. zum Verzicht auf Rechtsverordnungen gem. §§ 14 AbfG, 17 ChemG und 35 BImSchG); allgemein C. BAUDENBACHER, Verfahren als Alternative zur Verrechtlichung im Wirtschaftsrecht?, in: ZRP 1986, S. 301 ff. (302). Zu den rechtsstaatlichen Gefährdungsmomenten solcher Kooperationen eindringlich W. HOFFMANN-RIEM, Selbstbindungen der Verwaltung, VVDStRL 40 (1982), S. 187 ff. (203 ff.); s. auch G. LÜBBE-WOLFF, Das Kooperationsprinzip im Umweltrecht – Rechtsgrundsatz oder Deckmantel des Vollzugsdefizits?, in: NuR 1989, S. 295 ff.

[99] Zu diesem „Schwarzer-Peter-Spiel“ D. SCHEUING, in: JuS 1988, S. 860 ff.; kritisch zum Fehlen der Rechtsverordnung auch J.-F. STAATS, Die Formelermächtigung, untersucht an Beispielen des Umweltrechts, in: Studien zu einer Theorie der Gesetzgebung 1982, hrsgg. v. H. Kindermann, 1982, S. 192 ff. (195 ff.); zu BVerwGE 77, 285 ausführlich H. SCHULZE-FIELITZ, Alte Grundsätze und neue Fragen zum Schutz gegen Ver-

der Diskussion gerückte Topos vom ‚Verwaltungsvorbehalt'[100] jene Phänomene und Kompetenzräume erfassen, die der Verwaltung insbesondere gegenüber dem Parlament gleichsam zugriffsfest zur eigenständigen und eigenverantwortlichen Erledigung überlassen sind. Soweit damit bezogen auf politische Leit- und Grundentscheidungen der Regierung ein „Kernbereich exekutiver Eigenverantwortung"[101] reklamiert wird, betrifft das die an dieser Stelle nicht zu diskutierende Sonderrolle der Regierung und deren relative Eigenständigkeit[102].

Was hingegen den Bereich der allgemeinen Verwaltung angeht, so hat die hier insoweit nur zu resümierende Diskussion ergeben, daß zum einen ein allgemeiner Verwaltungsvorbehalt als eigenständige Rechtsfigur nicht konstruierbar ist[103], zum anderen die als Verwaltungsvorbehalte ansprechbaren Phänomene weniger in rechtlich gesicherten Enklaven der Exekutive als in den tatsächlichen oder faktischen Vorbehalten[104] zu verorten sind. Dies hat

---

kehrslärm beim Straßenbau, in: Die Verwaltung 21 (1988), S. 236 ff. – BVerfG NJW 1989, 1271/1272 bezeichnet § 43 I BImSchG ausdrücklich nicht nur als Ermächtigung, sondern als „Regelungsauftrag". – Allgemein zur Scheu der Verwaltung, technischen Regeln im Umweltrecht durch den Erlaß von Rechtsverordnungen normative Kraft zu verleihen: H. HOFMANN, Der Einfluß der Großtechnik auf Verwaltungs- und Prozeßrecht, in: UPR 1984, S. 73 ff. (78, 82, 83).

[100] H. MAURER/F. E. SCHNAPP, Der Verwaltungsvorbehalt, VVDStRL 43 (1985), S. 135 ff., 172 ff. – Die Untersuchung eines „Vorbehalts der Verwaltung" führte P. HÄBERLE (Auf dem Weg zum Allgemeinen Verwaltungsrecht, in: BayVBl. 1977, S. 745 ff.) in seiner „Desideratenliste" auf (S. 747).

[101] Als Schöpfer dieser Formel gilt R. SCHOLZ, Parlamentarischer Untersuchungsausschuß und Steuergeheimnis, in: AöR 105 (1980), S. 564 ff. (598); s. auch schon DERS., Verwaltungsverantwortung und Verwaltungsgerichtsbarkeit, VVDStRL 34 (1976), S. 145 ff. (149). Sie ist sowohl in der Rechtsprechung des BVerfG (E 67, 100/139; 68, 1/87), das sich insoweit auf seine eigene angestammte Kernbereichs-Terminologie beziehen konnte (vgl. E 9, 268/280), als auch in der Literatur (Nachweise bei V. BUSSE, Der Kernbereich exekutiver Eigenverantwortung im Spannungsfeld der staatlichen Gewalten, in: DÖV 1989, S. 45 ff. [46 Fn. 11]) aufgegriffen worden. Im Ergebnis eher restriktiv: Staatsgerichtshof der Freien Hansestadt Bremen, DVBl. 1989, 453/455 ff.

[102] Skeptisch zu einem Regierungsvorbehalt etwa HERZOG, Art. 20 Abschnitt V Rn. 108, der nur einen faktischen Vorsprung akzeptiert; s. auch OSSENBÜHL, in: HdbStR III, § 62 Rn. 54 und TH. PUHL, Die Minderheitsregierung nach dem Grundgesetz, 1986, S. 126 ff., 157 ff. (kein allgemeiner Regierungsvorbehalt). Regierungsfreundlich BUSSE, DÖV 1989, S. 48 ff. (mit Rückgriff auf das wenig präzise Merkmal der „Funktionsfähigkeit der Regierung").

[103] Vgl. M. SCHRÖDER, Der Verwaltungsvorbehalt, in: DVBl. 1984, S. 814 ff. (820 f.); MAURER, VVDStRL 43 (1985), S. 147 ff.; s. auch A. JANSSEN, Über die Grenzen des legislativen Zugriffsrechts, 1990, S. 65 f.

[104] Vgl. R. WAHL, Zur Lage der Verwaltung Ende des 20. Jahrhunderts, in: Dt. VerwGesch V, S. 1197 ff. (1209); H. HOFMANN, Das Postulat der Allgemeinheit des Gesetzes, in: Die Allgemeinheit des Gesetzes (=Abhandlungen der Akademie der Wissen-

besonders Roman Herzog herausgearbeitet, der zwar von einer Allzuständigkeit des Gesetzgebers ausgeht[105], aber treffend das Vollzugsmonopol der Exekutive betont[106] und darin sowie in den natürlichen Grenzen der Normierbarkeit wie in der Vollzugsbedürftigkeit gesetzlicher Normen die entscheidenden tatsächlichen Vorbehalte zugunsten der Exekutive erblickt[107].

Damit aber reduzieren sich die faktischen Vorbehalte zum einen weitgehend auf die Ausfüllung der im Rahmen der Normenanwendung, -auslegung und -umsetzung sich ergebenden Spielräume der Behörden[108], also auf ihre Interpretationsherrschaft, zum anderen erscheinen sie angesichts eines rechtlich kaum zwingend einzuhegenden Zugriffsrechts des Gesetzgebers[109] und der Unschärfe der ‚Kernbereichslehre'[110] als Gebot politischer Klugheit, Konsequenz organisatorischer Sachzwänge und Folge systemnotwendiger abstrakter Normprogrammierungen[111]. Insgesamt entpuppt sich der Verwaltungsvorbehalt nicht als randscharfe, konturenklare Rechtskategorie,

---

schaften in Göttingen, phil.-hist. Klasse, 3. Folge Nr. 168), hrsgg. v. Chr. Starck, 1987, S. 9 ff. (43); M. Schröder, Die Bereiche der Regierung und der Verwaltung, in: HdbStR III, § 67 Rn. 22 m.w.N.

[105] Herzog, Art. 20 Abschnitt V Rn. 78 ff.

[106] Herzog, Art. 20 Abschnitt V Rn. 82; vgl. auch Ossenbühl, in: HdbStR III, § 62 Rn. 58; Stern, Staatsrecht II, S. 754 ff. Allerdings kann daraus nicht im Umkehrschluß ein rigides Allgemeinheitspostulat bezüglich der Gesetze gefolgert werden: Vollzug und Konkretisierung sind ihrerseits flexible Größen, weil sie von der Dichte und Präzision der vorgegebenen Normen abhängen (vgl. nochmals Hofmann, Allgemeinheit des Gesetzes, S. 41 ff. mit Hinweis auf die Stufenbaulehre der Wiener Rechtstheoretischen Schule).

[107] Herzog, Art. 20 Abschnitt V Rn. 109 ff.

[108] So jetzt konsequent G. F. Schuppert, Self-Restraints der Rechtsprechung, in: DVBl. 1988, S. 1191 ff. (1200): Im Abwägungsspielraum liege der eigentliche Kern des Verwaltungsvorbehalts.

[109] Dazu E.-W. Böckenförde, Die Organisationsgewalt im Bereich der Regierung, 1964, S. 103 ff. (mit restriktiver Tendenz: S. 107 greift er BVerfGE 9, 268/280 und die These vom zugriffsfesten Kern der Exekutivkompetenzen auf); die kaum einzuschränkende Weite des Zugriffsrechts betonen Ossenbühl, in: HdbStR III, § 62 Rn. 58 ff.; Puhl, Minderheitsregierung, S. 153 ff., 157 ff. m. zahlr. Nachw. Siehe jetzt aber Janssen, Grenzen des legislativen Zugriffsrechts, passim.

[110] Zur Kritik vgl. Herzog, Art. 20 Abschnitt V Rn. 115 und allgemein Puhl, Minderheitsregierung, S. 127 ff. m.w.N.; speziell zu BVerfGE 68, 1 die detaillierte Besprechung von B.-O. Bryde, in: Jura 1986, S. 363 ff. (365 ff.).

[111] Hofmann, Allgemeinheit des Gesetzes, S. 43 f.; Puhl, Minderheitsregierung, S. 177 („politisch-faktische Balance"); H. Faber, Verwaltungsrecht, 1987, S. 54 spricht ganz ähnlich im Zusammenhang mit dem Zugriff des Gesetzgebers auf die Organisationsgewalt von einem „pragmatische(n) Rest..., wonach sich der Gesetzgeber nicht durch eine Fülle von Bagatellentscheidungen selbst blockieren und unabweisbare Organisationsmaßnahmen der Verwaltung verbieten kann". – Vgl. auch die Typologie bei Ossenbühl, in: HdbStR III, § 62 Rn. 55 ff., 63 ff.

sondern eher als ein Suchbegriff, der dazu dienlich sein kann, bestimmte Handlungszonen der Verwaltung zu umreißen. Dem wichtigsten Gebiet: den administrativen Handlungsspielräumen, gilt deshalb jetzt unser Interesse.

4. *Handlungsspielräume der Verwaltung*

Ist, wie bereits mehrfach betont, die gesetzliche Vorausbestimmung des Verwaltungshandelns von variierender Intensität und Präzision, das Netz der normativen Vorgaben unterschiedlich dicht[112], so entpuppt sich naturgemäß auch der Konkretisierungsauftrag der Verwaltung[113] als entsprechend vielgestaltig, weil die Verwaltung ihre „Konkretisierungsleistungen"[114] komplementär zur zurückgenommenen Steuerungsintensität des Gesetzgebers steigern muß: je weiter, offener, unbestimmter, vager die gesetzlichen Vorgaben, desto größer der die Rechtsnormen komplettierende und ihnen Wirklichkeit verleihende Anteil der Verwaltung. Die weit über das Erfordernis einer Applikation von Lebenssachverhalt und Norm hinausgehende Ausfüllungsbedürftigkeit gesetzlicher Vorschriften im Verwaltungsrecht bedingt stets eine gewisse Selbständigkeit und Entscheidungsfreiheit der Konkretisierungsinstanzen: Die Rede von eindeutigen und mehrdeutigen, präzisen und vagen, bestimmten und unbestimmten Begriffen einschließlich der beliebten Unterscheidung von Konditional- und Zweckprogrammen suggeriert zwar die Existenz unterschiedlicher, klar abgrenzbarer Normkategorien; in Wirklichkeit aber sind die Übergänge fließend, handelt es sich wegen der niemals vollständigen Determination der Entscheidungen durch die gesetzlichen Vorgaben eher um Posten auf einer Skala von Möglichkeiten zu- bzw. abnehmender Präzision.

Gleichwohl tritt – ungeachtet der Unmöglichkeit rechtstheoretisch befriedigender Fixierung klarer Trennlinien – in all jenen Fällen die mangels

---

[112] Vgl. W. Schmidt, Gesetzesvollziehung durch Rechtsetzung, 1969, S. 119ff., 149ff.; Geitmann, Bundesverfassungsgericht, S. 24ff.; G. Müller, Inhalt und Formen der Rechtssetzung, S. 86ff., 144ff.

[113] G. Schmidt-Eichstaedt, Der Konkretisierungsauftrag der Verwaltung beim Vollzug öffentlich-rechtlicher Normen, in: DVBl. 1985, S. 645ff.; besonders zur notwendigen Flexibilität staatlichen Handelns W. Braun, Offene Kompetenznormen – ein geeignetes und zulässiges Regulativ im Wirtschaftsverwaltungsrecht?, in: VerwArch. 76 (1985), S. 30ff., 158ff. (insb. S. 36ff., 165ff.). Zum ganzen R. A. Rhinow, Rechtsetzung und Methodik, Basel-Stuttgart 1979, S. 62ff., 178ff., 232ff., 240ff.

[114] E. Schmidt-Assmann, in: Maunz/Dürig, Komm. z. GG, Art. 19 IV (1985), Rn. 184; R. Wahl, Verwaltungsverantwortung und Verwaltungsgerichtsbarkeit, in: VBlBW 1988, S. 387ff. (390): Der „abnehmenden Dichte der Gesetze entsprechen wachsende Eigenanteile der Verwaltung".

präfixierender Normelemente erforderliche Zusatzarbeit der Verwaltung deutlicher zutage, die man mit Eberhard Schmidt-Aßmann unter der Rubrik „administrative Letztentscheidungsermächtigungen" zusammenfassen könnte[115]. Es handelt sich dabei um diejenigen Normtypen erweiterter Handlungsmacht der Verwaltung, um deren Einordnung, Begrenzung und wissenschaftlich befriedigende Erfassung seit Jahrzehnten gestritten wird. Die in den 50er Jahren entbrannte und von Otto Bachof mit den noch heute üblichen klassifikatorischen Begriffen markierte Debatte[116] ist seitdem mit anhaltender Intensität weitergeführt worden[117] und auch in jüngster Zeit nicht zur Ruhe gekommen[118]: Hartmut Maurer spricht sogar vom „derzeit umstrittensten Bereich des Verwaltungsrechts"[119]. Die Motive für dieses ungebrochene Interesse liegen auf der Hand: verschränken sich doch in der Frage nach Grund, Grenzen und Kontrollierbarkeit der aufgrund von Ermessensermächtigungen und unbestimmten Rechtsbegriffen getroffenen Entscheidungen der Verwaltung allgemein rechtstheoretische[120], grundlegende staats- und verfassungsrechtliche[121] sowie speziell rechtsstaatli-

---

[115] SCHMIDT-ASSMANN, Art. 19 IV GG, Rn. 188ff.

[116] Vgl. O. BACHOF, Beurteilungsspielraum, Ermessen und unbestimmter Rechtsbegriff, in: JZ 1955, S. 97ff. (Wiederabdruck in: O. BACHOF, Wege zum Rechtsstaat, 1979, S. 154ff.; Bachof hat hier eine Vorbemerkung hinzugefügt); vgl. damit C. H. ULE, Zur Anwendung unbestimmter Rechtsbegriffe im Verwaltungsrecht, in: Gedächtnisschrift für Walter Jellinek, 1955, S. 309ff.

[117] D. JESCH, Unbestimmter Rechtsbegriff und Ermessen in rechtstheoretischer und verfassungsrechtlicher Sicht, in: AöR 82 (1957), S. 163ff.; H. EHMKE, „Ermessen" und „unbestimmter Rechtsbegriff" im Verwaltungsrecht, 1960; P. HÄBERLE, Öffentliches Interesse als juristisches Problem, 1970, S. 595ff.; W. SCHMIDT, Abschied vom „unbestimmten Rechtsbegriff", in: NJW 1975, S. 1753ff.; H.-J. KOCH, Unbestimmte Rechtsbegriffe und Ermessensermächtigungen im Verwaltungsrecht, 1979; K.-U. MEYN, Aspekte zur Problematik von Beurteilungsspielraum und Ermessen, in: JA 1980, S. 327ff.; H.-U. ERICHSEN, Die sogenannten unbestimmten Rechtsbegriffe als Steuerungs- und Kontrollmaßgaben im Verhältnis von Gesetzgebung, Verwaltung und Rechtsprechung, in: DVBl. 1985, S. 22ff.

[118] H. SENDLER, Skeptisches zum unbestimmten Rechtsbegriff, in: FS Ule, 1987, S. 337ff.; E. FRANSSEN, (Un)Bestimmtes zum unbestimmten Rechtsbegriff, in: FS Zeidler, Bd. 1, S. 427ff.; H. H. RUPP, „Ermessen", „unbestimmter Rechtsbegriff" und kein Ende, ebd., S. 455ff.; CHR. GREIPL, Beurteilungsermächtigungen zugunsten der Exekutive dargestellt am Beispiel des Börsenvorstandes, in: DVBl. 1989, S. 746ff.

[119] MAURER, Allgemeines Verwaltungsrecht, § 7 Rn. 24.

[120] JESCH, in: AöR 82 (1957), S. 165ff.; J. CATTEPOEL, Ermessen und Beurteilungsspielraum, in: VerwArch. 71 (1980), S. 140ff. (148ff.); H.-J. KOCH/H. RÜSSMANN, Juristische Begründungslehre, 1982, S. 85ff., 236ff.

[121] G. SCHMIDT-EICHSTAEDT, Ermessen, Beurteilungsspielraum und eigenverantwortliches Handeln der Verwaltung, in: AöR 98 (1978), S. 173ff.; W. KREBS, Kontrolle in staatlichen Entscheidungsprozessen, 1984, S. 74ff., 92ff.; M. BULLINGER, Das Ermes-

che[122] Aspekte – gerade gemessen am Gedanken rechtsstaatlicher Sicherheit und strikter Verwaltungsbindung kann ein (freies) Ermessen in der Tat als „trojanisches Pferd eines rechtsstaatlichen Verwaltungsrechts“[123] erscheinen.

Lange Zeit wurde dabei speziell die auf die verwaltungsrechtlichen Aspekte konzentrierte Debatte dominiert von der Frage nach Umfang und Intensität der (verwaltungs-)gerichtlichen Überprüfung, also der sog. „Kontrolldichte“ der Exekutive durch die Judikative[124]. Gerade mit Blick hierauf sind denn auch viele, zum Teil sehr filigran anmutende Differenzierungen (volitives und kognitives Ermessen; Einschätzungsprärogative, planerische Gestaltungsfreiheit) und Spezialfälle (Beurteilungsspielräume, Prognoseermessen) entwickelt worden[125]. In bezug auf die Rolle und den Stellenwert der Verwaltung setzte sich insbesondere seit den 70er Jahren eine Gesamtoptik durch, die die Verwaltung zwischen einer immer detaillierteren und punktgenau determinierenden Gesetzgebung auf der einen, verschärften Anforderungen und weitgehenden Überprüfungsrechten durch die kontrollierenden Gerichte auf der anderen Seite gewissermaßen eingeschnürt und einer ‚schleichenden Subalternisierung‘ ausgesetzt sah; ein 1985 in Göttingen veranstaltetes Symposion[126] wurde zum Scheitelpunkt dieser Betrachtungsweise[127], wie man einer schon im Tagungs- und Rezensionsbe-

---

sen der öffentlichen Verwaltung, in: JZ 1984, S. 1001 ff.; P. Badura, Gestaltungsfreiheit und Beurteilungsspielraum der Verwaltung, bestehend aufgrund und nach Maßgabe des Gesetzes, in: FS Bachof, 1984, S. 169 ff.

[122] H. H. Rupp, Ermessensspielraum und Rechtsstaatlichkeit, in: NJW 1969, S. 1273 ff.; zum Beurteilungsspielraum Haverkate, Rechtsfragen des Leistungsstaats, S. 247 ff. (mit dem Ergebnis, daß dieser keinen Erkenntnis-, sondern nur einen Bekenntniswert hat: S. 283).

[123] So die vielzitierte Bemerkung von Hans Huber, Niedergang des Rechts und Krise des Rechtsstaats, in: Festgabe Giacometti, 1953, S. 59 ff. (66).

[124] Das beklagte schon Rupp, NJW 1969, S. 1273. – Vgl. R. Scholz/E. Schmidt-Assmann, Verwaltungsverantwortung und Verwaltungsgerichtsbarkeit, VVDStRL 34 (1976), S. 145 ff. (174 ff.), 221 ff. (251 ff.); W. Hoppe, Gerichtliche Kontrolldichte bei komplexen Verwaltungsentscheidungen, in: Verwaltungsrecht zwischen Freiheit, Teilhabe und Bindung. 25 Jahre Bundesverwaltungsgericht, hrsgg. v. O. Bachof u.a., 1978, S. 295 ff.; P. Lerche, Die Verwaltungsgerichtsbarkeit im Geflecht der Rechtskontrollen, in: BayVBl. 1980, S. 257 ff.

[125] Den ursprünglichen Gewinn dieser Differenzierungen für eine schärfere Fassung der unbestimmten Rechtsbegriffe und damit für eine Einengung der gerichtlich nur beschränkt überprüfbaren Bereiche betont Schmidt-Assmann, Art. 19 IV Rn. 186.

[126] Tagungsbericht: H. Hill, in: DVBl. 1985, S. 998 ff.

[127] Die öffentliche Verwaltung zwischen Gesetzgebung und richterlicher Kontrolle, hrsgg. v. V. Götz u.a., 1985. Ähnlich W. Brohm, Die staatliche Verwaltung als eigenständige Gewalt und die Grenzen der Verwaltungsgerichtsbarkeit, in: DVBl. 1986, S. 321 ff. (323 f.).

richt von Horst Sendler sich andeutenden[128] und seitdem mehrfach wiederaufgegriffenen Kritik an der Unzulänglichkeit und Pauschalität dieser Vorstellung entnehmen kann[129]. Mittlerweile hat nicht zuletzt die Besinnung auf die Handlungsfreiheiten, die der Gesetzgeber der Verwaltung durch „Gestaltungs-, Ermessens- und Beurteilungsspielräume"[130] gewährt, die Erkenntnis der Gemeinsamkeiten ermöglicht, welche unbestimmten Rechtsbegriffen und Ermessensvorschriften, raumbezogenen Planungen, der (häufig prognostischen) Wirtschaftsverwaltung[131] und der Festlegung sicherheitsrechtlicher Standards eigen sind. Die zuweilen präzise anmutenden rechtsdogmatischen Kategorien entpuppen sich bei näherem Hinsehen als lediglich typisierende Abstufungen des einen, zentralen Sachverhalts: der der Verwaltung vom Gesetzgeber mit Folgen für die verwaltungsgerichtliche Überprüfung eingeräumten selbständigen Handlungs- und Entscheidungsmacht[132].

Nun sind Forderungen nach Aufgabe der Unterscheidung von Beurteilungsspielräumen, unbestimmten Rechtsbegriffen und Ermessensvorschrif-

---

[128] H. Sendler, Die öffentliche Verwaltung zwischen Scylla und Charybdis, in: NJW 1986, S. 1084ff. mit Hinweis auf kritische Stimmen in der Diskussion.

[129] Wahl, in: Dt. VerwGesch V, S. 1208ff.; Schuppert, in: DVBl. 1988, S. 1198ff. – Schon seit jeher stand das Bild der um ihre Selbständigkeit gebrachten Verwaltung in frappierendem Gegensatz zur mindestens ebenso verbreiteten Rede vom Bedeutungszuwachs der Verwaltung infolge der Entfaltung des modernen Wohlfahrtsstaates und der formelhaften Wendung von der Herrschaft der Bürokratie.

[130] BVerfGE 61, 82/111.

[131] P.J. Tettinger, Rechtsanwendung und gerichtliche Kontrolle im Wirtschaftsverwaltungsrecht, 1980, S. 421ff., 465ff.

[132] Rhinow, Rechtsetzung und Methodik, S. 62ff., 178ff.; Badura, in: FS Bachof, S. 172ff. (177), 178ff. (180), 185. Dezidiert zur „Relativierung der trennscharfen Parzellierung von unbestimmtem Rechtsbegriff, unbestimmtem Rechtsbegriff mit Beurteilungsspielraum und Ermessen" Schuppert, DVBl. 1988, S. 1198; eine vergleichbare Tendenz bei Bullinger, JZ 1984, S. 1007ff. (Ansatz bei den Funktionen des Ermessens); die wohl nach wie vor herrschende Meinung bei Maurer, Allgemeines Verwaltungsrecht, § 7 Rn. 33ff.; aus der Rechtsprechung BVerwGE 62, 86; 72, 38. – Contre coeur muß diese Abschleifung der Differenzen wohl auch von jenen zugestanden werden, die an der herkömmlichen Unterscheidung festhalten; denn die Fehlerlehre (dazu R. Alexy, Ermessensfehler, in: JZ 1986, S. 701ff.) ebnet manche kategoriale Trennung wieder ein. – Der bislang wohl schlüssigste Neuansatz ist von Schmidt-Assmann, Art. 19 IV GG, Rn. 188ff. vorgelegt worden, der zwar zwischen Verwaltungsermessen, Beurteilungsermächtigung, Einschätzungsprärogative, Prognoseermächtigung, Rezeptionsbegriffen, Planungs- und Normsetzungsermessen unterscheidet, diese „administrativen Letztentscheidungsermächtigungen" aber nicht „als streng getrennte Institute, sondern als der Orientierung und Typenbildung dienende Begriffe" entfalten will und die überkommenen Differenzierungen bewußt relativiert (nicht jedoch nivelliert).

ten schon angesichts mancher Koppelungsvorschriften nicht neu[133]. Auch konnte einer genauen Beobachtung der Judikatur nicht verborgen bleiben, daß „das Prinzip der uneinschränkbaren gerichtlichen Kontrolle der Subsumtion unter ‚unbestimmte Rechtsbegriffe‘ keineswegs strikt eingehalten..., unbestimmte Gesetzesbegriffe zu Ermessensermächtigungen deklariert und zum anderen dieselben Kontrolltechniken bei der Überprüfung der Anwendung unbestimmter Gesetzesbegriffe wie bei der Ermessensausübung angewendet und dergestalt die prinzipielle Unterschiedlichkeit im gerichtlichen Kontrollumfang um einiges nivelliert“[134] wurde. Entscheidenden Auftrieb hat aber die Entdifferenzierung der verschiedenen Entscheidungsspielräume wie z. B. die Reorientierung der planungsspezifischen Abwägungslehre auf die Regeln des allgemeinen Verwaltungsermessens[135] oder die Renaissance der Einordnung des Beurteilungsspielraums als Tatbestandsermessen[136] durch die Einsicht erhalten, daß in allen Fällen der Verwaltung ein ausfüllungsbedürftiger Entscheidungsspielraum zugewiesen wird. Das Gesetz delegiert (aus den unterschiedlichsten Gründen) Entscheidungsgewalt an die Exekutive. In diesen überlassenen Räumen des „Wählens“, „Wägens“ und „Wertens“ offenbart sich die politische Dimension der Verwaltung[137]. Für die administrativen Letztentscheidungsermächtigungen

---

133 Ehmke, „Ermessen“ und „unbestimmter Rechtsbegriff“, S. 23 ff.; Schmidt, NJW 1975, S. 1754; Koch/Rüssmann, Juristische Begründunglehre, S. 88 f., 95, 236 ff., 243 fassen Ermessensermächtigungen als Berechtigung zur zweckgebundenen Tatbestandsergänzung (ähnlich Schmidt-Eichstaedt, DVBl. 1985, S. 647). S. auch Sendler, FS Ule, der S. 349 referiert, daß man in jüngerer Zeit das Ermessen und den unbestimmten Rechtsbegriff wieder als einheitliches Problem sieht, „einheitlich nach Bindung, Denkvorgängen und Funktionen“.

134 Krebs, Kontrolle in staatlichen Entscheidungsprozessen, S. 95. – Dies alles bedeutet nicht, daß der unterschiedliche Differenzierungsgrad gesetzlicher Bestimmungen nicht als zentraler Anknüpfungspunkt für eine zudem an der Rollenverteilung zwischen der Handlungsperspektive des Erstentscheiders (der Verwaltung) und der Kontrollperspektive der Zweitinterpretation (der Verwaltungsgerichte) orientierten Aufgliederung der Freiräume der Verwaltung im Hinblick auf ihre Überprüfbarkeit durch die rechtsprechende Gewalt dienen könnte (vgl. R. Wahl, Verwaltungsverantwortung und Verwaltungsgerichtsbarkeit, in: VBlBW 1988, S. 387 ff. [389 ff.]) und insofern nochmals zwischen den einzelnen Handlungsspielräumen zu unterscheiden wäre.

135 B. M. Groh, Konfliktbewältigung im Bauplanungsrecht, 1988, S. 170 ff. (176) gelangt zum Ergebnis, daß sich die Anforderungen des Konfliktbewältigungsgebotes mit den bekannten Ermessensregeln hinreichend beschreiben und erfassen lassen; s. auch W.-R. Schenke, Probleme der modernen Leistungsverwaltung, in: DÖV 1989, S. 365 ff. (372).

136 Vgl. H. Peters, Die Verwaltung als eigenständige Staatsgewalt, 1965, S. 23 und K. Obermayer, Grundzüge des Verwaltungsrechts und des Verwaltungsprozeßrechts, 3. Aufl. 1988, S. 86 f.

137 Vgl. R.-R. Grauhan, Politikwissenschaftliche Forschung zur Verwaltung, in:

gilt somit ebenfalls, was Peter Badura mit Bezug auf die unbestimmten Rechtsbegriffe festgestellt hat: Sie tragen „das ‚politische' Moment notgedrungen in die Rechtsverwirklichung durch Verwalten hinein."[138]

Das bedeutet insgesamt: Die Unbestimmtheit von Normen, die Gewährung von Beurteilungsspielräumen und Ermessenszonen haben gemein, daß es sich stets um ein Problem der Aufgaben- und Kompetenzverteilung zwischen Gesetzgeber und Verwaltung, damit aber zugleich um die Machtverteilung zwischen beiden Gewalten handelt; es geht demgemäß vor allem um den Anteil der Exekutive bei der Erfüllung der Staatsaufgaben, den Maurer mit einer annehmbaren Kompromißformel als „Möglichkeit zur eigenverantwortlichen, wenn auch gesetzlich gelenkten Entscheidung"[139] umschrieben hat. Dabei ist es vordringliche und zunehmend schwerer werdende Aufgabe des Gesetzgebers, seine Vorrangstellung gegenüber der prinzipiell

---

DÖV 1970, S. 587ff. (588); DERS., Modelle politischer Verwaltungsführung, 1969, S. 18; DERS., Politische Verwaltung, 1970, S. 32, 46ff.; knapp R. A. DAHL, Hierarchy, Democracy, and Bargaining in Politics and Economics, in: Research Frontiers in Politics and Government, Washington D.C. 1955, S. 45ff. (69): „whoever chooses the ‚ends' *is* the policy-maker." (Hv. i. O., H. D.). – In der zwar sehr allgemeinen, aber die prinzipielle Kontinuität zwischen Gesetzgebung und Verwaltung als Willensfunktionen treffend herausstellenden rechtstheoretischen Fassung Kelsens: „Gesetzgebung ... ist (relativ) freie, ... Vollziehung (relativ) gebundene Willensbildung" (H. KELSEN, Vom Wesen und Wert der Demokratie, 2. Aufl. 1929, S. 70).

[138] P. BADURA, Die Verwaltung als soziales System, in: DÖV 1970, S. 18ff. (21); vgl. W. SCHMIDT, Organisierte Einwirkungen auf die Verwaltung, VVDStRL 33 (1975), S. 183ff. (195f.); ausf. DERS., Rechtswissenschaft und Verwaltungwissenschaft, in: Rechtswissenschaft und Nachbarwissenschaften, hrsgg. v. D. Grimm, Bd. 1, 2. Aufl. 1976, S. 89ff. (96ff.); RHINOW, Rechtsetzung und Methodik, S. 63f.: nicht die durch die Fiktion der einzig richtigen Entscheidung zu bewältigende Unbestimmtheit der Norm, sondern die Ermächtigung der Verwaltung zur Normkonkretisierung ist entscheidend; ähnlich G. MÜLLER, Inhalt und Formen der Rechtssetzung, S. 79: Möglichkeit der Verwaltung zur „Mitgestaltung und ergänzenden Konkretisierung bei der Erfüllung von Staatsaufgaben"; ferner BROHM, DVBl. 1986, S. 329f. Zum ganzen auch R. STEINBERG, Politik und Verwaltungsorganisation, 1979, S. 18ff. (25, 28), 229ff. und R. HEGENBARTH, Von der legislatorischen Programmierung zur Selbststeuerung der Verwaltung, in: Jahrbuch für Rechtssoziologie und Rechtstheorie, Bd. 7, 1980, S. 130ff. (134, 147, 148f. u.ö.) sowie I. MAUS, Rechtstheorie und politische Theorie im Industriekapitalismus, 1986, S. 286.

[139] MAURER, Allgemeines Verwaltungsrecht, § 7 vor Rn. 8 (allerdings nur bezogen auf das Ermessen); s. auch STERN, Staatsrecht II, S. 764f.; zu berücksichtigen ist hier, daß auch die „Lenkung" verschiedene Gesichter hat und von kommandoartigem Befehl über den Auftrag bis hin zur bloßen kompentiellen Ermächtigung reichen kann. – Für D. BIRK, Steuerung der Verwaltung durch Haushaltsrecht und Haushaltskontrolle, in: DVBl. 1983, S. 865ff. (866), hat angesichts weiter Prognosespielräume, flexibler Einschätzungsprärogativen und komplexer Abwägungsmöglichkeiten der Verwaltung „das Gesetz seine beherrschende Funktion verloren".

nachgeordneten, weil an die Gesetze gebundenen Verwaltung zu wahren und vor allem durch mehr als nur symbolisch-formelhafte Rechtssetzungsakte Machtverschiebungen zu verhindern, die die Verwaltung zur zentralen Gestaltungskraft des Staates werden ließen. Es ist nicht zuletzt dieser Punkt, den die vielkritisierte „Wesentlichkeitstheorie" des Bundesverfassungsgerichts ins Visier (und mit dem sie zugleich den Gesetzgeber in die Pflicht) nimmt[140].

5. Verwaltungsvorschriften als Form der Selbstprogrammierung der Verwaltung

Verwaltungsvorschriften kleiden den Innenraum der Verwaltung einheitlich aus. Sowohl in ihrer Funktion als norminterpretierende als auch als ermessenslenkende Direktiven[141] dienen diese „angesichts der Offenheit und Auslegungsbedürftigkeit vieler Gesetze"[142] offenkundig unentbehrlichen und terminologisch vielfältigen (Erlaß, Anweisung, Richtlinie, Verfügung etc.), früher auch als Verwaltungsverordnungen bezeichneten Rechtssätze[143] in erster Linie zur „Gewährleistung gleicher Fallkonkretisierungen" und sind so „Ausdruck eines Bestrebens zu einer typisierenden Verstetigung des Gesetzesvollzuges"[144].

---

[140] Ein bemerkenswerter Versuch, bestimmte Kriterien der Wichtigkeit rechtlicher Regelungen herauszuarbeiten, bei G. MÜLLER, Inhalt und Formen der Rechtssetzung, S. 110ff.

[141] Zu dieser Unterscheidung (und weiteren) statt aller F. OSSENBÜHL, Autonome Rechtsetzung der Verwaltung, in: HdbStR III, § 65 Rn. 17 ff. Grundlegend zu vielen Fragen DERS., Verwaltungsvorschriften und Grundgesetz, 1968; diese Schrift hat eine ebenso scharfe wie ausführliche und detaillierte Kritik erfahren durch HANSEN, Fachliche Weisung, S. 186ff. – Zur Empirie: TH. ELLWEIN, Verwaltung und Verwaltungsvorschriften, 1989 (beschränkt auf Steuerrecht und Gewerbeaufsicht).

[142] B.-O. BRYDE, Rn. 9a zu Art. 80, in: I. v. Münch, GG-Kommentar, Bd. 3, 2. Aufl. 1983.

[143] Daß es sich bei den Verwaltungsvorschriften – terminologisch ein später Sieg Otto Mayers – um Rechtsvorschriften (und nicht etwa um ‚Nichtrecht') handelt, ist mittlerweile ganz unbestritten (s. nur STERN, Staatsrecht II, S. 656; KREBS, Kontrolle in staatlichen Entscheidungsprozessen, S. 73; SCHMIDT-ASSMANN, in: HdbStR I, § 24 Rn. 78; OSSENBÜHL, in: HdbStR III, § 65 Rn. 30 ff., alle m. w. N.). Lediglich das BVerwG schleppt die formelhafte Wendung weiter mit, Verwaltungsvorschriften seien keine Rechtsnormen und besäßen keinen Rechtssatzcharakter (BVerwGE 58, 45/49). Präziser das BVerfG: „Allgemeine Verwaltungsvorschriften ... sind keine Gesetze i. S. des Art. 20 III GG und des Art. 97 I GG" (BVerfGE 78, 214/227).

[144] SCHULZE-FIELITZ, Theorie und Praxis parlamentarischer Gesetzgebung, S. 144. Vgl. zur ‚Definition' der Verwaltungsvorschriften H. J. WOLFF/O. BACHOF, Verwaltungsrecht I, 9. Aufl. 1974, § 24 II d 2 (S. 118); zur älteren Lehre F. FLEINER, Institutionen des Deutschen Verwaltungsrechts, 8. Aufl. 1928, S. 61 ff.

Vom Grundgesetz als eigener Normtypus vorausgesetzt (Art. 84 II, 85 II 1, 86 Satz 1, 129 I 1 GG), wenden sich Verwaltungsvorschriften definitionsgemäß und im Unterschied zu Rechtsverordnungen nicht in direkt verpflichtender oder berechtigender Weise an die Bürger, sondern verbleiben gleichsam im Innenraum der Verwaltung, wo sie die Art und Weise der Aufgabenerfüllung der Organe und Amtswalter lenken, ordnen und strukturieren. Von dieser herkömmlichen Funktion her bietet sich ihre Charakterisierung als administrative Selbstprogrammierung an[145]. Tatsächlich erfüllen Verwaltungsvorschriften indes häufig weit über den binnenadministrativen Bereich hinausgehende rechtsnormsubstituierende Funktionen, was insbesondere im Subventionsrecht deutlich wird[146] und dort wie in anderen Bereichen (z. B. Ausländerrecht) Folgeprobleme auch für ihre rein formale Handhabung aufwirft[147]. Überall dort, wo die Richtlinien der Verwaltung selbst erst das „Gerüst der sachlichen Regelung"[148] erstellen, gerät die Trennung zwischen Innen- und Außenbereich der Verwaltung[149] ebenso ins Schwimmen wie die nur scheinbar kategorial eindeutige Zäsur zwischen Rechtsverordnungen und Verwaltungsvorschriften, die sich de facto oft als nahezu austauschbar erweisen[150]. Offenbar ist heute, wie Klaus Stern fest-

---

[145] Vgl. D. H. SCHEUING, Selbstbindungen der Verwaltung, VVDStRL 40 (1982), S. 153ff. (158ff.): „formalisierte Eigenprogramme"; W. SCHMIDT, Einführung in die Probleme des Verwaltungsrechts, 1982, Rn. 129 (S. 83): Programm der zukünftigen Vollzugsarbeit der Verwaltung.

[146] Dazu HAVERKATE, Rechtsfragen des Leistungsstaats, S. 145ff., 176ff., 196ff.; M. OLDIGES, Richtlinien als Ordnungsrahmen der Subventionsverwaltung, in: NJW 1984, S. 1927ff. (zur Transformationsfunktion der Richtlinien S. 1931ff.). Aus der Rechtsprechung z. B. BVerwG NJW 1979, 280. – Zur Typisierung im Steuerrecht J. ISENSEE, Die typisierende Verwaltung, 1976; L. OSTERLOH, Typisierende Verwaltungsvorschriften im Steuerrecht – BVerfGE 78, 214, in: JuS 1990, S. 100ff.

[147] Zum Beispiel die Veröffentlichung: dazu CHR. GUSY, Die Pflicht zur Veröffentlichung von Verwaltungsvorschriften, in: DVBl. 1979, S. 720ff. (724); G. LÜBBE-WOLFF, Der Anspruch auf Information über den Inhalt ermessensbindender Verwaltungsvorschriften, in: DÖV 1980, S. 594ff. (596ff.).

[148] HAVERKATE, Rechtsfragen des Leistungsstaats, S. 198.

[149] Dazu H.-J. HANSEN, Fachliche Weisung und materielles Gesetz, 1971, S. 139ff.; F. OSSENBÜHL, Zur Außenwirkung von Verwaltungsvorschriften, in: FS BVerwG, 1978, S. 433ff. – Die Rechtsprechung verleiht den Verwaltungsvorschriften über den Hebel des Art. 3 I GG und den Gedanken der Selbstbindung der Verwaltung qua (antizipierter) Verwaltungspraxis Außenwirkung: vgl. BVerwGE 44, 136/138; 52, 193/199. Dazu im wesentlichen befürwortend: MAURER, Allgemeines Verwaltungsrecht, § 24 Rn. 20ff.; Kritik bei OSSENBÜHL, in: HdbStR III, § 65 Rn. 32, 35ff.

[150] Dazu STERN, Staatsrecht II, S. 654 m.w.N.; G. MÜLLER, Inhalt und Formen der Rechtssetzung, S. 198ff.; s. auch W. SCHMIDT, Einführung in die Probleme des Verwaltungsrechts, Rn. 128 (S. 82). – Offener und ein Stück weit den faktischen Gegebenheiten nachgebend daher der Vorschlag, Verwaltungsvorschriften als originäres Admini-

stellt, ein solches „exekutivisches Ergänzungsrecht neben Gesetz und Verordnung unausweichlich“[151], doch sieht auch er durchaus die Gefahr, daß die durch Art. 80 I GG fixierte strikte Kanalisierung eines Verordnungsrechts durch die extensive Nutzung der in der allgemeinen Geschäftsordnungsgewalt wurzelnden Kompetenz zum Erlaß von Verwaltungsvorschriften[152] unterlaufen und ausgehöhlt werden könnte.

In bezug auf die Frage nach dem Verhältnis von Gesetz und Verwaltung einerseits, dem demokratisch-hierarchischen Kontrollsystem andererseits erweisen sich die Verwaltungsvorschriften als ambivalent. Einerseits scheinen sie ganz dem Feld autarker Verwaltungsorganisation zugehörig, gewissermaßen als Bündelung von Einzelanweisungen und als generalisierende Vorausentscheidung einer noch unbekannten Vielzahl zukünftiger Ermessensakte[153] nicht über die Sphäre binnenadministrativer Steuerung hinausgehend. Faktisch aber, das ist unbestritten, greifen sie in weiten Bereichen über den Innenraum der Verwaltung hinaus und entfalten rechtsnormgleichende Wirkungen, bilden in Ermangelung anderer Regelungen z. B. im Subventionsrecht ein „Ordnungssurrogat“[154]. Es ist angesichts dessen schon

---

strativrecht zu begreifen: OSSENBÜHL, in: FS BVerwG, S. 442; DERS., in: HdbStR III, §65 Rn. 12, 13, 39 ff.; W. KREBS, Zur Rechtsetzung der Exekutive durch Verwaltungsvorschriften, in: VerwArch. 70 (1979), S. 259 ff. (265 ff.); E.-W. BÖCKENFÖRDE, Gesetz und gesetzgebende Gewalt, 2. Aufl. 1981, S. 393 ff.; M. BECKMANN, Die gerichtliche Überprüfung von Verwaltungsvorschriften im Wege der verwaltungsgerichtlichen Normenkontrolle, in: DVBl. 1987, S. 611 ff. (616 ff.). Diese Ansicht steht und fällt mit der Möglichkeit, eine solche originäre Rechtsetzungskompetenz der Exekutive verfassungsrechtlich begründen zu können. Die h. M. lehnt das nach wie vor ab: vgl. STERN, Staatsrecht II, S. 660 f.; W. BROHM, Verwaltungsvorschriften als administrative Rechtsquelle – ein ungelöstes Problem des Innenrechts, in: ders. (Hrsg.), Drittes deutsch-polnisches Verwaltungssymposion, 1983, S. 11 ff. (23 ff.); OLDIGES, NJW 1984, S. 1930; MAURER, Allgemeines Verwaltungsrecht, §24 Rn. 25, 26. – Die Enquete-Kommission Verfassungsreform des Deutschen Bundestages hat ein selbständiges Verordnungsrecht der Bundesregierung diskutiert, im Ergebnis aber verworfen (vgl. Zur Sache 3/1976, S. 194 ff.); zum ganzen auch H.-H. SCHEFFLER, Wachsende Bedeutung der Verwaltungsvorschriften, in: DÖV 1980, S. 236 ff.

[151] STERN, Staatsrecht II, S. 656; s. auch S. 660 f. – Zum Entwurf eines „Ordnungsrahmens“ durch Subventionsrichtlinien OLDIGES, NJW 1984, S. 1931 ff.

[152] Zur Geschäftsgewalt als Grundlage HANSEN, Fachliche Weisung, S. 232, 240, 245; s. auch F. MAYER, Art. Organisationsgewalt, in: EvStL, 2. Aufl. 1975, Sp. 1693 ff.; HANS SCHNEIDER, Gesetzgebung, Rn. 267 (S. 156); OSSENBÜHL, in: HdbStR III, §65 Rn. 36, 64. Aus der Rspr. BVerfGE 26, 338/396: „Die Befugnis zum Erlaß allgemeiner Verwaltungsvorschriften ist der Exekutive inhärent.“

[153] Vgl. BGH NJW 1987, 1329/1330 f.; FLEINER, Institutionen, S. 63: „verallgemeinerte Dienstbefehle“.

[154] H. F. ZACHER, Verwaltung durch Subventionen, VVDStRL 25 (1967), S. 308 ff. (312).

ein Nachhutgefecht, ob man die faktische Außenwirkung der Verwaltungsvorschriften über Art. 3 I GG und den Gedanken der Selbstbindung als mittelbare begründet oder – der Faktizität Normativität verleihend – eine originäre Rechtssetzungskompetenz der Exekutive annimmt. In jedem Fall zeigt sich ein gravierender Regelungsanteil der Verwaltung[155], und es verwundert nicht, daß man in der raumgewinnenden Praxis des Erlasses normsubstituierender Verwaltungsvorschriften eine „Gefährdung des demokratischen Prinzips"[156] erblickt hat. Denn die filigrane administrative Selbstprogrammierung signalisiert eine „Schwächung der Steuerungskapazität des Legalitätsprinzips"[157], wenn in immer stärkerem Maße die verbindliche Handhabung des Gesetzesrechts von der administrativen Spitze festgelegt und in Form von amtswalteradressierten Innenrechtssätzen nach unten weitergegeben wird sowie insgesamt die verwaltungsinterne Weisung gegenüber dem parlamentarischen Gesetz größeres Gewicht erhält.

Andererseits bieten Verwaltungsvorschriften ein plastisches Beispiel für die strikte Durchführung des Hierarchieprinzips, indem vom Gesetz offengelassene Entscheidungskompetenzen nicht den einzelnen Amtswaltern überlassen, sondern von der jeweiligen administrativen Spitze im Wege der „Entsubjektivierung der Gesetzesanwendung"[158] einheitlich durchgeformt und so die Handlungsspielräume eingeengt werden[159]. Als „organwalter-

---

[155] Vgl. auch W.-R. Schenke, Gesetzgebung durch Verwaltungsvorschriften?, in: DÖV 1977, S. 27 ff. (29 ff.).

[156] Chr.-F. Menger, Verwaltungsvorschriften – autonome Rechtsetzung durch die Exekutive?, in: Demokratie und Verwaltung, 1972, S. 299 ff. (299). Ausführlicher zum demokratischen Aspekt H.-D. Grosser, Die Spannungslage zwischen Verfassungsrecht und Verfassungswirklichkeit bei der Vergabe von staatlichen Wirtschaftssubventionen durch die öffentliche Hand, 1983, S. 93 ff. – Zum Kompetenzzuwachs der Exekutive durch sog. „normkonkretisierende Verwaltungsvorschriften" (BVerwGE 72, 300/316 f., 320 f.) Chr. Degenhart, Die Bewältigung der wissenschaftlichen und technischen Entwicklungen durch das Verwaltungsrecht, in: NJW 1989, S. 2435 ff. (2441); W. Erbguth, Normkonkretisierende Verwaltungsvorschriften, in: DVBl. 1989, S. 473 ff.; unter gleichem Titel ferner M. Gerhardt, in: NJW 1989, S. 2233 ff. und H. Hill, in: NVwZ 1989, S. 401 ff.

[157] U. K. Preuss, Korreferat zu Klaus Lenk: Steuerung des Handelns von Verwaltern, in: Jahrbuch für Rechtstheorie und Rechtssoziologie, Bd. 7, 1980, S. 264 ff. (266).

[158] Hansen, Fachliche Weisung, S. 240; s. auch Jesch, Gesetz und Verwaltung, S. 234 sowie bereits Merkl, Allgemeines Verwaltungsrecht, S. 148 f.

[159] Das kann so weit gehen, daß die mit vielen Ermessensvorschriften und unbestimmten Tatbestandsmerkmalen zum Zwecke der Einzelfallgerechtigkeit offengehaltenen Spielräume durch ein dichtes Netz von Verwaltungsvorschriften verschüttet und damit die gesetzgeberisch intendierten Effekte zunichte gemacht werden (zu dieser Gefahr auch Ossenbühl, in: HdbStR III, § 65 Rn. 19, 52). Im übrigen gilt natürlich für das Verhältnis von ausführendem Beamten und Verwaltungsvorschriften das gleiche wie

adressierte Innenrechtssätze“[160] festigen und stützen die Verwaltungsvorschriften also das hierarchische Prinzip, und umgekehrt „bildet der hierarchische Aufbau der Verwaltung mit seinen Weisungskompetenzen den Schlüssel zum Verständnis der Verwaltungsvorschriften“[161].

V. Faktoren bürokratischer Eigenmacht

1. Bürokratische Sabotage

Neben die formalisierten und gesetzlich vorgesehenen oder implizierten eigenständigen Gestaltungsrechte der Verwaltung treten andere, nicht selten situationsabhängige, aber zum Teil auch auf gravierende Struktur- und Gewichtsverschiebungen hindeutende „Faktoren bürokratischer Macht“[162], die das Bild von der Verwaltung als einem passiv-neutralen Durchführungsinstrument mit bloß „dienende(r) Funktion“[163] ebenfalls ein Stück weit zu korrigieren geeignet sind. Darunter kann man zunächst – gleichsam als demonstratives Indiz für die Macht des Apparats gegen seine formale Spitze – jene Fälle der Obstruktion bestimmter politischer Leitentscheidungen und Programme zusammenfassen, die man als ‚bürokratische Sabotage‘ zu umschreiben pflegt[164]. In einem weiteren und grundsätzlicheren Sinn zählen dazu solche Phänomene, die sich – ohne aus der Rechts- und Verfassungslage im einzelnen exakt deduzierbar zu sein – aus der Eigengesetzlichkeit arbeitsteilig spezialisierter Erfüllung wachsender Verwaltungsaufgaben[165] in einer hochkomplexen Industriegesellschaft mit demokratisch-parlamentari-

---

für das Verhältnis von Gesetz und Verwaltung: Ein mehr oder minder großes Stück an Interpretationsbreite und Eigenständigkeit ist stets gegeben.

[160] Hansen, Fachliche Weisung, S. 195.

[161] Maurer, Allgemeines Verwaltungsrecht, § 24 Rn. 6; s. auch Rn. 5: „erst der hierarchische Aufbau der Verwaltung (schafft) die Voraussetzungen für das Institut der Verwaltungsvorschriften“. Faber, Verwaltungsrecht, S. 87: Verwaltungsvorschriften als „notwendiger Bestandteil des hierarchischen Kontrollsystems“.

[162] So der Titel des Aufsatzes von R. Steinberg, in: Die Verwaltung 11 (1978), S. 309 ff.

[163] Th. Ellwein/J. J. Hesse, Das Regierungssystem der Bundesrepublik Deutschland, 6. Aufl. 1987, S. 355.

[164] Dazu einige Fälle bei H. Jacoby, Die Bürokratisierung der Welt, 1969, S. 245 ff.; s. auch Steinberg, in: Die Verwaltung 11 (1978), S. 312 ff. mit Literaturnachweisen; P. Oberndorfer, Verwaltung und Umwelt, in: Grundriß der Verwaltungslehre, hrsgg. v. K. Wenger u.a., Wien-Köln 1983, S. 405 ff. (417).

[165] Aus diesem Umstand resultieren Machtgewinne der jeweils sach- und problemnäheren unteren Ebene gegenüber der übergeordneten Einheit: hier spielen Umstände wie die chronische Überlastung der politischen Spitze, eine gewisse politische Machtzersplitterung, der Vorsprung des Spezialisten u. a. m. eine Rolle.

schem System ergeben. Angesprochen seien im folgenden lediglich die besondere Rolle der Ministerialbürokratie bei der Gesetzgebung und die Beziehung der Verwaltungseinheiten zu ihrer je spezifischen Umwelt. Die Folgen für das Modell legislatorischer Programmsteuerung sowie weitere grundsätzliche Schlüsse werden in der „Bilanz" (VI.) diskutiert.

2. *Die Ministerialbürokratie als Gesetzgeber*

Es mag überspitzt klingen, wenn gesagt wird, daß „Gesetzgebung im materiellen Sinne ... heute Sache der Verwaltung"[166] und „legislatorische Rechtsetzung weithin nur als symbolische Ratifikation administrativer Programmauswahlen"[167] zu verstehen sei. Aber kein Zweifel besteht: Die in Art. 76 I GG vage angedeutete zentrale Rolle der Ministerialbürokratie bei der Entwicklung und Ausarbeitung von Gesetzen ist wegen der darin sichtbar werdenden geringen Bedeutung der Repräsentativkörperschaft in der Phase der Initiierung von Gesetzgebungsprojekten nicht nur ein gängiger Topos von Parlamentarismus- wie Bürokratiekritik[168], sondern offenkundige Realität moderner Gesetzgebung, deren Gefährdungsmomente von Kurt Eichenberger eindringlich geschildert worden sind[169]. In der Tat bedeutet ja die Vorherrschaft der Exekutive in der Phase der ‚Präparation' keineswegs nur technische Vor- und Hilfsarbeit, sondern Selektion und Ausscheidung von Alternativen, strukturelle Richtungsentscheidungen und vor allem: Herrschaft über die Problemdefinition. Es scheint angesichts einer solchen, über Problemnähe, Expertenwissen und Fachkompetenz abgesicherten „Vorbereitungsherrschaft"[170] der Verwaltung (sowohl gegenüber

---

166 M. Rehbinder, Die Verwaltung als Schaltstelle zwischen Staat und Gesellschaft, in: FS Ule, 1987, S. 283 ff. (289). S. auch R.-R. Grauhan, Modelle politischer Verwaltungsführung, 1969, S. 12: „Das Parlament wird zum ratifizierenden Vollzugsorgan administrativer Programmwahlen."

167 R. Hegenbarth, Von der legislatorischen Programmierung zur Selbststeuerung der Verwaltung, in: Jahrbuch für Rechtssoziologie und Rechtstheorie, Bd. 7, 1980, S. 130 ff. (149).

168 Vgl. nur Mayntz, Soziologie der öffentlichen Verwaltung, S. 181 ff., 187 ff., 202 ff.; Schulze-Fielitz, Theorie und Praxis parlamentarischer Gesetzgebung, S. 285 ff. m. zahlr. Nachw.; M. Rehbinder, Rechtssoziologie, 2. Aufl. 1989, S. 220 ff.; zur Schweiz K. Meier, Kooperation von Legislative und Exekutive, S. 37 ff.

169 Eichenberger, VVDStRL 40 (1982), S. 29 ff. (32): „Konvergenz der Rechtsetzung bei der Exekutive".

170 C. Böhret, Öffentliche Verwaltung in der Demokratie, in: König/v. Oertzen/Wagener (Hrsg.), Öffentliche Verwaltung in der Bundesrepublik Deutschland, 1981, S. 53 ff. (62); ders., Politik und Verwaltung, 1983, S. 7, 138 ff. Die Ministerialbürokratie hat das „Entwurfsvorbereitungsmonopol" (Schulze-Fielitz, Theorie und Praxis parlamentarischer Gesetzgebung, S. 168) bzw. ein faktisches „Gesetzesvorbereitungsmono-

der politisch-administrativen Spitze als auch gegenüber dem Parlament) nicht überzogen, in der möglichen Transformation des demokratisch-parlamentarischen Gesetzes in ein ‚bürokratisches' eine reale Gefahr zu sehen[171], der auf Dauer wohl nur dadurch begegnet werden kann, daß der Bundestag seine weitgehend auf Reaktion beschränkte Gesetzgebungsfunktion[172] wachsam und offensiv wahrnimmt – denn obwohl er die Gesetze nicht macht, macht er sie doch verbindlich[173]. Die Gefahr einer zu weiten Verselbständigung der Exekutive wird schließlich auch dadurch ein Stück weit gebannt, daß es sich der Einschätzung von Renate Mayntz zufolge bei der bundesdeutschen Ministerialverwaltung um eine zwar politisch intelligente, aber in der Regel an den – mutmaßlichen und daher zum Teil antizipierten – Leitlinien der politischen Führung orientierte Bürokratie handelt[174].

---

pol" (Schulze-Fielitz S. 285). Faktisch wird Gesetzgebung auf diese Weise zu einem kooperativen Prozeß: vgl. S. Magiera, Parlament und Staatsleitung in der Verfassungsordnung des Grundgesetzes, 1979, S. 177 ff. – K. Meier, Kooperation von Legislative und Exekutive, S. 114 ff. wendet diesen Befund ins Normative.

171 R. Grawert, Gesetz und Gesetzgebung im modernen Staat, in: Jura 1982, S. 247 ff., 300 ff. (307); speziell zum Leistungsrecht F. Hufen, Gesetzesgestaltung und Gesetzesanwendung im Leistungsrecht, VVDStRL 47 (1989), S. 141 ff. (147 ff.). – Eher zurückhaltend H. Waffenschmidt, Veränderungen der Entscheidungsstrukturen der Verwaltung unter dem politischen System des Grundgesetzes, in: Veränderungen der Entscheidungsstrukturen in der öffentlichen Verwaltung, hrsgg. v. W. Thieme, 1988, S. 9 ff. (12).

172 Schulze-Fielitz, Theorie und Praxis parlamentarischer Gesetzgebung, S. 290: „Der Bundestag ist ein primär reagierender Gesetzgeber."

173 Chr. Gusy, Das Grundgesetz als nomative Ermächtigungslehre?, in: ZRP 1985, S. 291 ff. (292). Zur fachlichen Beratung und Veränderung von Gesetzentwürfen in den Gliederungen des Parlaments (Ausschüsse, Fraktionsarbeitskreise) sehr detailliert Schulze-Fielitz, Theorie und Praxis parlamentarischer Gesetzgebung, S. 301 ff. mit dem Gesamtergebnis, daß „der" parlamentarische Gesetzgeber den Regelungsinhalt der Gesetzentwürfe in hinreichendem Maße in seinen Willen aufnimmt (S. 347 f.).

174 Wichtig erscheint ferner, daß Mayntz in der differenzierten Struktur der Ministerialbürokratie mit ihren unterschiedlichen Referaten, Optionen und Problemrezeptionen einen Prozeß hochgradig sensibler Aufnahme und Verarbeitung unterschiedlicher gesellschaftlicher Interessen ausmacht. Als „zentraler Bestandteil des für die politische Meinungs- und Willensbildung in der Bundesrepublik bedeutsamen Kommunikationsnetzes" (Soziologie der öffentlichen Verwaltung, S. 203) rückt diese Spitzenbürokratie nicht nur weit aus einer bloß passiv dienenden Rolle heraus, sondern firmiert – der Reformphase zu Beginn des 19. Jhs. entfernt ähnelnd – als wichtige Repräsentationsinstanz und Vermittlungsagentur gesamtgesellschaftlicher Entwicklungen. Das ist vielleicht die weitestreichende Wieder-Annäherung an den Anspruch der Bürokratie, repräsentativ für die Gesellschaft aufzutreten. Kritischer wird die Interessenrepräsentanz der Bürokratie aufgefaßt, wenn die darin liegende Verdoppelung und Abspiegelung der sozialen Machtverhältnisse betont wird (W.-D. Narr/F. Naschold, Theorie der Demokratie, 1971, S. 150). Zur Ministerialbürokratie als pluralistisch strukturiertem System,

3. *Privilegierter Umweltkontakt*

Was dem profunden „Verwaltungswissen“[175] Gewicht und Bedeutung verleiht, ist der privilegierte Kontakt mit der Umwelt und ihre den anderen Gewalten weit überlegene Informationsverarbeitungskapazität. Es ist keine neue, aber bleibend richtige Erkenntnis, daß die Verwaltung durch ihre organisatorische Dauerexistenz, ihre fachliche Kompetenz, das Privileg des Außenkontaktes und vor allem ihre ubiquitäre Präsenz einen Bestand an Wissen und Information erwirbt, über den in dieser Form weder Legislative noch Judikative verfügen können[176]. Daß die Verwaltung auf diese Weise in einen engen Kontakt mit ihrer Umwelt tritt[177], setzt sie nicht nur zur besseren Problemrezeption instand und verleiht ihr eine starke Position gegenüber Parlament und Regierung[178], sondern unterwirft sie einer speziellen „Umweltabhängigkeit“[179], die sich insbesondere darin äußert, daß sie zum

---

in dem die wichtigsten gesellschaftlichen Interessen repräsentiert sind, auch H. Häussermann, Die Politik der Bürokratie, 1977, S. 76 (s. ferner S. 65f., 101, 107); Häußermanns Ausführungen basieren auf der Grundannahme, daß die Bürokratie gleichsam als eine die unterschiedlichen gesellschaftlichen Interessen nicht nur abspiegelnde, sondern wie eine Generalagentur ausbalancierende Instanz fungiert.

175 Steinberg, in: Die Verwaltung 11 (1978), S. 321.

176 Leisner, JZ 1968, S. 729: Exekutive als „informierte Gewalt“. – W. Brohm, Zur Einführung: Strukturprobleme staatlicher Verwaltung, in: JuS 1977, S. 500ff. (501) beschreibt den dazu parallel laufenden Prozeß der Verlagerung von Verwaltungsmacht auf die unteren Ebenen: „Bei dieser Ausdifferenzierung verlagert sich das spezielle Fachwissen immer mehr in die unteren Ebenen der Verwaltungshierarchie, es überrundet auf seinem Spezialgebiet die Verwaltungsspitze, arbeitet selbständig mit über- und gleichgeordneten Stellen zusammen und pflegt eigene Kontakte zur organisatorischen Umwelt, weil eine Kommunikation über den Dienstweg zu langwierig wäre und die Informations- und Problemverarbeitungskapazität der Verwaltungsspitze überfordern müßte.“ – Zu diesem Phänomen am Beispiel der Bundesoberbehörden: W. Welz, Ressortverantwortung im Leistungsstaat, 1988, S. 111ff. (115ff., 157).

177 Vgl. R. Steinberg, Politik und Verwaltungsorganisation, 1979, S. 229ff.; K. König, System und Umwelt der öffentlichen Verwaltung, in: König/v. Oertzen/Wagener (Hrsg.), Die öffentliche Verwaltung in der Bundesrepublik Deutschland, 1981, S. 13ff.; grundlegend zu dieser Vorstellung N. Luhmann, Theorie der Verwaltungswissenschaft, 1966, S. 73ff. – Siehe auch die Beiträge in der Thomas Ellwein gewidmeten Festschrift: Verwaltung und ihre Umwelt, hrsgg. v. A. Windhoff-Héritier, 1987.

178 „Denn nur die Verwaltung ist fähig, dank ihrer Vollzugs- und Problemnähe sowie ihrer intensiven Umweltkontakte die unterschiedlichen Interessen, Ziele, Machtquellen und Einflußstrategien der betroffenen Gruppen zu erkunden und damit ein konkretes Gesetzgebungsprogramm durch Akzeptanz der Betroffenen politisch durchsetzbar zu machen.“ (Rehbinder, Die Verwaltung als Schaltstelle, S. 289).

179 Steinberg, Politik und Verwaltungsorganisation, S. 236; zur Ambivalenz dieses Vorganges B.-O. Bryde, Die Einheit der Verwaltung als Rechtsproblem, VVDStRL 46 (1988), S. 181ff. (184).

bevorzugten Adressaten von Gruppen- und Verbändedruck wird. Die Bildung von Allianzen zwischen speziellen Verwaltungseinheiten und ebenso punktgenau operierenden gesellschaftlichen Gruppen bis hin zur Entstehung von „Politiknetzwerken“[180] ist gleichsam die Kehrseite des privilegierten Kontaktes der Verwaltung zur Außenwelt. So sehr insbesondere die Ministerialbürokratie auf Verbände angewiesen ist, die wie ortsnahe Außenstellen wirken[181], so wenig ist doch der Trend zu Formen des Zusammenwirkens mit partikularen gesellschaftlichen Kräften zu übersehen, der im „gruppenbündischen Aushandeln von Gesetzen unter Beteiligung der Verwaltung“[182] gipfelt. Gerade die eng geschnittenen Referatsebenen der Ministerien und der Dauerkontakt mit den Interessenvertretern eines bestimmten gesellschaftlichen Segments bergen die Gefahr der Übernahme der Sichtweise des Ansprechpartners und eines entsprechenden Distanzverlustes in sich[183]; im Extremfall wird die Spezialverwaltung – nicht zuletzt aufgrund intensiver personeller Verflechtungen[184] – selbst zum „Sprachrohr einer In-

---

180 Terminus nach V. SCHNEIDER, Politiknetzwerke der Chemikalienkontrolle, 1988.

181 STEINBERG, Politik und Verwaltungsorganisation, S. 245 mit insgesamt abgewogener Darstellung S. 229 ff., 243 ff.; s. auch MAYNTZ, Soziologie der öffentlichen Verwaltung, S. 203 ff. und B. BENZNER, Ministerialbürokratie und Interessengruppen, 1989, S. 47: „Verbandsinseln“.

182 H. BÜLCK, Abhängigkeit und Selbständigkeit der Verwaltung, in: Verwaltung, hrsgg. v. F. Morstein Marx, 1965, S. 52 ff. (65); vgl. auch J. ISENSEE, Subsidiaritätsprinzip und Verfassungsrecht, 1968, S. 216 ff. (Herrschaft als Arrangement) und CHR. TOMUSCHAT, Verfassungsgewohnheitsrecht?, 1972, S. 89: Aushandlung von Kompromissen im „Zusammenspiel von Ministerial-Bürokratie und Verbands-Bürokratie“. Allgemein zur Verselbständigung von „repräsentativen“ Verwaltungseinheiten J. BURMEISTER, Innenrecht der Verwaltung zur Gewährleistung der Kooperation von Verwaltungsträgern und der Koordination von Verwaltungszwecken, in: Drittes deutsch-polnisches Verwaltungssymposion, hrsgg. v. W. Brohm, 1983, S. 45 ff. (67 ff.) – dort auch Nachweise zur bekannten Literatur zum In-Sich-Prozeß, zu Organstreitigkeiten etc.

183 STEINBERG, Politik und Verwaltungsorganisation, S. 247; R. PRÄTORIUS, Soziologie der politischen Organisationen, 1984, S. 104 m.w.N.; R. WOLF, „Herrschaft kraft Wissen“ in der Risikogesellschaft, in: Soziale Welt 1988, S. 164 ff. (171 f.); BENZNER, Ministerialbürokratie und Interessengruppen, S. 46 f. – Unter dem Gesichtspunkt der Einheit und der Gemeinwohlkonkretisierung als zentraler Verwaltungsaufgabe stellt sich dann als Hauptproblem, wie man „im Verwaltungsverfahren über die sektorale Sicht der jeweiligen Behörden hinaus ... gelangen“ kann (R. WAHL, Diskussionsbemerkung, VVDStRL 46 [1988], S. 283; s. schon DERS., Verwaltungsverfahren zwischen Verwaltungseffizienz und Rechtsschutzauftrag, VVDStRL 41 [1983], S. 151 ff. [164]: „Auseinandersetzung zwischen den sektoral interpretierten Gemeinwohlvorstellungen der einzelnen Ressorts der pluralisierten Verwaltung“).

184 Dazu jetzt ausführlich und materialreich BENZNER, Ministerialbürokratie und Interessengruppen, und zwar sowohl in bezug auf Verflechtungen zur Wirtschaft als auch zu den Gewerkschaften (S. 203 ff.).

teressengruppe"[185]. Eine derartige Klientelisierung der Verwaltung vermag zwar wiederum deren Gewicht gegenüber anderen Kräften zu steigern, läßt aber andererseits die partikularisierte Administration selbst unter den Einfluß privater Dritter geraten[186], deren Wünsche und Interessen mit großem Durchsetzungsvermögen in den exekutiven Apparat eindringen[187].

VI. Bilanz

1. Herrschaft der Gesetze – Mitherrschaft der Verwaltung

Die Verwaltung ist keine nur passive, keine nur dienende, keine nur instrumentelle und auch keine „statische Größe"[188]. Vielmehr stellt sie einen – verfassungsrechtlich keineswegs a priori illegitimen – eigenständigen Faktor dar. Die Abstriche, die am Modell einer im Kern absolutistischen

---

[185] E. Geib, Verwaltungseinheit: Prinzip und Gegentendenzen, in: Verwaltung, hrsgg. v. F. Morstein Marx, 1965, S. 148 ff. (159) insb. mit Bezug auf Schuldienst und Landwirtschaft; allgemeiner Häussermann, Politik der Bürokratie, S. 67 ff., 124 ff. (bürokratische Teileinheiten als „Anlaufstellen"). Zu Vor- und Nachteilen dieser Internalisierung von Interessen R. Mayntz/F. W. Scharpf, Kriterien, Voraussetzungen und Einschränkungen aktiver Politik, in: dies. (Hrsg.), Planungsorganisation, 1973, S. 115 ff. (128, 133).

[186] Konzise Beschreibung bei Benzner, Ministerialbürokratie und Interessengruppen, S. 46: „Zu nennen sind ... auf der ministerial-organisatorischen Ebene auch die restriktiven Veränderungen auf dem Gebiet der Informationsbeschaffung und Problemperzeption. Als gravierend erscheinen diese, wenn die Ministerialbürokratie zum gesellschaftlichen Interessengruppenbereich quantitativ und qualitativ so ausgeprägte personelle Verflechtungsbeziehungen unterhält, daß sie politische, ökonomische und soziale Probleme nur noch sehr selektiv, d. h. interessenspezifisch verzerrt wahrnehmen kann und bei der Informationssuche, -beschaffung und -filterung im Rahmen ihrer Programmentwicklungen nicht mehr nach eigenen Rationalitäts- und Relevanzkriterien vorgeht, sondern nach solchen der gesellschaftlich dominierenden und durch die personelle Verflechtung vermittelten Interessenstruktur."

[187] Vgl. A. Windhoff-Héritier, Verwaltungen und Klientele, in: Die Verwaltung 20 (1987), S. 51 ff.; zum Wechselverhältnis zwischen Ausdifferenzierung der Verwaltung und der ihrer Umwelt B.-O. Bryde, Die Einheit der Verwaltung als Rechtsproblem, VVDStRL 46 (1988), S. 181 ff. (182 ff.).

[188] Treffend R. Steinberg, Politik und Verwaltungsorganisation, 1979, S. 229; dort heißt es ferner: „Die staatliche Verwaltung ist kein geschlossenes, sondern ein offenes System, das ebenso von der Umwelt geprägt wird wie umgekehrt." Noch deutlicher R. Wahl, Zur Lage der Verwaltung Ende des 20. Jahrhunderts, in: Dt. VerwGesch V, S. 1197 ff. (1199 f.): „Verwaltung als Großorganisation und -apparat hat jedoch notwendigerweise beträchtliches Eigengewicht, genauso wie der große Personalkörper selbstverständlich Eigeninteressen hat. Gemäß der bekannten Dialektik von Herr und Knecht kann sie faktisch nie bloßes Instrument sein, sondern sie kann sich in unterschiedlicher Intensität und unterschiedlichem Ausmaß verselbständigen, Vorhaben der verfassungs-

Vorstellung strikter Gesetzesbindung der Verwaltung zu machen sind, finden ihre (partielle) Erklärung teils in der Realisierungs- und Umsetzungsbedürftigkeit der gesetzlichen Normen, teils in den Eigenrechten der Exekutive, teils in den Sach- und Strukturgesetzlichkeiten einer von wachsenden Aufgaben bedrängten Verwaltung[189].

Vergleichsweise gering ausgeprägt, weil auf die unhintergehbare Konkretisierung der stets in mehr oder minder hohem Grad ‚offenen' und von daher auslegungsbedürftigen Normen beschränkt, stellt sich die Eigenständigkeit der Verwaltung im Bereich standardisierter und konditional programmierter Routineaufgaben der klassischen Eingriffsverwaltung dar. Hier steht der Verwaltung ein Vollzugsmonopol und eine – vorläufige – Interpretationsherrschaft zu, was insbesondere bei unbestimmten Rechtsbegriffen und Ermessensvorschriften ein Stück nicht substituierbarer Entscheidungsmacht, eine „Zutat eigener Entschließung"[190] nach sich zieht.

Wo das Handeln der Verwaltung durch zweckbestimmte, bloß finale Steuerung in weit geringerem Maße determiniert und komplementär dazu der eigene Handlungsanteil besonders groß ist, tritt die – in den allgemeinen Ermessensvorschriften, den Beurteilungsspielräumen und unbestimmten

---

mäßig legitimierten Auftraggeber ‚entgleisen' und versanden lassen oder die Abhängigkeit des ‚Herrn' von Informationen und vom Sachverstand zu dessen inhaltlicher Steuerung benutzen." Die Herr-Knecht-Metapher auch bei J. ISENSEE, Verwaltung zwischen Sachgesetzlichkeit und Parteipolitik, in: Personen und Institutionen in der Entwicklung der Bundesrepublik Deutschland, hrsgg. v. R. Hrbek, 1985, S. 67 ff. (70); F. W. SCHARPF, Verhandlungssysteme, Verteilungskonflikte und Pathologien der politischen Steuerung, in: Staatstätigkeit, hrsgg. v. M. Schmidt (PVS-Sonderheft 19), 1988, S. 61 ff. (69). Allgemeiner W. SCHLUCHTER, Aspekte bürokratischer Herrschaft, 1972, insbes. S. 11 ff., 105 ff., 118, 304 ff.; C. BÖHRET, Politik und Verwaltung, 1983, S. 132 ff. (136, 138, 141, 143). – Daß Verwaltung auch eine „politische Seite" hat, konzediert sogar HANS PETERS, Die Verwaltung als eigenständige Staatsgewalt, 1965, S. 14; auch darin folgt ihm H. LECHELER, Verwaltungslehre, 1988, S. 46 ff. Ebenso schlicht und unbefangen konstatiert der Praktiker unter Bezug auf ihre gestaltenden Funktionen, daß Verwaltung heute ein „Politikum" ist: H. WAFFENSCHMIDT, Veränderungen der Entscheidungsstrukturen der Verwaltung unter dem politischen System des Grundgesetzes, in: Veränderungen der Entscheidungsstrukturen in der öffentlichen Verwaltung, hrsgg. v. W. Thieme, 1988, S. 9 ff. (14, 23).

[189] W. BROHM, Polyzentrische Steuerung durch das Recht, in: Grenzen des Rechts, 1987, S. 31 ff. (35, 37 f., 42 ff.). M. REHBINDER, Rechtssoziologie, 2. Aufl. 1989, S. 232 faßt bündig zusammen: „Die alte ‚Gesetzgeberperspektive', die von der Vorstellung einer klaren hierarchischen Beziehung zwischen programmformulierender Spitze, bürokratischer Vollzugsverwaltung und programmkonformen Adressaten ausgeht, ist heute nicht mehr haltbar." Siehe auch W.-R. SCHENKE, Probleme der modernen Leistungsverwaltung, in: DÖV 1989, S. 365 ff. (371 f.); D. GRIMM, Das Grundgesetz nach vierzig Jahren, in: NJW 1989, S. 1305 ff. (1309).

[190] E. FORSTHOFF, Lehrbuch des Verwaltungsrechts, Bd. 1, 10. Aufl. 1973, S. 15.

Rechtsbegriffen ebenfalls latent vorhandene[191] – ‚politische', weil zwecksetzende, Werte realisierende und Interessen gewichtende Komponente der Verwaltungstätigkeit deutlicher hervor. Was die Verwaltung auf den im modernen Staat besonders wichtigen Feldern der „Infrastrukturverwaltung" (H. Faber) tut, läßt sich weder vollständig noch zutreffend als bloße Umsetzung und Konkretisierung vorgegebener gesetzlicher Normen fassen, sondern verlangt gerade eine eigene, durchaus die Wertung und Gewichtung konfligierender Interessen einschließende eigene Entscheidung der Exekutive.

Im demokratischen Wohlfahrtsstaat, der Recht nicht als bloßes Konfliktregelungsmodell und Instrument zur Ordnung koexistierender, quasi natürlich vorgegebener Freiheiten einsetzt, sondern als Mittel zur Sozialgestaltung handhaben *muß*, bedeutet Herrschaft der Gesetze unvermeidlich: Mitherrschaft der Verwaltung[192]. Treffend ist nicht das Bild einer vom Gesetzgeber lückenlos programmierten und punktgenau dirigierten Verwaltung, sondern – unter Einbeziehung der Rolle der Verwaltungsgerichtsbarkeit – die Vorstellung vom „Zusammenspiel der Steuerungsmechanismen auf horizontaler Ebene, also in der Arbeitsteilung zwischen den drei staatlichen Gewalten."[193] Erst der Verbund, d.h.: das arbeitsteilige Ergänzungsverhältnis zwischen Gesetzgeber und Exekutive sowohl auf der Normsetzungs- wie auf Normumsetzungsebene führt zur konkreten Rechtsverwirklichung – und nicht, wie das absolutistische Maschinenmodell nahelegt, der in sich vollkommene und abgeschlossene, durch die Verwaltung willen- und anteillos exekutierte Gesetzesbefehl.

Wenn man die im demokratischen Verfassungs- und Verwaltungsstaat zum Programm gemachte rational-legale Herrschaft qua Recht mit Max

---

[191] Niemand hat dies in Bezug auf Ermessensregeln deutlicher formuliert als Forsthoff, Verwaltungsrecht, S. 81: „In der Ermessensbetätigung ... ist die Verwaltung recht eigentlich sie selbst als eine eigenständige Funktion neben der Gesetzgebung und der Rechtsprechung. Die Ermessensbetätigung bringt die Staatshoheit rein, und nicht durch einen Gesetzesbefehl vermittelt, zur Geltung."

[192] Positive Akzentuierung des Umstandes, daß die Umsetzung einer generellen Norm „ein eigengearteter, eigengewichtiger Vorgang" ist, bei Forsthoff, Verwaltungsrecht, S. 59. S. auch W. Leisner, Rechtsstaat – ein Widerspruch in sich?, in: JZ 1977, S. 537 ff. (541), der den paradoxen Machtzuwachs der Verwaltung infolge zunehmender Staatsaufgaben und parallel laufendem Verrechtlichungsdruck beschreibt.

[193] W. Brohm, Die staatliche Verwaltung als eigenständige Gewalt und die Grenzen der Verwaltungsgerichtsbarkeit, in: DVBl. 1986, S. 321 ff. (329); R. Wahl, Verwaltungsverantwortung und Verwaltungsgerichtsbarkeit, in: VBlBW 1988, S. 387 ff. (389 ff.).

Weber als Maschine[194], in Sonderheit als ‚Uhrwerk' bezeichnet hat[195], als deren Unruh der politische Gestaltungswille des dem bürokratischen Gesamtzusammenhang entzogenen Organisationsherrn fungiert[196], so kann man für den modernen Verwaltungsstaat feststellen, daß sich diese Uhr in weitem Umfang selbst aufzieht. Die bürokratische Selbststeuerung ist besonders deutlich von Walter Schmitt Glaeser akzentuiert worden, bei dem es bündig heißt: Verwaltung „entzieht sich in steigendem Maße direkt und indirekt der ‚Herrschaft der Gesetze', sie wirkt an der politischen Führung von Parlament und Regierung wesentlich mit, führt sich zum Teil selbst und ist an der Bestimmung von Art und Intensität ihrer eigenen Bindung maßgeblich beteiligt."[197]

Dieses Urteil mag auf den ersten Blick zu hart und zu pauschal erscheinen. Differenziert man die Kritik auf der Grundlage des 3. und 4. Kapitels etwas aus, so ergeben sich folgende Schwerpunkte: Sichtbar und im Kern ist die Idee demokratisch-parlamentarischer Gesetzesherrschaft dort getroffen, wo die Programmentwicklung, also die Er- und Ausarbeitung von Gesetzen, in einer den politischen Willen des Parlaments absorbierenden Weise von der Ministerialbürokratie monopolisiert wird und darüber hinaus Züge eines Vertragsschlusses mit organisationsfähigen und durchsetzungsstarken Interessen(verbänden) annimmt[198]; dort, wo der Verzicht auf klare gesetzgeberische Entscheidungen unter Verweis auf die Komplexität der Materie nur

---

194 Dazu etwa H. HÄUSSERMANN, Die Politik der Bürokratie, 1977, S. 29 ff., 32; S. BREUER, Rationale Herrschaft. Zu einer Kategorie Max Webers, in: PVS 31 (1990), S. 4 ff. (17 ff.).

195 Vgl. die Nachweise vorne im 2. Kapitel unter I. und jüngst ST. SMID, Recht und Staat als „Maschine", in: Der Staat 27 (1988), S. 325 ff. (327 ff.).

196 MAX WEBER, Parlament und Regierung im neugeordneten Deutschland, in: ders., Gesammelte Politische Schriften, 4. Aufl. 1980, S. 306 ff. (334) spricht vom ‚leitenden Geist'.

197 W. SCHMITT GLAESER, Partizipation an Verwaltungsentscheidungen, VVDStRL 31 (1973), S. 179 ff. (203). H. LANGE, Organisationswandel und Rekrutierungspolitik im öffentlichen Dienst, in: DÖV 1988, S. 323 ff. (327): „Die Verwaltung ist es, die primär gesellschaftliche Problemlagen zu registrieren und zu verarbeiten hat. Sie selbst erzeugt das immer stärker ausdifferenzierte Regelwerk, nach dem sie agiert, sie formuliert die Programme und führt sie aus." D. GRIMM, Rückkehr zum liberalen Grundrechtsverständnis?, in: recht 1988, S. 41 ff. (47): „Die Verwaltung steuert sich ... weitgehend selbst." In der Tendenz ähnlich HÄUSSERMANN, Politik der Bürokratie, S. 35 ff. mit Hinweis auf Arbeiten von Ellwein und Scharpf.

198 Daß dies nur ein Punkt im Gesamtzusammenhang größerer Entwicklungszüge hin zu einem kooperativen Trend im Staatsrecht ist, belegt mit Blick auf die Schweiz, aber in durchaus verallgemeinerungsfähiger Weise L. WILDHABER, Vertrag und Gesetz – Konsensual- und Mehrheitsentscheid im schweizerischen Staatsrecht, in: ZSR N.F. 94 I (1975), S. 113 ff. (121).

Alibicharakter hat; dort, wo entgegen der verfassungsrechtlich intendierten Beschränkung der Verordnungsmacht der Exekutive auf gesetzesdirigierte Konkretisierungen abstrakt-genereller Rechtssätze die entscheidenden normativen Anforderungen erst in der Rechtsverordnung festgelegt werden; dort, wo Verwaltungsvorschriften entgegen ihrer definitionsgemäßen Beschränkung auf die einheitliche Auskleidung des Innenraums der Verwaltung faktisch weitreichende Außenwirkungen zeitigen und so in die Rolle eines verfassungsrechtlich nicht vorgesehenen originären Rechtssetzungsgewalt der Exekutive hineinwachsen[199]; dort, wo es im Prozeß des Gesetzesvollzuges zur selektiven Anwendung des verbindlichen Normenprogramms kommt; schließlich dort, wo im Schatten des legalen Rechts auf dem Wege über Vorverhandlungen, den Abschluß mehr oder minder förmlicher Verwaltungsarrangements und anderer Strategien eines eher tauschförmigen Rechtsverkehrs Recht weder gesetzesderivativ exekutiert noch hoheitlich oktroyiert, sondern zwischen auf gleichem Fuße verkehrenden Geschäftspartnern ausgehandelt wird[200].

Andere, nicht weniger gravierende Erosionserscheinungen legal-demokratischer Herrschaft mittels eines bürokratischen Verwaltungsstabes zeigen sich im faktischen, über Generalklauseln ermöglichten Übergang von Entscheidungskompetenzen auf Private: eine Tendenz, die sich besonders im Umweltrecht sowie im technischen Sicherheitsrecht auf breiter Front durchgesetzt hat und den Eindruck vermittelt, daß die Verwaltung einen Teil des vom Gesetzgeber errungenen Machtzuwachses an die ‚Gesellschaft' in Gestalt privater Normungsvereine, sachverständiger Gremien, ingenieurwissenschaftlicher Spezialisten weiterreichen und so die Vorstellung ei-

---

[199] Ein Problem besonderer Art schafft der neue § 7a WHG, der verschärfte Einleitungsstandards an den Erlaß von Verwaltungsvorschriften bindet, die auf diese Weise konstitutiv für den Gesetzesvollzug werden; dazu G. Lübbe-Wolff, Konstitution und Konkretisierung außenwirksamer Standards durch Verwaltungsvorschriften, in: DÖV 1987, S. 896 ff., die § 7a I 3 WHG deswegen für verfassungswidrig hält; anders H. Kind, Ist die gesetzliche Verpflichtung der Exekutive zur (letztverbindlichen) Auslegung eines „unbestimmten Rechtsbegriffes" durch Allgemeine Verwaltungsvorschriften verfassungswidrig?, in: DÖV 1988, S. 679 ff. mit allerdings recht allgemeinem Hinweis auf die zudem ziemlich zurechtgebogene „normative Ermächtigungslehre". R. Breuer, Gerichtliche Kontrolle der Technik, in: NVwZ 1988, S. 104 ff. (111 f.) schlägt als Lösung eine Kombination von administrativem Standardisierungsspielraum und antizipiertem Sachverständigengutachten vor.

[200] Insbesondere größere Unternehmen bringen hier ihr ganzes Gewicht ein: vgl. W. Klitzsch, Behörden und Betriebe, 1986, S. 147 ff., 153 ff., 242 ff.; s. auch J. Hucke/ A. A. Ullmann, Konfliktregelung zwischen Industriebetrieb und Vollzugsbehörde bei der Durchsetzung regulativer Politik, in: Implementation politischer Programme, hrsgg. v. R. Mayntz, 1980, S. 105 ff.

ner „Hierarchie des Rechts über die Technik“[201] dementieren muß[202]. Insbesondere der Nichtgebrauch des rechtsstaatlich probaten Mittels der Rechtsverordnung zur normativ-verbindlichen Festlegung von Schwellen- und Grenzwerten im Recht der Technik kann nur als „rechtsstaatliches Skandalon“[203] bezeichnet werden. So manifestiert sich vor allem in der Umweltdiskussion der Eindruck, daß das staatliche Recht (verstanden als objektive Verhaltensregel und demokratisch generiertes Produkt politischer Willensbildungsprozesse) seiner Regulierungsfunktion verlustig geht. Von schwerwiegender und symptomatischer Bedeutung ist dieser Prozeß deshalb, weil es bei der Festlegung von Umweltstandards, technischen Sicherheitsvorschriften, Qualitätsanforderungen, Wahrscheinlichkeitsgrenzen etc. entgegen dem ersten Anschein nicht um rein fachwissenschaftliche und ingenieurtechnische Fragen und auch nicht um die Registrierung von Naturgesetzlichkeiten, vielmehr stets um weitreichende Folgen und gewichtige gesellschaftliche Konsequenzen implizierende Wertungsfragen geht[204], die aber

---

[201] R. Wolf, Das Recht der Technik, 1986, S. 412.

[202] Dazu unter Deprofessionalisierungsgesichtspunkten J. Nocke, Rechtsproduktion der Juristen im Umweltrecht – eine Profession stößt an ihre Grenzen, in: B.-O. Bryde/ W. Hoffmann-Riem (Hrsg.), Rechtsproduktion und Rechtsbewußtsein, 1988, S. 81 ff. (90 ff.); für den Bereich der Gentechnologie K.-M. Groth, Die gentechnische Herausforderung, in: KritJ 21 (1988), S. 247 ff. (258 ff.). Allgemein zur unter demokratischen Gesichtspunkten bedenklichen Übertragung der Normsetzung auf Private Ursula Brunner, Rechtsetzung durch Private, Diss. jur. Zürich 1982. M. Kloepfer, Gesetzgebung im Rechtsstaat, VVDStRL 40 (1982), S. 63 ff. (78) hält konkrete staatliche Rezeptionsentscheidungen etwa in Verordnungsform für „unverzichtbar, weil der demokratische Staat das Monopol verbindlicher Gemeinwohlbestimmung besitzt.“ – Die besonders im Bereich der Wirtschaftsförderung und -lenkung verbreitete Integration privater (organisierter) Interessen in Gestalt von Beiräten, Verwaltungsräten, Sachverständigen etc. (vgl. Chr. Greipl, Art. 19 IV GG und Entscheidungen von unabhängigen Sachverständigenausschüssen, Diss. jur. Bonn 1988, insb. S. 7 ff., 216 ff.) faßt G. F. Schuppert, Selbstverwaltung als Beteiligung Privater an der Staatsverwaltung?, in: FS v. Unruh, 1983, S. 183 ff. (200 ff.) bezeichnenderweise als „Kooperationsverwaltung“ auf.

[203] H. Hofmann, Der Einfluß der Großtechnik auf Verwaltungs- und Prozeßrecht, in: UPR 1986, S. 73 ff. (78). – Einer ebenso provokanten wie erhellenden Formulierung zufolge scheint im Umweltrecht eine umgekehrte Wesentlichkeitstheorie zu herrschen: das wirklich Wichtige findet sich nicht im Gesetz, sondern in DIN-Normen, technischen Anleitungen etc. (vgl. Wahl, VBlBW 1988, S. 391).

[204] Vgl. nur Chr. Gusy, Wertungen und Interessen in der technischen Normung, in: UPR 1986, S. 241 ff.; Brohm, in: DVBl. 1986, S. 327; R. Wolf, Der Stand der Technik, 1986, S. 312 ff.; E.-H. Ritter, Umweltpolitik und Rechtsentwicklung, in: NVwZ 1987, S. 929 ff. (932 f.); ausführlich R. Mayntz, Entscheidungsprozesse bei der Entwicklung von Umweltstandards, in: Die Verwaltung 23 (1990), S. 137 ff. Denn: technische (Grenz-)Werte und Normungen enthalten stets „zwei Regelungskomponenten, nämlich eine wertende Entscheidung über das erstrebenswerte Sicherheitsniveau und hypotheti-

nicht in demokratisch legitimer Weise vom Gesetz- und Verordnungsgeber entschieden (und damit auch: verantwortet), sondern in nicht unerheblichem Umfang faktisch interessierten privaten Dritten überlassen werden. Während deren Status gerade im Falle institutionalisierter ‚sachverständiger Beratung'[205] auf eigentümliche Weise zwischen den Polen Betroffenheit – Interesse – Sachverstand schwankt, sieht sich der Rechtsstab offenbar weitgehend auf eine Rezeption der privaten Regelwerke als Fremdprogramme und damit auf eine bloß „notarielle Funktion"[206] beschränkt[207] (und zuweilen wohl auch dem „Schweigekartell der Oberingenieure"[208] ausgeliefert).

---

sche Wenn-Dann-Aussagen über die zur Zielverwirklichung geeigneten Mittel" (H.-J. Koch, Grenzen der Rechtsverbindlichkeit technischer Regeln im öffentlichen Baurecht, 1986, S. 56; zu diesem Doppelcharakter auch D. H. Scheuing, Selbstbindungen der Verwaltung, VVDStRL 40 [1982], S. 153 ff. [162]; H. D. Jarass, Der rechtliche Stellenwert technischer und wissenschaftlicher Standards, in: NJW 1987, S. 1225 ff. [1226]; Chr. Gusy, Leistungen und Grenzen technischer Regeln, in: VerwArch. 79 [1988], S. 68 ff. [69 f.]; H.-J. Papier, Rechtsschutzgarantie gegen die öffentliche Gewalt, in: HdbStR VI, § 154 Rn. 71). Auf dieser Einsicht beruht denn auch das zentrale Argument gegen die Figur des antizipierten Sachverständigengutachtens.

[205] Vgl. die treffliche Darstellung von W. Brohm, Sachverständige Beratung des Staates, in: HdbStR II, § 36 Rn. 12 ff., 36 ff.

[206] Nocke, Rechtsproduktion der Juristen, S. 110. – Eher unkritisch M. Müller-Foell, Die Bedeutung technischer Normen für die Konkretisierung von Rechtsvorschriften, 1987, S. 14 ff., 31 ff., 40 ff.

[207] Eine zweite und hier nicht zu beantwortende Frage wäre, wer die definitive Entscheidung über die Fixierung der Risikostandards zu treffen hätte. Wegen der in weiten Bereichen unstreitig notwendigen Flexibilität kommt hier vor allem das Instrument der Rechtsverordnung in Betracht, für wesentliche Grundsatzentscheidungen natürlich der Gesetzgeber. Schon die Einsicht in den politischen Entscheidungscharakter der TA Luft stellt auf diesem Hintergrund einen Fortschritt dar (vgl. OVG Lüneburg, NVwZ 1985, 357; s. auch BVerwGE 72, 300/316). Genauer als im BVerwG-Urteil ist aber darauf abzustellen, ob und daß die von der Verwaltung gleichsam sanktionierten Festlegungen tatsächlich staatlicherseits verantwortet werden: Mindestvoraussetzungen dafür wären die repräsentative Zusammensetzung von Sachverständigengremien, ein hinreichender Einfluß amtlicher Stellen, die Existenz bestimmter Organisationsstatute etc. (vgl. J. Salzwedel, Risiko im Umweltrecht – Zuständigkeit, Verfahren und Maßstäbe der Bewertung, in: NVwZ 1987, S. 276 ff. [278 f.]).

[208] Zu dieser Wendung K. Messerschmidt, Umweltabgaben als Rechtsproblem, 1986, S. 60. – Entscheidend ist, daß es zur „Kooperation von Behörden und privaten Trägern der wissenschaftlich-technischen Entwicklungen" (Chr. Degenhart, Die Bewältigung der wissenschaftlichen und technischen Entwicklungen durch das Verwaltungsrecht, in: NJW 1989, S. 2435 ff. [2440]) kommt, ohne daß es hinreichende gesetzliche Grundlagen dafür gäbe (zu diesem Komplex am Beispiel des Atomrechts H. Hofmann, Privatwirtschaft und Staatskontrolle bei der Energieversorgung durch Atomkraft, 1989, S. 42 ff.).

2. Ende der legislatorischen Programmsteuerung?

Der Umstellungsprozeß der Verwaltung von einer wertblinder Exekution vorgegebener Programme dienenden apolitischen Instanz auf eine aktive, mit spürbarem Eigengewicht am arbeitsteiligen Verbundsystem der Rechtsverwirklichung beteiligten Institution ist von einem Teil der verwaltungswissenschaftlichen Literatur als so gravierend empfunden worden, daß man dem demokratisch-rechtsstaatlichen Leitmodell legislatorischer Programmsteuerung den Totenschein ausgestellt[209] und das „Modell exekutiver Führerschaft" als realistische Alternative präsentiert hat, das indes immerhin – im Unterschied zum systemtheoretischen Abgesang auf die Steuerungsfunktion des Rechts[210] – den Primat ‚politischer' Führung gegenüber den Verselbständigungstendenzen der Verwaltung wahren kann[211]. In ähnlich generalisierender wie weitreichender Weise wird die Abdankung der Idee parlamentarischer Gesetzesherrschaft konstatiert, wenn man feststellt, daß in „der zunehmenden Desillusionierung der Formel von der ‚Gesetzesbindung' der Verwaltung ... die Entdifferenzierung von programmierendem und programmiertem Entscheiden, von Politik und Verwaltung überhaupt angelegt"[212] sei oder mit Ulrich Beck und – jedenfalls in manchen Wendun-

---

[209] R.-R. GRAUHAN, Modelle politischer Verwaltungsführung, 1969, S. 12 spricht von einer faktisch eingetretenen Umkehr des Verhältnisses „von politischem Steuerungsgremium und administrativem Vollzugsapparat"; demzufolge wird „das Parlament zum ratifizierenden Vollzugsorgan administrativer Programmwahlen" (ebd.).

[210] Vgl. nur N. LUHMANN, Politische Theorie im Wohlfahrtsstaat, 1981; H. WILLKE, Entzauberung des Staates, 1983; G. TEUBNER, Recht als autopoietisches System, 1989.

[211] In der Weiterentwicklung seines Gedankenganges gelangt GRAUHAN zu dem von ihm favorisierten „korrelativen Führungsmodell" (Modelle politischer Verwaltungsführung, S. 21 ff.): danach sind Auswahlentscheidungen der Verwaltung bei weitgehendem Verzicht auf hierarchische Formen unter Bevorzugung von Team- und Gruppenstrukturen zu treffen. Grauhan präferiert insoweit eine quasi-parlamentarische Durchformung der Verwaltung; in ihrer Binnenstruktur und inneradministrativen Vielheit soll sie an Repräsentation und Interessenausgleich leisten, was der parlamentarische Gesetzgeber zu besorgen nicht mehr in der Lage scheint. Obwohl er dessen Letztentscheidungsrecht gerade gewahrt wissen will, ist doch eine gewisse Nähe zur Reformbürokratie aus dem Anfang des 19. Jahrhunderts auch hier nicht zu verkennen. – Zur Kritik an Grauhan: R. MAYNTZ, Soziologie der öffentlichen Verwaltung, 3. Aufl. 1985, S. 185 ff., 202; STEINBERG, Politik und Verwaltungsorganisation, S. 25 f.

[212] I. MAUS, Rechtstheorie und politische Theorie im Industriekapitalismus, 1986, S. 286; ähnlich C. BÖHRET, Öffentliche Verwaltung in der Demokratie, in: König/v. Oertzen/Wagener (Hrsg.), Öffentliche Verwaltung in der Bundesrepublik Deutschland, 1981, S. 53 ff. (58 ff.); eine informative, wenngleich auch grobkörnige Forschungs- und Problemübersicht (Aspekte politischer Verwaltung, Rolle der Verwaltung bei der Gesetzgebung, Implementationsprobleme etc.) bietet M. REHBINDER, Die Verwaltung als Schaltstelle zwischen Recht und Gesellschaft, in: FS Ule, 1987, S. 283 ff.

gen und Andeutungen – auch Rainer Wolf den privaten Gutachtern und sonstigen Sachverständigenorganisationen eine derartig zentrale Rolle bei der Entscheidung weittragender gesellschaftlich relevanter Fragen beimißt, daß die Rede vom Übergang von der Bürokratie zur Technokratie bzw. die Metapher von der ‚Herrschaft kraft Ingenieurwissens' angemessen scheint[213].

Gegenüber solch weitreichenden – sachlich in durchaus bemerkenswerter Weise an Forsthoffs Reflexionen zur „technischen Realisation" anknüpfenden[214] – Folgerungen ist Skepsis angebracht, weil hier Phänomene, die in einigen, zweifelsohne besonders gewichtigen Bereichen der Verwaltung zu beobachten sind, etwas vorschnell verallgemeinert und gewisse – wenngleich zweifelsohne besorgniserregende – Entwicklungstrends verabsolutiert werden. Die gesellschaftstheoretisch ambitionierte Kritik berücksichtigt nicht hinlänglich die Unhintergehbarkeit der Normenkonkretisierung, die Unvermeidbarkeit offener Normen, den jeder Rechtsanwendung inhärenten gestaltenden Anteil wie die verfassungsrechtlichen Anknüpfungspunkte für Handlungsspielräume der Verwaltung. Vorstellungen einer sich im neutral-korrekten Vollzug des (notabene: klaren, distinkten) gesetzgeberischen Willens erschöpfenden Rolle der Exekutive mögen in guter Absicht am Ideal einer strikt gesetzesstaatlichen Demokratie orientiert sein[215], hängen aber in weitgehender Verkennung der Funktionseigentümlichkeiten regulativer Politik im demokratischen Wohlfahrts- und Industriestaat[216] unbe-

---

213 Vgl. R. Wolf, Das Recht im Schatten der Technik, in: KritJ 19 (1986), S. 241 ff. (252 ff.); ders., Zur Antiquiertheit des Rechts in der Risikogesellschaft, in: Leviathan 15 (1987), S. 357 ff. (365, 369, 373 ff., 377); ders., „Herrschaft kraft Wissen" in der Risikogesellschaft, in: Soziale Welt 1988, S. 164 ff. (172 ff.); U. Beck, Risikogesellschaft, 1986, S. 109 f., 254 ff.; ders., Gegengifte, 1988, S. 191 ff., 268 ff. – Kritisch gegenüber allzuweiten Schlußfolgerungen Breuer, in: PVS 31 (1990), S. 26 ff.; auch die folgenden Bedenken intendieren keine grundsätzliche Kritik insbesondere an den eindrucksvollen Analysen Wolfs, sondern wehren mögliche Überinterpretationen ab.

214 Vgl. E. Forsthoff, Der Staat der Industriegesellschaft, 1971, S. 42 ff.; ders., Von der sozialen zur technischen Realisation, in: Der Staat 9 (1970), S. 145 ff. – Dazu etwa V. Neumann, Der harte Weg zum sanften Ziel. Ernst Forsthoffs Rechts- und Staatstheorie als Paradigma konservativer Technikkritik, in: Recht und Technik im Spannungsfeld der Kernenergiekontroverse, hrsgg. v. A. Roßnagel, 1984, S. 88 ff.; A. Demirović, Staat und Technik. Zum programmatischen Charakter politischer Theorie bei Carl Schmitt und Ernst Forsthoff, in: Konservativismus in der Strukturkrise, hrsgg. v. Th. Kreuder u. H. Loewy, 1987, S. 100 ff. (111 ff.).

215 K. A. Bettermann, Die rechtsprechende Gewalt, in: HdbStR III, §73 Rn. 30 spricht in sehr allgemeiner Weise davon, daß „das Ideal des Rechtsstaats in der Reduzierung, wenn nicht Ausmerzung des Verwaltungsermessens gesehen wird."

216 Zur Betonung des industriestaatlichen Charakters H. Hofmann, Die Aufgaben des modernen Staates und der Umweltschutz, in: M. Kloepfer (Hrsg.), Der Umweltstaat, 1989, S. 1 ff. (30 ff.) sowie die Beiträge in: Jahrbuch zur Staats- und Verwaltungs-

wußter- oder uneingestandenermaßen einem Bild von den Möglichkeiten staatlicher Steuerung und Gestaltung sozialer Verhältnisse an, das in seinem Kern absolutistisch-mechanistisch geprägt ist. Die prinzipielle Einsicht in den funktionalen Handlungsanteil der Verwaltung beim arbeitsteiligen Prozeß der Rechtsverwirklichung läßt hingegen nicht nur dieses überkommene Bild als inadäquate Vorstellung von der Rolle der Verwaltung im demokratischen Verfassungsstaat erscheinen; sie erübrigt auch alle Versuche, die Verwaltung unter vagem Rückgriff auf die Verfassung und Hinweis auf die fachlichen Qualitäten des Berufsbeamtentums als eigenständige Staatsgewalt gleichberechtigt neben Gesetzgebung und Rechtsprechung zu stellen[217].

Für eine abgewogene Gesamteinschätzung bleibt schließlich wichtig, daß trotz der zu verzeichnenden Spielräume des Verwaltungshandelns und allen sonstigen Faktoren bürokratischer Eigenmacht die demokratische Grundstruktur (Gesetz als höchste innerverfassungsrechtliche Willensäußerung; Gesetzesbindung der Verwaltung; parlamentarische Kontrolle) nicht prinzipiell außer Kraft gesetzt und daß trotz eines zuweilen bedrohlichen Bedeutungsschwundes des parlamentarischen Gesetzes das demokratisch-hierarchische Kontrollsystem nicht auf den Kopf gestellt wird. Es bleibt nicht prinzipiell ausgeschlossen, daß der Gesetzgeber sich stärkt, strikter und präziser regelt, verlorenes Terrain zurückerobert und seine „funktionale Letztinstanzlichkeit“[218] gezielter ausspielt. Und endlich ist zu berücksichtigen, daß die oben geschilderten und von einigen Autoren als so gravierend empfundenen Entscheidungskompetenzen der Verwaltung nicht das hierarchische Bauprinzip der Exekutive ins Wanken bringen, sondern die Idee totaler Determinierbarkeit der zweiten Gewalt durch die erste. Die Legislative hat in weiten Teilen nur den ‚Preis‘ für die Bindung an das Medium des allgemeinen Gesetzes zu zahlen. So ändert sich nicht das verfassungsrechtlich abgesicherte Grundmodell, demzufolge das Gesetz dominiert und die Verwaltung exekutiert; entscheidend ist der Umbau der Programmstrukturen. Was den Instrumentcharakter der Verwaltung und das strikte demokratisch-hierarchische Kontrollsystem ein Stück weit unterläuft und aufhebt, folgt im wesentlichen aus dem Wachstum sozialer, planender, leistender, infrastruktureller Staatsaufgaben und ihrer nur begrenzten Programmierbarkeit[219].

---

wissenschaft, hrsgg. v. Th. Ellwein u.a., Bd. 2, 1988, S. 237 ff. (Forum: Ökologische Modernisierung des Industriestaates?).

217 So Peters, Verwaltung als eigenständige Staatsgewalt, S. 6, 12 ff., 29.

218 K. Eichenberger, Der Staat der Gegenwart, Basel-Frankfurt/M. 1980, S. 489.

219 Bezeichnend etwa die Ausführungen des Bundesverfassungsgerichts (BVerfG BayVBl. 1989, 461/465): „Es begegnet dabei grundsätzlich keinen verfassungsrechtlichen Bedenken, daß der Gesetzgeber für die im einzelnen zu berücksichtigenden Be-

Nicht der demokratische Gedanke oder gar die Verfassung emanzipiert die Verwaltung vom Gesetzgeber; zur Lockerung der Bindung führen die Struktureigentümlichkeiten des Leistungsstaates. Im demokratischen Wohlfahrts- und Industriestaat, wir wiederholen es, bedeutet Herrschaft der Gesetze stets und unvermeidlich: Mitherrschaft der Verwaltung[220].

3. *Von der Eigenständigkeit der Verwaltung zur Verselbständigung von Verwaltungseinheiten*

Soweit Freiräume der Verwaltung nicht auf Dezentralisierung oder anderen Verselbständigungsformen beruhen, unterliegen sie dem unbeschränkten Zugriff der administrativen Spitze: Das Weisungsrecht fungiert gleichsam als stets präsente Ordnungsreserve. Weil die parlamentarische Ministerverantwortlichkeit insofern das zentrale Scharnier zur Kontrolle der Verwaltung durch das Parlament bildet, besteht im Falle nur vager und lückenhafter gesetzlicher Vorgaben eine Kompensationsmöglichkeit. Prinzipiell bleiben also Zugriffsmöglichkeiten qua schärferer Aufsicht, detaillierter Anweisungen etc. erhalten: stets könnte von oben eingegriffen, könnten Weisungen erteilt werden. Gravierende Erschütterungen des demokratisch-hierarchischen Kontrollsystems ergeben sich weniger aus der mangelnden materiellrechtlichen Steuerung der Exekutive durch die legislativen Programme; eine durchgreifende Destabiliserung des Hierarchieprinzips droht erst infolge organisatorischer Besonderung von Verwaltungseinheiten, also durch Dezentralisation, Auslagerung verselbständigter Verwaltungseinheiten und andere Akte der Parzellierung der Administration. Liegt es vielleicht in der Logik zunehmender Aufspaltung und interner Pluralisierung der Verwaltung, ihrem „Einheitsverlust“[221], den demokratisch-hierarchischen Grundzug des modernen Staates aufzuheben oder doch zu unterlaufen? Dieser Frage gilt nun unsere Aufmerksamkeit.

---

lange nicht jeweils konkrete Maßstäbe für deren Gewichtung festgesetzt hat. Angesichts der Vielzahl der in Betracht kommenden Belange wäre eine solche Konkretisierung kaum möglich und könnte eine sachgerechte Entscheidung erschweren."

[220] Vgl. U. Scheuner, Das Gesetz als Auftrag der Verwaltung, in: ders., Staatstheorie und Staatsrecht, 1978, S. 545 ff. Man kann Grauhans korrelatives Führungsmodell auch so verstehen, daß hier unter prinzipieller Anerkennung der Leitfunktion der Legislative und der Aufgabe des Parlaments zur programmierenden Steuerung der Verwaltung der faktische Mitentscheidungsanteil der Exekutive nüchtern registriert und der Prozeß ihrer Entscheidungsfindung nur transparent gemacht und selbst organisatorisch eingefangen wird (vgl. nochmals Grauhan, Modelle politischer Verwaltungsführung, S. 21 ff.).

[221] Eichenberger, Staat der Gegenwart, S. 490.

5. Kapitel:

Zur Ausdifferenzierung der Verwaltungsorganisation: Vom hierarchischen Ministerialsystem zum Netzwerk verselbständigter Verwaltungseinheiten

I. Die neue Problemdimension: Ausdifferenzierung der Verwaltung

Das im 2. und 3. Kapitel dieser Arbeit in idealtypischer Weise herausgearbeitete „Modell legislatorischer Programmsteuerung" (Grauhan) basiert auf der Prämisse, daß die Herstellung des demokratischen Gesetzes beim Parlament als der zentralen Repräsentativkörperschaft monopolisiert ist und die dort getroffenen Entscheidungen von einem passiv-instrumentellen Verwaltungsapparat ohne eigenes Zutun exekutiert werden. Wie gezeigt wurde, liegt eine derartige Instrumentalisierung der Verwaltung, ihre möglichst weitgehende Determinierung durch die gesetzlichen Vorgaben und die daraus resultierende strikt hierarchische Organisation in der Logik einer streng gesetzesstaatlichen Demokratievorstellung, die jede Modifikation oder Paralysierung des im Gesetz geronnenen Volkswillens auszuschließen trachtet.

Die unter stärkerer Berücksichtigung der konkreten Verfassungsrechtslage der Bundesrepublik Deutschland erfolgten Untersuchungen im 4. Kapitel haben demgegenüber erwiesen, daß eine derartig schlichte, mechanistische, eben: absolutistische Sicht der Dinge weder der (verfassungs)rechtlichen Lage noch den komplexen gesellschaftlichen Verhältnissen entspricht. An die Stelle strikter Subordination der Verwaltung unter das restlos determinierende Gesetz tritt eine teils normativ gestützte, teils sich aus den Struktureigentümlichkeiten und Funktionsbedingungen regulativer Politik im demokratischen Wohlfahrtsstaat rein faktisch ergebende Allianz zwischen Gesetzgeber und Verwaltung, ein arbeitsteiliges Ergänzungsverhältnis, ein Handlungsverbund.

Zum Zwecke der Vereinfachung und klareren Herausarbeitung der Grundstrukturen hat die bisherige Darstellung überwiegend „den" Gesetz-

Gärditz, JZ 07, 521 („Einheit der Verwaltung"), Bachmann-Neßler, NVwZ 07, 650 (Netzwerk) geber und „die" Verwaltung ohne weitere Differenzierung als je einheitlichen, in sich geschlossenen Funktionsblock begriffen. Selbst bei Unterstellung einer derart monolithischen Verwaltungsorganisation ergeben sich – wie die Untersuchung gezeigt hat – Abstriche am strikt hierarchisch-demokratischen Kontrollsystem zugunsten einer gewissen Selbständigkeit der Exekutive. Schon vor jeglicher Aufspaltung des Verwaltungsapparates durch Dekonzentration, Dezentralisation oder sonstige Verselbständigungstendenzen zeigen sich Grenzen der Direktionsfähigkeit des Gesetzes.

Demgegenüber erschließt sich eine zusätzliche und gegenüber der bisherigen Analyserichtung qualitativ andere Problemdimension, wenn man als Faktor, der ebenfalls das als paradigmatisches Gegenbild fungierende „absolutistische Maschinenmodell" korrigiert, den in der Bundesrepublik Deutschland besonders hohen Grad an organisatorischer Ausdifferenzierung der Verwaltung berücksichtigt. Diese Pluralität, die im übrigen ihre eigene Geschichte hat[1], entlarvt die Vorstellung einer einzigen omnikompetenten Behörde nicht nur als theoretischen Grenzpunkt – sie zieht unweigerlich auch einen Machtverlust und Steuerungsverzicht der hierarchischen Spitze nach sich. Übertragung öffentlicher Funktionen und Aufgaben auf Körperschaften und Verbände, Verselbständigung von Verwaltungseinheiten, Gewährung einer sei es rein faktischen, sei es rechtlich abgesicherten Autonomie: Dies alles führt zwangsläufig zu „Souveränitätsverlusten"[2], weil diese öffentliche Aufgaben erfüllenden Verwaltungsobjekte nicht als umfassend und lückenlos zu steuernde Glieder der bürokratischen Maschine begriffen werden können.

---

[1] Sie ist noch nicht geschrieben. Ansätze finden sich bei M. Knaut, Geschichte der Verwaltungsorganisation, 1961; F. Mayer, Neuzeitliche Entwicklung der öffentlichen Verwaltung, in: Verwaltung, hrsgg. v. F. Morstein Marx, 1965, S. 2ff.; Peter Schäfer, Zentralisation und Dezentralisation, 1982, S. 78ff.; zur Selbstverwaltung etwa H. Heffter, Die deutsche Selbstverwaltung im 19. Jahrhundert, 2. Aufl. 1969; R. Hendler, Selbstverwaltung als Ordnungsprinzip, 1984, S. 8ff., 136ff.; s. jüngst Th. Ellwein, Entwicklungstendenzen der deutschen Verwaltung im 19. Jahrhundert, in: Jahrbuch zur Staats- und Verwaltungswissenschaft, hrsgg. v. Th. Ellwein u.a., Bd. 1, 1987, S. 13ff. – Zur Geschichte der Reichsverwaltung seit 1871 A. Dittmann, Die Bundesverwaltung, 1983, S. 17ff.; zum Typus der nachgeordneten Bundesoberbehörden jetzt W. Welz, Ressortverantwortung im Leistungsstaat, 1988, S. 29ff. – Die fünfbändige „Deutsche Verwaltungsgeschichte" bringt eine (Un-)Menge an wertvollem Material und zahlreiche gelungene Detailstudien, weist aber gerade kein überzeugendes Gliederungskonzept auf und erschwert so den Gesamtüberblick (vgl. die Rezensionsabhandlung von A. Laufs, in: Die Verwaltung 21 [1988], S. 491ff.).

[2] So L. Wildhaber, Vertrag und Gesetz – Konsensual- und Mehrheitsentscheid im schweizerischen Staatsrecht, in: ZSR 1975 I, S. 113ff. (121); s. auch J. Isensee, Verwaltung zwischen Sachgesetzlichkeit und Parteipolitik, in: Personen und Institutionen in der Entwicklung der Bundesrepublik Deutschland, hrsgg. v. R. Hrbek, 1985, S. 67ff. (71f.).

Andererseits – und das darf keineswegs vergessen werden – ist die Aufspaltung der Verwaltung, vor allem in Form von Dezentralisierungen, nicht nur als Verlustvorgang staatlicher Hoheitsgewalt, sondern auch als funktionales Element einer der komplexen gesellschaftlichen Umwelt des Staates angemessenen Binnenorganisation zu interpretieren. Kein Zufall, daß gerade in einer konsequent verwaltungswissenschaftlich-politologischen Sichtweise[3] alle möglichen Formen staatlicher Binnendifferenzierung (horizontale wie vertikale Gewaltenteilung, systematische Trennung von Programmsetzungs- und Programmausführungsinstanzen, besondere Strukturen für die Bereiche von Willensbildung und Vollzug, Dezentralisation der Verwaltung u.a.m.) als funktional notwendige Auffächerungs- und Aufgliederungserscheinungen des staatlichen Gesamtapparates figurieren, die dessen Komplexitätsniveau und damit seine Verarbeitungs- wie Leistungskapazität erhöhen und so eine produktive Anpassung an die Umweltstrukturen ermöglichen: „Durch die strukturelle Differenzierung seiner Handlungsinstrumente gleicht der Staat sich selbst der Komplexität der gesellschaftlichen Wirklichkeit an."[4]

Anders und nur geringfügig weniger abstrakt, aber mit speziellem Bezug auf die Verwaltungsorganisation gesagt: Die pluralisierte Verwaltung ist Folge des Wachstums und der Ausdifferenzierung staatlicher Aufgaben[5], Reaktion auf gestiegene Umweltkomplexität und von daher adäquater Ausdruck der Systemerfordernisse eines planenden, leistenden, verteilenden,

---

[3] W. Seibel, Regierbarkeit und Verwaltungswissenschaft, 1983, S. 211, 212, 283, 286; ders., Abschied vom Recht – Eine Ideologie?, in: Abschied vom Recht?, hrsgg. v. R. Voigt, 1983, S. 134 ff.

[4] Seibel, Regierbarkeit und Verwaltungswissenschaft, S. 283. Ein gegen die vor allem im Staatsrecht verbreitete Auffassung von der durch Pluralisierung und Dezentralisierung bewirkten Schwächung des Staates gerichteter Hinweis auf die dadurch möglicherweise gesteigerte Entscheidungsfähigkeit des Gesamtsystems bei W. Krebs, Verwaltungsorganisation, in: HdbStR III, § 69 Rn. 78 m. Fn. 283; s. auch W. Graf Vitzthum, Zum Aufbau der Verwaltung im Bundesstaat, in: B. Becker/ders., Grundfragen der Verwaltungsorganisation, 1980, S. 119 ff. (125).

[5] W. Brohm, Die Dogmatik des Verwaltungsrechts vor den Gegenwartsaufgaben der Verwaltung, VVDStRL 30 (1972), S. 245 ff. (261 f.); ders., Zur Einführung: Strukturprobleme der planenden Verwaltung, in: JuS 1977, S. 500 ff. (501); ders., Verwaltungsvorschriften als administrative Rechtsquelle – ein ungelöstes Problem des Innenrechts, in: ders. (Hrsg.), Drittes deutsch-polnisches Verwaltungssymposion, 1983, S. 11 ff. (16); R. Steinberg, Politik und Verwaltungsorganisation, 1979, S. 264 ff.; ders., Komplexe Verwaltungsverfahren zwischen Verwaltungseffizienz und Rechtsschutzauftrag, in: DÖV 1982, S. 619 ff. (624); B.-O. Bryde, Die Einheit der Verwaltung als Rechtsproblem, VVDStRL 46 (1988), S. 181 ff. (182 ff.); Krebs, in: HdbStR III, § 69 Rn. 18; s. auch W. Roters, Kommunale Mitwirkung an höherstufigen Entscheidungsprozessen, 1975, S. 139.

vor- und fürsorgenden Wohlfahrtsstaates[6]. Gerade die mit einer solchen Binnendifferenzierung verbundene sukzessive Auflösung der Einheit der Verwaltung scheint objektiven Funktionserfordernissen zu entspringen.

Indes bleibt auf solch allgemeiner Beschreibungs- und Analyseebene „Pluralität" und „Pluralisierung" der Staatsgewalt wie der Verwaltung ein noch recht vager Topos, dem eine kaum abgrenzbare Vielzahl von Phänomenen zugeordnet werden kann. Pluralisierung ist der weiteste, aber eben auch der unbestimmteste Terminus zur Erfassung der strukturellen Binnendifferenzierung des Staates. Pluralisierung hat viele Gesichter. Die verbreitete Rede von einer „Pluralisierung der Staatsperson" bzw. einem „Pluralismus der Gewaltenträger"[7] im allgemeinen, die Formel von der Pluralisierung der Verwaltung oder der pluralistischen Verwaltungsorganisation[8] im besonderen bringen zunächst einmal ganz allgemein und prinzipiell zum Ausdruck, was „in jedem praktisch möglichen Staatswesen unvermeidlich" scheint[9]: die Aufgliederung der einen, als juristische Person gefaßten Staatsgewalt auf mehrere Glieder und Organe sowie die Kompetenzverteilung innerhalb der Verwaltungsorganisation. Hierunter fällt eine diffuse Menge von Phänomenen (Aufteilung der Ministerialebene in Ressorts als Maßnahme horizontaler Dekonzentration auf zentraler Ebene, vertikale Dekonzentration in Form der Übertragung von Erstentscheidungszuständigkeiten auf ortsnahe Organe, Einrichtung von Sonderbehörden, Errichtung von selbständigen Anstalten, Schaffung oder Bewahrung von Selbstverwal-

---

[6] So registriert man gerade im Leistungsbereich Verschiebungen „auf dezentrale politisch-administrative Ebenen, die das Leistungsangebot den sich differenzierenden Ansprüchen präziser anzupassen vermögen, die Nachfrage wirksamer in die Angebotsgestaltung einbeziehen können und besser als zentralstaatliche Institutionen in der Lage sind, die erforderlichen Akzeptanz- und Konsensbildungsprozesse zu gestalten" (J. J. HESSE, Aufgaben einer Staatslehre heute, in: Jahrbuch zur Staats- und Verwaltungswissenschaft, hrsgg. v. Th. Ellwein u.a., Bd. 1, 1987, S. 55ff. [69]).

[7] R. THOMA, Das System der subjektiven öffentlichen Rechte und Pflichten, in: Handbuch des Deutschen Staatsrechts, hrsgg. v. G. Anschütz u. R. Thoma, Bd. 2, 1932, S. 607ff. (611, 612); kritisch zur „Pluralisierung der Staatsgewalten" H. KRÜGER, Amtsgewalt und Amtsmacht, in: FS Wacke, 1972, S. 13ff. (26f.); DERS., Allgemeine Staatslehre, 2. Aufl. 1966, S. 118, 844 („pluralistische Auflösung" der Ämterhierarchie und Einräumung von „Immunitäten" für Ämter und Organisationen).

[8] R. LOESER, Die Bundesverwaltung in der Bundesrepublik Deutschland, Bd. 1, 2. Aufl. 1987, S. 33 („Pluralismus der Institutionen der Bundesverwaltung"); s. auch DERS., Das Bundes-Organisationsgesetz, 1988, S. 71, 111 u.ö.; BRYDE, VVDStRL 46 (1988), S. 186ff.; KREBS, Verwaltungsorganisation, in: HdbStR III, §69 Rn. 11, 22; H. BÜLCK, Abhängigkeit und Selbständigkeit der Verwaltung, in: Verwaltung, hrsgg. v. Morstein Marx, S. 52ff. (62: „administrative pluralism").

[9] THOMA, System der subjektiven öffentlichen Rechte, S. 612; s. auch E.-W. BÖCKENFÖRDE, Organ, Organisation, Juristische Person, in: FS H. J. Wolff, 1973, S. 269ff. (301): „zumal in einem gewaltengliedernden Verfassungsstaat".

tungskörperschaften, föderative Staatsorganisation), die wohl nur ein negatives Merkmal gemein haben: daß sich mit ihnen die Verwaltungsgliederung vom „Idealbild strikter hierarchisch-zentraler Steuerung" entfernt[10].

Im folgenden soll daher die für sich genommen amorphe Fülle von Einzelerscheinungen thematisch eingegrenzt, begrifflich wie sachlich präzisiert und dadurch einer Analyse zugänglich gemacht werden. Wir werden zunächst kurz die Grundstruktur der Staats- und Verwaltungsorganisation in der Bundesrepublik charakterisieren (dazu II.) sowie verschiedene Formen und Arten der Verselbständigung von Verwaltungseinheiten erfassen (III.), um dann nach einer Beschreibung des Erscheinungsbildes der verselbständigten Verwaltungseinheiten auf den verschiedenen Ebenen (IV.) und der Ursachen, Motive und Rechtfertigungen für die verschiedenen Ausgliederungstatbestände (V.) die Fragestellung, die im 4. Kapitel allgemein für das Verhältnis von Gesetz und Verwaltung behandelt wurde, unter Berücksichtigung verwaltungsorganisatorischer Differenzierungen aufzugreifen (VI.): Bewirkt der Einheitsverlust der Verwaltung nicht eine problematische Entfernung der partikularisierten Verwaltungsträger vom jeweiligen demokratischen Willenszentrum des „Muttergemeinwesens"[11]? Ist bei Berücksichtigung von Art und Umfang der Auslagerungstendenzen die Vorstellung realistisch und tragfähig, daß Kontrolle und Aufsicht als zentrale Einheitsgarantien figurieren können, die Re-Integration der versprengten Verwaltungspartikel also mit Hilfe der klassischen Instrumente hierarchischer Organisation – wenn auch kupiert um Weisungsrecht und Fachaufsicht – erfolgen kann? Die Grund- und Ausgangsfragestellung nach der Angemessenheit eines quasi-absolutistischen Verwaltungsverständnisses (instrumentaler Charakter, hierarchisches Prinzip, strikte Anbindung an den Willen des Organisationsherrn) wird jetzt also projiziert auf die Organisation der Verwaltung der Bundesrepublik Deutschland.

II. Die verwaltungsorganisatorische Grundstruktur der Bundesrepublik Deutschland

So unausweichlich die Pluralisierung der Staatsperson im allgemeinen wie die der Verwaltungsorganisation im speziellen im Grunde ist, so heterogen fallen die einzelnen Arten und Formen der staatlichen Binnendifferenzierung

---

[10] W. Loschelder, Weisungshierarchie und persönliche Verantwortung in der Exekutive, in: HdbStR III, § 68 Rn. 52.

[11] Der Terminus wird, soweit ersichtlich, erstmals von Otto Mayer verwendet (Deutsches Verwaltungsrecht, 3. Aufl., Bd. 2, 1924, S. 331, 333); s. auch A. Köttgen, Die rechtsfähige Verwaltungseinheit, 1939, S. 8, 69, 71, 75, 76.

aus. Für eine erste Groborientierung ist zu unterscheiden zwischen der vertikalen Aufgliederung dreier Hauptebenen (1.) und der Vielfalt der auf jeder dieser Ebenen auftretenden Verselbständigungsformen (2.); zudem erweisen sich einige begriffliche Klärungen als unvermeidlich (3.).

1. Föderatives System mit kommunaler Selbstverwaltung

Dominante Kennzeichen der Staats- und Verwaltungsorganisation der Bundesrepublik Deutschland sind die bundesstaatliche Struktur und die verfassungsinstitutionelle Garantie der kommunalen Selbstverwaltung[12]. Die „staatsorganisatorische Grundentscheidung"[13] für den föderalen Aufbau impliziert nach unverändert herrschender Auffassung, daß den Gliedstaaten nicht vom Bundesstaat abgeleitete, sondern originäre Staatsqualität zukommt[14], was sich u.a. im Recht zur Verfassunggebung[15] und zu eigenständiger Verwaltungsorganisation niederschlägt. Durch diese „bundesstaatliche Zerteilung in mehrere Verwaltungskörper" erfährt die öffentliche Verwaltung eine „tiefgehende Zäsur"[16]. Die institutionelle Garantie der Gemeinden und Kreise wiederum stellt die gewichtigste Form der Selbstverwaltung dar; sie trägt (wegen zahlreicher Besonderheiten) ebenso Modell- wie Ausnahmecharakter. Föderalismus und kommunale Selbstverwaltung bilden die beiden herausragenden Phänomene staatlicher Dezentralisation in der Bundesrepublik[17]. Der *eine* Staat mit *einem* demokratischen Gesetzgeber

[12] Vgl. nur ERICH BECKER, Kommunalverwaltung und Staatsverwaltung, in: Zur Struktur der deutschen Verwaltung. Föderalismus und Probleme der Zentralisation und Dezentralisation, 1966, S. 68ff. (68); F. WAGENER, Vom Neubau zur Pflege – wohin entwickelt sich unser Verwaltungssystem?, in: ders. (Hrsg.), Zukunftsaspekte der Verwaltung, 1980, S. 20ff. (24): „Hervorstechende Merkmale dieses Staates sind ein (im internationalen Vergleich) stark ausgeprägter Föderalismus und eine immer noch bedeutsame Stellung der kommunalen Selbstverwaltung." Siehe auch DERS., Öffentliche Verwaltung, Organisation der, in: Handwörterbuch der Organisation, hrsgg. v. E. Grochla, 2. Aufl. 1980, Sp. 1407ff. (1410); ferner F. MAYER/F.O. KOPP, Allgemeines Verwaltungsrecht, 5. Aufl. 1985, S. 522ff.; BERND BECKER, Öffentliche Verwaltung, 1989, S. 173ff.

[13] W. LÖWER, Art. Staatsorganisation, in: EvStL, 3. Aufl. 1987, Sp. 3444ff. (3445).

[14] So die st. Rspr. des BVerfG (s. nur E 34, 9/19ff.).

[15] Dazu zuletzt W. GRAF VITZTHUM/B.-CHR. FUNK/G. SCHMID, Die Bedeutung gliedstaatlichen Verfassungsrechts in der Gegenwart, VVDStRL 46 (1988), S. 7ff., 57ff., 92ff.

[16] LOSCHELDER, in: HdbStR III, § 68 Rn. 45.

[17] Es scheint sich zunehmend einzubürgern, auch die bundesstaatliche Ordnung als Form der Dezentralisation zu begreifen (vgl. WERNER WEBER, Art. Verwaltungsorganisation, in: Handwörterbuch der Sozialwissenschaften, Bd. 11, 1961, S. 276ff. [277]; G. KISKER, Abbau politischer Konfliktüberlastung durch Dezentralisierung, in: Verselbständigung von Verwaltungsträgern, hrsgg. v. F. Wagener, 1976, S. 73ff.; SCHÄFER,

und *einer* Verwaltung wird gleichsam in mehrere Teile zerlegt. Bund, Länder und Kommunen: das sind die drei Hauptebenen oder -einheiten der Verwaltung[18], „die im Prinzip horizontal organisiert unabhängig übereinanderstehen"[19]. Rainer Wahl hat den Tatbestand dieser vertikalen Stufung ebenso treffend wie verallgemeinerungsfähig dahingehend gekennzeichnet, daß wir es mit einer – bewußt und gewollt geschaffenen – „gebrochenen Administration" zu tun haben[20]; noch weitergehend ist die Bundesrepublik gar als ein „Land ohne Zentrum und mit außerordentlich fragmentierter politisch-administrativer Struktur"[21] charakterisiert worden. Daran ist jedenfalls soviel richtig, daß Verwaltung nicht als einheitliche, in sich geschlossene

---

Zentralisation und Dezentralisation, S. 24; LÖWER, Staatsorganisation, Sp. 3451 f.; B. BECKER, Öffentliche Verwaltung, S. 200 ff. – so bereits A. MERKL, Allgemeines Verwaltungsrecht, 1927, S. 355). Dagegen spricht prinzipiell nichts; im Gegenteil kann dadurch die funktionale Ähnlichkeit zwischen staatsrechtlich durchaus unterschiedlichen Phänomenen deutlicher gemacht werden (z. B. R. BREUER, Selbstverwaltung und Mitverwaltung Beteiligter im Widerstreit verfassungsrechtlicher Postulate, in: Die Verwaltung 10 [1977], S. 1 ff. [9], der die kommunale Selbstverwaltung als „quasi-föderale Untergliederung der staatlichen Ordnung" begreift). Der juristische Disput um die angemessene Begrifflichkeit für bestimmte Dezentralisationsformen (etwa die Frage, ob die kommunale Selbstverwaltung eine Form „mittelbarer Staatsverwaltung" ist) war und ist ohnehin häufig nicht mehr als ein bloßer Streit um Worte. Die entscheidenden Sachfragen (Weisungs- und Aufsichtsrechte, Klagemöglichkeiten etc.) sind davon unabhängig; hier besteht häufig auch gar kein Dissens (so auch K. STERN, Das Staatsrecht der Bundesrepublik Deutschland, Bd. 1, 2. Aufl. 1984, S. 402).

18 M. BULLING, Der Aufbau der deutschen Verwaltung, in: Verwaltung und Verwaltungswissenschaften in der Bundesrepublik Deutschland, hrsgg. v. J. H. Kaiser, 1983, S. 50 ff.; H. FABER, Verwaltungsrecht, 1987, S. 46; R. WAHL, Die Länder, in: Dt. VerwGesch V, S. 208 ff. (209, 211 f.); KREBS, in: HdbStR III, § 69 Rn. 12 m. zusätzlichen Nachw. – Vier- und fünfstufige Modelle ergeben sich, wenn man die Landkreise und die in den großen Flächenländern der Bundesrepublik eingerichteten Behörden der Mittelstufe (Regierungspräsidien, Bezirksregierungen) mitzählt.

19 F. WAGENER, Äußerer Aufbau von Staat und Verwaltung, in: König/Wagener/v. Oertzen (Hrsg.), Öffentliche Verwaltung in der Bundesrepublik Deutschland, 1981, S. 73 ff. (78); ähnlich P. LERCHE, in: Maunz/Dürig, Komm. z. GG, Art. 83 (1983), Rn. 14.

20 R. WAHL, Rechtsfragen der Landesplanung und Landesentwicklung, Bd. 1, 1978, S. 117; BRYDE, VVDStRL 46 (1988), S. 186 f.: Die „bundesrepublikanische Verwaltungsorganisation (ist) schon von ihren verfassungsrechtlichen Vorgaben her auf Pluralisierung angelegt." S. auch B. RÜCKWARDT, Koordination des Verwaltungshandelns, 1978, S. 74: „Aufgrund der extrem differenzierten Entscheidungsstruktur im politisch-administrativen System der Bundesrepublik Deutschland verfolgen zahlreiche mehr oder weniger selbständige Entscheidungsträger spezialisierte und begrenzte Aufgaben mit fragmentierten Handlungskompetenzen und beschränkten Ressourcen relativ unabhängig voneinander."

21 J. J. HESSE, Aufgaben einer Staatslehre heute, S. 81 f.

Größe, sondern als „Vielzahl von Subsystemen" (W. Brohm), als „arbeitsteilige(s) Funktionengeflecht"[22] erscheint.

Damit ist der entscheidende Aspekt angedeutet, der für die nachstehenden Betrachtungen den zentralen Fixpunkt bilden wird: die Folgen von Dezentralisierungen und Verselbständigungen für die politische Steuerungsfähigkeit des Gesamtsystems und etwaige Rechtfertigungen bzw. Kompensationen für die weniger intensive Einbettung der Verwaltungseinheiten in den demokratischen Kontroll- und Legitimationszusammenhang[23]. Denn stets und unvermeidlich bedeutet ja, was sich aus der Sicht der durch Dezentralisierungen jeweils „begünstigten", weil eigene Entscheidungsmacht er- bzw. behaltenden Verwaltungsträger als Zugewinn an Befugnissen ausnimmt und gewaltenteilende, freiheitsmehrende, demokratiefördernde und insgesamt machtbalancierende Folgen zeitigen sowie zur Flexibilisierung des administrativen Handelns beitragen soll, aus der Sicht der (gesamt)staatlichen Zentrale, auch und gerade der demokratischen, einen Terrainverlust, einen Regelungs- und Lenkungsverzicht[24]. Dezentralisationsmaßnahmen und sonstige Verselbständigungen bewirken eine polyzentrische Kompetenzverteilung und ziehen wegen dieser Gewichtsverlagerung Steuerungsprobleme nach sich[25]. Weil alle Abweichungen vom Typus unmittelbarer, über das Institut der Ministerverantwortlichkeit parlamentarischer Kontrolle geöffneter Staatsverwaltung einem – zuweilen bereits von der Verfassung eingelösten – „Begründungszwang" unterliegen[26], werden im folgenden nicht nur Einrichtungen der Selbstverwaltung (die zweifelsohne ganz im Zentrum aller Dezentralisierungen stehen[27]), sondern auch andere Erschei-

---

[22] J. Hoffmann, Der gesetzliche Auftrag im Sozialrecht, in: VerwArch. 79 (1988), S. 314ff. (314); ähnlich G. F. Schuppert, Die Einheit der Verwaltung als Rechtsproblem, in: DÖV 1987, S. 757ff.

[23] Vgl. Kisker, Konfliktüberlastung und Dezentralisierung, S. 82ff.: „Verantwortung des Muttergemeinwesens für die Funktionsfähigkeit seiner Subsysteme".

[24] Th. Ellwein, Regierung und Verwaltung, Teil 1: Regierung als politische Führung, 1970, S. 148ff.; ders., Entstaatlichung und Dezentralisierung als Mittel zur besseren Konfliktlösung im politischen Prozeß, in: Regierbarkeit? Dezentralisation? Entstaatlichung?, hrsgg. von. F. Wagener, 1976, S. 217ff. (226); R. Mayntz, Politische Steuerung und gesellschaftliche Steuerungsprobleme – Anmerkungen zu einem theoretischen Paradigma, in: Jahrbuch zur Staats- und Verwaltungswissenschaft, hrsgg. v. Th. Ellwein u.a., Bd. 1, 1987, S. 89ff. (98): „teilweise(r) Steuerungsverzicht der höheren Instanzen".

[25] Schäfer, Zentralisation und Dezentralisation, S. 29.

[26] So beharrlich Loschelder, in: HdbStR III, §68 Rn. 21, 22, 48, 52, 59; s. auch P. Kirchhof, Mittel staatlichen Handelns, ebd., §59 Rn. 99ff. („begründungsbedürftige Ausnahme").

[27] Apodiktisch K. Stern, Das Staatsrecht der Bundesrepublik Deutschland, Bd. 2, 1980, S. 791: „Mittelbare Staatsverwaltung verwirklicht das Organisationsprinzip der

nungsformen der Loslösung von der staatsunmittelbaren Verwaltung behandelt: Es geht um die eine, einheitliche Frage nach Arten und Problemen der „Entfernung" bestimmter Träger öffentlicher Verwaltung vom legitimierenden demokratischen Zentrum des jeweiligen Muttergemeinwesens.

2. *Vielfalt der Verselbständigung von Verwaltungseinheiten auf horizontaler Ebene*

Den Eindruck eines nahezu undurchschaubaren Geflechts von Verwaltungseinheiten, einer kaum zu entwirrenden Vielfalt an Gliedern, Organen, Ämtern und Institutionen[28] erweckt die Verwaltungsorganisation der Bundesrepublik Deutschland indes nicht in erster Linie wegen des mehrstufigen vertikalen Aufbaus. Entscheidenden Anteil an jenem Eindruck hat vielmehr der Umstand, daß neben die staatsunmittelbare der weite Bereich der mittelbaren Verwaltung tritt, der eine große Formenvielfalt aufweist und von daher als buntscheckig, schwer überschaubar und sich dem systematischen Zugriff entziehend empfunden wird[29]. Weit davon entfernt, sich der Formel (dem Mythos, dem Wunsch- oder Schreckbild) von der „Einheit der Verwaltung" gemäß als geschlossene, hierarchisch gegliederte und pyramidal aufgebaute Organisation zu präsentieren, erweist sich die Verwaltung der Bundesrepublik Deutschland als hochgradig partikulares, zersplittertes, arbeitsteiliges Gefüge unterschiedlichster Teileinheiten, die große Unterschiede im Aufgabenbereich, in der Binnenorganisation, in Kontrollierbar-

Dezentralisation." S. ferner SCHÄFER, Zentralisation und Dezentralisation, S. 78, 117, 127; G. PÜTTNER, Zentralisierungwirklichkeit und Dezentralisierungspotential des Kommunalrechts, in: Dezentralisierung des politischen Handelns (I), hrsgg. im Auftrag der Konrad-Adenauer-Stiftung, 1979, S. 159ff.

[28] Entsprechende Klagen halten sich konstant: von HANS PETERS, Lehrbuch der Verwaltung, 1949, S. 40 über E. RASCH, Die staatliche Verwaltungsorganisation, 1967, S. 211 bis hin zu KREBS, in: HdbStR III, §69 Rn. 11, 45 und BRYDE, VVDStRL 46 (1988), S. 182 („Die zweite Gewalt weist ... eine kaum übersehbare Vielfalt und einen verwirrenden Formenreichtum rechtlich und faktisch verselbständigter Einheiten auf und auch die Binnenstruktur der Hauptverwaltungsträger Bund, Länder und Gemeinden ist durch Entscheidungen gekennzeichnet, die man je nach Temperament als Pluralismus oder Fragmentierung bezeichnen kann."); weitere Nachweise bei LOESER, Die Bundesverwaltung, Bd. 1, S. 33; s. auch C. EISELSTEIN, Verwaltungsaufbau und Zuständigkeiten, in: JuS 1987, S. 30ff. (30). – Zahlreiche Beispiele für den mangelnden System- und Ordnungswillen des Bundesgesetzgebers, der durch punktuell-unsystematische Einzelentscheidungen terminologische, sachliche und in der Folge auch rechtsdogmatische Konfusion stiftet, Transparenz vereitelt und Verantwortlichkeiten vernebelt, bei LOESER, Bundes-Organisationsgesetz, S. 34ff.

[29] LOSCHELDER, in: HdbStR III, §68 Rn. 53; KREBS, ebd., §69 Rn. 17; R. MÖGELE, Die Einheit der Verwaltung als Rechtsproblem, in: BayVBl. 1987, S. 545ff. (546).

keit und Rechtsstatus aufweisen. Bereits die unterschiedlichen Terminologien zur Beschreibung der Phänomene, die nur zum Teil aus Differenzen in den jeweiligen Fachdisziplinen resultieren, vermitteln einen ersten Eindruck von der Fülle der Erscheinungen: Man spricht von mittelbarer Staatsverwaltung, Selbstverwaltung, Dezentralisation, verselbständigten Verwaltungseinheiten, Trabanten des Verwaltungssystems, von Quangos, Quagos und PGOs, von Sonderbehörden, nichtministeriellen Organisationseinheiten und Zentralstellen, von formellen und materiellen Privatisierungen etc.

Zur Erhaltung eines gewissen Maßes an Übersichtlichkeit und der Abschichtung der Problemdimensionen wird sich diese Untersuchung im folgenden auf die jeweils horizontale Ebene beschränken (also die vertikalen Dezentralisationen in Gestalt des föderalen Staatsaufbaus und der kommunalen Selbstverwaltung ausblenden) und die unterschiedlichen Arten und Formen der Verselbständigung von Verwaltungseinheiten kategorial zu erfassen suchen. Das bedeutet: Bund, Länder und Kommunen erscheinen als die drei Hauptebenen der Verwaltung, auf denen sich das Grundverhältnis von unmittelbarer und mittelbarer Verwaltung reproduziert. Der auf den ersten Blick vielleicht erstaunliche Umstand, daß das Grundverhältnis von unmittelbarer und mittelbarer Verwaltung auch auf die Kommunen, die doch selbst – von der Ebene des Bundesstaates und der Länder aus betrachtet – Einrichtungen der mittelbaren Staatsverwaltung sind[30], erstreckt wird, findet eine einfache Erklärung[31]: Als unmittelbare Verwaltung firmiert auf jeder der drei Hauptebenen die Erledigung der Verwaltungsaufgaben durch weisungsabhängige, rechtlich unselbständige Organe und Dienststellen, während wiederum auf jeder Ebene mittelbare Verwaltung bedeutet, daß die Aufgabenerfüllung rechtlich in gewissem Umfang verselbständigten Trägern obliegt, denen gegenüber das Muttergemeinwesen in der Regel keine Weisungs-, sondern nur Aufsichts- und Kontrollrechte hat. Beide Formen finden sich nicht nur im Bereich der Bundes- und Landes-, sondern auch der Kommunalverwaltung in Gestalt der Auslagerung von Aufgaben auf Verwaltungseinheiten des öffentlichen oder auch des privaten Rechts. Wenn aber die Annahme eines dreistufigen Aufbaus der Verwaltungsorga-

---

[30] Mit dieser Charakterisierung soll noch nichts näheres über das Wesen der kommunalen Selbstverwaltung gesagt sein. Mit R. Hendler, Selbstverwaltung als Ordnungsprinzip, 1984, S. 299 ist davon auszugehen, daß ‚mittelbare Staatsverwaltung' als Systematisierungskategorie ein tauglicher Terminus ist. Nur das soll er hier sein (s. auch Lerche, Art. 83 Rn. 14 und Stern, Staatsrecht I, S. 402 m.w.N. zum Streitstand).

[31] Vgl. Krebs, in: HdbStR III, § 69 Rn. 13. – Beispiele für mittelbare Verwaltung auf Kommunalebene: die Stadthallen-GmbH, die Gewährträgerschaft für die Sparkassen und vor allem die kommunalen Zweckverbände. Zu diesem Komplex ausführlich und mit viel Anschauungsmaterial: W. Engel, Grenzen und Formen der mittelbaren Kommunalverwaltung, 1981, S. 4 ff., 19 ff. u. passim.

nisation in der Bundesrepublik gerade deshalb sinnvoll ist, weil als Einteilungskriterium die Existenz eines demokratisch-repräsentativen Leitorgans (Bundestag, Landtag, Gemeinderat) zugrundegelegt werden kann[32], so bedeutet dies, daß sich das Systemschema von programmierender Vertretungskörperschaft und programmierter Administration auf jeder Stufe wiederholt[33]. Und das heißt auch: Auf jeder Ebene stellt sich das Problem der Steuerung und Lenkung der mittelbaren, dezentralisierten, verselbständigten Verwaltungseinheiten mit Blick auf das jeweilige demokratische „Zentrum"[34]. Ob der Staat durch eigene Behörden, durch verselbständigte Verwaltungseinheiten des privaten oder des öffentlichen Rechts verwaltet, ist eben keineswegs nur eine Frage der verfassungsrechtlichen Vorgaben organisatorischer Art, der politischen Entscheidung, der historischen Entwicklung, der Funktionsfähigkeit der öffentlichen Verwaltung oder der Verwaltungseffizienz[35] – sondern auch und in erster Linie eine Frage hinreichender

---

[32] Vgl. FABER, Verwaltungsrecht, S. 46. Zur Tauglichkeit dieses Modells auch für die kommunale Ebene E. TH. KRAFT, Das Verwaltungsgesellschaftsrecht, 1982, S. 97 ff.

[33] Darauf hat R. MAYNTZ, Soziologie der öffentlichen Verwaltung, 3. Aufl. 1985, S. 61 ausdrücklich aufmerksam gemacht: Die Frage nach dem Instrumentcharakter der Verwaltung stelle sich „konkret für jede Verwaltungsebene, auf der es eine gewählte politische Vertretung und Leitung gibt, die als Zentrum der Willensbildung und politischen Kontrolle über die ihr ebenenmäßig zugeordnete Verwaltung fungieren soll." S. auch W. BROHM, Polyzentrische Steuerung durch das Recht, in: Grenzen des Rechts, 1987, S. 31 ff. (41).

[34] Es geht also (zunächst) nur um das „Demokratieproblem" auf jeder Ebene. H. MEYER (VVDStRL 46 [1988], S. 288 f.) hat insoweit völlig recht, daß man den Topos „Einheit der Verwaltung" nicht auf das demokratische Prinzip schlechthin beziehen kann, weil es im föderalen Staat mit garantierter kommunaler Selbstverwaltung wohl mehr als 10.000 Einheitsverwaltungen gibt (ähnlich in der Diskussion bereits vorher EBSEN, S. 274 ebenfalls mit Hinweis auf Föderalismus und Kommunen) – und entsprechend viele demokratische Herrschaftsapparate. Bei jedem aber stellt sich die Frage nach der Einheit der Verwaltung (G. KISKER, Insichprozeß und Einheit der Verwaltung, 1968, S. 9 Fn. 2) als Frage nach der dominierenden, legitimierenden und regulierenden Kraft des Demokratieprinzips. Von daher ist natürlich die These, die demokratische Selbstverwaltung stünde nicht nur nicht im Widerspruch zur Einheit der Verwaltung, sondern trüge zu ihr bei (G. HAVERKATE, Die Einheit der Verwaltung als Rechtsproblem, VVDStRL 46 [1988], S. 217 ff. [238]), in dieser Allgemeinheit nicht haltbar (zur Kritik auch ZACHER, ebd. S. 299). Richtig bleibt, daß das demokratische Prinzip geeignet ist, hierarchisch organisierte und effektiv zu leitende Verwaltung zu fordern – aber eben nicht unbeschränkt und nur im Verhältnis zu einem vorausgesetzten Bezugssystem. Zur Dezentralisierungsfrage verhält es sich gewissermaßen neutral (dazu mehr unter V). – Erst nach der Betrachtung horizontaler Dezentralisation stellt sich die Frage nach der vertikalen Verknüpfung der Ebenen (Bund, Länder, Gemeinden): das ist in erster Linie ein Einheits-, kein Demokratieproblem.

[35] So H. J. WOLFF/O. BACHOF/R. STOBER, Verwaltungsrecht II, 5. Aufl. 1987, § 84 Rn. 9.

demokratischer Kontrolle und Legitimation, die zunächst auf der horizontalen Ebene diskutiert werden soll. Erst nachdem diese Problemdimension behandelt ist, können die Verhältnisse in der Vertikalen untersucht werden. Zunächst aber sind einige begriffliche Klärungen notwendig.

3. Begriffliches

Alle Analysen der Verwaltungsorganisation leiden unter einer wenig präzisen und geradezu beklagenswert uneinheitlichen Begrifflichkeit. Es kann und soll hier nicht der von vornherein untaugliche Versuch unternommen werden, eine eigene Terminologie verbindlich zu machen. Zur Erläuterung lediglich folgendes:

a) Die Begriffe Pluralisierung, Dezentralisierung, Selbstverwaltung sind nicht etwa identisch oder beliebig austauschbar, sondern umschließen bei sukzessiv abnehmender Allgemeinheit und Unbestimmtheit einen jeweils engeren Kreis von Erscheinungen. Nicht jede Art der Pluralisierung muß die Gestalt von Dezentralisation annehmen[36], nicht jede Art der Dezentralisation beruht auf dem Gedanken der Selbstverwaltung[37] – obwohl unbe-

---

[36] Ein gewisser Grad von Aufspaltung der einheitlichen Verwaltungsstaatsgewalt liegt bereits in der Ressortbildung als Musterfall horizontaler Dekonzentration beschlossen, also gewissermaßen im Herzen der unmittelbaren Staatsverwaltung. Insoweit kann man schon hier – wenn auch nicht ganz unmißverständlich – von verselbständigten Verwaltungsträgern sprechen, die unterschiedliche Belange ‚repräsentieren' (so J. Burmeister, Innenrecht der Verwaltung zur Gewährleistung der Kooperation von Verwaltungsträgern und der Koordination von Verwaltungszwecken, in: Drittes deutsch-polnisches Verwaltungssymposium, hrsgg. v. W. Brohm, 1983, S. 45ff. [67ff.], der als Beispiel den Konflikt zwischen zwei Behörden nennt, von denen die eine dem Wirtschafts-, die andere dem Umweltressort angehört). Bevor die „zentrifugalen Tendenzen" (Loschelder, in: HdbStR III, § 68 Rn. 44) der Ressortbildung aber überschätzt werden, sollte man sich daran erinnern, daß die Einführung dieses Prinzips im Zuge der Verwaltungsreformen Anfang des 19. Jahrhunderts der Effektivierung staatlicher Tätigkeit diente. Die allgemein zu beobachtende Wucherung der Fachbehörden (E. Geib, Verwaltungseinheit: Prinzip und Gegentendenzen, in: Verwaltung, hrsgg. v. Morstein Marx, S. 148ff. [151]: „Drang in die Sonderverwaltung"; Mögele, BayVBl. 1987, S. 546 m.w.N.) wird für das gesamte dezentralisierte Staatsgefüge insbesondere dann und deswegen gefährlich, wenn und soweit daraus die von Frido Wagener unermüdlich gegeißelten „vertikalen Fachbrüderschaften" (z.B. VVDStRL 37 [1979], S. 238) entspringen und im Endeffekt ein die drei Hauptebenen der Verwaltung übergreifender, die demokratischen Zentren tendenziell ausschaltender und Verantwortlichkeiten verwischender Planungs-, Finanzierungs- und Entscheidungsverbund entsteht.

[37] H.J. Wolff/O. Bachof, Verwaltungsrecht II, 4. Aufl. 1976, § 77 I b (S. 100); vgl. auch bereits Merkl, Allgemeines Verwaltungsrecht, S. 342ff. – Häufig wird Dezentralisation auf Selbstverwaltung und Selbstverwaltung auf kommunale Selbstverwaltung

Dreier, DÖV 02, 537

streitbar ist, daß Formen der Selbstverwaltung (und wiederum in erster Linie: die kommunale) gleichsam den klassischen Anwendungsfall und das prototypische Konzept für Dezentralisationsmaßnahmen bilden[38].

b) Seit Peters' Arbeit über Zentralisation und Dezentralisation[39] dienen die Begriffspaare Zentralisation-Dezentralisation und Konzentration-Dekonzentration als grundlegende Kategorisierungen, mit denen sich ungeachtet gewisser Abgrenzungsprobleme viele Phänomene der Untergliederung und Ausdifferenzierung staatlicher Verwaltungsorganisation erfassen und gewichten lassen. Berücksichtigt man die seitdem eingetretenen Präzisierungen und Bedeutungsverschiebungen, so ergibt sich[40]:

Zentralistisch ist eine Verwaltungsorganisation nicht (nur) dann, wenn alle Entscheidungsbefugnisse bei einer Instanz oder gar einer Behörde gebündelt sind. Die bloße Mehrzahl von Instanzen oder Stufung von Behörden schließt Zentralisation nicht aus. Entscheidendes Kriterium für die Frage, ob eine zentralistische oder dezentralisierte Verwaltungsorganisation

---

reduziert, wie SCHÄFER, Zentralisation und Dezentralisation, S. 14 referiert. Damit sind zwar die Schwerpunkte treffend bezeichnet (vgl. SCHÄFER, S. 78, 117, 127); doch gibt es Dezentralisationsformen, die nicht auf dem Selbstverwaltungsgedanken (sondern auf dem Prinzip der Eigenverantwortlichkeit, der funktionalen Wahrnehmung einer bestimmten Sachaufgabe, der Zurverfügungstellung eines Leistungsapparates etc.) beruhen, wie bestimmte Anstalten (hier ist im einzelnen vieles umstritten; dazu später mehr); auch die Stiftungen kann man nur mit Mühe auf den Selbstverwaltungsgedanken gründen (vgl. K. NEUHOFF, Einige Bemerkungen zur Komplementarität von Selbstverwaltung und Stiftung, in: FS v. Unruh, S. 991 ff., insb. 1006 ff.; M. SCHULTE, Staat und Stiftung, 1989, S. 61). – Andererseits finden sich faktisch zur Dezentralisation führende „Kupierungen des Aufsichtsrechts" (LÖWER, Staatsorganisation, Sp. 3452) auch im Bereich der unmittelbaren Staatsverwaltung: das sind dann im Wolffschen Sinne dezentralisierte Staats*organe* (nicht: Staats*glieder*), also vor allem die weisungsfreien Ausschüsse (Bundesprüfstelle für jugendgefährdende Schriften, Filmbewertungsstelle Wiesbaden, Sortenausschüsse, Kriegsdienstverweigerungsausschüsse etc.).

38 Dazu etwa P. PERNTHALER, Staats- und verfassungstheoretische Grundlagen der Dezentralisation und der Selbstorganisation, in: ders. (Hrsg.), Dezentralisation und Selbstorganisation, Wien 1982, S. 19 ff. (22, 27 f.); weitere Nachweise, auch der Gegenstimmen, bei HENDLER, Selbstverwaltung als Ordnungsprinzip, S. 345; G. F. SCHUPPERT, Selbstverwaltung, Selbststeuerung, Selbstorganisation – Zur Begrifflichkeit einer Wiederbelebung des Subsidiaritätsgedankens, in: AöR 114 (1989), S. 127 ff. (129 ff.).

39 HANS PETERS, Zentralisation und Dezentralisation, 1928.

40 Vgl. zum folgenden POUL MEYER, Die Verwaltungsorganisation, 1962, S. 42 ff., 223 ff.; H. J. WOLFF/O. BACHOF, Verwaltungsrecht II, 4. Aufl. 1976, § 77 I (S. 97 ff.); H. J. WOLFF, Art. Staatsorganisation, in: EvStL, 2. Aufl. 1975, Sp. 2521 ff.; O. BACHOF, Art. Verwaltung, ebd., Sp. 2772 ff. (2775 ff.); SCHÄFER, Zentralisation und Dezentralisation, S. 39 ff., 70 ff.; H. LECHELER, Verwaltungslehre, 1988, S. 80 ff. (sowohl P. Meyer als auch Schäfer pflegen zum Teil eine etwas eigenwillige Terminologie, die aber im folgenden keine Berücksichtigung findet).

vorliegt, ist vielmehr (von oben gesehen) der Grad der Steuerbarkeit der unteren Instanzen bzw. (von unten gesehen) der Grad der Abhängigkeit der unteren Instanzen von der Behördenspitze. Kann die Wahrnehmung der Kompetenzen, also die Erfüllung der Aufgaben, von der Spitze aus durch Weisungen gesteuert werden und verfügen die ausführenden Organe nicht über Eigenrechte, sondern fungieren als fachaufsichtlich kontrollierte Untereinheiten, so haben wir es mit einer zentralistischen Verwaltungsorganisation zu tun. Diese impliziert also nicht, daß die oberste Behörde stets selbst die Entscheidungen zu treffen hätte, „besagt jedoch, daß die höchste Spitze immer in der Lage ist, die untergeordneten Behörden, die tatsächlich die Entscheidungen fällen, anzuweisen und ihre Entscheidungen aufzuheben".[41] Stehen dem Staat hingegen in der Regel mit eigener Rechtsfähigkeit ausgestattete „verselbständigte Organkomplexe"[42] gegenüber, die ihre Aufgaben gewissermaßen als eigene Angelegenheiten erfüllen und nur einer Rechts-, keiner Fachaufsicht unterliegen, so haben wir es mit einer dezentralisierten Verwaltung zu tun. Obwohl die Gleichsetzung nicht zwingend ist, stellt sich zentralisierte Verwaltung im Regelfall als unmittelbare Staatsverwaltung durch eigene nichtrechtsfähige Organe, also: durch staatliche Behörden, dezentralisierte hingegen als mittelbare Staatsverwaltung durch rechtsfähige Glieder dar[43]. Entscheidend bleibt: Dezentralisation meint stets einen bestimmten Grad an Autonomie und Selbständigkeit im Verhältnis zur jeweiligen Zentrale; das Begriffspaar Zentralisation-Dezentralisation stellt auf einen unterschiedlichen Abhängigkeitsgrad ab[44].

Das Begriffspaar Konzentration-Dekonzentration betrifft hingegen eine prinzipiell andere Frage[45]. Es setzt eine im obigen Sinn zentralistische, hier-

---

[41] P. Meyer, Verwaltungsorganisation, S. 42. Und er fährt fort: „Die homogene Verwaltungshierarchie wird also zur Verkörperung der zentralisierten Verwaltung und die Delegierung von Zuständigkeiten zum Brennstoff, der den Mechanismus in Gang hält."

[42] Merkl, Verwaltungsrecht, S. 351.

[43] Wolff, Staatsorganisation, Sp. 2521; s. auch Lecheler, Verwaltungslehre, S. 83f. – Zur genaueren Unterscheidung zwischen vertikaler und horizontaler Dezentralisation vorerst Becker, Öffentliche Verwaltung, S. 200ff., 204ff.

[44] Nicht nachvollziehbar also folgender Satz: „Lediglich aus Gründen der Versorgung mit Verwaltungsleistungen geschah eine gewisse Dezentralisierung, wobei die dezentralen Organe hierarchisch vollständig von der zentralen Verwaltung des Reichsstatthalters und der ihm nachgeordneten Organe abhingen." (W. Thieme, Entstehung des Landes Hamburg und seiner Verfassung, in: Hamburgisches Staats- und Verwaltungsrecht, hrsgg. v. W. Hoffmann-Riem u. H.-J. Koch, 1988, S. 1ff. [20]).

[45] Th. Tsatsos, Zur Geschichte und Kritik der Lehre von der Gewaltenteilung, 1968, S. 92 betont zu Recht den gemeinsamen Nenner: sowohl Dezentralisation als auch Dekonzentration stellen Formen der Besonderung dar, die „zentrifugal" wirken. Auf dieser Überlegung beruht auch das sogleich zu erläuternde Konzept der verselbständigten Verwaltungseinheiten.

archische Organisation voraus und fragt innerhalb dieses Rahmens nach dem Verteilungsprinzip der (erstinstanzlichen) Behördenzuständigkeiten. (De-)Konzentrationsvorgänge spielen sich innerhalb einer juristischen Person ab. Als Konzentration läßt sich insoweit die Tendenz beschreiben, möglichst viele Kompetenzen bei einem Organ zu bündeln (zu „konzentrieren"), während die zuweilen landesverfassungsrechtlich geforderte (vgl. Art. 77 II BayVerf, Art. 70 I 2 Bad.-Württ. Verf) Dekonzentration Verlagerung der Aufgaben auf eine Mehrzahl von (stets weisungsabhängigen) Verwaltungseinheiten bedeutet: dabei kann man des weiteren vertikale und horizontale (De-)Konzentration unterscheiden[46].

c) Wenn schließlich „verselbständigte Verwaltungseinheiten" als Oberbegriff für die folgende Übersicht gewählt wurde, so ist damit bereits angedeutet, daß die Betrachtung über die öffentlich-rechtlichen Standardformen sog. „mittelbarer Staatsverwaltung" hinausgehen soll. Dieser als „Sammelbegriff für nicht-ministerielle Verwaltungseinheiten"[47] noch recht vage umschriebene, im Kern verwaltungswissenschaftliche, aber auch für die Rechtswissenschaft relevante und dort zunehmend akzeptierte Terminus[48]

---

[46] Musterbeispiel für *horizontale Dekonzentration* (auf zentraler Ebene) ist das ministerielle Ressortprinzip: es bestehen mehrere Organe mit gleicher räumlicher, aber unterschiedlicher fachlicher Zuständigkeit. *Vertikale Dekonzentration* meint hingegen die Verteilung der Gesamtsumme staatlicher Verwaltungsaufgaben auf unterschiedliche Stufen (in der Regel Ministerien als oberste Behörden, Bezirksregierungen/Regierungspräsidien/Regierungen als Mittelstufe und Landkreise / Landratsämter als untere Behörden). Konzentration bedeutet die Zusammenfassung möglichst vieler Kompetenzen bei einem Organ. *Horizontale Konzentration* meint daher die Bündelung verschiedener sachlicher Aufgaben bei einer Behörde (für einen bestimmten räumlichen Bereich auf einer Verwaltungsebene); dieses insbesondere für die kommunale Selbstverwaltung wichtige Prinzip der „Einheit der Verwaltung" wird auch durch die staatliche Mittelinstanz verwirklicht (vgl. allgemein Geib, Verwaltungseinheit, S. 149 ff.; genauer F. Wagener, Die Regierungsbezirke im Gesamtaufbau der Verwaltung, in: VerwArch. 73 [1982], S. 153 ff.; R. Wahl, Die Länder, in: Dt. VerwGesch V, S. 208 ff. [227 ff.]; zur Geschichte eines konkreten Beispieles H. Faber, 100 Jahre Bezirksregierung Hannover, in: DÖV 1985, S. 989 ff.). *Vertikal konzentriert* ist eine Verwaltung wiederum, wenn für den Gesamtraum zentrale Verwaltungseinrichtungen bestehen (Beispiel: Landesbesoldungsamt). Vgl. zum ganzen zusätzlich B. Becker, Zur Organisationsstruktur von Behörden, in: ders./W. Graf Vitzthum, Grundfragen der Verwaltungsorganisation, 1980, S. 47 ff. (110 ff.).

[47] So G. F. Schuppert, „Quangos" als Trabanten des Verwaltungssystems, in: DÖV 1981, S. 153 ff. (154).

[48] F. Wagener (Hrsg.), Verselbständigung von Verwaltungsträgern, 1976; G. F. Schuppert, Die Erfüllung öffentlicher Aufgaben durch verselbständigte Verwaltungseinheiten, 1981; E. Laux, Die „verselbständigten Verwaltungsträger" in der wissenschaftlichen Diskussion, in: DÖV 1981, S. 861 ff.; H.-J. Koch, Allgemeines Verwal-

erweist sich für unsere Fragestellung insbesondere deshalb als geeignet, weil er die perspektivische Verengung auf die Rechtsform vermeidet und ein breiteres Spektrum von funktional ähnlichen Phänomenen zu bündeln geeignet ist; sind damit doch auch „die Erfüllung öffentlicher Aufgaben durch Private, die Probleme der öffentlichen Unternehmen und die Zweckmäßigkeit der Anwendung von privatrechtlichen Rechtsformen für öffentliche Einrichtungen“[49] eingeschlossen. Indem der Topos den Blick auf die tatsächlichen Funktionen, Auslagerungen, Abhängigkeiten und Steuerungsverluste lenkt, hält er nicht nur das Bewußtsein dafür wach, daß auch die Verwaltung durch Privatrechtssubjekte „Verwaltung durch verselbständigte Organisationseinheiten“[50] ist und der offenbar stets breiter werdende Bereich zwischen ‚rein‘ staatlichen und ‚rein‘ privaten Betätigungen einer weiten Fülle unterschiedlicher Erscheinungen Raum bietet[51] – er legt dar-

---

tungsrecht, 1984, S. 29ff.; LOSCHELDER, in: HdbStR III, §68 Rn. 48; KREBS, ebd., §69 Rn. 19ff.; P. LERCHE, in: Maunz/Dürig, Komm. z. GG, Art. 86 (1989), Rn. 42ff.

[49] F. WAGENER, Einleitung, in: ders. (Hrsg.), Verselbständigung von Verwaltungsträgern, 1976, S. 15ff. (16); ähnlich bereits W. WEBER, Der nicht staatsunmittelbare öffentliche Organisationsbereich, in: Juristen-Jahrbuch 8 (1967/68), S. 137ff. (141).

[50] KREBS, in: HdbStR III, §69 Rn. 17; eine Typologie bei SCHUPPERT, Erfüllung öffentlicher Aufgaben, S. 6ff., 93ff.; s. auch E. LAUX, Katalog von Rechtsformen verselbständigter Verwaltungsträger, in: Verselbständigung von Verwaltungsträgern, hrsgg. v. F. Wagener, S. 119ff.

[51] Daß diese Tendenzen zu einer – wie man gern sagt – „Osmose“ von Staat und Gesellschaft, einer Durchstaatlichung der Gesellschaft und einer Vergesellschaftung des Staates nichts prinzipiell Neues, schon gar nicht erst im Staat der Bundesrepublik Deutschland einsetzende Phänomene sind, belegt J. NIEDNER, Individualismus und Sozialismus in der Verwaltungsorganisation, in: Zeitschrift für Politik 7 (1914), S. 337ff.; unter der etwas irritierenden Überschrift analysiert der Autor in erstaunlich aktuell anmutender Weise die verschiedenen Zwischenstufen von der Wahrnehmung bestimmter Aufgaben durch den Staat bis zu ihrer völligen Freilassung für die private Betätigung, insbesondere die „Weg(e) zu allmählicher Verstaatlichung“ (S. 344) und die „Mittelform(en) sozialer Betätigung“ (S. 345); dazu zählen die besonderen Bindungen der Rechtsanwälte und Ärzte (340), Treuhänder, Konkursverwalter und Vormünder (342ff.), Einrichtungen der Selbstverwaltung (345), gemischt-wirtschaftliche Unternehmen (347f.), Innungen und Genossenschaften (352ff.), berufsständische Kammern und Kommunen (354ff.), schließlich Stiftungen und Anstalten (356ff.). Niedner resümiert (S. 360): „So sehen wir eine geschlossene Kette von Organisationsformen vor uns von dem ersten Ansatz staatlicher Beeinflussung privater Betätigung, in dem man Privaten einen beamtenähnlichen Charakter aufprägt, bis zu der Verstaatlichung, bei der die individuelle Strebung aber noch nachwirkt.“ Dazu auch K.-J. BIEBACK, Entwicklungsgeschichtliche und funktionale Aspekte der gegenwärtigen Bedeutung der Körperschaft des Öffentlichen Rechts, in: Quaderni Fiorentini 11/12 (1982–83), S. 859ff. (862) m.w.N. – Im Grunde nicht anders spricht heute SCHUPPERT, DÖV 1981, S. 153ff. (154) von Organisationen, „die sich irgendwo zwischen staatsunmittelbarer Verwaltung und Privatbereich befinden.“ – Zu den Phänomenen in diesem Bereich zwischen rein privaten und

über hinaus die Frage nach den vielfältigen und unterschiedlich gewichtigen „Einflußknicke(n)“[52] und damit nach den Steuerungsverlusten nahe, die gegenüber der unmittelbaren Staatsverwaltung einer hierarchisch gegliederten, fachaufsichtlich kontrollierten und durch Weisungen dirigierten Bürokratie zu verzeichnen sind. Anders als beim Sammelbegriff der sog. mittelbaren Staatsverwaltung fallen unter die verselbständigten Verwaltungseinheiten schließlich auch die definitionsgemäß der unmittelbaren Staatsverwaltung zugehörigen ministerialfreien Räume und Fälle wie die Auslagerung bestimmter Verwaltungseinheiten[53]. Was die verselbständigten Verwaltungseinheiten verbindet, ist die in gewisser Distanz zum jeweiligen staatlichen bzw. kommunalen Verwaltungsträger erfolgende Wahrnehmung öffentlicher Aufgaben – gerade dadurch soll ja der mit allen Formen intendierte Entlastungseffekt erzielt werden[54].

---

rein staatlichen Organisationen vgl. G. Teubner, Organisationsdemokratie und Verbandsverfassung, 1978, S. 121 ff.; Schuppert, Erfüllung öffentlicher Aufgaben, S. 78 ff., 93 ff.

52 F. Wagener, Typen der verselbständigten Erfüllung öffentlicher Aufgaben, in: ders. (Hrsg.), Verselbständigung von Verwaltungsträgern, 1976, S. 31 ff. (41).

53 Faber, Verwaltungsrecht, S. 50 hat den Ausgliederungsprozeß, der in der mittelbaren Staatsverwaltung durch juristische Personen des öffentlichen Rechts einen deutlichen Abschluß findet, beschrieben: „Die Rechtsordnung kann an sich nachgeordnete Dienststellen mit selbständigen Befugnissen ausstatten und diese begrenzte Selbständigkeit in sehr unterschiedlicher Form und Intensität weiter steigern; irgendwo muß man jedoch eine Grenze ziehen, von der ab ein solches Subsystem nicht mehr zur unmittelbaren Verwaltung – die schließlich einen von oben nach unten durchlaufenden Weisungsstrang voraussetzt – gerechnet werden kann.“ Krebs, in: HdbStR III, § 69 Rn. 19 ff. betont die Relativität scheinbar scharfer Kriterien wie etwa der Rechtsfähigkeit. Dies ändert nichts an ihrer Eignung zur Orientierung und Kategorisierung.

54 Kisker, Konfliktüberlastung und Dezentralisierung, S. 77; Bieback, in: Quaderni Fiorentini 11/12 (1982–83), S. 908 ff.; Schuppert, in: AöR 114 (1989), S. 139 ff., 143 ff. Daß Entlastungswirkungen nicht nur durch öffentlichrechtliche Institutionen zu erzielen sind, zeigt W. Kirberger, Staatsentlastung durch private Verbände, 1978, insb. S. 235 ff.; zum Spezialfall der Tarifautonomie und ihren prekären Rahmenbedingungen E.-W. Böckenförde, Die politische Funktion wirtschaftlich-sozialer Verbände und Interessenträger in der sozialstaatlichen Demokratie, in: Regierbarkeit, hrsgg. v. W. Hennis u.a., Bd. 1, 1977, S. 229 ff. (230 ff., 244 ff.).

III. Einige Formen und Arten verselbständigter Verwaltungseinheiten

1. Juristische Personen des öffentlichen Rechts

Im Zentrum des Systems verselbständigter Verwaltungseinheiten stehen als gleichsam klassische Typen mittelbarer Staatsverwaltung die Körperschaften, Anstalten und Stiftungen des öffentlichen Rechts[55]. Angesichts der vergleichsweise geringen Bedeutung der Stiftungen liegt das Schwergewicht eindeutig bei den (rechtsfähigen) Anstalten und Körperschaften, wobei den Gebietskörperschaften wiederum Modellcharakter für die verbandlichen Formen der Selbstverwaltung zukommt, die im wirtschaftlichen Bereich, auf dem Gebiet der freien Berufe, der Sozialverwaltung wie zum Teil auch der wissenschaftlichen Hochschulen ihren Schwerpunkt finden.

a) *Körperschaften.* Versteht man unter Dezentralisation in erster Linie die „Bildung selbständiger juristischer Personen des öffentlichen Rechts mit eigener Entscheidungsbefugnis“[56] und erblickt das Ziel solcherart mittelbarer, dezentralisierter Staatsverwaltung[57] in der „Hemmung von Hoheitsmacht, (der) Einbeziehung von schöpferischen Impulsen dritter Arbeitsebenen und (einer) zusätzliche(n) Plattform für bürgerschaftliche Mitarbeit und Integra-

---

[55] Damit soll nicht verkannt werden, daß die Verselbständigung von Verwaltungseinheiten weder ausschließlich noch eindeutig durch die Verleihung der Rechtsfähigkeit indiziert oder begründet wird (zur Relativität der Rechtsfähigkeit im öffentlichen Recht allgemein: O. Bachof, Teilrechtsfähige Verbände des öffentlichen Rechts, in: AöR 83 [1958], S. 208 ff. [259 ff.]; F. Fabricius, Relativität der Rechtsfähigkeit, 1963; W. Krebs, Verwaltungsorganisation, in: HdbStR III, § 69 Rn. 20, 24 ff.). So sind etwa die verselbständigten Sondervermögen von Bahn und Post zwar gegenüber Dritten, nicht aber dem Bund gegenüber rechtsfähig; entsprechend qualifiziert BVerwGE 64, 202/205 die Deutsche Bundesbahn als „teilrechtsfähige Anstalt des öffentlichen Rechts in bundeseigener Verwaltung.“ – Zu fast allen Formen rechtlich verselbständigter Verwaltungsträger gibt es zudem, wie B.-O. Bryde, Die Einheit der Verwaltung als Rechtsproblem, VVDStRL 46 (1988), S. 181 ff. (194) sagt, „Parallelerscheinungen ... innerhalb der unmittelbaren Bundes- und Landesverwaltung“. Gleichwohl bildet die Rechtsformentypologie den besten Gliederungsgesichtspunkt für eine Übersicht über die verschiedenen Arten und Formen der Verselbständigung (vgl. auch die zusammenfassende Formel für die juristischen Personen des öffentlichen Rechts von W. Martens, Öffentlich als Rechtsbegriff, 1969, S. 112: „Erstreckung des ursprünglich dem Staat vorbehaltenen Sonderrechts auf selbständige Rechtsträger außerhalb der unmittelbaren Staatsorganisation“).

[56] H. J. Wolff/O. Bachof/R. Stober, Verwaltungsrecht II, 5. Aufl. 1987, § 84 Rn. 3; vgl. bereits A. Merkl, Allgemeines Verwaltungsrecht, 1927, S. 351 ff.

[57] E. Forsthoff, Lehrbuch des Verwaltungsrechts, Bd. 1, 10. Aufl. 1973, S. 471.

tion"[58] wie überhaupt in der Sicherung von Vielfalt, der Belebung orts- wie sachnahen bürgerschaftlichen Engagements und einer dadurch zu erreichenden Stabilisierung durch Flexibilisierung des Systems[59], mithin der Pluralisierung von Entscheidungszentren und der gezielten Unterbrechung eines „geschlossenen Stromkreis(es) der Macht"[60] – so werden all diese Funktionen in hervorragender Weise durch Übertragung von Aufgaben zur Selbstverwaltung eines mitgliedschaftlich verfaßten Verbandes, d. h. vor allem: durch Körperschaften des öffentlichen Rechts erfüllt[61]. Diese besondere Affinität zwischen körperschaftlicher Struktur und dem Selbstverwaltungsgedanken[62] schlägt sich nieder in der Funktionsbestimmung der Körper-

---

[58] E. Schmidt-Jortzig, Probleme der kommunalen Fremdverwaltung, in: DÖV 1981, S. 393 ff. (394); ders., Verfassungsmäßige und soziologische Legitimation gemeindlicher Selbstverwaltung im modernen Industriestaat, in: DVBl. 1981, S. 1 ff. (8 ff.); s. auch G. Chr. v. Unruh, Hemmung eines „despotisme administratif" durch verfassungskonforme Verwaltungsorganisation, in: DÖV 1970, S. 581 ff.; ders., Dezentralisation der Verwaltung des demokratischen Rechtsstaates nach dem Grundgesetz, in: DÖV 1974, S. 649 ff. (650, 653 f.). Nicht beschränkt auf den kommunalen Bereich und unter dem Gesichtspunkt der Gewaltenteilung in der Verwaltung: B. Schlink, Die Amtshilfe, 1982, S. 23 ff.

[59] Zu diesen Aspekten siehe etwa W. Schick, Art. Autonomie, in: EvStL, 2. Aufl. 1975, Sp. 118 ff. (120); G. Kisker, Abbau politischer Konfliktüberlastung durch Dezentralisierung, in: Verselbständigung von Verwaltungsträgern, hrsgg. v. F. Wagener, 1976, S. 73 ff. (77); H. Häussermann, Die Politik der Bürokratie, 1977, S. 97; R. Hendler, Selbstverwaltung als Ordnungsprinzip, 1984, S. 357; Peter Schäfer, Zentralisation und Dezentralisation, 1982, S. 120; S. Schwab, Kommunale Selbstverwaltung heute, 1988, S. 12. – W. Rudolf, Verwaltungsorganisation, in: Allgemeines Verwaltungsrecht, hrsgg. v. H.-U. Erichsen u. W. Martens, 8. Aufl. 1988, § 56 II 1 sieht den rechtspolitischen Grund für Dezentralisationsmaßnahmen ausdrücklich darin, „ein Korrektiv zur einheitlichen staatlichen Verwaltung zu bilden".

[60] K. Loewenstein, Verfassungslehre, 1959, S. 28; zur möglichen Effektivität solcher Brechungen und Pluralisierungen für das staatliche Gesamtsystem E.-W. Böckenförde, Organ, Organisation, Juristische Person, in: FS H. J. Wolff, 1973, S. 269 ff. (301 f.).

[61] G. F. Schuppert, Selbstverwaltung als Beteiligung Privater an der Staatsverwaltung?, in: FS v. Unruh, 1983, S. 183 ff. (185) spricht von der öffentlich-rechtlichen Körperschaft als dem „Rechtsgewand der verbandsmäßigen Selbstverwaltung"; H.-J. Koch, Allgemeines Verwaltungsrecht, 1984, S. 30: „Körperschaften des öffentlichen Rechts beziehen ihre Rechtfertigung nämlich aus dem Gedanken der Selbstverwaltung." S. auch Wolff/Bachof/Stober, VerwR II, § 84 Rn. 37. – Zur rechtsgeschichtlichen Bedeutung instruktiv W. Krawietz, Art. Körperschaft, in: Historisches Wörterbuch der Philosophie, Bd. 4, 1976, Sp. 1101 ff. und auch A. Endrös, Entstehung und Entwicklung des Begriffs „Körperschaft des öffentlichen Rechts", in: ZRG KA 100 (1983), S. 292 ff., 441 ff.

[62] Besonders deutlich bei R. H. Herrnritt, Grundlehren des Verwaltungsrechts, 1921, S. 187: „Unter Selbstverwaltung versteht man somit jenen Anteil an der öffentlichen Verwaltung, welcher einzelnen als Verbandspersonen organisierten Gruppen der

schaften: Wahrnehmung öffentlicher Aufgaben als eigene Angelegenheit durch ein im Regelfall mit Satzungsrecht ausgestattetes Glied staatlicher Organisation, das insofern weisungsunabhängig ist und nur staatlicher Aufsicht unterliegt[63]. Sie gilt für die wichtigsten Fälle gebietskörperschaftlicher, berufsständischer, wirtschaftlicher, kultureller und sozialer Selbstverwaltung[64] gleichermaßen, wenn auch nicht mit gleicher Intensität.

aa) *Kommunale Selbstverwaltung.* Die kommunalen Gebietskörperschaften bilden zwar durchaus den „Modellfall“[65] körperschaftlicher Selbstverwaltung, nehmen aber aus zwei Gründen eine Sonderstellung ein. Im Unterschied zu anderen öffentlich-rechtlichen Körperschaften ist die mitgliedschaftliche Rekrutierungsbasis nicht auf bestimmte gesellschaftliche Gruppen beruflicher, sozialer, wirtschaftlicher oder anderer Art begrenzt. Zudem sind vor allem die Gemeinden nicht auf bestimmte Aufgabenkomplexe und Lebensbereiche, deren Erledigung oder Bearbeitung ihnen vom Staat zugewiesen wird und auf die allein sich ihre Tätigkeit erstreckt, beschränkt; ungeachtet aller faktisch zu einem Gutteil eingetretenen gesetzlichen Eingrenzungsmöglichkeiten spiegelt die Formel von der Universalität des gemeindlichen Wirkungskreises den Umstand wider, daß sie bei Fehlen einer entgegenstehenden Regelung ohne einen besonderen Kompetenztitel öffentliche Aufgaben wahrnehmen können, solange sich diese als Angelegenheiten der örtlichen Gemeinschaft qualifizieren lassen. Sie haben insoweit gewissermaßen ein Zugriffsrecht inne[66]. Auf der Basis allgemeiner Repräsenta-

---

menschlichen Gesellschaft innerhalb des Staates mit Zulassung der Staatsgewalt zwecks besserer Wahrnehmung der von ihnen vertretenen Interessen zu eigenem Rechte eingeräumt ist.“ (zu Herrnritts Werk und seiner Person B. DENNEWITZ, Die Systeme des Verwaltungsrechts, 1948, S. 170); s. auch G. F. SCHUPPERT, Öffentlich-rechtliche Körperschaften, in: Handwörterbuch der Wirtschaftswissenschaft, Bd. 5, 1980, S. 399ff. (400ff.); WOLFF/BACHOF/STOBER, VerwR II, § 84 Rn. 37: „Träger von Selbstverwaltungsrechten sind vornehmlich die Körperschaften des öffentlichen Rechts“. Gegen die Beschränkung des Selbstverwaltungsbegriffs auf körperschaftliche Träger FORSTHOFF, Verwaltungsrecht, S. 477f.

[63] Vgl. nur WOLFF/BACHOF/STOBER, VerwR II, § 84 Rn. 4, 33ff.

[64] Diese Grobunterteilung in Anlehnung an E. BECKER, Art. Selbstverwaltung, in: StL, 6. Aufl., Bd. 7, Sp. 45ff. (51f.) und SCHUPPERT, in: FS v. Unruh, der dort noch genauer differenziert (vgl. seine Typologie S. 203ff.). E.-W. BÖCKENFÖRDE, Demokratie als Verfassungsprinzip, in: HdbStR I, § 22 Rn. 31ff. nimmt eine Zweiteilung zwischen kommunaler und funktionaler Selbstverwaltung vor; W. SCHICK/J. WIDTMANN, Art. Selbstverwaltung, in: EvStL, 2. Aufl. 1975, Sp. 2291ff. beschränken sich auf die berufsständische und die kommunale Selbstverwaltung; umfänglicher P. WEIDES, Art. Selbstverwaltung, in: StL, 7. Aufl., Bd. 4, Sp. 1163ff.

[65] W. LOSCHELDER, Weisungshierarchie und persönliche Verantwortung in der Exekutive, in: HdbStR III, § 68 Rn. 53.

[66] Vgl. jetzt deutlich BVerfG DVBl. 1989, 300/301: „Hiernach gehört zum Wesens-

tion[67] als „unbestimmte Allgemeinheit" verfaßt, werden im Unterschied zu den anderen Formen körperschaftlicher Selbstverwaltung „alle Bürger gleichheitlich, ohne Differenzierung nach persönlichen, funktions- oder interessenbestimmten Merkmalen einbezogen und erfaßt"[68]. Weil über gleiches Stimmrecht, Wahlvorgang und Verantwortungsgehalt eine „zum Staatsvolk analoge Legitimationsstruktur anerkannt"[69] wird, stellt sich kommunale Selbstverwaltung als besondere, nämlich besonders legitimierte, aufgabenmäßig nicht strikt begrenzte, auf die Gemeindebürger als Teilvolk gegründete und so gegenüber den anderen Formen deutlich abgesetzte Form körperschaftlicher Selbstverwaltung dar[70].

bb) *Interessenvertretende Selbstverwaltung.* Die angedeuteten Differenzen werden sofort erkennbar, wenn man den Blick auf die sogenannten „berufsständischen" Körperschaften, also in erster Linie auf die Ärzte-, Apotheker-, Architekten- und Rechtsanwaltskammern, zusätzlich auf die an Erwerbszweigen orientierte wirtschaftliche Selbstverwaltung und damit auf die Handwerks-, Landwirtschafts- sowie die Industrie- und Handelskammern

---

gehalt der gemeindlichen Selbstverwaltung kein gegenständlich bestimmter oder nach feststehenden Merkmalen bestimmbarer Aufgabenkatalog, wohl aber die Befugnis, sich aller Angelegenheiten der örtlichen Gemeinschaft, die nicht durch Gesetz bereits anderen Trägern öffentlicher Verwaltung übertragen sind, ohne besonderen Kompetenztitel anzunehmen (‚Universalität' des gemeindlichen Wirkungskreises)."

[67] W. Brohm, Strukturen der Wirtschaftsverwaltung, 1969, S. 248 ff.; R. Breuer, Selbstverwaltung und Mitverwaltung Beteiligter im Widerstreit verfassungsrechtlicher Postulate, in: Die Verwaltung 10 (1977), S. 1 ff. (9).

[68] Böckenförde, in: HdbStR I, § 22 Rn. 21. – Eine von vielen Folgen: im Unterschied zu anderen öffentlich-rechtlichen Institutionen ist den Kommunen die Veranstaltung von Rundfunk wegen des Gebotes der Staatsfreiheit versagt; vgl. W. Rudolf, Rundfunkveranstalter des öffentlichen Rechts, in: FS Bachof, 1984, S. 97 ff. (105); BVerfGE 73, 118/191; BayVerfGH BayVBl. 1987, S. 77 Ls. 7; BayVerfGH BayVBl. 1989, 303/306.

[69] Böckenförde, in: HdbStR I, § 22 Rn. 31. Allgemein H. Hill, Die politisch-demokratische Funktion der kommunalen Selbstverwaltung nach der Reform, 1987, S. 18 ff.

[70] Zur hier nicht näher auslotbaren Gestalt kommunaler Selbstverwaltung vgl. statt aller K. Stern, Das Staatsrecht der Bundesrepublik Deutschland, Bd. I, 2. Aufl. 1984, S. 391 ff. – Festgehalten sei lediglich, daß trotz des Fortfalls der historischen Dichotomie zwischen ‚freier' bürgerschaftlicher Selbstverwaltung und monarchisch-bürokratischer Staatsanstalt der demokratische Gedanke autonomer Selbstgestaltung der politisch-sozialen Verhältnisse für die Kommunen seinen Sinn keineswegs verloren hat. Als Form der Dezentralisation staatlichen Handelns stützt sich kommunale Selbstverwaltung vielmehr gerade heute ganz entscheidend auf die Idee der Vervielfältigung, Verbreiterung und Intensivierung demokratischer Strukturen (vgl. U. Scheuner, Zur Neubestimmung der kommunalen Selbstverwaltung, in: AfK 12 [1973], S. 1 ff. [6, 30, 40 u.ö.]).

lenkt[71]. Deren vergleichsweise partikularer Charakter manifestiert sich darin, daß Anknüpfungspunkt nicht die lokale Allgemeinheit der Kommunen, sondern die rollendifferenzierende Zugehörigkeit zu einer bestimmten Berufsgruppe bzw. einem Erwerbszweig ist. Der durch äußerliche Merkmale verbundene und insoweit bereits sozial vorstrukturierte Personenkreis wird nun – zum Teil in gezielter Anknüpfung an bereits eingetretene private Verbandsbildung – öffentlich-rechtlich überformt und, wie man mit einem etwas unschönen Ausdruck sagt, „verkammert". Dieser Vorgang, der sich auch als historischer Transformationsprozeß lesen läßt[72] und seine Ambivalenz zwischen Sonderbindung und Sonderrolle (oder Sonderrechten) bis heute bewahrt hat[73], zeigt einerseits das Interesse des Staates an der Nutzung der den sozial vorstrukturierten Verbänden bereits innewohnenden Ordnungs- und Regulierungskraft und damit ihrer Einfügung in das System staatlicher Herrschaftsausübung; andererseits bietet diese staatliche Indienstnahme den sozialen Gruppen gewichtige Vorteile bei der stets der Gefahr ständischer Verkrustung ausgelieferten Disziplinierung ihres Standes (Zwangsmitgliedschaft, Berufsgerichtsbarkeit, Festlegung von Prüfungs- und Berufsausübungsstandards[74]) und erleichtert zugleich die Interessenvertretung gegenüber dem Staat (z. B. im Hinblick auf den Konkurrenten-

---

[71] S. neben den umfangreichen Angaben zu Rechtsgrundlagen und Literatur bei Wolff/Bachof/Stober, VerwR II, § 84 Rn. 26, 29, § 94 Rn. 1 ff., § 95 Rn. 1 ff. insbesondere Schick, Selbstverwaltung (I. Berufsständische), in: EvStL, 2. Aufl. 1975, Sp. 2291 ff.; W. Brohm, Selbstverwaltung in wirtschafts- und berufsständischen Kammern, in: FS v. Unruh, S. 777 ff.; M. Kleine-Cosack, Berufsständische Autonomie und Grundgesetz, 1986, S. 29 ff.

[72] Vgl. J. Baron, Das deutsche Vereinswesen und der Staat im 19. Jahrhundert, Diss. jur. Göttingen 1962, S. 102 ff.; K.-J. Bieback, Die öffentliche Körperschaft, 1976, S. 332 ff.; Hendler, Selbstverwaltung als Ordnungsprinzip, S. 93 ff., 98 ff., 103 ff.; K. v. Eyll, Berufsständische Selbstverwaltung, in: Dt. VerwGesch III, S. 71 ff.; dies., in: Dt. VerwGesch IV, S. 66 ff.; dies., in: Dt. VerwGesch V, S. 349 ff.; Kleine-Cosack, Berufsständische Autonomie, S. 37 ff.

[73] P. Badura, Wirtschaftsverfassung und Wirtschaftsverwaltung, 1971, S. 177 ff.; auch U. Scheuner, Wirtschaftliche und soziale Selbstverwaltung, in: DÖV 1952, S. 609 ff. (611); U. K. Preuss, Der staatsrechtliche Begriff des Öffentlichen, 1969, S. 121, 128; H. Häussermann, Die Politik der Bürokratie, 1977, S. 110 f. – L. Fröhler/P. Oberndorfer, Körperschaften des öffentlichen Rechts- und Interessenvertretung, 1974, S. 8 ff. deklarieren die Interessenvertretung kurzerhand als öffentliche Aufgabe.

[74] Zu den Grenzen verbandlicher Selbstregelung und der Verantwortlichkeit des Gesetzgebers für wesentliche Grundentscheidungen grundlegend noch immer eines der ersten Urteile des Bundesverfassungsgerichts, in dem die „Wesentlichkeitstheorie" Gestalt gewinnt: BVerfGE 33, 125; dazu Kleine-Cosack, Berufsständische Autonomie, S. 27 ff. u. passim. Jüngst zu den Richtlinien anwaltlichen Standesrechts BVerfGE 76, 171.

schutz)[75]. Schuppert hat diese Doppelbewegung treffend umschrieben: „Zusammenfassend wird man also davon sprechen können, daß die öffentlich-rechtliche Körperschaft Ausdruck einer zweiseitigen, durch gegenseitigen Nutzen geprägten Beziehung zwischen staatlicher Verwaltung und gesellschaftlicher Gruppierung ist. Die öffentlich-rechtliche Körperschaft bildet gewissermaßen den Schnittpunkt zweier Prozesse, nämlich einmal des Herauswachsens des Staates aus den Organisationsformen der unmittelbaren Staatsverwaltung und – zum anderen – des Hineinwachsens privater Verbände durch den Bereich des Öffentlichen in die staatliche Verwaltungsorganisation."[76]

Auf gesetzlicher Grundlage beruhend bzw. durch staatlichen Hoheitsakt

[75] Diese Ambivalenz (zu ihr auch KLEINE-COSACK, Berufsständische Autonomie, S. 49 ff.) zwischen der Disziplinierung gewisser Sozialbereiche (insbesondere darauf abstellend FORSTHOFF, Verwaltungsrecht, S. 476, 486 f.) und ihrer Privilegierung illustriert man häufig mit dem Hinweis auf den im NS-System geradezu inflationären Einsatz der Körperschaft zur Reglementierung bestimmter Lebensbereiche (z. B. die Reichskulturkammer; vgl. dazu V. DAHM, Anfänge und Ideologie der Reichskulturkammer, in: Vierteljahresschrift für Zeitgeschichte 1986, S. 53 ff.). Daraus wird gefolgert, daß die Verwendungsmöglichkeiten des „Typs" Körperschaft nicht stets ein gesteigertes Maß an gesellschaftlicher Freiheit verbürge (s. nur SCHUPPERT, Art. Öffentlich-rechtliche Körperschaften, S. 400). Das ist in dieser Allgemeinheit schon deshalb richtig, weil gerade die korporative Verfassung individuelle Freiheitsräume beschneiden und zur ständestaatlichen Refeudalisierung führen kann (vgl. H. KRÜGER, Allgemeine Staatslehre, 2. Aufl. 1966, S. 642 ff.). Hinzu tritt, daß natürlich eine Rechtsform als solche niemals gegen bestimmte Instrumentalisierungen gefeit ist. Dennoch dürften die „Leitungskörperschaften" des Dritten Reiches den Vorstellungen vom mitgliedschaftlichen Charakter einer Körperschaft in einem demokratischen Verfassungsstaat nicht (mehr) entsprechen, weil Mitglied sein hier anders als im NS-System bedeutet, Möglichkeit zu eigener Interessenartikulation zu besitzen und über Einfluß- und Gestaltungsrechte zu verfügen, nicht: sich in einer womöglich auf dem Führerprinzip beruhenden Institution (vgl. FRITZ VOIGT, Die Selbstverwaltung als Rechtsbegriff und juristische Erscheinung, 1938, S. 217 ff.) ohne Partizipationsmöglichkeiten nur passiv einzuordnen (anders FORSTHOFF, Verwaltungsrecht, S. 487 f.: „Dem Begriff der öffentlichen Körperschaft steht es jedoch nicht entgegen, wenn die Mitglieder, wie das bei den sogenannten Leitungsverbänden zutrifft, von den Verwaltungsgeschäften und der Organbestellung ausgeschlossen sind."; wie hier MAURER, Verwaltungsrecht, § 23 Rn. 40: Es „genügt ... nicht, daß die Körperschaft Mitglieder hat; vielmehr ist es erforderlich, daß die Mitglieder den maßgeblichen Einfluß auf die Gestaltung der Verbandsangelegenheiten haben." S. ferner A. DITTMANN, Die Bundesverwaltung, 1983, S. 65); zum ganzen auch BREUER, in: Die Verwaltung 10 (1977), S. 1. – Eine bayerische Besonderheit beleuchtet U. STEINER, Die Senatsfähigkeit der Kammern für gewerbliche Wirtschaft, in: BayVBl. 1989, S. 705 ff.

[76] SCHUPPERT, in: FS v. Unruh, S. 189 f.; zur Ausbildung dieses ambivalenten Verhältnisses im Kaiserreich BIEBACK, Die öffentliche Körperschaft, S. 317 ff., 321 ff., 339 ff., 452 f.; DERS., Entwicklungsgeschichtliche und funktionale Aspekte der gegenwärtigen Bedeutung der Körperschaft des öffentlichen Rechts, in: Quaderni Fiorentini 11/12 (1982/83), S. 859 ff. (861 ff.).

gebildet[77], wobei der Aufgabenkreis mit unterschiedlicher Präzision bezeichnet wird[78], nehmen auch diese Körperschaften sachlich begrenzte Verwaltungsaufgaben als eigene Angelegenheiten in eigener Verantwortung wahr[79]. Typisch für sie ist und bleibt die mitgliedschaftliche Grundstruktur, ihr Recht auf eigene Willensbildung, ihre demokratische Entscheidungsfindung; insofern stellen sie in der Tat „Mikrodemokratien"[80] dar. Aber es fehlt ihnen der universelle Wirkungskreis[81] und die Legitimation eines Teilvolkes; sie finden ihren zentralen Bezugspunkt und damit ihren wesentlichen Aufgabenradius vielmehr in der inneren Ordnung ihrer sozial definierten Gruppe einschließlich der Bündelung, Kanalisierung und effektiven Vertretung der parallel laufenden Interessen.

Während den berufsständischen Kammern diese im einzelnen nur schwer zu entwirrende Gemengelage von staatlicher Instrumentalisierung und effektiver Interessenvertretung gegenüber dem Staat das entscheidende Gepräge verleiht, liegen die Dinge im erwerbswirtschaftlichen Bereich (also insbesondere bei den Industrie- und Handelskammern, aber ansatzweise auch bei den Handwerks- und Landwirtschaftskammern) insofern anders, als hier nicht nur weitgehend homogene, gleichgerichtete Interessen einer bei allen sonstigen Differenzen sozial klar vorstrukturierten Gruppe gebündelt, sondern durchaus unterschiedliche Interessen und Bedürfnisse (einer Region, einer Berufsgruppe [Handwerksmeister, Lehrlinge], einer Branche) miteinander vermittelt und zum Ausgleich gebracht werden sollen[82].

---

[77] Wolff/Bachof/Stober, VerwR II, § 84 Rn. 14, 15.

[78] Vgl. §§ 54, 91 HWO, §§ 60 ff., 177 BRAO, § 1 IHKG. Sehr eingehend sind indes die Aufgaben der Sozialversicherungsträger geregelt.

[79] S. v. Heimburg, Verwaltungsaufgaben und Private, 1982, S. 79 ff.

[80] H. Faber, Verwaltungsrecht, 1987, S. 52; zum Erfordernis einer demokratischen Infrastruktur nachdrücklich Kleine-Cosack, Berufsständische Autonomie, S. 181 ff.; s. auch Steiner, BayVBl. 1989, S. 708.

[81] Die Grenzen der Tätigkeit insbesondere von Zwangsverbänden sind Gegenstand einer breiten Judikatur: vgl. H.-W. Laubinger, Zum Anspruch der Mitglieder von Zwangsverbänden auf Einhaltung des gesetzlich zugewiesenen Aufgabenbereichs, in: VerwArch. 74 (1983), S. 175 ff., 263 ff.; ferner etwa K. Redeker, Grenzen für Aufgaben und Tätigkeit öffentlichrechtlicher Zwangsverbände, in: NJW 1982, S. 1266 ff.; J. Pietzcker, in: JuS 1985, S. 27 ff. (zu BVerwGE 64, 298); W. Kluth, Schutz individueller Freiheit in und durch öffentlich-rechtliche Körperschaften, in: DVBl. 1986, S. 716 ff. (723 ff.); umfassend zuletzt K. Messerschmidt, Rechtsschutz gegenüber Zwangsverbänden, in: VerwArch. 81 (1990), S. 55 ff.

[82] Darauf hat insbesondere Schuppert, in: FS v. Unruh, S. 190 ff. aufmerksam gemacht; zu einem speziellen Konfliktfall W. Hoffmann-Riem, Interessenvertretung im Handwerk, in: NVwZ 1984, S. 286 ff. – Siehe auch Bieback, in: Quaderni Fiorentini 11/12 (1982/83), S. 876 f. und BVerfGE 15, 235/241. Die verbreitete und auch vom Gesetz verwendete (§ 1 IHKG) Formel von der Wahrnehmung des „Gesamtinteresses" (Wolff/Bachof/Stober, VerwR II, § 97 Rn. 15; Maurer, Allgemeines Verwaltungsrecht, § 23 Rn. 31) bleibt demgegenüber etwas blaß.

cc) *Soziale Selbstverwaltung*[83]. Charakterisierbar als nicht grundrechtsfähige Glieder mittelbarer Staatsverwaltung[84] mit verfassungsrechtlich nicht zu beanstandender Zwangsmitgliedschaft[85], sind die insgesamt ca. 1750 Sozialversicherungsträger als rechtsfähige Körperschaften des öffentlichen Rechts[86] mit Selbstverwaltungsrecht (vgl. §§ 1, 29 SGB IV) vor allem dadurch gekennzeichnet, daß ihr gesetzlich dicht geregelter Aufgabenkreis[87] nicht auf interessenbündelnde oder quasi-repräsentative Funktionen bezogen ist; vielmehr wird, aufbauend auf dem Prinzip der Parität (§ 44 SGB IV)[88], den beiden großen, von der Sache her betroffenen Sozialgruppen der Arbeitgeber und Arbeitnehmer „eine gesellschaftliche Aufgabe von hohem Rang ... zur eigenständigen Regelung überlassen"[89]. Nicht die Bündelung gleichgerichteter beruflicher wie gewerblicher Interessen noch das Ziel ihres Gesamtausgleichs stehen hier im Vordergrund; signifikant für die Sozialversicherung ist vielmehr die Übertragung der „volle(n) Leitungsverantwortung für ein Stück öffentlicher Daseinsvorsorge"[90] an die mächtigsten So-

---

[83] Dieser Terminus bei H. Bogs, Die Sozialversicherung im Staat der Gegenwart, 1973, S. 1 ff., 8 ff. u. passim.

[84] BVerfGE 39, 302/312 ff.; zum Sonderfall der bremischen Arbeitnehmerkammern BVerfGE 38, 281; BVerfG NJW 1986, 1093 ff. – Unter Einschluß der saarländischen Kammer (vgl. BVerwGE 23, 304) D. Mronz, Körperschaften und Zwangsmitgliedschaft, 1973, S. 23 ff., 278 ff.

[85] Vgl. (nicht beschränkt auf soziale Selbstverwaltung) U. Scheuner, Voraussetzung und Formen der Errichtung öffentlicher Körperschaften (außerhalb des Kommunalrechts), in: Gedächtnisschrift für Hans Peters, 1967, S. 797 ff. (817 ff.); Mronz, Körperschaften und Zwangsmitgliedschaft, S. 194 ff., 202 ff.; aus der Rspr. BVerfGE 44, 70/89; BVerwGE 32, 308/311 ff. (studentische Krankenversicherung).

[86] Gerade die Sozialversicherungsträger bieten indes typische Beispiele für die Schwierigkeit einer eindeutigen Kategorisierung mancher Einrichtungen als körperschaftlich oder anstaltlich: dazu etwa R. Breuer, Die öffentlichrechtliche Anstalt, VVDStRL 44 (1986), S. 211 ff. (234) m.w.N. – Man nehme etwa die „Versorgungsanstalt der deutschen Bezirksschornsteinfegermeister", zu deren Mitgliedern (!) jeder Bezirksschornsteinfeger gehört und deren Geschäfte von der Bayerischen Versicherungskammer geführt werden (zur Zulässigkeit dieser Konstruktion BVerfGE 63, 1).

[87] F. E. Schnapp, Die Selbstverwaltung in der Sozialversicherung, in: FS v. Unruh, S. 881 ff. (892 ff., 898 f.); H. Reiter, in: FS Zeidler, Bd. 1, 1987, S. 597 ff.

[88] Dazu etwa R. Stober, Die körperschaftlich organisierten Sozialversicherungsträger, in: JA 1986, S. 534 ff. (538 f.); zu den Wahlgrundsätzen BVerfG NJW 1986, 1093/1095.

[89] Schuppert, in: FS v. Unruh, S. 193. Welch hoher verfassungsrechtlicher Stellenwert den Trägern der Krankenversicherung zukommt, vermittelt der lapidare Satz des Bundesgerichtshofes, mit der „Erfüllung der ihnen durch das Sozialgesetzbuch und die Reichsversicherungsordnung zugewiesenen Aufgaben verwirklichen die Träger der gesetzlichen Krankenversicherung auf dem Gebiet der gesundheitlichen Daseinsvorsorge den Verfassungsauftrag der Sozialstaatlichkeit" (BGH NJW 1982, 2117/2120).

[90] Bogs, Sozialversicherung im Staat der Gegenwart, S. 123.

zialpartner des Industriestaates: die Organisationen von Arbeitgebern und Arbeitnehmern[91].

dd) *Wissenschaftliche Hochschulen.* Obwohl unverkennbar anstaltliche Züge aufweisend[92], werden die wissenschaftlichen Hochschulen vom Gesetz als „Körperschaften des öffentlichen Rechts" bezeichnet – indes mit dem anschließenden Zusatz, daß sie „zugleich staatliche Einrichtungen" seien (§ 58 I HRG)[93]. Der Selbstverwaltungsgedanke ist hier grundrechtlich abzuleiten: Die in Art. 5 III GG garantierte Freiheit der Wissenschaft schließt eine Einordnung des einzelnen Wissenschaftlers ebenso wie den Einbau der Hochschulen als den bedeutendsten institutionellen Verkörperungen der Wissenschaftsfreiheit in die unmittelbare Staatsorganisation mit Fachaufsicht und Weisungsrecht prinzipiell aus[94]. Vielmehr soll der Funktionsbereich von wissenschaftlicher Forschung und Lehre gegen Interventionen von Staat und Gesellschaft gleichermaßen geschützt und so die freie Entfaltung der Sachgesetzlichkeiten wissenschaftlichen Fortschritts garantiert werden. Der organisatorischen Verselbständigung liegt der zentrale Gedanke zugrunde, „daß gerade eine von gesellschaftlichen Nützlichkeits- und politischen Zweckmäßigkeitsvorstellungen befreite Wissenschaft dem Staat und der Gesellschaft im Ergebnis am besten dient"[95].

Wie auch immer die auf diesem Grundgedanken aufbauende, auf jeden Fall die zuweilen landesverfassungsrechtlich garantierte Satzungsbefugnis

---

[91] Vgl. insoweit den Hinweis von Bogs, Sozialversicherung im Staat der Gegenwart, S. 45 ff., 120 ff. auf die kollektive, verbandliche Ausgestaltung der Sozialversicherung; ebenso bereits U. Scheuner, Wirtschaftliche und soziale Selbstverwaltung, in: DÖV 1952, S. 609 ff. (614); zur Entwicklung seit 1949 ein knapper Überblick bei Hendler, Selbstverwaltung als Ordnungsprinzip, S. 218 ff.; für die Zeit nach dem Ersten Weltkrieg W. Berg, Arbeits- und Sozialverwaltung einschließlich Sozialversicherung und Reichsversorgung, in: Dt. VerwGesch IV, S. 218 ff. (233 ff.) sowie W. Bogs, Die Sozialversicherung in der Weimarer Demokratie, 1981. Instruktive Gesamtschau: M. Stolleis, Hundert Jahre Sozialversicherung in Deutschland. Rechtsgeschichtliche Entwicklung, in: Zeitschrift für die gesamte Versicherungswirtschaft, Heft 2/3 (1980), S. 155 ff.

[92] H. Maurer, Zur Rechtsstellung der Fachbereiche, in: WissR 10 (1977), S. 193 ff. (199 ff.).

[93] Dazu jetzt umfassend Wolff/Bachof/Stober (Kickartz), VerwR II, § 93 (S. 174 ff.).

[94] Statt aller R. Scholz, Rn. 133 zu Art. 5 III GG (1977), in: Maunz/Dürig, Kommentar zum Grundgesetz. – Zum Sonderfall der Hochschulen der Bundeswehr vgl. Th. G. Weise, Die Hochschule der Bundeswehr Hamburg, 1979, S. 37 ff., 113 ff.; zur organisationsrechtlichen Einordnung Dittmann, Bundesverwaltung, S. 217 ff.; hier fordert das Verfassungsrecht Freiheit des Lehr- und Forschungsbetriebes in der staatlichen Institution. Zu parallelen Problemen bei der Kunstfreiheit umfassend F. Hufen, Freiheit der Kunst in staatlichen Institutionen, 1982.

[95] BVerfGE 47, 327/370.

(vgl. Art. 16 I Verf. Nordrh.-Westf.) einschließende Selbstverwaltung der Hochschulen im einzelnen ausgestaltet wird[96]: daß es sie geben muß, beruht weder auf der Gleichgestimmtheit der Interessen wie bei den berufsständischen Kammern noch auf der jederzeit veränderbaren Entscheidung des Gesetzgebers zur Übertragung gewisser Angelegenheiten auf gesellschaftlich relevante Großgruppen wie bei den Sozialversicherungsträgern, sondern ist verfassungsrechtlich gefordert. Der Gesetzgeber muß die Ordnung der Hochschule nach solchen Prinzipien organisieren, „die eine freie Entfaltung des Systems ‚Wissenschaft' verbürgen. Dies erfordert jedenfalls ein bestimmtes Maß an Selbstorganisation, rechtlich: in bestimmtem Umfang das Recht auf Selbstverwaltung in persönlicher wie sachlicher ... Hinsicht in den unmittelbar wissenschaftsbezogenen (‚akademischen') Angelegenheiten."[97]

In der institutionellen Verknüpfung eines organisatorischen Komplexes mit einer grundrechtlichen Gewährleistung berühren sich die Universitäten mit den Rundfunkanstalten[98]; doch handelt es sich bei diesen, obwohl von Schuppert funktional zutreffend ebenfalls der Selbstverwaltung in „grundrechtssensiblen Lebensbereichen" zugerechnet[99], eindeutig nicht mehr um mitgliedschaftlich verfaßte Körperschaften, sondern um Anstalten[100].

---

[96] Art. 5 III GG verbürgt indes nicht den Schutz der Universität in ihrer traditionellen (Ordinarien-)Gestalt: H. Zwirner, Zum Grundrecht der Wissenschaftsfreiheit, in: AöR 98 (1973), S. 313 ff. (338); BVerfGE 35, 79/116; Scholz, Rn. 134 zu Art. 5 III GG.

[97] E. Denninger, Rn. 22 zu Art. 5 III GG, in: AK-GG, Bd. 1, 2. Aufl. 1989; s. auch H. H. Rupp, Hochschulische Selbstverwaltung, in: FS v. Unruh, S. 919 ff. (920 ff.): „institutioneller Sozialverbund" (921), „System verfaßter Wissenschaftsfreiheit" (922); zum ganzen aus der schier uferlosen Literatur noch P. Häberle, Die Freiheit der Wissenschaften im Verfassungsstaat, in: AöR 110 (1985), S. 329 ff.; jüngst A. v. Brünneck, Die Freiheit der Wissenschaft und Forschung, in: JA 1989, S. 165 ff. und Th. Oppermann, Freiheit von Forschung und Lehre, in: HdbStR VI, § 145.

[98] Den Sonderfall der als öffentlich-rechtliche Körperschaften verfaßten Kirchen bleibt hier und im folgenden ganz außer Betracht.

[99] Schuppert, in: FS v. Unruh, S. 195 ff. Die öffentlich-rechtlichen Rundfunkanstalten können sich, weil sie dem geschützten Lebensbereich unmittelbar zugeordnet sind, auf das Grundrecht der Rundfunkfreiheit (Art. 5 I 2 GG) berufen (vgl. BVerfGE 31, 314/322; 59, 231/254; nicht jedoch auf andere Grundrechte: E 75, 202; 78, 101), sind also zugleich grundrechts*berechtigt* und grundrechts*verpflichtet*.

[100] Ein weiterer Vergleichspunkt besteht darin, daß sich regelmäßig sowohl Körperschaften als auch Anstalten des öffentlichen Rechts gleicher Sparte zu Dachorganisationen in der privatrechtlichen Form eines eingetragenen Vereins zusammenschließen: z. B. Zentralverband des Deutschen Handwerks e.V.; Deutscher Industrie- und Handelstag e.V.; Verband der Landwirtschaftskammern e.V.; Verband deutscher Rentenversicherungsträger e.V.; Arbeitsgemeinschaft der öffentlich-rechtlichen Rundfunkanstalten; Deutscher Städte- und Gemeindebund etc.; dazu kritisch E. Pohle, Die Interessenverbände der öffentlichen Hand, in: VerwArch. 53 (1962), S. 201 ff., 333 ff. – „Kör-

b) *Anstalten.* Über eine schon durch originäre mitgliedschaftliche Verbandsverfassung strukturell vorgegebene Prädestination zur Verwirklichung der Selbstverwaltungsidee verfügt die öffentlich-rechtliche Anstalt nicht[101]. Gemeinhin als „Organisationstyp der öffentlichen Leistungsverwaltung" apostrophiert[102] und von daher vor allem im kommunalen Raum lokalisiert, bestimmt man die Anstalt als nicht mitgliedschaftlich organisierte Verwaltungseinheit und des näheren mit einer noch heute gern verwendeten Wendung Otto Mayers als „ein(en) Bestand von Mitteln, sächlichen wie persönlichen, welche in der Hand eines Trägers öffentlicher Verwaltung einem besonderen öffentlichen Zwecke dauernd zu dienen bestimmt sind"[103]. Treffend hat Forsthoff hierzu bemerkt, daß dieser Bestimmung „jedes Moment der Distanzierung von den unmittelbaren staatlichen Funktionen fehlt"[104]. Hinzuzunehmen ist also zumindest die Begriffsbestimmung Mayers für die rechtsfähige Anstalt[105], die erst den Blick auf ihre relative Verselbständigung und damit das „Bestreben, einen bestimmten Verwaltungskomplex aus den übrigen Funktionen des gründen-

perschaftliche Verbundverwaltung" (Hans Schneider, in: AöR 83 [1958], S. 1 ff. [10 ff.]) meint hingegen den Zusammenschluß von Landeskörperschaften zu einer bundesunmittelbaren Körperschaft; dazu Beispiele bei A. Dittmann, Die Bundesverwaltung, 1983, S. 262.

101 Von daher konsequent der Definitionsversuch Werner Webers, die Anstalt als eine „rechtsfähige Verwaltungseinheit nicht verbandsmäßiger Struktur" zu begreifen (Die Körperschaften, Anstalten und Stiftungen des öffentlichen Rechts, 2. Aufl. 1943, S. 90 f.).

102 H. Jecht, Die öffentliche Anstalt, 1963, S. 49 ff.; gegen die Einseitigkeit dieser Perspektive schon W. Brohm, Strukturen der Wirtschaftsverwaltung, 1969, S. 33 ff.; jetzt Breuer, VVDStRL 44 (1986), S. 218 f.

103 Otto Mayer, Deutsches Verwaltungsrecht, Bd. 2, 3. Aufl. 1924, S. 268.

104 Forsthoff, Verwaltungsrecht, S. 495. Eben diese durchaus relative und abgestufte „Verselbständigung" kennzeichnet die Anstalt: übereinstimmend K. Lange, Die öffentlichrechtliche Anstalt, VVDStRL 44 (1986), S. 169 ff.; Breuer, ebd., S. 224 ff., 229 ff., 237 ff.; s. auch W. Berg, Die öffentlichrechtliche Anstalt, in: NJW 1985, S. 2294 ff. (2298 f.).

105 Diese ist von besonderem Interesse. Wo Anstalten lediglich als unselbständige, fachweisungsgebundene Organe und als „Subjekte der ihnen zugewiesenen Funktionen bzw. Zuständigkeiten" (H. J. Wolff, Art. Anstalten, in: EvStL, 2. Aufl. 1975, Sp. 46 ff. [47]) fungieren, fehlt es an jener Ausgliederung aus der hierarchischen Organisation unmittelbarer Staatsverwaltung, die für unsere Fragestellung von Belang ist. Zu Differenzierungen sogleich mehr (genauer zur unselbständigen Anstalt Lange, VVDStRL 44 [1986], S. 170 ff., der indes zu Recht betont, daß der Grad an Selbständigkeit nicht immer mit der Verleihung der Rechtsfähigkeit parallel läuft; ebenso Berg, NJW 1985, S. 2296).

den Gemeinwesens, das als Muttergemeinwesen bezeichnet wird, auszusondern"[106], lenkt[107].

Auch die derart präzisierte Begriffsbestimmung läßt bereits erahnen, wie außerordentlich vielschichtig, ja diffus das Erscheinungsbild der Anstalten auf Bundes-, Landes- und Kommunalebene ist[108]. Zuweilen will es scheinen, als fungiere die Anstalt als ein kategorialer Sammelbegriff für eine Reihe von Ausnahmen und als Auffanginstitut für weder als Körperschaften noch als Stiftungen zu begreifende verwaltungsorganisatorische Sonderfälle: zählen dazu doch so heterogene Erscheinungen wie die Rundfunkanstalten, die Kreis- und Stadtsparkassen, die Bundesbank, die Studentenwerke, Bundesbahn und Bundespost, die Filmförderungsanstalt, die Bundesanstalt für den Güterfernverkehr u.v.a.m.[109] Schon von daher ist es schwierig, allgemeine Leitlinien und Kategorisierungen ausfindig zu machen und tragfähig auszubauen[110]. Ausgehend von der Fragestellung nach den Verselbständigungstendenzen in der Verwaltungsorganisation mag hier folgendes genügen:

aa) Ebenso wie Körperschaften verwalten *rechtsfähige Anstalten* ihre Angelegenheiten eigenverantwortlich[111]; ebenso wie bei jenen erfolgt die Errichtung durch Gesetz oder aufgrund Gesetzes[112]; ebenso wie bei der Körperschaft gilt als maßgeblicher Zweck für die „Ausdifferenzierung aus dem Muttergemeinwesen"[113] das Prinzip der Dezentralisation im Sinne der „Verlagerung von staatlichen Aufgaben auf selbständige Verwaltungsträger zur Entlastung der Staatsverwaltung"[114].

---

[106] FORSTHOFF, Verwaltungsrecht, S. 496. Der Grund: Otto Mayer begriff alle öffentlichen Einrichtungen als Anstalten, auch den Staat (vgl. BERG, NJW 1985, S. 2295); zum Anstaltscharakter des Staates BÖCKENFÖRDE, in: FS Wolff, S. 294ff.

[107] MAYER, Verwaltungsrecht, Bd. 2, S. 331: Die rechtsfähige öffentliche Anstalt als ein zur Rechtsperson des öffentlichen Rechts erhobener Bestand von sächlichen und persönlichen Verwaltungsmitteln, welche einer besonders dafür geschaffenen juristischen Person des öffentlichen Rechts, der Anstaltspersönlichkeit, zugehört.

[108] FORSTHOFF, Verwaltungsrecht, S. 134: „Allerweltsbegriff"; W. LÖWER, Die öffentliche Anstalt, in: DVBl. 1985, S. 928ff. (937): „Diffusität" des Anstaltsbegriffs; R. WAHL, VVDStRL 44 (1986), S. 258: Konturenlosigkeit, Verlegenheitscharakter.

[109] Vgl. nur WOLFF/BACHOF/STOBER, VerwR II, §98 Rn. 8ff., 16ff.; §§100, 101.

[110] Aus jüngerer Zeit: SCHUPPERT, Erfüllung öffentlicher Aufgaben, S. 5ff. (nicht auf die Anstalt beschränkt); M. KROMER, Sachenrecht des Öffentlichen Rechts, 1985, S. 64ff., 140ff.; LANGE, VVDStRL 44 (1986), S. 191ff.; BREUER, ebd., S. 223ff.

[111] WOLFF, Art. Anstalten, Sp. 47; JECHT, Anstalt, S. 62ff.

[112] WOLFF/BACHOF/STOBER, VerwR II, §98 Rn. 38.

[113] FORSTHOFF, Verwaltungsrecht, S. 497; präziser KOCH, Allgemeines Verwaltungsrecht, S. 35: „Ausgliederung aus dem ministeriellen Weisungszusammenhang der unmittelbaren Staatsverwaltung".

[114] MAURER, Allgemeines Verwaltungsrecht, §23 Rn. 50; wichtig in diesem Zusam-

Im Unterschied zu Körperschaften aber stützen sich Anstalten nicht in erster Linie auf den demokratischen Selbstverwaltungsgedanken. Dafür fehlt es, wie Maurer knapp sagt, am „personellen Substrat“[115]. Einer gängigen Formel zufolge haben Anstalten nämlich nicht Mitglieder, sondern Benutzer, die „nicht aktive Träger der Organisation“[116] sind. Dieser fundamentale Unterschied mag der zugespitzten Bemerkung Isensees zugrundeliegen, Körperschaften gälten heute als demokratisch, Anstalten hingegen als technokratisch[117]. Daran ist gewiß soviel richtig, daß bei Anstalten weniger die Sicherung der internen Willensbildung einer durch evidente Kriterien abgegrenzten Gruppe nach demokratischen Grundsätzen, sondern die bestimmten Funktionsgesetzlichkeiten folgende nähere Ausgestaltung eines Leistungs- und Nutzungsverhältnisses im Vordergrund steht: Für die Anstalt ist eben zunächst einmal „der Bürger nicht Teilhaber, sondern Konsument oder sogar Objekt“[118]. Das verleiht ihr einen bleibenden obrigkeitsstaatlichen Zug. Indes sind, wie bereits angedeutet, die Grenzen keineswegs so klar und starr, wie es gewisse formelhafte Wendungen erscheinen lassen mögen. Auch Anstalten können sich dem Gedanken der Selbstorganisation und Selbstverwaltung öffnen; dies allerdings in einer besonderen und daher begründungsbedürftigen Weise.

bb) So wohnt allen Anstalten, die – mit Arnold Köttgen zu sprechen – der „Autonomie eines Sachgebietes“ dienen[119], eine gleichsam natürliche Tendenz zur staatsdistanzierten Besorgung öffentlicher Aufgaben inne. Dies läßt sich bei den öffentlich-rechtlichen *Rundfunkanstalten* veranschaulichen,

---

menhang der Hinweis, die Anstalt könne als Mittel gegen die Abwanderung der Verwaltung in die Formen des Privatrechts aktiviert werden (A. Köttgen, Verwaltungsrecht der öffentlichen Anstalt, VVDStRL 6 [1929], S. 105ff. [106, 126ff.]).

115 Maurer, Verwaltungsrecht, §23 Rn. 50; s. auch Forsthoff, Verwaltungsrecht, S. 504; Jecht, Anstalt, S. 63ff.; Koch, Allgemeines Verwaltungsrecht, S. 34. – Die verbreitete Rede von „anstaltlicher Selbstverwaltung“ (z. B. bei Breuer, in: Die Verwaltung 10 [1977], S. 16; Schuppert, in: FS v. Unruh, S. 194f.; J. Isensee, VVDStRL 44 [1986], S. 269; W. Löwer, Art. Staatsorganisation, in: EvStL, 3. Aufl. 1987, Sp. 3444ff. [3449]; Faber, Verwaltungsrecht, S. 79) verweist indes auf gewisse Differenzierungsnotwendigkeiten (vgl. etwa. F.-L. Knemeyer, Art. Anstalt, in: StL, 7. Aufl., Bd. 1, Sp. 166ff. [166]: „Die vollrechtsfähigen Anstalten (z. B. Sparkassen, Rundfunkanstalten) sind als juristische Personen des öffentlichen Rechts Selbstverwaltungseinrichtungen.“). Dazu zunächst H.-E. Folz, Die Selbstverwaltung der Studentenwerke, in: FS v. Unruh, S. 901ff. (906ff., 912ff.); Hendler, Selbstverwaltung als Ordnungsprinzip, S. 284ff.

116 Knemeyer, Art. Anstalt, Sp. 166.

117 J. Isensee, VVDStRL 44 (1986), S. 268.

118 Faber, Verwaltungsrecht, S. 52.

119 A. Köttgen, Art. Selbstverwaltung, in: Handwörterbuch der Sozialwissenschaften, Bd. 9, 1956, S. 220ff. (224); s. auch Breuer, VVDStRL 44 (1986), S. 222; die fließenden Übergänge betont Isensee, ebd., S. 268f.

deren Staatsfreiheit in gewisser Parallele zur Hochschulautonomie[120] dazu führt, daß der Gesetzgeber für die „organisatorische Sicherstellung eines staatsfreien Entscheidungsraumes" zu sorgen hat, „ohne den die jeweiligen Sachaufgabe nicht funktionsgerecht erfüllt werden könnte"[121]. Dies aber erfordert dem binnenpluralistischen Konzept[122] zufolge eine Repräsentanz verschiedener gesellschaftlicher Gruppen in den Verwaltungsräten und sonstigen maßgeblichen Leitungsorganen der Rundfunkanstalten. So wird eine im öffentlichen Interesse liegende, aber staatsfremde Aufgabe durch – dem normativen Konzept zufolge – von der Gesellschaft beschickte und Selbstverwaltungsorganen nachgebildete Gremien erfüllt[123], ohne daß sich sagen ließe, daß die Rundfunkräte „eigene Angelegenheiten" verwalteten. Sie nehmen vielmehr die Rundfunkfreiheit treuhänderisch wahr. Es handelt sich weniger um Selbstverwaltung im gängigen Sinne denn um verfassungsrechtlich geforderte Selbststeuerung.

cc) Eine legitimatorisch anders strukturierte, weil auf die Repräsentanz der Gesellschaft bzw. gewisser Teile von ihr abzielende Gestaltungsform findet sich in den „Verwaltungsräten" verschiedener *wirtschaftslenkender und wirtschaftsfördernder Anstalten*[124]. Hier sollen – ähnlich wie bei den Industrie-

---

[120] Im einen wie im anderen Fall kommt es zudem zu einer Koinzidenz von Grundrechtsberechtigung und Grundrechtsverpflichtung: die grundrechtliche Freiheitsgewährung ist hier eine pflichtige und hat dienende Funktion (dazu nur H. BETHGE, Grundpflichten als verfassungsrechtliche Dimension, in: NJW 1982, S. 2145ff. [2147f.]; speziell zum Medienbereich BVerfGE 57, 295/320; E.-W. BÖCKENFÖRDE/J. WIELAND, Die „Rundfunkfreiheit" – ein Grundrecht?, in: AfP 1982, S. 77ff. [77, 82]).

[121] SCHUPPERT, in: FS v. Unruh, S. 196; s. auch FABER, Verwaltungsrecht, S. 79. – Universitäten und Rundfunkanstalten sind zugleich Beispiele für die Notwendigkeit, zwischen Selbstverwaltung prinzipiell staatsfremder Angelegenheiten und mittelbarer Staatsverwaltung (vgl. W. MARTENS, Öffentlich als Rechtsbegriff, 1969, S. 121) zu differenzieren.

[122] Vgl. BVerfGE 57, 295/320ff. und danach E 73, 118 (dazu jeweils mit Berücksichtigung der vorangegangenen Judikatur: M. STOCK, in: NJW 1987, S. 217ff.; W. SCHMITT GLAESER, in: DVBl. 1987, S. 14ff.; D. GRIMM, in: Rundfunk und Fernsehen 35 [1987], S. 25ff.); zu den Schwächen und Gefährdungen dieses Konzepts M. BULLINGER, Freiheit von Presse, Rundfunk, Film, in: HdbStR VI, § 142 Rn. 89ff.

[123] W. HOFFMANN-RIEM, Selbstverwaltung des Rundfunks und im Rundfunk, in: FS v. Unruh, S. 951ff.; s. zum Zusammenhang von Rundfunkorganisation und der Gewährleistung der Medien- bzw. Kommunikationsfreiheit instruktiv M. STOCK, Neues über Verbände und Rundfunkkontrolle, in: AöR 104 (1979), S. 1ff.; die Sonderrolle der „Gegenposition zum Staat" führt dazu, daß das Bundesverwaltungsgericht die Rundfunkanstalten zwar als Anstalten des öffentlichen Rechts qualifiziert, aber betont, daß es sich nicht um eine Form mittelbarer Staatsverwaltung handele (BVerwG NJW 1985, 1655/1657).

[124] Z. B.: Bundesanstalt für den Güterfernverkehr; Bundesanstalt für landwirtschaftliche Marktordnung; Absatzförderungsfonds der deutschen Land-, Forst- und Ernäh-

und Handelskammern, jedoch in institutionalisierter Kooperation mit dem Staat – die zum Teil auseinanderlaufenden Interessen der betroffenen Kreise eingefangen, artikuliert und zum Ausgleich gebracht, aber nicht in staatsdistanzierter Weise wahrgenommen, sondern in staatliche Politik (Lenkungs- und Förderungsfunktion) umgesetzt werden[125]. Überhaupt erscheint das Beiräte- und Verwaltungsrätewesen als kaum übersehbares Indiz für eine sukzessive körperschaftliche Umformung ehemals eindeutig anstaltlich verfaßter Institutionen[126] – was sich nur deshalb den Blicken zuweilen entzieht, weil die Veränderungen sich nicht in einer offenkundigen Transformation des Rechtsstatus, sondern in einer Umformung der Binnenstruktur niederschlagen[127].

---

rungswirtschaft; Stabilisierungsfonds für Wein u.a.m. Vgl. L. Schomerus, Die organisatorische Eingliederung der Interessenverbände in die Bundesverwaltung, Diss. jur. Heidelberg 1959, S. 44ff.; Brohm, Strukturen der Wirtschaftsverwaltung, S. 119ff., 124ff. („Kooperativorganisationen"); Schuppert, Erfüllung öffentlicher Aufgaben, S. 30f., 278ff.; R. Stober, Handbuch des Wirtschaftsverwaltungs- und Umweltrechts, 1989, S. 862ff.; zu weiteren Institutionen sog. „wirtschaftlicher Selbstverwaltung" mit einem terminologisch zurückhaltenden Vorschlag P. J. Tettinger, Die Selbstverwaltung im Bereich der Wirtschaft – Verkehrswirtschaft, Energiewirtschaft, Banken und Versicherungen, in: FS v. Unruh, S. 809ff.; s. auch R. Hendler, Wirtschaftliche Selbstverwaltung im Staat der Gegenwart, in: DÖV 1986, S. 675ff.; zu den anstaltlichen Formen wiederum Lange, VVDStRL 44 (1986), S. 194ff.: „intermediäre Anstalten". Frank Müller-Thoma, Der halbstaatliche Verein, 1974, S. 12 hat mit Blick auf Vereine, die im privaten Rechtsgewand auftreten, aber faktisch „Verschränkungen zwischen Staat und Gesellschaft institutionell vermitteln", von intermediären Vereinen gesprochen.

[125] Einen mit ähnlichen Funktionen betrauten Verwaltungsrat gibt es auch bei der Bundesbahn (§§7, 10 II BBahnG); nach dem alten PostverwG (§§5ff.) existierte eine solche Einrichtung auch bei der Bundespost, die jetzt einen aus Vertretern des Bundestages und Bundesrates gebildeten „Infrastrukturrat" hat. Ausführlicher Überblick über Bei- und Verwaltungsräte bei Schuppert, Erfüllung öffentlicher Aufgaben, S. 269ff., 278ff. – Brohm, Strukturen der Wirtschaftsverwaltung, S. 122 betont, daß für die Kooperativorganisationen die Rechtsform (Körperschaft oder Anstalt) austauschbar wird.

[126] Speziell zum Schulbereich F. Hennecke, Schule und Selbstverwaltung – Schülermitverwaltung und Elternmitwirkung in der Schulorganisation, in: FS v. Unruh, S. 931ff. und allgemein zu dieser Tendenz Faber, Verwaltungsrecht, S. 78ff.; zu einem besonders delikaten Problem H. P. Ipsen, Mitbestimmung im Museum, in: DVBl. 1982, S. 112ff.

[127] Zur Austauschbarkeit zwischen den Verselbständigungsformen vgl. Koch, Allgemeines Verwaltungsrecht, S. 37. – Ein weiterer, hier nicht zu verfolgender Problemkreis ergibt sich aus einer Entwicklung, die die an den Hochschulen wahrgenommene Aufgabe von Wissenschaft und Forschung einerseits, den durch Kooperation von Staat und Wirtschaft gekennzeichneten Aufgabenkreis der Wirtschaftsförderung andererseits miteinander verknüpft: gemeint sind Projekte der gleichermaßen staats-, industrie- wie hochschulnahen „Technologieförderung", die gerade wegen ihrer Besonderheit (und ihrer Novität) in privatrechtlicher Form betrieben werden (vgl. näher Chr. Hood/

dd) Eine entscheidende Differenz darf dabei nicht übersehen werden. In den genannten Fällen handelt es sich im Unterschied zu den Gebiets- und Personalkörperschaften nicht um die Verwaltung eigener, gewissermaßen vorstaatlich existenter und strukturierungsbedürftiger Angelegenheiten, sondern um die teils vom Staat gewollte, teils durch die Verfassung erzwungene *Mitverantwortung*, also die Besorgung öffentlicher Aufgaben durch Kräfte der Gesellschaft: sei es die Veranstaltung öffentlichen, aber staatsfernen Rundfunks, sei es die aus Gründen der Effektivität staatlichen Handelns nahegelegte Kooperation mit nach ‚Verbandskaleidoskopen' (Werner Weber) repräsentierten Teilen der Wirtschaft bei wirtschaftslenkenden und -fördernden Maßnahmen, sei es durch Integration der Interessenten in den Entscheidungsapparat ‚ihrer' Anstalt[128].

ee) Als in gewisser Weise dritte, eigenständige Kategorie wäre neben den jeweils viele Besonderheiten aufweisenden und im Umbau befindlichen Einrichtungen von *Bundesbahn*[129] und *Bundespost*[130] der Fall der mit einem hohen Maß an Autonomie ausgestatteten, als rechtsfähige Anstalt des öffentlichen Rechts organisierten, im übrigen aber weder gerichts- noch regierungsfreien *Bundesbank* zu nennen: Hier geht es weder um die Selbstverwaltung einer nach sozialen Kriterien abgrenzbaren Gruppe noch um grundrechtslegitimierte Eigenständigkeit einer repräsentativ zu besetzenden Institution, sondern um die Überlassung wichtiger Fragen staatlicher Geldpolitik an ein Gremium von Fachleuten, die zumindestens im währungspoliti-

---

G. F. Schuppert [Hrsg.], Verselbständigte Verwaltungseinheiten in Westeuropa, 1988, S. 89ff., 220ff.).

[128] Das erklärt den Kompromißvorschlag von LANGE, VVDStRL 44 (1986), S. 203 Fn. 9, zwischen körperschaftlicher und anstaltlicher Selbstverwaltung zu unterscheiden; ähnlich BREUER, ebd., S. 230f.; SCHUPPERT, Art. Öffentlich-rechtliche Körperschaften, S. 403 und schon FRIEDRICH-WILHELM MÜLLER, Selbstverwaltung und Interesseneinfluß bei den Anstalten des öffentlichen Rechts, Diss. jur. Göttingen 1959, S. 160ff.: Selbstverwaltung *in der* Anstalt, nicht Selbstverwaltung *der* Anstalt. – Vgl. auch F. OSSENBÜHL, Satzung, in: HdbStR III, § 66 Rn. 12ff., 25.

[129] Vgl. DITTMANN, Bundesverwaltung, S. 160ff.; H.-J. FINGER, Die Deutsche Bundesbahn im Spannungsfeld des Grundgesetzes, in: DÖV 1985, S. 227ff.; E. SCHMIDT-ASSMANN/G. FROMM, Aufgaben und Organisation der Deutschen Bundesbahn in verfassungsrechtlicher Sicht, 1986, insb. S. 99ff.; U. STEINER, Verkehr und Post, in: HdbStR III, § 81 Rn. 10ff.

[130] DITTMANN, Bundesverwaltung, S. 171ff.; J. SCHERER, Telekommunikationsrecht und Telekommunikationspolitik, 1985; STEINER, in: HdbStR III, § 81 Rn. 32ff.; zur Umstrukturierung der Bundespost ausführlich BARBARA MAYER, Die Bedeutung des Art. 87 GG für die Organisation der Bundespost, in: Wirtschaft und Recht, hrsgg. v. J. Peter u. K.-U. Rhein, 1989, S. 181ff. mit zahlr. Nachw.

schen Kernbereich dem Zugriff wechselnder politischer Majoritäten entzogen sein sollen[131].

ff) Was schließlich die Frage der Distanzierung all jener anstaltlichen Einheiten vom hierarchischen System der unmittelbaren Staatsorganisation angeht, so korrespondiert die Vielzahl der Formen mit den – vom gemeinsamen Sockel der regelmäßig anzutreffenden Rechtsaufsicht des Staates ausgehenden[132] – *Abstufungen der Einflußrechte*. Das Spektrum erstreckt sich von den intensiven Einspruchs- und Aufsichtsrechten des Verkehrsministeriums gegenüber der Bundesbahn (§§ 14 ff. BBahnG) und den mittlerweile deutlich abgeschwächten Leitungs- und Direktionsbefugnissen des Postministers (Art. 1 §§ 25 ff. PoststrukturG)[133] über die jedenfalls in währungspolitischen Angelegenheiten unbestrittene Weisungsfreiheit der Bundesbank (§ 12 S. 2 BBankG) bis hin zur Rechtsaufsicht gegenüber den Rundfunkanstalten und Hochschulen[134], zur besonders differenzierten Kommunalaufsicht über die Sparkassen von Gemeinden und Landkreisen[135] oder den auch fachauf-

---

[131] Vgl. etwa BROHM, Strukturen der Wirtschaftsverwaltung, S. 114 ff.; F. DUPPRÉ, Zur Autonomie der Deutschen Bundesbank, in: Die Verwaltung 13 (1980), S. 329 ff.; R. SCHMIDT, Die Zentralbank im Verfassungsgefüge der Bundesrepublik Deutschland, in: Instrumente der sozialen Sicherung und der Währungssicherung in der Bundesrepublik Deutschland und in Italien (=Der Staat, Beiheft 5), 1981, S. 61 ff.; H. J. HAHN, Die Deutsche Bundesbank im Verfassungsrecht, in: BayVBl. 1982, S. 33 ff., 70 ff.; jetzt umfassend J. SIEBELT, Der juristische Verhaltensspielraum der Zentralbank, 1988. – BVerwGE 41, 334/356 ff. prüft ausdrücklich das „System von Abhängigkeiten persönlicher und sachlicher Art"; dazu auch L. GRAMLICH, Die Deutsche Bundesbank im Verfassungsgefüge des Grundgesetzes, in: JuS 1988 (Lernbogen), S. L 81 ff. (84); DERS., Bundesbankgesetz, Währungsgesetz, Münzgesetz, 1988, Kommentierung zu Art. 12 BBankG (S. 85 ff.). Ausführliche Nachweise zum Sach- und Literaturstand bis 1980 bei K. STERN, Das Staatsrecht der Bundesrepublik Deutschland, Bd. 2, 1980, S. 463 ff.

[132] WOLFF/BACHOF/STOBER, VerwR II, § 99 Rn. 45; s. auch H. LECHELER, Verwaltungslehre, 1988, S. 247 ff.

[133] Vgl. L. GRAMLICH, „Öffentliche Unternehmungen" im Verfassungsstaat des Grundgesetzes, in: BB 1990, S. 1493 ff. (1494 f.).

[134] K. BERENDES, Die Staatsaufsicht über den Rundfunk, 1973; W. RUDOLF, Aufsicht bei Funk und Fernsehen, in: ZRP 1977, S. 213 ff.; Rechtsprechung: VG Mainz JZ 1979, 303 m. Anm. STARCK. – A. GALLAS, Die Staatsaufsicht über die wissenschaftlichen Hochschulen, 1976; H.-U. ERICHSEN, Kommunalaufsicht-Hochschulaufsicht, in: DVBl. 1985, S. 943 ff.; M. SCHRÖDER, Verfassungsrechtliche Maßstäbe der Staatsaufsicht über die wissenschaftlichen Hochschulen, in: WissR 18 (1985), S. 199 ff.

[135] Vgl. Art. 13 BaySparkG; BayVGHE n. F. 22, 98; R. FISCHER, Selbstverwaltung durch und in kommunalen Sparkassen, in: FS v. Unruh, S. 835 ff. (846 ff.); A. v. MUTIUS/H.-L. OBERBECKMANN/W. HOPPE, Die kommunalen Sparkassen, in: Handbuch des Kommunalrechts, Bd. 4, 1984, § 105; F.-L. KNEMEYER, Das Sparkassenkontrollsystem, in: BayVBl. 1986, S. 33 ff., 70 ff.; WOLFF/BACHOF/STOBER, Verwaltungsrecht II, § 100 Rn. 24. – Vgl. auch § 12 II bw LandeskreditbankG: „Die Aufsicht hat sicherzustellen,

sichtlichen Kompetenzen der Bundesminister gegenüber den wirtschaftslenkenden Anstalten[136].

c) *Stiftungen*. Von heute insgesamt eher geringer Bedeutung für die Bewältigung öffentlicher Aufgaben ist die Stiftung des öffentlichen Rechts[137]. Durch staatlichen Hoheitsakt errichtet und mit hoheitlichen Befugnissen ausgestattet[138], ist sie als zu verwaltende Vermögensmasse gegenüber dem jeweiligen Muttergemeinwesen verselbständigt und unterliegt nur der staatlichen Rechtsaufsicht[139]. Da sie weder Mitglieder wie die Körperschaft noch Benutzer wie die Anstalt, sondern lediglich Nutznießer hat, kann der Selbstverwaltungsgedanke bei der Stiftung nicht das tragende Fundament bilden[140]. Stiftungen des öffentlichen Rechts sind vergleichsweise rar[141].

---

daß die Bank ihre Aufgaben rechtmäßig und im Interesse des Landes erfüllt. Die Aufsichtsbehörde kann die erforderlichen Weisungen erteilen."

[136] Breuer, VVDStRL 44 (1986), S. 239f. m.w.N. Ganz generell dürfte indes, obwohl die Fachaufsicht bei Anstalten also nicht definitionsgemäß ausgeschlossen ist (zu weitgehend aber wiederum BVerwG BayVBl. 1979, 313), im Zweifelsfall eine Vermutung gegen sie sprechen, weil der mit der anstaltlichen Besonderung der Verwaltungseinheit zumeist (auch) intendierte Entlastungseffekt verloren ginge (dazu Lange, VVDStRL 44 [1986], S. 199f.). Dennoch gibt es solche Fälle: Die Einfuhr- und Vorratsstelle für Getreide und Futtermittel ist eine (rechtsfähige) Anstalt des öffentlichen Rechts, die gemäß § 7 V des Getreidegesetzes v. 24. 11. 1951 (BGBl. I S. 901) der unbeschränkten Weisungsbefugnis des Fachministers unterliegt. In der Neufassung des Gesetzes v. 3. 8. 1977 (BGBl. I S. 1521) sind die Regelungen über die Einfuhr- und Vorratsstelle entfallen. – Vgl. zum Problem auch Wolff/Bachof, VerwR II, § 77 I b (S. 99).

[137] H. Ebersbach, Die Stiftung des öffentlichen Rechts, 1961; G. Totenhöfer-Just, Öffentliche Stiftungen, 1973; M. Schulte, Staat und Stiftung, 1989.

[138] Vgl. Wolff/Bachof/Stober, Verwaltungsrecht II, § 103 Rn. 1ff.; Breuer, VVDStRL 44 (1986), S. 246 begreift wegen der offenkundigen Nähe zur Anstalt die Stiftung als eine Unterart derselben.

[139] Zu ihrer Zweckbestimmung OVG Lüneburg NJW 1985, 1572; BVerwGE 40, 347.

[140] Etwas gezwungen wirken von daher die Überlegungen von K. Neuhoff, Einige Bemerkungen zur Komplementarität von Selbstverwaltung und Stiftung, in: FS v. Unruh, S. 991ff.

[141] Auf Bundesebene sind zu nennen: Stiftung Preußischer Kulturbesitz (dazu W. Knopp, Juristische Aspekte von Gründung und Arbeit der Stiftung Preußischer Kulturbesitz, in: Festschrift zum 125jährigen Bestehen der Juristischen Studiengesellschaft Berlin, 1984, S. 331ff.); Hilfswerk für behinderte Kinder; Heimkehrerstiftung; Stiftung Bundeskanzler-Adenauer-Haus; Stiftung für ehemalige politische Häftlinge; Stiftung „Mutter und Kind – Schutz des ungeborenen Lebens" (dazu M. Borchmann, Bundesstiftung „Mutter und Kind" – ein unzulässiger Eingriff in den Verwaltungsraum der Länder, in: DÖV 1984, S. 881ff.); zuletzt das Gesetz zur Errichtung einer Stiftung „Haus der Geschichte der Bundesrepublik Deutschland" v. 28.2.1990 (BGBl. I S. 294).

2. Organisatorische Verselbständigung von Verwaltungseinheiten innerhalb der unmittelbaren Staatsverwaltung

Bei Behörden und Dienststellen, die dem (hierarchischen) System staatsunmittelbarer Verwaltungsorganisation zuzurechnen sind, scheint für eine Verselbständigung gegenüber dem Muttergemeinwesen zunächst keine Möglichkeit zu bestehen. Doch allein die Existenz der oben bereits angesprochenen ministerialfreien Räume belehrt hier eines besseren und relativiert die begrifflich kategoriale Trennung zwischen unmittelbarer und mittelbarer Verwaltung. Hinzu tritt der Umstand, daß Einflußknicke im Sinne Frido Wageners nicht die Verselbständigung von Verwaltungseinheiten zu eigenen Rechtspersönlichkeiten voraussetzen und schon gar nicht zwingend auf den Selbstverwaltungsgedanken verwiesen sind. Bereits gewisse organisatorische Auslagerungen aus dem hierarchischen Ministerialsystem gewähren ein Stück Autonomie und signalisieren die Brechung des zentralen Willens, wie am Beispiel der Bundesoberbehörden[142] demonstriert worden ist[143]. Der Zusammenhang zwischen beiden Institutionen wird daraus ersichtlich, daß es sich bei einigen der ministerialfreien Räume mit der charakteristischen Freistellung von fachaufsichtlichen Einzelweisungen um Bundesoberbehörden handelt[144] – also um den Bundesministerien unmittelbar nachgeordnete, fachlich spezialisierte, ohne eigenen Verwaltungsunterbau ausgestattete, für das gesamte Bundesgebiet zuständige Verwaltungseinheiten, die der Grundkonzeption zufolge strikt in das hierarchische Ministerialsystem eingegliedert sind[145].

---

[142] Zu ihnen (mit Unterscheidung zwischen selbständigen und schlichten Bundesoberbehörden) R. Loeser, Die Bundesverwaltung in der Bundesrepublik Deutschland, Bd. 1, 2. Aufl. 1987, S. 71 ff., 80 ff.; Dittmann, Bundesverwaltung, S. 256 ff.; B. Bekker, Öffentliche Verwaltung, S. 299 ff. Aus dem kommunalen Bereich wären die Eigenbetriebe zu nennen.

[143] W. Welz, Ressortverantwortung im Leistungsstaat, 1988, S. 20, 111 ff., 114 (zum Bundesamt für Wirtschaft); vgl. zu jener *terra incognita* der Bundesverwaltungsorganisation ausführlich B. Becker, Zentrale nichtministerielle Organisationseinheiten der unmittelbaren Bundesverwaltung, in: VerwArch. 69 (1978), S. 149 ff.; ders., Öffentliche Verwaltung, S. 289 ff.; zu dieser schwächsten Form (anstaltlicher) Verselbständigung auch Breuer, VVDStRL 44 (1986), S. 227, 232. – Die hier behandelte Form faßt P. Lerche, in: Maunz/Dürig, Komm. z. GG, Art. 86 (1989), Rn. 44 ff. als „relative Verselbständigungen".

[144] Vgl. zum folgenden Wolfgang Müller, Ministerialfreie Räume, in: JuS 1985, S. 497 ff. (500 ff.).

[145] Das Merkmal der „Selbständigkeit" in Art. 87 III 1 GG bezieht sich allein auf die organisatorische Verselbständigung; vgl. A. Köttgen, Der Einfluß des Bundes auf die deutsche Verwaltung und die Organisation der bundeseigenen Verwaltung, in: JöR 11 (1962), S. 173 ff. (269); Th. Maunz, in: Maunz/Dürig, Komm. z. GG, Art. 87 (1979), Rn. 78, 83; Welz, Ressortverantwortung, S. 17 ff., 111 ff.

So ist das Bundeskartellamt eine selbständige Bundesoberbehörde im Geschäftsbereich des Bundesministers für Wirtschaft (vgl. § 48 I GWB), für deren Ministerialfreiheit zwar eine ausdrückliche gesetzliche Bestimmung fehlt; nach ganz überwiegender Ansicht aber unterliegt das Amt keinen Einzelanweisungen[146]. Ähnlich liegen die Dinge beim Bundesaufsichtsamt für das Versicherungs- und Bausparwesen: Aus der Kollegialstruktur der Behörde und der Justizförmigkeit des Verfahrens schließt die überwiegende Meinung auch hier auf die Freistellung von Einzelweisungen. Die Bediensteten des Bundesamtes für die Anerkennung ausländischer Flüchtlinge wiederum sind bei ihren Entscheidungen über die Anträge gem. § 4 III 1 AsylVfG ausdrücklich weisungsfrei gestellt. Auch die Bundesschuldenverwaltung, eine beim Bundesminister der Finanzen angesiedelte Bundesoberbehörde, ist bei der Erfüllung ihrer Aufgaben unabhängig. Gleiches gilt für den beim Bundesminister des Innern ressortierenden Bundespersonalausschuß. Die Mitglieder der dort angesiedelten Bundesprüfstelle für jugendgefährdende Schriften[147], einer weiteren Bundesoberbehörde, sind gem. § 10 GjS nicht an Weisungen gebunden.

Die Beispiele ließen sich vermehren. Festzuhalten bleibt, daß aus einer Reihe von Gründen (insb. der Sicherung pluralistischer oder objektiver, hochgradig sachkundiger Entscheidungsfindung, charakteristischerweise zumeist unter Einschluß gesellschaftlicher, insbesondere wirtschaftlich relevanter Kräfte) Aufgaben aus dem Kreis des hierarchischen Ministerialsystems entlassen und abgekoppelten Behörden überlassen werden, die aber im Unterschied zu den juristischen Personen des öffentlichen Rechts Teil der unmittelbaren Staatsverwaltung bleiben.

Selbst bei Bundesoberbehörden, die nicht in rechtlich fixierbarer Weise aus dem administrativen Befehlsstrang herausgenommen sind, läßt sich Wageners These von den Einflußknicken insofern bestätigen, als hier eine punktgenaue Steuerung der Dienststellen durch die ministerielle Spitze weder gewährleistet noch intendiert ist[148]. Auch in der (hier: horizontalen) Dekonzentration liegt wegen der institutionellen Brechung des zentralen Willens mithin eine im einzelnen unterschiedlich stark ausgeprägte Tendenz zur Verselbständigung beschlossen.

---

[146] Welz, Ressortverantwortung, S. 113, 115.

[147] Zu ihr und ihrer verfassungsrechtlichen Problematik genauer E. Schreyer, Pluralistische Entscheidungsgremien im Bereich sozialer und kultureller Staatsaufgaben, 1982, S. 17ff., 32ff., 52ff. u.ö.; s. auch Chr. Greipl, Art. 19 IV und Entscheidungen von unabhängigen Sachverständigenausschüssen, Diss. jur. Bonn 1988, S. 8ff., 217ff.

[148] Sehr detailliert in bezug auf das Bundesamt für Wirtschaft Welz, Ressortverantwortung, S. 160ff. Überhaupt ist zu betonen, daß der Übergang von unmittelbarer zu mittelbarer Verwaltung durchaus fließend ist (vgl. Krebs, in: HdbStR III, § 69 Rn. 21, 56) und vor allem die öffentliche Anstalt als eine flexible Umschaltstation dient.

3. Öffentliche Verwaltung durch Private

Der Staat kann nicht nur unmittelbar mit eigenen Organen selbst Verwaltungsaufgaben erfüllen oder dies mit Hilfe rechtsfähiger juristischer Personen des öffentlichen Rechts tun; er vermag auch Zugriff auf natürliche oder juristische Personen des Privatrechts zu nehmen und diese in unterschiedlicher Weise zu instrumentalisieren[149]. Der Verselbständigungseffekt rührt hier daher, daß ein privates und nicht dem öffentlichen Rechtskreis zuzurechnendes Subjekt mit der Erfüllung öffentlicher Aufgaben betraut wird, es sich um „Ausübung von Verwaltungsbefugnissen auf privater Basis" handelt[150].

a) Ein eher marginales Problem stellt dabei dar, was man mit einer vom Bundesverfassungsgericht übernommenen Formel Hans Peter Ipsens als *„Gesetzliche Indienstnahme Privater"*[151] zu bezeichnen und mit den Hilfsdiensten der Arbeitgeber bei der Steuer- und Sozialversicherungsverwaltung sowie der Ölbevorratungspflicht zu exemplifizieren pflegt[152]; denn hier werden besondere Pflichtenstellungen begründet, aber keine hoheitlichen Kompetenzen eingeräumt. Es handelt sich um die „Auferlegung öffentlich-rechtlicher Bürgerpflichten zur Sicherung der Erfüllung öffentlicher Aufgaben"[153].

b) Etwas wichtiger, vielfältiger und gewöhnlich als Regelfall mittelbarer Staatsverwaltung aufgeführt ist das Institut der *Beleihung*. Damit sind jene Fälle gemeint, in denen qua Gesetz[154] Privatrechtssubjekte mit der hoheit-

---

[149] Dazu allgemein P. Kirchhof, Mittel staatlichen Handelns, in: HdbStR III, § 59 Rn. 92 ff.; F. Ossenbühl, Die Erfüllung von Verwaltungsaufgaben durch Private, VVDStRL 29 (1971), S. 137 ff. (148): Nutzung privaten Verwaltungspotentials.

[150] H. U. Gallwas, Die Erfüllung von Verwaltungsaufgaben durch Private, VVDStRL 29 (1971), S. 211 ff. (220); D. Ehlers, Verwaltung in Privatrechtsform, 1984, S. 110, wendet sich mit diesem Argument gegen die Beleihung publizistischer Privatrechtsvereinigungen (S. 109 ff.). Abgrenzungsschwierigkeiten (die aber doch die Abgrenzungsnotwendigkeiten nicht negieren können) betont wiederholt Krebs, in: HdbStR III, § 69 Rn. 10, 38.

[151] H. P. Ipsen, Gesetzliche Indienstnahme Privater für Verwaltungsaufgaben, in: Festgabe für Erich Kaufmann, 1950, S. 141 ff.; ders., Gesetzliche Bevorratungsverpflichtung Privater, in: AöR 90 (1965), S. 393 ff.; BVerfGE 30, 292.

[152] Andere Beispiele bei S. v. Heimburg, Verwaltungsaufgaben und Private, 1982, S. 38 ff.

[153] R. Herzog/R. Pietzner, Art. Beliehener, in: EvStL, 2. Aufl. 1975, Sp. 170 f. (171).

[154] Zur Erforderlichkeit eines Gesetzes (sog. institutioneller Gesetzesvorbehalt) ausführlich Ossenbühl, VVDStRL 29 (1971), S. 171 ff.; OVG Münster DÖV 1980, 528 ff.;

lichen Wahrnehmung bestimmter Aufgaben betraut werden[155] und dabei als Behörde im Sinne des § 1 IV VwVfG[156] auftreten[157]. Vom Verwaltungshelfer (Schülerlotsen, Abschleppunternehmer, Schulhelfer)[158] durch das Merkmal selbständigen hoheitlichen Handelns in eigenem Namen abgegrenzt, zudem der staatlichen Verwaltungsorganisation zwar nicht ein-, aber angegliedert[159], gelten als typische Beispielsfälle für Beliehene die Notare, amtlich anerkannte Sachverständige für den Kraftfahrzeugverkehr, die Prüfingenieure für Baustatik, öffentlich bestellte Vermessungsingenieure, Feld- und Forsthüter, Flug- und Schiffskapitäne u.v.a.m.[160]

Die Beispiele zeigen: Zu Zwecken der Entlastung macht sich der Staat mit Hilfe des Instituts der Beleihung die bei bestimmten Berufen anzutreffende Sachkunde und das dort lokalisierte Expertenwissen sowie die aus bestimmten Tätigkeitsfeldern resultierende „Situationsbeherrschung" (Ossenbühl) zunutze, um den Privaten unter Anknüpfung an diese Fähigkeiten und Zugriffsmöglichkeiten gesetzlich klar bestimmte öffentlich-rechtliche Aufgaben zur eigenverantwortlichen Wahrnehmung zu übertragen; dabei unterliegt der Beliehene prinzipiell staatlicher Aufsicht[161]. Beleihung hat ihren Sinn nicht in der Förderung oder Bewahrung gesellschaftlicher Autonomie,

---

s. auch BVerwG DÖV 1984, 1025 und Wolff/Bachof/Stober, VerwR II § 104 Rn. 6 m.w.N.

155 Maurer, Verwaltungsrecht, § 23 Rn. 56; genauer zu dieser „Rechtsstellungstheorie" v. Heimburg, Verwaltungsaufgaben und Private, S. 30ff., 36.

156 Vgl. H. Meyer/H. Borgs-Maciejewski, Verwaltungsverfahrensgesetz, 2. Aufl. 1982, § 1 Rn. 25; P. Stelkens/H. J. Bonk/K. Leonhardt, Verwaltungsverfahrensgesetz, 2. Aufl. 1983, § 1 Rn. 44, § 35 Rn. 22; aus der Rechtsprechung etwa BVerwG BayVBl. 1989, 247.

157 Zu den grundlegenden Problemen des Beliehenen s. E. V. Heyen, Das staatstheoretische und rechtstheoretische Problem des Beliehenen, 1973; U. Steiner, Öffentliche Verwaltung durch Private, 1975, insb. S. 222ff.; H.-W. Rengeling, Erfüllung öffentlicher Aufgaben durch Private, 1986.

158 Vgl. Steiner, Öffentliche Verwaltung durch Private, S. 106ff., 233 ff; P. Kirchhof, Verwaltung durch „mittelbares" Einwirkungen, 1977, S. 10ff.; v. Heimburg, Verwaltungsaufgaben und Private, S. 130ff.

159 Wolff/Bachof/Stober, VerwR II, § 104 Rn. 3.

160 v. Heimburg, Verwaltungsaufgaben und Private, S. 30ff., 112ff. mit differenzierender Einteilung; M. Fuchs, „Beauftragte" in der öffentlichen Verwaltung, 1985, S. 50ff.; B. Drews/G. Wacke/K. Vogel/W. Martens, Gefahrenabwehr, 9. Aufl. 1986, S. 56ff.; Chr.-D. Bracher, Gefahrenabwehr durch Private, 1987, S. 26ff., 62ff.

161 VGH Baden-Württemberg DVBl. 1983, 592/593; K. Blau, Bedeutung und Probleme der Privatschulaufsicht, in: JA 1984, S. 463ff. (466). Gesetzliche Regelung in § 20 sh LVwG: „Werden natürlichen oder juristischen Personen des Privatrechts sowie nichtrechtsfähigen Vereinigungen Aufgaben der öffentlichen Verwaltung übertragen, so ist bei der Übertragung eine Aufsicht sicherzustellen. Hierbei sind die Aufsichtsbehörde, der Umfang und die Mittel der Aufsicht festzulegen."

sondern in der praktikablen und auf punktuelle Kompetenzen beschränkten Möglichkeit des Zugriffs auf Private, deren Wissen und Ortsnähe unter Wahrung der Hoheitlichkeit der Aufgabenerfüllung genutzt werden soll; dadurch wird der Beliehene im Endergebnis „eigentlich ein Stück juristische Person des öffentlichen Rechts“[162].

c) Obwohl zuweilen in die Nähe von Beliehenen gerückt[163], sind die privaten *„Mittlerorganisationen“* der auswärtigen Kulturverwaltung[164] doch von ganz anderem Zuschnitt. Diese besonders im Bereich der Auswärtigen Verwaltung anzutreffenden Verbände[165], die Dittmann definiert als „rechtlich selbständige Einrichtungen . . ., die in enger Verbindung zum Staat Verwaltungsaufgaben wahrnehmen, die auch von der staatlichen Verwaltung erfüllt werden können und erfüllt werden, und die ansonsten von der staatlichen Verwaltung wahrgenommen werden müßten oder unterblieben“[166], können formalrechtlich nicht als Beliehene eingestuft werden, weil sie nicht über hoheitliche Kompetenzen verfügen. Doch ungeachtet ihres privatrechtlichen Status leisten sie ihre Arbeit in engem Verbund[167] mit dem Staat – nicht nur, aber vor allem wegen der intensiven personellen Durchflechtung und des hohen Grades staatlicher Finanzierung[168], die im Fall der Goethe-Institute zu einer sukzessiven Transformation in eine quasi-staatliche Institution geführt hat[169]. Durch finanzielle Unterstützung bis hin zur Vollfinanzierung können ursprünglich private Initiativen ohne Verände-

---

162 Krebs, in: HdbStR III, § 69 Rn. 39.

163 Vgl. Th. Oppermann, Kulturverwaltungsrecht, 1969, S. 616.

164 Terminus nach W. Rudolf, Mittlerorganisationen der auswärtigen Kulturverwaltung, in: FS Menzel, 1975, S. 141 ff.

165 Zum Beispiel: Goethe-Institut zur Pflege deutscher Sprache und Kultur im Ausland e. V.; Inter Nationes e. V.; Deutscher Akademischer Auslandsdienst e. V.; Carl Duisberg Gesellschaft e. V.; Alexander von Humboldt-Stiftung (des bürgerlichen Rechts).

166 Dittmann, Bundesverwaltung, S. 123 f.; s. ferner Ders., Bundeseigene Verwaltung durch Private? Zur Problematik privatrechtlicher Mittlerorganisationen am Beispiel der auswärtigen Kulturpolitik, in: Die Verwaltung 8 (1975), S. 431 ff. (437 ff.); Schuppert, Erfüllung öffentlicher Aufgaben, S. 28 ff., 175 ff. (mit Zahlenmaterial zum Einfluß des Staates).

167 Ausdrücklich Schuppert, Erfüllung öffentlicher Aufgaben, S. 179: „Auswärtige Kulturpolitik als Verbundsystem“.

168 Vgl. Ehlers, Verwaltung in Privatrechtsform, S. 13: „typisches Beispiel für die externe Inanspruchnahme privatrechtlicher Organisationsformen“; dort S. 13 f. auch zur mitgliedschaftlichen und finanziellen Steuerung; detaillierte Angaben bei Schuppert, Erfüllung öffentlicher Aufgaben, S. 146 ff.

169 Schuppert, Erfüllung öffentlicher Aufgaben, S. 176 ff.

rung des äußerlichen Rechtsstatus unterfangen und bis zu einem gewissen Grad auch „instrumentalisiert" werden[170].

So werden Personenvereinigungen, die ursprünglich auf der Initiative von Privatpersonen beruhten[171], faktisch allmählich von staatlichen Verwaltungsträgern beherrscht. Als entscheidender Grund für dieses Formenspiel wird gerade im Bereich auswärtiger Kulturverwaltung angegeben, daß der Staat bei der Erbringung kultureller Leistungen nicht direkt als hoheitliche Instanz auftreten will und es zudem zur Entfaltung eines intensiven Kontaktes und kulturellen Austausches der „Aktivierung einer Vielzahl weiterer, auch gesellschaftlicher Kräfte"[172] bedarf. Der Staat macht sich also hier auf dem Hintergrund weitgehend deckungsgleicher Motive und Zielsetzungen die Leistungsfähigkeit privater Kulturträger zunutze, indem er sich in einen personellen wie finanziellen Verbund mit ihnen begibt; im Ergebnis kann es dabei natürlich zu einer Erstickung der ursprünglich dominierenden privaten Initiative kommen.

Während bei den Mittlerorganisationen auswärtiger Kulturpolitik der Gedanke leitend ist, daß der Staat „die Kontakte, das Engagement, das Expertenwissen einer privatrechtlichen Organisation (nutzt), um im sensiblen Bereich der auswärtigen Kulturpolitik besser agieren zu können"[173], also eigene Ziele auf der Basis privater Aktivitäten verfolgt, liegen die Dinge im Bereich der nur äußerlich ähnlichen Förderung privatrechtlich organisierter Wissenschaftsorganisationen (DFG, Max-Planck-Gesellschaften) anders[174]. Hier ist wieder die Überlegung entscheidend, daß die von staatlichen wie gesellschaftlichen Nützlichkeitskalkülen möglichst befreite Wissenschaft für Staat und Gesellschaft am Ende am meisten Vorteile bringt, so daß die umfangreiche Finanzierung durch Bund und Länder eher mäzenatischen Cha-

---

170 SCHUPPERT, in: FS v. Unruh, S. 198; DITTMANN, Bundesverwaltung, S. 128 ff., 134 ff. behandelt diese und andere Einflußnahmen gerade unter der Fragestellung, wie die Gesamtstaatlichkeit der Bundesverwaltung gesichert werden kann.

171 Zur etwas anderen Situation bei den vom Staat in Privatrechtsform gegründeten Entwicklungshilfediensten vgl. SCHUPPERT, Erfüllung öffentlicher Aufgaben, S. 135 ff.; DITTMANN, Bundesverwaltung, S. 126 ff. (S. 126 Fn. 85 der interessante Hinweis, daß die GTZ vor allem deshalb als GmbH gegründet wurde, weil so auf ein Gesetzgebungsverfahren verzichtet werden konnte).

172 DITTMANN, Bundesverwaltung, S. 125.

173 SCHUPPERT, in: FS v. Unruh, S. 200; DERS., Erfüllung öffentlicher Aufgaben, S. 143.

174 Dazu SCHUPPERT, Erfüllung öffentlicher Aufgaben, S. 180 ff.; diese Institutionen sind wiederum nicht zu verwechseln mit der privatrechtlich organisierten staatlichen Großforschung (SCHUPPERT, ebd., S. 137 f.; E. J. MEUSEL, Grundprobleme des Rechts der außeruniversitären ‚staatlichen' Forschung, 1982). – Zu tieferliegenden Problemen A. BLANKENAGEL, Partizipation von Wissenschaftlern in der Wissenschaftspolitik, in: KritV 1989, S. 247 ff.

rakter hat und folgerichtig bei den genannten Organisationen der Selbstverwaltungsgedanke stärker in den Vordergrund tritt[175].

4. Privatrechtlich organisierte (privatrechtsförmige) Verwaltung

Bei öffentlichrechtlichen Körperschaften, Anstalten und Stiftungen wie bei den Beliehenen bleibt der wenn auch nicht immer staatliche, so doch öffentliche Charakter der dort in gewisser Distanz zum demokratisch-hierarchischen Kontrollsystem der unmittelbaren Staatsverwaltung zu erfüllenden Aufgaben sichtbar. Das ist bei den privaten Organisationen mit öffentlichem Aufgabenprofil, insbesondere den soeben erwähnten Mittlerorganisationen, bereits anders. Indes mögen hier die besonderen Erfordernisse der Kulturpolitik wie der vergleichsweise eng geschnittene Aufgabenbereich als Rechtfertigung erscheinen. Eben dies ändert sich bei der Wahrnehmung öffentlicher Aufgaben in den Formen des Privatrechts; denn während noch für Otto Mayer Verwaltung in Privatrechtsform nur ausnahmsweise zulässig und die Verbreitung dieser Technik eine kriegsbedingte Anomalie war, so daß für ihn die „Verfolgung eines Verwaltungszwecks in privatrechtlicher Rechtsform ein Unbegriff"[176] gewesen wäre, handelt es sich heute unbestritten um eine von der rechtspraktischen Verbreitung wie dem Gewicht der Fälle her überragende Erscheinung, der man in gewisser Weise ebenfalls einen „Dezentralisierungseffekt"[177] zuschreiben kann.

a) Im Unterschied zur materiellen (Aufgaben-)Privatisierung, bei der bestimmte Tätigkeitsfelder als nicht originär staatlich definierte natürlichen oder juristischen Personen des Privatrechts und damit dem Markt überlassen werden[178], handelt es sich bei der „Verwaltung in Privatrechts-

---

[175] K. Zierold, Die Deutsche Forschungsgemeinschaft als Selbstverwaltungsorganisation der Wissenschaft, in: DÖV 1960, S. 481 ff.; ders., Selbstverwaltungsorganisationen der Wissenschaft in der Bundesrepublik, in: DÖV 1961, S. 687 ff.; J. Lange, Die Deutsche Forschungsgemeinschaft: Forschungsförderung durch Selbstverwaltung der Wissenschaft, in: Die Verwaltung 21 (1988), S. 220 ff. – Wegen der naheliegenden Assoziation von Selbstverwaltung mit mittelbarer Staatsverwaltung könnte sich hier der Terminus Selbststeuerung empfehlen (vgl. G. F. Schuppert, Selbstverwaltung, Selbststeuerung, Selbstorganisation – Zur Begrifflichkeit einer Wiederbelebung des Subsidiaritätsgedankens, in: AöR 114 [1989], S. 127 ff. [144]).

[176] P. Badura, Das Verwaltungsrecht des liberalen Rechtsstaates, 1967, S. 54; s. auch O. Bachof, Die Dogmatik des Verwaltungsrechts vor den Gegenwartsaufgaben der Verwaltung, VVDStRL 30 (1972), S. 193 ff. (221).

[177] W. Graf Vitzthum, Zum Aufbau der Verwaltung im Bundesstaat, in: B. Becker/W. Graf Vitzthum, Grundfragen der Verwaltungsorganisation, 1980, S. 119 ff. (132).

[178] Diese Privatisierungsdebatte hat sich allem Anschein nach festgefahren. Daß hier seit Jahren ohne sichtbaren Erkenntnisgewinn stets die gleichen Argumente (pro: Entlastung der öffentlichen Haushalte, weniger Bürokratie, mehr Markt; contra: Verlust an

form"[179] um lediglich formelle (Organisations-)Privatisierung[180]. Als Musterbeispiel kann die Gründung einer kommunalen AG zur Versorgung der Bevölkerung mit Strom, Wasser und Gas dienen („Stadtwerke AG"). Doch erschöpft sich privatrechtsförmige Verwaltung nicht in derartigen Standardfällen. Im Laufe der Entwicklung der Bundesrepublik Deutschland und des Ausbaus des staatlichen wie kommunalen Verwaltungsapparates haben sich neben der Gründung einer privatrechtlichen Organisation in eigener Regie weitere Formen mit einem entsprechenden Kranz an Assoziationsbegriffen („öffentliche Unternehmen", „privatrechtliche Verwaltungstrabanten") herausgebildet, so daß ferner die Beteiligung der Verwaltung an privatrechtlichen Vereinigungen (Mitglieds- und Anteilsrechte) sowie die „externe Einflußsicherung", also die bis zur Beherrschung reichende Beeinflussung privater Vereinigungen ohne formelle Beteiligung in Betracht gezogen werden muß[181]. Diesen drei Grundtypen: vollständige Innehabung, partielle

---

staatlicher Hoheit, öffentlicher Kontrolle, Einbußen an Sozialstaatlichkeit) ausgetauscht werden, liegt nicht nur daran, daß Erfolge und Mißerfolge von Privatisierungen nur schwer zu messen sind (wie rechnet man z. B. eine – kurzfristige – Kostensenkung gegen – langfristige – negative Veränderungen der Arbeitsplatzstruktur auf?). Entscheidend ist, daß alle Erörterungen (vgl. aus der reichhaltigen Literatur nur F.-L. Knemeyer, Privatisierung öffentlicher Aufgaben, in: WiVerw 1978, S. 65 ff.; W. Däubler, Privatisierung als Rechtsproblem, 1980; H. Lecheler, Privatisierung – ein Weg zur Neuordnung der Staatsleistungen?, in: ZBR 1980, S. 69 ff.; A. v. Loesch, Privatisierung öffentlicher Unternehmen, 2. Aufl. 1987, S. 53 ff., 67 ff., 77 ff., 83 ff., 93 ff.; K. König, Entwicklung der Privatisierung in der Bundesrepublik Deutschland – Probleme, Stand, Ausblick –, in: VerwArch. 79 [1988], S. 241 ff. [246 ff.]) gleichsam in der Luft hängen, solange es keine theoretisch fundierte Staatsaufgabenlehre gibt. Unter diesen Umständen sind politische ad-hoc-Entscheidungen ausschlaggebend, so daß „Privatisierungen letzten Endes nichts weiter darstellen als die Durchsetzung von Prioritätsverschiebungen im Gemeinwohlbereich" (W. Lange, Rechtsprobleme der Privatisierung öffentlicher Unternehmen, in: JZ 1981, S. 689 ff. [691]).

[179] So der Titel der Schrift von D. Ehlers, 1984; bei Wolff/Bachof/Stober, VerwR II, § 104 a ist die Rede von „privatrechtlich organisierter Verwaltung", während Krebs, in: HdbStR III, § 69 Rn. 17, 38 von „Verwaltung durch Privatrechtssubjekte" spricht; s. auch N. Achterberg, Privatrechtsförmige Verwaltung, in: JA 1985, S. 503 ff.

[180] Zu diesem Terminus W. Graf Vitzthum, Gemeinderechtliche Grenzen der Privatisierung kommunaler Wirtschaftsunternehmen, in: AöR 104 (1979), S. 580 ff. (586 ff.); v. Heimburg, Verwaltungsaufgaben und Private, S. 18 ff., 21 ff.; König, in: VerwArch. 79 (1988), S. 264.

[181] Diese Dreiteilung bei Ehlers, Verwaltung in Privatrechtsform, S. 7 ff.; bei den Beteiligungen differenziert er zwischen verwaltungsbeherrschten (Staat hat Stimmen- oder Anteilsmehrheit), verwaltungskontrollierten (Staat vereinigt mindestens ein Viertel der Anteile bzw. Stimmen auf sich) und privat beherrschten (Staat hat weniger als ein Viertel inne) Organisationen (S. 10). Diese fließenden Übergänge stellen das Hauptproblem bei der Zuordnung privatrechtlicher Organisationen zur Verwaltung und ihrer Charakterisierung als „Verwaltungsträger" dar. Dazu sogleich mehr.

Beteiligung und externe Einflußnahme entspricht in der Verwaltungsrealität eine kaum überschaubare Vielzahl an Fällen, deren Erfassung, Klassifizierung und Kategorisierung ein Desiderat der verwaltungsrechtlichen wie -wissenschaftlichen Forschung ist[182] – zumal der „Trend" hin zur Organisationsprivatisierung unvermindert anzuhalten scheint[183]. Indes ist an dieser Stelle weniger die optische Fülle und tatsächliche Verschiedenartigkeit der Phänomene[184] als der Umstand von Belang, daß hier öffentliche Aufgaben nicht in Gestalt öffentlich-rechtlicher Organisations- und Handlungsformen, sondern im zivilrechtlichen Kleid, zugleich aber unter dem „Regime der öffentlichen Hand"[185] erfüllt werden.

b) Einem erst nach dem Ersten Weltkrieg, der auch insoweit als echte Wasserscheide des öffentlichen Recht gewirkt hat, voll erblühten Dogma des deutschen Verwaltungsrechts[186] zufolge steht es dem Staat (dem Bund, Ländern und Kommunen und sonstigen rechtsfähigen Verwaltungsträgern)

---

[182] Für den Bereich der Bundesverwaltung s. jetzt LOESER, Bundesverwaltung, Bd. 1, S. 143 ff.; DERS., Bundes-Organisationsgesetz, S. 131 ff.; s. auch den Überblick über die tatsächliche Verwendung privatrechtlicher Organisationsformen in Bund, Ländern und Gemeinden bei EHLERS, Verwaltung in Privatrechtsform, S. 15 ff. – Über die Beteiligungsverwaltung des Bundes unterrichtet der jährlich vom Bundesminister der Finanzen hrsgg. Bericht: „Beteiligungen des Bundes"; demzufolge ist der Bund die mit Abstand größte juristische Person des privaten Gesellschaftsrechts (R. STOBER, Die privatrechtlich organisierte öffentliche Verwaltung, in: NJW 1985, S. 449 ff. [450]).

[183] Und zwar auf Bundes- wie auf Landes- und Kommunalebene: vgl. R. SCHOLZ/R. PITSCHAS, Gemeindewirtschaft zwischen Verwaltungs- und Unternehmensstruktur, 1982, S. 20; R. ALTENMÜLLER, Privatrechtliche oder öffentlich-rechtliche Form für kommunale Unternehmen?, in: VBlBW 1984, S. 61 ff.; weitere Hinweise bei BERG, in: NJW 1985, S. 2297 m. Fn. 35; s. auch WOLFF/BACHOF/STOBER, VerwR II, § 104a Rn. 4; anders G. PÜTTNER/B. LOSCH, Verwaltung durch Private und in privatrechtlicher Form, in: Dt. VerwGesch V, S. 368 ff. (380).

[184] B. BECKER, Bundesverwaltung durch privatrechtlich organisierte Bundesunternehmen, in: ZöGU 1 (1978), Heft 4, S. 1 ff.

[185] WOLFF/BACHOF/STOBER, VerwR II, § 104a, Rn. 5; vgl. KREBS, in: HdbStR III, § 69 Rn. 7; LERCHE, Art. 86 Rn. 54; RUDOLF, in: Allgemeines Verwaltungsrecht, § 56 II 3 spricht insofern von „Verwaltung im funktionellen Sinne". – K. WENGER, Die öffentliche Unternehmung, Wien–New York 1969, S. 292 bezeichnet die eigenwirtschaftliche Tätigkeit der öffentlichen Hand unzweideutig als „Gestaltungsmittel der öffentlichen Verwaltung."

[186] Vgl. die Situationsbeschreibung von KÖTTGEN, VVDStRL 6 (1929), S. 107 f. Fn. 3. Die von KÖTTGEN ebd., S. 106 genannten Gründe für die Wahl privatrechtlicher Formen muten erstaunlich aktuell an: „Die zeitweilig sehr beliebte gemischt-wirtschaftliche Unternehmung, das Verhältnis Reich und Länder sowie schließlich auch der Wunsch nach einer gewissen Ausschaltung parlamentarischer Körperschaften sind sicherlich Schrittmacher dieser Entwicklung gewesen." S. auch E. FORSTHOFF, Die Verwaltung als Leistungsträger, 1938, S. 22 f.

prinzipiell, also bei Fehlen entgegenstehender eindeutiger Regelungen, frei, seine Aufgaben entweder in öffentlich-rechtlicher oder in privatrechtlicher Form zu erfüllen[187]. Die hiergegen vorgetragene und unter den Schlagworten „Formenmißbrauch" sowie „Flucht ins Privatrecht"[188] gebündelte Kritik[189] machte vor allem geltend, daß der Sonderrolle des Staates als verfaßter hoheitlicher Gewalt auch ein Sonderrecht entspräche und er nicht wie ein beliebiger Privater agieren könne[190]. Heute wird man als wohl herrschend die Auffassung charakterisieren können, daß die Organisationsformen des öffentlichen Rechts jedenfalls die Regelformen staatlicher Tätigkeit bilden müssen[191]. Damit wird trotz der Grundrechtsbindung des Staates im Be-

---

187 Statt aller: Maurer, Verwaltungsrecht, §3 Rn. 9. Zu den theoretischen (Staat kann auf die gesamte Rechtsordnung, auch die private, zurückgreifen; privates Recht als universales Recht) und praktischen (ökonomische Flexibilität, Formenarmut des öffentlichen Rechts, Teilnahme am Wirtschaftsverkehr, Marktbeweglichkeit) Gründen Ehlers, Verwaltung in Privatrechtsform, S. 64 ff., 292 ff.; zu den Flexibilitätsargumenten auch E. Schiffer, Verfassungs- und organisationsrechtliche Probleme der Erfüllung öffentlicher Aufgaben durch autonome Organisationen – Eine Problemskizze aus Bundessicht –, 1974 (Verwaltungswissenschaftliche Informationen der Deutschen Sektion des Internationalen Instituts für Verwaltungswissenschaften, Sonderheft 1), S. 7 ff.; für den kommunalen Bereich W. Engel, Grenzen und Formen der mittelbaren Kommunalverwaltung, 1981, S. 38 ff.; kritisch zum ganzen Loeser, Bundes-Organisationsgesetz, S. 50 ff. m.w.N.

188 Die Formel geht offenbar zurück auf F. Fleiner, Institutionen des deutschen Verwaltungsrechts, 8. Aufl. 1928, S. 326: „Flucht von Staat und Gemeinde in das Privatrecht."

189 J. Burmeister, Plädoyer für ein rechtsstaatliches Instrumentarium staatlicher Leistungsverwaltung und Wirtschaftsagende, in: WiR 1972, S. 311 ff. (324 ff.); ders., Die Privatrechtsfähigkeit des Staates – Symptom verfassungskontroverser Theorie im öffentlichen Recht, in: Recht und Gesetz im Dialog III, hrsgg. v. H. Prütting, 1986, S. 1 ff.; Chr. Pestalozza, Formenmißbrauch des Staates, 1973, S. 166 ff., 185 f.; F. Ossenbühl, Die Handlungsformen der Verwaltung, in: JuS 1979, S. 681 ff. (686). – Zweifelnd auch H. Krüger, Allgemeine Staatslehre, 2. Aufl. 1966, S. 323 ff.

190 Pestalozza, Formenmißbrauch, S. 172 ff.; K. A. Schachtschneider, Staatsunternehmen und Privatrecht, 1986, hat unter ausdrücklicher Berufung auf BVerfGE 61, 82 (Sasbach) dahingehend argumentiert, daß der Staat sich seiner Staatlichkeit nicht entkleiden dürfe und könne (S. 275 ff.) und sich eine erwerbswirtschaftliche Tätigkeit der öffentlichen Hand in echter Konkurrenz zu privaten Marktteilnehmern verbiete (allg. zum „Verbot der Privatisierung des Staatlichen" S. 261 ff.); zum ganzen Komplex auch M. Zuleeg, Die Anwendungsbereiche des öffentlichen Rechts und des Privatrechts, in: VerwArch. 73 (1982), S. 384 ff. und – sehr gründlich – B. Kempen, Die Formenwahlfreiheit der Verwaltung, 1989, insb. S. 1 ff., 91 ff.

191 Ehlers, Verwaltung in Privatrechtsform, 1984, S. 115 ff., 368 ff., 374 ff.; Krebs, in: HdbStR III, §69 Rn. 6. Eher zurückhaltend gegenüber der Regel-Ausnahme-Formel Lerche, Art. 86 Rn. 60; s. auch F. v. Zezschwitz, Rechtsstaatliche und prozessuale Probleme des Verwaltungsprivatrechts, in: NJW 1983, S. 1873 ff.

reich des sogenannten Verwaltungsprivatrechts[192] der beliebige Wechsel zwischen öffentlich-rechtlichen und privatrechtlichen Formen prekär, zumindest aber begründungsbedürftig. Inwieweit sich auch die Judikatur dieser Tendenz anschließen wird, kann offenbleiben. Denn hier ist allein wichtig, daß sich auf dem skizzierten Hintergrund erkennbar die Tendenz abzeichnet, die privatrechtsförmige Verwaltung ebenfalls dem Verwaltungsrecht zuzurechnen[193] und diese Organisationen als Formen verselbständigter Verwaltungseinheiten zu begreifen[194].

c) Für eine derartige Reintegration in die öffentliche Verwaltung mag neben dem ebenso allgemeinen wie allgemeingültigen Argument, daß der Staat nicht beliebig aus seiner Rolle als hoheitliche, institutionalisierte Organisation des politischen Gemeinwesens entschlüpfen kann[195] und die private Rechtsform nichts an der materiellen Qualität der zu erfüllenden Aufgaben als staatlicher (zumindest: öffentlicher) zu ändern vermag, auch das Aufbrechen der perspektivischen Problemverengung auf das Staat-Bürger-Verhältnis und die damit verbundene Erkenntnis ursächlich gewesen sein, daß die Flucht in das Privatrecht ungeachtet verwaltungsprivatrechtlicher Grundrechtsbindungen (die indes von der noch immer herrschenden Auffassung nicht auf die erwerbswirtschaftliche Tätigkeit erstreckt wird) demokratische Steuerungs- und Lenkungsverluste nach sich ziehen kann. Einer scharfen Kritik Rupps zufolge hat die Flucht ins Privatrecht „die Verwaltung nicht nur aus dem Bindungs- und Koordinatensystem des öffentlichen Rechts herausgeführt, sondern ihr eine Freizone beschert, in welcher nicht

---

[192] Verwaltungsrecht als öffentlich-rechtliches Privatrecht, bei dem insbesondere die Geltung der Grundrechte verbürgt ist (zum Gesamtkomplex der „Fiskalgeltung" der Grundrechte nur B. Pieroth/B. Schlink, Grundrechte/Staatsrecht II, 5. Aufl. 1989, Rn. 219ff.; K. Stern, Das Staatsrecht der Bundesrepublik Deutschland, Bd. III/1, 1988, S. 1394ff.). Aus der Rspr. BGHZ 52, 325; 65, 284; BGH NJW 1985, 197/200. – Zur (umstrittenen) Grundrechtsbindung auch bei erwerbswirtschaftlicher Betätigung und privatrechtlichen Hilfsgeschäften bejahend K. Hesse, Grundzüge des Verfassungsrechts der Bundesrepublik Deutschland, 16. Aufl. 1988, Rn. 345ff.; Ehlers, Verwaltung in Privatrechtsform, S. 212ff.

[193] N. Achterberg, Verwaltungsrecht, 2. Aufl. 1986, § 12 (S. 209ff.); Wolff/Bachof/Stober, VerwR II, § 104a; Püttner/Losch, in: Dt. VerwGesch V, S. 379ff.

[194] Deutlich Krebs, in: HdbStR III, § 69 Rn. 17, 38, 43.

[195] Hesse, Grundzüge, Rn. 348: „Die Verfassung kennt nur konstituierte Staatlichkeit. Der von ihr konstituierte Staat hat nirgends wie ein Privater das Recht zur Beliebigkeit." Kempen, Formenwahlfreiheit, S. 43ff., 122ff. stellt auf die fehlende allgemeine Privatrechtsfähigkeit des Staates ab und versucht das Problem der Formenwahl von daher zu lösen.

nach parlamentarischer Legitimation gefragt wird, sondern Autonomie und Vertragsfreiheit beherrschende Leitprinzipien sind."[196]

Trotz gewisser Abgrenzungsschwierigkeiten zu privaten Tätigkeitsformen, die neben dem Fehlen einer präzisen Bestimmung der Staatsaufgaben (bzw. der öffentlichen Aufgaben oder öffentlichen Zwecke) vor allem darin begründet liegen, daß die „Skala der staatlichen Einflußnahme auf privatrechtliche Vereinigungen ... von kaum nennenswerten Steuerungsimpulsen zu ihrer vollständigen Beherrschung (reicht)"[197], sind also jedenfalls die von den juristischen Personen des öffentlichen Rechts dominierten privatrechtlichen Organisationen als Verwaltungssubjekte zu qualifizieren[198]. Allgemeiner gesagt: Auch die in Privatrechtsform ausgeübte staatliche Tätigkeit gehört zum Funktionsbereich öffentlicher Verwaltung; die privatrechtsförmige Verwaltung bleibt Teil der öffentlichen Hand.

d) Demzufolge stellt sich wie bei allen anderen verselbständigten Verwaltungseinheiten die Frage nach Art, Umfang und Intensität der staatlichen bzw. kommunalen Kontroll- und Einwirkungsmöglichkeiten auf die privatrechtlich organisierten Verwaltungssubjekte[199]. Hier zeigen sich erheb-

---

196 H. H. Rupp, Die Dogmatik des Verwaltungsrechts und die Gegenwartsaufgaben der Verwaltung, in: DVBl. 1971, S. 669 ff. (671); kritisch im Hinblick auf die rechtsstaatliche Kompetenzabgrenzung Burmeister, in: WiR 1972, S. 339 ff.; der Einwand fehlender (parlamentarischer) Kontrolle zieht sich wie ein roter Faden durch den Band: Verselbständigte Verwaltungseinheiten in Westeuropa, hrsgg. v. Chr. Hood u. G. F. Schuppert, 1988.

197 Krebs, in: HdbStR III, § 69 Rn. 8; vgl. Loeser, Bundesverwaltung, Bd. 1, S. 177 ff.

198 Vgl. Wolff/Bachof/Stober, VerwR II, § 104a Rn. 6: „Definitorisch handelt es sich demnach bei der privatrechtlich organisierten öffentlichen Verwaltung um von der öffentlichen Hand durch Innehabung, partielle Beteiligung oder externe Einflußsicherung beherrschte selbständige Rechtssubjekte, die unmittelbar oder mittelbar bestimmte öffentliche Verwaltungsaufgaben in privatrechtlichen Organisations- und Handlungsformen erledigen." Speziell für Eigengesellschaften W. Kluth, Grenzen kommunaler Wettbewerbsteilnahme, 1988, S. 19.

199 Zum allgemeinen Erfordernis der Einbettung privatrechtsförmiger Verwaltung in den demokratischen Legitimations- und Kontrollzusammenhang und den Gefährdungen Ehlers, Verwaltung in Privatrechtsform, S. 268 ff. und auch Lerche, Art. 86 Rn. 63, 66 („steuernde Macht" des Bundes bzw. „dirigierender Staatseinfluß" zur Legitimation privatrechtlicher Organisationsformen im Rahmen der Bundeseigenverwaltung). Daß die privatrechtlich organisierte Verwaltung gerade in der demokratischen Steuerung und Kontrolle ihren Problemschwerpunkt hat, hat jüngst R. Loeser (in: Der Staat 27 [1988], S. 453 ff. [459 f.]) noch einmal betont; ähnlich D. Czybulka, Zur Legitimationsbasis wirtschaftlichen Handelns des Staates, in: BB 1988, S. 2321 ff. (2327); ferner U. Becker, Aufgabenerfüllung durch verselbständigte Betriebseinheiten aus der Sicht der Großstadt, in: Regierbarkeit? Dezentralisation? Entstaatlichung?, hrsgg. v.

liche Besonderheiten, die um so schwerer wiegen, als im Unterschied zu den Fällen anstaltlicher oder körperschaftlicher Selbstverwaltung nicht ein in der Gesellschaft und ihren Kräften liegendes fachliches, pluralistisches, partizipatorisches Potential aufgegriffen, umgemünzt und bis zur institutionellen Verklammerung von Staat und Gesellschaft ausgebaut wird, sondern – besonders natürlich in den Fällen vollständiger Innehabung privatrechtlicher Organisationen (Eigengesellschaften) – der Staat selbst es ist, der öffentliche Zwecksetzungen verfolgt und öffentliche Aufgaben erfüllt; denn eine andere Rechtfertigung als diese gibt es für seine Tätigkeit nicht – auch gerade nicht auf dem Feld öffentlicher Unternehmen (vgl. § 65 BHO)[200] in Privatrechtsform. Die Kontrollfunktion der Marktgesetzlichkeiten und die allgemeinen, auch Privatpersonen treffenden staatlichen Aufsichtsmaßnahmen reichen also wegen der spezifischen öffentlichen Zweckbindung nicht aus. Als privatrechtlich organisierter Teil des öffentlichen Sektors müssen die vom Staat beherrschten oder beeinflußten Organisationen spezieller Kontrolle und Steuerung unterliegen. Die entscheidende Frage lautet: Ist diese hinlänglich effektiv ausgestaltet?

aa) Als wohl gravierendste Differenz zu allen anderen bisher behandelten Verselbständigungsformen fällt auf, daß es bei privatrechtsförmiger Verwaltung keine allgemeine *Staatsaufsicht* gibt[201]. Prinzipiell verfügt die öffentliche Hand nur über die sich aus dem Privatrecht ergebende „Inhaberaufsicht“[202].

bb) Als Kompensationsinstitut gilt die sogenannte *Einwirkungspflicht*. Darunter versteht man die (ursprünglich auf die Sicherung des Zugangsrechts zu öffentlichen Einrichtungen in Privatrechtsform bezogene, jetzt allgemeiner gefaßte) Pflicht des jeweiligen Muttergemeinwesens, sich gegenüber ihren „Tochtergesellschaften“ (seien es Eigen- oder Beteiligungsgesell-

---

F. Wagener, 1976, S. 91 ff. (115): „Einbuße an politischer Verantwortung und Steuerung seitens der politischen Führung“. Auch eine politiktheoretische Erfassung des Phänomens öffentlicher Unternehmen muß sich auf die Frage nach ihrer politischen Steuerung und Kontrolle konzentrieren, wenn sie die Besonderheiten dieses Typus, staatlicher Organisation erfassen will: H. Abromeit, Öffentlicher Zweck und öffentliche Kontrolle. Ansätze zu einer politischen Theorie der öffentlichen Unternehmung, in: PVS 26 (1985), S. 287 ff. (288 f., 292 ff.).

200 Vgl. J. Backhaus, Öffentliche Unternehmen, 2. Aufl. 1980; G. Püttner, Die öffentlichen Unternehmen, 2. Aufl. 1985, S. 51 ff., 121 ff.; ders., Verwaltungslehre, 2. Aufl. 1989 S. 257 ff. (258: „Verwaltung durch Unternehmen“); s. auch B. Becker, Öffentliche Verwaltung, S. 254 ff..

201 Ehlers, Verwaltung in Privatrechtsform, S. 268; Krebs, in: HdbStR III, § 69 Rn. 43; Schiffer, Probleme der Erfüllung öffentlicher Aufgaben, S. 13, 15.

202 Püttner, Verwaltungslehre, 2. Aufl. 1989, S. 354; ders., Die öffentlichen Unternehmen, S. 261.

schaften) im Rahmen der privatrechtlichen Möglichkeiten Kontroll- und Einwirkungsrechte zu sichern, um so zu gewährleisten, daß die ausgelagerten Organisationen die ihnen zukommenden öffentlichen Aufgaben im Sinne des Muttergemeinwesens erfüllen[203]. Die öffentliche Hand ist demnach aus Gründen demokratischer Legitimation nicht nur gehalten, ihre personelle Repräsentanz in den Entscheidungsgremien der Privatrechtsorganisationen zu sichern. Sie hat weiter die Aufgabenstellung des Unternehmens möglichst konkret und unter Angabe der sich aus ihr ergebenden besonderen Verpflichtungen zu benennen, sich über die gesellschaftsrechtlichen Regeln hinaus durch Ausgestaltung des Gesellschaftsvertrages bzw. der Satzung Einwirkungsbefugnisse zu sichern[204], um eine Abkoppelung des Willensbildungs- und Entscheidungsprozesses der privatrechtlich verselbständigten Organisationseinheit vom (notabene: politischen) Willen des Muttergemeinwesens zu verhindern und schließlich die Tätigkeit des Unternehmens insbesondere im Hinblick auf die Einhaltung der öffentlichen Zweckbindung laufend kontrollieren und gegebenenfalls korrigieren zu können.

cc) Doch kann diese imposante Pflichtenliste ebensowenig wie eine umfängliche Aufzählung von Kontrollrechten und Aufsichtsmöglichkeiten bei Gründung und Betrieb verwaltungsbeherrschter bzw. -kontrollierter Privatrechtssubjekte[205] darüber hinwegtäuschen, daß faktisch eine weitgehende *Entlassung aus dem demokratischen Autorisations-, Legitimations- und Kon-*

---

[203] Vgl. G. Püttner, Die Einwirkungspflicht. Zur Problematik öffentlicher Einrichtungen in Privatrechtsform, in: DVBl. 1975, S. 353ff.; ders., Öffentliche Unternehmen als Instrument staatlicher Politik, in: DÖV 1983, S. 687ff. (703); Ehlers, Verwaltung in Privatrechtsform, S. 124ff., 132ff.; Engel, Grenzen und Formen, S. 240ff.; E. Th. Kraft, Das Verwaltungsgesellschaftsrecht, 1982, S. 20ff., 25ff., 67ff.; s. ferner zu jeweils speziellen Bereichen H. D. Jarass, Formen staatlicher Einwirkung auf die Energiewirtschaft, in: Der Staat 17 (1978), S. 507ff.; D. Schroeder, Geschäftsführerrechte und Einwirkungsbefugnisse bei öffentlichen Unternehmen, in: ZögU 2 (1979), S. 149ff.; G. Ress, Regierungskontrolle in öffentlichen (staatlichen und halbstaatlichen) Industrieunternehmen, in: Festschrift für B. C. H. Aubin, Kehl-Straßburg, 1979, S. 129ff.; H.-J. Papier, Staatliche Einwirkungen auf die Energiewirtschaft, in: FS zum 125jährigen Bestehen der Juristischen Gesellschaft Berlin, 1984, S. 530ff.

[204] Zu diesen Möglichkeiten G. Nesselmüller, Rechtliche Einwirkungsmöglichkeiten der Gemeinden auf ihre Eigengesellschaften, 1977, S. 61ff.; W. Hauser, Die Wahl der Organisationsform kommunaler Einrichtungen, 1987, S. 65ff.; G. Brüggemeier/R. Damm, Kommunale Einwirkung auf gemischtwirtschaftliche Energieversorgungsunternehmen, 1988, S. 49ff. – Zur Relativierung der insb. aus dem Demokratieprinzip abzuleitenden Anforderungen an die Einbindung der privatrechtlich organisierten Unternehmen der öffentlichen Hand D. Ehlers, Die Grenzen der Mitbestimmung in öffentlichen Unternehmen, in: JZ 1987, S. 218ff. (225).

[205] Wolff/Bachof/Stober, VerwR II, § 104a Rn. 34ff.

trollzusammenhang stattfindet.[206] Wie wenig Einfluß z. B. die kommunalen Repräsentativkörperschaften auf „ihre“ privatrechtlich ausgelagerten Organisationen haben, hat an einer Vielzahl keineswegs spektakulärer, aber gerade wegen ihrer Alltäglichkeit so überzeugender Beispiele Engel demonstriert[207]. Und auch Stober gibt unumwunden zu: „In der Verwaltungspraxis leidet die Realisierung der Einwirkungspflicht häufig an der nicht oder nur unzureichend definierten Zweckbestimmung des privatrechtlich organisierten Verwaltungsträgers oder an der Neigung der Verwaltungsspitze und der parlamentarischen Gremien, die Einwirkungsbefugnisse kaum wahrzunehmen.“[208]

Etwas detaillierter, aber im Ergebnis kaum ermutigender hat Gunnar Folke Schuppert im Rahmen eines für die Freie und Hansestadt Hamburg erstatteten Gutachtens Möglichkeiten und Grenzen der Kontrollierbarkeit öffentlicher Unternehmen untersucht. Seine aus konkretem Anschauungsmaterial gewonnenen Ergebnisse stimmen wenig optimistisch, weil sie den Leerformelcharakter der Zielsetzungen öffentlicher Unternehmen ebenso offenbaren wie die im Grunde ganz selbstverständliche und bis zu einem gewissen Grade gewollte, aber Zielkonflikte in sich bergende Orientierung der

---

[206] Zur (schwachen) Parlamentskontrolle etwa PÜTTNER, Öffentliche Unternehmen, S. 156ff., 215ff., 261ff.; allgemein JANSON, Rechtsformen öffentlicher Unternehmen, S. 49ff.; G. HIMMELMANN, Kontrolle öffentlicher Unternehmen als politisches und politologisches Problem, in: Kontrolle öffentlicher Unternehmen, Bd. 2, 1982, S. 61ff. (65ff.); EHLERS, Verwaltung in Privatrechtsform, S. 251ff., 268ff. – Interessant in diesem Zusammenhang die Notiz von LOESER, Bundes-Organisationsgesetz, S. 51, daß zahlreiche Akte formeller Privatisierung gerade darauf abzielen, sich strikter Aufsicht ein Stück weit zu entziehen. – O. BACHOF, VVDStRL 44 (1986), S. 259 betont den durch Politikferne erzielten Versachlichungseffekt; vgl. dagegen den Hinweis von LANGE, VVDStRL 44 (1986), S. 179 auf die notwendige „Anbindung an die politisch verantwortlichen Organe“.

[207] Vgl. ENGEL, Grenzen und Formen, S. 99ff., 127ff., 164ff.; s. auch NESSELMÜLLER, Rechtliche Einwirkungsmöglichkeiten, S. 70ff.; W. BÜCHNER, Die rechtliche Gestaltung kommunaler öffentlicher Unternehmen, 1982; W. KLUTH, Rechtsfragen der Beteiligung von Kommunen an Großkonzernen – Das Beispiel RWE, in: Wirtschaft und Recht, hrsgg. v. J. Peter u. K.-U. Rhein, 1989, S. 117ff. (142ff.); zur Gefahr des Einwirkungs- und Kontrollverlustes bei Beteiligungsunternehmen des Bundes EHLERS, Verwaltung in Privatrechtsform, S. 268ff.; zu konkreten Steuerungsmängeln beim Deutschen Entwicklungsdienst und der Rhein-Main-Donau-AG LOESER, Bundes-Organisationsgesetz, S. 218.

[208] WOLFF/BACHOF/STOBER, VerwR II, § 104a Rn. 30; für öffentliche Unternehmen das gleiche Fazit bei ABROMEIT, in: PVS 26 (1985), S. 299ff.: eher ein Zuwenig als ein Zuviel staatlicher Kontrolle; dazu ferner PÜTTNER, Verwaltungslehre, 2. Aufl. 1989, S. 354f.; A. v. MUTIUS, Sinn, Möglichkeiten und Grenzen einer Kontrolle der Erfüllung öffentlicher Aufgaben öffentlicher Unternehmen, in: Kontrolle öffentlicher Unternehmen, Bd. 2, 1982, S. 25ff. (33ff., 43ff.).

Organisationsleitung an unternehmerischen Standards und Verhaltensmaximen[209] (Autonomie des Managements) und eine damit einhergehende Vernachlässigung der häufig nur höchst unzulänglich präzisierten öffentlichen Zwecke[210].

Wie weit sich insgesamt mit der Organisationsprivatisierung von Verwaltungsaufgaben deren Erfüllung vom „Idealbild" strikter Steuerung gemäß dem hierarchisch-demokratischen Kontrollsystem entfernt hat, mag man schließlich daran ermessen, daß nach wohl herrschender Auffassung im Konfliktfall zwischen der kommunalrechtlichen Weisungsgebundenheit der von den Gemeinden und Gemeindeverbänden in die Gesellschaften entsandten Mitglieder und den entgegenstehenden Regeln des Gesellschaftsrechts für Vorstand und Aufsichtsrat, die prinzipielle Weisungsfreiheit vorsehen, das (bundesrechtliche) Gesellschaftsrecht vorgeht[211]. Insbesondere die Au-

---

[209] G. F. Schuppert, Zur Kontrollierbarkeit öffentlicher Unternehmen, veröffentlicht als Anlage zur Drucksache 9/4545 der Bürgerschaft der Freien und Hansestadt Hamburg, S. 3ff. (13ff.); gleichsam als politologische Ergänzung und Bestätigung dieser verwaltungswissenschaftlichen Erkenntnisse ist zu lesen Abromeit, in: PVS 26 (1985), S. 292ff. (S. 296ff. zur Notwendigkeit präziser Zielvorgaben), 302. In aller Klarheit Himmelmann, Kontrolle öffentlicher Unternehmen, S. 70: „Betrachtet man den Bund, so zeigt sich, daß die Bundesregierung – ähnlich den Landesregierungen – die industriellen Unternehmen des Bundes nicht zentral steuert, sondern eine markt-, wettbewerbs- und erfolgsorientierte Unternehmenspolitik verfolgt. Gegenüber den industriellen Unternehmensbeteiligungen ist die Bundesregierung bemüht, die Rolle eines ‚guten' Eigentümers zu spielen (...) Sie läßt ihren industriellen Unternehmen weitgehend die Freiheit des Handelns und konkretisiert das ‚besondere Interesse des Bundes' (§ 65 BHO) in keiner nach außen erkennbaren Weise." – Deutlich bereits G. Lassar, Reichseigene Verwaltung unter der Weimarer Verfassung. Zwei Studien, in: JöR 14 (1926), S. 1ff. (53): Die Unternehmensleiter „werden nicht als staatliche, sondern als kaufmännische Funktionäre tätig."

[210] Speziell dazu J. Hidien, Gemeindliche Betätigungen rein erwerbswirtschaftlicher Art und „öffentlicher Zweck" kommunaler wirtschaftlicher Unternehmen, 1981, S. 51ff.; ders., Die positive Konkretisierung der öffentlichen Zweckbindung kommunaler Wirtschaftsunternehmen, 1984. Siehe auch U. Hoppe, Öffentliche Unternehmen in der sozialen Marktwirtschaft der Gegenwart, in: Aus Politik und Zeitgeschichte, B 29–30/1985, S. 3ff. (5,15).

[211] Grundlegend BGHZ 36, 296/306ff.; vgl. zu den im einzelnen sehr schwierigen (und keineswegs mit pauschalem Hinweis auf Art. 31 GG zu bewältigenden) Abgrenzungsproblemen Nesselmüller, Einwirkungsmöglichkeiten, S. 73ff., 91ff. (mit konzernrechtlicher Lösung, S. 97ff.); Schuppert, Anlage zur Drs. 9/4545, S. 24ff.; G. Püttner, Die Vertretung der Gemeinden in wirtschaftlichen Unternehmen – Zum Verhältnis von Kommunalrecht und Gesellschaftsrecht –, in: DVBl. 1986, S. 748ff.; w. Nachw. bei Wolff/Bachof/Stober, § 104a Rn. 32. Speziell zur sog. „konzernrechtlichen" Lösung, wie sie der BGH in der VEBA-Gelsenberg-Entscheidung vorgezeichnet hat (BGHZ 69, 334: Bundesrepublik Deutschland als herrschendes Unternehmen): F. M. Hohrmann, Der Staat als Konzernunternehmer, 1983; Manfred Schneider, Die Gebietskörperschaft als Konzernspitze, 1985.

tonomiebestimmungen des Aktienrechts halten die Unternehmensleitung vom dirigierenden Einfluß der Hauptversammlung frei. Bei der Konstruktion als GmbH sind die Einflußmöglichkeiten von Staat bzw. Kommunen zwar de jure größer[212]. Doch abgesehen davon, daß gerade die größeren Unternehmen in der Regel als AG organisiert sind, dürfte in der Praxis kaum eine erhebliche Differenz bestehen: Die entscheidenden Gründe für die weitgehende Verselbständigung liegen in der Grundentscheidung für die formelle Privatisierung, weniger in der Wahl einer speziellen Rechtsform[213]. Schließlich können trotz ihrer mannigfachen Besonderheiten auch die Konflikte um den vom Hamburger Senat politisch gewollten Ausstieg aus der Kernenergie und die höchst beschränkten Möglichkeiten, dieses Vorhaben durch entsprechenden, kraft Beherrschungsvertrags auszuübenden Einfluß auf die Hamburger Elektrizitätswerke (HEW) zu realisieren, geradezu als Lehrstück und Paradebeispiel für die Grenzen einer direkten Anbindung privatrechtlich verselbständigter Verwaltungeinheiten an den politischen Willen des Muttergemeinwesens gelten[214]. Ähnliche

---

[212] Vgl. M. v. Schwanenflügel, Wirtschaftliche Betätigung der Gemeinden in der Energieversorgung unter besonderer Berücksichtigung kommunaler Energieversorgungskonzepte, in: Wirtschaft und Recht, hrsgg. v. J. Peter u. K.-U. Rhein, 1989, S. 151 ff. (170 ff.); Kluth, Rechtsfragen der Beteiligung, ebd., S. 128 ff. (beide m.w.N.).

[213] Vgl. neben dem bereits mehrfach genannten Gutachten von Schuppert noch Kluth, Rechtsfragen der Beteiligung, S. 145 Fn. 100.

[214] Dazu H. P. Ipsen, Der Stadtstaat als Unternehmer und Träger der Fachaufsicht. Lehren aus dem Hamburger „Fall Brokdorf", in: FS zum 125jährigen Bestehen der Juristischen Gesellschaft zu Berlin, 1984, S. 265 ff. Die Besonderheit der Erörterungen Ipsens liegt darin, daß er 1. nicht die Frage einer Weisungsbefugnis des Stadtstaates gegenüber ihren Vertretern in den Leitungsorganen der HEW erörtert (S. 272), 2. ausdrücklich und wiederholt betont, daß auch öffentliche Verwaltung in Privatrechtsform stets öffentliche Verwaltung und daher an die Verfolgung legitimer öffentlicher Interessen sowie die Zuständigkeitsordnung und das Prinzip der Gesetzmäßigkeit der Verwaltung gebunden bleibt (S. 270, 271 ff.) und 3. auf diesem Hintergrund die sehr eingeschränkten Möglichkeiten der Hansestadt untersucht, im Wege eines Beherrschungsvertrages den Ausstieg der HEW aus der Kernenergie zu erzwingen, weil eben der Umstieg des Staates auf das Zivilrecht ihm prinzipiell nicht zu tun erlaubt, was ihm als hoheitliche Institution untersagt wäre (S. 271, 277 ff.). Gegenüber der plausibel klingenden Fomel, daß privatrechtliche Betätigung des Staates nicht zur „Freistellung von seinen verfassungsrechtlichen Bindungen als Herrschaftsträger" (S. 274) führen darf, müßte bedacht werden, ob die von Ipsen behauptete doppelte Restriktion der Handlungsmöglichkeiten der Hansestadt durch die Konfusion von Staat als Privatrechtssubjekt und Staat als Hoheitsträger nicht zur Zementierung des status quo führt und damit jene Beweglichkeit, die eine Privatperson jederzeit der AG verleihen könnte und die ja auch als zentrales Argument für die privatrechtsförmige Verwaltung gilt, ersatzlos fortfällt, wenn ein Hoheitsträger in der einen Rolle Aufsichtsbehörde, in der anderen Kapitaleigner der AG ist. Wäre der mit

Konflikte hat man auch bei den Rheinisch-Westfälischen Elektrizitätswerken beobachtet[215].

IV. Das Erscheinungsbild verselbständigter Verwaltungseinheiten auf den verschiedenen Verwaltungsebenen

Das trotz der notwendigerweise skizzenhaften Darstellung verschiedener Verselbständigungsformen gewonnene Bild macht hinlänglich klar, daß sich die Mitte der sechziger Jahre von Herbert Krüger geäußerte Vermutung, die „Schaffung von abgesetzten, mehr oder minder verselbständigten Verwaltungseinheiten" entwickele „sich zu einem bezeichnenden Zug der Verwaltungsorganisation"[216], durchaus bestätigt hat. Was die verselbständigten Verwaltungseinheiten bei aller Verschiedenartigkeit im einzelnen verbindet, ist das gemeinsame Moment der Ausgliederung aus der „staatsunmittelbaren hierarchischen Verwaltungsorganisation"[217]. Die vielzitierte Gesamthierarchie der öffentlichen Verwaltung weist offenkundig Brechungen auf, die nicht als untypische Ausnahmetatbestände und punktuelle Besonderheiten marginalisiert werden dürfen: vielmehr scheint deutlich zu werden, „daß die höchst komplexen und heterogenen öffentlichen Aufga-

---

dem Umstieg auf das Privatrecht intendierte Differenzierungsgewinn nicht dadurch verspielt? – Zum ganzen s. ferner R. Diekmann, Zum Umgang der Verwaltung mit ihren öffentlichen Unternehmen. Das Beispiel Hamburg, in: Die Verwaltung 18 (1985), S. 339 ff. (344 ff.). – Instruktiv in diesem Zusammenhang OLG Hamburg, DB 1990, 415: Zulässigkeit der Abberufung des Energieministers des Landes Schleswig-Holstein als Aufsichtsratsmitglied der Hamburgischen Elektrizitätswerke AG, weil er sich als Kernenergiegegner gegen die wirtschaftlichen Grundlagen der Gesellschaft betätigt.

215 Brüggemeier/Damm, Kommunale Einwirkung, S. 63 ff.; Kluth, Rechtsfragen der Beteiligung, S. 133. Zur Bedeutung der RWE für den (Kern-)Energiemarkt H. Hofmann, Privatwirtschaft und Staatskontrolle bei der Energieversorgung durch Atomkraft, 1989, S. 28 ff.

216 H. Krüger, Allgemeine Staatslehre, 2. Aufl. 1966, S. 846.

217 G. F. Schuppert, Art. Öffentlich-rechtliche Körperschaften, in: Handwörterbuch der Wirtschaftswissenschaft, Bd. 5, 1980, S. 399 ff. (400); ebenfalls auf mittelbare Staatsverwaltung bezogen, aber durchaus zu verallgemeinern die konzise Beschreibung von E. Forsthoff, Lehrbuch des Verwaltungsrechts, Bd. 1, 10. Aufl. 1973, S. 478: „Die mittelbare Staatsverwaltung steht grundsätzlich außerhalb des Instanzenzuges der unmittelbaren Staatsbehörden. Sie ist ihnen nicht im Sinne dienstlicher Nachordnung unterstellt. Das Weisungs- und Leitungsrecht der vorgesetzten Behörde besteht gegenüber rechtsfähigen Verwaltungseinheiten grundsätzlich nicht. Ihnen gegenüber findet lediglich eine gesetzlich geregelte Staatsaufsicht statt. Dienstliche Leitung und Staatsaufsicht sind grundsätzlich verschieden und bleiben es auch dann, wenn die Aufsichtsbefugnisse denkbar weit erstreckt bleiben."

ben nicht nach einem einheitlichen Muster“[218], nämlich dem des hierarchisch-bürokratischen Ministerialsystems mit uneingeschränkter parlamentarischer Verantwortung, klaren Leitungssträngen und voller Entscheidungsgewalt bei der politischen Spitze bewältigt werden – und auch nicht bewältigt werden können. Bevor wir uns den Motiven und Legitimationen dafür zuwenden (V.), sollen zur Verdeutlichung der oben unter III. nur an den Rechtsformen orientierten Darstellung einige Sätze der Bedeutung der einzelnen Verselbständigungsinstitute auf den drei Hauptebenen der Verwaltung (Bund, Länder, Kommunen) gewidmet werden. Denn nicht überall bietet sich das gleiche Erscheinungsbild.

1. *Bundesverwaltung*

Es ist vor allem die Bundesverwaltung, die sich – zum Teil allein deshalb, weil in Deutschland eine historisch gewachsene Verwaltungsorganisation den Wandel der Staatsformen bei allen damit verbundenen Veränderungen erstaunlich gut überstanden hat und die Bundesrepublik (wovon Art. 135 VI GG nur eine ungefähre Vorstellung vermittelt) zahlreiche private wie öffentliche Unternehmen als historisches Erbe übernahm – als vielgestaltig und schwer analysierbar darstellt: Hier finden die Topoi vom Wildwuchs, vom Systemchaos oder vom institutionellen Dschungel bundesrepublikanischer Verwaltungsorganisation reiche Nahrung[219]. Schon der Kanon der außergewöhnlich differenzierten, wenngleich keineswegs völlig konsistent strukturierten Regeln der Art. 83 ff. GG[220], deren Bedeutung sich nicht in der föderativen Abgrenzung gegenüber den Länderkompetenzen erschöpft, fä-

---

[218] W. Berg, Die öffentlichrechtliche Anstalt, in: NJW 1985, S. 2294 ff. (2229).

[219] Vgl. W. Weber, Der nicht staatsunmittelbare öffentliche Organisationsbereich, in: Juristen-Jahrbuch 8 (1967/68), S. 137 ff. (137); G. Hartkopf, Zur Lage der Bundesverwaltung nach 30 Jahren Grundgesetz, in: DÖV 1979, S. 349 ff. (352); R. Loeser, Die Bundesverwaltung in der Bundesrepublik Deutschland, Bd. 1, 2. Aufl. 1987, S. 6; ders., Das Bundes-Organisationsgesetz, 1988, S. 42, 135, 136 u.ö.; W. Kaup, in: BayVBl. 1988, S. 298 ff. (299); vorsichtiger und mit berechtigtem Hinweis auf Differenzierungserfordernisse B. Becker, Öffentliche Verwaltung, 1989, S. 209. – Zum Bereich der besonders zerfaserten Sozialversicherung vgl. zuletzt R. Stettner, Sozialversicherung – organisatorische Gliederung und funktionale Einheit der Sozialversicherung, in: 4. Sozialrechtslehrertagung in Freiburg, 1989, S. 29 ff.

[220] Vgl. P. Badura, Art. Bundesverwaltung, in: EvStL, 3. Aufl., 1987, Sp. 365 ff.; D. Kirschenmann, Zuständigkeiten und Kompetenzen im Bereich der Verwaltung nach dem 8. Abschnitt des Grundgesetzes, in: JuS 1977, S. 565 ff.; ungleich ausführlicher K. Stern, Das Staatsrecht der Bundesrepublik Deutschland, Bd. 2, 1980, S. 775 ff., 806 ff., 814 ff.; die wohl subtilste Kommentierung bei P. Lerche, in: Maunz/Dürig, Komm. z. GG, Art. 83 (1983), Art. 84 (1985), Art. 85 (1987), Art. 86 (1989).

chert ein breites Spektrum auf: unmittelbare und mittelbare Verwaltung, obligatorische und fakultative, Bundesverwaltung mit und ohne Unterbau, ein-, zwei- oder dreistufige Organisation[221]. Dieses in sich bereits recht komplizierte Geflecht wird noch erweitert um zahlreiche dekonzentrierende Bundesoberbehörden, Zentralstellen und nichtrechtsfähige Anstalten[222] sowie durch Sonderfälle wie die Bundesbank und die verselbständigten Sondervermögen von Bundesbahn und Bundespost[223]. Als Dezentralisationsinstanzen treten hinzu mehrere hundert Körperschaften, ca. 20 (rechtsfähige) Anstalten sowie einige Stiftungen des öffentlichen Rechts[224].

Während Beliehene auf Bundesebene so gut wie keine Rolle spielen[225], kommt nicht zuletzt wegen der föderativen Beschränkung der Verwaltungskompetenzen des Bundes[226] der privatrechtlich organisierten Verwaltung eine geradezu überragende Rolle zu[227]. Einen ungefähren Eindruck

---

[221] Beispiele bei A. DITTMANN, Die Bundesverwaltung, 1983, S. 89 Fn. 35, 92; W. KREBS, Verwaltungsorganisation, in: HdbStR III, § 69 Rn. 16; LOESER, Bundes-Organisationsgesetz, S. 160 ff.

[222] DITTMANN, Bundesverwaltung, S. 229 ff., 255 ff., 266 ff.; LOESER, Bundesverwaltung, Bd. 1, S. 71 ff., 80 ff.; detailliert B. BECKER, Zentrale nichtministerielle Organisationseinheiten der unmittelbaren Bundesverwaltung, in: VerwArch. 69 (1978), S. 149 ff.; DERS., Zentralstellen gemäß Art. 87 Abs. 1 GG, in: DÖV 1978, S. 551 ff.; DERS., Öffentliche Verwaltung, S. 239 ff., 289 ff.

[223] Dazu nur U. STEINER, Verkehr und Post, in: HdbStR III, § 81 Rn. 10 ff., 32 ff.

[224] Vgl. Zahlen- und Sachangaben bei DITTMANN, Bundesverwaltung, S. 13, 243 ff., 251 ff., 259 ff., 269 ff.; LOESER, Bundesverwaltung, Bd. 1, S. 107 ff.; B. BECKER, Öffentliche Verwaltung, S. 309 ff.; aus der älteren Literatur B. ROMBACH, Bundesunmittelbare Körperschaften und Anstalten nach Art. 87 GG, Diss. jur. Köln 1957; WERNER WEBER, Die bundesunmittelbaren juristischen Personen des öffentlichen Rechts, in: FS für Rudolf Reinhardt, 1972, S. 499 ff.

[225] LOESER, Bundesverwaltung, Bd. 1, S. 181 f.

[226] Zum Motiv, durch die Wahl der Privatrechtsform Zuständigkeitsgrenzen zwischen Bund und Ländern zu überwinden (bzw. zu unterlaufen): R. LOESER, Die bundesstaatliche Verwaltungsorganisation in der Bundesrepublik Deutschland, 1981, S. 41 f., 47; KREBS, in: HdbStR III, § 69 Rn. 63; H. P. BULL, in: AK-GG, Bd. 2, 2. Aufl. 1989, vor Art. 83 Rn. 61; LERCHE, Art. 86 Rn. 67.

[227] Vgl. die umfangreichen und detaillierten Angaben bei LOESER, Bundesverwaltung, Bd. 1, S. 143 ff.; B. BECKER, Typische Eigenschaften der privatrechtlich organisierten Bundesverwaltung, in: Die Verwaltung 12 (1979), S. 161 ff.; s. ferner TH. LANGE, Der Staat als Unternehmer, in: Der Staat in der Wirtschaft der Bundesrepublik, hrsgg. v. D. Grosser, 1985, S. 301 ff. (307 ff.). – B. BECKER, Öffentliche Verwaltung, geht von einem sehr engen Begriff privatrechtsförmiger Verwaltung aus (S. 315 f.); er konstatiert, daß häufig aus „Tarnmotiven" (S. 316) zur privatrechtlichen Organisation gegriffen werde und stellt zudem einen signifikanten Zusammenhang zwischen bestimmten Ministerien und privatrechtsförmiger Verwaltung fest (S. 318): Ressorts ohne eigenen Verwaltungsunterbau verwenden privatrechtliche Formen auffällig häufiger als andere; die privatrechtsförmige Verwaltung substituiert darüber hinaus die Errichtung von Oberbehörden und nichtrechtsfähigen Anstalten.

vom rein tatsächlichen Ausmaß der vom Verfassunggeber so wohl kaum intendierten Verlagerung der Bundesverwaltung auf Formen nicht-unmittelbarer Staatsverwaltung vermittelt ein Vergleich des Personalbestandes der unterschiedlichen Sparten: demnach waren in der allgemeinen, unmittelbaren Bundesverwaltung 303.071, bei der Bundesbahn 310.060, der Bundespost 531.168, der mittelbaren Bundesverwaltung 72.500, bei der Bundesverwaltung in privatrechtlicher Organisationsform und durch Private aber 552.526 Personen tätig[228].

2. *Landesverwaltung*

Auf der Ebene der Länder gestalten sich die Verhältnisse etwas anders. Zwar reproduziert sich hier grundsätzlich das von der Bundesebene her bekannte Bild des von einem „Satellitensystem an rechtlich verselbständigten Verwaltungsträgern"[229] umkreisten Kerns unmittelbarer Staatsverwaltung; im einzelnen zeigen sich indes Differenzen.

Das gilt zunächst weniger für die mittelbare Staatsverwaltung durch juristische Personen des öffentlichen Rechts. Körperschaften, Anstalten und Stiftungen gibt es in bunter Vielzahl auch auf Länderebene: angefangen von den Gebietskörperschaften über die auf Landesebene organisierten Berufs- und Wirtschaftskammern, Landeshochschulen, wissenschaftlichen Akademien, Landesversicherungs-, Landesrundfunk- und Landeskreditanstalten (z. B. die Landeskreditbank Baden-Württemberg oder die Bayerische Landesanstalt für Aufbaufinanzierung[230]) bis hin zu Landesstiftungen wie dem Allgemeinen Hannoverschen Klosterfonds, der bayerischen Stiftung Maximilianeum (vgl. BayVerfGHE 27, 1) und der jüngst errichteten „Bayerischen Forschungsstiftung" oder der bad.-württ. Stiftung „Naturschutzfonds"[231]; insofern findet sich einschließlich der Beliehenen und der Einrich-

---

[228] Loeser, Die Bundesverwaltung, Bd. 1, S. 226 (Zahlen für das Jahr 1985).

[229] J. Isensee, Grundrechte und Demokratie, in: Der Staat 20 (1981), S. 161 ff. (169); von „Trabanten" sprach wohl als erster A. Köttgen, Der Einfluß des Bundes auf die deutsche Verwaltung und die Organisation der bundeseigenen Verwaltung, in: JöR 11 (1962), S. 173 ff., 290 ff. Vgl. auch F. Wagener, Typen der verselbständigten Erfüllung öffentlicher Aufgaben, in: ders. (Hrsg.), Verselbständigung von Verwaltungsträgern, 1976, S. 31 ff. (34): Die Hauptverwaltungseinheiten haben „um sich Typen verselbständiger Aufgabenerfüllung versammelt ... wie die Fixsterne ihre Satelliten."

[230] Dazu R. Flessa, BayVBl. 1989, S. 395 f.

[231] An Gesamtübersichten zur Landesverwaltung sind zu nennen: Ulrich Becker, Landesorganisation, in: Handwörterbuch der Organisation, 2. Aufl. 1980, Sp. 1183 ff.; für das Recht der Staatsorganisation W.-R. Schenke, Rechtsprechung zum Landesstaatsorganisationsrecht (einschließlich Berufsbeamtentum), in: Chr. Starck/K. Stern (Hrsg.), Landesverfassungsgerichtsbarkeit, Teilband III: Verfassungsauslegung, 1983,

tung von Landesoberbehörden (z. B. die Landesämter für Verfassungsschutz, Statistische Landesämter, Landeskriminalämter, Landesämter für Besoldung)[232] das gesamte Verselbständigungsarsenal auf Landesebene wieder[233]. Die ohnehin nicht geringe Anzahl an Varianten noch bereichernd treten einige landesrechtliche Spezialfälle hinzu. In Bayern etwa gibt es die sog. Körperschaften im formellen Sinn, die weder echt staatliche noch vom Staat zugewiesene Aufgaben wahrnehmen[234]. Und für Niedersachsen stellt sich die schwierige Frage einer sinnvollen Einordnung der „Ostfriesischen Landschaft"[235], deren Eigenart wohl noch am besten mit der Formel vom „autonomen Kulturparlament" umschrieben wird.

Von solchen Besonderheiten abgesehen, besteht die auffälligste Differenz in der lange Zeit vergleichsweise zurückhaltenden Aktivität der Bundesländer bei der privatrechtlichen Erfüllung von Verwaltungsaufgaben; hier sind zwar Wirtschaftsförderungsgesellschaften, Siedlungs- und Energieversorgungsunternehmen wie auch Industriebeteiligungen nicht zu vernachlässigen[236], doch erreichen diese nicht den Stellenwert wie auf Bundesebene. Dieser Befund erklärt sich im wesentlichen daraus, daß die Länder wegen

---

S. 1 ff.; vor allem aber R. Wahl, Die Länder, in: Dt. VerwGesch V, S. 208 ff. und B. Becker, Öffentliche Verwaltung, S. 318 ff.; zum insgesamt wenig ermutigenden Stand der Vergesetzlichung der Landesverwaltungsorganisation vgl. Loeser, Bundes-Organisationsgesetz, S. 83 ff.

[232] Wahl, in: Dt. VerwGesch V, S. 235 ff.; H. Lecheler, Verwaltungslehre, 1988, S. 115; B. Becker, Öffentliche Verwaltung, S. 324 ff.

[233] Darüber unterrichten etwa für Niedersachsen: Th. Elstner, Die Verwaltung, in: Verfassung und Verwaltung des Landes Niedersachsen, hrsgg. v. B. Rebe, 2. Aufl. 1986, S. 288 ff. (502 ff.); B. Nedden, Verwaltungsorganisation, in: H. Faber/H.-P. Schneider (Hrsg.), Niedersächsisches Staats- und Verwaltungsrecht, 1985, S. 105 ff. (134 ff.); für Hessen: K. F. Arndt, Verwaltungsorganisation, in: H. Meyer/M. Stolleis (Hrsg.), Hessisches Staats- und Verwaltungsrecht, 2. Aufl. 1986, S. 55 ff. (82 ff.); für Baden-Württemberg der „Geheimkommentar" Günter Dürigs in der von ihm hrsgg. Gesetzessammlung (im Sachverzeichnis unter den einschlägigen Stichworten „Rechtsfähige [selbständige] Anstalten", „Rechtsfähige Körperschaften", „Rechtsfähige Stiftungen"), Stand: 1. April 1988; für Bayern vgl. jetzt das „Organogramm" von P. Badura u. P. M. Huber, in: BayVBl. 1989, S. 769 ff. (Sonderheft-Beilage).

[234] Vgl. D. Mronz, Körperschaften und Zwangsmitgliedschaft, 1973, S. 165 ff.; F. Knöpfle, Die Körperschaften des öffentlichen Rechts im formellen Sinn, in: FS Ule, 1987, S. 93 ff. (97 ff., 101 ff.).

[235] A. Janssen, Zur Rechtsnatur und zum Aufgabenbereich der Ostfriesischen Landschaft, in: Emder Jahrbuch [=Jahrbuch der Gesellschaft für bildende Kunst und vaterländische Altertümer], Bd. 69 [1969], S. 179 ff.; W. R. Reinicke, Landschaften im Verfassungsstaat. Verfassungsgeschichte und gegenwärtige Rechtsstellung der Landschaften und Ritterschaften in Niedersachsen, 1975, S. 91 ff., 382 ff.

[236] S. etwa N. Achterberg, Verwaltungsorganisation, in: D. Grimm/H.-J. Papier (Hrsg.), Nordrhein-westfälisches Staats- und Verwaltungsrecht, 1986, S. 63 ff. (103); G. Püttner, Die öffentlichen Unternehmen, 2. Aufl. 1985, S. 47.

Art. 30, 83 ff. GG ihre Verwaltung gegenüber dem Bund weitgehend ungehindert ausbauen können[237] und die Flucht ins Privatrecht jedenfalls nicht aus föderalen Gründen antreten müssen[238]. Bedenklich stimmt indes, daß auch hier der Trend – soweit er sich angesichts mangelnder Transparenz überhaupt verläßlich ausmachen läßt – dahin zu gehen scheint, sich in verstärktem Maße auf privatrechtsförmige Verwaltungsorganisation zu stützen[239]. Beckers kritisches Resümee verdient bereits an dieser Stelle festgehalten zu werden: „Der Gesamteindruck privatrechtsförmiger Verwaltungsorganisationen der Länder vermittelt eine wachsende Ausdehnung dieser Einheiten in der Zeit und eine deprimierende Unübersichtlichkeit – auch für den Gesetzgeber als Repräsentanten des Volkes und als allgemeinen Gesetzgeber und als Haushaltsgesetzgeber, der nur in wenigen Fällen Teilübersichten über diese Einheiten erhält ... und somit nicht mehr wissen kann, welche Funktionen wer ausführt."[240]

3. Kommunalverwaltung

Im kommunalen Bereich schließlich dominieren die privatrechtlich organisierten Ver- und Entsorgungseinrichtungen (Wasser und Abwasser, Abfallbeseitigung, Strom, Gas, Nah- und Fremdenverkehr, Stadthallen, Kulturstätten)[241], deren Anteil eher noch zunimmt, weil Gemeinden dazu übergehen, unselbständige Anstalten und Eigenbetriebe in Gesellschaften des bürgerlichen Rechts zu transformieren[242]. Eigengesellschaften sowie Betei-

---

237 Dazu jetzt ausführlich H.-J. Pützer, Landesorganisationshoheit als Schranke der Bundeskompetenzen, 1988, S. 164 ff.

238 Vgl. Loeser, Bundes-Organisationsgesetz, S. 136 f.

239 Und dies, wie die bei B. Becker, Öffentliche Verwaltung, S. 335 aufgeführten Beispiele zeigen, teilweise in besonders „sensiblen" Bereichen (Bad.-Württ. Gesellschaft zur Beseitigung von Sonderabfällen GmbH; Bay. Gesellschaft zur Behandlung radioaktiver Abfälle GmbH; Bay. Gesellschaft zur Beseitigung von Sondermüll GmbH). Zum atomrechtlichen Kontext (§ 9 a III 2 AtG) vgl. H. Hofmann, Rechtsfragen atomarer Entsorgung, 1981, S. 210 ff.

240 B. Becker, Öffentliche Verwaltung, S. 335.

241 Zur historischen Entwicklung W. Rüfner, Formen öffentlicher Verwaltung im Bereich der Wirtschaft, 1967, S. 52 ff.; P. Badura, Das Verwaltungsrecht des liberalen Rechtsstaates, 1967, S. 41 ff.; zum heutigen Spektrum J. Hidien, Gemeindliche Betätigung rein erwerbswirtschaftlicher Art und „öffentlicher Zweck" kommunaler wirtschaftlicher Unternehmen, 1981, S. 34 ff; zur Betätigung der Städte auf wirtschaftlichem Gebiet etwa H. Lehmann-Grube, Verwaltung der großen Städte, in: König/Wagener/v. Oertzen (Hrsg.), Die öffentliche Verwaltung in der Bundesrepublik Deutschland, 1981, S. 131 ff. (142 f.).

242 Beispiele bei R. Altenmüller, Privatrechtliche oder öffentlich-rechtliche Form für kommunale Unternehmen?, in: VBlBW 1984, S. 61 ff. sowie B. Becker, Öffent-

ligungen an (gemischt)öffentlichen oder gemischtwirtschaftlichen Unternehmen herrschen hier vor[243]. Bleibende Bedeutung haben ungeachtet der im Gefolge der kommunalen Gebiets- und Verwaltungsreform auftretenden Probleme die Sparkassen[244]; auch werden Zweckverbände[245] der unterschiedlichsten Art nach wie vor als „Allzweckwaffe" (Frido Wagener) für die dezentralisierte Erledigung zumeist ortsübergreifender Kommunalaufgaben genutzt. Für den Eigenbedarf arbeitende Regiebetriebe, die sich verwaltungsorganisatorisch ganz als integrale Bestandteile der allgemeinen Gemeindeverwaltung darstellen, und am Wirtschaftsverkehr teilnehmende, institutionell dekonzentrierte Eigenbetriebe, die den einschlägigen landesrechtlichen Vorschriften (Eigenbetriebsverordnungen) gemäß sich durch eine weitergehende Verselbständigung auszeichnen, komplettieren das Bild[246].

---

liche Verwaltung, S. 353. Zur Zulässigkeit D. Ehlers, Die Entscheidung der Kommunen für eine öffentlich- oder privatrechtliche Organisation ihrer Einrichtungen und Unternehmen, in: DÖV 1986, S. 897 ff.

243 Aus der Literatur zuletzt: M. v. Schwanenflügel, Wirtschaftliche Betätigung der Gemeinden in der Energieversorgung unter besonderer Berücksichtigung kommunaler Energieversorgungskonzepte, in: Wirtschaft und Recht, hrsgg. v. J. Peter u. K.-U. Rhein, 1989, S. 151 ff. (170 ff.); W. Kluth, Rechtsfragen der Beteiligung von Kommunen an Großbetrieben – Das Beispiel RWE, ebd., S. 117 ff.

244 P. Kirchhof, Hoheitsgebiet und Sparkassengebiet, in: DVBl. 1983, S. 921 ff. und die Entgegnung von D. Merten, Sparkassenrechtliches Regionalprinzip und kommunale Neugliederung, in: DVBl. 1983, S. 1140 ff.; P. Weides, Zur Eigenständigkeit des Sparkassenrechts gegenüber dem Kommunalrecht, in: DÖV 1984, S. 41 ff. Rechtsgeschichtlich Walter Weber, Die Entwicklung der Sparkassen zu selbständigen Anstalten des öffentlichen Rechts, 1985, S. 137 ff.

245 Zu dieser Bundkörperschaft aus der älteren Literatur K.-H. Rothe, Das Recht der interkommunalen Zusammenarbeit, 1965, S. 95 ff., und aus jüngerer Zeit J. Oebbecke, Zweckverbandsbildung und Selbstverwaltungsgarantie, 1982. Zusammenfassend H. J. Wolff/O. Bachof/R. Stober, Verwaltungsrecht II, 5. Aufl. 1987, § 91 (S. 160 ff.).

246 Zu diesen Formen nur E. Schmidt-Jortzig, Kommunalrecht, 1982, Rn. 669 ff., 696 ff., der den Begriff der „öffentlichen Einrichtung" als Oberbegriff für nichtwirtschaftliche wie wirtschaftliche und für privatrechtlich wie für öffentlichrechtlich organisierte Einheiten verwendet (vgl. die gute Übersicht S. 224); ferner F. Zeiss, Eigenbetriebe, in: HKWP, 2. Aufl., Bd. 5, 1984, S. 153 ff. – Zu den Einwirkungs- und Kontrollmöglichkeiten bei Eigenbetrieben R. Scholz/R. Pitschas, Gemeindewirtschaft zwischen Verwaltungs- und Unternehmensstruktur, 1982, S. 36 ff., 155.

V. Funktionen und Legitimationen der verselbständigten Verwaltungseinheiten

1. Heterogenität der Motive

Fragt man rein kausalanalytisch nach den Wirkfaktoren für die sich in den Verselbständigungsmaßnahmen manifestierenden Durchbrechungen des hierarchischen Modells staatlicher bzw. kommunaler Verwaltung, so lautet eine noch vergleichsweise unspezifische, aber gerade deswegen zur Bündelung der unterschiedlichen Erscheinungen geeignete Antwort, daß die Besonderheiten der Aufgabenbereiche, die Sachgesetzlichkeiten dieser Materien, die Komplexität der Agenden, kurz: die differenzierten Aufgabenstrukturen auf die Form der Erledigungsstruktur durchschlagen und ein Ausweichen auf andere Mechanismen erzwingen (oder doch zumindest nahelegen), die bei aller Unterschiedlichkeit im Detail die Abkoppelung vom strikt hierarchisch-bürokratischen Modell unmittelbarer Staatsverwaltung gemein haben[247]. Der Preis, den der Staat für die Zunahme seiner Aufgaben, die Erweiterung seiner Handlungskompetenz und Steuerungsmacht zu zahlen hat, besteht demnach in einer verstärkten Pluralisierung und Auffächerung seiner Binnenstruktur, insbesondere der Flexibilisierung seines Handlungsrepertoires sowie dem Zwang zur institutionalisierten Kooperation mit den gesellschaftlichen Kräften. Dem Kompetenzzuwachs des interventionistischen Wohlfahrtsstaates der Industriegesellschaft korrespondiert offenbar der Zwang zu verstärkter Abstimmung mit und intensivierter Berücksichtigung von organisierten Interessenpotentialen. Für diesen Tatbestand wurde von Dieter Grimm die griffige Formel „Machtverlust durch Funktionszuwachs" geprägt[248]. In ähnlich allgemeiner Weise hat Winfried Brohm davon gesprochen, daß bei Tätigkeiten, die Flexibilität und innovatorische Fähigkeiten verlangten, das strikt hierarchische Modell inadäquat werde, und Motive wie Folgen in den Satz gefaßt: „Mit dieser Pluralisierung der Verwaltung geht vielfach – aus Gründen besonderer Fachkunde oder politischer Abstimmung – eine Verzahnung mit den gesellschaftlichen Kräften einher, sei es, daß die Verwaltung sie institutionell eingegliedert, sei

---

[247] Vgl. etwa B.-O. Bryde, Die Einheit der Verwaltung als Rechtsproblem, VVDStRL 46 (1988), S. 181ff. (182ff., 186ff.); G. F. Schuppert, „Quangos" als Trabanten des Verwaltungssystems, in: DÖV 1981, S. 153ff. (160); R. Wahl, Die Länder, in: Dt. VerwGesch V, S. 208ff. (218): verselbständigte Verwaltungseinheiten als „Ventil für die Ausdifferenzierung der Verwaltung"; H. Lange, Organisationswandel und Rekrutierungspolitik im öffentlichen Dienst, in: DÖV 1988, S. 323ff. (327f.). Der „Ventilgedanke" mit Blick auf die Besonderheiten bundesausschließlicher Verwaltung auch bei P. Lerche, in: Maunz/Dürig, Komm. z. GG, Art. 86 (1989), Rn. 10.

[248] D. Grimm, Recht und Staat der bürgerlichen Gesellschaft, 1987, S. 78.

es, daß sie sie in anderer Form an ihrem Entscheidungsprozeß beteiligt oder ihnen Aufgaben zur selbständigen Erledigung überträgt."[249]

Versucht man indes, die Gründe für die Verselbständigung jenseits solcher Generalerklärungen ein Stück weit zu präzisieren, stellt man rasch fest, daß sie so vielfältig wie die Formen selbst sind: Frido Wagener hat 13 Gründe für Verselbständigungen angeführt, die von den Besonderheiten der jeweiligen Aufgaben ausgehen und sowohl technisch schwierige als auch politisch neutralisierte, weisungsunabhängige wie grundrechtsbezogene, karitative wie partizipative Aspekte berücksichtigen[250]. Die Auflistung der Verselbständigungsgründe von Paul Kirchhof stellt entscheidend ab auf den Gedanken der Selbstverwaltung und die Nutzbarmachung spezieller Sachkunde bis hin zur Immunisierung gegenüber politischen Entscheidungen, zudem auf die Abschirmung grundrechtlicher Freiheitsräume gegen den staatlichen Zugriff, die Einbindung Betroffener in staatliche Handlungsprogramme und den Willen des Staates, nicht als Hoheitsmacht zu erscheinen[251]. Etwas knapper benennt Walter Krebs neben der Selbstverwaltungsidee als Gründe: Entpolitisierung (Bundesbank), Staatsferne (Rundfunkanstalten), Abschottung grundrechtlicher Freiräume (Hochschulen) wie größere Flexibilität und die Schaffung eines Übergangsbereiches zwischen Staat und Gesellschaft[252]. Und unter der Rubrik „Motiv und Sachgrund der anstaltlichen Verselbständigung" führt Rüdiger Breuer auf: Bildung eines abgeschirmten Sondervermögens (öffentlichrechtliche Versicherungsunternehmen), Ermöglichung flexiblen Handelns bei Lenkungsaufgaben (Sparkassen, wirtschaftslenkende Anstalten), Erledigung von Fachaufgaben durch einen qualifizierten Verwaltungsapparat in begrenzter technokratischer Eigenregie (Bundesbahn, Bundespost, Eigenbetriebe), Mitverwaltung der Betroffenen im Bereich der Wirtschafts- und Kunstförderung, Schaffung eines staatsfreien Raumes mit binnenpluralistischer Gesamtrepräsentation der gesellschaftlichen Kräfte[253]. Andere (Kurz-)Formeln lauten: „gebündelter Einsatz spezialisierten Sachverstandes kombiniert mit den entlastenden Wirkungen der Betroffenenbeteiligung"[254] für die gewünschten Dezentralisierungsef-

---

[249] W. Brohm, Die Dogmatik des Verwaltungsrechts vor den Gegenwartsaufgaben der Verwaltung, VVDStRL 30 (1972), S. 245 ff. (262).

[250] F. Wagener, Typen der verselbständigten Erfüllung öffentlicher Aufgaben, in: ders. (Hrsg.), Verselbständigung von Verwaltungsträgern, 1976, S. 31 ff. (45 ff.).

[251] P. Kirchhof, Mittel staatlichen Handelns, in: HdbStR III, § 59 Rn. 96 ff.

[252] W. Krebs, Verwaltungsorganisation, in: HdbStR III, § 69 Rn. 18.

[253] R. Breuer, Die öffentlichrechtliche Anstalt, VVDStRL 44 (1986), S. 211 ff. (227 ff.); s. auch K. Lange, ebd., S. 169 ff. (191 ff.); zu „Motivation und Legitimation" der juristischen Personen des öffentlichen Rechts W. Martens, Öffentlich als Rechtsbegriff, 1969, S. 117 ff.

[254] W. Berg, Die öffentlichrechtliche Anstalt, in: NJW 1985, S. 2294 ff. (2300), der

fekte sowie „pluralistische Spannung", „Freisetzung professioneller Energie" und „Einbeziehung der Betroffenen" als Gründe für Abweichungen vom Hierarchieprinzip[255].

Aus dieser um zahlreiche weitere Beispiele und Auflistungen von Verselbständigungsgründen zu erweiternden Stimmenpalette läßt sich zumindest soviel ersehen, daß es einen einzigen, zentralen Grund für die Verselbständigung von Verwaltungseinheiten nicht gibt und nicht geben kann: Zu unterschiedlich sind die Vorgaben der Verfassung, zu heterogen die von ihr weder eindeutig stigmatisierten noch unbedingt geforderten Ausprägungen pluralisierter Verwaltung, zu vielgestaltig der (vermeintliche oder tatsächliche) Druck der Praxis.

Will man sich gleichwohl nicht mit einer katalogartigen Auflistung verschiedener „Motive", „Gründe" und „Zwänge" begnügen, so bietet sich an, etwas genauer sowohl nach den verfassungsrechtlichen Vorgaben und Maßstäben für die Verselbständigung von Verwaltungseinheiten als auch nach ihrem tatsächlichen Gewicht und den ausschlaggebenden funktionalen Erfordernissen zu fragen. Es geht also darum, die diffusen Motive in konsistente Begründungen zu überführen und diese mit verfassungsrechtlichen Legitimationen zu verknüpfen.

2. *Verfassungsrechtliche Direktiven*

a) *Institutionelle Verankerung.* Die öffentlich-rechtlichen Rundfunkanstalten sowie die wissenschaftlichen Hochschulen dienen, wie oben bereits erwähnt, der Autonomie bestimmter Sachbereiche; sie sind „Kulturanstalten" (A. Köttgen). Nicht nur ihre allein in Distanz zum Staat zu erfüllende Funktion ist damit umrissen; beide Organisationstypen finden ihre Legitimation direkt in der Verfassung selbst, weil Art. 5 I 2 und Art. 5 III 1 GG sie verfassungsinstitutionell verankern[256]. Gleiches läßt sich im Grunde nur für die Gemeinden und Kreise als diejenigen Gebietskörperschaften sagen, für die

---

S. 2297 ff. die Motive für die Einrichtung öffentlichrechtlicher Anstalten genauer auflistet.

[255] Bryde, VVDStRL 46 (1988), S. 192; s. auch J. Oebbecke, Demokratische Legitimation nicht-kommunaler Selbstverwaltung, in: VerwArch. 81 (1990), S. 349 ff. (352).

[256] Ob und inwieweit das für die Rundfunkfreiheit noch gilt, ist bekanntlich zur Zeit heftig umstritten. Das kann hier nicht näher diskutiert werden; siehe dazu R. Herzog, in: Maunz/Dürig, Komm. z. GG, Art. 5 I, II (1989), Rn. 210 ff., 228 ff., 237 a ff.; W. Hoffmann-Riem, in: AK-GG, Bd. 1, 2. Aufl., 1989, Rn. 108 ff. (insb. 169 ff.) zu Art. 5 Abs. 1, 2; M. Bullinger, Medienrecht, in: H. Maurer/R. Hendler (Hrsg.), Baden-Württembergisches Staats- und Verwaltungsrecht, 1990, S. 503 ff. (520 ff.).

Art. 28 I 2 GG eine Vertretung vorschreibt, die aus allgemeinen, unmittelbaren, freien, gleichen und geheimen Wahlen hervorgegangen ist. Zwar werden Bundesbahn und Bundespost im Grundgesetz ebenfalls erwähnt. Aber da Art. 87 I 1 GG vorsieht, daß sie in bundeseigener Verwaltung mit eigenem Verwaltungsunterbau geführt (und also unbestreitbar möglichst eng an den Bund angeschlossen) werden, steht gewissermaßen von Haus aus eine – so ohnehin nie realisierte – staatsunmittelbare Organisation dem Grundgesetz näher als jede Form der deswegen besonders begründungsbedürftigen Verselbständigung: sei es, was die herrschende Auffassung für unzulässig hält, in öffentlichrechtlicher Gestalt (mittelbare Staatsverwaltung); sei es, was heftig umstritten ist, privatrechtsförmig[257] – und wenn, dann nur in Randzonen, nicht im Kernbereich[258]. Keinesfalls ist die Auskoppelung aus der staatsunmittelbaren, hierarchischen Verwaltungsorganisation grundgesetzlich geboten. Im Bereich der nicht-kommunalen mittelbaren Staatsverwaltung besteht in aller Regel ein weiter Gestaltungsspielraum, aber kein explizites verfassungsrechtliches Gebot für eine bestimmte Form der Verselbständigung. Bei der Bundesbank ist nach ebenso herrschender wie zutreffender Meinung der lapidaren Regelung des Art. 88 GG kein Zwang zur Errichtung einer weisungsfrei gestellten Anstalt des öffentlichen Rechts zu entnehmen[259]. Schließlich stünde es dem Gesetzgeber der ständigen Rechtsprechung des Bundesverfassungsgerichts zufolge frei, die in Art. 87 II GG angesprochenen Sozialversicherungsträger auch in anderer als körperschaftlicher – wenn auch zwingend mittelbarer, d.h.: unmittelbare Verwaltung durch Bundesbehörden ausschließender – Form auszugestalten, weil die Vorschrift als bundesstaatlich ausgerichtete Kompetenz- und Organisationsnorm, nicht als Indiz für eine verfassungsrechtliche Garantie der sozialversicherungsrechtlichen Selbstverwaltung begriffen wird[260]. Auch die berufs-

---

[257] Zur kontroversen Diskussion etwa E. Schmidt-Assmann/G. Fromm, Aufgaben und Organisation der Deutschen Bundesbahn in verfassungsrechtlicher Sicht, 1986, S. 100ff.; J. Plagemann/U. Bachmann, Die verfassungsrechtliche Zulässigkeit einer privatrechtlichen Organisation der Deutschen Bundespost, in: DÖV 1987, S. 807ff.; H. Lecheler, Der Verpflichtungsgehalt des Art. 87 I 1 GG – Fessel oder Richtschnur für die bundesunmittelbare Verwaltung?, in: NVwZ 1989, S. 834ff.; Barbara Mayer, Die Bedeutung des Art. 87 GG für die Organisation der Bundespost, in: Wirtschaft und Recht, hrsgg. v. J. Peter u. K.-U. Rhein, 1989, S. 181ff.

[258] So das Ergebnis von Lerche, Art. 86 Rn. 59ff., 62.

[259] Vgl. nur E. Bauer, Rn. 13 zu Art. 88, in: I. v. Münch, GG-Kommentar, Bd. 3, 2. Aufl. 1983; R. Schmidt, Geld und Währung, in: HdbStR III, § 82 Rn. 17ff., 24.

[260] BVerfGE 21, 362/371; 39, 302/315. Dazu R. Hendler, Selbstverwaltung als Ordnungsprinzip, 1984, S. 227; kritisch F. E. Schnapp, Die Selbstverwaltung in der Sozialversicherung, in: FS v. Unruh, S. 881ff. (887ff.). Vgl. nunmehr BVerfGE 63, 1/36.

ständischen Körperschaften sind nicht verfassungskräftig abgesichert[261]; an ihrer Beseitigung wäre der Gesetzgeber nicht gehindert. Zur privatrechtsförmigen Verwaltung schließlich schweigt die Verfassung gänzlich. In alledem manifestiert sich der insbesondere dem Bund eingeräumte „Spielraum für die organisatorische Ausgestaltung der in seine Zuständigkeit fallenden Verwaltungseinrichtungen" (BVerfGE 63, 1/34).

b) *Das Demokratieprinzip als Legitimation für körperschaftliche Selbstverwaltung?* Zu einem guten Teil findet die Pluralisierung der Verwaltung ihre Erklärung in der suggestiven Kraft der demokratischen Idee autonomer Selbstbestimmung. Integration der Bürger, Partizipation an Verwaltungsentscheidungen, Betroffenenbeteiligung – das sind Stichworte, die sich wie ein roter Faden durch die Diskussion um die verselbständigten Verwaltungseinheiten ziehen und als gern gebrauchte „Erklärungen" für allerlei Erscheinungsformen einer Kooperation zwischen Staat und Gesellschaft herangezogen oder gar in fragwürdigem Rückgriff auf Gierkes Genossenschaftstheorie als Transformation eines gesellschaftlichen „Sozialprinzips" in ein staatliches „Organisationsprinzip" gedeutet werden[262]. In welchem Sinne diese Beobachtung ihre relative Berechtigung hat, wird noch zu erörtern sein. An dieser Stelle aber ist zu fragen, inwieweit das in Art. 20 II GG statuierte Demokratieprinzip als Legitimationsgrund für eine besonders bedeutende Verselbständigungsform dienen kann: für die körperschaftliche Selbstverwaltung.

In der Tat läßt sich ja hier auf die bei den kommunalen Gebietskörperschaften ebenfalls als maßgeblich empfundene demokratische Binnenstruktur, auf die damit verbundene Intensivierung der Selbstherrschaft und des Selbstbestimmungspotentials, auf eine Steigerung der Autonomie, auf die Verringerung des Abstandes zwischen Normgeber und Normadressat sowie ganz allgemein auf das dem Demokratieprinzip inhärente Motiv des Abbaus heteronomer (Fremd-)Herrschaft und der Steigerung autonomer Selbstbestimmung verweisen[263]. Doch so richtig und wichtig dies alles ist:

---

[261] Ausführlich M. Kleine-Cosack, Berufsständische Autonomie und Grundgesetz, 1986, S. 77ff.

[262] So Peter Schäfer, Zentralisation und Dezentralisation, 1982, S. 98: „Das Steuerungsprinzip des Sozialen, nämlich Selbstorganisation und Selbstverwaltung, wird für die öffentliche Aufgabenbearbeitung nutzbar gemacht. Es wird ... zu einem Gestaltungsprinzip der Verwaltungsorganisation. Aus einem ‚Sozialprinzip' wird ein ‚Organisationsprinzip'."

[263] Zum Verständnis der Demokratie als einer Form der Autonomie nach wie vor grundlegend: H. Kelsen, Vom Wesen und Wert der Demokratie, 2. Aufl. 1929, S. 3ff.; Diskussion dieses Ansatzes bei H. Dreier, Rechtslehre, Staatssoziologie und Demokratietheorie bei Hans Kelsen, 2. Aufl. 1990, S. 249ff. – Für den Zusammenhang mit der

Es kann die entscheidende Ambivalenz dieser Pluralisierung demokratischer Einheiten und Subzentren nicht überspielen[264]. Denn unübersehbar führt jede Herauslösung aus dem gesamtstaatlichen Kontext zur Bildung von „Teil"- und „Verbandsvölkern"[265] und damit zur (latenten oder manifesten) Entgegensetzung von Partikular- und Popularwillen, von demokratischer Gesamtheit und demokratischer Teilpopulation. Weil eine glückliche Koinzidenz von Teil und Ganzem nun nicht umstandslos vorausgesetzt werden kann, sondern stets mit berufsständischer Privilegierung, Verletzung von Minderheitsrechten, quasi-ständischen Gruppenprivilegien[266], der Zerfaserung des demokratischen Gesamtzusammenhanges und der Gefährdung gesamtgesellschaftlicher Integration gerechnet werden muß, kann sich nicht jede binnenorganisatorisch in demokratischer Weise organisierte Teilkörperschaft des politischen Gemeinwesens auf das Demokratieprinzip als legitimatorischen Grund stützen[267]. Andererseits ist diese Ambivalenz auszuhalten und die Argumentation nicht kurzerhand auf eine zentralistische Staatstheorie, die „nur eine einheitsstaatliche Demokratiekonzeption, nur einheitliche Rechtserzeugungsformen und nur einheitliche Legitimationsquellen

---

Demokratisierungsdiskussion typisch E. Denninger, Demokratisierung – Möglichkeiten und Grenzen, in: Demokratisierung – Möglichkeiten und Grenzen. Ein Cappenberger Gespräch, 1976, S. 45 ff. (48): „Hauptzweck der Demokratisierung im strengen Sinne soll vielmehr ein Plus an demokratischer Legitimation, an Bürgerselbstbestimmung, ein Minus an Entfremdung und heteronomer Herrschaft sein."

264 Vgl. zum folgenden Hendler, Selbstverwaltung als Ordnungsprinzip, S. 302 ff.; E.-W. Böckenförde, Demokratie als Verfassungsprinzip, in: HdbStR I, § 22 Rn. 26 ff., 33, 34; Krebs, in: HdbStR III, § 69 Rn. 80 ff.

265 Vgl. mit unterschiedlichen Bewertungen: W. Brohm, Strukturen der Wirtschaftsverwaltung, 1969, S. 259 ff.; W. Schmitt Glaeser, Partizipation an Verwaltungsentscheidungen, VVDStRL 31 (1973), S. 179 ff. (215 ff.); Böckenförde, in: HdbStR I, § 22 Rn. 31, 33; s. auch J. Oebbecke, Weisungs- und unterrichtungsfreie Räume in der Verwaltung, 1986, S. 88 ff.; ders., in: VerwArch. 81 (1990), S. 354, 359 ff.

266 Denninger, Demokratisierung, S. 58; am konkreten Fall J. Pietzcker, Kein „allgemeinpolitisches Mandat" von Berufskammern – BVerwGE 64, 298, in: JuS 1985, S. 27 ff. (29 f.); zu diesen Gefahrenquellen nachdrücklich Kleine-Cosack, Berufsständische Autonomie, S. 135 ff. sowie Ossenbühl, in: HdbStR III, § 66 Rn. 28.

267 Zum Konflikt zwischen verbandlicher Satzungsautonomie und allgemeingesetzlichen Regelungen noch immer lehrreich BVerfGE 33, 125/157 ff.; das Potential zu verstärkter Freiheitsrealisierung berufsständischer Kammern betont in seiner Urteilsbesprechung P. Häberle, Berufs„ständische" Satzungsautonomie und staatliche Gesetzgebung, in: DVBl. 1972, S. 909 ff.; s. auch H.-J. Friehe, Autonome Satzungen und Geltungsanspruch der Grundrechte, in: JuS 1979, S. 465 ff.

kennt"[268], zurückzuschneiden[269]. Nicht jeder Form „funktionaler" Selbstverwaltung kann der demokratische Gehalt abgesprochen werden[270]. Gegen eine derartige zentralistische Verkürzung des Demokratiegedankens hat Denninger zu Recht eingewendet, daß das verfassungsrechtliche Minimum einer Ableitung aller Staatsgewalt aus dem Volkswillen (dem unvermeidlicherweise ziemlich unspezifisch artikulierten Willen des gesamten Volkes) nicht unbedingt das Optimum sein muß und von daher ergänzungsfähig ist[271]. An der prinzipiellen Offenheit des Grundgesetzes für nichtparlamen-

---

[268] W. Brohm, Zum Funktionswandel der Verwaltungsgerichtsbarkeit, in: NJW 1984, S. 8ff. (12); gegen das eindimensionale, nur auf die parlamentarische Wahl abstellende Demokratiemodell auch B. Pieroth, Verfassungsfragen der Anwaltsplanung, in: DÖV 1977, S. 659ff. (662ff.).

[269] In diese Richtung Böckenförde, in: HdbStR I, § 22 Rn. 31 ff. Der moderne Partizipations- und Kooperationsgedanke, der sich in vielen Spielarten ausformt, wird indes verfehlt, wenn man ihn in eine Linie mit dem „self-government"-Gedanken v. Gneists rückt (so aber Böckenförde, Rn. 33): denn es geht nicht um die Stärkung des Laienelements und die Anreicherung der staatlichen Bürokratie um (notabene: sehr privilegierte) Ehrenbeamte, sondern um die organisierte Vermittlung staatlicher Verwaltung und der „Gesellschaft" im weitesten Sinne.

[270] S. nur BVerfGE 33, 125/159; so auch Ossenbühl, in HdbStR III, § 66 Rn. 37: „Satzunggebung ist durch die Repräsentation der Betroffenen in den Satzungsorganen demokratisch legitimiert." – Ebensowenig treffend aber andererseits die Annahme, das Demokratieprinzip fordere weitgehende Dezentralisation (Schäfer, Zentralisation und Dezentralisation, S. 177); sehr abgewogen zu den demokratiekomplementären wie den demokratiedivergenten Aspekten hingegen Kleine-Cosack, Berufsständische Autonomie, S. 106ff., 135ff.; ebenso E. Schmidt-Assmann, Verwaltungsverfahren, in: HdbStR III, § 70 Rn. 23ff.

[271] Denninger, Demokratisierung, S. 52; s. auch Lange, VVDStRL 44 (1986), S. 190, der auf die weitgehend formale Natur des im Bild von der demokratischen Legitimationskette zum Ausdruck kommenden Verantwortungszusammenhanges verweist. Präzise und ausgewogen K.-J. Bieback, Entwicklungsgeschichtliche und funktionale Aspekte der gegenwärtigen Bedeutung der Körperschaft des öffentlichen Rechts, in: Quaderni Fiorentini 11/12 (1982–83), S. 859ff. (910): „Daß wesentliche politische sowie die Allgemeinheit der Staatsbürger betreffende Entscheidungen in der Demokratie von der Gesamtheit des Volkes und in der parlamentarischen Demokratie vom Parlament und von der durch das Parlament direkt legitimierten Ministerialverwaltung zu treffen sind, ist weitgehend unbestritten. Andererseits ist das parlamentarische Regierungs- und Verwaltungssystem überfordert, sollte es bei Leistungen, die im engen Kontakt mit dem Bürger und von stark professionalisierten Fachkräften erbracht werden, die jeweils spezifischen Bedürfnisse der Bürger und notwendige Autonomie gerade der Fachleute zentral steuern. Zudem ist der Mechanismus parlamentarischer Wahlen zu undifferenziert, ist die Interessenidentität zwischen Wahlbürgern einerseits und den Empfängern spezieller Leistungen sowie den Mitgliedern konkreter, abgrenzbarer Interessengemeinschaften andererseits zu gering, als daß nicht Legitimations-, Koordinations-, Informations- und Entscheidungsorganisationen auf Ebenen unterhalb des Zentralstaates errichtet werden müßten. Um diese beiden eben genannten Defizite des zentralstaat-

tarische Legitimationsstränge, die als Form der Intensivierung und Komplettierung der repräsentativ-parlamentarischen Strukturen zu begreifen sind, ist nicht zu zweifeln[272]. Es muß lediglich sichergestellt sein, daß es nicht zur Empörung des Partikularwillens gegen den Gesamtwillen kommt und die Handlungs- bzw. Entscheidungsanteile zwischen demokratischer „Zentrale“ und demokratischem „Subsystem“ richtig verteilt sind[273].

3. Funktionale Aspekte

Für die Analyse der Legitimation verselbständigter Verwaltungseinheiten, die weder im Grundgesetz ausdrücklich garantiert sind noch sich auf das Demokratieprinzip stützen können, ist auf funktionale Aspekte abzustellen. Ihnen kommt im Verhältnis zu den soeben diskutierten verfassungsbezogenen Fundamentierungen insofern geringere Bedeutung zu, als hier ein vergleichsweise breiter Bereich gesetzgeberischer Gestaltungsfreiheit gegeben ist, der sich seinerseits indes durchaus unter ein Gebot funktionsgerechter Verwaltung stellen läßt[274]. So können über punktuelle Einzelfallent-

---

lichen parlamentarischen Verwaltungssystems zu beheben, ist ein Verbund fachlicher Autonomie und bürgerschaftlicher Partizipation notwendig, der im parlamentarischen System nur dann keinen neuständischen Fremdkörper bildet, wenn er allen betroffenen Bürgern möglichst direkten Zugang bietet und ein Minimum an öffentlicher Kontrolle und genereller staatlicher Lenkung ermöglicht – wofür sich die Körperschaft des öffentlichen Rechts als Organisationsform anbietet. Da sie auch wesentliche Voraussetzungen einer innerverbandlichen Demokratisierung erfüllt, kann sie die politischen Machtverhältnisse und Einflußnahmen transparenter machen und eine innerverbandliche Öffentlichkeit schaffen, die auch externen, parlamentarischen und parlamentarisch verantwortlichen Instanzen größeren Einblick in den eigentlichen Vollzug der Verwaltung verschaffen können. Die Körperschaft des öffentlichen Rechts ist deshalb eine notwendige Ergänzung und Stärkung des Systems der parlamentarischen Demokratie, die mehr Transparenz und Öffentlichkeit herstellt, spezielle Legitimationsmechanismen etabliert, Minderheitsinteressen schützt und die zentralstaatliche Macht pluralisiert und neutralisiert.“

272 Vgl. H. Hofmann/H. Dreier, Repräsentation, Mehrheitsprinzip und Minderheitenschutz, in: Parlamentsrecht und Parlamentspraxis in der Bundesrepublik Deutschland, hrsgg. v. H.-P. Schneider u. W. Zeh, 1989, § 5 Rn. 18 ff., 21 ff. m.w.N.

273 Vgl. den „Versuch einer Zusammenführung“ von W. Frotscher, Selbstverwaltung und Demokratie, in: FS v. Unruh, S. 127 ff. (141 ff.); für die berufsständischen Kammern hat Kleine-Cosack, Berufsständische Autonomie, S. 240 ff., 259 ff. das notwendige Ausmaß gesetzlicher Regelungen und den legitimerweise verbleibenden autonomen Gestaltungsspielraum zu bestimmen versucht.

274 E. Schmidt-Assmann, Zum staatsrechtlichen Prinzip der Selbstverwaltung, in: Gedächtnisschrift für Wolfgang Martens, 1987, S. 249 ff. (263 f.); Krebs, in: HdbStR III, § 69 Rn. 77; G. F. Schuppert, Selbstverwaltung, Selbststeuerung, Selbstorganisation – Zur Begrifflichkeit einer Wiederbelebung des Subsidiaritätsgedankens, in: AöR 114 (1989), S. 127 ff. (137).

scheidungen hinaus drei unterschiedliche Funktionsbündel benannt werden (ohne damit den Anspruch erheben zu wollen, alle Erscheinungsformen gleichsam ohne Rest erfassen zu können): die Kooperationsfunktion (a), die Distanzierungsfunktion (b) und die Praktikabilitätsfunktion (c).

a) *Kooperationsfunktion.* Die Kooperationsfunktion der Verselbständigung von Verwaltungseinheiten ist vor allem bei den Selbstverwaltungskörperschaften (sowohl im Bereich der berufsständischen und erwerbswirtschaftlichen Verbände als auch der Sozialversicherung) und den anstaltlich organisierten „intermediären" Verbänden von Bedeutung[275]. Gemeint ist damit sowohl, daß der Staat sich die in den gesellschaftlichen Verbänden angelegte Verwaltungskraft durch Verkammerung bzw. durch Überlassung eines Aushandlungsbereiches an die Sozialpartner zunutze macht als auch, daß die interne Interessenfindung, -aggregation und -abstimmung bzw. die Aushandlung von Kompromißentscheidungen zwischen den nicht interessenhomogenen Gruppen (Kammern im Bereich der Erwerbswirtschaft, Sozialpartnern in der Sozialversicherung) in einem im einzelnen unterschiedlichen Ausmaß der Selbstregulierung der Körperschaften überlassen bleibt. Was hier als Bereichsdemokratisierung praktiziert wird, hat bei den anstaltlich ausgeformten Kooperationsorganisationen zwar rein äußerlich eher den Anstrich einer „Beratung" des Staates, der sich – wie bei den Körperschaften auch – den Sachverstand und die Fachkunde der betroffenen Kreise zunutze macht, ohne kleine demokratische Subeinheiten zu schaffen. Faktisch kommt es aber im einen wie im anderen Fall zu einem Handlungsverbund zwischen organisierter Staatlichkeit und gesellschaftlichen Kräften, deren Aufgabenkreis weder eindeutig als „öffentlich" (im Sinne von: staatlich) noch als „gesellschaftlich" (im Sinne von privat, Privatinteressen verfolgend) bezeichnet werden kann. Schwer ist – schon in Ermangelung einer tragfähigen Staatsaufgabenlehre – nicht allein, das Merkmal einer „öffentlichen" Aufgabe allgemein zu bestimmen[276]; geradezu unmöglich ist es, die Verkammerung von Berufsverbänden als Freiheitsverlust oder Freiheitsgewinn zu deuten, wenn man die unterschiedlichen Alternativen bedenkt: entweder die Entlassung aus der von den Selbstverwaltungskörperschaften besorgten Disziplinierung in die unreglementierte Freiheit der Gesellschaft

---

[275] K. Lange, Die öffentlichrechtliche Anstalt, VVDStRL 44 (1986), S. 169ff. (194ff.).

[276] Vgl. den Versuch von H. P. Bull, Die Staatsaufgaben nach dem Grundgesetz, 2. Aufl. 1977 (Studienausgabe), S. 47ff., 149ff., 211ff.; G. F. Schuppert, Die öffentliche Aufgabe als Schlüsselbegriff der Verwaltungswissenschaft, in: VerwArch. 71 (1980), S. 309ff.; zum Grundrechtsbezug P. Häberle, Verfassungsstaatliche Staatsaufgabenlehre, in: AöR 111 (1986), S. 595ff. (600ff.); s. jetzt J. Isensee, Gemeinwohl und Staatsaufgaben im Verfassungsstaat, in: HdbStR III, § 57 Rn. 132ff., 147ff., 156ff.

oder die Übernahme der bislang von ihnen erfüllten Aufgaben in den staatlichen Bereich (etwa durch Substitution der autonomen Satzungen durch Rechtsverordnungen). Ebenso fragwürdig ist es wegen des unabweisbaren Bedürfnisses nach Reglementierung der Nutzung knapper Güter aber auch, jede Form der Veranstaltlichung von Handlungsräumen als einen Verlust autonomer Gestaltungsfreiheit und allein als verstärkte staatliche Einbindung zu begreifen[277]. Zwar können verselbständigte Verwaltungseinheiten sowohl aus einer Entlassung aus der unmittelbaren Staatsorganisation wie auch aus einer Einbeziehung ehemals rein gesellschaftlicher Aktionsfelder in den staatlichen Verwaltungskreis resultieren; doch sagt dieser genetische Aspekt über reale Freiheitsgewinne und -verluste wenig aus. Besonders deutlich wird dies bei den vorrangig der „Informations- und Konsensbeschaffung" dienenden[278] wirtschaftslenkenden und -fördernden anstaltlichen Kooperativorganisationen, bei denen die Beteiligung der interessierten Kreise an der Entscheidungsfindung ganz ähnlich wie bei den Kammern zugleich ein Stück staatliche Verwaltung als auch ein Stück private Interessenverfolgung bedeutet. Mit der vielzitierten „Disziplinierung von Sozialbereichen"[279] hat dies insoweit etwas zu tun, als die auf den Staat zukommenden Regelungs-, Ausgleichs- und Konfliktentscheidungspflichten bei Verzicht auf körperschaftliche oder anstaltliche Selbstverwaltungsformen ungleich höher wären als im Falle der Inanspruchnahme dieses Entlastungsinstrumentes. Indes suggeriert die Formel eine gleichsam souveräne hoheitliche Instrumentalisierung der Körperschaften, die es seit deren Bildung so nicht gegeben hat[280] und die zudem das Charakteristische dieses Modus staatlicher Verwaltung zu verfehlen droht[281]: daß hier die (Verbands-)Gesellschaft we-

---

277 Diese Tendenz bei A. Greifeld, Öffentliche Sachherrschaft und Polizeimonopol, in: DÖV 1981, S. 906 ff. (908 f. zur „Veranstaltlichung" des Gemeingebrauchs).

278 H.-J. Koch, Allgemeines Verwaltungsrecht, 1984, S. 37.

279 E. Forsthoff, Lehrbuch des Verwaltungsrechts, Bd. 1, 10. Aufl. 1973, S. 476.

280 Vgl. zur Kritik an Forsthoff ausdrücklich K.-J. Bieback, Die öffentliche Körperschaft, 1976, S. 358.

281 Zumindest mißverständlich daher auch Bull, Staatsaufgaben, S. 52: „Problematisch sind in diesem Zusammenhang diejenigen Körperschaften, die (auch) zur Interessenvertretung berufen sind, vor allem die Industrie- und Handelskammern und die Handwerkskammern. Hier sind in ein und derselben Institution verschiedene Entwicklungsstränge zusammengelaufen, die der Sache nach nichts miteinander zu tun haben." Daß sie etwas miteinander zu tun haben, macht gerade ihre Besonderheit aus. (Eine ähnlich krasse Dichotomie zwischen staatlichem Interesse und gesellschaftlichen Zwecksetzungen auch bei W. Weber, Der nicht staatsunmittelbare öffentliche Organisationsbereich, in: Juristen-Jahrbuch 8 [1967/68], S. 137 ff. [158 f.]: „Es wäre auch merkwürdig, wollte der Staat öffentliche Körperschaften als Zwangskörperschaften errichten, um dann diese Verwaltungskörperschaften als pressure groups gegen sich aufmarschieren zu sehen.")

der eindeutig „Subjekt demokratischer Partizipation" noch reines „Objekt staatlicher Herrschaft"[282] ist und im Endeffekt sowohl der Staat als auch die gesellschaftlichen Gruppen von der Einrichtung derartiger Koppelungsinstitutionen profitieren. Der Staat profitiert, indem er sich durch Aufgabendelegation und Interessenrepräsentation von Feinregulierungen entlastet und durch Kooperation die Effizienz seiner Politik steigert; die betroffenen und gewissermaßen zur Mitverwaltung herangezogenen gesellschaftlichen Gruppen profitieren, weil durch staatliche Inkorporation ihre Durchsetzungsmacht steigt.

b) *Distanzierungsfunktion.* Kleinformatiger und in ihrer gesamtgesellschaftlichen Relevanz geringer zu veranschlagen sind die Fallgruppen, die sich unter der Rubrik der Distanzierungsfunktion zusammenfassen lassen. Ging es bei der Kooperationsfunktion um Aufgabenkomplexe, die prinzipiell sowohl der Gesellschaft anheimgestellt als auch ganz in staatliche Regie übernommen werden könnten, so haben wir es hier mit Agenden zu tun, die eindeutig vom Staat wahrgenommen werden, allerdings notwendigerweise unter bewußter Auslagerung aus dem administrativ-hierarchischen Entscheidungssystem. Der Mechanismus ist bereits von den Rundfunkanstalten und von der Hochschulautonomie her bekannt: Staatliche Verantwortung für einen Sachbereich wird gerade dadurch erfüllt, daß der Staat die entsprechende Aufgabe nicht in seine Gesamthierarchie zu integrieren sucht, sondern gleichsam in Distanz zu sich selbst geht. Die Autonomie der Bundesbank beispielsweise beruht auf einer strukturell gleichen Überlegung. Systemtheoretisch formuliert: Das politisch-administrative System reflektiert die restriktiven und eventuell selbstdestruktiven Strukturbedingungen seiner eigenen Handlungslogik und baut Sicherungen gegen die in dieser Logik liegenden Schwachstellen ein, um Kurzschlüsse zu verhindern. Konkret: Das Durchschlagen populistischer, an Tagesmajoritäten und einem schnell wechselnden Meinungsklima orientierter Entscheidungen auf die langfristig auszurichtende Währungspolitik wird durch partielle Freistellung der Bundesbank von Weisungen der Bundesregierung bewußt und gewollt blokkiert: Die „Bundesrepublik schützt sich vor sich selbst".[283] Ähnliche und unter Gesichtspunkten rechtsstaatlicher Entwicklung in Deutschland geradezu klassische Mechanismen finden wir überall dort, wo Verwaltungsentscheidungen in quasi-judizieller Weise getroffen werden: sei es bei Prüfungsämtern oder im Asylverfahren, beim Bundeskartellamt oder der Filmbewer-

---

[282] Bieback, in: Quaderni Fiorentini, Bd. 11/12 (1982/83), S. 863.

[283] E. Forsthoff, Rechtsstaat im Wandel, 2. Aufl. 1976, S. 13; allgemeiner zu solch produktiven Umwegen gerade im Verfassungsstaat U. K. Preuss, Sicherheit durch Recht – Rationalitätsgrenzen eines Konzepts, in: KritV 1989, S. 3 ff. (5 ff.).

tungsstelle Wiesbaden, der Filmförderungsanstalt oder der Bundesprüfstelle für jugendgefährdende Schriften, bei der die Repräsentation gesellschaftlicher Pluralität bei vom Staat zu verantwortenden Wertentscheidungen ausschlaggebend für die Freistellung ist.[284] Mit einem Wort: Erst eine gewisse „Staatsferne" sichert die optimale Aufgabenerfüllung.

c) *Praktikabilitätsfunktion.* Der Topos von der Praktibilitätsfunktion bezeichnet Fälle, in denen der Staat auf andere als staatsunmittelbare Verwaltungsformen ausweicht, weil ihm diese zu sachadäquaten Aufgabenerfüllung geeigneter erscheinen. Es ist weder die besondere Art der Aufgabe noch das Erfordernis einer Kooperation mit der Gesellschaft, sondern ein teils eher technokratischer, teils schlicht pragmatischer Aspekt. Zu erfassen sind damit zum einen jene Bereiche, die Breuer mit der Formel von der „begrenzten technokratischen Eigenregie" umschrieben hat[285]. Zwar könnte man – im Unterschied zu den Distanzierungsfällen – die Aufgaben von Bundesbahn, Bundespost, Eigenbetrieben und anderen Leistungsanstalten prinzipiell auch in unmittelbarer Staats- bzw. Kommunalverwaltung erfüllen, doch legen sowohl historische Entwicklung und darauf beruhender heutiger Organisationsstand als auch die Sachgesetzlichkeiten (Einordnung in den „Markt" bei öffentlich-rechtlichen Kreditinstituten oder Versicherungsanstalten[286]) der Aufgaben eine organisatorische „Besonderung" nahe. Auch die treffend als „Hilfseinrichtungen zur Milderung der Nachteile bei nicht richtig abgegrenzten Verwaltungseinheiten"[287] apostrophierten, wenngleich mit dieser Charakterisierung nicht vollständig erfaßten kommunalen Zweckverbände gehören hierher, weil mit ihrer Hilfe die Erfüllung von Aufgaben, die das Leistungsvermögen einer Gemeinde überschreiten, wenigstens prinzipiell auf Kommunalebene erfolgen kann.[288]

---

[284] E. Schreyer, Pluralistische Entscheidungsgremien im Bereich sozialer und kultureller Staatsaufgaben, 1982, S. 17ff., 52ff., 82ff.; Chr. Greipl, Art. 19 IV GG und die Entscheidungen von unabhängigen Sachverständigenausschüssen, Diss. jur. Bonn 1988, S. 7ff., 216ff. – Lediglich auf das äußere Erscheinungsbild, nicht auf die inhaltliche Aufgabenerfüllung bezogen ist die – insofern nur scheinbare – Entpolitisierung qua privater Vereinsarbeit bei den ausländischen Kulturinstituten und der Kriegsgräberfürsorge (F. Müller-Thoma, Der halbstaatliche Verein, 1974, S. 39).

[285] R. Breuer, Die öffentlichrechtliche Anstalt, VVDStRL 44 (1986), S. 211ff. (228, 232).

[286] Kritisch zur Einfügbarkeit solcher Wettbewerbsinstitute in das System öffentlicher Aufgaben W. Weber, in: Juristen-Jahrbuch (1967/68), S. 155ff.; s. aber auch P. Badura, Die wirtschaftliche Betätigung der öffentlichen Hand mit besonderer Berücksichtigung der öffentlich-rechtlichen Wettbewerbs-Versicherungsunternehmen, in: ZHR 146 (1982), S. 448ff.

[287] F. Wagener, Forschungsprogramm Staatsorganisation, 1979, S. 143.

[288] Gewisse Einordnungsprobleme rühren daher, daß man die in den Landesgesetzen über kommunale Zusammenarbeit vorgesehene Möglichkeit der Zweckverbandsbil-

Auf der Ebene bloßer Praktikabilität sind auch die Beleihungsfälle einzustufen. Der Staat könnte natürlich zur Erfüllung der von den Beliehenen wahrgenommenen Aufgaben einen entsprechenden Beamtenstab selbst ausbilden und – um das gern benutzte Beispiel aufzugreifen – in jedem Flugzeug einen Polizeibeamten mitreisen oder neben den passionierten Jägern auch staatliche Hüter durch Forst und Wald streifen lassen. Aber unübersehbare Gründe der Praktikabilität und der Wirtschaftlichkeit sprechen dafür, sich zur Wahrnehmung so speziell gelagerter Fälle derjenigen Privatpersonen zu bedienen, die kraft Sachverstand, Expertenwissen und Situationsbeherrschung zur Erfüllung dieser prinzipiell dem Staat obliegenden Aufgaben prädestiniert sind. Vergleichbares gilt schließlich für die privatrechtlichen Mittlerorganisationen: Auch hier könnte der Staat seine auswärtige Kulturpolitik ausschließlich auf das Personal des Auswärtigen Amtes stützen; er erhöht aber offenbar seine Effizienz, wenn er sich zusätzlich privater oder doch privatrechtlich auftretender Vermittlungsinstitute bedient.

Das führt zum letzten Punkt, der privatrechtsförmigen Verwaltung. Hier hat das Praktikabilitätsargument gleichsam seine natürliche Heimstatt: gilt doch gerade das Fehlen adäquater öffentlichrechtlicher Handlungsformen einerseits, das flexibilitätsfördernde und variantenreiche Instrumentarium des Zivilrechts andererseits als ausschlaggebender Grund für die praktische Unverzichtbarkeit der Erfüllung öffentlicher Aufgaben in privatrechtlicher Gestalt.[289] Ob dem so ist, kann hier dahingestellt bleiben[290]; ausschlagge-

---

dung mit der Figur der „Kooperationshoheit" (E. Schmidt-Jortzig, in: FS v. Unruh, 1983, S. 525 ff.; BVerfG NVwZ 1987, 123/124) als in Art. 28 II GG verfassungsrechtlich fundiert ansehen kann. Zweckverbände sind aber weder verfassungsgeboten noch führen sie automatisch zu einer Steigerung demokratischer Kommunalverwaltung. Im Gegenteil: Wegen der nur mittelbaren Repräsentation der Gemeinden und der häufig weitgehenden Verselbständigung der Entscheidungsprozesse im Zweckverband stellt sich auch hier das Grundproblem des Kontrollverlustes durch das Muttergemeinwesen. Zu alledem ausführlicher der noch unveröffentlichte 2. Teil *meiner* Habilitationsschrift: Hierarchie und Kooperation. Studien zur Anatomie des modernen Verwaltungsstaates unter besonderer Berücksichtigung des Kommunalrechts, Ms. Würzburg 1989, S. 529 ff., 644 ff.

[289] Vgl. die zahlreichen Aspekte, die bei R. Stober (Die privatrechtlich organisierte öffentliche Verwaltung, in: NJW 1984, S. 449 ff. [452]) und N. Achterberg (Allgemeines Verwaltungsrecht, 2. Aufl. 1986, § 12 Rn. 10 [= S. 212 f.]) genannt sind.

[290] Zur begrenzten Überzeugungskraft der gängigen Argumente und Möglichkeiten einer Verstärkung des öffentlichrechtlichen Handlungspotentials vgl. D. Ehlers, Verwaltung in Privatrechtsform, 1984, S. 292 ff., 368 ff.; B. Becker, Öffentliche Verwaltung, 1989, S. 249, 316, 354; die bereits mehrfach angesprochenen Studien von dems. (Typische Eigenschaften der privatrechtlich organisierten Bundesverwaltung, in: Die Verwaltung 12 [1979], S. 161 ff. [179]) und Roman Loeser (Das Bundes-Organisationsgesetz, 1988, S. 51) erweisen im übrigen, daß vor allem im Bereich der Bundesverwaltung öffentlichrechtliche und zivilrechtliche Formen häufig praktisch austauschbar sind

bend ist, daß andere Argumente als die der traditionsgesättigten Praktikabilität und faktischen Alternativenlosigkeit für die privatrechtlich organisierte Verwaltung nicht ins Feld zu führen sind. Es geht zumeist um „taktische Vorteile“[291]; ein (gar verfassungsrechtlicher) Vorrang privatrechtsförmiger Verwaltung gegenüber öffentlich-rechtlichen Formen kommt nur in Ausnahmefällen in Betracht[292].

VI. Pluralisierung als Verlust demokratischer Einheit und Kontrolle?

1. Gefahrenmomente der Verselbständigung von Verwaltungseinheiten

Die je für sich genommen plausibel zu begründende Verselbständigung einer Verwaltungseinheit vermag über die in der Gesamttendenz solcher Diversifikation liegenden Gefahrenmomente und die darin sich offenbarende Formveränderung der Verwaltungsorganisation nicht hinwegzutäuschen. Als Kehrseite der durch die Verselbständigung zu erreichenden Kooperations-, Distanzierungs- und Praktikabilitätsfunktionen droht der „Einheitsverlust“ (K. Eichenberger) der Verwaltung, weil die zentrifugalen Kräfte der Auslagerung von Verwaltungsträgern aus dem Ministerialsystem der unmittelbaren Staatsverwaltung zur „Dismembration“[293], zur „Atomisierung der öffentlichen Verwaltung in eine Unzahl spezialisierter Nebenein-

---

und die Privatrechtsform bevorzugt wird, um föderative Restriktionen, ein parlamentarisches Verfahren und die Staatsaufsicht zu vermeiden (dazu auch EHLERS, Verwaltung in Privatrechtsform, S. 313 f.; H. FABER, Verwaltungsrecht, 1987, S. 140) bzw. als Ersatz für einen fehlenden Verwaltungsunterbau dienen (so B. BECKER, Bundesverwaltung durch privatrechtlich organisierte Bundesunternehmen, in: ZögU 1 [1978], Heft 4, S. 1 ff. [7 ff.]; DERS., Öffentliche Verwaltung, S. 318).

291 FABER, Verwaltungsrecht, S. 117.

292 Zu denken ist an den Vorrang freihändigen Grundstückserwerbs gegenüber der hoheitlichen Enteignung (vgl. etwa § 87 II BauGB) – typischerweise ein Fall aus dem Bereich der Eingriffsverwaltung (allgemein dazu unter dem Gesichtspunkt des Verhältnismäßigkeitsprinzips BVerfGE 45, 297/335). – Nicht obligatorisch ist indes auch eine gesetzliche Vorzugsregel zugunsten öffentlichrechtlicher Unternehmensformen, wie sie Art. 91 I Nr. 2 BayGO statuiert (ähnlich § 104 I Nr. 2 bad.-württ. GemO); dazu S. SÜSS, Eigenbetrieb oder Gesellschaft?, in: BayVBl. 1986, S. 257 ff. – Zu begrüßen ist die klare gesetzliche Alternative zwischen Eigenbetrieben und Rechtsformen des Privatrechts in § 6 V bad.-württ. AbfG v. 8.1.1990 (GBl. S. 1).

293 W. WEBER, Art. Verwaltungsorganisation, in: Handwörterbuch der Sozialwissenschaften, Bd. 11, 1961, S. 276 ff. (276); ähnlich DERS., Der nicht staatsunmittelbare öffentliche Organisationsbereich, in: Juristen-Jahrbuch 8 (1967/68), S. 137 ff. (154, 158 ff.).

heiten"[294] führen können – mit der Folge gravierender Transparenzverluste einerseits[295], der „Segmentierung und Entkoppelung von Problemfeldern"[296] andererseits[297]. Und natürlich müssen auf dem Hintergrund des hierarchischen Bauprinzips der Exekutive alle Ausnahmen vom Regelfall strikter Weisungsgebundenheit der Glieder staatlicher Verwaltungsorganisation als begründungsbedürftige Schwächungen des demokratischen zentralstaatlichen Willens erscheinen[298].

Der berechtigte Kern dieser kritischen Hinweise besteht zum einen darin, daß eine qualitativ wie quantitativ zu weit getriebene Herausnahme von Verwaltungseinheiten aus dem bürokratisch-hierarchischen Funktionengefüge der unmittelbaren Staatsverwaltung eine Auflösung des staatlichen Gesamtzusammenhanges zur Folge haben könnte[299]; indes lassen sich insoweit allgemeine Grenzen einer Verselbständigung von Verwaltungseinheiten rechtlich kaum exakt fixieren, weil es an trennscharfen Kriterien für eine derartige Beurteilung fehlt[300]. Zum anderen aber verweisen die referierten

---

294 F. Wagener, Typen der verselbständigten Erfüllung öffentlicher Aufgaben, in: ders. (Hrsg.), Verselbständigung von Verwaltungsträgern, 1976, S. 31 ff. (50).

295 Für die privatrechtlich organisierten Institutionen siehe vor allem D. Ehlers, Verwaltung in Privatrechtsform, 1984, S. 266 ff.; für die Bundesverwaltung R. Loeser, Das Bundes-Organisationsgesetz, 1988, S. 34 ff.

296 D. Fürst u.a., Stadt und Staat, 1984, S. 299.

297 Schon 1951 mahnte Werner Weber mit Blick auf den „westdeutschen Föderalismus", daß „so weit getriebene Verwaltungsorganisation auch die Gefahr eines partikularistischen Auseinanderfallens der Organisationssysteme, der Personalpolitik, des Verwaltungsstils und der innenpolitischen Ordnung überhaupt" in sich berge (W. Weber, Spannungen und Kräfte im westdeutschen Verfassungssystem, 3. Aufl. 1970, S. 72).

298 Vgl. W. Loschelder, Weisungshierarchie und persönliche Verantwortung in der Exekutive, in: HdbStR III, § 68 Rn. 22. Demgegenüber wird nur eine vage Hoffnung zum Ausdruck gebracht, wenn es heißt, die im Gefolge weitgehender Dezentralisation auftretenden „Mißhelligkeiten lassen sich im übrigen entsprechend dem Organisationsgrundsatz der Einheit der Verwaltung und seinen verfahrensmäßigen Konsequenzen häufig abbauen" (K. Stern, Das Staatsrecht der Bundesrepublik Deutschland, Bd. 2, 1980, S. 780 Fn. 238).

299 Mit Blick auf die juristischen Personen des öffentlichen Rechts hat wiederum Werner Weber die schärfste Klinge geführt (Staats- und Selbstverwaltung in der Gegenwart, 1953, S. 25): „Die Eigenschaft als Körperschaft, Anstalt oder Stiftung des öffentlichen Rechts ist auch heute sehr begehrt. Nur möchten die Träger dieser Eigenschaft die dadurch vermittelte Teilhabe an der öffentlichen Ordnung vielfach nicht mehr mit der Bindung an die koordinierende Aufsicht der Staatsverwaltung erkauft wissen. Auf diese Weise entsteht ein öffentliches Organisationssystem, innerhalb dessen es keinen überhöhenden Koordinationspunkt und keinen höchsten Herrn über die öffentliche Ordnung in der staatlichen Exekutive mehr gibt, sondern das in eine Vielzahl souveräner Organisationsterritorien aufgeteilt ist."

300 Wegen des insoweit bestehenden Gestaltungsspielraumes des Gesetzgebers handelt es sich in weitem Umfang um politisch indizierte wie auch politisch zu verantwor-

Einwände auf die Notwendigkeit der Rückbindung der verselbständigten Verwaltungseinheiten an bzw. ihre Einbindung in das demokratisch-hierarchische Kontrollsystem. Damit ist der grundlegende Umstand berührt, daß Verselbständigung eben nicht „Autonomie" im Sinne einer vollständigen Abkoppelung vom staatlichen Gesamtsystem bedeutet, sondern (lediglich) eine Verringerung der Intensität staatlicher Einwirkung und eine dementsprechende Transformation der Entscheidungskompetenzen auf die ausgelagerten Verwaltungsträger.

Die „Verantwortung des Muttergemeinwesens für die Funktionsfähigkeit seiner Subsysteme"[301] bleibt also prinzipiell bestehen; die Notwendigkeit einer zentralen politischen Kontrolle ist auch für diejenigen Körperschaften, die ihrer Herkunft und Funktion nach noch am stärksten im gesellschaftlichen Bereich verwurzelt sind, die berufsständischen Kammern, ganz unbestritten[302]. Als Hauptinstrumente für eine derartige Einbindung in den gesamtstaatlichen Zusammenhang dienen die Steuerung durch das Gesetz (dazu 2.) und die Unterwerfung unter eine staatliche Rechtsaufsicht (3.).

2. *Legitimation und Formung durch das Gesetz*

Die oben besprochenen Verselbständigungsformen unterliegen dem institutionellen Gesetzesvorbehalt[303]. Das verweist darauf, daß in der Entscheidung des Gesetzgebers über die Herausnahme eines Teilbereichs öffentlicher Verwaltung aus dem hierarchisch-demokratischen Kontrollsystem eine entscheidende Sicherung gegen zu weitreichende Auskoppelungen und zu-

tende Entscheidungen (vgl. R. WAHL, Die Länder, in: Dt. VerwGesch V, S. 208 ff. [235 ff.]).

301 G. KISKER, Abbau politischer Konfliktüberlastung durch Dezentralisierung, in: Verselbständigung von Verwaltungsträgern, hrsgg. v. F. Wagener, 1976, S. 73 ff. (82).

302 K.-J. BIEBACK, Entwicklungsgeschichtliche und funktionale Aspekte der gegenwärtigen Bedeutung der Körperschaft des öffentlichen Rechts, in: Quaderni Fiorentini 11/12 (1982–83), S. 859 ff. (909).

303 Dies gilt nicht nur für die mit Rechtsfähigkeit ausgestatteten Einheiten (LOSCHELDER, in: HdbStR III, § 68 Rn. 54; W. LÖWER, Art. Staatsorganisation, in: EvStL, 3. Aufl. 1987, Sp. 3444 ff. [3449]; K. LANGE, Die öffentlichrechtliche Anstalt, VVDStRL 44 [1986], S. 169 ff. [196]; vgl. §§ 38, 42, 47 shLVwG) und – nach freilich sehr umstrittener Auffassung – für die privatrechtsförmige Verwaltung (vgl. die Hinweise bei H. J. WOLFF/O. BACHOF/R. STOBER, Verwaltungsrecht II, 5. Aufl. 1987, § 104 a Rn. 19, 20 – man wird hier wohl in weiten Bereichen von einem Gewohnheitsrecht ausgehen müssen), sondern auch für die ministerialfreien Räume (vgl. W. MÜLLER, in: JuS 1985, S. 497 ff. [500 ff.]; P. LERCHE, in: Maunz/Dürig, Komm. z. GG, Art. 86 [1989], Rn. 70 [„auf gesetzlicher oder gewohnheitsrechtlicher Basis"]); s. auch W. KREBS, Verwaltungsorganisation, in: HdbStR III, § 69 Rn. 58, 59, 88 und W.-R. SCHENKE, Probleme der modernen Leistungsverwaltung, in: DÖV 1989, S. 365 ff. (373 f.).

BVerfG, B 5.12.02, DVBl 03, 923

gleich die zentrale Legitimationsbasis für derartige Sonderformen zu sehen ist.

Für Art und Ausmaß der Verselbständigung kommt nach etwaigen verfassungsrechtlich verankerten Präformierungen der gesetzlichen Ausgestaltung entscheidende Bedeutung zu. Wie aber oben bereits angedeutet, läßt sich hier weder eine allgemeingültige Tendenz angeben noch ein „Idealbild" wünschenswerter Dichte der normativen Regulierung zeichnen.

Nicht stets korrespondiert der organisatorischen Verselbständigung ein weiter, vom Gesetz offengelassener Handlungsspielraum. Zwar kann sich beides – die normative Handlungsermächtigung und die organisatorische Verselbständigung – decken, wie etwa im Falle der planerischen Gestaltungsfreiheit der Gemeinden. Doch ist der Zusammenhang keineswegs zwingend. Zum Beispiel fallen bei den Beliehenen die gesetzlichen Vorgaben allein deshalb vergleichsweise präzise aus, weil die Ausübung von Hoheitsgewalt durch Privatpersonen dies verlangt. Und im Bereich der Sozialversicherung ist die Durchnormierung so stark, daß man hier im Grunde kaum von einem sachlich eigenständigen Wirkungskreis der Sozialversicherungsträger sprechen kann[304].

Dort indes, wo den Institutionen sei es körperschaftlicher, sei es anstaltlicher Selbstverwaltung ein eigenes Tätigkeitsfeld überlassen ist, kann und soll das Gesetz die inhaltlichen Entscheidungen nicht punktgenau präjudizieren. Hier ist es vielmehr wie bei den sonstigen Einrichtungen mit Distanzierungsfunktion wichtig, daß durch gesetzliche Regelung der Aufgabenbereich genau abgegrenzt, eine verbindliche Rahmenordnung fixiert und insbesondere für eine aufgabenadäquate Zusammensetzung der Körperschaften bzw. der Leitungsgremien gesorgt ist. Von kritischer Relevanz ist z. B. bei den wirtschaftsfördernden und wirtschaftslenkenden „intermediären Anstalten" die Rekrutierung der in den Leitungsgremien vertretenen Repräsentanten der betroffenen und interessierten Kreise; in der Bundesprüfstelle für jugendgefährdende Schriften, der Filmförderungsanstalt und den Leitungsorganen der Rundfunkanstalten die richtige fachkundige bzw. kulturell-pluralistische Zusammensetzung[305]; in den Zwangsverbänden der interessenvertretenden Selbstverwaltungskörperschaften mit ihrer mitgliedschaftlichen Binnenstruktur und eigener Rechtssetzungsmacht die richtige Bestimmung der erfaßten Berufs- und Statusgruppen (Problem der disproportionalen Repräsentationsstruktur[306]), die Sicherung von Minderheits-

---

[304] Wolff/Bachof/Stober, Verwaltungsrecht II, § 96 Rn. 12.

[305] Hierzu lehrreich: Beschluß des BVerfG v. 5. Mai 1982 – Vertretung kultureller Gruppen im Rundfunkrat –, in: Rundfunk und Fernsehen 30 (1982), S. 535 ff. und dazu H.-P. Schneider, Rundfunkvielfalt und Gruppenrelevanz im Kulturstaat, ebd., S. 425 ff.

[306] Dazu Bieback, in: Quaderni Fiorentini 11/12 (1982–83), S. 875 ff.

rechten und sonstige Vorkehrungen zur Gewährleistung eines demokratischen Entscheidungsverfahrens[307]. Kurz: Das Gesetz muß vor allem Organisation und Verfahren der verselbständigten Verwaltungseinheiten regeln und kann darüber hinaus in unterschiedlichem Ausmaß auch Vorgaben für die materielle Entscheidungsfindung bereitstellen. Je geringer die inhaltliche Determination des Handelns der ausgelagerten Verwaltungsträger, desto höher die Anforderungen an ihre Legitimation, die in verfassungsrechtlichen Vorgaben, aber auch im demokratiehomologen internen Aufbau liegen kann. Und umgekehrt: Dort, wo die demokratischen Steuerungsverluste der Verselbständigung nicht ihrerseits verfassungsrechtlich abgestützt sind, bedarf es – wie etwa bei den Beliehenen – einer randscharfen gesetzlichen Regelung. In jedem Fall aber ist wichtig, daß der Staat nicht nur die jeweilige Rechtsgestalt der verselbständigten Verwaltungseinheit exakt typisiert, sondern auch ihren Status, Aufgabenkreis, Pflichtenkanon und Handlungsspielraum so präzise wie möglich festlegt[308].

Bei der privatrechtsförmigen Verwaltung schließlich ist ungeachtet der faktisch oft nicht vorliegenden ausdrücklichen gesetzlichen Ermächtigung oder eines gesetzlichen Errichtungsaktes von entscheidender Bedeutung, den Zweck des Unternehmens in der Satzung (bei einer Aktiengesellschaft) bzw. dem Gesellschaftsvertrag (bei einer GmbH) so präzise und kontrollfähig wie möglich zu bestimmen. Daß es sich hier eher um ein normatives Postulat, weniger um eine Beschreibung der Realität handelt, wird unter 5. noch genauer thematisiert.

3. Zur Rolle der Aufsicht

Wenn es ein Institut gibt, das als probates Mittel zur Reintegration der verselbständigten Verwaltungseinheiten in den staatlichen Apparat und als

---

307 Vgl. nochmals P. Häberle, Berufs„ständische" Satzungsautonomie und staatliche Gesetzgebung, in: DVBl. 1972, S. 909 ff. und M. Kleine-Cosack, Berufsständische Autonomie und Grundgesetz, 1986, S. 181 ff., 191 ff.

308 Prägnant H. J. Wolff/O. Bachof, Verwaltungsrecht II, 4. Aufl. 1976, § 77 I b (S. 100): „Die Verlagerung von Kompetenzen unmittelbarer Staatsbehörden auf dezentralisierte Organe und Glieder setzt allerdings eine – aus rechtsstaatlichen Gründen ohnehin geforderte – genaue objektive rechtliche Regelung der übertragenen Zuständigkeiten voraus. Denn erst dann wird eine staatlich nicht erwünschte Kompetenzwahrnehmung, mit der man bei weisungsunabhängigen Behörden rechnen muß, zu einer der Rechtsaufsicht und der verwaltungsgerichtlichen Kontrolle zugänglichen Rechtswidrigkeit." Zur Notwendigkeit von „Fremdsteuerung" und „Fremdkontrolle" bei Selbstverwaltungsorganisationen E. Schmidt-Assmann, Zum staatsrechtlichen Prinzip der Selbstverwaltung, in: Gedächtnisschrift für Wolfgang Martens, 1987, S. 249 ff. (256).

Gegengift zu den beargwöhnten „Tendenzen autokephaler Bürokratie“[309] dienen könnte, dann kommt dafür vor allem die staatliche Rechtsaufsicht in Betracht. Von der kommunalen Selbstverwaltung her bekannt als das „notwendige Korrelat der Befugnis zur Wahrnehmung öffentlicher Aufgaben mit hoheitlichen Mitteln“[310] und allgemein charakterisiert als das „hervorragende Mittel zur Herstellung der administrativen Hierarchie“[311] sieht man in der Aufsicht das Instrument, eine etwaige „Auflösung des demokratischen Ganzen in heterogene Teile (zu) verhindern“[312], die Mannigfaltigkeit der Verwaltungsträger zu überbauen und so die Gesamteinheit der Verwaltung sicherzustellen[313]. Sie ist es, die „innerhalb der dekonzentrierten und dezentralisierten Verwaltungsorganisation der Bundesrepublik ... das rechtmäßige Verhalten und die einheitliche Wirksamkeit aller Verwaltungsinstanzen (sichert)“[314].

All diese allgemein gehaltenen und in dieser Allgemeinheit nicht falschen Aussagen können indes an dem fundamentalen Tatbestand nichts ändern, daß es sich bei der Rechtsaufsicht stets nur um eine Art von Rahmenkontrolle handelt, deren Effektivität und Durchschlagskraft gebunden ist an die Präzision und Dichte der gesetzlichen Vorgaben. An dieser Präzision und Dichte wird, ja muß es, wie wir gesehen haben, zuweilen fehlen, so daß hier

---

309 A. Köttgen, Der Einfluß des Bundes auf die deutsche Verwaltung und die Organisation der bundeseigenen Verwaltung, in: JöR 11 (1962), S. 173ff. (269). Plastisch wie stets Otto Mayer, Deutsches Verwaltungsrecht, 3. Aufl. 1924, Bd. 2, S. 394: „Im Wesen dieser Staatsaufsicht liegt die Möglichkeit begründet, eine aufzehrende Wirkung zu üben gegenüber jeder Selbständigkeit des beaufsichtigten Verwaltungskörpers.“

310 H. Maurer, Allgemeines Verwaltungsrecht, 6. Aufl. 1988, § 23 Rn. 45.

311 H. J. Wolff, Art. Staatsorganisation, in: EvStL, 2. Aufl. 1975, Sp. 2521ff. (2522); s. auch H. Lecheler, Verwaltungslehre, 1988, S. 247ff. – G. F. Schuppert, Die Einheit der Verwaltung als Rechtsproblem, in: DÖV 1987, S. 757ff. (762) hat Hierarchie und Aufsicht als die klassischen „Korsettstangen“ der Verwaltungsorganisation bezeichnet; weniger salopp P. Kirchhof, Mittel staatlichen Handelns, in: HdbStR III, § 59 Rn. 203.

312 W. Frotscher, Selbstverwaltung und Demokratie, in: FS v. Unruh, S. 127ff. (147).

313 W. Weber, Art. Verwaltungsorganisation, S. 278; ders., Kommunalaufsicht als Verfassungsproblem, in: Aktuelle Probleme der Kommunalaufsicht (=Schriftenreihe der Hochschule Speyer, Bd. 19), 1963, S. 17ff.; s. ferner M. Oldiges, Einheit der Verwaltung als Rechtsproblem, in: NVwZ 1987, S. 737ff. (741).

314 M. Schröder, Grundfragen der Aufsicht in der öffentlichen Verwaltung, in: JuS 1986, S. 371 ff (372); so auch Wolff/Bachof, VerwR II, § 77 II a (S. 101) und Krebs, in: HdbStR III, § 69 Rn. 40ff. (Rn. 40: „Mit der in Art. 20 Abs. 3 GG grundsätzlich ausgesprochenen Gesetzesbindung aller Verwaltungstätigkeiten und damit aller Verwaltungseinheiten an die (zentral-)staatliche Normsetzung geht zudem durchweg eine staatliche Kontrolle der Verwaltungseinheiten zumindest zur Gewährleistung dieser Rechtsbindung einher. In staatlicher Steuerung und Kontrolle verwirklicht sich die Einheit der Staatsgewalt“).

das Institut der Rechtsaufsicht weitgehend ins Leere greift, jedenfalls nicht die Intensität direktiver Steuerung erreichen kann; die Schwäche der parlamentarischen Kontrolle öffentlich-rechtlicher Körperschaften ist nur die natürliche Folge[315]. Doch darf dieser Umstand wie die Existenz verselbständigter Verwaltungseinheiten nicht zuvörderst als beklagenswerte Anomalie, sondern als (verfassungs)gesetzlich zu legitimierende, funktional begründbare Ausdifferenzierung des administrativen Gesamtsystems gewertet werden. Der Sinn gesetzlicher Determinierung wie staatlicher Aufsicht wäre verfehlt, wenn man in beidem Instrumente sähe, die den Effekt der Auslagerung und Besonderung bestimmter Agenden gleichsam im zweiten Zug wieder rückgängig machen würden[316]. Der Bereich der Sozialversicherung zeigt, daß bei extrem dichter gesetzlicher Durchnormierung der Selbstverwaltungsgedanke im Grunde auf der Strecke bleiben muß. Andererseits – um ein Gegenbeispiel zu nennen – ist klar zu sehen, daß selbst im Fall der Unterwerfung der Bundesbank unter eine allgemeine Rechtsaufsicht sich in Ermangelung gesetzlicher Maßstäbe für ihr Handeln praktisch an ihrer Unabhängigkeit nichts änderte. Bei der ohnehin prekären privatrechtsförmigen Verwaltung wiederum ist besonders streng darauf zu achten, daß die steuernde und dirigierende Kraft des Muttergemeinwesens erhalten bleibt und die Kontrollinstrumente effektiv eingesetzt werden.[317]

Das bedeutet: Sind die Gründe für die Verselbständigung von Verwaltungseinheiten stichhaltig oder gar verfassungsrechtlich fundiert, verschlägt es nichts, daß die Kontrollstränge ausdünnen und öffentliche Aufgaben in weitgehend eigener Sachverantwortung von Verwaltungsträgern erfüllt werden, die dem demokratisch-hierarchischen Kontrollsystem der unmittelbaren Staatsverwaltung ein Stück weit entrückt sind. Trotz der nicht zur Disposition stehenden prinzipiellen Verantwortung des jeweiligen Muttergemeinwesens für die ausgelagerten Verwaltungseinheiten würde doch eine der Beherrschung der unmittelbaren Staatsorgane gleichkommende Kon-

---

315 Das beklagte schon M. Drath, Zur Gewaltenteilung im heutigen deutschen Staatsrecht, in: Faktoren der Machtbildung, 1952, S. 99 ff. (133 f.). – G. F. Schuppert, PGOs in der Bundesrepublik Deutschland , in: Chr. Hood/G. F. Schuppert (Hrsg.), Verselbständigte Verwaltungseinheiten in Westeuropa, 1988, S. 202 ff. (211 f.) stellt fest, daß verselbständigte Verwaltungseinheiten vor allem dort auftreten, wo die normative Programmierung nur schwach entwickelt ist.

316 Es trifft zu, daß sich bei „hinreichend konkreter Zwecksetzung ... die scheinbare Kluft zwischen bloßer Rechtskontrolle und sachlicher Steuerung (verflüchtigt)" (P. Lerche, in: Maunz/Dürig, Komm. z. GG, Art. 86 [1989], Rn. 64). Vor allem bei den körperschaftlichen Selbstverwaltungsorganisationen ist dies aber gerade nicht der Sinn. Treffenderweise formuliert Lerche seine Aussage im Kontext der Beurteilung privatrechtsförmiger Verwaltung.

317 Vgl. nochmals Lerche, Art. 86 Rn. 64.

trolle den mit der Verselbständigung intendierten Effekt wieder zunichte machen. Was Rüdiger Breuer für die Anstalten festgestellt hat[318], läßt sich in Sonderheit mit Blick auf Selbstverwaltungskörperschaften verallgemeinern: daß die Spannungen zwischen der Verselbständigung und der qua gesetzlicher Steuerung und Staatsaufsicht zu besorgenden Einbindung als echte Spannungen auszuhalten und bereichsspezifisch auszubalancieren sind.

Bleibt so wegen der Subjektion der verselbständigten Verwaltungseinheiten unter eine generelle Staatsaufsicht mit Ausnahme einiger ministerialfreier Räume[319] das Grundmodell der Über/Unterordnung formal erhalten, zeigt sich doch die entscheidende Differenz zum geschlossenen, über fachliche Weisungen zentral steuerbaren und strikt hierarchisch aufgebauten Apparat der unmittelbaren Staatsverwaltung. Bildlich gesprochen: Jetzt erblickt man keinen pyramidenförmigen Block, sondern ein Netzwerk verschiedener Organisationseinheiten, die zwar im demokratischen Willensbildungszentrum des legitimatorischen Muttergemeinwesens ihre bestimmende Mitte haben, aber mit dieser nur vergleichsweise lose verknüpft sind.

Die Verlagerung der Steuerung von einem höchsten zentralen Punkt auf eine Mehrzahl je für sich partiell eigenständiger Subeinheiten und die damit verbundene Zulassung eines gewissen Maßes an Selbststeuerung macht indes gerade den funktionalen, staatsentlastenden, im übrigen die Durchschlagskraft und Wirksamkeit des Gesamtsystems keineswegs notwendigerweise schwächenden Effekt der Verselbständigung aus[320]. Es geht mithin um ein vertieftes Verständnis dafür, daß ein so hochkomplexes System wie die Verwaltung der Bundesrepublik Deutschland mit vergleichsweise schlichten Vorstellungen monozentrischer Staatlichkeit weder in seinem Aufbau noch von seinen Gefährdungsmomenten her adäquat zu begreifen ist, weil nur die Balance zwischen Einheit und Pluralität dem Anforderungsprofil wie den Legitimationserfordernissen öffentlicher Verwaltung im modernen Wohlfahrtsstaat gerecht wird[321]. In den Worten der politischen Soziologie: „Entgegen der unmittelbar gesetzesakzessorischen Verwaltung wird diesen Verwaltungsorganen nur ein gesetzlicher Rahmen vorgegeben,

---

[318] R. Breuer, Die öffentlichrechtliche Anstalt, VVDStRL 44 (1986), S. 211 ff. (229 ff.).

[319] Zur differenzierten Freistellung von fachlichen Einzelweisungen nochmals W. Müller, in: JuS 1985, S. 500 ff.; J. Oebbecke, Weisungs- und unterrichtungsfreie Räume in der Verwaltung, 1986, S. 169 ff.

[320] Krebs, in: HdbStR III, § 69 Rn. 78 m. Fn. 283; dort auch Kritik an der These von der zwangsläufig eintretenden Schwächung des Staates durch „Subdivision" (W. Leisner).

[321] Dieses Moment des Ausbalancierens hat sehr treffend B.-O. Bryde, Die Einheit der Verwaltung als Rechtsproblem, VVDStRL 46 (1988), S. 181 ff., passim herausgearbeitet.

innerhalb dessen Elemente demokratischer Mitbestimmung und flexible Aktionsformen für die Zielverwirklichung eingesetzt werden können. Delegation und Kontrolle, Autonomisierung und Disziplinierung sind die organisatorisch-funktionalen Beziehungen, die solchen Modellen ‚vergesellschafteter Steuerung' zugrundeliegen."[322]

4. Einheitsstiftende Faktoren

Was schließlich die allgemeinere Frage nach den bei aller Parzellierung, Subdivision und Dismembration der Verwaltung ganz offenkundig unerläßlichen einheitsstiftenden Faktoren bundesdeutscher Verwaltung angeht, so liegen diese in Wirkungsmechanismen beschlossen, die mit den Kategorien von mittelbarer und unmittelbarer, staatlicher oder kommunaler, gesetzesakzessorischer oder gesetzesfreier Verwaltung wenig zu tun haben[323]. Wenn in der extrem dezentralisierten und dekonzentrierten Verwaltungslandschaft der Bundesrepublik gravierende Desintegrationserscheinungen, die letztendlich zu einem Neben- und Gegeneinander der zahlreichen Verwaltungsträger führen würden, weitgehend ausgeblieben sind und auch in Zukunft ausbleiben werden, so dürfte dies seinen Grund nicht in erster Linie in einem harmonisch komponierten Gesamtgefüge der verschiedenen Verwaltungsträger einschließlich ihrer Trabanten finden, sondern – neben dem „kooperativen" Bund-Länder-Verhältnis – in den einheitsstiftenden Funktionen des nunmehr kodifizierten Verwaltungsverfahrensrechts[324], einem bundeseinheitlichen öffentlichen Dienst[325], dem weitgehend homologen Aufbau der Landesverwaltungsorganisation[326], einem dogmatisch durchgeformten allgemeinen Verwaltungsrecht[327], der nationalen (und den Födera-

---

322 H. Häussermann, Die Politik der Bürokratie, 1977, S. 111.

323 Insoweit eher konventionell B. Raschauer/W. J. Kazda, Organisation der Verwaltung, in: Grundriß der Verwaltungslehre, hrsgg. v. K. Wenger u.a., Wien-Köln 1983, S. 141 ff., wo es zunächst heißt: „Dekonzentration und Dezentralisation gefährden dann nicht die Einheit der Verwaltung, wenn sie in ausreichendem Maße von einheitsstiftenden Elementen begleitet sind" (S. 151), worauf dann auf Rechnungshofkontrolle, bundeseinheitliche Gesetzgebung und hierarchische Leitungsbefugnisse verwiesen wird.

324 Vgl. F. O. Kopp, 10 Jahre Verwaltungsverfahrensgesetze. Anspruch und Wirklichkeit – eine Bilanz, in: Die Verwaltung 20 (1987), S. 1 ff.; H. Hill, 10 Jahre Verwaltungsverfahrensgesetz (Speyerer Arbeitshefte 78), 1987.

325 F. Wagener, Der öffentliche Dienst im Staat der Gegenwart, VVDStRL 37 (1979), S. 215 ff.

326 Wahl, in: Dt. VerwGesch V, S. 227 ff., 232 ff. (das gilt für die großen Flächenländer).

327 E. Schmidt-Assmann, Das allgemeine Verwaltungsrecht als Ordnungsidee und System, 1982; R. Mussgnug, Das allgemeine Verwaltungsrecht zwischen Richterrecht

lismus tendenziell unterlaufenden) Parteienstruktur[328] sowie einer über die Prüfungsanforderungen weitgehend angeglichenen Universitätsausbildung mit anschließendem sozialisationsintensiven Referendariat[329]. Wiewohl es im einzelnen schwierig, wenn nicht unmöglich sein wird, das Gewicht dieser Faktoren gegen etwaige Diversifikationstendenzen auszutarieren, so sind sie doch bei allen Diskussionen um die Gefahren des Einheitsverlustes infolge einer weitreichenden Pluralisierung der Verwaltung als Gegentendenzen und ausgleichende Momente zu berücksichtigen.

5. *Problemzonen*

Gewisse Schwachstellen im Gesamtkomplex der Pluralisierung der Verwaltung sind indes nicht zu übersehen: gerade ihrer genaueren Erfassung – jenseits überempfindlicher Klagen über den Verlust der Einheit staatlicher Gesamthierarchie, aber auch jenseits freudiger Zurkenntnisnahme einer zunehmenden Vergesellschaftung staatlicher Funktionen – diente ja die bisherige Darstellung. Die Vielfalt der Ausgliederungstatbestände und ihre unterschiedlichen Motivationen, Begründungen und Legitimationen muß zwar jeden Versuch vereiteln, die Verselbständigung von Verwaltungseinheiten pauschal entweder als funktionales Instrument zur Erhöhung der Gesamteffizienz der Verwaltung oder als Gefährdungselement demokratisch konstituierter staatlicher Einheit, nur als Defizit an staatlicher Situationsbeherrschung oder ausschließlich als Zugewinn an Inkorporation und Integration gesellschaftlicher Belange bei gleichzeitiger Intensivierung staatlicher Freiheit durch Abbau von Heteronomie zu bewerten[330]. Denn stets ist zu be-

---

und Gesetzesrecht, in: Richterliche Rechtsfortbildung – Erscheinungsformen, Auftrag und Grenzen –. Festschrift der juristischen Fakultät zur 600-Jahr-Feier der Ruprecht-Karls-Universität Heidelberg, 1986, S. 203 ff.; H. DREIER, Merkls Verwaltungsrechtslehre und die heutige deutsche Dogmatik des Verwaltungsrechts, in: Adolf J. Merkl. Werk und Wirksamkeit, hrsgg. v. R. Walter, Wien 1990, S. 55 ff. (56 ff.).

[328] G. LEHMBRUCH, Parteienwettbewerb im Bundesstaat, 1976, S. 142 ff.

[329] G. ROELLECKE, Erziehung zum Bürokraten? – Zur Tradition der deutschen Juristenausbildung, in: JuS 1990, S. 337 ff. – Zu einigen dieser Gesichtspunkte F. WAGENER, Äußerer Aufbau von Staat und Verwaltung, in: König/v. Oertzen/Wagener (Hrsg.), Die öffentliche Verwaltung in der Bundesrepublik Deutschland, 1981, S. 73 ff. (78); SCHUPPERT, in: DÖV 1987, S. 761 ff.; WAHL, in: Dt. VerwGesch V, S. 214; OLDIGES, in: NVwZ 1987, S. 739; KREBS, in: HdbStR III, § 69 Rn. 22; LERCHE, Art. 86 Rn. 48.

[330] Auch läßt sich nicht ausschließen, daß durch ein (zu) hohes Maß an Ausgliederungen es am Ende zu einer Verstärkung jenes Problems kommt, dem mit der Bildung verselbständigter Verwaltungseinheiten u. a. auch abgeholfen werden sollte: dem der Koordination, weil eben jede Form der Arbeitsteilung automatisch einen Bedarf an reintegrierender Koordination produziert (vgl. nur H. SCHÄFFER, Koordination in der öffentlichen Verwaltung, Wien 1971, S. 22 f.; LOESER, Bundes-Organisationsgesetz, S. 49:

rücksichtigen, daß einerseits durch die Vielzahl mehr oder minder intensiv verselbständigter Verwaltungseinheiten die Anbindung an den je zentralen demokratischen Willen (des Bundes, eines Landes, einer Kommune) gelokkert, andererseits die Wahrnehmung legitimer öffentlicher Aufgaben durch Subsysteme entweder verfassungsrechtlich zwingend geboten oder doch durch verfassungsgemäße gesetzliche Entscheidung begründbar ist. Dabei kann insbesondere bei mitgliedschaftlich verfaßten Selbstverwaltungskörperschaften der demokratische Gedanke autonomer Selbstbestimmung eine bedeutende Rolle spielen, ohne daß die eigene Willensbildung von Verbandsvölkern bereits für sich genommen als Rechtfertigung ausreichte oder gar pauschal als Verfassungsgebot zur Vervielfältigung demokratisch verfaßter Subsysteme und Teilzentren verstanden werden könnte. Wie man am Beispiel der filigranen Abgrenzung zwischen notwendigen gesetzlichen Grundbestimmungen und der verbleibenden Satzungsautonomie berufsständischer Kammern sehen kann, bedarf es hier stets der Wahrung einer im Einzelfall schwer zu bestimmenden Balance zentralstaatlicher Vorgaben und Selbststeuerung der ausgelagerten Verwaltungseinheiten.

Gleichwohl sind, wie gesagt, gewisse Problemzonen nicht zu übersehen. Zum einen handelt es sich jenseits der vergleichsweise klar strukturierten Körperschaften, der anstaltlich verfaßten Sozialverwaltung sowie den „mitverwaltenden" Kooperationsorganisationen von Staat und Wirtschaft um die besonders auf Bundesebene anzutreffende amorphe Vielfalt öffentlich-rechtlicher Gestaltungsformen, in deren Mittelpunkt die proteusartige Anstalt steht, welche sich wiederum mit manchen Sonderformen der staatsunmittelbaren Verwaltung wie den (Bundes- oder Landes-)Oberbehörden ebenso eng berühren kann wie mit den als Begegnungsstätte und Aktionsforum für Staat und Gesellschaft dienenden „halbstaatlichen" Vereinen, bei denen öffentliche Funktion und rein private Rechtsstellung auseinanderfallen (Art und Ausmaß staatlichen Einflusses bleiben infolge dieser Inkongruenz ebenso im Dunkeln wie demokratische Legitimation und Verantwortlichkeit jener Vereine). Desaströs erscheint daneben besonders der Wildwuchs an dogmatisch nicht domestizierten und vom Inhaber der exekutiven Organisationsgewalt ohne jeden erkennbaren Systemwillen in die Welt gesetzten Verwaltungseinheiten. Das kann bis hin zur „Züchtung völlig unregelmäßiger hybrider und amorpher Organisationen" führen, „von denen

---

„Je mehr diversifizierte und divisionalisierte Verwaltungsstellen mit zersplitterten Aufgabeninhalten aus der Einheit der Staatsverwaltung gebildet werden, um so schwieriger und notwendiger wird die Kooperation und Koordination zwischen den rollenspezialisierten und abteilungsgegliederten Verwaltungspartikeln zur Integration und zur Verwirklichung gemeinsamer Zielvorgaben im Einzelfall." Ähnliche Bedenken bei B. Bekker, Öffentliche Verwaltung, 1989, S. 209, 354).

außer ihrem Urheber niemand weiß, was sie sein sollen und welche Vorteile sie haben."[331] In der Folge übersieht der Staat seinen eigenen Aufgabenhorizont nicht mehr klar. Prekär wird aufgrund der Kombination von Verselbständigung und fehlender Formstrenge sowie in Ermangelung einer Kompensation der Beherrschungsdefizite die demokratische Legitimation des Verwaltungshandelns. Der konzeptionelle Mangel einer unkoordinierten, planlosen, im negativen Sinne „spontan" anmutenden Organisationsbildung stellt keine bloße (etwa allein den ordnungsliebenden Verwaltungsjuristen störende) Verwaltungsschwäche dar; er trifft das Demokratieprinzip ins Mark.

Die zweite, ebenso gravierende Schwachstelle bildet die privatrechtsförmige Verwaltung. Was bei allen sonstigen Verselbständigungsformen (mit Einschränkungen bei den ministerialfreien Räumen) als Minimum an gesamtstaatlicher Einbettung fungiert: die staatliche Aufsicht, fehlt hier. Auch kann, wie oben gezeigt wurde, ungeachtet des optisch reichen Arsenals an Ingerenzmöglichkeiten in der Praxis von einer Kompensation durch andere Kontroll- oder Beeinflussungsmechanismen (etwa durch Weisungen, Personalrepräsentanz, durch das Haushaltsrecht oder eine exakte Fixierung der Verwaltungsaufgaben bei den öffentlichen Unternehmen in Satzungen bzw. Gesellschaftsverträgen[332]) nicht die Rede sein[333]. Die Realität ist durch mas-

---

[331] B. Becker, Öffentliche Verwaltung, S. 273; ähnlich und ebenfalls mit Beispielen R. Loeser, Die Verwaltung in der Bundesrepublik Deutschland, Bd. 1, 2. Aufl. 1987, S. 120, 124ff., 228f. (124: „Ansonsten trügt die formale Ordnung, die durch die Trilogie der mittelbaren Bundesverwaltung Körperschaften-Anstalten-Stiftungen vermittelt wird. [...] In der Organisationspraxis nehmen die meisten Rechtsträger den Standard der Rechtsformen Körperschaft-Anstalt-Stiftung für sich nicht in Anspruch; sie bilden vielmehr neue *apokryphe Rechtstypen* aus.").

[332] Zu den hier zu konstatierenden Defiziten vgl. G. Püttner, Verselbständigung von Organisationseinheiten mit Betriebscharakter in Privatrechtsform, in: Verselbständigung von Verwaltungsträgern, hrsgg. v. F. Wagener, 1976, S. 125ff. (126ff.); G. F. Schuppert, Zur Kontrollierbarkeit öffentlicher Unternehmen, abgedruckt als Anlage zur Drs. 9/4545 der Bürgerschaft der Freien und Hansestadt Hamburg, S. 13, 20ff., 26ff. m.w.N.; G. Ambrosius, Der Staat als Unternehmer, 1984, S. 134ff.

[333] Vgl. E. Th. Kraft, Das Verwaltungsgesellschaftsrecht, 1982, S. 128ff., 194ff. und zusammenfassend R. Scholz/R. Pitschas, Kriterien für die Wahl der Rechtsform, in: HKWP, 2. Aufl., Bd. 5, 1984, S. 128ff. (147): „Unverkennbar nachteilig sind jedenfalls die Folgewirkungen der Wahl einer Privatrechtsform für die Instrumentierbarkeit kommunaler Unternehmen. Die Privatrechtsform erweist sich als Hindernis für die Verfolgung öffentlicher Zielsetzungen und für die Einflußnahme auf das Leitungsverhalten. (...) Privatrechtsformen mindern also generell die Kontrollintensität."; ferner G. Püttner, Kommunale Energiepolitik?, in: NVwZ 1988, S. 121ff. (125ff.) und für die industriellen Bundesbeteiligungen Th. Lange, Der Staat als Unternehmer, in: Der Staat in der Wirtschaft der Bundesrepublik, hrsgg. v. D. Grosser, 1985, S. 301ff. (305, 314, 315ff., 320ff.); dazu auch B. Kropff, Politische und administrative Einflußnahme

sive Direktions- und Kontrolldefizite gekennzeichnet[334], die ihre Ursache nur zum Teil im Unwillen oder Unvermögen der staatlichen bzw. kommunalen Amtsinhaber findet; im Kern führt kein Weg an der Einsicht vorbei, daß die Verwaltung in Privatrechtsform als solche für eine staatliche bzw. kommunale Administration, die aus verfassungsrechtlichen Gründen auf ihre steuernde Kraft nicht verzichten darf, kaum geeignet ist. Da zugleich in der wissenschaftlichen Diskussion die Erkenntnis wächst, daß „nicht in steuer-, haftungs- oder gründungsrechtlichen Einzelfragen, sondern auf dem Felde demokratischer Steuerungskapazität ... die Würfel für oder gegen die Verwendung von Privatrechtsformen für die öffentliche Verwaltung (fallen)"[335], dürfte es an der Zeit sein, die privatrechtsförmige Verwaltung als signifikante Teilform der Verselbständigung von Verwaltungseinheiten, die ihren Problemschwerpunkt in der lange Zeit kritik- und bedenkenlos tradierten Lehre von der prinzipiellen Wahlfreiheit des Staates zwischen öffentlich-rechtlichen und privat-rechtlichen Formen hat, strenger auf ihre verfassungsrechtliche Haltbarkeit[336] sowie ihre Eignung zur Erfüllung von Verwaltungsaufgaben hin zu prüfen[337]. Das wiederum könnte nicht nur dazu führen, über Möglichkeiten der Optimierung von Kontrollmaßnah-

---

auf Unternehmen des industriellen Bundesvermögens, sowie V. EMMERICH, Entziehen sich öffentliche Unternehmen der bürgerschaftlichen Kontrolle?, beide in: Auftrag und Führung öffentlicher Unternehmen, hrsgg. v. P. Eichhorn, 1977, S. 79ff., 88ff.; deutlich auch H. D. JARASS, Wirtschaftsverwaltungsrecht und Wirtschaftsverfassungsrecht, 2. Aufl. 1984, § 16 Rn. 12 (S. 218): „In der Praxis führen die öffentlichen Aktiengesellschaften ein weitgehend unabhängiges Eigenleben, vor allem dann, wenn verschiedene Verwaltungsträger als Aktionäre auftreten oder neben der öffentlichen Hand Privatpersonen an der Gesellschaft beteiligt sind." (vgl. zum „Kontrollbonus" der gemischtwirtschaftlich organisierten Energieversorgungsunternehmen ebd., § 20 Rn. 12 [S. 279]).

334 Auf den demokratischen Kontrollverlust bei der Verwendung privatrechtlicher Unternehmensformen ist bereits früh hingewiesen worden: G. LASSAR, Reichseigene Verwaltung unter der Weimarer Verfassung. Zwei Studien, in: JöR 14 (1926), S. 1ff. (51ff.). Aus jüngerer Zeit: D. EHLERS, Verwaltung in Privatrechtsform, 1984, S. 251ff., 268f.; WOLFF/BACHOF/STOBER, Verwaltungsrecht II, § 104 a Rn. 30; B. BECKER, Öffentliche Verwaltung, S. 248ff., 315ff.; W. KLUTH, Rechtsfragen der Beteiligung von Kommunen an Großkonzernen – Das Beispiel RWE, in: Wirtschaft und Recht, hrsgg. v. J. Peter u. K.-U. Rhein, 1989, S. 117ff. (142ff.).

335 R. LOESER, Verwaltung in Privatrechtsform?, in: Der Staat 27 (1988), S. 453ff. (460).

336 Dazu grundsätzlich J. BURMEISTER, Die Privatrechtsfähigkeit des Staates – Symptom verfassungskontroverser Theoriebildung im öffentlichen Recht, in: Recht und Gesetz im Dialog III, hrsgg. v. H. Prütting, 1986, S. 1ff. (4ff., 10ff.); jüngst B. KEMPEN, Die Formenwahlfreiheit der Verwaltung, 1989, insb. S. 122ff..

337 Vgl. etwa D. EHLERS, Die Entscheidung der Kommunen für eine öffentlich- oder privatrechtliche Organisation ihrer Einrichtungen und Unternehmen, in: DÖV 1986, S. 897ff.; W. HAUSER, Die Wahl der Organisationsform kommunaler Einrichtungen, 1987.

men nachzudenken[338], sondern – keine neue Forderung – vor allem an der Entwicklung besserer, flexibler Organisationsmodelle für die öffentliche Hand zu arbeiten, die den Verzicht auf privatrechtliche Gewandung erleichtern könnten. Denn: „Die Flucht in die privatrechtsförmige Verwaltung ... ist zwangsläufig die bedeutendste Gefahr für die Verwaltung."[339]

VII. Bilanz

1. Das Trabantensystem als Merkmal des modernen Verwaltungsstaates

Die rechts- und verwaltungswissenschaftliche Analyse hat zunächst den auf allgemeiner politikwissenschaftlicher bzw. organisationssoziologischer Ebene liegenden Befund bestätigt, daß als „Folge von gesellschaftlicher und organisatorischer Ausdifferenzierung ... nicht einfach eine steigende Zentralisation, sondern die verschärfte Thematisierung der Relation von Zentralisation und Dezentralisation" eintritt[340]. Typisch für den modernen Verwaltungsstaat ist weniger die verstärkte Bündelung von Kompetenzen bei der „bürokratisch-hierarchisch organisierten staatlichen Exekutive"[341] als vielmehr die verstärkte Auslagerung bestimmter Verwaltungsagenden aus der staatsunmittelbaren Exekutive. Eberhard Laux hat die Differenzierung des Aufbaus der Träger öffentlicher Aufgaben und die „Bildung neuer Institutionen an der Peripherie des Behördensystems" sogar als die vermutlich „wichtigste Änderung des Erscheinungsbildes öffentlicher Leistungsdarbietung in diesem Jahrhundert" charakterisiert[342]. Diese Tendenz führt zu ei-

---

338 H. ABROMEIT, Öffentlicher Zweck und öffentliche Kontrolle, in: PVS 26 (1985), S. 287 ff. (292 f.).

339 B. BECKER, Öffentliche Verwaltung, S. 274. – Apokryphe Organisationsbildung und privatrechtsförmige Verwaltung können sich natürlich überschneiden. Neuester Heldenstreich ist die Gründung der DARA (Deutsche Agentur für Raumfahrtangelegenheiten): eine auftragsfinanzierte GmbH mit dem Bund als Alleingesellschafter, die als neutrale Einrichtung der Bundesverwaltung Aufträge aus Wirtschaft oder Wissenschaft nicht übernehmen darf und die von den mit Raumfahrtangelegenheiten befaßten obersten Bundesbehörden Befugnisse „verliehen" bekommen soll; viel zu freundliche Bewertung dieses merkwürdigen Gebildes durch F. BISCHOFF, DARA: Raumfahrtpolitisches Management aus privater Hand, in: DÖV 1990, S. 677 ff.

340 PETER SCHÄFER, Zentralisation und Dezentralisation, 1982, S. 66 f.; s. auch H. WILLKE, Entzauberung des Staates, 1983, S. 55: „gleichzeitige Steigerung von Independenzen und Interdependenzen" angesichts ausdifferenzierter Autonomieräume im hochkomplexen Staat.

341 BVerfGE 33, 125/157.

342 E. LAUX, Die „verselbständigten Verwaltungsträger" in der wissenschaftlichen Diskussion, in: DÖV 1981, S. 861 ff. (861). Dezentralisations- und Dekonzentrationsmaßnahmen hat TH. TSATSOS, Zur Geschichte und Kritik der Lehre von der Gewalten-

nem Gesamtbild der Verwaltungsorganisation, das sich vom hierarchisch-pyramidalen Bauprinzip der Exekutive in signifikanter Weise unterscheidet. Während dort jede Verwaltungsstelle ihren festen Platz in einem straff gegliederten System der Über-/Unterordnung mit klarer Ausrichtung des Gesamtapparates auf die politische Spitze bei gleichzeitiger Weisungsabhängigkeit von ihr findet, ist die ohnehin nur annähernd auf diese Weise konstruierte unmittelbare Staats- bzw. Kommunalverwaltung faktisch von einem Kranz verselbständigter Verwaltungseinheiten umgeben, die bei unterschiedlich intensiver Anbindung an das Muttergemeinwesen bis hin zu ausdrücklich gewährter eigener Sachverantwortung öffentliche Aufgaben erfüllen.

2. Funktionelle Unentbehrlichkeit der Verselbständigung von Verwaltungseinheiten

Jene Trabanten tragen wohl noch immer das Stigma des Irregulären; sie indes nur als Anomalien zu begreifen und so in die Nähe des verfassungsrechtlich und verwaltungsorganisatorisch Illegitimen rücken zu wollen, verfehlte Ursache wie Bedeutung dieser Erscheinungen.

Die verselbständigten Verwaltungseinheiten erweisen zunächst einmal in aller wünschenswerten Deutlichkeit und Eindringlichkeit, daß die der öffentlichen Verwaltung obliegende Aufgabenvielfalt im modernen demokratischen und sozialen Verfassungsstaat sich nicht in den Erfüllungs- bzw. Funktionsmodus strikt hierarchisch-bürokratischer Organisation mit weisungsabhängiger Ausführung vorgegebener Normenprogramme pressen läßt. In einer Reihe von je spezifisch zu legitimierenden Bereichen[343] bedarf es zur sachadäquaten Aufgabenerfüllung ganz im Gegenteil gerade der Herausnahme aus dem hierarchisch-bürokratischen Kontroll- und Entscheidungssystem[344]. Die vielgestaltigen Gründe und Motive dafür wie die Gewährung körperschaftlicher Selbstverwaltung, die Sicherung fachlicher Autonomie, der Schutz grundrechtlicher Freiräume, die Überbrückung der

---

teilung, 1968, S. 93 allgemein als „Merkmale des modernen Verwaltungsstils" bezeichnet.

343 W. Martens hat zu Recht betont, daß differenzierende Beurteilungen notwendig sind, weil „simplifizierende Pauschalaussagen auf Kosten der Rechtsrichtigkeit gehen" würden (Öffentlich als Rechtsbegriff, 1969, S. 113).

344 F. Müller-Thoma, Der halbstaatliche Verein, 1974, S. 70; E.-H. Ritter, Staatliche Steuerung bei vermindertem Rationalitätsanspruch?, in: Jahrbuch zur Staats- und Verwaltungswissenschaft, hrsgg. v. Th. Ellwein u.a., Bd. 1, 1987, S. 321 ff. (341 ff.); G. F. Schuppert, PGOs in der Bundesrepublik Deutschland, in: Chr. Hood/ G. F. Schuppert, Verselbständigte Verwaltungseinheiten in Westeuropa, 1988, S. 202 ff. (213 f.).

Kluft zwischen den Verwaltungsräumen von Bund und Ländern, die Eigenregie technischer Apparate, die Schaffung flexibler Organisationsformen, die Einsetzung quasi-judizieller Entscheidungsgremien u.v.a.m. sperren sich einer monokausalen Erklärung. Will man gleichwohl nicht bei der Fülle der Einzelerscheinungen verharren, sondern allgemeinere Gesichtspunkte identifizieren, so ist die funktionelle Unentbehrlichkeit dezentraler und dekonzentrierter Verwaltungsorganisation hervorzuheben. Was Niklas Luhmann zur Funktionalität der Grundrechte ausgeführt hat, gilt im Prinzip auch für die Verselbständigung von Verwaltungseinheiten: sie dienen der Problementlastung, der Erhaltung komplexer Sozialsysteme und einer differenzierten Kommunikationsordnung.

Die Quasi-Autonomie verselbständigter Teil- und Subsysteme der Verwaltung ist also nicht in erster Linie als Hindernis für eine (als prinzipiell möglich und wünschenswert gedachte) zentrale staatliche Steuerung, nicht bloß als Gefahr der Auflösung des Gesamtsystems in unkoordinierte Teileinheiten einzuschätzen – sondern als Differenzierungsgewinn, als Funktionsvoraussetzung hoher Leistungsfähigkeit in einem komplexen politischen Gemeinwesen, das nicht von einem punktuellen Willenszentrum aus wie eine Maschine gesteuert werden kann[345].

Wie die Hauptbedeutung der föderalen Staatsordnung angesichts der Einebnung räumlicher und landsmannschaftlicher Unterschiede treffend in der Pluralisierung der Entscheidungszentren und der Ermöglichung von Balance, Innovation und Konkurrenz erblickt[346], die körperschaftliche Selbstverwaltung als „Element der Differenzierung und Anpassungsfähigkeit einer als funktionales Gesamtsystem verstandenen Gesellschaft"[347] interpretiert wird, so gilt für das Gesamtensemble verselbständigter Verwaltungseinheiten, daß hier die differenzierende Vielfalt aufgabenspezifischer Organisationsformen bereit gehalten, Orts- und Sachnähe ebenso wie demokratieaffine Partizipation ermöglicht, für bessere Rückkoppelungs- und Implementationsmöglichkeiten gesorgt sowie insgesamt die Flexibilität und Variabilität bei der Problembewältigung gesteigert wird. Ein solches polyzentrisches Entscheidungssystem, das sehr viel mehr umfaßt als nur bundesstaatliche und/oder gewaltenteilende Elemente auf horizontaler Ebene, stellt die für eine entwickelte Industriegesellschaft im Rahmen eines anspruchsvollen demokratischen Verfassungssystems mit entsprechend vielfältigem Handlungs-, Abstimmungs-, Autonomisierungs-, Koordinierungs- und Kooperationsbedarf adäquate Organisationsform dar. In einer unvermeid-

---

345 Vgl. B.-O. Bryde, Die Einheit der Verwaltung als Rechtsproblem, VVDStRL 46 (1988), S. 181 ff. (182 ff.).

346 A. Benz, Föderalismus als dynamisches System, 1985.

347 U. K. Preuss, Zum staatsrechtlichen Begriff des Öffentlichen, 1969, S. 199 f.

lich sehr abstrakten, aber dennoch treffenden Formulierung (in der „Rigidität" durch „Hierarchie" ersetzt werden kann): „Großgesellschaften (sind) eben gerade nicht mehr durch Rigidität, sondern nur noch durch Internalisierung und Spontaneität, durch Dezentralisierung, Selbstregulierung und fortlaufende Aushandlungsprozesse zusammenzuhalten."[348] Aus dem Einheitsverlust wird ein Leistungsgewinn.

3. Institutionelle Verschränkung von Staat und Gesellschaft

Ein besonders dominanter Zug, der den modernen Verwaltungsstaat prägt, sei hervorgehoben: die Verschränkung zwischen Staat und Gesellschaft, wie sie in den Institutionen körperschaftlicher, aber auch anstaltlicher Selbstverwaltung besonders anschaulich Gestalt gewinnt, ohne sich indes darauf zu beschränken.

Die für den liberalen Rechtsstaat des 19. Jahrhunderts der Idee nach konstitutive Trennung von Staat und Gesellschaft ist im modernen Verwaltungsstaat kaum mehr erkennbar, weil einerseits durch (formelle) Privatorganisationen öffentliche Aufgaben erfüllt werden (z. B. kulturelle Mittler- oder soziale Wohlfahrtsorganisationen), andererseits private Interessenverbände „verkammert" werden und schließlich ganz allgemein der Staat in vielen Bereichen zur erfolgversprechenden Zweckverfolgung auf die Kooperation Privater angewiesen ist.

Angesichts der tiefsitzenden Ambivalenz, die diese Zwischenformen weder rein staatlicher Verwaltung noch rein privat-gesellschaftlicher Betätigung durchgängig kennzeichnet, ist die Frage müßig, ob es sich hierbei eher um eine Instrumentalisierung der Gesellschaft durch den Staat oder eine Okkupation des Staates durch Kräfte der Gesellschaft handelt. Auch die gern gebrauchte Formel von der Aneignung externen (gesellschaftlichen) Sachverstandes durch den Staatsapparat bleibt im Grunde noch einer dichotomischen Vorstellung von Staat und Gesellschaft verhaftet, deren Überwindungsbedürftigkeit in den zu erklärenden Phänomenen gerade zum Ausdruck kommt[349].

Vielmehr gilt es zu erkennen, daß die infolge der Entgrenzung der Staatsaufgaben gewachsene Funktions- und Verantwortungslast der Verwaltung nur im Wege einer verstärkten Kooperation mit eben *der* Gesellschaft zu bewältigen ist, auf die dem traditionellen Erfüllungsmodus zufolge staatliche

---

[348] W. L. Bühl, Ein neues Paradigma oder ein neuer Mythos?, in: ZfP 31 (1984), S. 333 ff. (336).

[349] Vgl. schon Preuss, Zum staatsrechtlichen Begriff des Öffentlichen, S. 197 ff.

Verwaltung in wohlgewahrter Distanz lediglich punktuell und normgesteuert einzuwirken hatte[350].

Eine derartige „Vergesellschaftung" von Verwaltungsaufgaben erschöpft sich nun keineswegs in der verfassungsverankerten Wahrung bestimmter grundrechtlicher Freiräume (Universitäten, Rundfunkanstalten) oder der pluralistischen Auffächerung gesellschaftlicher Gruppen in staatlichen Entscheidungsgremien, die kulturelle oder soziale Wertentscheidungen zu treffen haben (Bundesprüfstelle für jugendgefährdende Schriften, Filmförderungsanstalt); sie findet ihre prototypische Ausprägung vielmehr in den interessenvertretenden Kammern sowohl berufsständischer als auch erwerbswirtschaftlicher Provenienz sowie den intermediären Anstalten und führt zu einer die traditionelle Distanz zwischen Exekutive und Privaten überbrükkenden „Kooperationsverwaltung"[351]. Die sei es körperschaftlich, sei es anstaltlich organisierten Selbstverwaltungseinrichtungen können weder als rechtliche Verkörperungen eines vorstaatlichen Substrats noch als bloß instrumentelle Zweckschöpfungen des Staates begriffen werden, weil die durch sie repräsentierten „Formen der Integration gesellschaftlicher Interessen in die Staatsverwaltung"[352] auf einem charakteristischen Doppeleffekt beruhen: Einerseits macht sich der Staat die in den Verbänden gebündelte organisatorische Kraft, vor allem ihre konfliktabsorbierende (d. h. im Vorfeld staatlicher Entscheidung Interessen intern vorstrukturierende und ausbalancierende) Funktion, zunutze; andererseits verleiht die mit der Erfüllung öffentlicher Aufgaben in eigener, staatsentlastender Sachverantwortung verbundene Privilegierung den im übrigen durchaus nicht der demokratischen Ergänzungsfunktion[353] entbehrenden Verbandsvölkern ein erhöhtes Maß an Organisationsmacht und dadurch ihren Anliegen größere Durchschlagskraft. Authentische Interessenrepräsentation und Effektivierung weiter Teile staatlicher Interventions- und Infrastrukturpolitik gelangen auf diese Weise zur Deckung.

---

[350] Zu diesen Prämissen herkömmlicher Verwaltungsrechtslehre W. Brohm, Die Dogmatik des Verwaltungsrechts vor den Gegenwartsaufgaben der Verwaltung, VVDStRL 30 (1972), S. 244 ff. (253 ff.).

[351] G. F. Schuppert, Selbstverwaltung als Beteiligung Privater an der Staatsverwaltung?, in: FS v. Unruh, S. 183 ff. (200 ff., 205).

[352] K.-J. Bieback, Entwicklungsgeschichtliche und funktionale Aspekte der gegenwärtigen Bedeutung der Körperschaft des öffentlichen Rechts, in: Quaderni Fiorentini 11/12 (1982–83), S. 859 ff. (888); zu diesem Aspekt auch W. Weber, Der nicht staatsunmittelbare öffentliche Organisationsbereich, in: Juristen-Jahrbuch 8 (1967/68), S. 137 ff. (148 ff., 158 ff.), indes mit eindeutig negativer Etikettierung (163: „Gruppenaufmarsch der pluralistischen Gesellschaft").

[353] Dazu nochmals M. Kleine-Cosack, Berufsständische Autonomie und Grundgesetz, 1986, S. 117 ff.

Besonders auf dem wichtigen Gebiet der Wirtschaftsförderung und -lenkung kommt die allgemeine Notwendigkeit, zur effektiven Erfüllung der Verwaltungsaufgaben mit den Betroffenen zu kooperieren, zum Tragen[354]. Hier bestätigt sich die verwaltungssoziologische und eher mit Blick auf partizipative Elemente formulierte These Claus Offes von der Unausweichlichkeit verstärkter Interaktion und Kooperation der Verwaltung mit den Zielgruppen zur Erreichung der im Modus legal-bürokratischen Handelns nicht mehr aufgehenden Aufgaben[355]. Im Grunde nichts anderes drückt die von Schuppert aufgestellte „Gleichung" aus, wonach der administrative Bedarf an Sachverstand von Wissenschaft und Wirtschaftskreisen proportional zur intensiveren Steuerung der gesellschaftlichen Prozesse durch den Staat wächst[356]. Verwaltung im hochkomplexen Industriestaat, so läßt sich in Anlehnung an die in der „Bilanz" zum 4. Kapitel gebrauchte Kurzformel und wiederum vergröbernd sagen, bedeutet in gewissem Grade stets auch ein Stück Mitverwaltung der Gesellschaft, die in den ausdifferenzierten Teilsystemen des politischen Systems in Erscheinung tritt.[357] Auch hier finden wir

---

[354] H. Krüger, Allgemeine Staatslehre, 2. Aufl. 1966, S. 612ff.; W. Brohm, Strukturen der Wirtschaftsverwaltung, 1969, S. 119ff.; E.-H. Ritter, Der kooperative Staat, in: AöR 104 (1979), S. 389ff.; G. F. Schuppert, Die Erfüllung öffentlicher Aufgaben durch verselbständigte Verwaltungseinheiten, 1981, S. 259ff.

[355] C. Offe, Rationalitätskriterien und Funktionsprobleme politisch-administrativen Handelns, in: Freiheitliche demokratische Grundordnung, Bd. 1, hrsgg. v. E. Denninger, 1977, S. 469ff. (insb. S. 480: „Der Bürger wird zum letzten und entscheidenden Vollzugsorgan staatlicher Politik überall dort, wo die anstehenden Aufgaben von Politik und Verwaltung von einer Art sind, daß sie mit den klassischen Mitteln von Strafandrohung und Zuteilung von Sachwerten, also mit positiven und negativen Anreizen, nicht gelöst werden können, sondern wo es auf eine aufgabenspezifische Mobilisierung der ‚Basis' und deren Kooperationsbereitschaft ankommt. Verhaltensvariablen der ‚Basis' werden dann zum entscheidenden Kriterium dafür, ob und zu welchen fiskalischen und administrativen Kosten die Verwaltungspolitik ihre deklarierten Ziele einlöst.") Ähnlich Ritter, in: AöR 104 (1979), S. 391: „Der planende Staat ist auf die aktive Mitarbeit der Planadressaten angewiesen." – S. auch N. Luhmann, Politische Theorie im Wohlfahrtsstaat, 1981, S. 47; H. Willke, Entzauberung des Staates, 1983, S. 58.

[356] Schuppert, Erfüllung öffentlicher Aufgaben, S. 281.

[357] Es bedarf an dieser Stelle der Erwähnung, daß Arten und Formen dieser Verknüpfung von Staat und Gesellschaft sich natürlich nicht auf die verselbständigten Verwaltungseinheiten beschränken. Eine wirklichkeitswissenschaftliche Betrachtung wird vor allem zu berücksichtigen haben, daß die privatrechtlich organisierten Interessengruppen sowie die Arbeitgeber- und Arbeitnehmerverbände jenseits der sichtbaren öffentlich-rechtlichen Einbindung häufig eine bedeutendere Rolle spielen als Körperschaften oder Anstalten. Das politikwissenschaftliche Konzept des „Neo-Korporatismus" analysiert jene Vermachtungsprozesse und Einflußfaktoren ohne Beschränkung auf bestimmte Rechtsformen: vgl. aus der Literatur nur U. v. Alemann/R. G. Heinze, Neo-Korpora-

in zunehmendem Maße eine „Verbundproduktion staatlicher Aufgaben"[358] vor.

4. Pluralisierung – Verselbständigung – Kooperation

Der zuletzt formulierte Merksatz trifft nicht allein auf die wirtschaftliche Selbstverwaltung bzw. genauer auf das zu, was Schuppert die „Wirtschaftsverwaltung unter Einbeziehung der Betroffenen" genannt hat[359] und umfaßt auch nicht allein den Typus interessenvertretender Körperschaften, die noch immer den „adäquaten Modus der Realisation staatsbürgerlicher Freiheit und ihrer Konversion in Handlungspotential für die öffentliche Verwaltung"[360] darstellen. Er schließt auch andere Phänomene des durchaus gleitenden Überganges zwischen Staat und Gesellschaft ein, die man schon 1914 facettenreich zu schildern wußte[361]. Ihnen allen ist gemein, daß aus der Notwendigkeit des Zugriffs auf gesellschaftliche Ressourcen verselbständigte Formen der Verwaltungsorganisation resultieren. Ein Staat, der so anspruchsvolle grundrechtsbezogene und grundrechtssensible Einrichtungen wie die Rundfunkanstalten und die Universitäten wenn nicht „gewährt", so doch „gewährleistet"; ein Staat, der hochkomplexe, weil informations- und motivationsabhängige Aufgaben der Wirtschaftsförderung zu erfüllen hat; ein Staat, der vielfältig gestaffelte Infrastrukturleistungen erbringt, die Kultur fördert, die Geldmenge kontrolliert (und aus Selbstschutzgründen auf Distanz zu sich selber geht), den Markt ordnet, die Zukunft plant, faktisch

---

tismus. Zur neueren Diskussion eines alten Begriffs, in: ZParl. 1979, S. 469ff.; U. v. Alemann (Hrsg.), Neo-Korporatismus, 1981; F. LEHNER, Grenzen des Regierens, 1979, S. 116ff.; DERS., Pluralistische Interessenvermittlung und staatliche Handlungsfähigkeit: Eine ordnungspolitische Analyse, in: Interessenvermittlung und Politik, hrsgg. v. U. v. Alemann u. E. Forndran, 1983, S. 102ff.; M. Glagow (Hrsg.), Gesellschaftssteuerung zwischen Korporatismus und Subsidiarität, 1984; weiter ausgreifend auch J. J. HESSE, Aufgaben einer Staatslehre heute, in: Jahrbuch zur Staats- und Verwaltungswissenschaft, hrsgg. v. Th. Ellwein u.a., Bd. 1, 1987, S. 55ff. (68ff., 81ff.).

358 D. FÜRST, Die Neubelebung der Staatsdiskussion: Veränderte Anforderungen an Regierung und Verwaltung in westlichen Industriegesellschaften, in: Jahrbuch zur Staats- und Verwaltungswissenschaft, hrsgg. v. Th. Ellwein u.a., Bd. 1, 1987, S. 261ff. (265).

359 SCHUPPERT, Erfüllung öffentlicher Aufgaben, S. 191ff.

360 BIEBACK, in: Quaderni Fiorentini 11/12 (1982–83), S. 863; Bieback hebt in seiner Untersuchung als bedeutsamen Punkt gerade hervor, daß die Körperschaft ihre exklusive Funktion der institutionellen Vermittlung zwischen Staat und Gesellschaft verloren hat und andere Einrichtungen (Anstalten mit Repräsentativstruktur, halbstaatliche Vereine) an ihre Seite getreten sind.

361 J. NIEDNER, Individualismus und Sozialismus in der Verwaltungsorganisation, in: ZfP 7 (1914), S. 337ff.

das Ausbildungssystem monopolisiert und das Gesundheitssystem organisiert, als Sozialstaat Formen der Sozialversicherung garantiert, Sozialpolitik treibt und Sozialhilfe gewährt – ein solcher Staat darf und kann die Fülle dieser Aufgaben nicht gleichsam schablonenhaft im Wege eines gesetzlich determinierten und bürokratisch umzusetzenden administrativen Normenvollzuges bewältigen. Er ist vielmehr auf eine partielle Herauslösung bestimmter Komplexe aus dem hierarchischen Ministerialsystem und eine im einzelnen unterschiedlich ausgestaltete Kooperation mit den gesellschaftlichen Kräften, die nicht nur, aber auch als „Interessenten" in Erscheinung treten, angewiesen. Verselbständigte Verwaltungseinheiten müssen als Grundrechtsforen installiert, administrative Letztentscheidungen repräsentativen Vertretern gesellschaftlicher Gruppen übertragen oder doch in Zusammenarbeit mit ihnen und unter Berücksichtigung ihrer Belange getroffen werden. Zum Teil vergesellschaftet sich der Staat selbst, indem er in das privatrechtliche Gewand schlüpft, um öffentliche Aufgaben zu erfüllen, wobei er zugleich unvermeidlich den Sachgesetzlichkeiten des Marktes unterworfen wird und so unter einen nicht unproblematischen Anpassungsdruck gerät.

Wie allein der zuletzt genannte Aspekt zeigt, kann und soll mit alledem nicht gesagt sein, daß der – ohnehin stets in Bewegung befindliche – status quo bereits ein organisatorisches Optimum verkörperte. Die Grenze der Funktionalität wie auch des verfassungsrechtlich Zulässigen ist dort erreicht, wo die Verselbständigung von Verwaltungseinheiten intransparent wird und zum Wirkungsverlust, letztlich vielleicht sogar zur Paralysierung der staatlichen Aufgabenerfüllung führt. Jedwede Dekonzentrations- und Dezentralisationsmaßnahme muß aber stets gezielte Antwort auf ein Organisationsproblem bleiben und darf nicht zur apokryphen Zerfaserung des Systems entarten. Gefahren solcher Art scheinen bei jenen „Fluchtbewegungen"[362] auf, die der Staat vor allem in Gestalt unsystematischer und irregulärer Organisationsbildung betreibt. Eine hybride und ihrer eigenen Systemstruktur nicht gewisse Verwaltungsapparatur gefährdet die Einheitlichkeit, Rationalität und Effektivität der Aufgabenerfüllung.

Auch darf die notwendige und als Antwort auf die exponentiell gestiegenen Anforderungen an den Staat zu interpretierende Pluralisierung der Verwaltung nicht dazu führen, daß sich – wie im Fall der „halbstaatlichen" Vereine – im rechtsstaatlichen Zwielicht formell privatrechtliche Organisationen ansiedeln, die faktisch kraft Mitgliedschaft und/oder Finanzierung von der öffentlichen Hand gesteuert werden, also öffentliche Aufgaben erfüllen, ohne daß die für staatliches Handeln existenten Mechanismen der Steuerung, kompetentiellen Zuordnung und demokratischen Kontrolle Platz greifen könnten. In ähnlicher Weise existiert die Gefahr, daß die Tätigkeit

---

[362] B. Becker, Öffentliche Verwaltung, 1989, S. 354.

der Verwaltung im materiellen Sinne aus dem demokratischen Legitimations-, Verantwortungs- und Kontrollzusammenhang entlassen wird, bei der privatrechtsförmigen Verwaltung[363].

Überhaupt besteht das größte Problem bei der Organisation staatlicher und auch kommunaler Verwaltung im modernen Verfassungsstaat darin, einerseits den unabweisbaren Zwängen der Pluralisierung, Verselbständigung und Kooperation Raum zu geben, zugleich aber der Gefahr der Etablierung „parakonstitutionelle(r) Gewalten"[364] vorzubeugen. Denn klar ist, daß der Staat sich – weit über die Ausdifferenzierungsprozesse im Bereich bürokratisch-hierarchischer, „staatsunmittelbarer" Verwaltung[365] hinaus – pluralisieren muß[366], ein derart pluralisierter Staat auf Kooperation mit der Gesellschaft essentiell angewiesen ist[367] und so unterschiedlich breite organisatorische Übergangsbereiche zwischen Staat und Gesellschaft entstehen[368]. Der moderne Verwaltungsstaat stellt sich unvermeidlich als ein pluralistischer und kooperativer Staat[369] dar: „Das einfache Bild ‚ineinandergreifender Hierarchien' mit einer einheitlichen Spitze als Grundmodell der Organisation des öffentlichen Bereichs ist nicht mehr haltbar."[370]

---

[363] Klares Plädoyer für den Vorrang des öffentlichen Zwecks gegenüber den Eigensinnigkeiten des Privatrechts bei G. Haverkate, Die Einheit der Verwaltung als Rechtsproblem, VVDStRL 46 (1988), S. 217ff. (226ff.).

[364] C. Offe, Die Staatstheorie auf der Suche nach ihrem Gegenstand, in: Jahrbuch zur Staats- und Verwaltungswissenschaft, Bd. 1, 1987, S. 309ff. (313).

[365] Zu Phänomenen der Pluralisierung innerhalb der staatsunmittelbaren Verwaltung etwa Bryde, VVDStRL 46 (1988), S. 194; R. Wahl, Diskussionsbemerkung, ebd., S. 283; s. auch H. Faber, Die Macht der Gemeinden, 1982, S. 45.

[366] Auf sehr hohem Abstraktionsniveau thematisiert Willke, Entzauberung des Staates, S. 83ff. den allgemeinen Prozeß funktionaler Differenzierung.

[367] G. F. Schuppert, Die öffentliche Aufgabe als Schlüsselbegriff der Verwaltungswissenschaft, in: VerwArch. 71 (1980), S. 309ff. (342); ders., Erfüllung öffentlicher Aufgaben, S. 386.

[368] Schuppert, Erfüllung öffentlicher Aufgaben, S. 93ff.; E. Schmidt-Assmann, Der Verfahrensgedanke in der Dogmatik des öffentlichen Rechts, in: P. Lerche/W. Schmitt Glaeser/E. Schmidt-Aßmann, Verfahren als staats- und verwaltungsrechtliche Kategorie, 1984, S. 1ff. (21f.); W. Krebs, Verwaltungsorganisation, in: HdbStR III, § 69 Rn. 18; P. Lerche, in: Maunz/Dürig, Komm. z. GG, Art. 86 (1989), Rn. 59.

[369] Der schöne Terminus des „kooperativen Pluralismus" (E. Denninger, Staatsrecht 1, 1973, S. 44ff.) gewinnt dadurch eine über dem Bereich der Wirtschaftslenkung hinausreichende Bedeutung.

[370] H. Lange, Organisationswandel und Rekrutierungspolitik im öffentlichen Dienst, in: DÖV 1988, S. 323ff. (327).

Zusammenfassung und Ausblick

1. Hierarchische Verwaltung ist im demokratischen Staat kein Fremdkörper. Sie stellt vielmehr eine notwendige Bedingung für die korrekte Umsetzung des im parlamentarischen Gesetz letztverbindlich geformten und ausgestalteten Volkswillens dar. Der zwar naheliegende, aber in die Irre führende Gedanke, der Demokratisierung der Staatswillensbildung die Demokratisierung auf der Vollzugsebene folgen zu lassen, verkennt nicht allein die fundamentale Differenz zwischen freier politischer Willensbildung und gebundener öffentlicher Verwaltung, sondern auch die historischen Kontinuitätslinien fremdbestimmter Verwaltung und den Funktionsmodus des parlamentarischen Regierungssystems.

Vor dem Hintergrund tiefgreifender Umbauten des Systems der Staatsformen erweisen sich die tragenden Prinzipien der Verwaltungsorganisation seit der Genese des absolutistischen Maschinenmodells jedenfalls auf den ersten Blick als erstaunlich invariant: das gilt insbesondere für die fundamentale Annahme ihrer dienenden Funktion und somit ihres instrumentellen Charakters. Im Laufe der Entwicklung tritt – so will es scheinen – an die Stelle des (punktuellen) fürstlichen Willens als der entscheidenden Impulsquelle für den administrativen Apparat lediglich das (allgemeine) Gesetz.

Im parlamentarischen Regierungssystem erfährt der Gedanke der Fremdbestimmtheit der Exekutive sowohl eine kräftige Bestätigung wie auch eine spezifische Ausformung. Der funktionale Gesamtzusammenhang zwischen der prinzipiellen Abhängigkeit der Regierung von der volksgewählten Repräsentativkörperschaft, den Instituten parlamentarischer Kontrolle und der Verantwortlichkeit der Minister für die in ihr Ressort fallende Verwaltungstätigkeit zwingt ganz unabhängig vom Eigeninteresse des Organisations„herrn" zur Ausbildung einer inneradministrativen Hierarchie.

Das wegen dieser Einbindung in den gesamtstaatlichen Organisationszusammenhang als „hierarchisch-demokratisch" titulierte System ruht demgemäß auf zwei Säulen: der Steuerung kraft gesetzlicher Vorgaben und der parlamentarischen Kontrolle, die ihren gemeinsamen Bezugspunkt im Erfordernis demokratischer Legitimation allen staatlichen Handelns finden. Nur scheinbar paradox führt also die Demokratisierung der Staatswillensbildung nicht zu einer Lockerung, sondern zu einer Intensivierung des Postulats hierarchischer Verwaltungsorganisation.

2. Weder die verfassungsrechtliche Fundierung noch die funktionale Notwendigkeit hierarchischer Verwaltung im demokratischen Staat vermögen indes die gleichsam lückenlose, punktgenaue Steuerung des vielfältig gegliederten sowie durch Normenprogramme höchst unterschiedlicher Dichte und Präzision teils sehr exakt, teils nur vage determinierten bürokratischen Apparates zu gewährleisten. Die Vorstellung der Möglichkeit wie Erforderlichkeit einer Reduktion der Exekutive auf den Status eines willenlosen Automaten bleibt ungeachtet möglicher demokratischer Intentionen solcher Auffassungen auf ein überkommenes Ideal absolutistischer Provenienz fixiert. Wenn Herrschaft in der Demokratie weitgehend Herrschaft der Gesetze bedeutet, der regelungsintensive moderne Wohlfahrtsstaat sich aber nicht auf die Abgrenzung präexistent gedachter Freiheitsräume beschränken kann – dann wächst der Verwaltung unausweichlich ein eigener Handlungsanteil im vielschichtigen Prozeß der Sozialgestaltung durch Recht zu. In Rechnung zu stellen ist dabei neben dem ganz allgemeinen methodologischen Grundtatbestand, daß mit jeder Normanwendung ein aktiver, schöpferischer Prozeß der Normkonkretisierung verbunden ist, vor allem die angesichts staatlicher Aufgabenvielfalt und mangelnder normativer Erfaßbarkeit der Lebenssachverhalte unvermeidliche Setzung offener, unbestimmter, zuweilen generalklauselartiger oder auf Zweckbestimmungen allgemeiner Art reduzierter Normen. So sichert bereits die Umsetzungs- und Konkretisierungsbedürftigkeit des Rechts der Verwaltung einen untilgbaren Handlungsanteil. In dieser über bloß mechanische Willensexekution weit hinausgehenden Vollzugsfunktion der Exekutive findet schließlich die in letzter Zeit verstärkt wiederaufgegriffene Formel von der „Eigenständigkeit der Verwaltung" ebenso ihre reale Basis wie der Topos vom „Verwaltungsvorbehalt" oder die zuweilen als anstößig empfundene Rede vom „politischen" Charakter der Verwaltung. Die durch Phänomene des Wählens, Wägens und Wertens gekennzeichneten Handlungsspielräume der Verwaltung markieren schließlich auch den legitimen Ort für verschiedenartige Formen der – mit Demokratisierung nicht zu verwechselnden – Partizipation Betroffener oder anderer Beteiligter an Verwaltungsentscheidungen; hier liegen zudem Ansatzpunkte für die Ausbildung eines konsensualen Verwaltungshandelns mit entsprechenden Folgen für die in dieser Arbeit nicht näher thematisierte Lehre von den Handlungsformen der Verwaltung.

Herrschaft der Gesetze bedeutet im demokratischen Staat demnach: Mitherrschaft der Verwaltung. Ab welchem Grad an Unbestimmtheit und Regelungsschwäche das Gesetz indes seine grundgesetzlich vorausgesetzte Führungsrolle verliert und in welchem Umfang eine geringere normative Determination des Verwaltungshandelns durch verstärkte Maßnahmen parlamentarischer Kontrolle kompensiert werden kann, läßt sich nicht allgemein beantworten. Prinzipiell bleibt die demokratisch-hierarchische Grundstruktur auch in Sphären ‚verdünnter' Legalität gewahrt. Gewisse Entscheidungsdefizite der Parlamente wie nicht zu leugnende Vollzugsdefizite der Verwaltung vermögen daran ebensowenig zu ändern wie die Vorherrschaft der Ministerialbürokratie in der Präparationsphase der Gesetzgebung. Bedenkliche Problemzonen sind allerdings dann erreicht, wenn erforderliche rechtliche Regulierungen eines wichtigen Lebensbereiches und die entsprechende Programmierung der Verwaltung durch das parlamentsbeschlossene Gesetz gänzlich unterbleiben oder sich die vermeintlich legislative Tat als „Gesetzesattrappe" (I. Maus) entpuppt, so daß statt dessen allein die Handlungslogik des ohnehin über ein nicht geringes Eigengewicht verfügenden, omnipräsenten bürokratischen Apparates mit seinen Ressortinteressen und bereichsspezifischen Klientelbeziehungen obwaltet. Verwaltung bedarf, wie Max Weber wußte, der außerbürokratischen Spitze – sonst verliert sie ihren dienenden Charakter.

Besondere Erosionserscheinungen legal-demokratischer Herrschaft werden schließlich im Umwelt- und Sicherheitsrecht sichtbar, wo sich die maßgeblichen Entscheidungen über die letzlich stets auch von subjektiven Wertungen geprägten technischen Standards offenkundig weitgehend vom Gesetzgeber auf die Verwaltung und von dort auf private Normungsvereine, sachverständige Gremien und andere dem staatlichen Verantwortungskreis entrückte gesellschaftliche Kräfte verlagert haben. In den hier sichtbar werdenden Tendenzen zu Selbstentmachtung und Verantwortungsflucht liegen gravierende Gefahren für die Aufrechterhaltung demokratisch legitimierter Herrschaft und legaler Sozialgestaltung begründet.

3. Auf dem langen Weg vom absolutistischen Maschinenmodell zur komplexen Rolle der Verwaltung im demokratisch-parlamentarischen Staat ist das hierarchische Grundschema von steuerndem Willenszentrum und ausführendem Apparat zwar in erheblichem Maße modifiziert, nicht aber eliminiert worden. Die stärksten und für die weitere Entwicklung des Organisationsrechts entscheidenden Relativierungen zeigen sich in der Pluralisierung der Verwaltungsträger: Denn die organisatorische Vielfalt sprengt die Vorstellung vom Staat als einem in sich geschlossenen, pyramidal gegliederten und von der demokratisch legitimierten Spitze dirigierten Apparat. Hier ist zunächst einmal die außerordentliche Bandbreite der Erscheinungsformen verselbständigter Verwaltungseinheiten auf den verschiedenen Hauptverwaltungsebenen zur Kenntnis zu nehmen, die von typischen Dezentralisationsmaßnahmen in Form der Gewährung begrenzter Autonomie für Gebiets- oder Personalkörperschaften über die sehr heterogenen öffentlich-rechtlichen Anstalten bis hin zur Erfüllung von Verwaltungsaufgaben durch Private und die davon klar zu trennende privatrechtsförmige Verwaltung durch die öffentliche Hand selbst reicht.

Der Fülle der Ausgliederungstatbestände aus dem zentralistisch-hierarchischen System staatsunmittelbarer Verwaltung korrespondiert die Vielzahl ihrer „Rechtfertigungen“, die teils in einer ausdrücklichen verfassungsrechtlichen Verbürgung, teils im seinerseits ambivalenten Demokratieprinzip, teils in der Funktionslogik staatsdistanzierter Aufgabenerfüllung, teils in pragmatischen Überlegungen wie höherer Flexibilität zu suchen und entsprechend zu gewichten sind. Eine Schlüsselrolle für den hier zutage tretenden Zusammenhang zwischen dem Wachstum der Aufgaben des modernen Industrie- und Wohlfahrtsstaates und seiner internen Organisation spielen dabei die als Begegnungsstätte für Staat und Wirtschaft fungierenden intermediären Anstalten.

Grundsätzlich besteht kein Anlaß, alle Verselbständigungsformen a priori als potentiell gefährliche, weil die staatliche Einheit zersetzende Phänomene zu betrachten und sie als verderbliche „Polykratie“ (J. Popitz) zu brandmarken. Denn ganz abgesehen davon, daß sich für viele formalrechtlich deutlich ausgestaltete Verselbständigungsprozesse durchaus Parallelerscheinungen im Bereich der unmittelbaren Staatsverwaltung finden lassen, gleicht sich der Verwaltungsapparat durch Ausdifferenzierung seiner Strukturen der steigenden Umweltkomplexität lediglich an und schafft von daher erst die notwendigen Voraussetzungen für eine adäquate Problembewältigung.

Bloße Effektivitätssteigerung allein vermag aber noch keine hinreichende Legitimation für die Verselbständigungsformen zu schaffen und als ausreichende Kompensation für Hierarchieschwund und – daraus folgend – Demokratieverlust zu dienen. Entscheidend ist unter dem hier als maßgeblich erachteten Demokratieprinzip vielmehr die Notwendigkeit der Anbindung der ausgekoppelten Verwaltungsträger an das jeweilige Muttergemeinwesen, dessen Steuerungs- und Kontrollmöglichkeiten (sei es durch gesetzliche Vorgaben in Verbindung mit rechtsaufsichtlicher Kontrolle, sei es durch direkte Interventionschancen) stets in ausreichendem Maße erhalten bleiben müssen. Auch hier kann nicht für alle Verselbständigungstypen gleiches gelten. Prinzipielle Forderung muß sein, den Status der jeweiligen Verwaltungseinheit gesetzlich exakt zu typisieren und ihren Aufgabenkreis, Pflichtenkanon und Handlungsspielraum möglichst klar festzulegen. Je geringer die gesetzliche Prägung der Organisation, desto höhere Anforderungen sind an ihre gleichsam „innere“ Legitimation zu stellen. Besondere Bedeutung kommt insoweit einschlägigen Verfassungsvorgaben wie der demokratischen Willensbildung zu. Dies gilt insbesondere für die als „Minirepubliken“ (H. Faber) fungierenden Selbstverwaltungskörperschaften – hier wiederum mit stärkerem Gewicht und höherer Legitimität bei den kommunalen Gebietskörperschaften als etwa bei den berufsständischen Kammern. Umgekehrt wächst die Pflicht zur gesetzlichen Vorformung und engen Anbindung an den staatsunmittelbaren Bereich, je weniger sich die verselbständigten Verwaltungseinheiten auf die genannten Rechtfertigungsmuster stützen können. Demgemäß liegen die Gefahren der Pluralisierung und Parzellierung der Verwaltung – anders als Werner Weber und Ernst Forsthoff meinten – weniger in der Vielzahl der juristischen Personen des öffentlichen Rechts und ihrem vermeintlichen Autonomiestreben beschlossen. Tendenziell gefährlich sowie der Effektivität, Transparenz und demokratischen Kontrolle abträglich sind vielmehr andere Phänomene: die wildwuchsartig zunehmende Bildung apokrypher, von keinem erkennbaren Willen zum System getragener Organisationen; die in der rechtsstaatlichen Grauzone operierende, weil Einflußwege, Kontrollräume und Verantwortlichkeitsstrukturen verdunkelnde Art der Beherrschung oder doch Mitgestaltung formell privatrechtlicher Vereine und Verbände durch staatliche oder auch kommunale Verwaltungsträger; schließlich die privatrechtsförmige Verwaltung, die jedenfalls im Bereich der besonders wichtigen öffentlichen Unternehmen eine vom Demokratieprinzip für alle Formen der Wahrnehmung öffentlicher Aufgaben geforderte Direktion und Kontrolle wegen des Vorranges des Gesellschaftsrechts bereits normativ, darüber hinaus aber auch faktisch nicht zuläßt.

Alle drei genannten Problemfelder offenbaren darüber hinaus ganz allgemein einen verbreiteten Mangel an Sensibilität für die Folgen unbedarfter, auf kurzfristigen Erfolg programmierter und um Systemgerechtigkeit der Rechtsformen unbekümmerter Operationen am organisatorischen Grundgerüst des demokratischen Verwaltungsstaates.

4. Man sieht: Es ist nicht nur eine „etatistische Mißdeutung" (P. Badura) der Demokratie, wenn man ihr Idealbild in eindimensionaler Durchstrukturierung einer egalitären Staatsbürgergesellschaft erblickt. Auch die Vorstellung einer monozentrischen Gesamthierarchie der Verwaltung ist zwar von verführerischer Einfachheit und Klarheit, wird aber der Vielzahl von Verwaltungsträgern, die als Trabanten des nach wie vor den Kern der Administration bildenden hierarchisch-bürokratischen Grundgerüsts die unmittelbare Staatsverwaltung umkreisen, nicht gerecht. Daß es gleichwohl keine Veranlassung gibt, Hierarchie als zentrales Staats- und Verwaltungsprinzip kurzerhand als bloße „Illusion" (H. Willke) abzutun, macht die analytisch ernstzunehmende Komplexität der Verhältnisse aus. Und deshalb wäre es vorschnell, aus der Existenz vielschichtiger Modifikationen eines simplen Hierarchiemodells, in Sonderheit den sichtbaren Zeichen einer intensivierten, institutionell verfestigten Durchdringung von Staat und Gesellschaft oder der Herausbildung eines „Dritten Sektors", bereits auf eine ganz neue Form der Staatlichkeit oder gar auf einen anderen Aggregatzustand des politischen Gemeinwesens schließen zu wollen. Andererseits vermag die bloße Beschwörung der Hierarchie als Bauprinzip der Exekutive

schlechthin nicht deren höchst voraussetzungsvolle Wirksamkeitsbedingungen und die Unausweichlichkeit der Pluralisierung der Verwaltungsorganisation zu überspielen. Für eine zugleich wirklichkeitsnahe wie theoriegeleitete Lehre vom heutigen Staat ist also der „Megatrend" (U. Battis) einer Verselbständigung von Verwaltungseinheiten und der daraus resultierende Netzwerkcharakter staatlicher Aufgabenerfüllung ebenso ernst zu nehmen wie die vom Demokratieprinzip erzwungene hierarchische Grundstruktur der Exekutive.

In einem Wort: Die Struktur der Verwaltung im demokratischen Staat der Gegenwart erweist sich zwar als dezidiert nachabsolutistisch, ihre Architektonik aber noch nicht als postmodern.

5. Die Institute, Rechtsfiguren und Kategorien, mit denen dieses nachabsolutistische Staats- und Verwaltungsgefüge adäquat zu erfassen und systematisch zu strukturieren wäre, sind noch nicht hinlänglich entwickelt. Eine zeitgerechte Organisationslehre kann an dieser Stelle auch nicht ansatzweise entfaltet werden. Die folgenden Ausführungen müssen sich auf wenige skizzenhafte Andeutungen und Mutmaßungen über zukünftige Forschungsanstrengungen beschränken.

Ausgangspunkt aller Überlegungen hat die Erkenntnis zu sein, daß sich über die hierarchisch-pyramidal strukturierte und in das parlamentarische Regierungssystem eingebettete staatsunmittelbare Verwaltung hinaus ein Netzwerk von gegenüber dem jeweiligen Muttergemeinwesen unterschiedlich stark verselbständigten Verwaltungseinheiten ausgebildet hat und hierin die seit den Reformen zu Beginn des 19. Jahrhunderts wohl wichtigste Strukturveränderung der öffentlichen Verwaltung zu erblicken ist. Zum zweiten ist die Einsicht gefordert, daß die zunehmende Pluralisierung und Ausdifferenzierung der Verwaltungsorganisation nicht lediglich eine faktisch unausweichliche, aber im Grunde genommen systemwidrige Erscheinung einheitsgefährdender „Polykratie" darstellt, sondern durchaus als positive, weil die Gesamtkapazität staatlicher Verwaltung steigernde Entwicklung eingeschätzt werden kann. Die vorschnelle Gleichsetzung von administrativer „Dismembration" (W. Weber) und „Subdivision" (W. Leisner) mit einer Verringerung staatlicher Ordnungs- und Gestaltungskraft beruht auf einer Vernachlässigung der leistungssteigernden Effekte von Spezialisierung und Ausdifferenzierung. Pluralisierung, Dezentralisation und sonstige Verselbständigungsformen sind zunächst einmal Indikatoren für eine Anpassung des administrativen Gesamtapparates an die komplexen Umweltverhältnisse und damit – weit davon entfernt, automatisch eine Schwächung der als einheitlich vorgestellten Staatsorganisation zu bewirken – Instrumente zur Steigerung des gesamtstaatlichen Verwaltungs- und Steuerungspotentials.

Das wiederum bedeutet: Nicht die Existenz verselbständigter Verwaltungseinheiten ist das eigentliche Problem, sondern ihre rechtliche Durchformung, ihre Einpassung in das System staatlicher Verwaltungsorganisation, ihre demokratische Anbindung und ihre rechtsstaatlich erforderliche Limitierung. Nur eine solcherart „kontrollierte" Verselbständigung kann die Entstehung von „Sonderimperien" (G. Haverkate) verhindern und dafür sorgen, daß Rationalität und Demokratieverträglichkeit nicht in Widerspruch zur funktional gebotenen Pluralisierung der Verwaltung treten.

6. Wie das „Systemprogramm" (B. Becker) einer derartig vielgestaltigen, aber dennoch nicht in unzusammenhängende Partikel zerfallenden Verwaltung auszusehen hätte, ist trotz des hochkarätigen Beitrages von Walter Krebs im Handbuch des Staatsrechts bestenfalls in Umrissen erkennbar. Noch liegt keine geschlossene Konzeption vor, die die funktionale Leistungsperspektive mit der verfassungsstaatlichen Legitimations- und Kontrollperspektive nahtlos zu verknüpfen in der Lage wäre. Abzusehen ist, daß für den notwendigen Neubau eines zeitgemäßen Organisationsrechts wohl mehr nötig sein wird als die Präzisierung der Lehre von der juristischen Person oder eine weitere Spezifizierung des von Hans Julius Wolff mit so nachhaltiger Wirkung ins Zentrum gestellten Organbegriffes. Auch die in letzter Zeit unternommenen Versuche, die gesamte öffentliche Ordnung auf den außerordentlich schillernden, historisch sinnvariablen und gern idealistisch überhöhten Begriff des Amtes als zentraler Kategorie zu gründen, dürften nur wenig Ertrag für die hier zu bewältigenden Probleme erbringen, weil diese die personalistische Amtswalterperspektive weit überschreiten.

Eine positive Antwort auf die gestellte Frage nach einem zeitgemäßen „Ordnungsmodell des Verwaltens" (E. Schmidt-Aßmann) fällt naturgemäß schwerer. Gefordert ist zum Teil eine Neubestimmung (oder doch zumindestens: eine neuerliche Vergewisserung) des Sinns tradierter Institute, zum Teil die Vermessung bislang nicht hinreichend in den Problemkreis des staatlichen Organisationsrechts einbezogener Bereiche.

Bei den wohletablierten öffentlichrechtlichen Körperschaften etwa sind die herkömmlich an den Polen „mittelbare Staatsverwaltung" bzw. „vorstaatlich-gesellschaftliche Wirkeinheiten" orientierten Deutungsschemata zugunsten einer eher funktional differenzierenden Betrachtungsweise etwa auf der Linie einschlägiger Arbeiten von Gunnar Folke Schuppert zu überwinden. Denn im Grunde macht hier weder der Staat im Sinne der vielzitierten Disziplinierung von Sozialbereichen Teile der Gesellschaft unilinear für seine Zwecke dienstbar noch erlangen rein private Verbände qua Verkammerung allein bessere Chancen für ihre Interessenwahrnehmung und -durchsetzung. Vielmehr profitieren hier sowohl Staat als auch Verbände.

Der weiteren strukturierenden Aufarbeitung bedürftig scheinen trotz der

Erkenntnisfortschritte durch die Staatsrechtslehrertagung 1985 nach wie vor die öffentlichrechtlichen Anstalten. Zu klären ist hier des weiteren die oft allzu rasch unter Hinweis auf die fehlende Mitgliederstruktur ausgegrenzte Frage nach ihrer Selbstverwaltungsfunktion. Schärfer als bislang wird man auch zu prüfen haben, welches Maß an (gesetzlich vorgezeichneter?) gesamtgesellschaftlicher Repräsentanz bei den in mannigfacher Form auftretenden Verwaltungsräten und vergleichbaren Gremien geboten ist.

Diese Frage wirft bereits ein wenngleich nur spärliches Licht auf das bei weitem noch nicht hinlänglich erforschte Feld des Beratungs-, Sachverständigen- und Beiräte(un)wesens. Neben einer Bestandsaufnahme, die auf der transparenten Darstellung Winfried Brohms im Handbuch des Staatsrechts aufbauen könnte, wird es zunächst Hauptaufgabe sein, ihre rechtlichen wie tatsächlichen Funktionen genauer zu analysieren. Das ist um so mehr geboten, als im Unterschied zur konventionellen Betrachtungsweise, für die Beratung nur die bessere Ermittlung des Sachverhalts für den Staat als alleinigen Entscheidungsträger umfaßt, nach heute verbreiteter Überzeugung zwischen sachverständiger Beratung und Mitentscheidung zumindest fließende Übergänge bestehen. Wie bei den Körperschaften und Anstalten auch ist des weiteren größtes Augenmerk auf hinreichende Transparenz und Qualität der rechtlichen Grundlagen für die Einsetzung derartiger Gremien sowie die „Repräsentanz“ und Legitimation ihrer Mitglieder zu legen.

Schließlich hätte das Organisationsrecht in der von Dirk Ehlers vorgegebenen Richtung adäquate öffentlich-rechtliche Institute für jene Bereiche auszuarbeiten, in denen die öffentliche Hand glaubt sich in private Rechtsformen flüchten zu müssen.

Ein weiteres, noch sehr wenig vermessenes, aber zunehmend bedeutenderes Gebiet ist der Kartierung besonders bedürftig: der vor allem im Sozialbereich (Wohlfahrtsverbände, Selbsthilfegruppen) anzutreffende und – viel zu pauschal – als jenseits von Staat und Markt verortete „Dritte Sektor“, in welchem der Staat durch (Zusatz-)Finanzierung, durch „Beherrschung“ formell-privatrechtlicher Vereine und Gruppen oder andere Mechanismen externer Einflußsicherung seine nicht immer eindeutig fixierbaren Zwecke verfolgt und damit öffentliche Aufgaben erfüllt, z.T. sich aber auch auf bloße Duldung von Formen gesellschaftlich-autonomer Selbstorganisation beschränkt.

Hier wird das Zentralproblem eines sich den Gegenwartsaufgaben von Staat und Verwaltung stellenden Organisationsrechts ganz besonders deutlich: Die für die Jurisprudenz unverzichtbare, von den verschiedensten wissenschaftlichen Disziplinen betriebene Realanalyse der Verhältnisse fördert in zunehmendem Maße breite Übergangszonen zwischen den oft nur fluchtpunktartig fixierbaren Polen „Staat“ und „Gesellschaft“, „öffentlich“ und „privat“, „Macht“ und „Markt“ zutage – aber das Staatsrecht im allgemeinen wie das Organisationsrecht im besonderen muß aus rechtsstaatlichen wie demokratietheoretischen Gründen klare Grenzen ziehen, eindeutige Kategorisierungen vornehmen und gerade in jenen schwierigen Grenzbereichen seine disziplinierende und rationalisierende Kraft entfalten.

Daß man Abschied nehmen muß „von der Fiktion einer monolithischen Staatsperson und dem Mythos einer Einheit der Verwaltung" (G. F. Schuppert); daß wir auf dem Weg sind „vom hoheitlichen zum kooperativen Staat, von der zentralstaatlichen Weisung zur dezentralen Koordination, von der regulativen Steuerung zur partnerschaftlichen Übereinkunft, von der Normsetzung zur Überzeugung" (J. J. Hesse); daß die „Prämisse einer im Staat zentrierten Gesellschaft" (J. Habermas) entfällt; daß die öffentliche Verwaltung aufgrund langfristiger Entwicklungen „ein ganz anderes Gesicht" zeigt „als uns die meisten Lehrbücher glauben machen" (E. Laux); daß an die Stelle einer pyramidalen Gesamthierarchie nun ein Netzwerk von Kooperativorganisationen tritt – all dies entbindet nicht davon, das gesamte staatliche Handeln in möglichst klare Formen zu bannen und es auf diese Weise mit den normativen Grundforderungen eines demokratisch-rechtsstaatlichen Systems in Einklang zu halten.

Auswahlbibliographie

Abromeit, Heidrun: Öffentlicher Zweck und öffentliche Kontrolle. Ansätze zu einer politischen Theorie der öffentlichen Unternehmung, in: PVS 26 (1985), S. 287–305.

Achterberg, Norbert: Privatrechtsförmige Verwaltung, in: JA 1985, S. 503–510.

Albrow, Martin: Bürokratie, München 1972.

Alemann, Ulrich v. (Hrsg.): Partizipation-Demokratisierung-Mitbestimmung, Opladen 1975.

Alemann, Ulrich v./Heinze, Rolf G.: Kooperativer Staat und Korporatismus, in: Ulrich v. Alemann (Hrsg.), Neokorporatismus, Frankfurt/M.-New York 1981, S. 43–79.

Altmann, Rüdiger: Späte Nachricht vom Staat, Stuttgart 1967.

Ancillon, Friedrich: Über den Geist der Staatsverfassungen und dessen Einfluß auf die Gesetzgebung, Berlin 1825.

Anderson, Perry: Die Entstehung des absolutistischen Staates, Frankfurt/M. 1979.

Anschütz, Gerhard: Deutsches Staatsrecht, in: Enzyklopädie der Rechtswissenschaft in systematischer Bearbeitung, 7. Aufl., München-Leipzig-Berlin 1914, Bd. 4, S. 1–192.

Anschütz, Gerhard: Die Verfassung des Deutschen Reiches v. 11. August 1919, 14. Aufl. 1933 (Nachdruck Bad Homburg v. d. Hohe 1960).

Arnim, Hans Herbert v.: Gemeindliche Selbstverwaltung und Demokratie, in: AöR 113 (1988), S. 1–30.

Aufsicht über die Städte – Kontrolle oder Kondominium? (=Schriftenreihe des Niedersächsischen Städtetages, Heft 15), Göttingen 1986.

Baars, Bodo A.: Strukturmodelle für die öffentliche Verwaltung, Köln-Berlin-Bonn-München 1973.

Bachof, Otto: Teilrechtsfähige Verbände des öffentlichen Rechts. Die Rechtsnatur der Technischen Ausschüsse des §24 der Gewerbeordnung, in: AöR 83 (1958), S. 208–279.

Bachof, Otto: Grundgesetz und Richtermacht, Tübingen 1959.

Bachof, Otto: Die Dogmatik des Verwaltungsrechts vor den Gegenwartsaufgaben der Verwaltung, VVDStRL 30 (1972), S. 193–244.

Badura, Peter: Die Methoden der neueren allgemeinen Staatslehre, Erlangen 1959.

Badura, Peter: Verwaltungsrecht im liberalen und im sozialen Rechtsstaat, Tübingen 1966.

Badura, Peter: Das Verwaltungsrecht des liberalen Rechtsstaates. Methodische Überlegungen zur Entstehung des wissenschaftlichen Verwaltungsrechts, Göttingen 1967.

Badura, Peter: Auftrag und Grenzen der Verwaltung im sozialen Rechtsstaat, in: DÖV 1968, S. 446–455.

Badura, Peter: Die parlamentarische Verantwortlichkeit der Minister, in: ZParl 11 (1980), S. 573–582.

Badura, Peter: Gestaltungsfreiheit und Beurteilungsspielraum der Verwaltung, bestehend aufgrund und nach Maßgabe des Gesetzes, in: Festschrift für Otto Bachof, München 1984, S. 169–189.

Badura, Peter: Die parlamentarische Demokratie, in: HdbStR I, § 23 (S. 953–986).

Beck, Ulrich: Risikogesellschaft. Auf dem Weg in eine andere Moderne, Frankfurt/M. 1986.

Beck, Ulrich: Gegengifte. Die organisierte Unverantwortlichkeit, Frankfurt/M. 1988.

Becker, Bernd: Gemeinde und Amt, Köln-Berlin-Bonn-München o. J. (1967).

Becker, Bernd: Aufgabentyp und Organisationsstruktur von Verwaltungsbehörden, in: Die Verwaltung 9 (1976), S. 273–296.

Becker, Bernd: Zentrale nichtministerielle Organisationseinheiten der unmittelbaren Bundesverwaltung. Eine dimensionale Strukturanalyse, in: VerwArch. 69 (1978), S. 149–202.

Becker, Bernd: Bundesverwaltung durch privatrechtlich organisierte Bundesunternehmen, in: ZögU 1 (1978), Heft 4, S. 1–12.

Becker, Bernd: Typische Eigenschaften der privatrechtlich organisierten Bundesverwaltung, in: Die Verwaltung 12 (1979), S. 161–185.

Becker, Bernd: Öffentliche Verwaltung. Lehrbuch für Wissenschaft und Praxis, Percha 1989.

Becker, Bernd/Vitzthum, Wolfgang Graf: Grundfragen der Verwaltungsorganisation, München 1980.

Benz, Arthur: Föderalismus als dynamisches System. Zentralisierung und Dezentralisierung im föderativen Staat, Opladen 1985.

Benzner, Bodo: Ministerialbürokratie und Interessengruppen. Eine empirische Analyse der personellen Verflechtung zwischen bundesstaatlicher Ministerialorganisation und gesellschaftlichen Gruppeninteressen in der Bundesrepublik Deutschland im Zeitraum 1949–1984, Baden-Baden 1989.

Berding, Helmut/Ullmann, Hans-Peter (Hrsg.): Deutschland zwischen Revolution und Restauration, Düsseldorf 1981.

Berg, Wilfried: Demokratie und kommunale Selbstverwaltung, in: StGR 33. Jg., 1979, S. 345–355.

Berg, Wilfried: Die öffentlichrechtliche Anstalt, in: NJW 1985, S. 2294–2301.

Bieback, Karl-Jürgen: Die öffentliche Körperschaft. Ihre Entstehung, die Entwicklung ihres Begriffs und die Lehre vom Staat und den innerstaatlichen Verbänden in der Epoche des Konstitutionalismus in Deutschland, Berlin 1976.

Bieback, Karl-Jürgen: Entwicklungsgeschichtliche und funktionale Aspekte der gegenwärtigen Bedeutung der Körperschaft des öffentlichen Rechts, in: Quaderni Fiorentini 11/12 (1982–83), S. 859–913.

Blankenagel, Alexander: Tradition und Verfassung. Neue Verfassung und alte Geschichte in der Rechtsprechung des Bundesverfassungsgerichts, Baden-Baden 1987.

Blankenburg, Erhard: Über die Unwirksamkeit von Gesetzen, in: ARSP 63 (1977), S. 31–58.

Bleek, Wilhelm: Von der Kameralausbildung zum Juristenprivileg, Berlin 1972.

Blodig, Hermann: Die Selbstverwaltung als Rechtsbegriff. Eine verwaltungsrechtliche Monographie, Wien-Leipzig 1894.

Böckenförde, Ernst-Wolfgang: Gesetz und gesetzgebende Gewalt – Von den Anfängen der deutschen Staatsrechtslehre bis zur Höhe des staatsrechtlichen Positivismus, 2., erw. Aufl., Berlin 1981.
Böckenförde, Ernst-Wolfgang: Organ, Organisation, Juristische Person. Kritische Überlegungen zu Grundbegriffen und Konstruktionsbasis des staatlichen Organisationsrechts, in: Fortschritte des Verwaltungsrechts. Festschrift für Hans J. Wolff zum 75. Geburtstag, München 1973, S. 269–305.
Böckenförde, Ernst-Wolfgang: Staat, Gesellschaft, Freiheit. Studien zur Staatstheorie und zum Verfassungsrecht, Frankfurt/M. 1976.
Böckenförde, Ernst-Wolfgang: Die politische Funktion wirtschaftlich-sozialer Verbände und Interessenträger in der sozialstaatlichen Demokratie, in: Wilhelm Hennis/Peter Graf Kielsmansegg/Ulrich Matz (Hrsg.), Regierbarkeit, Bd. 1, Stuttgart 1977, S. 223–254.
Böckenförde, Ernst-Wolfgang: Zum Verhältnis von Kirche und Moderner Welt, in: Studien zum Beginn der modernen Welt, hrsgg. von Reinhart Koselleck, Stuttgart 1977, S. 154–177.
Böckenförde, Ernst-Wolfgang: Organ, Organismus, Organisation, politischer Körper (Teil VII-IX), in: Geschichtliche Grundbegriffe, Bd. 4, Stuttgart 1978, S. 561–622.
Böckenförde, Ernst-Wolfgang: Der Verfassungstyp der deutschen konstitutionellen Monarchie im 19. Jahrhundert, in: Moderne deutsche Verfassungsgeschichte (1815–1914), hrsgg. v. E.-W. Böckenförde unter Mitarbeit von R. Wahl, 2., veränd. Aufl., Königstein/Ts. 1981, S. 146–170.
Böckenförde, Ernst-Wolfgang: Die verfassunggebende Gewalt des Volkes – Ein Grenzbegriff des Verfassungsrechts, Frankfurt/M. 1986.
Böckenförde, Ernst-Wolfgang: Demokratie als Verfassungsprinzip, in: HdbStR I, § 22 (S. 863–952).
Böckenförde, Ernst-Wolfgang: Demokratische Willensbildung und Repräsentation, in: HdbStR II, § 30 (S. 29–48).
Boergen, Rüdiger: Die Gründung privatrechtlich organisierter bundesabhängiger Nicht-Wirtschafts-Unternehmen, in: DVBl. 1971, S. 869–878.
Böhret, Carl: Öffentliche Verwaltung in der Demokratie, in: K. König/H. J. v. Oertzen/F. Wagener (Hrsg.), Öffentliche Verwaltung in der Bundesrepublik Deutschland, Baden-Baden 1981, S. 53–71.
Böhret, Carl: Politik und Verwaltung. Beiträge zur Verwaltungspolitologie, Opladen 1983.
Böhret, Carl: Verwaltungspolitik als Reaktion auf gesellschaftliche Bindungen und politische Freiräume der Verwaltung, in: Verwaltung und Verwaltungspolitik, hrsgg. v. Carl Böhret u. Heinrich Siedentopf, Berlin 1983, S. 27–45.
Bohne, Eberhard: Der informale Rechtsstaat, Berlin 1981.
Bohne, Eberhard: Informales Verwaltungs- und Regierungshandeln als Instrument des Umweltschutzes. Alternativen zu Rechtsnorm, Vertrag, Verwaltungsakt und anderen rechtlich geregelten Handlungsformen?, in: VerwArch. 75 (1984), S. 343–373.
Boldt, Hans: Deutsche Staatslehre im Vormärz, Düsseldorf 1975.
Boldt, Hans: Parlament, parlamentarische Regierung, Parlamentarismus, in: Geschichtliche Grundbegriffe, Bd. 4, Stuttgart 1978, S. 649–676.
Bornhak, Conrad: Geschichte des Preußischen Verwaltungsrechts, Bd. 1 (Bis zum Regierungsantritt Friedrich Wilhelm I.), Berlin 1884; Bd. 2 (Bis zum Frieden von Tilsit), Berlin 1885; Bd. 3 (Bis zur neuesten Verwaltungsreform), Berlin 1886.
Bosetzky, Horst/Heinrich, Peter: Mensch und Organisation – Aspekte bürokratischer Sozialisation, Köln u.a. 1980.
Bosl, Karl (Hrsg.): Der moderne Parlamentarismus und seine Grundlagen in der ständischen Repräsentation, Berlin 1977.

Botzenhart, Manfred: Reform, Restauration, Krise. Deutschland 1789–1847, Frankfurt/M. 1985.
Brandt, Hartwig: Landständische Repräsentation im deutschen Vormärz, Neuwied und Berlin 1968.
Breuer, Rüdiger: Die öffentlichrechtliche Anstalt, VVDStRL 44 (1986), S. 211–247.
Breuer, Stefan: Sozialgeschichte des Naturrechts, Opladen 1983.
Breuer, Stefan: Max Webers Herrschaftssoziologie, in: Zeitschrift für Soziologie 17 (1988), S. 315–327.
Breuer, Stefan: Rationale Herrschaft. Zu einer Kategorie Max Webers, in: PVS 31 (1990), S. 4–32.
Breuer, Stefan/Treiber, Hubert/Walther, Manfred: Entstehungsbedingungen des modernen Anstaltsstaates, in: Entstehung und Strukturwandel des Staates, hrsgg. v. St. Breuer/H. Treiber, Opladen 1982, S. 75–153.
Brohm, Winfried: Die Dogmatik des Verwaltungsrechts vor den Gegenwartsaufgaben der Verwaltung, VVDStRL 30 (1972), S. 245–312.
Brohm, Winfried: Zur Einführung: Strukturprobleme der planenden Verwaltung, in: JuS 1977, S. 500–506.
Brohm, Winfried: Verwaltungsvorschriften als administrative Rechtsquelle – ein ungelöstes Problem des Innenrechts, in: ders. (Hrsg.), Drittes deutsch-polnisches Verwaltungssymposion, Baden-Baden 1983, S. 11–36.
Brohm, Winfried: Zum Funktionswandel der Verwaltungsgerichtsbarkeit, in: NJW 1984, S. 8–14.
Brohm, Winfried: Die staatliche Verwaltung als eigenständige Gewalt und die Grenzen der Verwaltungsgerichtsbarkeit, in: DVBl. 1986, 321–331.
Brohm, Winfried: Verwaltung und Verwaltungsgerichtsbarkeit als Steuerungsmechanismen in einem polyzentrischen System der Rechtserzeugung, in: DÖV 1987, S. 265–271.
Brohm, Winfried: Polyzentrische Steuerung durch das Recht. Zur Rolle von Verwaltung und Verwaltungsgerichtsbarkeit in der Bundesrepublik Deutschland, in: Grenzen des Rechts (= Jahresschrift für Rechtspolitologie, Bd. 1), Pfaffenweiler 1987, S. 31–47.
Brohm, Winfried: Sachverständige Beratung des Staates, in: HdbStR II, § 36 (S. 207–248).
Brunner, Otto: Neue Wege der Verfassungs- und Sozialgeschichte, 2. Aufl., Göttingen 1968.
Bryde, Brun-Otto: Verfassungsentwicklung, Baden-Baden 1982.
Bryde, Brun-Otto: Die Einheit der Verwaltung als Rechtsproblem, VVDStRL 46 (1988), S. 181–216.
Bryde, Brun-Otto/Hoffmann-Riem, Wolfgang (Hrsg.): Rechtsproduktion und Rechtsbewußtsein, Baden-Baden 1988.
Büchner, Wolfgang: Die rechtliche Gestaltung kommunaler öffentlicher Unternehmen. Grenzen und Möglichkeiten der gemeindlichen Organisationshoheit unter besonderer Berücksichtigung der Arbeitnehmermitbestimmung am Beispiel der Verkehrs- und Versorgungseinrichtungen, Frankfurt/M.-Bern 1982.
Bühl, Walter L.: Ein neues Paradigma oder ein neuer Mythos?, in: Zeitschrift für Politik 31 (1984), S. 333–341.
Bülck, Hartwig: Zur Dogmengeschichte des europäischen Verwaltungsrechts, in: Festschrift für Herbert Kraus, Würzburg 1964, S. 29–65.
Bülow, Oskar: Gesetz und Richteramt, Leipzig 1885 (Neudruck Aalen 1972).
Büschges, Günter: Einführung in die Organisationssoziologie, Stuttgart 1983.

Bulling, Manfred: Der Aufbau der deutschen Verwaltung, in: Verwaltung und Verwaltungswissenschaften in der Bundesrepublik Deutschland, hrsgg. v. Joseph H. Kaiser, Baden-Baden 1983, S. 50–59.
Bulling, Manfred (Hrsg.): Verwaltung im Kräftefeld der politischen und gesellschaftlichen Institutionen, Baden-Baden 1985.
Bullinger, Martin: Vertrag und Verwaltungsakt, Stuttgart 1962.
Burmeister, Joachim: Innenrecht der Verwaltung zur Gewährleistung der Kooperation von Verwaltungsträgern und der Koordination von Verwaltungszwecken, in: W. Brohm (Hrsg.), Drittes deutsch-polnisches Verwaltungssymposion, Baden-Baden 1983, S. 45–74.
Burmeister, Joachim: Die Privatrechtsfähigkeit des Staates – Symptom verfassungskontroverser Theoriebildung im öffentlichen Recht, in: Recht und Gesetz im Dialog III, hrsgg. v. Hans Prütting, Köln u.a. 1986, S. 1–19.
Busch, Eckart: Parlamentarische Kontrolle. Ausgestaltung und Wirkung, Heidelberg 1983.
Butte, Wilhelm: Über das organisierende Prinzip im Staate, und den Standpunkt der Kunst des Organisierens in dem heutigen Europa. Die Kunst des Staats-Organismus Erster Theil, Berlin 1822.

Conze, Werner (Hrsg.): Staat und Gesellschaft im deutschen Vormärz 1815–1848, 3. Aufl., Stuttgart 1978.
Conze, Werner/Lepsius, M. Rainer (Hrsg.): Sozialgeschichte der Bundesrepublik Deutschland. Beiträge zum Kontinuitätsproblem, Stuttgart 1983.
Czybulka, Detlef: Zur Legitimationsbasis wirtschaftlichen Handelns des Staates, in: BB 1988, S. 2321–2328.

Däubler, Wolfgang: Privatisierung als Rechtsproblem, Neuwied-Darmstadt 1980.
Dagtoglou, Prodomos: Kollegialorgane und Kollegialakte der Verwaltung, Stuttgart 1960.
Dagtoglou, Prodomos: Der Private in der Verwaltung als Fachmann und Interessenvertreter, Heidelberg 1964.
Dahl, Robert A.: Hierarchy, Democracy, and Bargaining in Politics and Economics, in: Research Frontiers in Politics and Government, Washington D.C. 1955, S. 45–69.
Dahl, Robert A.: Dilemmas of Pluralist Democracy: Autonomy vs. Control, New Haven-London 1982.
Dahrendorf, Ralf: Gesellschaft und Demokratie in Deutschland, München 1965.
Damkowski, Wulf: Die blinde Bürokratie, in: Die Verwaltung 14 (1981), S. 219–246.
Dammann, Klaus: Vom „arbeitenden Staat" zur „politischen Verwaltung", in: NPL 16 (1971), S. 188–204, 457–481.
Demirović, Alex: Staat und Technik. Zum programmatischen Charakter politischer Theorie bei Carl Schmitt und Ernst Forsthoff, in: Konservativismus in der Strukturkrise, hrsgg. v. Thomas Kreuder u. Hanno Loewy, Frankfurt/M. 1987, S. 100–122.
Dennewitz, Bodo: Die Systeme des Verwaltungsrechts, Hamburg 1948.
Denninger, Erhard: Staatsrecht 1, Reinbek bei Hamburg 1973.
Denninger, Erhard: Demokratie, in: Handlexikon der Rechtswissenschaft, hrsgg. v. Axel Görlitz, Reinbek bei Hamburg 1974, S. 65–71.
Denninger, Erhard: Demokratisierung – Möglichkeiten und Grenzen, in: Ein Cappenberger Gespräch, Köln/Berlin 1976, S. 45–68.

Denninger, Erhard: Demokratieprinzip und Verfassung – eine Problemskizze in demokratischer Absicht, in: Sozialwissenschaften im Studium des Rechts, Bd. II, München 1977, S. 33–46.

Denninger, Erhard: Staatsrecht 2, Reinbek bei Hamburg 1979.

Denninger, Erhard: Auswirkungen der Verfassungsrechtsprechung auf Verwaltung und Verwaltungsverfahren, in: Der Staat 25 (1986), S. 103–119.

Denninger, Erhard: Verfassung und Gesetz, in: KritV 1986, S. 291–314.

Denninger, Erhard: Der Präventions-Staat, in: KritJ 21 (1988), S. 1–15.

Derlien, Hans-Ulrich: Verwaltungssoziologie, in: HÖV (=Handbuch für die öffentliche Verwaltung), hrsgg. v. Albert v. Mutius, Bd. 1, Neuwied u. Darmstadt 1984, S. 793–869.

Derlien, Hans-Ulrich: Die selektive Interpretation der Weberschen Bürokratietheorie in der Organisations- und Verwaltungslehre, in: VerwArch. 80 (1989), S. 319–329.

Deutsche Verwaltungsgeschichte, hrsgg. von Kurt G. A. Jeserich u.a., 5 Bde., Stuttgart 1983–1987.

Dittmann, Armin: Bundeseigene Verwaltung durch Private? Zur Problematik privatrechtlicher Mittlerorganisationen am Beispiel der auswärtigen Kulturpolitik, in: Die Verwaltung 8 (1975), S. 431–457.

Dittmann, Armin: Die Bundesverwaltung, Tübingen 1983.

Dohrn-van Rossum, Gerhard: Organ, Organismus, Organisation, politischer Körper (I-VI), in: Geschichtliche Grundbegriffe, Bd. 4, Stuttgart 1978, S. 519–560.

Drath, Martin: Die Gewaltenteilung im heutigen deutschen Staatsrecht, in: Faktoren der Machtbildung (=Schriften des Instituts füt politische Wissenschaft, Bd. 2), Berlin 1952, S. 99–138.

Drath, Martin: Die Entwicklung der Volksrepräsentation, Bad Homburg v.d.H. – Berlin 1954.

Dreier, Horst: Hans Kelsen und Niklas Luhmann: Positivität des Rechts aus rechtswissenschaftlicher und systemtheoretischer Perspektive, in: Rechtstheorie 14 (1983), S. 419–458.

Dreier, Horst: Rechtslehre, Staatssoziologie und Demokratietheorie bei Hans Kelsen, 2. Aufl., Baden-Baden 1990.

Dreier, Horst: Der Ort der Souveränität, in: ders./Jochen Hofmann (Hrsg.), Parlamentarische Souveränität und technische Entwicklung, Berlin 1986, S. 11–44.

Dreier, Horst: Demokratische Repräsentation und vernünftiger Allgemeinwille. Die Theorie der amerikanischen Federalists im Vergleich mit der Staatsphilosophie Kants, in: AöR 113 (1988), S. 450–483.

Dülmen, Richard van: Formierung der europäischen Gesellschaft in der Frühen Neuzeit, in: Geschichte und Gesellschaft 7 (1981), S. 5–41.

Dunleavy, Patrick/O'Leary, Brendan: Theories of the State. The Politics of Liberal Democracy, Houndmills 1987 (Macmillan Education).

Ebsen, Ingwer: Gesetzesgestaltung und Gesetzesanwendung im Leistungsrecht, in: DVBl. 1988, S. 883–892.

Ehlers, Dirk: Rechtsstaatliche und prozessuale Probleme des Verwaltungsprivatrechts, in: DVBl. 1983, S. 422–430.

Ehlers, Dirk: Verwaltung in Privatrechtsform, Berlin 1984.

Ehlers, Dirk: Die Entscheidung der Kommunen für eine öffentlich- oder privatrechtliche Organisation ihrer Einrichtungen und Unternehmen, in: DÖV 1986, S. 897–905.

Eichenberger, Kurt: Die Problematik der parlamentarischen Kontrolle im Verwaltungsstaat, in: Schweizerische Juristenzeitung, 61. Jg. (1965), S. 269–273, 285–291.

Eichenberger, Kurt: Der Staat der Gegenwart, Basel-Frankfurt/M. 1980.

Eichenberger, Kurt: Gesetzgebung im Rechtsstaat, VVDStRL 40 (1982), S. 7–39.

Elias, Norbert: Über den Prozeß der Zivilisation, 2 Bde., 7. Auflage, Frankfurt/M. 1980.

Ellwein, Thomas: Regieren und Verwalten. Eine kritische Einführung, Opladen 1976.

Ellwein, Thomas: Geschichte der öffentlichen Verwaltung, in: K. König/H. J. v. Oertzen/F. Wagener (Hrsg.), Öffentliche Verwaltung in der Bundesrepublik Deutschland, Baden-Baden 1981, S. 37–51.

Ellwein, Thomas: Entwicklungstendenzen der deutschen Verwaltung im 19. Jahrhundert, in: Jahrbuch zur Staats- und Verwaltungswissenschaft, hrsgg. v. Th. Ellwein u.a., Bd. 1, Baden-Baden 1987, S. 13–54.

Ellwein, Thomas/Görlitz, Axel: Parlament und Verwaltung, Bd. 1: Gesetzgebung und politische Kontrolle, Stuttgart 1967.

Ellwein, Thomas/Hesse, Joachim Jens: Das Regierungssystem der Bundesrepublik Deutschland, 6. Aufl., Opladen 1987.

Endrös, Alfred: Entstehung und Entwicklung des Begriffs „Körperschaft des öffentlichen Rechts“, Wien-Köln-Graz 1985.

Engel, Wolfgang: Grenzen und Formen der mittelbaren Kommunalverwaltung, Köln u.a. 1981.

Erdmann, Heinrich: Neopluralismus und institutionelle Gewaltenteilung. Ernst Fraenkels pluralistische Parteienstaatstheorie als Theorie parlamentarisch-pluralistischer Demokratie, Opladen 1988.

Erichsen, Hans-Uwe: Verfassungs- und verwaltungsgeschichtliche Grundlagen der Lehre vom fehlerhaften belastenden Verwaltungsakt und seiner Aufhebung im Prozeß, Frankfurt/M. 1971.

Erichsen, Hans-Uwe/Knoke, Ulrich: Organisation bundesunmittelbarer Körperschaften durch die Länder?, in: DÖV 1985, S. 53–60.

Esser, Josef: Vorverständnis und Methodenwahl in der Rechtsfindung, Frankfurt/M. 1972.

Faber, Heiko: Verwaltungsrecht, Tübingen 1987 (2. Aufl. 1989; zitiert wird nach der 1. Auflage).

Fehrenbach, Elisabeth: Vom Ancien Régime zum Wiener Kongreß, 2. Aufl., München 1986.

Festschrift v. Unruh: s. „Selbstverwaltung im Staat der Industriegesellschaft“.

Finer, Samuel E.: State- and Nation-Building in Europe: The Role of the Military, in: Charles Tilly (Ed.), The Formation of National States in Western Europe, Princeton-New Jersey, p. 84–165.

Fleiner, Fritz: Institutionen des Deutschen Verwaltungsrechts, 8. Aufl., Tübingen 1928 (ND Aalen 1963).

Forsthoff, Ernst: Rechtsstaat im Wandel. Verfassungsrechtliche Abhandlungen 1954–1973, 2. Aufl., München 1976.

Forsthoff, Ernst: Von der sozialen zur technischen Realisation, in: Der Staat 9 (1970), S. 145–160.

Forsthoff, Ernst: Der Staat der Industriegesellschaft, München 1971.

Forsthoff, Ernst: Lehrbuch des Verwaltungsrechts, Bd. I: Allgemeiner Teil, 10. Aufl., München 1973.

Fraenkel, Ernst: Deutschland und die westlichen Demokratien, 7. Aufl., Stuttgart u.a. 1979.

Friedrich, Carl J.: Der Verfassungsstaat der Neuzeit, Berlin-Göttingen-Heidelberg 1953.

Fröhler, Ludwig/Oberndorfer, Peter: Körperschaften des öffentlichen Rechts und Interessenvertretung, München 1974.

Frotscher, Werner: Selbstverwaltung und Demokratie, in: FS v. Unruh 1983, S. 127–147.

Fuchs, Michael: „Beauftragte" in der öffentlichen Verwaltung, Berlin 1985.

Füsslein, Peter: Ministerialfreie Verwaltung. Begriff, Erscheinungsformen und Vereinbarkeit mit dem Grundgesetz, Diss. Bonn 1972.

Gagnér, Sten: Studien zur Ideengeschichte der Gesetzgebung, Stockholm-Uppsala-Göteborg 1960.

Gerber, Carl Friedrich v.: Über öffentliche Rechte (1852), Tübingen 1913.

Gerber, Carl Friedrich v.: Grundzüge eines Systems des deutschen Staatsrechts, 3. Aufl., Leipzig 1880.

Gierke, Otto v.: Das deutsche Genossenschaftsrecht, Bd. 1: Rechtsgeschichte der deutschen Genossenschaft, Berlin 1868 (Nachdruck: Graz 1954).

Gierke, Otto v.: Das deutsche Genossenschaftsrecht, Bd. 2: Geschichte des deutschen Körperschaftsbegriffs, Berlin 1873 (Nachdruck: Graz 1954).

Glagow, Manfred (Hrsg.): Gesellschaftssteuerung zwischen Korporatismus und Subsidiarität, Bielefeld 1984.

Göldner, Detlef: Gesetzmäßigkeit und Vertragsfreiheit im Verwaltungsrecht, in: JZ 1976, 352–358.

Göldner, Detlef: Integration und Pluralismus im demokratischen Rechtsstaat, Tübingen 1977.

Gönner, Nicolaus Thaddäus: Der Staatsdienst aus dem Gesichtspunkt des Rechts und der Nationalökonomie betrachtet nebst der Hauptlandespragmatik über die Dienstverhältnisse der Staatsdiener im Königreiche Baiern mit erläuternden Anmerkungen, I. Theil, Landshut 1808.

Götz, Volkmar/Klein, Hans Hugo/Starck, Christian (Hrsg.): Die öffentliche Verwaltung zwischen Gesetzgebung und richterlicher Kontrolle, München 1985.

Grauhan, Rolf-Richard: Modelle politischer Verwaltungsführung, Konstanz 1969.

Grauhan, Rolf-Richard: Politische Verwaltung. Auswahl und Stellung der Oberbürgermeister als Verwaltungschefs deutscher Großstädte („Sozialwissenschaft in Theorie und Praxis" Bd. 10), Freiburg i. Br. 1970.

Grawert, Rolf: Gesetz, in: Geschichtliche Grundbegriffe, Bd. 2, Stuttgart 1975, S. 863–922.

Grawert, Rolf: Historische Entwicklungslinien des neuzeitlichen Gesetzesrechts, in: Studien zum Beginn der modernen Welt, hrsgg. von Reinhart Koselleck, Stuttgart 1977, S. 218–240.

Grawert, Rolf: Gesetz und Gesetzgebung im modernen Staat, in: Jura 1982, S. 247–255, 300–309.

Greipl, Christian: Art. 19 IV GG und Entscheidungen von unabhängigen Sachverständigenausschüssen, Diss. jur. Bonn 1988.

Grimm, Dieter: Recht und Politik, in: JuS 1969, S. 501–510.

Grimm, Dieter: Aktuelle Tendenzen in der Aufteilung gesetzgeberischer Funktionen zwischen Parlament und Regierung, in: ZParl 1 (1970), S. 448–466.

Grimm, Dieter: Reformalisierung des Rechtsstaats als Demokratiepostulat?, in: JuS 1980, S. 704–709.
Grimm, Dieter: Methode als Machtfaktor, in: Europäisches Rechtsdenken in Geschichte und Gegenwart. Festschrift für Helmut Coing zum 70. Geburtstag, Bd. 1, München 1982, S. 469–492.
Grimm, Dieter: Zum Verhältnis von Interpretationslehre, Verfassungsgerichtsbarkeit und Demokratieprinzip bei Kelsen, in: Ideologiekritik und Demokratietheorie bei Hans Kelsen, hrsgg. v. Werner Krawietz/Ernst Topitsch/Peter Koller (=Rechtstheorie, Beiheft 4), Berlin 1982, S. 149–157.
Grimm, Dieter: Recht und Staat der bürgerlichen Gesellschaft, Frankfurt/M. 1987.
Grimm, Dieter: Deutsche Verfassungsgeschichte 1776–1866. Vom Beginn des modernen Verfassungsstaats bis zur Auflösung des Deutschen Bundes, Frankfurt/M. 1988.
Grosser, Dieter (Hrsg.): Der Staat in der Wirtschaft der Bundesrepublik, Opladen 1985.
Gusy, Christoph: Das Grundgesetz als normative Gesetzgebungslehre?, in: ZRP 1985, S. 291–299.

Habermas, Jürgen: Strukturwandel der Öffentlichkeit, 6. Aufl., Neuwied und Berlin 1974.
Habermas, Jürgen: Können komplexe Gesellschaften eine vernünftige Identität ausbilden?, in: ders., Zur Rekonstruktion des Historischen Materialismus, 2. Aufl., Frankfurt/M. 1976, S. 92–126.
Habermas, Jürgen: Theorie des kommunikativen Handelns, Bd. 1: Handlungsrationalität und gesellschaftliche Rationalisierung; Bd. 2: Zur Kritik der funktionalistischen Vernunft, Frankfurt/M. 1981.
Häberle, Peter: Der kooperative Verfassungsstaat, in: ders., Verfassung als öffentlicher Prozeß, Berlin 1978, S. 407–442.
Häberle, Peter: Das Verwaltungsrechtsverhältnis – eine Problemskizze, in: ders., Die Verfassung des Pluralismus, Königstein/Ts. 1980, S. 248–285.
Häberle, Peter: Die Wesensgehaltgarantie des Art. 19 Abs. 2 Grundgesetz, 3. Aufl., Heidelberg 1983.
Hahn, Hugo J.: Die Deutsche Bundesbank im Verfassungsrecht, in: BayVBl. 1982, S. 33–37, 70–75.
Haller, Benedikt: Repräsentation. Ihr Bedeutungswandel von der hierarchischen Gesellschaft zum demokratischen Verfassungsstaat, Diss. phil. Münster 1987.
Hansen, Hans-Jürgen: Fachliche Weisung und materielles Gesetz, Hamburg 1971.
Harenburg, Jan: Die Rechtsdogmatik zwischen Wissenschaft und Praxis, Stuttgart 1986.
Hart, Dieter: Vom bürgerlichen Recht zur politischen Verwaltung, in: KritJ 7 (1974), S. 274–283.
Hartung, Fritz: Staatsbildende Kräfte der Neuzeit. Gesammelte Aufsätze, Berlin 1961.
Hattenhauer, Hans: Geschichte des Beamtentums, Köln u.a. 1980.
Hauser, Werner: Die Wahl der Organisationsform kommunaler Einrichtungen. Kriterien für die Wahl privatrechtlicher und öffentlich-rechtlicher Organisationsformen, Köln u.a. 1987.
Hausherr, Hans: Verwaltungseinheit und Ressorttrennung. Vom Ende des 17. bis zum Beginn des 19. Jahrhunderts, Berlin 1953.
Haverkate, Görg: Gewißheitsverluste im juristischen Denken, Berlin 1977.
Haverkate, Görg: Rechtsfragen des Leistungsstaats, Tübingen 1983.

Haverkate, Görg: Die Einheit der Verwaltung als Rechtsproblem, VVDStRL 46 (1988), S. 217–258.

Hegenbarth, Rainer: Von der legislatorischen Programmierung zur Selbststeuerung der Verwaltung, in: Jahrbuch für Rechtssoziologie und Rechtstheorie, Bd. 7, Opladen 1980, S. 130–152.

Hegenbarth, Rainer: Symbolische und instrumentelle Funktionen moderner Gesetze, in: ZRP 1981, S. 201–204.

Heimburg, Sibylle v.: Verwaltungsaufgaben und Private, Berlin 1982.

Heller, Hermann: Politische Demokratie und soziale Homogenität (1928), in: Grundprobleme der Demokratie, hrsgg. von Ulrich Matz, Darmstadt 1973, S. 7–19.

Heller, Hermann: Staatslehre, 1. Aufl., Leiden 1934 (6. Aufl., Tübingen 1983).

Hendler, Reinhard: Selbstverwaltung als Ordnungsprinzip, Köln u.a. 1984.

Hennis, Wilhelm: Amtsgedanke und Demokratiebegriff, in: Festgabe für Rudolf Smend, Tübingen 1962, S. 51–70.

Hennis, Wilhelm: Demokratisierung. Zur Problematik eines Begriffs, 2. Aufl., Opladen 1972.

Henrich, Dieter (Hrsg.): Kant, Gentz, Rehberg. Über Theorie und Praxis, Frankfurt/M. 1967.

Herrnritt, Rudolf Herrmann: Grundlehren des Verwaltungsrechts, Tübingen 1921.

Hertling, Georg Freiherr v.: Recht, Staat und Gesellschaft, Kempten-München 1907.

Herzog, Roman: Allgemeine Staatslehre, Frankfurt/M. 1971.

Herzog, Roman: Kommentierung der Art. 20 (1980), 63 (1983), 64 (1983) und 65 (1984), in: Maunz/Dürig, Kommentar zum Grundgesetz.

Hespe, Klaus: Zur Entwicklung der Staatszwecklehre in der deutschen Staatsrechtswissenschaft des 19. Jahrhunderts, Köln-Berlin 1964.

Hesse, Konrad: Der Rechtsstaat im Verfassungssystem des Grundgesetzes, in: Mehdi Tohidipur (Hrsg.), Der bürgerliche Rechtsstaat, Bd. 1, Frankfurt/M. 1978, S. 290–314.

Hesse, Konrad: Grundzüge des Verfassungsrechts der Bundesrepublik Deutschland, 16. Aufl., Heidelberg 1988.

Heyen, Erk Volkmar: Otto Mayer. Studien zu den geistigen Grundlagen seiner Verwaltungsrechtswissenschaft, Berlin 1981.

Hidien, Jürgen: Gemeindliche Betätigungen rein erwerbswirtschaftlicher Art und „öffentlicher Zweck" kommunaler wirtschaftlicher Unternehmen, Berlin 1981.

Hill, Hermann: Die politisch-demokratische Funktion der kommunalen Selbstverwaltung nach der Reform, Baden-Baden 1987.

Hill, Hermann: Zehn Jahre Verwaltungsverfahrensgesetz (= Speyerer Arbeitshefte 78), Speyer 1987.

Himmelmann, Gerhard: Kontrolle öffentlicher Unternehmen als politisches und politologisches Problem, in: Kontrolle öffentlicher Unternehmen, Bd. 2 (= Schriftenreihe der Gesellschaft für öffentliche Wirtschaft und Gemeinwirtschaft, Heft 20), Baden-Baden 1982, S. 61–78.

Hinrichs, Ernst (Hrsg.): Absolutismus, Frankfurt/M. 1986.

Hintze, Hedwig: Staatseinheit und Föderalismus im alten Frankreich und in der Revolution, Berlin-Leipzig 1928.

Hintze, Otto: Staat und Verfassung (= Gesammelte Abhandlungen, Bd. 1), 3. Aufl., Göttingen 1970.

Hintze, Otto: Soziologie und Geschichte (= Gesammelte Abhandlungen, Bd. 2), 3. Aufl., Göttingen 1982.

Hintze, Otto: Regierung und Verwaltung (= Gesammelte Abhandlungen, Bd. 3), 2. Aufl., Göttingen 1967.

Hoffmann-Riem, Wolfgang: Selbstbindungen der Verwaltung, VVDStRL 40 (1982), S. 187–239.

Hofmann, Hanns Hubert (Hrsg.): Die Entstehung des modernen souveränen Staates, Köln-Berlin 1967.

Hofmann, Hasso: Legitimität gegen Legalität. Der Weg der politischen Philosophie Carl Schmitts, Neuwied-Berlin 1964.

Hofmann, Hasso: Repräsentation. Studien zur Wort- und Begriffsgeschichte von der Antike bis ins 19. Jahrhundert, 2. Aufl., Berlin 1990.

Hofmann, Hasso: Legitimität und Rechtsgeltung, Berlin 1977.

Hofmann, Hasso: Rechtsfragen der atomaren Entsorgung, Stuttgart 1981.

Hofmann, Hasso: Grundpflichten als verfassungsrechtliche Dimension, VVDStRL 41 (1983), S. 42–86.

Hofmann, Hasso: Recht-Politik-Verfassung. Studien zur Geschichte der politischen Philosophie, Frankfurt/M. 1986.

Hofmann, Hasso: Das Postulat der Allgemeinheit des Gesetzes, in: Die Allgemeinheit des Gesetzes (= Abhandlungen der Akademie der Wissenschaften in Göttingen, Philologisch-Historische Klasse, Dritte Folge Nr. 168), hrsgg. v. Christian Starck, Göttingen 1987, S. 9–48.

Hofmann, Hasso: Privatwirtschaft und Staatskontrolle bei der Energieversorgung durch Atomkraft, München 1989.

Hofmann, Hasso/Dreier, Horst: Repräsentation, Mehrheitsprinzip und Minderheitenschutz, in: Parlamentsrecht und Parlamentspraxis in der Bundesrepublik Deutschland, hrsgg. v. Hans-Peter Schneider und Wolfgang Zeh, Berlin-New York 1989, S. 165–197.

Hood, Christopher/Schuppert, Gunnar Folke (Hrsg.): Verselbständigte Verwaltungseinheiten in Westeuropa. Die Erfüllung öffentlicher Aufgaben durch Para-Government Organisations (PGOs), Baden-Baden 1988.

Huber, Ernst Rudolf: Deutsche Verfassungsgeschichte seit 1789, Stuttgart u.a. 1957ff. (Bd. I: 2. Aufl. 1967; Bd. II: 3. Aufl. 1988; Bd. III: 3. Aufl. 1988; Bd. IV: 2. Aufl. 1982; Bd. V: 1978; Bd. VI: 1981; Bd. VII: 1984).

Huber, Peter-Michael: Grundrechtsschutz durch Organisation und Verfahren als Kompetenzproblem in der Gewaltenteilung und im Bundesstaat, München 1988.

Hueber, Alfons: Otto Mayer. Die „juristische Methode“ im Verwaltungsrecht, Berlin 1982.

Ipsen, Hans Peter: Der Stadtstaat als Unternehmer und Träger der Fachaufsicht. Lehren aus dem Hamburger „Fall Brokdorf“, in: Festschrift zum 125jährigen Bestehen der Juristischen Gesellschaft zu Berlin, Berlin-New York 1984, S. 265–282.

Isensee, Josef: Verfassungsgarantie ethischer Grundwerte und gesellschaftlicher Konsens, in: NJW 1977, S. 545–551.

Isensee, Josef: Verfassung ohne Ernstfall: der Rechtsstaat, in: Der Ernstfall (= Schriften der Carl Friedrich von Siemens Stiftung, hrsgg. v. Anton Peisl und Armin Mohler), Frankfurt/M.-Berlin-Wien 1979, S. 98–123.

Isensee, Josef: Regierbarkeit in einer parlamentarischen Demokratie, in: Ein Cappenberger Gespräch, Köln 1979, S. 15–47.

Isensee, Josef: Das Grundrecht auf Sicherheit. Zu den Schutzpflichten des freiheitlichen Verfassungsstaates, Berlin-New York 1983.

Isensee, Josef: Widerstand gegen den technischen Fortschritt, in: DÖV 1983, S. 565–575.

Isensee, Josef: Verwaltung zwischen Sachgesetzlichkeit und Parteipolitik, in: Personen und Institutionen in der Entwicklung der Bundesrepublik Deutschland, hrsgg. v. Rudolf Hrbek, Kehl-Straßburg-Arlington 1985, S. 67–82.

Isensee, Josef: Art. Beamte, in: StL[7], Bd. 1, Sp. 584–600.

Isensee, Josef: Gemeinwohl und Staatsaufgaben im Verfassungsstaat, in: HdbStR III, § 57 (S. 3–82).

Janssen, Albert: Über die Grenzen des legislativen Zugriffsrechts, Tübingen 1990.

Jarass, Hans D.: Politik und Bürokratie als Elemente der Gewaltenteilung, München 1975.

Jellinek, Georg: Adam in der Staatslehre, in: Neue Heidelberger Jahrbücher 3 (1893), S. 135–151.

Jellinek, Georg: System der subjektiven öffentlichen Rechte, 2. Aufl., Tübingen 1905.

Jellinek, Georg: Allgemeine Staatslehre, 3. Aufl., Berlin 1914 (ND 1976).

Jesch, Dietrich: Gesetz und Verwaltung, Tübingen 1961 (2., unv. Aufl. 1968).

Kaiser, Joseph H. (Hrsg.): Verwaltung und Verwaltungswissenschaften in der Bundesrepublik Deutschland, Baden-Baden 1983.

Kaufmann, Erich: Verwaltung, Verwaltungsrecht, in: v. Stengel/Fleischmann, Wörterbuch des Deutschen Staats- und Verwaltungsrechts, Bd. 3, Tübingen 1914, S. 688–718.

Kaufmann, Matthias: Recht ohne Regel? Die philosophischen Prinzipien in Carl Schmitts Staats- und Rechtslehre, Freiburg/München 1988.

Kehr, Eckart: Der Primat der Innenpolitik. Gesammelte Aufsätze zur preußisch-deutschen Sozialgeschichte im 19. und 20. Jahrhundert, hrsgg. u. eingeleitet v. Hans-Ulrich Wehler, 2. Aufl., Frankfurt/M.-Wien-Berlin 1970.

Kempen, Bernhard: Die Formenwahlfreiheit der Verwaltung. Die öffentliche Verwaltung zwischen öffentlichem und privatem Recht, München 1989.

Kielmansegg, Peter Graf: Volkssouveränität. Eine Untersuchung der Bedingungen demokratischer Legitimität, Stuttgart 1977.

Kimminich, Otto: Deutsche Verfassungsgeschichte, 2. Aufl., Baden-Baden 1987.

Kirchhof, Paul: Rechtsquellen und Grundgesetz, in: Bundesverfassungsgericht und Grundgesetz. Festgabe zum 25jährigen Bestehen des Bundesverfassungsgerichts, Bd. 2, Tübingen 1976, S. 50–107.

Kirchhof, Paul: Verwalten durch „mittelbares" Einwirken, Köln u.a. 1977.

Kirchhof, Paul: Mittel staatlichen Handelns, in: HdbStR III, § 59 (S. 121–209).

Kisker, Gunter: Abbau politischer Konfliktüberlastung durch Dezentralisierung, in: Verselbständigung von Verwaltungsträgern, hrsgg. v. Frido Wagener, Bonn 1976, S. 73–89.

Kleine-Cosack, Michael: Berufsständische Autonomie und Grundgesetz, Baden-Baden 1986.

Kloepfer, Michael: Gesetzgebung im Rechtsstaat, in: VVDStRL 40 (1982), S. 63–98.

Kluth, Winfried: Grenzen kommunaler Wettbewerbsteilnahme. Grenzen wirtschaftlicher Betätigung von Gemeinden und Gemeindeverbänden im Wettbewerb mit Privaten im Bereich der Sozialwirtschaft. Zur Dogmatik der wirtschaftlichen Betätigung des Staates, Köln u.a. 1988.

Kluth, Winfried: Rechtsfragen der Beteiligung von Kommunen an Großkonzernen – Das Beispiel RWE, in: Wirtschaft und Recht, hrsgg. v. Jörg Peter und Kay-Uwe Rhein, Osnabrück 1989, S. 117–149.

Knaut, Martin: Geschichte der Verwaltungsorganisation, Stuttgart 1961.

Knemeyer, Franz-Ludwig: Regierungs- und Verwaltungsreformen in Deutschland zu Beginn des 19. Jahrhunderts, Köln-Berlin 1970.

Koch, Hans-Joachim: Einleitung: Über juristisch-dogmatisches Argumentieren im Staatsrecht, in: ders. (Hrsg.), Seminar: Die juristische Methode im Staatsrecht, Frankfurt/M. 1977, S. 13–157.

Koch, Hans-Joachim: Allgemeines Verwaltungsrecht, Frankfurt/M. 1984.

Koch, Hans-Joachim: Grenzen der Rechtsverbindlichkeit technischer Regeln im öffentlichen Baurecht, Düsseldorf 1986.

Koch, Hans-Joachim/Rüßmann, Helmut: Juristische Begründungslehre, München 1982.

Köttgen, Arnold: Nation und Staat, in: Blätter für deutsche Philosophie 5 (1931), S. 190–220.

Köttgen, Arnold: Die politische Betätigung der Beamtenschaft, in: VerwArch. 37 (1932), S. 247–271.

Köttgen, Arnold: Vom Deutschen Staatsleben, in: JöR 24 (1937), S. 1–165.

Köttgen, Arnold: Die rechtsfähige Verwaltungseinheit. Ein Beitrag zur Lehre von der mittelbaren Reichsverwaltung, Berlin 1939.

Köttgen, Arnold: Innerstaatliche Gliederung und moderne Gesellschaftsordnung, in: Göttinger Festschrift für das OLG Celle, Göttingen 1961, S. 79–97.

Köttgen, Arnold: Der Einfluß des Bundes auf die deutsche Verwaltung und die Organisation der bundeseigenen Verwaltung, in: JöR 11 (1962), S. 173–311.

Korte, Heinrich/Rebe, Bernd: Verfassung und Verwaltung des Landes Niedersachsen, 2. Aufl., Göttingen 1986.

Koselleck, Reinhart: Preußen zwischen Reform und Revolution. Allgemeines Landrecht, Verwaltung und soziale Bewegung von 1791 bis 1848, 3. Aufl., Stuttgart 1981.

Koselleck, Reinhart (Hrsg.): Studien zum Beginn der modernen Welt, Stuttgart 1977.

Kraft, Ernst Thomas: Das Verwaltungsgesellschaftsrecht. Zur Verpflichtung kommunaler Körperschaften, auf ihre Privatrechtsgesellschaften einzuwirken, Frankfurt/M.-Bern 1982.

Krause, Peter: Rechtsformen des Verwaltungshandelns, Berlin 1974.

Krawietz, Werner: Das positive Recht und seine Funktion. Kategoriale und methodologische Überlegungen zu einer funktionalen Rechtstheorie, Berlin 1967.

Krebs, Walter: Kontrolle in staatlichen Entscheidungsprozessen. Ein Beitrag zur rechtlichen Analyse von gerichtlichen, parlamentarischen und Rechnungshof-Kontrollen, Heidelberg 1984.

Krebs, Walter: Verwaltungsorganisation, in: HdbStR III, § 69 (S. 567–622).

Kriele, Martin: Einführung in die Staatslehre, Reinbek bei Hamburg 1975.

Kriele, Martin: Theorie der Rechtsgewinnung, 2. Aufl., Berlin 1976.

Kroeschell, Karl: Deutsche Rechtsgeschichte, Bd. 1 (bis 1250), Reinbek bei Hamburg 1972; Bd. 2 (1250–1650), Reinbek bei Hamburg 1973; Bd. 3 (seit 1650), Opladen 1989.

Krüger, Herbert: Allgemeine Staatslehre, 2. Aufl., Stuttgart u.a. 1966.

Krüger, Herbert: Rechtsetzung und technische Entwicklung, NJW 1966, S. 617–624.

Krüger, Herbert: Von der Notwendigkeit einer freien und auf lange Sicht angelegten Zusammenarbeit zwischen Staat und Wirtschaft, Münster 1966.

Kübler, Friedrich (Hrsg.): Verrechtlichung von Wirtschaft, Arbeit und sozialer Solidarität, Baden-Baden 1984.

Kübler, Hartmut: Organisation und Führung in Behörden, 2 Bde., 4. Aufl., Stuttgart u.a. 1980.

Kühne, Jörg-Detlef: Die Reichsverfassung der Paulskirche, Frankfurt/M. 1985.

Kunisch, Johannes: Absolutismus. Europäische Geschichte vom Westfälischen Frieden bis zur Krise des Ancien Régime, Göttingen 1986.

Kunisch, Johannes (Hrsg.): Der dynastische Fürstenstaat. Zur Bedeutung von Sukzessionsordnungen für die Entstehung des frühmodernen Staates, Berlin 1982.

Kunisch, Johannes (Hrsg.): Staatsverfassung und Heeresverfassung in der europäischen Geschichte der frühen Neuzeit, Berlin 1986.

Kuriki, Hisao: Die Rolle des Allgemeinen Staatsrechts in Deutschland von der Mitte des 18. bis zur Mitte des 19. Jahrhunderts, in: AöR 99 (1974), S. 556–585.

Kuriki, Hisao: Die Funktion des Volksgedankens in der Geschichte der deutschen Staatsrechtswissenschaft, in: Recht und Staat im sozialen Wandel. Festschrift für Hans Ulrich Scupin zum 80. Geburtstag, hrsgg. v. Norbert Achterberg/Werner Krawietz/Dieter Wyduckel, Berlin 1983, S. 233–250.

Laband, Paul: Das Staatsrecht des Deutschen Reiches, 5. neubearbeitete Auflage in vier Bänden, Tübingen 1911–1914.

Ladeur, Karl-Heinz: Vom Gesetzesvollzug zur strategischen Rechtsfortbildung, in: Leviathan 7 (1979), S. 339–375.

Lange, Hermann: Organisationswandel und Rekrutierungspolitik im öffentlichen Dienst, in: DÖV 1988, S. 323–332.

Lange, Klaus: Kriterien für die Wirksamkeit von Instrumenten und Programmen des Verwaltungshandelns, in: DÖV 1981, S. 73–83.

Lange, Klaus: Die öffentlichrechtliche Anstalt, VVDStRL 44 (1986), S. 169–210.

Larenz, Karl: Methodenlehre der Rechtswissenschaft, 5. Aufl., Berlin u.a. 1983.

Laski, Harold J.: The Foundations of Sovereignty and other Essays, New Haven 1921.

Laski, Harold J.: A Grammar of Politics, 4th Edition (7th Impression), London 1938.

Laubinger, Hans Werner: Die Treuepflicht der Beamten im Wandel der Zeiten, in: Öffentlicher Dienst. Festschrift für Carl Hermann Ule, Köln u.a. 1977, S. 89–110.

Laux, Eberhard: Die „verselbständigten Verwaltungsträger" in der wissenschaftlichen Diskussion, in: DÖV 1981, S. 861–864.

Laux, Eberhard: Verwaltungslehre. Ein Literaturbericht, in: AfK 25 (1986), S. 79–82.

Lauxmann, Frieder: Die kranke Hierarchie. Not und Hoffnung der öffentlichen Verwaltung, Stuttgart 1971.

Lecheler, Helmut: Verwaltungslehre, Stuttgart-München-Hannover 1988.

Lehner, Franz: Grenzen des Regierens. Eine Studie zur Regierungsproblematik hochindustrialisierter Demokratien, Königstein/Ts. 1979.

Lerche, Peter: Kommentierung der Art. 83 (1983), 84 (1985), 85 (1987) und 86 (1989), in: Maunz/Dürig, Kommentar zum Grundgesetz.

Link, Christoph: Herrschaftsordnung und bürgerliche Freiheit. Grenzen der Staatsgewalt in der älteren deutschen Staatslehre, Köln-Wien 1979.

Link, Christoph: Anfänge des Rechtsstaatsgedankens in der deutschen Staatsrechtslehre des 16. bis 18. Jahrhunderts, in: Die Rolle der Juristen bei der Entstehung des modernen Staates, hrsgg. v. Roman Schnur, Berlin 1986, S. 775–795.

Lipp, Wolfgang: Bürokratische, partizipative und Kaderorganisation als Instrumente sozialer Steuerung. Typenanalyse und Leistungsvergleich, in: Die Verwaltung 11 (1978), S. 3–25.

Loeser, Roman: Die bundesstaatliche Verwaltungsorganisation in der Bundesrepublik Deutschland. Verwaltungsverflechtungen zwischen Bund und Ländern, Baden-Baden 1981.

Loeser, Roman: Die Bundesverwaltung in der Bundesrepublik Deutschland. Bestand, Rechtsformen und System der Aufbauorganisation, 2 Bde. (Speyerer Forschungsberichte 50), 2. Aufl., Speyer 1987.

Loeser, Roman: Das Bundes-Organisationsgesetz, Baden-Baden 1988.

Loewenstein, Karl: Volk und Parlament nach der Staatstheorie der französischen Nationalversammlung von 1789, München 1922 (ND Aalen 1964).

Loewenstein, Karl: Verfassungslehre, 2. Aufl., Tübingen 1969.

Löwer, Wolfgang: Die öffentliche Anstalt, in: DVBl. 1985, S. 928–939.

Löwer, Wolfgang: Art. Staatsorganisation, in: $EvStL^3$, Sp. 3444–3453.

Loschelder, Wolfgang: Vom besonderen Gewaltverhältnis zur öffentlichrechtlichen Sonderbindung, Köln u.a. 1982.

Loschelder, Wolfgang: Weisungshierarchie und persönliche Verantwortung in der Exekutive, in: HdbStR III, § 68 (S. 521–566).

Lübbe-Wolff, Gertrude: Das wohlerworbene Recht als Grenze der Gesetzgebung im neunzehnten Jahrhundert, in: ZRG GA 103 (1986), S. 104–139.

Lübbe-Wolff, Gertrude: Konstitution und Konkretisierung außenwirksamer Standards durch Verwaltungsvorschriften – Probleme der Neuregelung des § 7a WHG –, in: DÖV 1987, S. 896–903.

Lübbe-Wolff, Gertrude: Die Grundrechte als Eingriffsabwehrrechte. Struktur und Reichweite der Eingriffsdogmatik im Bereich staatlicher Leistungen, Baden-Baden 1988.

Lüdtke, Alf: Genesis und Durchsetzung des „modernen Staates". Zur Analyse von Herrschaft und Verwaltung, in: Archiv für Sozialgeschichte XX (1980), S. 470–491.

Luhmann, Niklas: Grundrechte als Institution, Berlin 1965 (2. Aufl. 1974).

Luhmann, Niklas: Die Weltgesellschaft (1971), in: ders., Soziologische Aufklärung 2, Opladen 1975, S. 51–71.

Luhmann, Niklas: Rechtssystem und Rechtsdogmatik, Stuttgart 1974.

Luhmann, Niklas: Zweckbegriff und Systemrationalität. Über die Funktion von Zwekken in sozialen Systemen, 2. Aufl., Frankfurt/M. 1977.

Luhmann, Niklas: Ausdifferenzierung des Rechts. Beiträge zur Rechtssoziologie und Rechtstheorie, Frankfurt/M. 1981.

Luhmann, Niklas: Machtkreislauf und Recht in Demokratien, in: Zeitschrift für Rechtssoziologie 1981, S. 158–167.

Luhmann, Niklas: Politische Theorie im Wohlfahrtsstaat, München-Wien 1981.

Luhmann, Niklas: Soziale Systeme. Grundriß einer allgemeinen Theorie, Frankfurt/M. 1984.

Mäding, Erhard: Aufgaben der öffentlichen Verwaltung, in: Die Verwaltung 6 (1973), S. 257–282.

Magiera, Siegfried: Parlament und Staatsleitung in der Verfassungsordnung des Grundgesetzes, Berlin 1979.

Maier, Hans: Die ältere deutsche Staats- und Verwaltungslehre, 2. Aufl., München 1980.

Malchus, C. A. Freiherr v.: Politik der inneren Staatsverwaltung oder Darstellung des Organismus der Behörden für dieselbe, mit Andeutungen von Formen für die Behandlung und für die Einkleidung der Geschäfte, vorzüglich jener in dem Gebiete der inneren Staatsverwaltung, Erster Theil, Heidelberg 1823.

Maluschke, Günther: Philosophische Grundlagen des demokratischen Verfassungsstaates, Freiburg/Br.-München 1982.

Mantl, Wolfgang: Repräsentation und Identität, Wien-New York 1975.

Martens, Wolfgang: Öffentlich als Rechtsbegriff, Bad Homburg v.d.H.-Berlin-Zürich 1969.

Matz, Ulrich (Hrsg.): Grundprobleme der Demokratie, Darmstadt 1973.

Matz, Ulrich (Hrsg.): Aktuelle Herausforderungen der repräsentativen Demokratie, Köln u.a. 1985.

Maurenbrecher, Romeo: Grundsätze des heutigen deutschen Staatsrechts, Frankfurt 1837.

Maurer, Hartmut: Allgemeines Verwaltungsrecht, 6. Aufl., München 1988.

Maus, Ingeborg: Entwicklung und Funktionswandel der Theorie des bürgerlichen Rechtsstaates, in: Mehdi Tohidipur (Hrsg.), Der bürgerliche Rechtsstaat, Bd. 1, Frankfurt/M. 1978, S. 13–81.

Maus, Ingeborg: Bürgerliche Rechtstheorie und Faschismus. Zur sozialen Funktion und aktuellen Wirkung der Theorie Carl Schmitts, 2., erw. Auflage, München 1980.

Mayer, Franz/Kopp, Ferdinand O.: Allgemeines Verwaltungsrecht, 5. Aufl., Stuttgart u.a. 1985.

Mayer, Otto: Die juristische Person und ihre Verwertbarkeit im öffentlichen Recht, in: Festgabe für Paul Laband, Bd. 1, Tübingen 1908, S. 1–94.

Mayer, Otto: Deutsches Verwaltungsrecht, 2 Bde., 3. Aufl., München-Leipzig 1924.

Mayntz, Renate (Hrsg.): Implementation politischer Programme, Königstein/Ts. 1980.

Mayntz, Renate: Soziologie der öffentlichen Verwaltung, 3. Aufl., Heidelberg 1985.

Medick, Hans: Naturzustand und Naturgeschichte der bürgerlichen Gesellschaft. Die Ursprünge der bürgerlichen Sozialtheorie als Geschichtsphilosophie und Sozialwissenschaft bei Samuel Pufendorf, John Locke und Adam Smith, Göttingen 1973.

Meier, Karl: Kooperation von Legislative und Exekutive bei der Rechtssetzung im Bunde, Basel-Stuttgart 1979.

Merkl, Adolf: Die monarchistische Befangenheit der deutschen Staatsrechtslehre, in: Schweizerische Juristenzeitung, 16. Jg. (1919/20), S. 378–383.

Merkl, Adolf: Demokratie und Verwaltung, Wien-Leipzig 1923.

Merkl, Adolf: Allgemeines Verwaltungsrecht, Wien 1927.

Merz, Hans-Georg: Beamtentum und Beamtenpolitik in Baden. Studien zu ihrer Geschichte vom Großherzogtum bis in die Anfangsjahre des nationalsozialistischen Herrschaftssystems, Freiburg/Br.-München 1985.

Meyer, Ahlrich: Mechanische und organische Metaphorik politischer Philosphie, in: Archiv für Begriffsgeschichte, Bd. XIII (1969), S. 128–199.

Meyer, Hans: Zur Regierbarkeit der parlamentarischen Demokratie, in: Ein Cappenberger Gespräch, Köln 1979, S. 48–68.

Meyer-Hesemann, Wolfgang: Methodenwandel in der Verwaltungsrechtswissenschaft, Heidelberg-Karlsruhe 1981.

Meyn, Karl-Ulrich: Kontrolle als Verfassungsprinzip. Problemstudie zu einer legitimationsorientierten Theorie der politischen Kontrolle in der Verfassungsordnung des Grundgesetzes, Baden-Baden 1982.

Miller, Manfred: Politikverflechtung als Organisationsprinzip. Die Bundesrepublik Deutschland und Frankreich auf dem Weg zum „dezentralisierten Einheitsstaat"?, in: DÖV 1986, S. 140–148.

Mößle, Wilhelm: Regierungsfunktionen des Parlaments, München 1986.

Morlok, Martin: Was heißt und zu welchem Ende studiert man Verfassungstheorie?, Berlin 1988.

Morstein Marx, Fritz (Hrsg.): Verwaltung. Eine einführende Darstellung, Berlin 1965.
Müller, Christoph: Das imperative und freie Mandat, Leiden 1966.
Müller, Friedrich: Juristische Methodik und politisches System. Elemente einer Verfassungstheorie II, Berlin 1976.
Müller, Friedrich: Juristische Methodik, 3. Aufl., Berlin 1989.
Müller, Friedrich: Rechtsstaatliche Form – Demokratische Politik, Berlin 1977.
Müller, Friedrich: Strukturierende Rechtslehre, Berlin 1984.
Müller, Friedrich-Wilhelm: Selbstverwaltung und Interessenteneinfluß bei den Anstalten des öffentlichen Rechts, Diss. jur. Göttingen 1959.
Müller, Georg: Inhalt und Formen der Rechtssetzung als Problem der demokratischen Kompetenzordnung, Basel-Stuttgart 1979.
Müller-Thoma, Frank: Der halbstaatliche Verein. Eine Organisationserscheinung der institutionalisierten Durchdringung von Staat und Gesellschaft, Berlin 1974.
Mußgnug, Reinhard: Die rechtlichen und pragmatischen Beziehungen zwischen Regierung, Parlament und Verwaltung, in: Dt. VerwGesch III, S. 109–127; Die rechtlichen und pragmatischen Beziehungen zwischen Parlament, Regierung und Verwaltung, in: Dt. VerwGesch IV, S. 308–329; Verschiebungen im Verhältnis von Parlament, Regierung und Verwaltung, in: Dt. VerwGesch V, S. 100–122.
Mußgnug, Reinhard: Das allgemeine Verwaltungsrecht zwischen Richterrecht und Gesetzesrecht, in: Festschrift der Juristischen Fakultät zur 600-Jahr-Feier der Universität Heidelberg, Heidelberg 1986, S. 203–229.

Narr, Wolf-Dieter/Naschold, Frieder: Theorie der Demokratie, Stuttgart u.a. 1971.
Nesselmüller, Günter: Rechtliche Einwirkungsmöglichkeiten der Gemeinden auf ihre Eigengesellschaften, Siegburg 1977.
Nicklisch, Fritz u.a. (Hrsg.): Die Rolle des wissenschaftlich-technischen Sachverstandes bei der Genehmigung chemischer und kerntechnischer Anlagen, Heidelberg 1982.
Niedner, Johannes: Individualismus und Sozialismus in der Verwaltungsorganisation, in: Zeitschrift für Politik, Bd. 7 (1914), S. 337–361.
Nocke, Joachim: Autopoiesis – Rechtssoziologie in seltsamen Schleifen, in: KritJ 19 (1986), S. 363–389.
Nocke, Joachim: Rechtsproduktion der Juristen im Umweltrecht – eine Profession stößt an ihre Grenzen, in: Rechtsproduktion und Rechtsbewußtsein, hrsgg. v. Brun-Otto Bryde u. Wolfgang Hoffmann-Riem, Baden-Baden 1988, S. 81–122.
Novak, Richard: Gesetzgebung im Rechtsstaat, VVDStRL 40 (1982), S. 40–62.

Oebbecke, Janbernd: Zweckverbandsbildung und Selbstverwaltungsgarantie, Köln u.a. 1982.
Öffentliche Verwaltung in der Bundesrepublik Deutschland, hrsgg. von Klaus König, Hans-Joachim von Oertzen und Frido Wagener, Baden-Baden 1981.
Oertzen, Hans-Joachim v. (Hrsg.): „Demokratisierung" und Funktionsfähigkeit der Verwaltung, Stuttgart u.a. 1974.
Oertzen, Peter v.: Die Bedeutung C. F. von Gerbers für die deutsche Staatsrechtslehre, in: Festgabe für Rudolf Smend, Tübingen 1962, S. 189–208.
Oertzen, Peter v.: Die soziale Funktion des staatsrechtlichen Positivismus (Diss. phil. Göttingen 1952/53), Frankfurt/M. 1974.
Oestreich, Gerhard: Geist und Gestalt des frühmodernen Staates, Berlin 1969.
Offe, Claus: Rationalitätskriterien und Funktionsprobleme politisch-administrativen Handelns (1974), in: Erhard Denninger (Hrsg.), Freiheitliche demokratische Grundordnung I, Frankfurt/M. 1977, S. 469–486.

Offe, Claus: Die Staatstheorie auf der Suche nach ihrem Gegenstand. Beobachtungen zur aktuellen Diskussion, in: Jahrbuch zur Staats- und Verwaltungswissenschaft, Bd. 1, Baden-Baden 1987, S. 309–320.

Oldiges, Martin: Die Bundesregierung als Kollegium. Eine Studie zur Regierungsorganisation unter dem Grundgesetz, Hamburg 1983.

Oldiges, Martin: Einheit der Verwaltung als Rechtsproblem, in: NVwZ 1987, S. 737–744.

Ossenbühl, Fritz: Autonome Rechtsetzung der Verwaltung, in: HdbStR III, § 65 (S. 425–462).

Ossenbühl, Fritz: Satzung, in: HdbStR III, § 66 (S. 463–497).

Pankoke, Eckart: Fortschritt und Komplexität. Die Anfänge moderner Sozialwissenschaft in Deutschland, in: Studien zum Beginn der modernen Welt, hrsgg. v. Reinhart Koselleck, Stuttgart 1977, S. 352–374.

Pankoke, Eckart: Steuern und Verantworten. Zu Führungsstil und Organisationskultur sozialer Verwaltung, in: Die Verwaltung 21 (1988), S. 429–455.

Pankoke, Eckart/Nokielski, Hans/Beine, Theodor: Neue Formen gesellschaftlicher Selbststeuerung in der Bundesrepublik Deutschland, Göttingen 1975.

Pankoke, Eckart/Nokielski, Hans: Verwaltungssoziologie. Einführung in Probleme öffentlicher Verwaltung, Stuttgart u.a. 1977.

Papier, Hans-Jürgen: Parlamentarische Demokratie und die innere Souveränität des Staates, in: Das parlamentarische Regierungssystem der Bundesrepublik auf dem Prüfstand, Berlin 1984, S. 33–52.

Patze, Hans (Hrsg.): Aspekte des europäischen Absolutismus, Hildesheim 1979.

Pawlowski, Hans-Martin: Methodenlehre für Juristen, Heidelberg-Karlsruhe 1981.

Peil, Dietmar: Untersuchungen zur Staats- und Herrschaftsmetaphorik in literarischen Zeugnissen von der Antike bis zur Gegenwart, München 1983.

Peine, Franz-Joseph: Das Recht als System, Berlin 1983.

Peine, Franz-Joseph: Gesetz und Verordnung, in: Zeitschrift für Gesetzgebung 3 (1988), S. 121–140.

Pernthaler, Peter (Hrsg.): Dezentralisation und Selbstorganisation. Theoretische Probleme und praktische Erfahrungen (= Schriftenreihe des Instituts für Föderalismusforschung, Bd. 23), Wien 1982.

Pernthaler, Peter: Allgemeine Staatslehre und Verfassungslehre, Wien-New York 1986.

Perthes, Clemens Theodor: Der Staatsdienst in Preußen. Ein Beitrag zum Deutschen Staatsrecht, Hamburg 1838.

Peters, Hans: Staat, in: StL^6, Bd. 7, Sp. 520 ff.

Peters, Hans: Die Verwaltung als eigenständige Staatsgewalt (Kölner Universitätsreden 33), Krefeld 1965.

Podlech, Adalbert: Repräsentation, in: Geschichtliche Grundbegriffe, Bd. 5, Stuttgart 1984, S. 509–547.

Pohle, Ekhard: Interessenverbände der öffentlichen Hand. Der Anteil der Körperschaften und Anstalten des öffentlichen Rechts am privatrechtlichen Verbandswesen zur Interessenvertretung in der Bundesrepublik Deutschland, in: VerwArch. 53 (1962), S. 201–240, 333–382.

Politik im Dickicht der Bürokratie. Beiträge zur Implementationsforschung, hrsgg. v. Helmut Wollmann (= Leviathan-Sonderheft 3), Berlin 1980.

Prätorius, Rainer: Soziologie der politischen Organisationen. Eine Einführung, Darmstadt 1984.

Preu, Peter: Polizeibegriff und Staatszwecklehre. Die Entwicklung des Polizeibegriffs durch die Rechts- und Staatswissenschaften des 18. Jahrhunderts, Göttingen 1983.
Preuß, Hugo: Gemeinde, Staat, Reich als Gebietskörperschaften, Berlin 1889 (Neudruck Aalen 1964).
Preuß, Hugo: Art. Selbstverwaltung, in: Handwörterbuch der Kommunalwissenschaften, hrsgg. v. Josef Brix u.a., Bd. 3, Jena 1924, S. 768–776.
Preuß, Hugo: Staat, Recht und Freiheit. Aus 40 Jahren deutscher Politik und Geschichte, Tübingen 1926 (Neudruck Hildesheim 1964).
Preuß, Ulrich K.: Zum staatsrechtlichen Begriff des Öffentlichen, Stuttgart 1969.
Preuß, Ulrich K.: Die Internalisierung des Subjekts, Frankfurt/M. 1979.
Preuß, Ulrich K.: Politische Verantwortung und Bürgerloyalität. Von den Grenzen der Verfassung und des Gehorsams in der Demokratie, Frankfurt/M. 1984.
Prewo, Rainer: Max Webers Wissenschaftsprogramm, Frankfurt/M. 1979.
Püttner, Günter: Verwaltungslehre, 2. Aufl., München 1989.
Püttner, Günter: Die öffentlichen Unternehmen. Ein Handbuch zu Verfassungs- und Rechtsfragen der öffentlichen Wirtschaft, 2. Aufl., Stuttgart-München-Hannover 1985.
Pützer, Hanns-Jakob: Landesorganisationshoheit als Schranke der Bundeskompetenzen. Ein Beitrag zum Kompetenzsystem des Bundesstaates, dargestellt am Beispiel der Fusionskontrolle über Landes- und Kommunalunternehmen, Frankfurt/M. u.a. 1988.
Puhl, Thomas: Die Minderheitsregierung nach dem Grundgesetz, Berlin 1986.

Quaritsch, Helmut: Staat und Souveränität, Bd. 1: Die Grundlagen, Frankfurt/M. 1970.
Quaritsch, Helmut: Demokratisierung – Möglichkeiten und Grenzen, in: Demokratisierung – Möglichkeiten und Grenzen. Ein Cappenberger Gespräch, Köln-Berlin 1976, S. 11–44.
Quaritsch, Helmut: Souveränität. Entstehung und Entwicklung des Begriffs in Frankreich und Deutschland vom 13. Jh. bis 1806, Berlin 1986.

Rasch, Ernst: Die staatliche Verwaltungsorganisation, Köln-Berlin-Bonn-München 1967.
Rath, Hans-Dieter: Positivismus und Demokratie: Richard Thoma 1874–1957, Berlin 1981.
Rausch, Heinz (Hrsg.): Zur Theorie und Geschichte der Repräsentation und der Repräsentativverfassung, Darmstadt 1968.
Redslob, Robert: Die Staatstheorien der französischen Nationalversammlung von 1789, ihre Grundlagen in der Staatslehre der Aufklärungszeit und in den englischen und amerikanischen Verfassungsgedanken, Leipzig 1912.
Rehberg, August Wilhelm: Ueber die Staatsverwaltung deutscher Länder und die Dienerschaft des Regenten, Hannover 1807.
Rehbinder, Manfred: Die Verwaltung als Schaltstelle zwischen Recht und Gesellschaft, in: Verwaltung im Rechtsstaat. Festschrift für Carl Hermann Ule, Köln u.a. 1987, S. 283–295.
Rehbinder, Manfred: Rechtssoziologie, 2. Aufl., Berlin-New York 1989.
Rehm, Hermann: Die rechtliche Natur des Staatsdienstes nach deutschem Staatsrecht historisch-dogmatisch dargestellt, München-Leipzig 1885.
Reinhart, Wolfgang: Gewaltenteilung im Staats- und Kommunalverfassungsrecht. Eine Untersuchung über funktionelle, personelle und vertikale Gewaltenteilung, insbesondere im Rahmen kommunaler Selbstverwaltung, Diss. jur. Mannheim 1984.

Reinke, Herbert: Bürokratie im politischen System Deutschlands. Studien zur partiellen Ausdifferenzierung der Verwaltung aus dem ‚ganzen Haus', Diss. phil. Köln 1979/1981.

Rhinow, René A.: Rechtsetzung und Methodik. Rechtstheoretische Untersuchungen zum gegenseitigen Verhältnis von Rechtsetzung und Rechtsanwendung, Basel-Stuttgart 1979.

Rhinow, René A.: Grundprobleme der schweizerischen Demokratie, in: ZSR N.F. 103 II (1984), S. 111–273.

Ridder, Helmut: Die soziale Ordnung des Grundgesetzes, Opladen 1975.

Ritter, Ernst-Hasso: Der kooperative Staat. Bemerkungen zum Verhältnis von Staat und Wirtschaft, in: AöR 104 (1979), S. 389–413.

Ritter, Ernst-Hasso: Umweltpolitik und Rechtsentwicklung, in: NVwZ 1987, S. 929–938.

Ritter, Gerhard A. (Hrsg.): Gesellschaft, Parlament und Regierung. Zur Geschichte des Parlamentarismus in Deutschland, Düsseldorf 1974.

Roellecke, Gerd: Der Begriff des positiven Rechts und das Grundgesetz, Mainz 1969.

Roellecke, Gerd: Rechtsaufsicht und informelle Steuerung am Beispiel der Universitäten, in: DÖV 1985, S. 854–862.

Rombach, Bernd: Bundesunmittelbare Körperschaften und Anstalten nach Art. 87 GG, Diss. jur. Köln 1957.

Rothe, Karl-Heinz: Das Recht der interkommunalen Zusammenarbeit in der Bundesrepublik Deutschland, Göttingen 1965.

Rottmann, Frank: Der Beamte als Staatsbürger. Zugleich eine Untersuchung zum Normtypus von Art. 33 Abs. 5 GG, Berlin 1981.

Rottmann, Frank: Grundrechte und Rechtsschutz im Beamtenverhältnis, in: ZBR 1983, S. 77–92.

Rückert, Joachim: Zur Entstehung des modernen Berufsbeamtentums, in: Quaderni Fiorentini 10 (1981), S. 383–401.

Rückwardt, Bernd: Koordination des Verwaltungshandelns, Berlin 1978.

Rupp, Hans Heinrich: Grundfragen der heutigen Verwaltungsrechtslehre. Verwaltungsnorm und Verwaltungsrechtsverhältnis, Tübingen 1965.

Sachs, Michael: Die Einheit der Verwaltung als Rechtsproblem, in: NJW 1987, S. 2338–2344.

Salzwedel, Jürgen: Risiko im Umweltrecht – Zuständigkeit, Verfahren und Maßstäbe der Bewertung, in: NVwZ 1987, S. 276–279.

Sarwey: Der Staatsdienst und der Stand der Staatsdiener in Kleinstaaten, in: ZStW 7 (1850), S. 605–659.

Schachtschneider, Karl Albrecht: Staatsunternehmen und Privatrecht. Kritik der Fiskustheorie, exemplifiziert an § 1 UWG, Berlin-New York 1986.

Schäfer, Peter: Zentralisation und Dezentralisation. Eine verwaltungswissenschaftliche Studie zur Kompetenzverteilung im politisch-administrativen System der Bundesrepublik Deutschland, empirisch illustriert am Beispiel der Funktionalreform in Nordrhein-Westfalen, Berlin 1982.

Schäffer, Heinz: Koordination in der öffentlichen Verwaltung, Wien 1971.

Schapp, Jan: Hauptprobleme der juristischen Methodenlehre, Tübingen 1983.

Scharpf, Fritz: Demokratietheorie zwischen Utopie und Anpassung, Konstanz 1970.

Scharpf, Fritz: Die politischen Kosten des Rechtsstaats. Eine vergleichende Studie der deutschen und amerikanischen Verwaltungskontrollen, Tübingen 1970.

Scharpf, Fritz: Planung als politischer Prozeß. Aufsätze zur Theorie der planenden Demokratie, Frankfurt/M. 1973.

Scheidemantel, Heinrich Gottfried: Das Staatsrecht nach der Vernunft und den Sitten der vornehmsten Völker betrachtet, Jena 1770.

Schenke, Wolf-Rüdiger: Probleme der modernen Leistungsverwaltung, in: DÖV 1989, S. 365–374.

Scheuing, Dieter H.: Selbstbindungen der Verwaltung, VVDStRL 40 (1982), S. 153–186.

Scheuner, Ulrich: Wirtschaftliche und soziale Selbstverwaltung, in: DÖV 1952, S. 609–615.

Scheuner, Ulrich: Das Gesetz als Auftrag der Verwaltung, in: DÖV 1969, S. 585–593.

Scheuner, Ulrich: Zur Neubestimmung der kommunalen Selbstverwaltung, in: AfK 12 (1973), S. 1–44.

Scheuner, Ulrich: Gesetzgebung und Politik (1974), in: ders., Staatstheorie und Staatsrecht. Gesammelte Schriften, hrsgg. v. Joseph Listl und Wolfgang Rüfner, Berlin 1978, S. 529–544.

Scheuner, Ulrich: Konsens und Pluralismus als verfassungsrechtliches Problem, in: Rechtsgeltung und Konsens, hrsgg. v. Günther Jakobs, Berlin 1976, S. 33–68.

Scheuner, Ulrich: Volkssouveränität und Theorie der parlamentarischen Vertretung. Zur Theorie der Volksvertretung in Deutschland 1815–1848, in: Karl Bosl (Hrsg.), Der moderne Parlamentarismus und seine Grundlagen in der ständischen Repräsentation, Berlin 1977, S. 297–340.

Scheuner, Ulrich: Die Verwirklichung der Bürgerlichen Gleichheit, in: Grund- und Freiheitsrechte im Wandel von Gesellschaft und Geschichte, hrsgg. v. Günther Birtsch, Göttingen 1981, S. 376–401.

Scheuner, Ulrich: Die rechtliche Tragweite der Grundrechte in der deutschen Verfassungsentwicklung des 19. Jahrhunderts, in: Moderne deutsche Verfassungsgeschichte (1815–1914), hrsgg. v. Ernst-Wolfgang Böckenförde unter Mitarbeit von Rainer Wahl, 2. veränderte Aufl., Königstein/Ts. 1981, S. 319–345.

Scheuner, Ulrich: Nichtabsolutistische Staatsformen in der juristischen und politischen Lehre Deutschlands im 16. und 17. Jahrhundert, in: Die Rolle der Juristen bei der Entstehung des modernen Staates, hrsgg. v. Roman Schnur, Berlin 1986, S. 732–773.

Schiffer, Eckart: Verfassungs- und organisationsrechtliche Probleme der Erfüllung öffentlicher Aufgaben durch autonome Organisationen – Eine Problemskizze aus Bundessicht (Verwaltungswissenschaftliche Informationen der Deutschen Sektion des Internationalen Instituts für Verwaltungswissenschaften, Sonderheft 1), Bonn-Bad Godesberg 1974.

Schlink, Bernhard: Zwischen Identifikation und Distanz. Zur Stellung des Beamten im Staat und zur Gestaltung des Beamtenrechts durch das Staatsrecht, in: Der Staat 15 (1976), S. 335–366.

Schlink, Bernhard: Die Amtshilfe. Ein Beitrag zu einer Lehre von der Gewaltenteilung in der Verwaltung, Berlin 1982.

Schluchter, Wolfgang: Aspekte bürokratischer Herrschaft, München 1972.

Schluchter, Wolfgang: Die Entwicklung des okzidentalen Rationalismus, Tübingen 1979.

Schluchter, Wolfgang: Rationalismus der Weltbeherrschung. Studien zu Max Weber, Frankfurt/M. 1980.

Schmidt, Richard: Volksstaat und Obrigkeitsstaat. Ein Rückblick und ein Ausblick, in: Zeitschrift für Politik 15 (1926), S. 193–222.

Schmidt, Walter: Einführung in die Probleme des Verwaltungsrechts, München 1982.

Schmidt-Aßmann, Eberhard: Verwaltungsorganisation zwischen parlamentarischer Steuerung und exekutivischer Organisationsgewalt, in: Festschrift für Hans Peter Ipsen zum 70. Geburtstag, Tübingen 1977, S. 333–352.

Schmidt-Aßmann, Eberhard: Das allgemeine Verwaltungsrecht als Ordnungsidee und System, Heidelberg 1982.

Schmidt-Aßmann, Eberhard: Der Umweltschutz im Spannungsfeld zwischen Staat und Selbstverwaltung, in: NVwZ 1987, S. 265–275.

Schmidt-Aßmann, Eberhard: Zum staatsrechtlichen Prinzip der Selbstverwaltung, in: Gedächtnisschrift für Wolfgang Martens, Berlin-New York 1987, S. 249–264.

Schmidt-Aßmann, Eberhard: Der Rechtsstaat, in: HdbStR I, §24 (S. 987–1043).

Schmidt-Aßmann, Eberhard: Der Beitrag der Gerichte zur verwaltungsrechtlichen Systembildung, in: VBlBW 1988, S. 381–387.

Schmidt-Aßmann, Eberhard/Fromm, Günter: Aufgaben und Organisation der deutschen Bundesbahn in verfassungsrechtlicher Sicht, Berlin 1986.

Schmidt-Jortzig, Edzard: Verfassungsmäßige und soziologische Legitimation gemeindlicher Selbstverwaltung im modernen Industriestaat, in: DVBl. 1980, S. 1–10.

Schmidt-Jortzig, Edzard: Kommunalrecht, Stuttgart u.a. 1982.

Schmitt, Carl: Verfassungslehre, 5., unv. Aufl., Berlin 1970 (1. Aufl. 1928).

Schmitt, Carl: Staatsethik und pluralistischer Staat, in: Kant-Studien, Bd. 35 (1930), S. 28–42.

Schmitt, Carl: Der Begriff des Politischen (1932), Berlin 1963.

Schmitt, Carl: Politische Theologie. Vier Kapitel zur Lehre von der Souveränität, 2. Aufl., München und Leipzig 1934 (1. Aufl. 1922).

Schmitt, Carl: Der Hüter der Verfassung, 2. Aufl., Berlin 1969.

Schmitt, Carl: Verfassungsrechtliche Aufsätze, 2. Aufl., Berlin 1973.

Schmitt, Carl: Die geistesgeschichtliche Lage des heutigen Parlamentarismus, 5. Aufl., Berlin 1979.

Schmitt Glaeser, Walter: Die Position der Bürger als Beteiligte im Entscheidungsverfahren gestaltender Verwaltung, in: Peter Lerche/Walter Schmitt Glaeser/Eberhard Schmidt-Aßmann, Verfahren als staats- und verwaltungsrechtliche Kategorie, Heidelberg 1984, S. 35–96.

Schmitthenner, Friedrich: Grundlinien der Geschichte der Staatswissenschaften, der Ethnologie, des Naturrechts und der Nationalökonomie, Gießen 1839.

Schmitthenner, Friedrich: Grundlinien des allgemeinen oder idealen Staatsrechtes, Gießen 1845.

Schmoller, Gustav: Preußische Verfassungs-, Verwaltungs- und Finanzgeschichte, Berlin 1921.

Schnabel, Fritz: Politik ohne Politiker, in: Politik im Dickicht der Bürokratie. Beiträge zur Implementationsforschung, hrsgg. v. Helmut Wollmann (= Leviathan Sonderheft 3), Berlin 1980, S. 49–70.

Schnapp, Friedrich E.: Amtsrecht und Beamtenrecht, Berlin 1977.

Schnapp, Friedrich E.: Dogmatische Überlegungen zu einer Theorie des Organisationsrechts, in: AöR 105 (1980), S. 243–278.

Schneider, Hans: Körperschaftliche Verbundverwaltung, in: AöR 83 (1958), S. 1–25.

Schneider, Hans: Gesetzgebung – Ein Lehrbuch, Heidelberg 1982.

Schneider, Hans-Peter: Das parlamentarische System, in: HdbVerfR, S. 239–293.

Schönfelder, Hermann: Hierarchie und Verantwortung im öffentlichen Dienst, in: ZBR 1970, S. 278–285.

Scholz, Rupert/Pitschas, Rainer: Gemeindewirtschaft zwischen Verwaltungs- und Unternehmensstruktur, Berlin 1982.

Schreyer, Edith: Pluralistische Entscheidungsgremien im Bereich sozialer und kultureller Staatsaufgaben. Eine verwaltungs- und verfassungsrechtliche Untersuchung am Beispiel der Bundesprüfstelle für jugendgefährdende Schriften, der Jugendwohlfahrtsausschüsse und der Filmförderungsanstalt, Berlin 1982.

Schulze, Reiner: Policey und Gesetzgebungslehre im 18. Jahrhundert, Berlin 1982.

Schulze-Fielitz, Helmuth: Theorie und Praxis parlamentarischer Gesetzgebung – besonders des 9. Deutschen Bundestages (1980–1983), Berlin 1988.

Schuppert, Gunnar Folke: Art. „Öffentlich-rechtliche Körperschaften", in: Handwörterbuch der Wirtschaftswissenschaft, Bd. V, Stuttgart 1980, S. 399–405.

Schuppert, Gunnar Folke: Die öffentliche Aufgabe als Schlüsselbegriff der Verwaltungswissenschaft, in: VerwArch. 71 (1980), S. 309–344.

Schuppert, Gunnar Folke: Die Erfüllung öffentlicher Aufgaben durch verselbständigte Verwaltungseinheiten, Göttingen 1981.

Schuppert, Gunnar Folke: „Quangos" als Trabanten des Verwaltungssystems, in: DÖV 1981, S. 153–160.

Schuppert, Gunnar Folke: Zur Kontrollierbarkeit öffentlicher Unternehmen. Verwaltungswissenschaftliches Gutachten, veröffentlicht als Anlage zur Drucksache 9/4545 der Bürgerschaft der Freien und Hansestadt Hamburg, S. 5–45.

Schuppert, Gunnar Folke: Die Einheit der Verwaltung als Rechtsproblem, in: DÖV 1987, S. 757–768.

Schuppert, Gunnar Folke: Zur Neubelebung der Staatsdiskussion: Entzauberung des Staates oder „Bringing the State Back In?", in: Der Staat 28 (1989), S. 91–104.

Schuppert, Gunnar Folke: Selbstverwaltung, Selbststeuerung, Selbstorganisation – Zur Begrifflichkeit einer Wiederbelebung des Subsidiaritätsgedankens, in: AöR 114 (1989), S. 127–148.

Schwegmann, Friedrich Gerhard (Hrsg.): Die Wiederherstellung des Berufsbeamtentums nach 1945. Geburtsfehler oder Stützpfeiler der Demokratiegründung in Westdeutschland?, Düsseldorf 1986.

Seibel, Wolfgang: Regierbarkeit und Verwaltungswissenschaft. Ideengeschichtliche Untersuchung zur Stabilität des verwaltenden Rechtsstaates, Frankfurt/M. 1983.

Seibel, Wolfgang: Abschied vom Recht – Eine Ideologie?, in: Abschied vom Recht?, hrsgg. v. Rüdiger Voigt, Frankfurt/M. 1983, S. 134–169.

Selbstverwaltung im Staat der Industriegesellschaft. Festgabe zum 70. Geburtstag von Georg Christoph von Unruh, hrsgg. v. Albert von Mutius, Heidelberg 1983.

Skalweit, Stephan: Das Zeitalter des Absolutismus als Forschungsproblem, in: Deutsche Vierteljahresschrift für Literatur und Geistesgeschichte 35 (1961), S. 298–315.

Skalweit, Stephan: Der Beginn der Neuzeit. Epochengrenze und Epochenbegriff, Darmstadt 1982.

Smend, Rudolf: Staatsrechtliche Abhandlungen, 2., erw. Aufl., Berlin 1968.

Sodan, Helge: Kollegiale Funktionsträger als Verfassungsproblem, Frankfurt/M. 1987.

Sontheimer, Kurt: Antidemokratisches Denken in der Weimarer Republik, München 1978.

Spittler, Gerd: Abstraktes Wissen als Herrschaftsbasis. Zur Entstehungsgeschichte bürokratischer Herrschaft im Bauernstaat Preußen, in: KZfSS 32 (1980), S. 574–604.

Staats, Johann-Friedrich: Die Formelermächtigung, untersucht an Beispielen des Umweltrechts, in: Studien zu einer Theorie der Gesetzgebung 1982, hrsgg. v. Harald Kindermann, Berlin-Heidelberg-New York 1982, S. 192–207.

Staupe, Jürgen: Parlamentsvorbehalt und Delegationsbefugnis, Berlin 1986.
Steinberg, Rudolf: Politik und Verwaltungsorganisation, Baden-Baden 1979.
Steinberg, Rudolf: Komplexe Verwaltungsverfahren zwischen Verwaltungseffizienz und Rechtsschutzauftrag, in: DÖV 1982, 619–631.
Steinberg, Rudolf: Handlungs- und Entscheidungsspielräume des Landes bei der Bundesauftragsverwaltung unter besonderer Berücksichtigung der Ausführung des Atomgesetzes, in: AöR 110 (1985), S. 419–446.
Steinberger, Helmut: Konzeption und Grenzen freiheitlicher Demokratie, Berlin-Heidelberg-New York 1979.
Steiner, Udo: Öffentliche Verwaltung durch Private, Berlin 1975.
Stern, Klaus: Art. Staatsorganisation, in: Handwörterbuch der Organisation, hrsgg. v. Erwin Grochla, 2. Aufl., Stuttgart 1980, Sp. 2087–2097.
Stern, Klaus: Die Verfassungsgarantie der kommunalen Selbstverwaltung, in: HKWP, 2. Aufl., Bd. 1, S. 204–228.
Stern, Klaus: Das Staatsrecht der Bundesrepublik Deutschland, München 1977 ff. (Bd. I: 1977, 2. Aufl. 1984; Bd. II: 1980; Bd. III/1: 1988).
Stier-Somlo, Fritz: Deutsches Reich und Landesstaatsrecht I, Berlin und Leipzig 1924.
Stober, Rolf: Die privatrechtlich organisierte öffentliche Verwaltung, in: NJW 1984, S. 449–457.
Stollberg-Rilinger, Barbara: Der Staat als Maschine. Zur politischen Metaphorik des absoluten Fürstenstaates, Berlin 1986.
Stolleis, Michael: Untertan-Bürger-Staatsbürger. Bemerkungen zur juristischen Terminologie im späten 18. Jahrhundert, in: Bürger und Bürgerlichkeit im Zeitalter der Aufklärung, hrsgg. v. Rudolf Vierhaus, Heidelberg 1981, S. 65–99.
Stolleis, Michael: Verwaltungsrechtswissenschaft und Verwaltungslehre 1866–1914, in: Die Verwaltung 15 (1982), S. 45–77.
Stolleis, Michael: Verwaltungsrechtswissenschaft und Verwaltungslehre in der Weimarer Republik, in: Dt. VerwGesch IV, S. 77–91.
Stolleis, Michael: Geschichte des öffentlichen Rechts in Deutschland, Bd. 1: Reichspublizistik und Policeywissenschaft 1600–1800, München 1988.
Storost, Ulrich: Die Verwaltungsrechtslehre Ernst Forsthoffs als Ausdruck eines politischen Verfassungsmodells, in: Wissenschaft und Recht der Verwaltung seit dem Ancien Régime, hrsgg. v. Erk Volkmar Heyen, Frankfurt/M. 1984, S. 163–188.
Struve, Tilman: Die Entwicklung der organologischen Staatsauffassung im Mittelalter, Stuttgart 1978.
Süle, Tibor: Preußische Bürokratietradition. Zur Entwicklung von Verwaltung und Beamtenschaft in Deutschland 1871–1918, Göttingen 1988.

Teubner, Gunther: Organisationsdemokratie und Verbandsverfassung, Tübingen 1978.
Teubner, Gunther: Reflexives Recht, in: ARSP 68 (1982), S. 13–59.
Teubner, Gunther: Verrechtlichung – Begriffe, Merkmale, Grenzen, Auswege, in: Verrechtlichung von Wirtschaft, Arbeit und sozialer Solidarität, hrsgg. v. Friedrich Kübler, Baden-Baden 1984, S. 289–344.
Teubner, Gunther: Recht als autopoietisches System, Frankfurt/M. 1989.
Thieme, Werner: Das heutige deutsche Beamtentum unter dem Einfluß Preußens, in: DVP 1981, S. 226–229.
Thieme, Werner: Verwaltungslehre, 4. Aufl., Köln-Berlin-Bonn-München 1984.
Thieme, Werner (Hrsg.): Veränderungen der Entscheidungsstrukturen in der öffentlichen Verwaltung, Baden-Baden 1988.

Thoma, Richard: Der Begriff der modernen Demokratie in seinem Verhältnis zum Staatsbegriff. Prolegomena zu einer Analyse des demokratischen Staates der Gegenwart, in: Hauptprobleme der Soziologie. Erinnerungsgabe für Max Weber, Bd. 2, München-Leipzig 1923, S. 37–64.
Thoma, Richard: Die juristische Bedeutung der grundsätzlichen Sätze der deutschen Reichsverfassung im allgemeinen, in: Die Grundrechte und Grundpflichten der Reichsverfassung, hrsgg. v. Hans Carl Nipperdey, Bd. I, Berlin 1929, S. 1–53.
Thoma, Richard: Das Reich als Demokratie, in: Handbuch des Deutschen Staatsrechts, hrsgg. v. Gerhard Anschütz und Richard Thoma, Bd. 1, Tübingen 1930, S. 186–200.
Thoma, Richard: Das System der subjektiven öffentlichen Rechte und Pflichten, in: Handbuch des Deutschen Staatsrechts, hrsgg. v. Gerhard Anschütz und Richard Thoma, Bd. 2, Tübingen 1932, S. 607–623.
Tosch, Erich: Die Bindung des verfassungsändernden Gesetzgebers an den Willen des historischen Verfassunggebers, Berlin 1979.
Traxler, Franz/Vobruba, Georg: Selbststeuerung als funktionales Äquivalent zum Recht? Zur Steuerungskapazität von neokorporatistischen Arrangements und reflexivem Recht, in: Zeitschrift für Soziologie, Jg. 16 (1987), S. 3–15.
Treiber, Hubert: Crisis in Regulatory Policy? Remarks on a Topical Theme, or Reflexive Rationality in the Shadow of Codified Law, in: Contemporary Crises 9 (1985), S. 255–280.
Treiber, Hubert: Vollzugskosten des Rechtsstaates, in: Recht und Politik 22 (1986), S. 20–31.
Treiber, Hubert: Organisation, in: Ergänzbares Lexikon des Rechts vom 7. März 1986, Nr. 3/150, S. 1–11.
Treiber, Hubert: Vollzugskosten des Rechtsstaates und andere Studien zum Recht, Baden-Baden 1989.
Tsatsos, Themistokles: Zur Geschichte und Kritik der Lehre von der Gewaltenteilung (Sitzungsberichte der Heidelberger Akademie der Wissenschaften, Philosophisch-historische Klasse, Jahrgang 1968, 6. Abhandlung), Heidelberg 1968.
Tyrell, Hartmann: Ist der Webersche Bürokratietypus ein objektiver Richtigkeitstypus? Anmerkungen zu einer These von Renate Mayntz, in: Zeitschrift für Soziologie 10 (1981), S. 38–49.

Unruh, Georg Christoph v.: Dezentralisation der Verwaltung des demokratischen Rechtsstaates nach dem Grundgesetz, in: DÖV 1974, S. 649–656.

Vierhaus, Rudolf: Von der altständischen zur Repräsentativverfassung, in: Karl Bosl (Hrsg.), Der moderne Parlamentarismus und seine Grundlagen in der ständischen Repräsentation, Berlin 1977, S. 177–194.
Vierhaus, Rudolf: Staaten und Stände 1648–1763, Berlin 1984.
Vitzthum, Wolfgang Graf: Gemeinderechtliche Grenzen der Privatisierung kommunaler Wirtschaftsunternehmen, in: AöR 104 (1979), S. 580–634.
Voelzkow, Helmut/Hilbert, Josef/Heinze, Rolf G.: „Regierung durch Verbände" – am Beispiel der umweltbezogenen Techniksteuerung, in: PVS 28 (1987), S. 80–100.
Voigt, Fritz: Die Selbstverwaltung als Rechtsbegriff und juristische Erscheinung, Leipzig 1938.

Wagener, Frido (Hrsg.): Verselbständigung von Verwaltungsträgern, Bonn 1976.
Wagener, Frido (Hrsg.): Regierbarkeit? Dezentralisation? Entstaatlichung?, Bonn 1976.

Wagener, Frido: Der öffentliche Dienst im Staat der Gegenwart, in: VVDStRL 37 (1979), S. 215–266.

Wagener, Frido: Forschungsprogramm Staatsorganisation, Baden-Baden 1979.

Wagener, Frido: Öffentliche Verwaltung, Organisation der, in: Handwörterbuch der Organisation, hrsgg. v. Erwin Grochla, 2. Aufl., Stuttgart 1980, Sp. 1407–1417.

Wagener, Frido (Hrsg.): Zukunftsaspekte der Verwaltung, Berlin 1980.

Wahl, Rainer: Die bürokratischen Kosten des Rechts- und Sozialstaats, in: Die Verwaltung 13 (1980), S. 273–296.

Wahl, Rainer: Rechtliche Wirkungen und Funktionen der Grundrechte im deutschen Konstitutionalismus des 19. Jahrhunderts, in: Moderne deutsche Verfassungsgeschichte (1815–1914), hrsgg. von Ernst-Wolfgang Böckenförde unter Mitarbeit von Rainer Wahl, 2., veränderte Aufl., Königstein/Ts. 1981, S. 346–371.

Wahl, Rainer: Der Vorrang der Verfassung, in: Der Staat 20 (1981), S. 485–516.

Wahl, Rainer: Der Vorrang der Verfassung und die Selbständigkeit des Gesetzesrechts, in: NVwZ 1984, S. 401–409.

Wahl, Rainer: Die Länder, in: Dt. VerwGesch V, S. 208–292.

Wahl, Rainer: Zur Lage der Verwaltung Ende des 20. Jahrhunderts, in: Dt. VerwGesch V, S. 1197–1217.

Wahl, Rainer: Verwaltungsverantwortung und Verwaltungsgerichtsbarkeit, in: VBlBW 1988, S. 387–392.

Wahl, Rainer/Rottmann, Frank: Die Bedeutung der Verfassung und der Verfassungsgerichtsbarkeit in der Bundesrepublik – im Vergleich zum 19. Jahrhundert und zu Weimar, in: Werner Conze/M. Rainer Lepsius (Hrsg.), Sozialgeschichte der Bundesrepublik Deutschland. Beiträge zum Kontinuitätsproblem, Stuttgart 1983, S. 339–386.

Wallerath, Maximilian: Strukturprobleme kommunaler Selbstverwaltung – Rat und Verwaltung im gemeindlichen Willensbildungsprozeß –, in: DÖV 1986, S. 533–545.

Walther, Helmut G.: Imperiales Königtum, Konziliarismus und Volkssouveränität. Studien zu den Grenzen des mittelalterlichen Souveränitätsgedankens, München 1976.

Weber, Max: Gesammelte Aufsätze zur Soziologie und Sozialpolitik, hrsgg. v. Marianne Weber, Tübingen 1924 (ND 1988).

Weber, Max: Wirtschaft und Gesellschaft, 5. Aufl., Tübingen 1976.

Weber, Max: Gesammelte Aufsätze zur Wissenschaftslehre, 5. Aufl., Tübingen 1982.

Weber, Walter: Die Entwicklung der Sparkassen zu selbständigen Anstalten des öffentlichen Rechts, Frankfurt/M.-Bern-New York 1985.

Weber, Werner: Die Körperschaften, Anstalten und Stiftungen des öffentlichen Rechts. Eine Darstellung ihrer gegenwärtigen Ordnung, 2., erw. Aufl., München-Berlin 1943.

Weber, Werner: Art. Verwaltungsorganisation, in: Handwörterbuch der Sozialwissenschaften, Bd. 11, Stuttgart u.a. 1961, S. 276–281.

Weber, Werner: Staats- und Selbstverwaltung in der Gegenwart, 2. Aufl., Göttingen 1967.

Weber, Werner: Der nicht staatsunmittelbare öffentliche Organisationsbereich, in: Juristen-Jahrbuch 8 (1967/68), S. 137–163.

Weber, Werner: Spannungen und Kräfte im westdeutschen Verfassungssystem, 3. Aufl., Berlin 1970.

Weber, Werner: Nichtrechtsfähige öffentlich-rechtliche Verbände, in: Festschrift für Hermann Jahrreiß zum 80. Geb., Köln u.a. 1974, S. 323–334.

Weber, Werner: Die bundesunmittelbaren juristischen Personen des öffentlichen Rechts, in: Festschrift für Rudolf Reinhardt, Köln-Marienburg 1972, S. 499–507.

Wege, Joachim: Positives Recht und sozialer Wandel im demokratischen und sozialen Rechtsstaat, Berlin 1977.

Wehler, Hans-Ulrich: Das Deutsche Kaiserreich 1871–1918, 4. Aufl., Göttingen 1980.

Wehnert: Über den Geist der Preußischen Staatsorganisation und Staatsdienerschaft, Potsdam 1833.

Weiß, Johannes: Max Webers Grundlegung der Soziologie, München 1975.

Welz, Wolfgang: Ressortverantwortung im Leistungsstaat. Zur Organisation, Koordination und Kontrolle der selbständigen Bundesoberbehörden unter besonderer Berücksichtigung des Bundesamtes für Wirtschaft, Baden-Baden 1988.

Wendt, Rudolf: Die Einheit der Verwaltung als Rechtsproblem, in: NWVBL 1 (1987), S. 33–41.

Wengst, Udo: Ministerverantwortlichkeit in der parlamentarischen Praxis der Bundesrepublik Deutschland. Eine historische Bestandsaufnahme, in: ZParl 15 (1984), S. 539–551.

Wenninger, Lutz: Geschichte der Lehre vom besonderen Gewaltverhältnis, Köln u.a. 1982.

Weyr, Franz: Zum Problem eines einheitlichen Rechtssystems, in: AöR XXIII (1908), S. 529–580.

Wieacker, Franz: Privatrechtsgeschichte der Neuzeit, 2. Aufl., Göttingen 1967.

Wildhaber, Luzius: Vertrag und Gesetz – Konsensual- und Mehrheitsentscheid im schweizerischen Staatsrecht, in: ZSR N.F. 94 I (1975), S. 113–149.

Wilhelm, Walter: Zur juristischen Methodenlehre im 19. Jahrhundert, Frankfurt/M. 1958.

Wilhelm, Theodor: Die Idee des Berufsbeamtentums. Ein Beitrag zur Staatslehre des deutschen Frühkonstitutionalismus, Tübingen 1933.

Willke, Helmut: Entzauberung des Staates. Überlegungen zu einer sozietalen Steuerungstheorie, Königstein/Ts. 1983.

Willke, Helmut: Entzauberung des Staates. Grundlinien einer systemtheoretischen Argumentation, in: Jahrbuch zur Staats- und Verwaltungswissenschaft, hrsgg. v. Th. Ellwein u.a., Bd. 1, Baden-Baden 1987, S. 285–308.

Willoweit, Dietmar: Rechtsgrundlagen der Territorialgewalt, Köln-Wien 1975.

Willoweit, Dietmar: Allgemeine Merkmale der Verwaltungsorganisation in den Territorien, in: Dt. VerwGesch I, S. 289–346.

Willoweit, Dietmar: Die Entwicklung des öffentlichen Dienstes, in: Dt. VerwGesch I, S. 346–360.

Willoweit, Dietmar: Deutsche Verfassungsgeschichte. Vom Frankenreich bis zur Teilung Deutschlands, München 1990.

Winckelmann, Johannes: Die Herkunft von Max Webers ‚Entzauberungs'-Konzeption. Zugleich ein Beitrag zu der Frage, wie gut wir das Werk Max Webers kennen können, in: KZfSS 32 (1980), S. 12–53.

Windhoff-Héritier, Adrienne: Politikimplementation. Ziel und Wirklichkeit politischer Entscheidungen, Königstein/Ts. 1980.

Windhoff-Héritier, Adrienne: Verwaltungen und Klientele, in: Die Verwaltung 20 (1987), S. 51–72.

Winter, Gerd: Tauschförmiges Recht, zum Beispiel Wohnungsbausubvention und Abwasserabgabe, in: KritJ 11 (1978), S. 254–270.

Wolf, Rainer: Das Recht im Schatten der Technik, in: KritJ 19 (1986), S. 241–262.

Wolf, Rainer: Zur Antiquiertheit des Rechts in der Risikogesellschaft, in: Leviathan 15 (1987), S. 357–391.
Wolf, Rainer: „Herrschaft kraft Wissen" in der Risikogesellschaft, in: Soziale Welt 39 (1988), S. 164–187.
Wolff, Hans J./Bachof, Otto: Verwaltungsrecht II, 4. Aufl., München 1976.
Wolff, Hans J./Bachof, Otto/Stober, Rolf: Verwaltungsrecht II, 5. Aufl., München 1987.
Wolgast, Eike: Absolutismus in England, in: Aspekte des europäischen Absolutismus, hrsgg. v. Hans Patze, Hildesheim 1979, S. 1–22.
Wollmann, Helmut (Hrsg.): Politik im Dickicht der Bürokratie (= Leviathan Sonderheft 3/1979), Opladen 1980.
Wunder, Bernd: Privilegierung und Disziplinierung. Die Entstehung des Berufsbeamtentums in Bayern und Württemberg (1780–1825), München-Wien 1978.
Wunder, Bernd: Geschichte der Bürokratie in Deutschland, Frankfurt/M. 1986.
Wyduckel, Dieter: Princeps Legibus Solutus. Eine Untersuchung zur frühmodernen Rechts- und Staatslehre, Berlin 1979.
Wyduckel, Dieter: Ius Publicum. Grundlagen und Entwicklung des Öffentlichen Rechts und der deutschen Staatsrechtswissenschaft, Berlin 1984.

Zeh, Wolfgang: Wille und Wirkung der Gesetze. Verwaltungswissenschaftliche Untersuchung am Beispiel des Städtebauförderungsgesetzes, Bundesimmissionsschutzgesetzes, Fluglärmgesetzes und Bundesausbildungsförderungsgesetzes, Heidelberg 1984.
Zeidler, Karl: Einige Bemerkungen zum Verwaltungsrecht und zur Verwaltung in der Bundesrepublik seit dem Grundgesetz, in: Der Staat 1 (1962), S. 321–344.
Zeidler, Wolfgang: Der Standort der Verwaltung in der Auseinandersetzung um das Demokratieprinzip, in: DVBl. 1973, S. 719–727.
Zimmer, Gerhard: Funktion-Kompetenz-Legitimation. Gewaltenteilung in der Ordnung des Grundgesetzes, Berlin 1979.
Zitelmann, Ernst: Irrtum und Rechtsgeschäft, Leipzig 1879.
Zweig, Egon: Die Lehre vom Pouvoir Constituant. Ein Beitrag zum Staatsrecht der französischen Revolution, Tübingen 1909.
Zwirner, Henning: Politische Treupflicht des Beamten (Diss. iur. Göttingen 1956), Baden-Baden 1987.
Zwirner, Henning: Zum Grundrecht der Wissenschaftsfreiheit, in: AöR 98 (1973), S. 313–339.

Personenregister

Sachregister